웨스트민스터

신앙고백 해설

웨스트민스터 신앙고백 해설

강원익 목사 편술

문서사역
종려가지

시작하는 말

　16세기의 종교개혁은 성경에서 벗어나 심각한 오류에 빠져 있는 가톨릭교회를 향하여 '성경으로 돌아가자'라는 마틴 루터의 외침으로 점화(點火)되었다. 그리고 쯔윙글리, 칼빈과 같은 많은 개혁자들이 일어나면서 개혁의 불길은 더욱 강력하게 번져나가게 되었고, 개혁자들은 교회와 성경의 관계를 정상화 시키려는데 목적을 두고 목숨을 건 투쟁을 통해 많은 승리를 거두었다.

　이어서 17세기의 영국에서 일어난 개혁운동은 교회의 권위를 성경 위에 올려놓고 온갖 미신을 조장하는 가톨릭교회의 교황주의와 교회의 권위를 세속권력 아래에 복속(服屬)시키려는 에라스투스주의(Erastianism)에 대항하여, 교회를 성경과의 바른 관계로 정상회 시키려는 투쟁이었다. 오직 성경만이 하나님의 영감으로 된 무오(無誤)한 말씀으로써, 신앙과 생활의 유일 규준임을 인정하고 성경의 권위를 회복하려는 것이었다.

　이런 투쟁은 필연적으로 성경에 의한 신조(信條)를 낳게 하였는데, 바로 『웨스트민스터 신앙고백서와 대,소요리문답서』이다. 교회는 이러한 신조들에 의해서 성경과의 정상관계를 맺어 갈 수 있게 되기 때문이다. 그래서 개혁자들은 교회가 성경에서 벗어나 오류(誤謬)에 빠질 때 마다 성경에 의한 신조작성을 통해 바로 잡았으며, 이것이 신조의 중요성이다.

얼마 전, 국내의 한 교단지에 "강단을 숨 쉬게 하라"는 제목의 사설에 『한국교회 강단은 지금 폐허나 다름없다. 말씀이라고 전하기 부끄러운 설교가 난무하는 것도 사실이다』라는 기사가 실렸다(기독신문 2019년 2월 26일자). 언제부터인가 시작된 '한국교회 이대로는 안 된다'라는 우려의 목소리가 커진지 오래이다. 이것은 한국교회가 성경에서 이탈했다는 경고음이다. 중세의 길 잃은 교회의 모습이 재현되고 있음이다.

이제, 한국교회는 겸손히 성경으로 돌아가서 성경과의 정상관계를 회복해야 할 때이다. 이를 위해서는 목회자들의 강단(講壇)이 먼저 성경으로 돌아가 성경과의 관계가 정상화 되어야 한다. 이제라도 앞서간 개혁자들이 남겨준 소중한 신앙의 유산인 개혁주의 신조들을 관심 있게 살펴야 한다. 특히 웨스트민스터 신조는 목회자들이 반드시 공부하고 교회에서 가르치고 적용해야 할 성경적 신앙표준이다.

필자도 목회자의 한 사람으로서 지난 2017년 종교개혁 500주년을 맞으면서 '이대로는 안 된다'라는 깊은 고민을 안게 되었다. 하나님 앞에서 묵상하던 중, 신학생 시절 스승님들이 강조하시던 신조의 중요성을 떠올리게 되었다. 그래서 바로 소요리문답 107문을 차례로 주일 낮 설교로 가르치기 시작했다. 약 2년에 걸쳐 전체를 가르치고 지금 두 번째 다시 반복하여 가르치면서 이전에 경험하지 못했던 변화를 교인들과 함께 맛보고 있다.

소요리문답을 가르치다 보니 신앙고백서를 살펴보지 않을 수 없어서, 신학생 시절에 교재로 사용했던 신앙고백서 강해를 다시 살피다보니 **"주의 말씀의 맛이 어찌 내게 그리 단지요 내 입에 꿀보다 더하니이다"**

(시119:103)라는 시편 기자의 고백이 내 고백이 되는 은혜와 함께, 이것을 교인들에게 가르치지 않으면 목회자로서 죄를 짓는 것이라는 마음에 찔림이 동시에 왔다.

평생, 설교하고 반드시 가르쳐야 할 성경의 핵심적인 진리들이 체계적으로 고백서 안에 잘 정리되어 있기 때문이다. 그러나 마음의 부담도 적지 않았던 것이 사실이다. 내 짧은 신학 지식으로는 감당하기가 쉽지 않다는 생각이 들었기 때문이다. 그럼에도 불구하고 가르쳐야 한다는 사명감이 내 마음을 압도했다.

그래서 하나님께 간절히 지혜를 구하며, 신학교 은사이셨던 故 김준삼 박사님의 신앙고백서 강해를 중심으로 해서, 여러 서적들을 참고하여 설교용으로 편술하기에 이르렀다. 부족하기 이를 데 없지만, 한국교회 강단이 성경과의 정상관계로 회복되어져 나가는데 조금이나마 보탬이 되기를 간절히 소망해 본다. 끝으로 이 책을 펴내는데 물질로 후원해 준 김영남, 김 훈, 이한나 집사와 교정 작업에 도움을 준 강송희 집사와 유성임 선생, 딸 세현에게 고마움을 전한다.

(※본 글에서는 개역, 개역개정 성경을 함께 사용하였음).

2019년 9월
제주동신교회에서 강원익 목사

차 례

시작하는 말 - 7
1. 서 론 - 17
2. 신조작성의 역사적 배경과 의의 - 18
3. 웨스트민스터 신조작성의 직접적 원인 - 23

제1장 성경에 대하여 - 28

제1절 성경의 필요성 - 29/ 제2절 성경의 정경전 - 33/ 제3절 경외전 - 35/ 제4절 성경의 권위 - 36/ 제5절 성령의 내적 증거 - 37/ 제6절 성경의 충분성 - 40/ 제7절 성경의 명료성 - 44/ 제8절 성경의 원전과 번역 - 46/ 제9절 성경의 해석 - 49/ 제10절 성경의 궁극적 권위 - 52

제2장 하나님과 삼위일체에 대하여 - 55

제1절 하나님은 어떤 분이신가? - 56/ 제2절 하나님과 피조물의 관계 - 69/ 제3절 삼위일체 하나님 - 72

제3장 하나님의 영원하신 경륜에 대하여 - 80

제1절 신적작정 - 80/ 제2절 신적작정과 예지 - 84/ 제3절 이중(쌍방)예정 - 86/ 제4절 예정의 개별성과 불변성 - 90/ 제5절 은혜에 의한 선택 - 92/ 제6절 예정에 있어서의 목적과 수단 - 95/ 제7절 유기의 작정 - 100/ 제8절 예정교리에 대한 신중함과 감사 104

제4장 창조에 대하여 - 107

제1절 창조주와 피조물 - 107/ 제2절 하나님의 형상대로 인간 창조 - 114

제5장 섭리에 대하여 - 120

제1절 하나님의 섭리란 무엇인가? - 122/ 제2절 섭리에 있어서 제1원인과 제2원인의 관계 - 124/ 제3절 섭리의 수단(특별섭리로서 기적) - 126/ 제4절 섭리와 죄의 문제 - 127/ 제5절 신자의 시련과 효력 - 130/ 제6절 유기자에 대한 섭리 - 133/ 제7절 섭리와 교회 - 137

제6장 인간의 타락과 죄와 벌에 대하여- 139

제1절 행위계약의 위반- 139/ 제2절 행위계약 위반 결과- 144/ 제3절 아담의 죄와 우리의 관계- 147/ 제4절 원죄와 자범죄(현실죄)- 151/ 제5절 신자 안에 잔존하는 죄- 155/ 제6절 죄에 대한 형벌- 158

제7장 하나님과 인간과의 계약에 대하여- 163

제1절 계약은 참 종교성립의 기초- 163/ 제2절 행위 계약- 166/ 제3절 은혜 계약- 170/ 제4절 은혜 계약의 유언자- 175/ 제5, 6절 율법시대와 복음시대에 다르게 집행된 계약- 176

제8장 중보자이신 그리스도에 대하여- 181

제1절 그리스도의 중보직분- 182/ 제2절 그리스도의 성육신과 이성일인격- 188/ 제3절 그리스도의 중보와 직무- 193/ 제4절 그리스도의 직무수행- 196/ 제5절 그리스도의 중보직무 수행의 결과- 200/ 제6절 그리스도의 구속의 효력- 205/ 제7절 그리스도의 이성일인격으로 중보사역 수행- 206/ 제8절 그리스도의 구속 사역과 성령- 208

제9장 자유의지에 대하여- 211

제1절 인간의 자유의지- 214/ 제2절 무죄한 상태- 215/ 제3절 유죄 상태- 216/ 제4절 은혜의 상태- 218/ 제5절 영화의 상태- 221

제10장 유효소명에 대하여- 223

제1절 유효소명의 정의- 225/ 제2절 은혜적인 유효소명- 231/ 제3절 유아의 죽음과 구원- 233/ 제4절 불택자- 236

제11장 칭의에 대하여- 239

제1절 칭의의 정의- 240/ 제2절 믿음은 칭의의 수단- 246/ 제3절 그리스도의 대속- 250/ 제4절 칭의와 신적작정- 255/ 제5절 칭의와 징계- 257/ 제6절 칭의는 신·구약시대 동일- 261

제12장 양자에 대하여- 264

제1절 칭의와 양자- 264

제13장 성화에 대하여- 272

제1절 성화의 정의- 273/ 제2절 성화는 전인적- 277/ 제3절 성화는 평생 지속적- 280

제14장 구원에 이르는 믿음에 대하여 - 283

제1절 성령에 의한 믿음- 291/ 제2절 믿음의 대상과 활동- 295/ 제3절 견인의 신앙- 298

제15장 생명에 이르는 회개- 302

제1절 회개는 복음에서 오는 은혜- 306/ 제2절 회개의 본질- 308/ 제3절 회개를 통한 용서도 하나님의 은혜- 312/ 제4절 죄를 경시함에 대한 경고- 315/ 제5절 죄에 대한 회개는 의무- 317/ 제6절 죄의 고백과 용서- 319

제16장 선행에 대하여- 325

제1절 선행의 규준- 326/ 제2절 선행은 믿음의 결실- 329/ 제3절 선행의 능력은 성령의 역사- 334/ 제4절 선행의 한계- 338/ 제5절 선행으로는 죄의 용서나, 구원 받지 못함- 340/ 제6절 선행은 그리스도 안에서 받으심- 343/ 제7절 불신자의 선행은 참 선행이 아님- 345

제17장 성도의 궁극적 구원에 대하여 - 349

제1절 견인의 정의- 353/ 제2절 견인의 근거- 356/ 제3절 구원받은 신자의 죄에 빠질 위험성- 363

제18장 은혜와 구원의 확신에 대하여- 369

제1절 확신에 대한 진위(眞僞)- 372/ 제2절 확신의 근거- 376/ 제3절 확신의 도달 방법- 379/ 제4절 확신의 흔들림- 384

제19장 율법에 대하여 - 389

제1절 행위계약으로서의 율법- 391/ 제2절 의의 규준인 십계명- 394/ 제3절 의식율법 폐기- 398/ 제4절 사법적 율법- 400/ 제5절 도덕율법의 영구불변- 401/ 제6절 생활의 규준인 도덕율법(십계명)- 404/ 제7절 율법 안에 계시된 하나님의 뜻- 410

제20장 신자의 자유와 양심의 자유에 대하여- 413
제1절 신자의 자유- 416/ 제2절 양심의 자유- 421/ 제3절 신자의 자유 남용의 경계- 424/ 제4절 하나님의 제정하신 권력과 그리스도가 속량한 자유- 426

제21장 예배와 안식일에 대하여- 431
제1절 바른 예배방법- 432/ 제2절 예배의 대상은 삼위일체 하나님- 436/ 제3절 기도는 예배의 한 요소- 440/ 제4절 위해서 기도할 자와 하지 말아야 할 자-445/ 제5절 예배의 요소- 449/ 제6절 예배의 장소- 455/ 제7절 안식일 구별- 459/ 제8절 안식일을 지키는 방법- 463

제22장 합당한 맹세와 서원에 대하여- 468
제1절 맹세는 예배의 한 부분- 469/ 제2절 합당한 맹세- 472/ 제3절 맹세의 자세- 475/ 제4절 맹세에 대한 의무-478/ 제5절 서원- 480/ 제6절 서원의 자세- 482/ 제7절 그릇된 서원- 485

제23장 국가 공직자에 대하여- 489
제1절 국가는 하나님의 정하신 질서- 489/ 제2절 신자로서 공직자의 의무- 492/ 제3절 교회와 국가 495/ 제4절 국민의 의무- 498

제24장 결혼과 이혼에 대하여- 502
제1절 일부일처의 결혼- 503/ 제2절 결혼 제도의 목적- 505/ 제3절 결혼 자격과 상대- 507/ 제4절 근친결혼 금지- 510/ 제5절 이혼의 사유- 512/ 제6절 이혼의 절차- 515

제25장 교회에 대하여- 519
제1절 무형적(불가견적) 교회- 525/ 제2절 유형적(가견적) 교회- 527/ 제3절 유형적(가견적) 교회의 사명- 531/ 제4절 보편적 교회- 533/ 제5절 지상 교회의 불완전성- 536/ 제6절 그리스도는 교회의 머리- 538

제26장 성도의 교제에 대하여- 542
제1절 교제의 원리- 543/ 제2절 교제의 실천- 546/ 제3절 교제에 대해서 피할 오해- 549

제27장 성례전에 대하여 - 552

제1절 성례의 정의- 555/ 제2절 성례전의 구성 요소- 559/ 제3절 성례의 효력- 562/ 제4절 성례는 세례와 성만찬- 565/ 제5절 성례는 신, 구약이 동일- 567

제28장 세례에 대하여 - 569

제1절 세례의 정의- 571/ 제2절 세례의 외형적 요소- 574/ 제3절 세례의 집행 형식- 576/ 제4절 세례의 대상- 578/ 제5절 세례의 필요성- 581/ 제6절 세례의 효력- 584/ 제7절 세례의 집행은 단회적- 586

제29장 주의 만찬에 대하여 - 588

제1절 주의 만찬의 정의- 592/ 제2절 가톨릭교회의 미사 비판- 597/ 제3절 주의 만찬의 집행 방법- 601/ 제4절 가톨릭교회의 미사집행 방법 비판- 603/ 제5절 가톨릭교회의 화체교리 비판(1)- 606/ 제6절 가톨릭교회의 화체교리 비판(2)- 610/ 제7절 성경적인 수찬 방법과 공재설 비판- 612/ 제8절 수찬에 합당치 못한 자- 614

제30장 교회의 권징에 대하여 - 621

제1절 교회적 권능- 623/ 제2절 천국의 열쇠에 대한 해석- 631/ 제3절 권징의 목적- 634/ 제4절 권징의 종류- 637

제31장 대회와 협의회에 대하여 - 640

제1절 대회와 회의의 필요성- 640/ 제2절 회의 참석자- 641/ 제3절 교회 회의의 권한- 645/ 제4절 교회 회의의 과오 가능성- 648/ 제5절 교회 회의의 국가 문제에 대한 간섭의 범위- 650

제32장 사후 상태와 죽은 자의 부활에 대하여 - 653

제1절 사후 상태- 654/ 제2절 죽은 자의 부활- 659/ 제3절 의인과 악인의 부활 목적- 662

제33장 최후의 심판에 대하여 - 664

제1절 최후의 심판- 664/ 제2절 심판의 목적과 최후의 상태- 671/ 제3절 재림의 대망- 674

천년기설 - 679
참고도서 - 682

1. 서 론

세상에는 다양한 종교들이 존재하고 있지만, 크게 구분하면 기독교와 기타 종교로 구분된다. 기독교는 하나님의 계시에 의한 종교인데 반하여, 기타종교들은 인간에 의해 고안(考案)된 종교들이다. 그리고 기독교 안에서도 구교(舊敎)와 신교(新敎)로 불리는 로마 가톨릭(Roma Catholic)교회와 프로테스탄트(Protestant)교회로 구분된다. 또한 신교인 프로테스탄트 안에도 많은 교파들이 있고, 신학사상을 달리하는 여러 흐름이 있는데, 『한국 교회를 중심으로 한 대표적인 사상을 살펴보면 다음과 같다.

1) 칼 발트(Karl Barth) 신학을 중심한 신정통주의신학.
2) 불트만(Bultmann) 신학을 중심한 실존주의신학(자유주의 신학).
3) 칼빈주의(Calvinism) 신학을 중심한 개혁주의(reformism)가 있다.』(w. 신앙고백서 강해. 김준삼 목사, 지음 참고).

개혁주의란 성경을 중심으로 하는 정통적 입장에 서 있는 신학으로서, 한 개인(Calvin) 신학의 학적 표명이 아니라 교회의 공공적(公共的) 입장에서 고백되어진 신조를 신학사상으로 하는 것이다. 그러므로 『개혁주의 신학관은 신조신학이라 할 수 있으며, 교회적, 공공적 신학인 것이다』(VERITAS DEI. 강유중 박사 저 p.128).

이처럼 교회의 공공적으로 고백한 진리이해가 역사 가운데 하나의 선을 따라 전개 되어져 왔는데 『사도들→ 어거스틴(4c)→ 루터, 츠빙글리(16c)→ 칼빈(개혁주의)』 신조에 의해서 표명되어진 신앙 체계로서 가장 보수적인 정통파이다. 이러한 개혁주의(reformism) 사상을 이어온 대표적인 신학자들은 『카이퍼- 핫지- 워필드- 바빙크- 메이첸- 벤틸, 한국에는 박형룡- 박윤선- 최순직』등이다.

그러나 개혁주의 신조가 체계적이고 보수적인 정통파(正統派)라고 해서, 이것이 고정된 개념이나 체계라는 뜻이 아니다. 이 신조들이 성경에 어긋나는 것이라고 확정될 경우는 언제든지 공적인 논의를 거쳐 시정할 수 있다. 교회의 공공적 고백이라고 해서 절대적인 것은 아니다. 오직 성경만이 무오한 말씀이며, 절대적인 진리이다. 신조는 언제든지 성경적 입장에서 고쳐질 수 있다.

2. 신조(信條) 작성의 역사적 배경과 의의

기독교가 다른 종교와 다른 점은 하나님의 특별계시(特別啓示)인 성경을 가진 데에 있다. 성경은 신자들의 신앙과 생활의 유일 기준인데, 그것은 하나님의 영감(靈感)으로 된 오류(誤謬)가 없는 말씀이기 때문이다. 기독교회는 이 성경에 의해서 신조『(信條, Creed: 교리, 신념, 신경)라는 말은 본래 헬라어 '호모로게오'(ὁμολογέω)에서 나온 말로서 '나는 믿는다, 신앙을 고백한다'라는 뜻』를 생산했는데, 그것은 그리스도의 복음을 거역하고 대항하는 온갖 이방 종교들과 이교적 철학의 세력들, 이단의 세력들이 넘쳐나는 세계로 구원의 메시지를 가지고 나아가야 하는 교회로서는 필연적으로 신앙 고백의 표준과 신앙의 규범이 필요했기 때문이다. 기독교회는 약 2천년의 역사에 있어서 30여개 신조를 만들어 내었는데, 그 가운데 종교개혁 이전에 만들어진 세계 공통신조(共通信條)라고 불리는 5개 신조에 대하여 살펴보겠다.

1) 사도 신조(使徒信條, 2-8세기)

열두 사도들에 의해 만들어졌다고 해서『사도 신조』라 부르는 것으로, 우리가 예배 시에 암송하는 사도신경이다. 그 기원(起源)은 2세기 이후로 추정되며, 8세기에 이르러 완성된 것으로 보고 있다.

이 사도 신조는 초대교회의 많은 이단(異端)들에 맞서 변증(辨證)역할을 하였으며, 사도들의 권위에 의해 정해진 증언으로서 우리에게 매우 소중한 것이다.

2) 니케아(Nicaea, 325년) 신조

알렉산드리아의 신학자였던 아리우스(Arius, 250~336)가 그리스도의 신성(神性: 하나님 되심)을 부정하는데 대한 해결을 위해 니케아(Nicaea)에서 열린 종교회의다. 아리우스는 예수는 하나님이 아니라 피조물인 사람이었는데, 처녀에게서 낳아 하나님의 영을 받음으로 하나님의 아들이 되었다고 주장 했다. 즉 예수는 본질적으로 신적(神的)이 아니었는데, 요한에게 세례를 받을 때에 비둘기 같이 임하는 성령을 받음으로써, 이후 기적을 행하여 부활 생명의 신화(神化: dynamis)되었다는 것이다. 이렇게 그리스도이 신성을 부정하는 아리우스의 주장을, 신학자 아타나시우스(Athanasius)가 빌립보서 2장 6절의 "그는 근본 하나님의 본체이시나 하나님과 동등 됨을 취할 것으로 여기지 아니하시고 오히려 자기를 비워 종의 형체를 가져 사람들과 같이 되었고 사람의 모양으로 나타나셨으매..″ 라는 말씀에 근거하여 『예수는 하나님과 동질(同質)이시며, 본질(本質)에 있어서 하나님과 같으시다』라고 하여 물리쳤다.

3) 콘스탄틴노플(Constantinoplis, 381년) 신조

콘스탄틴노플(터키의 이스탄불 옛 이름)에서 열린 종교회의로서, 니케야(Nicaea)신조에 대한 재확인과 그 어간(於間)에 일어난 다른 이단(異端), ① 그리스도의 완전한 인성(人性)을 부정하는 아폴리나리우스(Apolinarius)의 주장과 ② 성령의 신성(神性)을 부정하는 마케도니우스(Mqacedonius)의 주장에 반대하며, 성령(聖靈)은 성부(聖父)와 성자(聖子)와 함께 예배되어져야 한다고 정리하여 삼위일체(三位一體) 교리를 확립하였다.

4) 칼케돈(Chalcedon, 451년) 신조

콘스탄틴노플 회의 이후에도 기독론(基督論)에 대한 논쟁은 계속되었다. 아폴리나리우스 등은 그리스도가 취한 인성(人性)은 완전한 인성이 아니므로 예수는 하나님도 아니고 사람도 아닌 제 3의 어떤 것이라고 주장하고 나선 것이다.

또한 유티커스(Eutychus) 등은 그리스도의 인성은 신성에 흡수 동화(同化)되었다고 주장했다. 즉 그리스도의 인성(人性)과 신성(神性)의 구별을 부정하고, 두 본성이 혼합(混合)되었다는 것이다. 이것을 '단성론(單性論)' 이라고 부른다. 이에 대해 칼케돈 회의에서 『그리스도의 신성과 인성은 밀접하면서도 혼돈(混沌)되지 않는다. 예수 그리스도는 하나님인 동시에 참 사람이시다. 단, 사람이시나 죄는 없으시다』라고 하여 그리스도의 2성 1인격(二性一人格)교리를 확립하게 되었다.

5) 아타나시우스(Athanasius, 420-450년) 신조

아타나시우스 신조라 함은 '아타나시우스적 신앙'이라는 의미로, 삼위일체론에 있어서 성부, 성자, 성령, 삼위(三位)간에 종속(從屬)은 없음과 그리스도론에 있어서는 2성 1인격(二性一人格)교리의 확립이었다.

이상의 성경에 근거한 5개 신조는 중세(中世) 이전까지는 이 신조에 반대하는 자들은 이단으로 배제되었고, 근세(近世)에는 자유주의적 교파들을 제외하고는 대부분의 교회들이 신앙고백으로 받아들이고 있는 기독교의 공통신조(共通信條)라 할 수 있다. 그리고 6세기 이후 종교개혁까지 약 천 년간에는 신조의 작성이 없었으나 16세기의 종교개혁을 계기로 신조 작성이 재개(再開) 되었는데, 그것은 성경과 교회의 관계를 바르게 하려는 운동이 교회로 하여금 다시 신조 작성의 필요성을 깨닫게 한 것이다.

특히 로마 가톨릭교회가 종교개혁에 대항하기 위해 1545년 12월 31일 트렌트 종교회의(이태리 남부에 위치한 Trent 회당에서 열린 가톨릭 세계대회)를 열어 종교개혁에 반대하는 교리들을 확정하였다.

주요 결정 내용은 다음과 같다.

① 외경(外經)도 정경(正經)과 같은 자격 부여.
② 교회의 전설(傳設)도 성경과 같은 권위로 인정하여 화체설, 연옥설, 성자예배, 화상과 유물에 대한 예배를 지켜 나갈 것.
③ 교회를 성경의 유일의 표준적 해석자로 규정(교황의 절대 권위).
④ 성경은 교회가 제시하는 방법에 준하여 읽어야 한다.
⑤ 원죄가 해결되고 의롭다함을 받는 것은 세례라는 성례전을 통해서 이루어진다.
⑥ 구원은 하나님의 은혜와 인간의 행위에 의해서 이루어진다.
⑦ 칠 성례(七聖禮: 영세, 견진, 성체, 고해, 성품, 혼인, 종부)를 인정.
⑧ 성찬에 있어서는 화체설(化體說)
⑨ 면죄부의 심한 남용은 인정하나, 제도로서는 옳은 것이다.
⑩ 기타 중요한 미결 사항은 교황에게 일임한다 등.

트렌트 종교회의(Council of Trent. 1545-1563)는 근대 가톨릭교회의 기초가 되었다. 이처럼 로마 가톨릭교회는 종교개혁 운동에도 불구하고 참된 반성이 없었으며, 교회(교황)의 권위를 성경위에다 올려놓고 미신적이며, 인본주의적인 그릇된 신앙에서 조금도 물러서지 않았다.

이에 개혁자들은 오직 성경만을 하나님의 말씀으로서의 권위를 인정하고, 성경과 교회의 관계를 정상화시키기 위해 목숨을 걸고 싸워 나가며, 성경에 의한 신조들을 만들어 내었던 것이다. 이처럼 성경을 신앙과 생활의 규범(規範)으로 하는 교회는 성경에 의한 신조를 필연적으로 생산하게 된다. 이 신조에 의해서 교회는 성경과의 정상적인 관계를 맺어갈 수 있게 되기 때문이다.

그 신조들 가운데 17세기(1643-1649) 영국에서 작성된 웨스트민스터 (Westminster) 신앙고백서는 개혁파 모든 신조들 가운데 가장 포괄적이며, 체계적인 신앙의 진술로서 뛰어나다는 평가를 받고 있으며, 한국의 보수적인 장로교회뿐만 아니라 다른 교파들에서도 이 웨스트민스터 신앙고백과 대, 소요리문답을 신앙 표준으로 받아들이고 있다.(신조작성의 배경과 의의는 w.신앙고백서 강해, 김준삼 목사 지음, 참고)

3. 웨스트민스터 신조 작성의 직접적인 원인

영국의 메리(Mary, 1516-1558) 여왕은 철저한 가톨릭 신자였다. 그의 핍박으로 스미스필드(Smithfield)형장에서 처형된 프로테스탄트(Protestant)목사, 감독들과 신자들이 288명이나 되었고, 800여 명이 각처로 망명을 떠났다. 이때에 존 낙스(John Knox, 1513-1572)도 스위스로 망명하여 거기서 칼빈(Calvin)을 만나게 된다.

그래서 메리를 피의 여왕이라고 부르는 것이다. 메리 여왕이 죽은 후 1558년 11월, 엘리자벳(Elizabeth)1세가 즉위 했는데, 그는 어릴 때부터 프로테스탄트 교육을 받았으므로, 망명을 떠났던 개혁자들이 기대를 가지고 돌아오게 되었다. 그러나 엘리자벳 여왕은 분열된 나라의 안정을 위해서는 종교 화합의 필요성을 인식하고 국회를 통해 교회수장령(教會首長令: 국왕을 영국 교회의 유일한 최고의 수장으로 규정한 법률)과 통일령(統一令: 국교회의 예배와 기도, 의식 등을 통일하기 위해 제정한 법률로 예배 통일법이라고도 함)을 차례로 법률로 제정하여 공포함으로써 개혁을 단행한 것이다. 이로서 여왕은 영국 교회의 교황처럼 된 것이다. 그리고 국교회(國敎會)의 예배 및 기도, 모든 의식들은 가톨릭교회와 프로테스탄트교회의 혼합적인 것이 되었다. 이에 대해 망명에서 돌아온 개혁주의자(칼빈주의자)들을 중심으로 반대 운동이 일어나 여왕파(女王波)와 대립하게 되었는데, 이때에 그들을 퓨리탄(Puritans), 즉 청교도라고 부른다.

엘리자벳(Elizabeth)1세가 죽은 후 후사가 없었으므로, 스코틀랜드 왕 제임스(James)6세를 영국의 왕으로 맞으면서 영국과 스코틀랜드 두 나라는 서로 통합하여 스튜어트 왕가(House of Stuart)로 새롭게 시작되었다(스코틀랜드 제임스 6세는 영국의 제임스 1세가 됨).

이때부터 본격적인 퓨리탄의 시대로 접어들게 된다. 제임스 1세는 퓨리탄들에게 호의적(好意的)이지 않았다. 그러므로 대립은 더욱 심해졌고, 엘리자벳 여왕 때에 남아 있던 칼빈주의에 대한 호의는 다 사라지고 영국 교회는 아르미니안화(arminian化) 되어갔다.

그러나 제임스 1세 때에 성경개역(改譯) 사업으로 흠정역(欽定譯)성경이라 불려지는 킹 제임스 성경(King James Bible, 1611-2011)을 탄생시킨 것은 그의 불후(不朽)의 업적이라 할 수 있으며, 이것은 당시의 영국 국민들에게 엄청난 감화를 끼쳤다.

제임스 1세가 1625년에 죽고, 그 아들 찰스(Charles)1세가 즉위하였는데, 그도 역시 부왕(父王)에 이은 제왕신권설(帝王神權說: 왕의 권력은 신(神)으로부터 주어진 것이므로 의회나 국민이 이에 간섭할 수 없다는 주장) 신봉자로서, 독재 정치를 하며 국회와 잦은 충돌을 빚었고, 세 번이나 국회를 해산하는 등, 압제 정치를 강행했다. 이때 왕의 손발이 된 자는 토머스 웬트워트(T. Wentworth)백작과 칸다베리의 대 감독 윌리엄 로어드(William Lord, 1573-1645)였다. 로어드는 교회의 의식(儀式)을 지나치게 중시하여 제복이나 등불 같은 것을 교회에 강제로 비치하게 하고, 이를 거절하는 목사들은 법정으로 끌어가면서 국민들의 분노를 쌓아 갔고, 교회를 다시 예전적 종교(禮典的, Sacramental Religion)로 되돌려 교회는 가톨릭(Catholic)화 되어갔다.

이에, 1640년 11월에 소집된 의회(議會)에서 칼빈주의자들인 청교도(퓨리탄, Puritan)들이 중심이 되어, 로어드 감독과 웬트워트를 탄핵하여 반역죄로 런던탑에 유폐(幽閉)하고, 다음 해 9월에는 감독 정치를 폐지시켰으며, 의회의 결의로 1643년 7월 1일 웨스트민스터(Westminster) 회당에서 성직자 회의를 열게 되었다.

여기에 소집된 의원들은 잉글랜드와 스코틀랜드와 아일랜드의 교회 대표들로서 몇몇의 감독주의 대표들과 독립당의 사람들 외에는 대부분 철저한 칼빈주의 사상에 입각한 경건한 사람들이었다. 121명은 목사였으며, 귀족 10명, 하원의원 20명, 모두 151명으로, 1649년 2월 22일에 해산(解散)하기까지 5년 6개월 22일간 매일 오전 9시부터 오후 2시까지, 다섯 시간씩 1163회의 회의를 거쳐 33장으로 된 신앙고백서(信仰告白書)와 교역자를 위한 196문의 대요리문답서(大要理問答書), 초신자를 위한 107문의 소요리문답서(小要理問答書)등을 작성한 것이다. 그리고 국회에서 다시 수정(修正)하여 법률로 인정하고, 그 신조(信條)를 영국

교회의 신앙표준으로 제정하게 되었다.

이 웨스트민스터 회의에 대하여 당시, 청교도 신학자였던 리처드 백스터(Richard Baxter, 1615-1691)는 『사도 이후 온 세계에 이같이 신령한 집회는 별로 없었다. 그 회원들은 지식이 탁월했었으며, 경건한 신앙이 독실했으며, 교역에 재능이 겸비한 사람들이었다』라고 평하였다 (VERITAS DEI, 강유중 박사 저 p.178).

이렇게 작성된 신조(信條)를 스코틀랜드와 아일랜드 장로회 총회가 신앙표준으로 채용(採用)했고, 후로 약간의 수정을 거쳐 미국과 캐나다와 호주 등 세계의 장로회 총회가 채용하게 되었으며, 다른 교파들도 채용하는 교회들이 많아지게 되었다.

『한국 장로교회는 1907년 평양에서 장로회(獨老會, 독노회)를 조직하면서 이 신앙고백과 대, 소요리문답, 예배모범 등을 채용하기로 하였으며, 배위량(베어드, Baird) 선교사가 번역하고 이눌서(Reynolds) 선교사가 교정한 것을 1932년 총회에서 위원 15인을 선정하여 번역(飜譯)이 잘못된 부분을 개정(改正)하고 한글 맞춤법에 맞게 문구(文句)를 수정하여 1933년 총회의 승인을 거쳐 사용하게 되었다. 이렇게 웨스트민스터 신앙고백서는 칼빈주의의 최대 표현으로서 장로교회의 기본 신조(信條)인 것이다』(교회사, 김의환 박사 감수. 참고).

※1934년 대한예수교장로회 헌법 개정판에 신도개요서(신앙고백서)와 대, 소요리문답서를 교회와 신학교에서 마땅히 가르칠 바라 명시함.

《신조의 필요성》

① 신조는 신앙을 정의(定義)하기 위해 필요하다.

기독 신자들은 다양한 이교(異敎)신앙들이 존재하는 세상에서 어디에 있든지 『나는 이것을 믿는다』라고 자신이 믿는 것을 분명하게 표현할 수 있어야 한다. 기독교 신앙은 애매하고 막연한 감정으로 되는 것이 아님을 알아야 한다.

② 신조는 규범이나 기준을 정하기 위해 필요하다.

신자들의 신앙이 각자의 체험에만 의지하게 되면 온갖 주관주의 위험에 빠질 수 있다. 체험의 유효성은 성경에 의해 시험 되어져야 한다. 자신의 신앙과 교회의 신앙을 비교할 뿐 아니라, 이단을 분별하여 자신의 신앙을 지키기 위해서도 필요하다.

③ 신조는 신앙교육과 선교의 자료를 제공하기 위해서도 필요하다.

제 1장
성경(聖經)에 대하여

대,소요리문답(大,小要理問答)에서는 제1문에 인생의 목적을 제시하고 있음이 뛰어나다고 할 수 있겠으나, 본 신앙고백서(信仰告白書)에는 제1장이 성경에 대한 신앙고백으로 시작되고 있음이 다른 신조(信條)들에 비해 뛰어나다고 할 수 있다.

우리가 고백하는 여러 신조(사도신경, 니케야 신조, 콘스탄틴노블 신조, 칼케돈 신조, 아다나시우스 신조)들이 있으나 어느 신조에도 성경에 대한 신앙고백은 없으며, 종교개혁시대에도 프로테스탄트 신조들과 개혁파(改革派) 여러 신조에 있어서도 성경론을 제일 먼저 취급한 이런 형식의 신조는 없었다.

그러나 웨스트민스터 신앙고백에서 성경론을 제일 가치 있는 문장(文章)으로 취급하게 되는 이유는 종교개혁이 시작된 이후 로마 가톨릭교회(R-Catholic)와 프로테스탄트(Protestant)교회와의 싸움에 있어서 중요한 요점 중 하나가 성경의 권위(權威) 문제였기 때문이다.

로마 가톨릭(R-Catholic)교회는 성경의 권위를 교회의 권위 아래 놓고 있기 때문에, 이것이 가톨릭교회가 온갖 미신적인 요소들을 만들어내며, 타락하게 된 중요한 원인이 되는 것이다. 이에 대해 개혁자들은 성경의 권위를 최고의 권위로 삼고, 그 성경의 권위 아래 복종하는 것이 하나님의 뜻이며, 바른 신앙임을 주장해 온 것이다. 오직 성경만이 신앙과 생활에 있어서 유일(唯一)의 규준(規準)임을 믿고 강조하며, 그 성경의 내용을 포괄적(包括的)이고, 체계적(體系的)으로 취급하려 한 것이 이 고백서의 특징인 것이다.

제1절 성경의 필요성

> 자연의 빛과, 창조의 업적과 섭리가 하나님의 선하심과 지혜와 권능을 잘 나타냄으로 아무도 핑계할 수 없게 되었다(롬2:14-15, 1:19-20; 시19:1-3; 롬1:32, 2:1). 그러나 그것들은 구원을 얻기에 필요한 하나님과 그의 뜻을 아는 지식을 얻기에 충분치 못하므로(고전1:21; 2:13-14), 하나님은 여러 부분과 여러 가지 방법으로 교회에 대하여 자신을 계시하시고, 자기의 뜻을 선포하시기를 기뻐하셨다(히1:1). 그리고 나중에는 진리를 더 잘 보존하고 전파하며, 육신의 부패와 사탄과 세상의 악의로부터 교회를 더 견고하게 하시고 또한 위로하시기 위하여 주님의 뜻을 온전히 기록해 두시기를 기뻐하셨다(잠22:19-21; 눅1:3-4; 롬15:4; 마4:4,7, 10; 사8:19-20). 이것이 성경이 절대적으로 필요하게 된 원인이다(딤후3:15; 벧후1:19). 하나님이 자기의 뜻을 자기 백성에게 계시해 주시던 이전 방법은 지금은 모두 중단 되었다(히1:1-2).

모든 종교의 근원은 하나님이시다. 하나님께서 자신을 스스로 계시(啓示)하지 않으셨다면 종교는 없었을 것이며, 인간은 하나님에 대한 어떤 지식도 가질 수 없게 되고, 하나님을 찾을 수도 없을 것이다. 그러므로 인간은 오직 하나님 자신의 계시에 의해서만 하나님을 알 수 있게 되는 것이다. 이 계시에는 자연계에 나타난 하나님의 계시(자연계시 또는 일반계시)와 성경에 나타난 하나님의 계시(문서계시 또는 특별계시)로 구분된다.

1) 자연계시(일반계시)

자연의 빛과 창조의 업적과 섭리가 하나님의 선과 지혜와 권능을 잘 나타냄으로 사람이 핑계할 수 없게 되었다.

자연의 빛『이성(理性) 또는 양심(良心)』과 함께 하늘과 땅에 있는 모든 것들이 하나님의 살아계심과 그 영광스러움과 그가 만물의 창조주이시며, 통치자이심, 그리고 인간은 그의 피조물임을 분명히 증거해 주고 있기 때문에 인간은 자신의 불신을 핑계할 수 없다. "**창세로부터 그의 보이지 아니하는 것들 곧 그의 영원하신 능력과 신성이 그 만드신 만물에 분명히 보여 알게 되나니 그러므로 저희가 핑계치 못할지니라**"(롬1:20). 그러나 자연계시(自然啓示)는 인간의 타락과 죄로 인해 희미하게 되고 말았다. 그러므로 자연 계시로는 인간들에게 하나님에 관한 충분한 지식과 영적인 요구를 만족시킬 수 없게 되었다.

2) 특별계시(여러 부분과 여러 모양으로)

자연계시는 하나님의 선과 지혜와 능력에 관하여 다소의 지식을 전달하여 주지만, 구원의 진리에 대해서는 구체적으로 알려주지 못한다. 그러므로 타락한 죄인들의 구원을 위해서는 하나님의 특별계시(特別啓示)

가 필요하게 된 것이다. 그러나 하나님은 자신의 계획을 단번에 교회에게 나타내시지 않고, 여러 부분과 여러 가지 방법으로 여러 시대에 걸쳐 주셨는데, 곧 꿈, 환상, 상징, 우림과 둠빔, 선지자들을 통한 예언의 말씀들로 자기의 뜻을 계시해 주셨다.

"옛적에 선지자들로 여러 부분과 여러 모양으로 우리 조상들에게 말씀하신 하나님이 이 모든 날 마지막에 아들로 우리에게 말씀하셨으니…"(히1:1-2).

"하나님의 지혜에 있어서는 이 세상이 자기 지혜로 하나님을 알지 못하는 고로 하나님께서 전도의 미련한 것으로 믿는 자들을 구원하시기를 기뻐하셨도다"(고전1:21).

3) 특별계시(문서계시)인 성경

그리고 나중에는 진리를 더 잘 보존하시고 전파하시며, 육신의 부패와 사탄과 이 세상의 악에 대하여 교회를 더 견고하게 건설하시고, 또한 위안하시기 위하여 주님의 뜻을 온전히 기록해 두시기를 기뻐하셨다. "**내가 너로 여호와를 의뢰하게 하려 하여 이것을 오늘 특별히 네게 알게 하였노니 내가 모략과 지식의 아름다운 것을 기록하여 너로 진리의 확실한 말씀을 깨닫게 하며 또 너를 보내는 자에게 진리의 말씀으로 회답하게 하려 함이 아니냐**"(잠22:19-21). "무엇이든지 전에 기록한 바는 우리의 교훈을 위하여 기록된 것이니 우리로 하여금 인내로 또는 성경의 안위로 소망을 가지게 함이니라"(롬15:4).

인간이 타락 전에는 자연 계시로도 하나님을 알기에 충분하였으나 타락 이후로는 죄로 인해 마음이 어두워지고, 영적 소경이 되어 깨닫지 못하게 되었다. 그러므로 하나님께서 구약시대에는 특별한 방법들(여러 부분과 여러 모양으로)로 자신의 뜻을 계시하셨다.

그리고 나중에는 교회를 위해 하나님의 뜻을 온전히 기록해 두시기를 기뻐하신 것이다. 이것이 곧 신, 구약 성경이다. "**모든 성경은 하나님의 감동으로 된 것으로 교훈과 책망과 바르게 함과 의로 교육하기에 유익하니 이는 하나님의 사람으로 온전케 하며 모든 선한 일을 행하기에 온전케 하려 함이니라**"(딤후3:16-17). "먼저 알 것은 경의 모든 예언은 사사로이 풀 것이 아니니 예언은 언제든지 사람의 뜻으로 낸 것이 아니요 오직 성령의 감동하심을 입은 사람들이 하나님께 받아 말한 것임이니라"(벧후1:20-21).

"이 예언의 말씀을 읽는 자와 듣는 자들과 그 가운데 기록한 것을 지키는 자들이 복이 있나니…"(계1:3).

4) 이전의 계시 방법은 중지됨

그러므로 하나님이 자기의 뜻을 자기 백성에게 계시(啓示)해 주시던 이전 방법은 현재는 중지되었다.

성경이 온전히 기록되기 전까지는 하나님께서 자기 백성들에게 계시로 직접 뜻을 알려 주셨다. 그 뜻을 족장들은 잘 보존하며 후대(後代)들에게 전하였다. 그러나 인간의 수명은 유한하기에 하나님께서는 계시하신 뜻을 문자(文字)로 기록하도록 하셔서 교회가 믿음과 실천의 규칙으로 삼으며, 진리가 오염되지 않은 상태로 온전하게 보존되고, 세상에 널리 선포하며 전하게 하시도록 하셨다.

이렇게 기록된 말씀이 없었을 때에는 하나님께서 직접적인 방법으로 뜻을 알리셨으나, 기록된 말씀(성경)이 주어진 후로는 이전의 방법으로 그 뜻을 알리시지 않으신다. 이것이 기록된 말씀인 성경이 절대적으로 필요한 이유인 것이다. 성경이 없다면 교회는 확실치 않은 전통이나 구전(口傳)에 의존할 수밖에 없을 것이다. 그러나 기록된 말씀인 성경이 주어짐으로써, 교리들을 판단하는 분명한 기준이 있게 되었고 어둠을 비추는 빛이 되는 것이다. 그러므로 이전의 계시 방법은 중지되었다. "**마땅히 율법과 증거의 말씀을 좇을지니 그들이 말하는 바가 이 말씀에 맞지 아니하면 그들이 정녕히 아침 빛을 보지 못하고 이 땅으로 헤매며 곤고하며 주릴 것이라...**"(사8:20-21). "주의 말씀은 내 발에 등이요 내 길에 빛이니이다"(시119:105)

제 2 절 성경의 정경전(正經典)

성경 또는 하나님의 말씀은 현재 신, 구약성경의 모든 책에 포함되어 있다. 그 책들은 다음과 같다.

≪구약≫ 창세기, 출애굽기, 레위기, 민수기, 신명기, 여호수아, 사사기, 룻기, 사무엘상, 사무엘하, 열왕기상, 열왕기하, 역대상, 역대하, 에스라, 느헤미야, 에스더, 욥기, 시편, 잠언, 전도서, 아가, 이사야, 예레미야, 예레미야 애가, 에스겔, 다니엘, 호세아, 요엘, 아모스, 오바댜, 요나, 미가, 나훔, 하박국, 스바냐, 학개, 스가랴, 말라기.〈합39권〉

≪신약≫ 마태복음, 마가복음, 누가복음, 요한복음, 사도행전, 로마서,

> 고린도전서, 고린도후서, 갈라디아서, 에베소서, 빌립보서, 골로새서, 데살로니가전서, 데살로니가후서, 디모데전서, 디모데후서, 디도서, 빌레몬서, 히브리서, 야고보서, 베드로전서, 베드로후서, 요한1서, 요한2서, 요한3서, 유다서, 요한계시록.〈합27권〉
> 이 모든 책들은 하나님의 영감으로 주어진 믿음과 생활의 규칙이다.(눅 16:29, 31; 엡2:20; 딤후 3:16; 계22:18-19).

기록된 하나님의 말씀(성경)은 신, 구약(新, 舊約) 66권이다. 이 성경만이 신앙과 생활의 규준임을 교회는 믿고 받아들인다. 유대교에서는 구약 성경만을 정경(正經)으로 인정하고 있으며, 자유주의 신학에서는 성경66권이 다 하나님의 말씀이 아니라 하나님의 말씀이 포함되어 있다고 주장한다. 그러나 우리는 신, 구약성경 66권 전체가 하나님의 영감(靈感)으로 기록된 말씀이며, 통일성 있는 전체로서 권위와 효용이 하나님께로부터 주어진 것임을 믿는 것이다.

"모든 성경은 하나님의 감동으로 된 것으로 교훈과 책망과 바르게 함과 의로 교육하기에 유익하니 이는 하나님의 사람으로 온전케 하며 모든 선한 일을 행하기에 온전케 하려 함이니라"(딤후3:16-17).

제 3절 경외전(經外典)

> 보통 외경(外經)이라고 부르는 책들은 하나님의 영감으로 주어진 것이 아니기 때문에 정경(正經)에 포함되지 않는다. 따라서 하나님의 교회 안에서는 권위가 없다. 또한 다른 인간적 저서(著書)들 보다 더 사용가치가 있는 것도 아니다(눅24:27, 44; 롬3:2; 벧후1:21).

'외경'(外經)이란? 정경(正經, canon: 잣대), 즉 66권의 성경에 포함되지 않은 『구약성경 최초의 번역인 그리스어 역(70인역, LXX)에 포함되기는 했지만, 히브리어 정경<66권>에는 들어가지 못한 여러 문서들』(외경위경전서 구약외경Ⅲ, 기독교문화사 p.10) 문서들을 말한다.

이 외경들은 하나님의 영감으로 주어진 것이 아니기 때문에 정경, 즉 성경에 포함되지 않으며, 하나님의 교회 안에서는 권위가 없다. 그러나 로마 가톨릭(R-Catholic)교회에서는 1546년 트렌트 종교회의에서 외경도 하나님의 영감으로 기록된 성경과 동등한 권위가 있는 것으로 인정하였다. 그러나 개신교(Protestant) 교회들은 외경을 정경(성경)으로 인정하지 않는다. 그것은 유대인들이 인정한 적이 없고, 예수님과 사도들도 그 책들을 인용한 적이 없으며, 그 책들에는 오류와 미신과 부도덕한 요소들이 들어 있기 때문이다. 예수님은 당시 유대인들의 히브리어 성경인 구약성경을 정경으로 인정하시고 인용하셨다. "이에 모세와 및 모든 선지자의 글로 시작하여 모든 성경에 쓴바 자기에 관한 것을 자세히 설명하시니라"(눅24:27). "…내가 너희와 함께 있을 때에 너희에게 말한바 곧 모세의 율법과 선지자의 글과 시편에 나를 가리켜 기록된 모든 것이 이루어져야 하리라 한 말이 이것이라…"(눅24:44).

그러므로 외경은 하나님의 영감으로 기록된 것이 아니므로 인간적인 저서(著書)들 보다 더 사용 가치가 있는 것이 아니다.

제 4절 성경의 권위(權威)

> 성경의 권위에 대하여 우리는 그것을 믿고 복종해야 한다. 그 권위는 어떤 사람이나 교회의 증거에 달려있는 것이 아니라 진리 그 자체이시며, 성경의 저자(著者)가 되시는 하나님께 전적으로 달려 있다. 그러므로 우리가 성경의 권위를 받아들여야 하는 것은, 그것이 하나님의 말씀이기 때문이다(벧후1:19, 21; 딤후3:16; 요일5:9; 살전2:13).

교회가 성경에 복종하는 것은 하나님의 말씀이기 때문이다. 성경의 권위는 사람의 증거나 교회의 결정에 달린 것이 아니라 하나님의 영감에 기초하는 것이다. 즉 성경의 저자(著者)이신 하나님의 권위이기 때문에 복종하여야 하는 것이다. 그러나 가톨릭교회는 성경의 권위는 교회에서 나온다고 주장하며 교황주의를 내세우고 있다. 그러나 성경은 교회가 말씀 위에 세워졌다고 증거한다. "먼저 알 것은 경의 모든 예언은 사사로이 풀 것이 아니니 예언은 언제든지 사람의 뜻으로 낸 것이 아니요 오직 성령의 감동하심을 입은 사람들이 하나님께 받아 말한 것임이니라" (벧후1:20-21).

"...너희가 우리에게 들은바 하나님의 말씀을 받을 때에 사람의 말로 아니하고 하나님의 말씀으로 받음이니 진실로 그러하다 이 말씀이 또한 너희 믿는 자 속에서 역사하느니라"(살전2:13). "너희는 사도들과 선지자들의 터 위에 세우심을 입은 자라 그리스도 예수께서 친히 모퉁이 돌이 되셨느니라"(엡2:20).

제 5절 성령의 내적(內的) 증거

> 우리는 교회의 증거에 따라 성경을 고귀한 것으로 평가한다(딤전3:15). 내용의 신성함, 교리의 적절함, 문체의 장엄성, 모든 부분의 통일성, 성경 전체의 목적 (하나님께 모든 영광을 돌리는 것), 인간의 유일한 구원의 길을 밝혀 주는 충분한 내용 전개, 그 밖에 여러 가지 비교할 수도 없는 훌륭한 내용과 거기에 나타나는 전체적인 완전성은 성경이 하나님의 말씀이라는 것을 충분히 증거해 준다. 그러나 우리가 성경의 무오(無誤)한 진리와 신적 권위를 믿고 확신할 수 있는 것은 우리의 마음속에서 말씀을 통해서 증거하시는 성령의 내적 활동에 의한 것이다(요일 2:20, 27; 요16:13-14; 고전2:10-12; 사59:21).

성경이 하나님의 말씀이라는 사실은 외적(外的) 증거와 내적(內的) 증거에 의해 입증된다.

1) 외적 증거
성경 저자들이 하나님으로부터 받은 사명에 따른 기적들, 기록된 많은 예언들의 성취, 오랜 세월 동안 성경이 온전하게 보존되어 온 사실, 성경이 일으킨 엄청난 효과들을 들 수 있다.

2) 내적 증거

① **성경의 통일성과 전체의 목적:** 신, 구약 66권의 성경은 40여 명의 저자들에 의해 약 1600년이 넘는 기간에 걸쳐 각기 다른 시대에 기록되었지만, 내용들이 완벽하게 조화를 이루고 있다. 성경 전체의 목적은 『하나님의 영광』에 맞추어져 있으며, 구약에는 메시아 소망이라는 한 가지 정신이 흐르고 있고, 신약에는 메시아이신 예수 그리스도와 그의 십자가에 죽으심이라는 하나의 주제에 내용이 집중되어 있다는 것이다.

② **예수 그리스도의 증거:** 예수님께서 친히 구약성경을 많이 인용하시면서 구약 전체를 권위 있는 것으로 여기셨다. "**내가 율법이나 선지자나 폐하러 온 줄로 생각지 말라 폐하러 온 것이 아니요 완전케 하려 함이로라 진실로 너희에게 이르노니 천지가 없어지기 전에는 율법의 일점 일획이라도 반드시 없어지지 아니하고 다 이루리라**"(마 5:17-18).

"…내가 너희와 함께 있을 때에 너희에게 말한바 곧 모세의 율법과 선지자의 글과 시편에 나를 가리켜 기록된 모든 것이 이루어져야 하리라 한 말이 이것이라…"(눅24:44).

③ **성령의 내적 조명(照明):** 성경이 하나님의 말씀이라는 합리적 확신을 갖게 하는 많은 증거들이 있다해도, 성경이 말씀이라는 확신을 통해

구원에 이르기 위해서는 성령의 내적 조명을 받아야만 하는 것이다.
"하나님의 아들을 믿는 자는 자기 안에 증거가 있고…"(요일5:10),
"너희는 거룩하신 자에게서 기름 부음을 받고 모든 것을 아느니라"(요일2:20).
"너희는 주께 받은바 기름 부음이 너희 안에 거하나니 아무도 너희를 가르칠 필요가 없고 오직 그의 기름 부음이 모든 것을 너희에게 가르치며 또 참되고 거짓이 없으니 너희를 가르치신 그대로 주 안에 거하라"(요일2:27).
"…진리의 성령이 오시면 그가 너희를 모든 진리 가운데로 인도하시리니 그가 자의로 말하지 않고 오직 듣는 것을 말하시며 장래 일을 너희에게 알리시리라"(요16:13).
"오직 하나님이 성령으로 이것을 우리에게 보이셨으니 성령은 모든 것 곧 하나님의 깊은 것이라도 통달하시느니라"(고전2:10).
성령께서 인간의 어두운 마음을 밝히실 때만이(내적 조명) 성경이 하나님의 말씀이라는 사실을 마음속에서 경험하며 확신하게 되는 것이다.

제 6절 성경의 충분성

> 하나님 자신의 영광과 인간의 구원과 믿음과 생명에 필요한 모든 것에 관하여 하나님의 온전한 뜻은 성경 안에 분명히 나타나 있거나 바르고 모순 없는 논리를 통해 성경에서 찾아낼 수 있다. 그러므로 이 성경에다 성령의 새로운 계시든지, 인간의 전통이든지 아무것도, 어느 때를 막론하고 더 첨가할 수 없다(딤후3:15-17; 갈1:8-9; 살후2:2). 그렇지만 우리는 말씀에 계시된 진리를 이해하여 구원에 이르려면 성령의 내적 조명이 필요하다는 것을 인정한다(요6:45; 고전2:9-12). 그와 동시에 하나님께 드리는 예배와 교회 정치에 관하여는 인간적인 활동이나 단체에서도 찾아 볼수 없는 어떤 격식(格式)들이 있다는 것을 인정한다. 이러한 격식들은 반드시 준수되어야 하는 말씀의 일반 법칙에 따라서 본성의 빛과 기독교인의 신중한 사려 분별에 의하여 정해져야 한다(고전 11:13-14, 14:26, 40).

본 절에는 성경의 충분성과 이 진리를 이해하고 구원에 이르려면 성령의 내적 조명이 필요하다는 것, 그리고 예배와 교회 정치에 관한 격식들은 말씀의 일반 법칙에 따라 본성의 빛과 신중한 분별을 통해 정해야 한다고 진술한다.

1) 종결된 하나님의 계시(66권의 성경)는 인간의 모든 영적 필요를 위하여 완전히 충분하다.

성경의 충분성은 하나님 자신의 영광과 인간의 구원 및 신앙과 생활을 위해 필요한 모든 일들이 성경에 다 제시되어 있다는 것이다. "**옛적에 선지자들로 여러 부분과 여러 모양으로 우리 조상들에게 말씀하신 하나님이 이 모든 날 마지막에 아들로 우리에게 말씀하셨으니… 이는 하나님의 영광의 광채시요 그 본체의 형상이시라 그의 능력의 말씀으로 만물을 붙드시며…**"(히1:1-3).

"…내가 내 아버지께 들은 것을 다 너희에게 알게 하였음이니라"(요 15:15).

"이는 내가 꺼리지 않고 하나님의 뜻을 다 너희에게 전하였음이라"(행 20:27).

2) 성경은 영원히 충분하기에 어떤 것도 더 첨가할 수 없다.

성경의 충분성은 하나님 자신의 영광을 위해 필요한 모든 뜻이 성경에 온전히 계시 되었다는 의미다. 그러므로 성경으로 만족하지 못하고, 거기에다 무엇을 더 추가하는 것은 하나님께서 엄격히 금하신 것이다.

"…우리나 혹 하늘로부터 온 천사라도 우리가 너희에게 전한 복음 외에 다른 복음을 전하면 저주를 받을지어다"(갈1:8).

"혹 영으로나 혹 말로나 혹 우리에게서 받았다 하는 편지로나 주의 날이 이르렀다고 쉬 동심하거나 두려워하거나 하지 아니할 그것이라"(살후 2:2).

① **직접계시 주장**: 성경 외에 성령의 계시가 필요하다고 하며, 직접 계시를 받았다고 주장하는 신비주의가 있다. 그것은 성경이 충분성과 완전성을 부정하고 개인의 체험을 성경보다 우위(優位)에 놓는 잘못

을 범하는 것이다. 문서 계시인 성경이 주어진 후로는 직접 계시 방법은 중지되었다.

② **인간의 전통 인정**: 가톨릭교회에서는 성경 외에 인간의 전승(傳承: 신경, 신앙 선언서, 공회의, 교황의 공식교서, 교부들의 저서, 기도서, 전례서, 순교록, 고대 그리스도교의 미술, 비망록 등) 도 성경과 같이 인정하고 있다. 그들은 이것을 성전(聖傳)이라고 하는데, 가톨릭 공교리문에 보면 『13문: 성전은 성경과 같이 중히 여겨야 하는가? 답: 성전은 성경과 같이 중히 여겨야 할 바다』라고 되어 있다. 이처럼 가톨릭 교회는 성경의 충분성과 성경이 신앙과 생활의 유일의 규준임을 부정하고 있다. 미신적 요인들이 이런 데서 많이 발생하는 것이라 할 것이다. 그러므로 어떤 것도 성경위에 놓거나 성경의 권위와 동등하게 취급 되서는 안 될 것이며, 개인의 체험이나 교회 회의와 결정, 관습과 전통, 모두는 신앙의 유일 규준인 성경 아래 복종시켜야 한다.

"모든 성경은 하나님의 감동으로 된 것으로 교훈과 책망과 바르게 함과 의로 교육하기에 유익하니 이는 하나님의 사람으로 온전케 하며 모든 선한 일을 행하기에 온전케 하려 함이니라"(딤후3:16-17).

"너는 그 말씀에 더하지 말라 그가 너를 책망하시겠고 너는 거짓말하는 자가 될까 두려우니라"(잠30:6). "내가 너희에게 명하는 말을 너희는 가감(加減)하지 말고 내가 너희에게 명하는 너희 하나님 여호와의 명령을 지키라"(신4:2).

"....만일 누구든지 이것들 외에 더하면 하나님이 이 책에 기록된 재앙들을 그에게 더하실 터이요 만일 누구든지 이 책의 예언의 말씀에서 제하여 버리면 하나님이 이 책에 기록된 생명 나무와 및 거룩한 성에 참여함을 제하여 버리시리라"(계22:18-19).

3) 말씀에 계시된 진리를 이해하여 구원에 이르려면 성령의 내적조명(內的照明)이 필요하다.

성경은 인간의 영적 필요를 위하여 완전히 충분하지만, 인간의 지식과 지혜로만은 바르게 이해하여 구원에 이를 수 없다. "…이 세상이 자기 지혜로 하나님을 알지 못하는 고로…"(고전1:21). 그러므로 구원의 진리를 깨달아 믿는 것은 성령의 내적 조명이 필요한 것이다. "…**성령으로 아니하고는 누구든지 예수를 주시라 할 수 없느니라**"(고전12:3). "육에 속한 사람은 하나님의 성령의 일을 받지 아니하나니 저희에게는 미련하게 보임이요 또 깨닫지도 못하나니 이런 일은 영적으로라야 분변함이니라"(고전2:14).

"이에 저희 마음을 열어 성경을 깨닫게 하시고"(눅24:45). "두아디라 성의 자주 장사로서 하나님을 공경하는 루디아 하는 한 여자가 들었는데 주께서 그 마음을 열어 바울의 말을 청종하게 하신지라"(행16:14).

4) 성경의 충분성은 신앙에 관한 모든 조항들이 온전히 성경에 기록되어 있다는 의미가 아니다.

예배와 교회의 정치에 관해서는 성경에 분명하게 지시된 기록이 나타나 있지 않지만, 말씀의 일반 규칙에 따라서 본성의 빛(이성, 양심)과 신자의 사려 분별을 통해서 해결해 나갈 수 있다는 것이다. 그래서 성경은

"모든 것을 적당하게 하고 질서대로 하라"(고전14:40). 그리고 "..모든 것을 덕을 세우기 위하여 하라"(고전14:26). 고 규칙을 준 것이다.

그러므로 성경의 진리로부터 올바로 추론해 낸 결론들은 성경에 기록된 하나님의 계시만큼 확실하다고 할 수 있다. **"바울이 자기의 규례대로 저희에게로 들어가서 세 안식일에 성경을 가지고 강론하며 뜻을 풀어 그리스도가 해를 받고 죽은 자 가운데서 다시 살아야 할 것을 증명하고 이르되 내가 너희에게 전하는 이 예수가 곧 그리스도라 하니"(행17:2-3).**

그러나 적당하게 하고, 덕을 세우기 위하여 하라는 일반 규칙을 남용(濫用)하여 교회에서 예배를 돋보이게 하기 위한 어떤 의식이나 화려한 장식과 예복들이 도입되는(가톨릭적인) 것들을 정당화 하는 것은 아니다.

제 7절 성경의 명료성(明瞭性)

> 성경에 있는 모든 진리가 그 자체로 다 명백하거나 모든 사람에게 다같이 확실한 것도 아니다(벧후3:16). 그러나 구원에 이르기 위해서는 반드시 알아야 하고, 믿어야 하고, 지켜야 하는 진리들이 성경 곳곳에 명확하게 제시되어 있기 때문에 유식한 자들만이 아니라 무식한 자들이라도 적당한 방법만 사용한다면 충분히 이해할 수 있다(시119:105, 130).

본 절에는 성경에 이해하기 어려운 부분들도 있지만, 그러나 구원에 필요한 진리들은 명확히 제시되어 있기 때문에 유식한 사람이나, 무식한 사람이나 적당한 방법을 사용한다면 충분히 이해할 수 있다고 진술한다.

1) 성경이 증거하는 것들은 믿고 받아들여야 한다.

성경의 모든 진리가 누구나 다 이해할 수 있는 명백하고 확실한 것은 아니라는 것이다. 성경의 교리들 가운데는 인간의 이해력을 넘어서는 삼위일체(三位一體)나 그리스도의 이성일인격(二性一人格) 같은 신비롭고 오묘한 교리들이 존재하고 있다. "....그 중에 알기 어려운 것이 더러 있으니 무식한 자들과 굳세지 못한 자들이 다른 성경과 같이 그것도 억지로 풀다가 스스로 멸망에 이르느니라"(벧후3:16). 그러나 우리는 그런 교리(敎理)들을 믿고 받아들여야 하는 것은 성경이 명확하게 증거하고 있기 때문이다.

2) 구원의 진리는 누구라도 이해할 수 있게 제시되었다.

성경은 구원에 필요한 진리를 명확하고 분명하게 진술하고 있으므로 유식(有識)한 사람뿐만 아니라 무식(無識)한 사람도 적당한 방법만 사용해도 충분하게 이해할 수 있다는 것이다. 성경에는 인간의 이해력을 뛰어넘는 깊고 오묘한 진리들이 있는 것은 사실이나, 그러나 구원을 얻기 위해서는 알아야 하고 믿어야 할 진리는 곳곳에 명확히 제시되어 있기 때문에 유식, 무식을 떠나 적당한 방법을 사용한다면 누구든지 이해할 수 있다. "주의 말씀은 내 발에 등이요 내 길에 빛이니이다... 주의 말씀을 열므로 우둔한 자에게 비취어 깨닫게 하나이다"(시119:105, 130). 그러나 가톨릭교회는 하나님께서 명백하게 밝혀 놓지 않으셨기 때문에 말씀은 교회의 권위 있는 해석이 필요하다고 다음과 같이 주장한다. 볼티모어 요리문답 『1328문: 성경에 담겨져 있는 교리들의 참된 의미를 우리가 어떻게 알 수 있는가?

답: 예수 그리스도로 말미암아 그의 교리들을 설명할 수 있는 권세를 받았고, 성령의 특별하신 도움에 의하여 오류 없이 가르칠 수 있도록 보호받고 있는 가톨릭교회에서…, 우리는 그것들의 참된 의미를 알 수가 있다.』 이처럼 교회의 권위를 성경위에다 올려놓는 가톨릭교회와는 반대로 개혁파 교회는 성경만을 최종적인 권위로 인정함으로써, 교회가 내리는 해석은 성경보다 하위(下位)의 것으로 간주하는 것이다. 교회의 권위는 성경에 의해 결정되는 것이며, 성경에 대한 결정력이 교회의 권위에 있는 것은 아니다.

제 8절 성경의 원전(原典)과 번역

> 옛날 하나님의 백성의 언어였던 히브리어로 기록된 구약성경과 그 당시 여러 민족에게 가장 보편적으로 알려져 있던 헬라어로 기록된 신약성경은 하나님에 의해 직접 영감 되었을 뿐만 아니라 하나님의 놀라운 보호와 섭리로서 세세토록 순수하게 보존되어 왔으므로 온전히 믿을만 하다(마5:18). 그러므로 모든 신앙의 논쟁과 관련해 교회는 최종적으로 성경을 의지해야 한다(사8:20; 행15:15; 요5:39, 46). 하나님의 백성은 성경에 관심을 기울이고, 또 성경을 의지할 수 있는 권리를 지니며, 하나님을 경외하는 마음으로 성경을 읽고 배우라는 명령을 받는다(요

> 5:39). 그러나 명령을 받은 하나님의 백성들이라도 이 원어를 다 알고 있는 것이 아니기 때문에 성경은 누구나 읽을 수 있도록(고전14:6, 9, 11-12, 24, 27-28), 각 민족의 언어로 번역되어야 한다. 그렇게 함으로써 하나님의 말씀은 모든 사람 안에 풍성히 거하며(골3:16), 그들이 합당한 방법으로 하나님을 예배하며 성경이 가르쳐 주는 인내와 위로를 통해서 소망을 가지게 된다(롬15:4).

본 절에서는 히브리어로 기록된 구약 성경과 헬라어로 기록된 신약성경 모두 하나님에 의해 직접 영감 된 것이며, 놀라운 섭리 가운데 보존되어 왔다. 신앙의 모든 논쟁은 이 성경에 의해서 해결돼야 하고, 모든 사람은 성경을 의지할 권리와 읽고 배우라는 명령을 받는다. 그러므로 성경은 각 민족들의 언어로 번역되어야 한다고 진술하고 있다.

1) 원래의 성경 원본은 히브리어와 헬라어로 기록되었다.
구약 성경은 옛날 하나님의 백성이었던 이스라엘의 언어(言語)인 히브리어로 기록되었고(렘10:11, 단4:2-7, 스4:-6은 갈대아어로 기록됨), 신약 성경은 당시 가장 보편적으로 사용되던 헬라어로 기록되었다.

2) 성경의 최종적인 권위는 원본들에게만 있다.
사람들이 흔히 성경이라고 말할 때, 흠정역 성경(KJB)이나 개역개정, 새번역 성경(the New Bible), 가톨릭 성경 등, 여러 가지 역본(譯本)들을 떠올린다. 그러나 성경은 오직 하나만이 있을 뿐이다. 그것은 저자(著者)

들이 하나님의 영감을 받아 기록한 자필(自筆, 원본)성경이다. "**모든 성경은 하나님의 감동으로 된 것으로…**"(딤후3:16). 성경의 영감과 무오성(無誤性)은 원본 성경을 말하는 것으로서, 원본(原本) 성경만이 절대적으로 무오하고 완전하다. 그러나 처음에 양피지(羊皮紙)나 우피지(牛皮紙)에 기록되었던 원본 성경은 오늘날에는 존재하지 않고 있다. 하나님의 감동으로 완전하게 기록된 문헌은 이미 사라져 없지만, 성경의 최종적인 권위는 그 원본(原本)에 있는 것이다. 역본 성경들은 부분적으로 오류(誤謬)가 있을 수 있다.

3) 하나님께서 이 원본을 순수한 상태로 보존하여 주셨다.

원본(原本)성경 문헌이 비록 오래전에 사라져 버렸다고는 하지만 하나님께서는 비상한 섭리로 최초의 사본(寫本)이 여러 개가 만들어지도록 하셨고, 오늘날까지 순수하게 보존되도록 보호하신 것이다. 예컨대 어떤 문서를 복사하여 둔다면 원문서(原文書)는 소실되어 없어져도 원문은 사본으로 보존되어 있어, 그 내용은 동일한 것이다. 그러므로 오늘날 우리가 사용하는 성경은 원본 자체는 아니지만 그 내용에 있어서는 원본 성경과 전혀 다르지 않으므로 온전한 진리인 것이다.

4) 이 원본은 모든 신자들의 은혜를 위하여 각국어로 번역되어야 한다.

성경은 최초로 기록될 당시에 일반 대중이 잘 이해할 수 있는 언어(구약: 히브리어, 신약: 헬라어)로 기록되었으나, 이 성경이 각 나라의 언어들로 번역되어 모든 사람이 쉽게 읽고 이해할 수 있도록 하나님께서 섭리하셨다. 그것은 모든 사람들이 성경을 읽고 배우는 것이 하나님의 뜻이기 때문이다. "**하나님은 모든 사람이 구원을 받으며 진리를 아는데 이르기를 원하시느니라**"(딤전2:4). 그러므로 성경은 모든 민족들의 언어로 번역되어야 한다.

그러나 로마 가톨릭 교회는 성경을 일반 언어로 번역하는 것을 금할 뿐 아니라 누구나 성경을 읽는 것은 위험하다고 주장하며, 누구든지 성경을 자유롭게 사용하는 것을 금한다. "**...너희는 천국 문을 사람들 앞에서 닫고 너희도 들어가지 않고 들어가려 하는 자도 들어가지 못하게 하는도다**"(마23:13). 그러나 예수님도 사람들이 성경을 읽고 묵상하는 것을 인정하셨다. "**너희가 성경에서 영생을 얻는 줄 생각하고 성경을 상고하거니와 이 성경이 곧 내게 대하여 증거하는 것이로다**"(요5:39).

제 9절 성경의 해석

> 성경을 해석하는 무오한 법칙은 성경 자체이다. 그러므로 어느 성경 한 구절이 내포하고 있는 참되고 온전한 의미(곧 여러 가지 의미가 아닌 하나뿐인 의미)에 관하여 무슨 의문이 있을 때는 더 분명하게 말씀한 다른 구절을 통해서 그 답을 이해해야 한다(벧후1:20-21; 행15:15-16; 요5:46).

본 절에서는 성경을 해석하는 올바른 법칙은 성경 자체이다. 그러므로 성경 한 구절이 내포하고 있는 참된 의미를 이해하기 어려울 때는 더 분명하게 말씀한 다른 구절에서 답을 얻어야 한다고 진술한다.

1) 성경 해석은 성경 자체로 해야 한다.

성경 해석의 무오(無誤)한 법칙은 성경 자체이다. 그러므로 성경은 성경으로 해석하는 것이 올바른 방법이다. 그러나 가톨릭교회는 성경이 하나님의 완결된 계시임과 성경의 완전성을 부인하고 있다.

교황 레오(Leo XIII, 1878~1903)13세는 『하나님께서 성경을 가톨릭교회에 위탁하셨으므로, 교회는 완전하게 신뢰할 수 있는 안내자요 교사이다. 그러므로 우리의 거룩한 어머니된 교회에 의하여 주장되어 왔고, 또 주장되고 있는 그 의미가 성경의 참된 의미와 해석에 대한 결정이므로 이에 반대하여 누구도 성경을 설명해서는 안 된다』라고 하여 성직권주의(聖職權主義)를 주장했다.

이상의 주장은 누구도 성경을 읽거나 연구할 필요가 없으며, 오직 교회를 통해 들으면 된다는 것이다. 그러나 개혁교회는 반대의 입장이다. 『성경과 성경을 읽는 사람 사이엔 어느 누구도 해석자로 끼어들 필요가 없다. 누구든지 통상적인 지능만 있다면 하나님의 말씀 자체로부터 그가 알 필요가 있는 것들에 대한 핵심 요점을 얻어 낼 수가 있다』(반틸, Intro to Systematic Theology p.140). **"오직 그 말씀이 네게 심히 가까와서 네 입에 있으며 네 마음에 있은즉 네가 이를 행할 수 있느니라"**(신 30:14).

앞서 제7절에서도 『구원에 이르기 위해서는 반드시 알아야 하고, 믿어야 하고, 지켜야 하는 진리들이 성경 곳곳에 명확하게 제시되어 있기 때문에 유식한 자들만이 아니라 무식한 자들이라도 적당한 방법(보통방법)만 사용한다면 충분히 이해할 수 있다』라고 했다. 그러나 성경의 전체 내용이 모두 이해하기 쉽다거나, 하나님께 성직을 받아 성경의 권위 아래 말씀을 선포하는 사역자들이 성경을 이해하는데 도움을 줄 수 없다는 의미도 아니다.

"빌립이 달려가서 선지자 이사야의 글 읽는 것을 듣고 말하되 읽는 것을 깨닫느뇨 대답하되 지도하는 사람이 없으니 어찌 깨달을 수 있느뇨… 빌립이 입을 열어 이 글에서 시작하여 예수를 가르쳐 복음을 전하니"(행 8:30-31, 35).

"…읽는 것과 권하는 것과 가르치는 것에 착념하라"(딤전4:13).

2) 난해한 부분은 보다 분명하게 말씀하고 있는 다른 구절을 통해 바른 답을 알 수 있다.

성경을 해석하는 틀림없는 법칙은 성경 자체인 것이다. 그러므로 성경 한 구절이 가지고 있는 참된 의미에 대하여 의문이 있을 때는 더욱 분명한 뜻을 나타내 주는 다른 성구(聖句)를 찾아 고찰하므로 바르게 이해할 수 있다. 성경에는 한 곳에서 간단하고 불확실 하게 기록된 내용이 다른 곳에서는 더욱 온전하고 분명하게 설명되어진다.

예), 시편118편 22-23절의 "건축자의 버린 돌이 집 모퉁이의 머릿돌이 되었나니 이는 여호와의 행하신 것이요 우리 눈에 기이한 바로다" 라는 말씀의 의미는 사도행전 4장 11절을 찾아보면 "이 예수는 너희 건축자들의 버린 돌로서 집 모퉁이의 머릿돌이 되었느니라"고 하여 건축자들의 버린 돌로서 머릿돌이 되신 이는 『예수 그리스도』를 가리킴을 알 수 있다. 그러므로 본문의 참된 의미를 이해하려고 하면 관련된 다른 성경 구절들을 찾아 비교해 보아야 한다. 한 본문만을 가지고 그 의미를 결론 내려서는 안 된다는 것이다.

3) 성경 본문의 참된 의미는 하나뿐이다

본 고백서에는 성경 본문의 의미는 여럿이 있는 것이 아니고 하나뿐이라고 진술한다. 성경 안에는 복합적인 의미를 가진 구절들도 많이 들어 있다. 예컨대 이스라엘 민족에게 주어진 예언의 말씀이 훗날 교회와 하나님의 나라에 적용되는 경우 등이다. 그러나 이 모든 것들은 성령께서 의도하신 전체적인 한 가지 이미를 나타내게 된다. 성경의 진리는 서로 일치하기 때문에 서로 다른 여러 가지 의미를 갖지 않는다.

"먼저 알 것은 경의 모든 예언은 사사로이 풀 것이 아니니"(벧후1:20).
"모세를 믿었더면 또 나를 믿었으리니 이는 그가 내게 대하여 기록하였음이라"(요5:46).

제 10절 성경의 궁극적 권위

> 신앙 문제의 모든 논쟁을 종결짓고, 교회 회의에서 결정된 신조와 고대 학자들의 견해와 인간의 교훈과 거짓 영들을 시험할 때 최고 심판자는 성경을 통해서 말씀하시는 성령 이외에는 아무도 있을 수가 없다(마 22:29, 31; 엡2:20; 행28:25). 이 심판자의 판결에 순응해야 한다.

본 절에서는 모든 신앙의 논쟁을 종결짓는 것과 교회 회의에서 결정된 신조나 학자들의 견해, 인간의 교훈, 거짓 영들을 시험할 때, 최고의 심판자는 성경을 통해 말씀하시는 성령뿐이시라고 진술하고 있다.

이는 신앙의 논쟁을 판단하는 권위와 성경을 무오(無誤)하게 해석할 권세를 교회가 가지고 있다고 하는 가톨릭교회의 주장에 대한 논박인 것이다. 그들에게는 교회의 논쟁은 교황이 공식적으로 말할 때 해결되며, 교황이 공포하는 것은 성경과 같은 권위를 갖게 된다. 그래서 마리아의 승천 교리를 선포했을 때에 모든 가톨릭 신자들에게는 그것을 믿어야 할 의무가 지워졌던 것이다.

그러나 개혁교회는 하나님의 무오한 말씀(성경)외에는 어떤 것으로도 신자들 개개인의 양심을 속박(束縛)하거나 굴복되게 할 수 없다고 주장한다. 교회의 직무는 하나님의 말씀을 진실히 선포하여 신자들에게 하나님의 뜻이 무엇인지를 알아 순종하게 하는 것이다.

"**내가 너희에게 분부한 모든 것을 가르쳐 지키게 하라...**"(마28:20).

그러므로 교회와 성직자들은 성경의 진리를 수호해야 하는 책임과 가르치고 선포해야 할 사명이 있는 것이다. 그 권위는 사역을 위한 권위일 뿐, 성경을 통해 말씀하시는 성령의 뜻과 일치하지 않으면 그들의 해석과 결정은 양심에 대한 어떤 구속력(拘束力)도 가질 수 없다.

"**예수께서 대답하여 가라사대 너희가 성경도, 하나님의 능력도 알지 못하는 고로 오해하였도다... 죽은 자의 부활을 의논할진대 하나님이 너희에게 말씀하신바**"(마22:29, 31).

"**너희는 사도들과 선지자들의 터 위에 세우심을 입은 자라 그리스도 예수께서 친히 모퉁이 돌이 되셨느니라**"(엡2:20).

교회 회의에서 결정된 신조와, 고대 학자들의 견해들과, 인간의 교훈 및 거짓 영들은 성경에 의해 시험되어야 하며, 모든 신앙 논쟁도 성경을 통해 결정되어야 한다.

"서로 맞지 아니하여 흩어질 때에 바울이 한 말로 일러 가로되 성령이 선지자 이사야로 너희 조상들에게 말씀하신 것이 옳도다"(행28:25).

제 2 장
하나님과 삼위일체(三位一體)에 대하여

신앙에 있어서 가장 중요한 것은 신(神)지식, 즉 하나님에 대한 바른 지식이다. 이 지식은 오직 성경에서만 얻을 수 있다. 그래서 본 고백서는 제1장에서 성경론을 취급하고 이어 본장에서 하나님과 삼위일체에 대하여 진술한다. 삼위일체 교리는 기독교 신앙에 있어서 가장 독특하고 신비로울 뿐 아니라 이해나 설명이 가장 어려운 교리라는 것은 부정할 수 없다. 그러나 모든 교리들 가운데 가장 숭고하고 영광스러운 교리인 것도 사실이다.

그러므로 어렵다고 해서 기피할 교리가 아니라, 가장 영광스럽게 강조되고 가르쳐져야 할 고귀한 교리임을 알아야 한다.

『삼위일체의 교리를 강조하지 않는 현상이 편안하고자 하는 바람, 경험에 안주하는 경향, 지적인 수고를 요구하는 일은 무엇이나 회피하려는 경향 등으로 나타나는 우리의 게으름의 또 다른 예가 아닌가 염려스럽다. 우리가 삼위일체 교리를 소홀히 대했다면 참으로 수치스러운 일이 아닐 수 없다』(로이드 존스, 교리강좌시리즈 1권. 임범진 옮김 p.155).

인간의 지식이나 지혜로는 도무지 알아낼 수 없는 영광의 하나님께서 삼위일체로 계시는 자신의 신비로움을 성경을 통해 죄인들에게 계시하신 것은 참으로 놀랍고 영광스러운 은혜가 아닐 수 없다. 그러므로 우리는 마땅히 성경을 통하여 삼위(三位)로 계시는 하나님을 바로 알기를 힘쓰며, 믿고 참되게 예배해야 할 의무가 있는 것이다. 세상에는 하나님의 이름을 부르는 많은 종파들과 사람들이 있다. 그러나 삼위일체 하나님을 부정한다. 그 이유는 이해할 수 없다는 것이다. 그러나 자신들의 이해의 범주 안에서만 믿을 수 있는 하나님이라면, 그것은 성경에 계시되어진 하나님이 아니다. 참 하나님이 아니라는 말이다. 성경은 영원하시고 참되신 하나님은 삼위로 계심을 증거해 주고 있기 때문이다. "나와 아버지는 하나이니라..."(요10:30). 그렇다고 삼위일체 하나님에 대한 신비를 다 알 수 있다는 말은 아니다. 이 신비를 풀어 보려고 많은 사람들이 노력해 왔지만, 다 설명해 낼 수 없었다. 그러나 우리는 오직 성경의 계시를 의지하여, 삼위일체 하나님의 신비(神秘)앞에서 경외감을 가지고 예배하며, 영광을 돌려야 한다. "그러므로 우리가 여호와를 알자 힘써 여호와를 알자..."(호6:3). "오직 우리 주 곧 구주 예수 그리스도의 은혜와 저를 아는 지식에서 자라가라..."(벧후3:18).

제 1절 하나님은 어떠한 분이신가?

> 살아계시고 참되신(살전1:9; 렘10:10) 하나님은 오직 한 분뿐이시다(신6:4; 고전8:4, 6). 그의 존재는 무한하시고 완전하시고(욥11:7-9, 26:14), 가장 순결하신 영이시다(요4:24). 볼 수 없고(딤전1:17), 육체를 가지시지 않고, 어떤 것의 부분이 되시거나(신4:15-16; 요4:24; 눅24:39), 성정(性情: 성질, 본성)을 가지지도 않으신다(행14:11, 15). 그는 또한 변치 않으시고(약1:17; 말3:6), 광대하시고(왕상8:27; 렘

23:23-24), 영원하시고(시90:2; 딤전1:17), 측량할 수도 없다(시
145:3). 전능하시고(창17:1; 계4:8), 가장 지혜로우시고(롬16:27), 가
장 거룩하시고(사6:3; 계4:8), 가장 자유하시고(시115:3), 절대적이시
며(출3:14), 모든 일을 자기의 영광을 위하여(잠16:4; 롬11:36) 불변하
시고 의로우신 뜻의 계획을 따라 행하신다(엡1:11). 그는 사랑이 많으
시고(요일4:8, 16), 은혜롭고, 자비롭고, 너그러우시며 선과 진리가 충
만하시고, 부정과 위법과 죄를 용서하신다(출34:6-7). 자기를 열심히
찾는 자에게는 상을 주신다(히11:6). 그 뿐만 아니라 그의 심판은 가장
바르고 무서운 것이다(느9:32-33). 모든 죄를 미워하시고(시5:5, 6), 죄
를 결코 사하지 않으신다(나1:2-3; 출34:7).

본 절에서는 하나님에 대해 구체적인 정의(正義)를 진술하고 있는데, 소요리문답 4문에도 하나님에 대해 『하나님은 영이신데 그의 존재하심과 지혜와 권능과 거룩하심과 공의와 인자하심과 진실하심이 무한하시고 영원하시며 불변하시다』라고 정의하고 있다. 이에 대해 미국의 신학자 찰스 하지(C. Hodge)는 가장 훌륭한 성경적 하나님 정의라고 평가했다.(C. Hodge, 조직신학 3권).

1) 하나님은 오직 한 분뿐이시다.

"이스라엘아 들으라 우리 하나님 여호와는 오직 하나인 여호와시니"(신6:4). 『하나님 여호와』라 할 때에 여호와(야훼)는 하나님의 이름(칭호:稱號)이며 "…이는 나의 영원한 이름이요 대대로 기억할 나의 표호니라"

(출3:15). 하나님이라 함은 유일신(唯一神)을 표현하는 말이다. 여기서 유일신이라 함은 수적(數的)인 한분이라는 의미가 아니라 어떤 것이든 하나님과 동등한 것이 없음을 뜻하는 것이다. 그리고 하나의 인격만이 존재하신다는 의미도 아니다. 성경은 하나님에 대해서 『한 신성 안에 세 위격이 계시며, 이 셋은 한분 하나님으로서 본질상 동일하심』을 증거하고 있다. 이에 대해서는 제3절 『삼위일체 하나님』에서 자세히 살피게 될 것이다. "…너는 오늘 위로 하늘에나 아래로 땅에 오직 여호와는 하나님이시요 다른 신이 없는 줄을 알아 명심하고"(신4:39).
"…하나님은 한 분 밖에 없는 줄 아노라 비록 하늘에나 땅에나 신이라 칭하는 자가 있어 많은 신과 많은 주가 있으나 그러나 우리에게는 한 하나님 곧 아버지가 계시니…"(고전8:4-6).

2) 살아 계시는 참된 하나님이시다.
"오직 여호와는 참 하나님이시요 사시는 하나님이시요 영원한 왕이시라…."(렘10:10).
세상에는 하나님이 지으신 피조물들이나 그 형상들을 가지고 신(神)이라고 부르는 우상들이 많이 있다. "비록 하늘에나 땅에나 신이라 칭하는 자가 있어 많은 신과 많은 주가 있으나"(고전8:5). 이것은 인간이 타락함으로 하나님을 떠난 결과들이다. "…생각이 허망하여지며 미련한 마음이 어두워졌나니 스스로 지혜 있다 하나 우준하게 되어 썩어지지 아니하는 하나님의 영광을 썩어질 사람과 금수와 버러지 형상의 우상으로 바꾸었느니라"(롬1:21-23).

그러나 성경은 살아 계시는 참된 하나님은 오직 한 분뿐이심을 증거하고 있다. "**나는 여호와라 나 외에 다른 이가 없나니 나 밖에 신이 없느니라...**"(사45:5). 영원히 사시는 하나님은 생명이 없는 우상과는 엄연히 구별되신다. 하나님은 인간의 상상이나 수공물(手工物)에 의해 존재하시는 분이 아니라 영원부터 영원까지 자존하시며 만드신 모든 피조물들의 경배와 찬양을 받으시는 분이시다.

『살아 계시다』함은 내세(來世)의 하나님만이 아니라 현세(現世)에서도 살아 계셔서 활동하시며, 창조하신 만물을 섭리하고 계심을 뜻한다. 단 하루라도 하나님의 섭리하심이 없다면 이 세상은 영원히 파멸되고 말 것이다. "여호와께서 무릇 기뻐하시는 일을 천지와 바다와 모든 깊은 데서 다 행하셨도다"(시135:6).

『참 되시다』함은 하나님을 거짓 우상들과 구별하기 위한 표현이다. 성경은 참되신 하나님과 헛된 우상들 사이에 무한한 괴리(乖離)가 있음을 증거하고 있다. "....사람의 손으로 만든 것들은 신이 아니라..."(행19:26), "열방의 우상은 은금이요 사람의 수공물이라 입이 있어도 말하지 못하며 눈이 있어도 보지 못하며 귀가 있어도 듣지 못하며 그 입에는 아무 기식도 없나니"(시135:15-17).

"너희는 너희 신의 이름을 부르라 나는 여호와의 이름을 부르리니 이에 불로 응답하는 신 그가 하나님이니라....."(왕상18:24).

3) 하나님은 지극히 순수한 영이시다.

하나님은 순수한 영(靈)이시므로 사람과 같은 육체나 어떤 형태도 가지고 있지 않으시며, 사람의 눈으로 볼 수 없으나 영원히 존재하고 계신다. "...하나님은 복되시고 홀로 한 분이신 능하신 자이며 만왕의 왕이시며 만주의 주시요 오직 그에게만 죽지 아니함이 있고 가까이 가지 못할 빛에 거하시고 아무 사람도 보지 못하였고 또 볼 수 없는 자시니...."(딤전6:15-16).

"하나님은 영이시니 예배하는 자가 영과 진리로 예배할지니라"(요4:24). 그러나 성경에는 육체를 비롯한 눈, 귀, 손, 발, 얼굴 등과 같은 지체를 가지신 것처럼 하나님을 묘사하는 경우들이 있다. "주의 손으로 만드신 것을 다스리게 하시고 만물을 그 발아래 두셨으니"(시8:6), "...여호와여 주의 얼굴을 들어 우리에게 비춰소서"(시4:6), "...여호와께서는 사울로 이스라엘 왕 삼으신 것을 후회하셨더라"(삼상15:35; 창6:7). 이러한 표현들은 인간의 이해 능력을 고려한 신인동형론적(神人同形論的) 표현들이라 할 수 있다. 또한 분노나 질투, 복수심, 근심, 후회, 동정심 같은 인간의 감정 상태로 묘사하고 있는 것도 만찬가지이다. 하나님 자신의 영적 완전함과 행위를 인간 속성과 행위를 사용하여 묘사하는 것이다.

4) 하나님은 완전한 속성을 가지고 계시다.

하나님의 속성(屬性)은 하나님만이 가지고 계시는 완전한 특성(성질)을 말한다. 『속성이란 말은 하나님의 완전성의 일부분, 다른 말로는 하나님의 덕(德)의 일부분을 의미한다』(로이드 존스 교리강좌 시리즈 1권 p.113). "...이는 너희를 어두운 데서 불러내어 그의 기이한 빛에 들어가게 하신 자의 아름다운 덕을 선전하게 하려 하심이라"(벧전2:9). 인간의 능력으로는 하나님의 속성을 다 파악할 수는 없지만 성경은 하나님의 속성의 다양함을 증거하고 있다. 이 하나님의 속성은 『비공유적(절대적) 속성』과 『공유적(보편적)속성』으로 나눌 수 있는데, 비공유적 속성은 피조물에게서는 찾아볼 수 없는, 하나님만이 가지신 완전하고 절대적인 속성을 말하며, 공유적 속성은 완전하지는 않지만 피조물에게서도 희미하게나마 찾아볼 수 있는 속성을 말한다.

1) 비공유적(절대적) 속성

(1) 하나님의 자존성(自存性): 하나님은 자존하시며 독립적이시다. 이런 속성은 여호와(스스로 있는 자)라는 명칭 가운데 분명하게 나타났다. **"하나님이 모세에게 이르시되 나는 스스로 있는 자니라…"(출3:14).** 하나님은 스스로 만족하시기 때문에 인간과 달리 자기 자신 외에 어떤 것도 의존하시지 않으며, 지으신 피조물을 필요로 하지 않으시고 그것들에게서 영광을 구하지도 않으신다. 모든 만물이 하나님의 기쁨을 위해 창조되었지만 하나님께 유익을 끼치는 피조물은 어디에도 존재하지 않는다. 하나님은 스스로 만족하실 뿐이다. **"사람이 어찌 하나님께 유익하게 하겠느냐 지혜로운 자도 스스로 유익할 따름이니라 네가 의로운들 전능자에게 무슨 기쁨이 있겠으며 네 행위가 온전한들 그에게 무슨 이익이 있겠느냐"(욥22:2-3).**

(2) 하나님의 무한성(無限性): 이 속성은 하나님께는 한계가 없으시며, 어떤 제한도 받지 않으심을 의미한다. 이 하나님의 무한성에 대해서는

몇 가지 내용을 생각할 수 있다.

① **절대적 완전성**: 하나님은 지식과 지혜, 선과 사랑, 의와 거룩하심에 있어서 제한을 받지 아니하신다. "**깊도다 하나님의 지혜와 지식의 부요함이여, 그의 판단은 측량치 못할 것이며 그의 길은 찾지 못할 것이로다**"(롬11:33).

② **영원성**: 하나님의 무한성을 시간과 관련시켜 말할 때는 하나님의 영원성이라 부르게 된다. 영원이란 끝없는 기간으로 표현되기도 하지만, 하나님은 시간을 초월해 계시므로 시간의 제한을 받지 않으시며, 시작도 끝도 없으시고 영원하시다. "**산이 생기기 전, 땅과 세계도 주께서 조성하시기 전 곧 영원부터 영원까지 주는 하나님이시니이다… 주의 목전에는 천년이 지나간 어제 같으며 밤의 한 경점 같을 뿐임이니이다**"(시90:2, 4).
"**사랑하는 자들아 주께는 하루가 천년 같고 천년이 하루 같은 이 한 가지를 잊지 말라**"(벧후3:8).

③ **무변성**: 하나님의 무한성을 공간과 관련시켜 말할 때는 하나님의 무변성(無邊性) 또는 편재성(偏在性)이라 부른다. 하나님의 완전성을 나타내는 한 표현으로서, 하나님은 모든 공간을 초월하시며 제한을 받지 아니하시지만 동시에 어느 곳에든지 존재하시며, 피조물 가운데 거하시고 충만하시다. 여기서 명심해야 할 것은 『하나님은 어디든지 계시다』는 의미가 마치 하나님께서 만물들 가운데 영원히 갇혀 있는 포로인 것처럼 떠들며, 하나님의 인격성을 부정하는 범신론자들의 주장과 같은 의미가 아니라는 것이다. "**나 여호와가 말하노라**

나는 가까운데 하나님이요 먼 데 하나님은 아니냐 나 여호와가 말하노라 사람이 내게 보이지 아니하려고 누가 자기를 은밀한 곳에 숨길 수 있겠느냐 나 여호와가 말하노라 나는 천지에 충만하지 아니하냐"(렘23:23-24).

"내가 주의 신을 떠나 어디로 가며 주의 앞에서 어디로 피하리이까 내가 하늘에 올라갈지라도 거기 계시며 음부에 내 자리를 펼지라도 거기 계시니이다 내가 새벽 날개를 치며 바다 끝에 가서 거할지라도 곧 거기서도 주의 손이 나를 인도하시며 주의 오른손이 나를 붙드시리이다"(시139:7-10). 하나님은 모든 곳에 존재하시지만, 때로는 특정한 장소에 임하시는 경우도 있음을 성경에서 볼 수 있다. "…이는 제삼일에 나 여호와가 온 백성의 목전에 시내 산에 강림할 것임이니"(출19:11), "…내가 무릇 내 이름을 기념하게 하는 곳에서 네게 강림하여 복을 주리라"(출20:24).

(3) **하나님의 불변성(不變性)**: 하나님은 절대적으로 변하지 않으신다. 하나님은 본질상 변하실 수 없으며, 과거, 현재, 미래, 그리고 영원히 존재와 완전성, 목적과 약속에 있어서 동일하신 분이시다. "산들은 떠나며 작은 산들은 옮길지라도 나의 인자는 네게서 떠나지 아니하며 화평케 하는 나의 언약은 옮기지 아니하리라 너를 긍휼히 여기는 여호와의 말이니라"(사54:10). "그는 뜻이 일정하시니 누가 능히 돌이킬까 그 마음에 하고자 하시는 것이면 그것을 행하시나니"(욥23:13).

하나님의 불변성은 모세에게 계시하신 『여호와(스스로 있는 자)』라는 이름에도 자존하심과 함께 불변하심의 의미가 담겨 있다. "...그는 **변함도 없으시고 회전하는 그림자도 없으시니라**"(약1:17). 그런데 성경에 나타나 있는 하나님께서 '**후회하셨다**'(삼상15:35)거나, '**한탄하셨다**'(창6:6)거나, '**뜻을 돌이키심**'(욘3:10)등과 같은 표현들은 무엇인가? 여기에 대해서는 하나님의 성품과 본성은 절대로 변하지 않지만, 하나님께서 사람과 관계를 맺으실 때는 사람들이 회개하느냐 그렇지 않으냐에 따라 다양한 행동을 취하신다. 하나님은 인격적인 방법으로 사람들과 관계를 맺으시기 때문에 그분의 행동에는 변화가 있다. 『하나님의 불변성은 돌덩이의 불변성이 아니다』(로이드 존스 교리강좌 시리즈 1권 p.115).

(4) 단일성(單一性): 단일성은 『단수성(單數性)』과 『단순성(單純性)』으로 나누어서 설명할 수 있다. 하나님의 단수성은 숫자적으로 유일한 한 분이시라는 의미다. 그리고 단순성이란 하나님의 본체와 속성들은 분리될 수 없는 하나이지만, 각 속성들 사이에 구별이 없이 혼합되어 있지는 않다는 것을 말한다. 그러므로 하나님의 속성들과 하나님의 본체를 분리하여 독립적으로 생각해서는 안 된다. "**...진노 중에라도 긍휼을 잊지 마옵소서**"(합3:2). 하나님은 사랑이시며 공의이시다. 이 사랑과 공의는 구분은 되지만 분리될 수 없다. 그러므로 하나님의 속성의 어느 하나만을 강조해서는 안 된다. 삼위일체 하나님에 관하여서도 마찬가지이다. 삼위는 한 본질로 계시지만 그 인격적 구별은 가능하다.

2) 공유적(보편적) 속성

(1) 지혜: 하나님은 과거, 현재, 미래에 걸쳐서 이루어지는 모든 일을 다 아시며, 최고의 목적을 설정하시고, 그 목적을 이루시기 위해 최고의 방법을 사용하시므로 자신의 완전한 지식을 나타내시는 그의 덕행을 의미하며. 전지(全知)하심이다. "우리 주는 광대하시며 능력이 많으시며 그 지혜가 무궁하시도다"(시147:5).

"여호와여 주께서 나를 감찰하시고 아셨나이다 주께서 나의 앉고 일어섬을 아시며 멀리서도 나의 생각을 밝히 아시오며 나의 길과 눕는 것을 감찰하시며 나의 모든 행위를 익히 아시오니 여호와여 내 혀의 말을 알지 못하시는 것이 하나도 없으시니이다"(시139:1-4).

(2) 능력: 하나님의 뜻을 이루시는 능력을 의미하는데, 하나님께서는 이루시기로 작정하신 것이면 무엇이든지 행하시고 온전히 성취하실 수 있음을 말한다. "...그 마음에 하고자 하시는 것이면 그것을 행하시나니"(욥23:13). 곧 하나님의 전능(全能)하심, 그의 주권적 능력을 말한다. 그 능력은 창조와 섭리, 구속사역을 통해 나타내셨으며, 심판을 포함한 무한, 영원, 불변하신 완전함이다.

"태초에 하나님이 천지를 창조하시니라"(창1:1). "여호와께서 무릇 기뻐하시는 일을 천지와 바다와 모든 깊은 데서 다 행하셨도다"(시135:6). "아브람의 구십 구세 때에 여호와께서 아브람에게 나타나서 그에게 이르시되 나는 전능한 하나님이라..."(창17:1; 출6:3). "여호와께 능치 못한 일이 있겠느냐..."(창18:14).

"...주 여호와여 주께서 큰 능과 드신 팔로 천지를 지으셨사오니 주에게는 능치 못한 일이 없으시니이다"(렘32:17, 27; 눅1:37).

(3) 거룩: 모든 피조물과는 절대적으로 구별되시며, 초월해 계시는 신적 완전성과 모든 도덕적 불순성이나 죄로부터 구별되시는 도덕적 완전성을 의미한다. "여호와여 신 중에… 주와 같이 거룩함에 영광스러우며 찬송할만한 위엄이 있으며 기이한 일을 행하는 자 누구니이까"(출15:11). "…거룩하다 거룩하다 거룩하다 만군의 여호와여 그 영광이 온 땅에 충만하도다"(사6:3; 계4:8).

(4) 공의: 하나님의 거룩성에 위배되는 모든 것에서 자신을 거룩한 존재로 보존하시는 신적 완전성을 의미한다. 하나님은 세상을 통치하시는 가운데, 그의 공의로서 거룩하심을 나타내시는 것이다.
의로운 자들에게는 상을 주시지만 불의한 자들에게는 진노하신다. "대저 의인의 길은 여호와께서 인정하시나 악인의 길은 망하리로다"(시1:6). "여호와는 의인을 감찰하시고 악인과 폭력을 좋아하는 자를 마음에 미워하시도다"(시11:5).
"악인의 길은 여호와께서 미워하셔도 의를 따라가는 자는 그가 사랑하시느니라"(잠15:9). "저희는 영벌에, 의인들은 영생에 들어가리라…"(마25:46).

① **상(賞)주시는 공의:** 상을 주시므로 나타내시는 하나님의 공의(사랑의 표현)를 뜻한다. "여호와는 의로우사 의로운 일을 좋아하시나니 정

직한 자는 그 얼굴을 뵈오리로다"(시11:7). "이제 후로는 나를 위하여 의의 면류관이 예비되었으므로 주 곧 의로우신 재판장이 그 날에 내게 주실 것이니 내게만 아니라 주의 나타나심을 사모하는 모든 자에게니라"(딤후4:8).

② 벌(罰)주시는 공의: 벌을 주심으로 나타내시는 하나님의 공의(하나님의 진노)를 뜻한다. "악인에게 그물을 내려 치시리니 불과 유황과 태우는 바람이 저희 잔의 소득이 되리로다"(시11:6).

(5) 인자(仁慈, 어질고 자애로움): 하나님의 불변적인 사랑을 나타내는(헤세드) 것으로서 언약적 사랑이라 할 수 있다. 이 사랑은 은혜, 용서와 긍휼, 자비, 오래 참으심, 등을 나타내는 것이며, 하나님의 선(善)하심이라고도 한다. "선하심과 인자하심"(시23:6).
"여호와께서 그의 앞으로 지나시며 반포하시되 여호와로라 여호와로라 자비롭고 은혜롭고 노하기를 더디하고 인자와 진실이 많은 하나님이로라"(출34:6; 시145:8). 하나님의 선하심이란 지으신 모든 피조물에 대해 관대하시고 친절히 다루시는 하나님의 완전하심을 의미한다. "여호와께서는 만유를 선대하시며 그 지으신 모든 것에 긍휼을 베푸시는도다"(시145:9). 이 하나님의 선하심과 인자하심은 모든 피조물들에게 차별 없이 베푸심으로 나타난다. "...하나님이 그 해를 악인과 선인에게 비취게 하시며 비를 의로운 자와 불의한 자에게 내리우심이니라"(마5:45; 행14:17).
또한 받을 자격이 전혀 없는 죄인들에게 베푸시는 구원의 은혜와 오래 참으심이다. "혹 네가 하나님의 인자하심이 너를 인도하여 회개케 하심을 알지 못하여 그의 인자하심과 용납하심과 길이 참으심의 풍성함을 멸시하느뇨"(롬2:4, 9:22).

(6) 진실(신실하심): 하나님은 그의 내적 존재하심에 있어서 참되시며, 계시에 있어서 참되시며, 자기 백성과의 관계에 있어서 항상 진실하심을 나타내시는 신적 완전성을 뜻한다. 이에 성경은 하나님의 신실하심이 하늘에까지 미친다고 증거한다. "...그 공덕이 완전하고 그 모든 길이 공평하며 진실 무망하신 하나님이시니 공의로우시고 정직하시도다"(신32:4). "여호와여 주의 인자하심이 하늘에 있고 주의 성실하심이 공중에 사무쳤으며"(시36:5). 그리고 하나님은 언제나 그 입에서 나간 모든 말씀을 온전히 지키신다고 성경은 증거한다. "내 입에서 나가는 말도 헛되이 내게로 돌아오지 아니하고 나의 뜻을 이루며 나의 명하여 보낸 일에 형통하리라"(사55:11).

성경은 하나님께서 택하신 자기 백성들을 지키시고, 보호하시며 인도하셔서 구원의 궁극적인 목적이 이루어질 때까지 함께 하심을 증거해 주고 있으며 "여호와께서 너를 지켜 모든 환난을 면케 하시며 또 네 영혼을 지키시리로다... 너의 출입을 지금부터 영원까지 지키시리로다"(시121:7-8). 이것을 우리가 신뢰하고 확신할 수 있는 것은 하나님은 진실하시다는 것이다. 은혜의 약속이든지, 심판의 경고이든지, 하나님의 말씀은 반드시 이루어지는 것이다. "여호와께서 이스라엘 족속에게 말씀하신 선한 일이 하나도 남음이 없이 다 응하였더라"(수21:45).

"평강의 하나님이 친히 너희로 온전히 거룩하게 하시고 또 너희 온 영과 혼과 몸이 우리 주 예수 그리스도 강림하실 때에 흠 없게 보전되기를 원하노라 너희를 부르시는 이는 미쁘시니 그가 또한 이루시리라"(살전 5:23-24).

제 2절 하나님과 피조물(被造物)의 관계

하나님은 모든 생명과(요5:26), 영광과(행7:2), 선과(시119:68),복을(딤전6:15; 롬9:5) 자기 안에 가지고 계실 뿐만 아니라 외부에 나타나게도 하신다. 하나님은 자신 안에 있어서나 자신에 대해서나 모든 면에 있어서 자족하시다. 피조물에서(행17:24-25) 보충을 받아야 하거나, 무슨 영광이 피조물에서 나오는 것이 아니라(욥22:2-3), 모든 피조물 안에서나 피조물을 통해서 또는 그것에 대해서 또는 그 위에서 자기의 영광을 나타내신다. 하나님만 모든 존재의 근원이 되신다. 모든 것은(롬11:36) 그에게서, 그를 통해서, 그를 향해서 존재한다. 그는 무엇이든지 자기가 기뻐하시는 대로(계4:11; 딤전6:15; 단4:25, 35) 모든 것을 주관하시며, 사용하시고, 보호하시고, 명령하신다. 그의 앞에서는 모든 것이 노출된다(히4:13). 그의 지식은 무한하고 무오하며, 피조물에 의지하지 않는다(롬11:33-34; 시147:5). 그러므로 하나님에게는 우연한 것이나 불확실한 것은 하나도 없다(행15:18; 겔11:5). 모든 계획이나 역사나 명령에 있어서 가장 거룩하시다(시145:17; 롬7:12). 천사나 사람이나 또는 모든 피조물이 드리는 예배나 봉사나 복종은 하나님에게 돌려야 하며, 또한 그는 그것을 기뻐 요구하신다(요4:23; 계5:12-14).

본 절에는 하나님은 영광이나 지식, 또는 모든 면에 있어서 어떠한 피조물에게도 의존하지 않으시며, 스스로 자족하시고, 원하시는 뜻대로 피조물에게 주권을 행사하시며, 복종을 요구하신다고 진술하고 있다.

1) 하나님은 절대 자기 충족하신 분이시다.

하나님은 홀로 자존하시며 "…나는 스스로 있는 자니라"(출3:14), 우주 만물을 창조하신 것은 무엇이 부족한 것처럼, 그가 만드신 피조물의 섬김을 받기 위해서나, 피조물들에게서 유익을 거두려 하심이 아니라 오직 그의 영광을 피조물들을 통해 나타내시려 함이다.

"우주와 그 가운데 있는 만유를 지으신 신께서는 천지의 주재시니 손으로 지은 전에 계시지 아니하시고 또 무엇이 부족한 것처럼 사람의 손으로 섬김을 받으시는 것이 아니니 이는 만민에게 생명과 호흡과 만물을 친히 주시는 자이심이라"(행17:24-25).

"사람이 어찌 하나님께 유익하게 하겠느냐 지혜로운 자도 스스로 유익할 따름이니라 네가 의로운들 전능자에게 무슨 기쁨이 있겠으며 네 행위가 온전한들 그에게 무슨 이익이 있겠느냐"(욥22:2-3).

2) 하나님은 모든 존재의 근원이시다.

하나님은 모든 만물의 근원(根源)이시므로 어떤 것도 하나님 없이 존재할 수 없다. 하나님에 의해서만 모든 것이 존재한다. "이는 만물이 주에게서 나오고 주로 말미암고 주에게로 돌아감이라 영광이 그에게 세세에 있으리로다 아멘"(롬11:36).

3) 하나님은 창조주이시며, 모든 것을 주관하시는 주권자이시다.

하나님은 절대 주권자(主權者)로서 무엇이든지 기뻐하시는 뜻대로 모든 것을 주관하시고 보호하시며 명령하신다. 그러므로 그 앞에는 감추어진 것이 없이 모든 것이 노출(露出)된다. "우리 주 하나님이여 영광과 존귀와 능력을 받으시는 것이 합당하오니 주께서 만물을 지으신지라 만물이 주의 뜻대로 있었고 또 지으심을 받았나이다 하더라"(계4:11).
"땅의 모든 거민을 없는 것 같이 여기시며 하늘의 군사에게든지, 땅의 거민에게든지 그는 자기 뜻대로 행하시나니…"(단4:35), "지으신 것이 하나라도 그 앞에 나타나지 않음이 없고 오직 만물이 우리를 상관하시는 자의 눈앞에 벌거벗은 것같이 드러나느니라"(히4:13).

4) 하나님에게는 우연한 것이나 불확실한 것은 없다.

하나님은 전지전능 하시므로 피조물을 의지하지 않으신다. 그러므로 하나님에게는 우연한 것이나 불확실한 것은 전혀 없으며, 모든 계획이나 역사나 명령에 있어서 거룩하시다. "저가 별의 수효를 계수하시고 저희를 다 이름대로 부르시는도다 우리 주는 광대하시며 능력이 많으시며 그 지혜가 무궁하시도다"(시147:4-5). "깊도다 하나님의 지혜와 지식의 부요함이여, 그의 판단은 측량치 못할 것이며 그의 길은 찾지 못할 것이로다"(롬11:33).
"너희는 여호와 우리 하나님을 높여 그 발등상 앞에서 경배할지어다 그는 거룩하시도다"(시99:5).

5) 예배와 복종은 하나님께만 돌려야 한다.

하나님만이 창조주이시며, 홀로 만물의 지배권, 통치권, 소유권을 가지신 주권자이심으로 천사나 사람이나 모든 피조물의 예배와 봉사와 복종은 마땅히 하나님께 하여야 한다. "너는 마음을 다하고 성품을 다하고 힘을 다하여 네 하나님 여호와를 사랑하라"(신6:5). "…기록되었으되 주 너의 하나님께 경배하고 다만 그를 섬기라 하였느니라"(마4:10). "만방의 족속들아 영광과 권능을 여호와께 돌릴지어다 여호와께 돌릴지어다"(대상16:28).

제 3절 삼위일체(三位一體, Trinity) 하나님

> 하나님의 본체는 하나이시나 삼위로 계신다. 즉 한 본체와 한 권능과 한 영원성이다. 아버지로서의 하나님, 아들로서의 하나님, 성령으로서의 하나님이시다(요일5:7; 마3:16-17; 28:19; 고후13:13). 성부는 무슨 물질로 구성되거나 거기서 나오거나 그것에서 유출(流出)되는 것은 아니다. 성자는 영원토록 성부에게서 탄생하시고(요1:14, 18), 성령은 영원토록 성부와 성자에게서 나온다(요15:26; 갈4:6). 삼위(三位)가 존재하되 신성(神性)의 단일성 곧 하나의 본질과 능력 및 영원성 가운데 계시다. 성부는 그 누구에게나 그 무엇에도 예속(隸屬)되지 않으며, 나지도 않고 나오지도 않았다. 성자는 영원히 성부에게서 나셨고 성령은 영원히 성부와 성자에게서 나오셨다.

삼위일체 교리는 인간의 이성으로는 온전히 이해할 수 없는 가장 신비롭고 심오한 진리임을 누구도 부인할 수 없을 것이다. 기독교회 역사 속에 많은 지성(知性)들이 오랜 세월에 걸쳐 이 진리에 대해 탐구하고 노력을 했지만 그들도 오늘날 우리가 이해하는 것 이상을 이해하거나 밝혀내지는 못했다. 도리어 삼위일체 교리를 합리적, 철학적으로 이해하려고 노력하다가 그릇된 신관(神觀)으로 오류를 범한 사람들이 많이 있었다. 그럼에도 불구하고 하나님은 오직 한 분이시나, 그 본성에는 성부, 성자, 성령의 세 위격(位格)이 계심을 성경은 분명하게 증거해 주고 있다. 이처럼 신비롭고 오묘한 삼위일체 교리는 죄인인 인간들에게 다 아는 것이 허락되지 않았으므로 인간의 지혜로는 충분하게 설명해 낼 수가 없다. 그러나 성경이 계시한 진리는 인간의 이성으로 이해가 어렵다고 해도 반드시 믿고 받아 들여야 하는 것이다.

1) 한 분 하나님은 성부와 성자와 성령, 삼위격으로 존재하신다.
"이스라엘아 들으라 우리 하나님 여호와는 오직 하나인 여호와이시니"
(신6:4). 성경에는 하나님은 본질상 한분이시나 이 한분(단일한 신성)안에 성부와 성자와 성령, 삼위가 존재함을 증거해 주고 있다. 이 삼위일체 교리는 가장 신비롭고 오묘한 기독교 신앙의 가장 독특하고 영광스러운 교리이다. 이 삼위일체 교리에 관하여서는 많은 사람들이 의문(疑問)을 갖는 것은, 성경에『삼위일체(三位一體)』라는 말이 없다는 것이다.
그러나 분명한 것은 어떤 사람도 하나님은 한 분이시나 삼위로 계신다는 삼위일체의 교리를 생각해 내지 못했고, 해 낼 수도 없었다. 심지어 유대인들조차도 유일 하나님을 믿는다고(일신교) 하지만, 그 하나님이 삼위(三位)로 계신다는 사실은 전혀 깨닫지 못했다. 이 삼위일체 교리는 사람의 생각이나, 철학적 사색에서 나온 것이 아니고 성경으로부터 나온 것이다. 삼위일체(Trinity)라는 용어는 『하나 안에 셋』을 의미하는 라틴어에서 유래한 것으로서, 신비롭고 심오한 성삼위 하나님에 대해 표현하는데 이보다 적합한 용어는 없을 것이다. 하나의 본질에 세 인격으로 계시는 하나님을 삼위일체 하나님으로 표현하는 것은 모순되지 않으며, 매우 합당한 것이다. 그러나 구약에서는 삼위일체 하나님에 대한 계시가 충분하지 않고 희미하여 사람들이 삼위일체 교리를 생각해 낼 수 없었다. "하나님(엘로힘: 복수형)이 가라사대 우리의 형상을 따라 우리의 모양대로 우리가 사람을 만들고..."(창1:26). "여호와 하나님이 가라사대 보라 이 사람이 선악을 아는 일에 우리 중 하나같이 되었으니..."(창3:22, 11:7), "그러므로 주께서 친히 징조로 너희에게 주실 것이라 보라 처녀가 잉태하여 아들을 낳을 것이요 그 이름을 임마누엘(하나님이 우리와 함께 계시다)이라 하리라"(사7:14). "...그 어깨에는 정사를 메었고 그 이름은 기묘자라, 모사라, 전능하신 하나님이라, 영존하시는 아버지라, 평강의 왕이라 할 것임이라"(사9:6).

그러나 신약에서는 예수 그리스도의 성육신과 구속사역을 통해 하나님이 삼위일체로 계심이 분명하게 계시되었다. "**나와 아버지는 하나이니라...**"(요10:30). "**예수께서 세례를 받으시고 곧 물에서 올라오실 새 하늘이 열리고 하나님의 성령이 비둘기같이 내려 자기 위에 임하심을 보시더니 하늘로서 소리가 있어 말씀하시되 이는 내 사랑하는 아들이요 내 기뻐하는 자라 하시니라**"(마3:16-17).

"그러므로 너희는 가서 모든 족속으로 제자를 삼아 아버지와 아들과 성령의 이름으로('이름들' 이라는 복수가 아님) 세례를 주고"(마28:19). "하늘에 증언하는 세 분이 계시니 곧 아버지와 말씀과 성령님이시라 또 이 세 분은 하나이시니라"(요일5:7, 킹 제임스 성경). "하나님은 한 분이시요 또 하나님과 사람 사이의 중보도 한 분이시니 곧 사람이신 그리스도 예수라"(딤전2:5).

2) 동등한 삼위 간에 위적(인격적) 구별이 있다.

성경에 『신성(神性)』이란 용어는 하나님의 거룩한 본성(본질)을 의미한다. 즉 무한하시고, 영원하시며, 불변하시는 하나님의 본성(속성)을 가리키는 것이다. "창세로부터 그의 보이지 아니하는 것들 곧 그의 영원하신 능력과 신성이 그 만드신 만물에 분명히 보여 알게 되나니…"(롬1:20), "그 안에는 신성의 모든 충만이 육체로 거하시고"(골2:9). 이 신성(본성, 본질)은 성부, 성자, 성령, 삼위 하나님께 동일하시나. 삼위 간에 어느 분이 높고 낮음이 있는 것이 아니라 세 위격(인격, Persons)은 권능, 영광이 동등하시고 영원히 공존하시지만 삼위 간에 구분이 되신다. 특히 죄인의 구원을 위해 삼위간의 구분이 분명하게 드러나는데, 성부는 창조와 선택, 구원 계획을 세우시고, 성자는 성부께로부터 보내심을 받아 구원을 이루시고, 성령은 성부와 성자에 의해 보내심을 받아 구원을 적용하신다. 한 분 하나님 안에 계시는 삼위께서 구원을 위해서는 사역을 나누신 것이다. 『일종의 주종(主從) 관계가 발생한 것인데, 그럼에도 불구하고 목적과 실행에 있어서 단일성, 즉 하나이신 것이다. 이것을 경륜적(經綸的: 계획, 포부) 삼위일체라고 부른다』(로이드 존스, 교리강좌시리즈1, 임범진 옮김. 참고).

3) 성자는 영원토록 성부에게서 탄생하시고, 성령은 영원토록 성부와 성자에게서 나오신다.

성부는 아무에게도 속하지 않으시고, 또 아무에게서 나시거나 나오시지 않으며 "… 나는 스스로 있는 자니라"(출3:14), 성자는 성부에게서 영원히 나셨고, 성령은 성부와 성자에게서 영원히 나오신다. 여기서 성부가 성자를 낳으셨다는 것은 인간의 아버지가 아들을 낳는 것처럼 생각해서는 안 된다. "말씀이 육신이 되어 우리 가운데 거하시매 우리가 그 영광을 보니 아버지의 독생자의 영광이요 은혜와 진리가 충만하더라"(요1:14). "본래 하나님을 본 사람이 없으되 아버지 품속에 있는 독생하신 하나님이 나타내셨느니라"(요1:18). "내가 아버지께로서 너희에게 보낼 보혜사 곧 아버지께로서 나오시는 진리의 성령이 오실 때에 그가 나를 증거하실 것이요"(요15:26). "… 또 성령으로 아니하고는 누구든지 예수를 주시라 할 수 없느니라"(고전12:3). 영원하신 삼위일체 하나님은 동시존재(同時存在)이심으로 성자가 없이 성부를 생각할 수 없고, 성령이 없이 성부와 성자를 생각할 수 없다. 이 삼위일체는 하나님 안에 계시는 삼위의 각각의 구별을 표현하는 것으로 이해할 수 있다.

앞에서도 언급한 바 있지만 삼위일체 교리는 가장 신비롭고 오묘한 진리로서 인간의 이성적 이해력을 넘어서는 것으로서 고대(古代)로부터 많은 지성들이 삼위일체 하나님에 대해 합리적, 철학적으로 이해하려고 노력하다가 잘못된 오류에 빠진 사람들이 많이 있었다. 그러므로 삼위일체 하나님을 설명함에 있어서 주의할 점에 대해서는 김준삼 박사『신조학. p.43-44』의 내용을 옮겨본다.

① **종속론(從屬論)**: 성부가 성자를 낳으셨다는 것을 부모에 의해 아들이 출생하듯이 이해하는 것으로서 잘못된 인식이다.

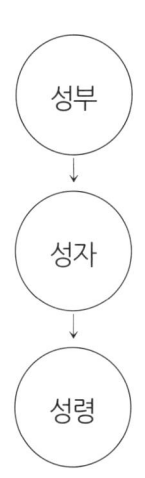

『삼위일체 하나님이신 성부, 성자, 성령은 동시선재(先在)하시고, 동등(同等)이시므로 어느 분이 먼저 계시고 나중에 계시거나, 더 높고 낮으신 관계가 아니다. 다만 죄인의 구원을 위해서는 삼위 간에 사역 분담으로 일종의 주종(主從)관계(지시 하시는 성부, 순종하시는 성자)가 발생했을 뿐이다. 그러나 목적과 실행에 있어서는 하나(단일성)이셨다』(로이드 존스, 교리강좌시리즈 2권, 참고).

② **양태론(樣態論)**: 본질에 있어서는 같은데 사역 면에서는 성부, 성자, 성령으로 나타난다는 잘못된 견해다. 예컨대, 한 사람이면서 남편도 되고, 아버지도 되는 일인 삼역(一人三役)으로 이해하는 것인데, 여기서 문제는 성부, 성자, 성령, 삼위 각각의 인격적 특성과 영원적 구별이 없다는 것이다.(양태론 주창자: 샤벨리우스, Sabellius 217-220년경).

③ **삼신론(三神論)**: 하나의 본질을 3개로 분할 담당시키는 삼신론적 이해로서 잘못된 견해이다.

④ **다신론(多神論)**: 세 개의 본질이 합쳐진 것으로 이해하는 것인데, 그러면 다신론이 되므로 잘못된 것이다.

⑤ **철학적 관점**에서 설명해 보려는 시도들로서, 한 개의 물질이 변화하여 나타나는 형태로 설명하려는 것들이다.

예) ◎ 샘→ 물줄기→ 시냇물.《아타나시우스, Athanasius》

◎ 나무(뿌리)→ 통→ 가지.《어거스틴, Augustine》

◎ 인간의 지→ 정→ 의.   !!

◎ 계시자 → 계시→ 계시 받은 자.《칼 발트, K. Barth》

◎ 꽃→향기→약효.《루터,Luther》,(칼빈기독교강요,제1권 참고).

이외에도 (태양→ 빛 → 열), (수증기→ 물 → 얼음), (수증기→ 구름→ 비) 등 많이 있다. 이렇게 많은 방법들의 시도가 있어왔지만, 그러나 어느 하나도 삼위일체 하나님에 대해 올바르게 설명하지 못하고 있다.

이와 같이 인간의 지혜로는 어떤 방법으로도 삼위일체 교리에 대해 완전하게 설명할 수는 없지만, 이해를 돕기 위해 존 칼빈(J. Calvin)설을 다음과 같이 표현해 본다.

신성에 있어서 한 분이시고,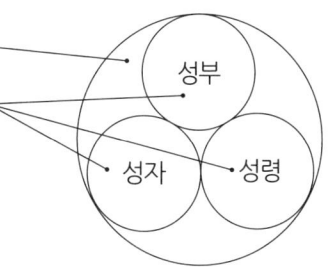
인격에 있어서 삼위이시며,
관계에 있어서 성부, 성자,
성령이시다.

㉠ 동시 선재하시고 ㉡ 권능 동등하시고 ㉢ 영광 동일하시다.

삼위일체는 유일 하나님의 내부 구조라 할 수 있다. 하나의 본질에 있는 삼위격(三位格)으로서 성부와 성자와 성령은 유일의 하나님이시다. 이 하나님만이 참되시며, 예배와 기도와 찬미의 대상으로 삼아야 한다. 그러므로 삼위일체(三位一體)론과 그리스도의 이성일인격(二性一人格)론은 기독교 교리의 골격을 이루는 가장 중대한 교리임을 잊지 말아야 한다.

제 3장
하나님의 영원하신 경륜(經綸)에 대하여

하나님의 영원하신 경륜(經綸)이란? 하나님의 영원하신 계획, 즉 신적작정(神的作定)을 뜻한다. 이 신적작정 교리는 삼위일체 교리와 함께 고도(高度)의 신비적 교리라고 할 수 있다. 그러므로 이해가 쉽지는 않지만 대단히 중요하기 때문에 이론적으로나 실제적인 면에서도 잘 배우고 알아야 한다. 넓은 바다에서 마음껏 헤엄치는 즐거움을 누리려면, 힘들어도 수영을 배워야 하듯이, 은혜와 보화가 넘치는 말씀의 바다에서 신령한 여행을 만끽하려면, 지적(知的) 수고를 아끼지 말아야 한다. 성경의 명료성(제1장 7절)을 확신하며, 성경에 밀착하여 성경이 가르치는 곳까지 담대히 나아가야 할 것이다. 또한 성경이 멈추는 데서는 미련 없이 멈추어야 한다.

제 1절 신적작정(神的作定)

> 하나님은 영원 전부터 자신의 뜻으로 말미암아 가장 현명하고 거룩한 계획에 따라 장차 일어날 모든 것을 자유롭게 또한 변함이 없게 제정하셨다(엡1:11; 롬9:15, 18; 11:33; 히6:17). 그러나 하나님이 죄를 조성하시거나(약1:13, 17; 요일1:5), 인간에게 허락하신 의지를 부정하시

> 거나, 또는 제2원인들의 자유나 우발성을 제거시키지 않고, 오히려 그 것을 확립하신다(행2:23; 마17:12; 행4:27, 28; 요19:11; 잠16:33).

하나님의 작정(신적작정)이란 하나님께서 장차 일어날 모든 일을 영원 전에 미리 정하시는 영원한 계획(목적)이라 정의할 수 있다.

이 작정은 창조와 구속에 있어서 모든 사역을 포함하는 것이며, 인간의 죄 된 행위를 제외한 모든 행위를 뜻한다. 이러한 신적작정론도 삼위일 체론 만큼이나 고도(高度)의 신비적인 교리로서, 인간의 이성으로는 온 전히 파악해 낼 수 없는, 이해력의 범위를 넘어서는 교리라고 말한다. 그 러나 성경에는 분명히 신적작정의 교리가 계시되어 있으므로 신자들은 마땅히 계시된 범위 내에서 탐구해 나가므로, 하나님의 위대하심을 더 욱 발견해가며, 예배와 영광을 돌려야 할 것이다.

본 절에서는 하나님의 신적작정에 대해 다음의 내용들을 진술하고 있다.

1) 하나님은 영원 전부터 장차 일어날 모든 것을 자유롭고 변함없게 결정하셨다.

하나님께서는 영원 전부터 만드신 피조물에 대해 변치 않는 계획을 가 지셨는데, 창조, 인간, 구원, 세상의 모든 피조물들의 삶과 그것들의 궁 극적 운명에 대해 분명한 계획과 목적을 가지고 계셨고, 그 계획은 고정 되어 변하지 않으며, 확신하고 절대적인 것이다.

"곧 창세전에 그리스도 안에서 우리를 택하사 우리로 사랑 안에서 그 앞에 거룩하고 흠이 없게 하시려고 그 기쁘신 뜻대로 우리를 예정하사…"(엡1:4-5), "모든 일을 그 마음의 원대로 역사하시는 자의 뜻을 따라 우리가 예정을 입어 그 안에서 기업이 되었으니"(엡1:11).

"하나님은 약속을 기업으로 받는 자들에게 그 뜻이 변치 아니함을 충분히 나타내시려고 그 일에 맹세로 보증하셨나니"(히6:17). "그는 뜻이 일정하시니 누가 능히 돌이킬까 그 마음에 하고자 하시는 것이면 그것을 행하시나니"(욥23:13).

2) 하나님의 작정이 죄를 조성하거나 인간의 자유를 파괴하지 않는다.

① 죄의 문제는 허용적이다.(許容作定, 허용작정)

하나님의 작정론에 대해 반대자들은 죄의 문제를 들고 나온다. 하나님께서 모든 것을 작정하셨다면 인간의 죄행도 계획된 것이므로 하나님이 죄의 원인자(原因者)가 되시는 것이 아니냐? 하는 것이다. 그러나 하나님이 『정하신 것』과 『허용하신 것』을 구별해야 한다. 하나님의 작정은 총 포괄적(包括的)이어서 미래에 일어날 모든 일에 예외 없이 적용되지만, 죄의 문제에 있어서는 허용적(許容的)이다. 성경은 하나님의 거룩하심을 증거해 준다. 이것은 하나님은 어떤 경우에도 악(惡)을 유발(誘發)하시거나 악을 승인하시지 않으시며, 죄의 원인자가 되실 수 없다는 것이다. "**주께서는 눈이 정결하시므로 악을 참아 보지 못하시며 패역을 참아 보지 못하시거늘…**"(합1:13). 그러므로 인간의 악행은 죄인인 인간의 자유롭고 자발적인 행동이나, 인간의 악행을 허용하시면서 하나님은 자신의 선하신 목적을 이루도록 악을 지배하시는 것이다. "**사람이 시험을**

받을 때에 내가 하나님께 시험을 받는다 하지 말지니 하나님은 악에게 시험을 받지도 아니하시고 친히 아무도 시험하지 아니하시느니라"(약 1:13). "우리가 저에게서 듣고 너희에게 전하는 소식이 이것이니 곧 하나님은 빛이시라 그에게는 어두움이 조금도 없으시니라"(요일1:5). "당신들은 나를 해하려 하였으나 하나님은 그것을 선으로 바꾸사 오늘과 같이 만민의 생명을 구원하게 하시려 하셨나니"(창50:20).

② 하나님은 인간에게 허락하신 자유 의지를 파괴하지 않으신다.

모든 피조물의 궁극적인 운명이 모두 하나님의 작정 안에 있다면 인간의 노력이 필요 없을 것이며, 자유란 없는 것이 아닌가? 라는 의문이 제기될 것이다. 그러나 이런 사고(思考)는 하나님의 작정과 인간의 자유를 같은 선상(線上)에 놓고 보기 때문이다. 창조주이신 하나님과 피조물인 인간과의 차별을 인정한다면 해결이 될 것이다. 하나님의 작정은 인간의 자유까지도 포함하는 것이므로 인간의 자유롭고 자발적인 행동들이라 해도 하나님 작정 속에 있는 것이다. 『물고기는 어항 속에서 자유로이 행동하고 있으나 어항 밖을 벗어날 수 없다. 이처럼 인간은 자유롭게 행동하며 살아가고 있으나 하나님의 작정을 벗어날 수 없는 것이다. 그러므로 하나님의 작정과 인간의 자유의지는 모순되는 것이 아니라 단지 차원의 상이점이 있을 뿐이다』(김준삼 목사 신조학, 참고).

하나님은 인간에게 자유를 주셨지만, 그럼에도 불구하고 자신의 궁극적 목적이 이루어지도록 하기 위해 그 모든 것을 지배하시므로, 인간 편에서 우연(偶然) 같이 보이는 사건도 모두 하나님의 지배 아래 있는 것이다. "사람이 제비는 뽑으나 일을 작정하기는 여호와께 있느니라."(잠

16:33) "...여호와께서 왕에게 대하여 화를 말씀하셨나이다... 한 사람이 우연히 활을 당기어 이스라엘 왕의 갑옷 솔기를 쏜지라 왕이 그 병거 모는 자에게 이르되 내가 부상하였으니 네 손을 돌이켜 나로 군중에서 나가게 하라 하였으나... 저녁에 이르러 죽었는데..., 여호와의 하신 말씀과 같이 되었더라."(왕상22:23, 34-35, 38)

"예수께서 대답하시되 위에서 주지 아니하셨더면 나를 해할 권세가 없었으리니..."(요19:11)

"과연 헤롯과 본디오 빌라도는 이방인과 이스라엘 백성과 합동하여 하나님의 기름 부으신 거룩한 종 예수를 거스려 하나님의 권능과 뜻대로 이루려고 예정하신 그것을 행하려고 이 성에 모였나이다"(행4:27-28)

제 2절 신적작정(神的作定)과 예지(豫知)

> 하나님은 현재나 장래에 일어나든지 일어날 수 있는 모든 것을 아신다 (행15:18; 삼상23:11-12; 마11:21, 23). 그러나 하나님이 장래나 혹은 어떤 경우에 될 일을 미리 내다 보셨기 때문에 예정하신 것은 아니다(롬 9:11, 13, 16, 18).

예지(豫知)란 어떤 일이 일어나기 전에 미리 안다는 의미다. 하나님은 모든 상태에서 일어나는 일들과 일어날 수 있는 모든 것을 아신다. "그 일라 사람들이 나를 그의 손에 붙이겠나이까 주의 종의 들은 대로 사울이 내려 오겠나이까... 여호와께서 가라사대 그가 내려 오리라 다윗이 가로되 그일라 사람들이 나와 내 사람들을 사울의 손에 붙이겠나이까 여호와께서 가라사대 그들이 너를 붙이리라"(삼상23:11-12) "즉 예로부터 이것을 알게 하시는 주의 말씀이라 함과 같으니라"(행15:18). "…이는 이 성중에 내 백성이 많음이라 하시더라"(행18:10).

본 2절에서는 신적작정과 예지와의 관계에 대해 진술하고 있는데, 예지는 신적작정에 의한 예지이다. 신적작정이 예지에 기초를 둔 것이 아니라, 예지가 신적작정에 기초를 둔 것이다. 즉 하나님께서 어떤 사람이 장차 믿을 것을 아시고(예지) 택정하신 것이 아니라 택정하셨기 때문에 그 사람이 믿게 되는 것이다. 만일 신적작정이 예지에 기초한 것이라면, 그것은 조건적이 되며, 아르미니안주의(Arminianism)자들이 주장하는 예지 예정인 것이다. 이런 주장을 본 절에서 논박하고 있는 것이다.

그러므로 모든 되어지는 것들의 근원적인 원인은 오직 하나님의 신적작정 밖에는 없으며, 하나님의 작정은 어떤 결과의 대책이 아니라 모든 것의 발생의 근원인 것이다. "그 자식들이 아직 나지도 아니하고 무슨 선이나 악을 행하지 아니한 때에 택하심을 따라 되는 하나님의 뜻이 행위로 말미암지 않고 오직 부르시는 이에게로 말미암아 서게 하려 하사 리브가에게 이르시되 큰 자가 어린 자를 섬기리라 하셨나니"(롬9:11-12), "그런즉 원하는 자로 말미암음도 아니요 달음박질하는 자로 말미암음도 아니요 오직 긍휼히 여기시는 하나님으로 말미암음이니라"(롬9:16).

※주권적, 절대적 의지 결정(개혁주의, Reformed 입장)
※조건적 의지 결정(아르미니안주의, (Arminianism 입장)

제 3절 이중(쌍방)예정(二重, 雙方豫定)

> 하나님의 작정(作定)으로 말미암아 자기의 영광을 나타내기 위하여 인간과 천사들 중에(딤전5:21; 마25:41) 어떤 이는 영생으로 어떤 이는 영원한 죽음에 미리 경륜(經綸: 계획)되었다(롬9:22-23; 엡1:5-6; 잠 16:4).

본 절에서는 하나님께서 영광을 나타내시기 위해 인간과 천사들 중에 어떤 이는 구원으로, 어떤 이는 버림받은 상태로 둘 자를 작정하셨다고 진술한다.

1) 하나님은 구원받을 자와 받지 못할 자를 작정(예정)하셨다.

하나님께서 영원 전에 자기의 영광을 나타내시려고 천사들과 인간들 중에 어떤 이는 영원한 생명을 얻도록 작정하시고, 어떤 이는 영원한 죽음에 이르도록 작정하셨다. 이것을 예정이라고 하는데, (이중예정 또는 쌍방 예정이라고도 함). 이 예정은 선택(選擇)과 유기(遺棄)라는 두 부분으로 나누어진다.

① **선택(구원)**: 선택이란 천사와 인류 중에 얼마를 예수 그리스도 안에서 구원하시려는 하나님의 영원한 목적을 의미한다. "**하나님과 그리스도 예수와 택하심을 받은 천사들 앞에서 내가 엄히 명하노니....**" (딤전5:21). "곧 창세 전에 그리스도 안에서 우리를 택하사 우리로 사랑 안에서 그 앞에 거룩하고 흠이 없게 하시려고"(엡1:4). "...나를 보

내신 이의 뜻은 내게 주신 자 중에 내가 하나도 잃어버리지 아니하고 마지막 날에 다시 살리는 이것이니라"(요6:39).

② 유기(버림): 유기란 하나님께서 어떤 이들에게 구원의 은혜를 베푸시기로 작정하실 때에 어떤 이들은 간과(看過)하시고 그들의 죄를 따라 영벌(永罰) 하시려는 하나님의 영원한 목적이라 할 수 있다. "또 자기 지위를 지키지 아니하고 자기 처소를 떠난 천사들을 큰 날의 심판까지 영원한 결박으로 흑암에 가두셨으며"(유1:6).

"형제들아 성령이 다윗의 입을 의탁하사 예수 잡는 자들을 지로한 유다를 가리켜 미리 말씀하신 성경이 응하였으니 마땅하도다"(행1:16). "또 왼편에 있는 자들에게 이르시되 저주를 받은 자들아 나를 떠나 마귀와 그 사자들을 위하여 예비된 영영한 불에 들어가라"(마25:41). "기록된 바 내가 야곱은 사랑하고 에서는 미워하였다 하심과 같으니라"(롬9:13). 이 예정(豫定)교리에 대해서는 예나 지금이나 많은 사람들이 거부 반응을 보이는 것이 사실이다. 그러나 예정교리는 갈빈(Calvin)개인의 주장이거나, 장로교회의 주장이 아니라 주님이 친히 말씀하셨고 성경이 증거하고 있는 확실한 진리이다. "아버지께서 내게 주시는 자는 다 내게로 올것이요... 나를 보내신 아버지께서 이끌지 아니하면 아무라도 내게 올 수 없으니..."(요6:37, 44). "이방인들이 듣고 기뻐하여 하나님의 말씀을 찬송하며 영생을 주시기로 작정된 자는 다 믿더라"(행13:48). 그럼에도 불구하고 인간의 이성적 논리로 생각하다 보니, 마치 하나님을 매우 공정치 못하시고 불의하신 분처럼 망령되이 분개하며 떠드는 경우들이 많다. (R. Catholic, Lutheran, Arminian, Methodist 에서는 조건적 예정을 주장하며 유기를 부정함). 그런 자들을 향해 바울은 구약에 나타난 에서와 야곱의 실례를 들어 "그 자식들이 아직 나지도 아니하고 무슨 선이나 악을 행하지 아니한 때에 택하심을 따라 되는 하나님의 뜻이 행위로 말미암지 않고 오직 부르시는 이에게로 말미암아 서게 하려 하사"(롬 9:11)라고 증거하면서 선택과 유기는 전적으로 하나님의 주권적이며, 무조건적인 결정임을 강조한다.

"이 사람아 네가 뉘기에 감히 하나님을 힐문하느뇨 지음을 받은 물건이 지은 자에게 어찌 나를 이같이 만들었느냐 말하겠느뇨 토기장이가 진흙 한 덩이로 하나는 귀히 쓸 그릇을, 하나는 천히 쓸 그릇을 만드는 권이 없느냐 만일 하나님이 그 진노를 보이시고 그 능력을 알게 하고자 하사 멸하시기로 준비된 진노의 그릇을 오래 참으심으로 관용하시고 또한 영광 받기로 예비하신 바 긍휼의 그릇에 대하여 그 영광의 부요함을 알게 하고자 하셨을지라도 무슨 말 하리요"(롬9:20-23). "그런즉 하나님께서 하고자 하시는 자를 긍휼히 여기시고 하고자 하시는 자를 강퍅케 하시느니라"(롬9:18).

칼빈(Calvin)도 『하나님은 선민을 믿음과 회개시키려고 선택하셨지, 그들의 믿음과 회개로 인해서 선택된 것은 아니다. 여기에 구원의 확실함과 은총성이 있다』고 하여, 조건적 예정(예지예정)을 주장하는 자들에 대해 논박했다. 하나님께서 우리가 믿게 될 것을 예지하셨기 때문에 선택하신 것이 아니고, 우리를 선택하셨기 때문에 우리가 믿게 될 것을 예지하시는 것이다. 만일 예지가 선택의 조건이라면 바울의 주장처럼 은혜가 은혜 되지 못하고 은혜는 폐기(廢棄)되는 것이 되고 만다. "**만일 은**

혜로 된 것이면 행위로 말미암지 않음이니 그렇지 않으면 은혜가 은혜 되지 못하느니라"(롬11:6). 이와 같은 심오한 교리들을 대할 때마다 영원하신 하나님은 창조주로서 절대 주권자이시며, 우리는 그의 지음을 받은 피조물일 뿐임을 겸손히 인정할 때에만, 거치는 것들이 사라지고 은혜가 될 것이다. 제3장 1절, 서두에서 신적작정론도 삼위일체론 만큼이나 고도(高度)의 신비적인 교리로서 인간의 이성으로는 온전히 파악해 낼 수 없는, 이해력의 범위를 넘어서는 교리라고 언급한 것을 기억할 것이다. 그러나 영원하신 하나님께서 창세전에 자기의 영광을 위해 결정하신 일들에 대해 성경을 통해 명백하게 말씀하신 것을 보잘 것 없는 인간 이성의 비판영역 범주 안에서 해답을 얻으려는 헛된 몸부림이 아니라 '아멘'하고 믿음으로 받아 들여야 함이 마땅한 것이다. 믿음으로 받는 자들에게는 이보다 더 위로가 되는 교리는 없을 것이다. 우리의 구원이 나의 행위에 있지 않고, 영원 전에 하나님께서 작정하시고 십자가를 통해 이루셨으며, 영원토록 그 구원이 흔들리거나 변함이 없다는 은혜로운 사실과 창세전에 이미 나의 이름을 어린양의 생명책에 기록하셨다(계21:27)는 사실 앞에서 경배와 찬양을 돌리지 않을 수 없게 된다. "주의 사랑하시는 형제들아 우리가 항상 너희를 위하여 마땅히 하나님께 감사할 것은 하나님이 처음부터 너희를 택하사 성령의 거룩하게 하심과 진리를 믿음으로 구원을 얻게 하심이니"(살후2:13), "하나님이 우리를 구원하사 거룩하신 부르심으로 부르심은 우리의 행위대로 하심이 아니요 오직 자기 뜻과 영원한 때 전부터 그리스도 예수 안에서 우리에게 주신 은혜대로 하심이라"(딤후1:9).

제 4절 예정의 개별성(個別性)과 불변성(不變性)

> 이와 같이 예정되고 미리 작정된 천사들이나 인간은 특별하고 변함 없게 결정되어 있어서 그들의 수는 매우 확실하고 확정적이므로 더 증가되거나 감소될 수가 없다(딤후2:19; 요13:18).

본 절에서는 하나님께서 결정하신 것은 변치 않기 때문에 택자와 유기자의 수는 확정적이고, 증감(增減)되지 않는다고 진술한다.

1) 하나님의 선택은 개별적이며, 불변하다.
① 개별적(個別的)인 선택

하나님의 선택에 대해서 민족이나 교회와 같은 집단적인 선택만을 인정하려는 경우가 있다. 물론 성경에는 그런 일반적인 선택을 말씀하고 있다. 아울러 성경은 개인적인 선택에 대해서도 말씀하고 있다. 이스라엘 민족의 경우 이방의 다른 민족들과는 달리 집단적 차원에서 구별 받아 하나님의 백성이 되었다. 그러나 성경은 이스라엘 백성들 가운데서도 남은 자에 대해 말씀하고 있다. "**...이사야가 이스라엘에 관하여 외치되 이스라엘 뭇자손의 수가 비록 바다의 모래 같을지라도 남은 자만 구원을 얻으리니**"(롬9:27). 이스라엘 민족의 집단적 차원에서의 선택이 이스라엘 백성 전체의 구원을 의미하는 것은 아니다. 그 가운데 개인적 차원에서 선택받은 자, 즉 남은 자들만이 참된 구원으로의 선택인 것이다. "**그런즉 이와 같이 이제도 은혜로 택하심을 따라 남은 자가 있느니라**"

(롬11:5).

"대저 표면적 유대인이 유대인이 아니요.... 오직 이면적 유대인이 유대인이며..."(롬2:28-29). "내가 너희를 다 가리켜 말하는 것이 아니라 내가 나의 택한 자들이 누구인지 앎이라..."(요13:18).

② 불변적(不變的)인 선택

하나님께서 택하시고 예정하신 사람들의 수는 영원히 확정되었다. 그리고 하나님의 뜻은 변하지 않기 때문에 구원을 주시기로 선택한 자들은 단 한 사람도 탈락하거나 멸망하지 않는다 **"여호와의 계획은 영원히 서고 그의 생각은 대대에 이르리로다"**(시33:11). 하나님의 선택의 뜻이 인간의 어떤 조건에 의해 중도에 변하거나 유기자로 정하였던 것이 선민으로 변하는 일은 없다는 것이다. 하나님의 선택의 은혜는 영원히 불변적이다. 그러므로 선택하신 자들의 숫자도 늘어나거나 줄어들거나 하지 않고 영원히 확정적이며, 변하지 않는다. "...하나님의 견고한 터는 섰으니 인침이 있어 일렀으되 주께서 자기 백성을 아신다 하며..."(딤후2:19). "내 양은 내 음성을 들으며 나는 저희를 알며 저희는 나를 따르느니라 내가 저희에게 영생을 주노니 영원히 멸망치 아니할 터이요 또 저희를 내 손에서 빼앗을 자가 없느니라 저희를 주신 내 아버지는 만유보다 크시매 아무도 아버지 손에서 빼앗을 수 없느니라"(요10:27-29). "...나를 보내신 이의 뜻은 내게 주신 자 중에 내가 하나도 잃어버리지 아니하고 마지막 날에 다시 살리는 이것이니라"(요6:39).

"무엇이든지 속된 것이나 가증한 일 또는 거짓말하는 자는 결코 그리로 들어오지 못하되 오직 어린 양의 생명책에 기록된 자들뿐이라"(계21:27)

제 5절 은혜(恩惠)에 의한 선택

> 하나님은 생명을 얻도록 예정된 사람들을 그 변하지 않는 영원하신 뜻과 그 마음의 은밀한 계획과 선하신 기쁨에 따라 창세 전에 그리스도 안에서 택정하시어 영원한 영광에 이르게 하시고(엡1:4,9,11; 롬8:30; 딤후1:9; 살전5:9), 그 하나님의 영광스러운 은혜를 찬미하게 하셨다(엡1:6, 12). 이 하나님의 예정은 값없는 은혜와 사랑 안에서 이루어졌을 뿐, 그들의 신앙이나 선한 행실이나 또는 그들 안에나 다른 피조물 안에 있는 어떤 결정의 원인이 될 만한 조건이 있거나, 미리 아셔서 이루어진 것이 아니고, 또 하나님을 움직여 그렇게 하도록 강요한 원인도 없다(롬9:11, 13, 16; 엡1:4, 9).

본 절에서 예정은 피조물 안에 있는 어떤 결정의 원인이 될 만한 조건이나 예지로 이루어진 것이 아니라, 전적인 하나님의 은혜로운 주권적 결정으로 되었다고 진술한다.

1) 예정은 은혜로운 하나님의 주권적 결정이다.

아르미니안주의(Arminianism)자들은 신자들도 구원의 은혜에서 벗어날 수 있다고 주장한다. 오늘 구원받은 신자도 내일은 구원에서 탈락할 수도 있다는 것이다. 즉 택함을 받은 신자도 상황에 따라 유기자(遺棄者)로 변할 수 있다는 말이다. 신자가 불신으로 떨어지는 순간, 그에 대한 하나님의 예정도 바뀌게 된다는 것으로서, 이것은 하나님의 선택의 조건이 인간에게 있다고 생각하기 때문이다(조건적 예정). 그러나 성경은 선택이란 하나님의 주권적이며, 은혜에 의한 결정으로서, 하나님의 선하신 뜻 외에는 다른 원인은 존재할 수 없다고 증거한다. 하나님께서 은혜로 선택하셨다는 것은 무조건적으로 베푸신 선물(카리스 χάρις)이란 뜻으로서, 어떤 조건도 배제됨을 의미한다. "그 기쁘신 뜻대로 우리를 예정하사 예수 그리스도로 말미암아 자기의 아들들이 되게 하셨으니 이는 그의 사랑하시는 자 안에서 우리에게 거저 주시는바 그의 은혜의 영광을 찬미하게 하려는 것이라"(엡1:5-6). "또 미리 정하신 그들을 또한 부르시고 부르신 그들을 또한 의롭다 하시고 의롭다 하신 그들을 또한 영화롭게 하셨느니라"(롬8:30).
"너희가 나를 택한 것이 아니요 내가 너희를 택하여 세웠나니…"(요15:16).

2) 그리스도 안에서 선택하셨다.

하나님의 선택을 생각할 때에 잊지 말아야 할 것은 『그리스도 안에서 신택』이라는 것이다. "곧 창세전에 그리스도 안에서 우리를 택하사…"(엡1:4). 이 말씀은 그리스도의 사역이 하나님의 선택을 결정짓는 원인이라는 뜻이 아니라 하나님이 선택하신 자들에게 선택의 사랑이 효력을 발생하도록 그리스도의 중보(中保)사역이 필요함을 의미한다. "그리스도 예수 안에 있는 구속으로 말미암아 하나님의 은혜로 값없이 의롭다 하심을 얻은 자 되었느니라"(롬3:24).

선택은 전적으로 하나님의 주권적인 결정이며, 하나님의 선하신 뜻 외에 다른 원인은 존재하지 않는다. "그 기쁘신 뜻대로 우리를 예정하사..."(엡1:5). 그러므로 『그리스도 안에서 선택되었다는 것은 하나님께서 그리스도의 중보의 사역을 선택의 원인이 아니라 선택의 뜻(목적)을 이루시는 수단으로 결정하셨다는 의미가 있다』(W.신앙고백 해설, 로버트 쇼 저, 조계광 역. 참고).

3) 창세전에 선택하셨다.

하나님의 선택은 창세전, 즉 이 세상과 모든 피조물들이 만들어지기 전에 정해졌다. 그것은 하나님의 예정이 인간의 어떤 행위나 조건에 의한 것이 아니라, 전적으로 하나님의 주권적인 결정임을 나타내는 것이다. 그러므로 자랑할 것이 인간에게 있지 않고 오직 하나님께만 있으며, 영광이 하나님께만 돌려져야 한다. "곧 창세전에 그리스도 안에서 우리를 택하사... 예수 그리스도로 말미암아 자기의 아들들이 되게 하셨으니 이는 그의 사랑하시는 자 안에서 우리에게 거저 주시는바 그의 은혜의 영광을 찬미하게 하려는 것이라"(엡1:4-6). "그 자식들이 아직 나지도 아니하고 무슨 선이나 악을 행하지 아니한 때에 택하심을 따라 되는 하나님의 뜻이 행위로 말미암지 않고 오직 부르시는 이에게로 말미암아 서게 하려 하사"(롬9:11). "행위에서 난 것이 아니니 이는 누구든지 자랑치 못하게 함이니라"(엡2:9).

제 6절 예정에 있어서의 목적과 수단

> 하나님께서 선택한 자들을 영광의 자리에 이르도록 작정하신 것처럼, 그는 그의 영원하고 가장 자유로운 목적에 따라 영광에 이르는 필요한 모든 수단을 미리 정하셨다 (벧전1:2, 엡1:4, 5, 2:10, 살후2:13). 그러므로 택함을 받은 자들은 아담 안에서 타락했으나 그리스도를 통해 구속함을 받고(살전5:9-10; 딛2:14), 때를 따라서 성령의 역사하심을 통하여 효력 있는 부르심을 받아 믿음에 이르게 되며, 의롭다 함을 받으며, 양자가 되며, 성화되며(롬8:30; 엡1:5; 살후2:13), 믿음을 통해서 구원에 이르기까지 그리스도의 능력으로 보호를 받는다(벧전1:5). 오직 택함을 받은 자 외에는(요17:9; 롬8:28; 요6:64-65; 8:47; 10:26; 요일2:19), 다른 아무도 구속을 받거나 유효한 부르심을 받거나, 의롭다 함을 받거나, 하나님의 자녀가 되거나, 성화가 되어서 구원을 받지 못한다.

예정교리에 대해 의문(疑問)을 제기하는 자들 중에는 영원한 생명을 얻도록 선택된 사람은 어떻게 살아가든지 상관없이 구원을 얻을 것이면, 예정교리는 인간을 부도덕하게 만드는 것 아닌가? 라고 반문(反問)하는 자들도 있다. 이에 본 절에서는 하나님께서 택자들을 영광의 자리에 이르도록 작정하신 것처럼, 그 영광에 이르는 필요한 모든 수단도 미리 정하셨다고 진술하고 있다.

1) 하나님은 목적과 수단을 함께 결정하셨다.

하나님께서 이루시고자 하시는 목적들을 작정하실 때에는 동시에 그 목적들을 이루시기 위한 수단도 함께 결정하신다.

성경은 "곧 창세전에 그리스도 안에서 우리를 택하사..."(엡1:4). 라고 말씀하신다. 하나님께서는 택하신 자들을 영광에 자리에 이르도록 작정하신 것처럼, 그리스도 안에서, 즉 그리스도의 공로로 영광을 얻는 수단(手段)도 창세전에 미리 결정하신 것이다. 앞에 제5절에서도 언급한 것처럼, 그리스도의 중보 사역이 선택의 원인이 아니라 그의 복종과 죽으심이 하나님의 선택의 목적을 이루는 유일 수단으로 결정되었다는 것이다. "곧 하나님 아버지의 미리 아심을 따라 성령의 거룩하게 하심으로 순종함과 예수 그리스도의 피 뿌림을 얻기 위하여 택하심을 입은 자들에게 편지 하노니..."(벧전1:2).

"주의 사랑하시는 형제들아 우리가 항상 너희를 위하여 마땅히 하나님께 감사할 것은 하나님이 처음부터 너희를 택하사 성령의 거룩하게 하심과 진리를 믿음으로 구원을 얻게 하심이니"(살후2:13).

또한 선택된 자들이 영원한 복을 누리기 전에 반드시 갖추어야 할 소명, 믿음, 칭의, 양자, 성화, 견인 등과 같은 수단도 결정해 놓으신 것이다. 목적을 이루기 위해서는 필요한 수단을 사용해야 한다. 하나님께서는 선택만 하시고 그대로 두시는 것이 아니라, 선택하신 목적을 이루시기 위해서 정하신 수단을 사용하신다는 사실을 기억한다면 결코 성경이 말씀하시는 예정 교리를 훼손하는 일은 없을 것이다.

2) 구속의 은혜는 성령의 역사에 의해 믿음으로 받아들인다.

하나님께서 택한 자들이 효력 있는 부르심(중생)과 믿음과 의롭다하심(칭의)과 양자(자녀)됨과, 거룩하게 하심(성화)과 견인에 의해 구원받게 될 것을 결정하셨다. 본 6절에 나타난 구원의 순서를 보면, 신적작정→ 타락→ 구속 → 소명→ 믿음 → 칭의→ 양자 → 성화 → 견인→ 구원 순으로 전개 되어져 있다. 여기서 또한 의문을 가질 수 있는 것은 앞에서 하나님께서 택하신 자들을 영광에 이르도록 작정하신 것처럼, 그리스도의 공로, 즉 그의 복종과 죽으심이 택하신 자들의 영광을 얻는 유일의 수단으로 결정하셨다고 했는데, 거기에다 소명, 칭의, 양자, 성화, 견인 등도 수단으로 결정해 놓으셨다는 것이다. 그러면 그리스도의 공로 외에 다른 수단들은 무엇인가? 이에 대한 바른 이해와 정리를 하려면 먼저 『그리스도를 통해 구속함을 받고』에서, 구속(救贖)이라는 말의 의미를 살펴야한다. 성경에는 '구속'이라는 말이 죄와 형벌에서 구원받는 것을 뜻하기도 하지만 근본적인 의미는 『속전(贖錢)을 지불하는 것』을 뜻한다. 그래서 그리스도를 통한 구속은 택한 백성들을 위한 속전 지불을 의미하며, 이 구속은 그리스도의 십자가를 통해 온전히 이루어졌고 완성되었다. 그러나 본 고백에서는 선택받은 자들이 『구속함을 받는 것』과 『구원 받는 것』을 구별하고 있다. 이것은 그리스도의 구속으로 확보된 영원한 구원이 선택받은 자들에게 성령의 효력 있는 부르심을 통해 믿음으로 그리스도와 연합되었을 때에 이루어지기 때문이다.

그래서 신학자들은 『속전에 의한 구원』과 『능력에 의한 구원』을 구별하기도 한다. 속전(贖錢)에 의한 구원이란 그리스도께서 십자가의 죽으심과 피 흘림으로 자기 백성들을 사셨음을 뜻하는 것이다. "…하나님이 자기 피로 사신 교회를 치게 하셨느니라"(행20:28), "너희가 알거니와 너희 조상의 유전한 망령된 행실에서 구속된 것은 은이나 금 같이 없어질 것으로 한 것이 아니요 오직 흠 없고 점 없는 어린양 같은 그리스도의 보배로운 피로 한 것이니라"(벧전1:18-19).

"그가 우리를 대신하여 자신을 주심은 모든 불법에서 우리를 구속하시고 우리를 깨끗하게 하사 선한 일에 열심하는 친 백성이 되게 하려 하심이니라"(딛2:14).

또한 능력에 의한 구원은 실제적인 구원으로서 성령의 역사에 의하여 구원의 순서들을 선택된 자들에게 적용하심으로 이루어지는 구원을 의미하는 것이다. 선택된 자들은 타락했으나 그리스도에 의해 구속되었다. 그 이루신 구속의 은혜는 선택된 한 사람, 한 사람에게 성령께서 때를 따라 능력으로 역사하셔서 믿음으로 구원이 이루어지게 하시는 것이다. 이 구원을 이루어 가는데 있어서 소명, 중생, 회심, 칭의, 양자, 성화, 견인 등의 방편들이 사용되는 것이다. 그러므로 선택된 자들은 가만히 있어도 자동으로 구원을 받는다는 식의 생각은 위험하다. 수단이 없이 목적이 성취될 수 없듯, 택함을 받은 자들은 하나님께서 정하신 목적을 향해 정해진 길(수단)을 열심히 걷게 되는 것이다. 성령께서 선택된 자들의 마음속에서 은혜의 역사를 시작하시고, 계속하여, 마침내 구원을 완성(성도의 견인)하시는 것이다. "너희 속에 착한 일을 시작하신 이가 그리스도 예수의 날까지 이루실 줄을 우리가 확신하노라"(빌1:6). "그러므로 형제들아 더욱 힘써 너희 부르심과 택하심을 굳게 하라 너희가 이것을 행한즉 언제든지 실족지 아니하리라 이같이 하면 우리 주 곧 구주 예수 그리스도의 영원한 나라에 들어감을 넉넉히 너희에게 주시리라"(벧후1:10-11).

성부께서는 택자들의 구원을 계획하시고, 그 구원의 성취를 위해 예수 그리스도를 대속물(代贖物)로 내어 주셨고, 성취된 구속을 적용하기 위하여 성령을 보내셨고, 성령께서는 택자들의 구원을 반드시 완성시키신다. "또 미리 정하신 그들을 또한 부르시고 부르신 그들을 또한 의롭다 하시고 의롭다 하신 그들을 또한 영화롭게 하셨느니라"(롬8:30).

3) 선택받은 자 외에는 목적이나, 수단에 있어서도 전혀 관계될 수 없다.

그리스도는 오직 선택된 자들만을 위해 죽으셨으며, 그들만을 위해 속전을 지불하시므로 구속을 성취하셨다. 그러므로 선택받지 못한 자들(유기된 자)은 구원의 목적이나 수단에 있어서도 관계될 수 없다. "너희가 내 양이 아니므로 믿지 아니하는도다 내 양은 내 음성을 들으며 나는 저희를 알며 저희는 나를 따르느니라"(요10:26-27). "하나님께 속한 자는 하나님의 말씀을 듣나니 너희가 듣지 아니함은 하나님께 속하지 아니하였음이로다"(요8:47). "저희가 우리에게서 나갔으나 우리에게 속하지 아니하였나니… 저희가 나간 것은 다 우리에게 속하지 아니함을 나타내려 함이니라"(요일2:19).

"그 때에 내가 저희에게 밝히 말하되 내가 너희를 도무지 알지 못하니 불법을 행하는 자들아 내게서 떠나가라 하리라"(마7:23).

이에 본 고백서에는 제한속죄(制限贖罪) 교리를 분명하게 진술함으로써, 보편구원론(普遍救援論)을 주장하는 아르미니안주의(Arminianism)에 대해 정면으로 논박하고 있다.

제 7절 유기(遺棄)의 작정

> 하나님께서는 피조물들 위에 행사하시는 그의 주권적인 능력의 영광을 위하여 그가 기뻐하시는 대로 긍휼을 베풀기도 하시고 거두기도 하시는바, 택함 받은 자 이외의 나머지 인류에게는 그 자신의 뜻의 측량할 수 없는 계획에 따라 그들을 버려두시고 그들의 죄로 인하여 진노와 수치를 당하도록 작정하시어 자신의 영광스러운 공의를 찬미하게 하신다.(마11:25-26; 롬9:17-18, 21-22; 딤후2:19-20; 유1:4; 벧전2:8).

여기에서는 유기(遺棄: 버림)의 신적 작정에 대해 진술하는데, 하나님께서 구원의 은혜를 어떤 사람들에게는 거두시기로 주권적 작정을 하셨으며, 그 작정은 전적으로 하나님 자신의 측량할 수 없는 계획의 결과이며, 영광을 위해서라고 진술한다. 그의 작정은 주권적인 것이지만 유기된 자들이 받는 진노와 수치는 그들의 죄 때문이라는 것이다.

1) 유기의 작정도 하나님의 주권적 결정이다.

하나님께서는 구원의 은혜를 어떤 사람들에게서는 거두실 것을 주권적으로 작정하셨다. 유기(遺棄)라는 용어는 죄책과 저주를 짊어진 인류 가운데 하나님께서 일부는 선택하시고, 나머지는 버리시기로 작정하셨다는 의미다. 이 선택과 유기에 관한 교리는 예나 지금이나 많은 사람들이 거부감을 가지고 있으며, 하나님에 대해 불공평하다거나, 독재(獨裁)라고 적개심을 드러내기도 한다. 그래서 기독교 내에서도(R-Catholic, Lutheran, Arminian, Methodist) 유기의 작정 교리에 대해 말하지 않거나 부정하는 이들이 많다.

그러나 바울은 이런 자들을 향해 반문한다. "**그런즉 우리가 무슨 말 하리요 하나님께 불의가 있느뇨 그럴 수 없느니라… 이 사람아 네가 뉘기에 감히 하나님을 힐문하느뇨…**"(롬9:14, 20) 이어서 토기장이 비유를 통해 피조물인 인간이 감히 창조주이신 하나님의 주권적 행위에 무슨 이의(異議)를 제기할 수 있겠는가라고 강하게 논박(論駁)한다.

"**…지음을 받은 물건이 지은 자에게 어찌 나를 이같이 만들었느냐 말하겠느뇨 토기장이가 진흙 한 덩이로 하나는 귀히 쓸 그릇을, 하나는 천히 쓸 그릇을 만드는 권이 없느냐 만일 하나님이 그 진노를 보이시고 그 능력을 알게 하고자 하사 멸하기로 준비된 진노의 그릇을 오래 참으심으로 관용하시고 또한 영광 받기로 예비하신바 긍휼의 그릇에 대하여 그 영광의 부요함을 알게 하고자 하셨을지라도 무슨 말 하리요**"(롬9:20-23). "**그런즉 하나님께서 하고자 하시는 자를 긍휼히 여기시고 하고자 하시는 자를 강퍅케 하시느니라.**"(롬9:18)

또 어떤 이들은 영원한 선택(選擇)은 인정하면서도 영원한 유기(遺棄)에 대해서는 인정하지 않으려 한다. 그러나 그 자체로 자기모순이다. 하나님께서 인류 중 일부를 선택하셨다면, 나머지는 버린다는 것을 의미하기 때문이다. 마치 선택과 유기는 동전의 양면과 같다. 여기서 재차 언급하거니와 삼위일체 교리와 같이 하나님의 작정 교리 역시 매우 신비롭고 오묘하여 인간의 이성이나 논리로는 온전히 풀어내거나 설명될 수 없음을 인정하고 겸손히 성경 말씀에 의지하여 인도 받아야 할 것이다. 성경은 천사와 인간에 대한 하나님의 영원한 선택과 유기에 대해 많은 증거를 하고 있다. 그리고 이 작정은 전적인 하나님의 주권적 의지의 행사임을 증거하고 있기 때문이다.

"그 자식들이 아직 나지도 아니하고 무슨 선이나 악을 행하지 아니한 때에 택하심을 따라 되는 하나님의 뜻이 행위로 말미암지 않고 오직 부르시는 이에게로 말미암아 서게 하려하사… 기록된바 내가 야곱은 사랑하고 에서는 미워하였다 하심과 같으니라. 그런즉 우리가 무슨 말 하리요 하나님께 불의가 있느뇨 그럴 수 없느니라.(롬9:11-14)

2) 작정은 하나님의 계획의 결과이며, 자신의 영광을 위함이다.
하나님은 자기의 기쁘신 뜻을 따라 일부를 택하셔서 생명을 주시기로 작정하시고, 나머지는 버려두신 것은 모두에게 하나님의 영광을 찬미하게 하려 하심이다. 택함을 받은 자들이나 버림받은 유기자들이나 모두가 하나님 앞에 타락한 죄인들이다. 그러므로 택함 받은 자들은 자신이 분명한 죄인임에도 불구하고 오직 거저 주시는 은혜로 영원한 생명을 허락하신 하나님께 세세토록 영광의 찬미를 올려야 하며, 또한 선택받지 못한 자들도 자신들이 당하는 영원한 수치는 자신들의 죄에 대한 하나님의 공정한 심판의 결과이므로 하나님의 공의로우신 영광을 찬미해야 하는 것이다.

그러므로 택자(擇者)들은 긍휼의 그릇으로서 하나님의 은혜를 찬미하게 된다. "이는 그의 사랑하시는 자 안에서 우리에게 거저 주시는바 그의 은혜의 영광을 찬미하게 하려는 것이라"(엡1:6). 또한 불택자(不擇者)들은 진노의 그릇으로서 하나님의 공의를 찬미하게 된다. "**만일 하나님이 그 진노를 보이시고 그 능력을 알게 하고자 하사....**"(롬9:22) 이처럼 택함 받은 자나, 버린바 된 자나, 모두 하나님의 영광을 나타내는 그릇들인 것이다.

3) 하나님의 작정은 주권적인 것이지만, 유기된 자들이 받는 진노와 수치는 그들의 죄 때문이다.

하나님의 뜻 가운데서 유기된 자들이 영원한 형벌을 받는 것은 하나님께서 그들을 택하지 않았기 때문이 아니라 그들의 사악한 죄 때문이다. 하나님이 은혜를 거두심으로 해서 없던 죄가 더해지거나 형벌을 받게 되는 것이 아니다. 그러므로 유기된 자들은 영원한 지옥의 불구덩이에서도 하나님을 원망할 수 없다.

"하나님이 범죄한 천사들을 용서치 아니하시고 지옥에 던져 어두운 구덩이에 두어 심판 때까지 지키게 하셨으며"(벧후2:4). "...저희가 말씀을 순종치 아니하므로 넘어지나니 이는 저희를 이렇게 정하신 것이라"(벧전2:8).

"...저희는 옛적부터 이 판결을 받기로 미리 기록된 자니 경건치 아니하여 우리 하나님의 은혜를 도리어 색욕거리로 바꾸고 홀로 하나이신 주재 곧 우리 주 예수 그리스도를 부인하는 자니라"(유1:4).

제 8절 예정(豫定)교리에 대한 신중함과 감사

> 깊은 신비에 싸인 이 예정 교리는 특별히 신중하고 조심성 있게 취급해야 한다(롬9:20; 11:33; 신29:29). 그 이유는 말씀에 계시된 하나님의 뜻에 유의하며, 순종하는 사람들이 그들이 받은 유효한 부르심에 대한 확신감으로 영원한 선택을 확신하도록 하기 위함이다. 그렇게 되면 이 교리는 하나님을 찬양하고 공경하며, 흠모하는 마음을 불러일으키게 하며, 복음에 진지하게 순종하는(롬11:5-6, 20; 벧후1:10; 롬8:33; 눅10:20) 모든 사람들에게 겸손과 성실함과 풍성한 위로를 베풀어 줄 것이다.

칼빈(Calvin)은 말하기를 『하나님이 은밀하게 감추어 두신 것은 탐구하려고 해서는 안 되지만, 그러나 하나님이 널리 공포하신 것들은 소홀히 해서는 안 된다. 예정 교리를 거부하려고 애쓰는 자는 하나님을 공공연히 모욕하는 자라』고 했다. 예정의 교리는 신비롭기 짝이 없고 심오한 진리로서 연약한 인간의 지성으로는 온전히 이해하기 어려운 것이 사실이다. 그러나 하나님께서는 이 교리를 영구히 감추신 것이 아니라 말씀 안에 분명하게 계시하셨다. 그러므로 우리는 이 교리를 연구하고, 가르치며, 선포해야 할 사명을 가진다. 그러나 이 심오한 진리를 탐구하여 나감에 있어서 인간의 사변(思辨)에 치우치지 말고 신중함과 조심성 있게, 성경에 분명하게 계시된 진리의 인도를 받아야 한다. 그러므로 본 절에서는 예정 교리를 유의(留意)해서 가르침으로 말미암아 신자들에게 유익이 되고, 하나님께 영광을 돌리도록 하기 위함이며, 이 교리를 바르게 받아들이는 자들에게는 하나님께서 겸손과 성실히 섬김과 풍성한 위로를 주실 것이라고 진술한다.

1) 예정의 교리를 신중하고 조심스럽게 가르쳐야 한다.

오늘날 교회 안에서 이 예정교리 가르치기를 기피하는 경우가 많다. 그것은 이 교리가 많은 사람들에게 반항심을 불러일으키는 "**부딪히는 돌과 거치는 반석**"(벧전2:8)이 됨을 알기 때문이다. 그러나 그런 자들은 말씀을 믿지 않기 때문이다. 말씀을 믿지 않는 자들에게는 단, 예정의 교리뿐만이 아니라 삼위일체, 이성일인격 교리 등, 어느 하나인들 부딪히는 돌과 거치는 반석이 아니겠는가?

불신으로 헛된 사변을 일삼는 자들에게는 하나님을 향한 적개심을 일으켜 스스로 멸망할 사악한 죄인임을 드러내겠지만, 그러나 말씀을 믿고 순종하는 자들에게는 이보다 더 큰 위로가 되고 확신을 주는 진리는 없을 것이다. 왜냐하면 영원히 흔들리지 않는 구원이 사람으로 말미암지 않고 하나님의 은혜로 말미암아 창세전에 예정되었으며, 그 구원을 성취하시기 위한 성삼위(聖三位) 하나님의 사역을 깨닫게 됨으로써(성부께서는 창세전에 선택과 영생을 결정하셨고, 성자는 선택받은 자들의 구원을 위해 죽으심으로 구속하시고, 성령은 보내심을 받아 선택받은 자들에게 구원을 적용하심), 자신들의 믿음이 선택의 근거가 아니고, 그 결과 또는 증거임을 확신하는 가운데, 하나님을 향한 공경심과 감사의 찬미가 있게 되고, 겸손과 신앙의 의무를 충실히 수행하도록 격려가 되고, 시련과 유혹 속에서도 위로를 받으며, 영원한 영광을 소망하는 삶이 되도록 일깨워 줄 것이기 때문이다.

"곧 창세전에 그리스도 안에서 우리를 택하사 우리로 사랑 안에서 그 앞에 거룩하고 흠이 없게 하시려고 그 기쁘신 뜻대로 우리를 예정하사 예수 그리스도로 말미암아 자기의 아들들이 되게 하셨으니 이는 그의 사랑하시는 자 안에서 우리에게 거저 주시는바 그의 은혜의 영광을 찬미하게 하려는 것이라"(엡1:4-6).

"그러므로 형제들아 더욱 힘써 너희 부르심과 택하심을 굳게 하라 너희가 이것을 행한즉 언제든지 실족지 아니하리라"(벧후1:10).

제 4장
창조(創造)에 대하여

하나님의 영원한 작정(神的 作定)의 실행은 창조로부터 시작되었다. 그리고 창조의 실행은 모든 계시의 시작이며, 기초가 되는 것으로서 모든 종교생활의 근원이 되는 것이다. 여기에서는 에서는 하나님의 창조에 대한 교리들을 탐구해 나갈 것이다.

제 1절 창조주(創造主)와 피조물(被造物)

> 성부, 성자, 성령(히1:2; 요1:2-3; 창1:1-2; 욥26:13, 33:4) 하나님께서 영원하신 권능과 지혜와 선하신 영광을 나타내시기 위하여(롬1:20; 렘10:12; 시104:24, 33:5-6) 태초에 무(無)에서 세상과 그 안에 모든 것, 즉 보이는 것이나 보이지 않는 것들을 엿새 동안에 창조하시기를 기뻐하셨다. 그리고 지으신 모든 것은 심히 좋았다(창1:1-31; 히11:3; 골1:16; 행17:24).

본 절에서는 창조는 삼위일체 하나님의 사역으로서, 영원하신 영광을 나타내시기 위함이며, 모든 만물을 무(無)에서부터 엿새 동안에 창조하셨고, 창조하신 모든 것이 심히 좋았다고, 창조의 정의(定義)를 신술해 주고 있다.

예나 지금이나 사람들 중에는 물질은 영원부터 있었다거나, 물질은 자연발생적으로 발생하여 자연발생적으로 발전한다고 생각하거나, 또는 하나님과 물질은 동시에 존재하며 영원하다고 이원론(二元論)적으로 생각한다거나, 물질이 한 가지 형태의 하나님, 즉 물질과 하나님을 하나로 주장하는 범신론(汎神論)등 많은 주장들이 있어왔다. 그러나 성경은 하나님은 무(無)에서 모든 만물을 지으셨으며 **"태초에 하나님이 천지를 창조하시니라"**(창1:1), 세상은 별개의 존재이지만, 언제나 하나님을 의존하고 있음을 증거한다. 범신론자들은 하나님과 물질을 구별하지 않으며, 이신론(理神論/자연신론)자들은 하나님과 세상을 분리시킨다. 그러나 창조는 하나님과 세상을 구별하면서도 피조물은 언제나 하나님께 의존적으로 존재하도록 하셨음을 보여준다. **"...그가 만물보다 먼저 계시고 만물이 그 안에 함께 섰느니라"**(골1:17).

개혁파 신학자 루이스 벌코프(L. Berkhof)도 창조의 정의를 『하나님이 그 주권적 의지를 따라 자신의 영광을 위하여 태초에 이미 있는 재료를 사용함이 없이 보이는 우주와 보이지 않는 우주 전체를 만드시고, 그리하여 하나님 자신과 구별하여 존재케 하시되 항상 하나님께 의존케 하신 그의 자유로운 행동이다』(벌코프 조직신학 제2권. 고영민 역 p.251). 라고 하였다.

1) 창조는 삼위일체 하나님의 행동이다.

성경은 세계의 창조가 성삼위 하나님의 사역임을 증거하고 있다.

"하나님이 가라사대 우리의 형상을 따라 우리의 모양대로 우리가 사람

을 만들고 그로 바다의 고기와 공중의 새와 육축과 온 땅과 땅에 기는 모든 것을 다스리게 하자 하시고"(창1:26).

우리의 신앙고백인 사도신경 첫 대목에는 『전능하사 천지를 만드신 하나님 아버지를 내가 믿사오며…』라고 해서 만물의 기원을 삼위(三位)중에 첫째 위(位)이신 성부께 돌려지고 있다. 이것은 창조가 성부 하나님 만의 사역이라는 의미의 고백이 아니고, 모든 만물이 성부에게 속해 있으며, 성자를 통해 성령 안에 있다는 신약적(新約的)표현이라 할 수 있다. 창조는 성부로부터, 성자를 통해, 성령 안에서 이루어졌으며, 성삼위 하나님의 완벽한 사역이라 할 것이다. 신약에는 성자께서 창조사역에 함께하신 증거들이 풍성하게 나타나 있다.

"그가 태초에 하나님과 함께 계셨고 만물이 그로 말미암아 지은바 되었으니 지은 것이 하나도 그가 없이는 된 것이 없느니라"(요1:2-3). "만물이 그에게 창조되되 하늘과 땅에서 보이는 것들과 보이지 않는 것들과…. 만물이 다 그로 말미암고 그를 위하여 창조되었고"(골1:16).

"…우리에게는 한 하나님 곧 아버지가 계시니 만물이 그에게서 났고 우리도 그를 위하며 또한 한 주 예수 그리스도께서 계시니 만물이 그로 말미암고 우리도 그로 말미암았느니라"(고전8:6).

또한 성경은 성령께서 창조사역에 함께 하셨음을 증거한다.

"태초에 하나님이 천지를 창조하시니라… 하나님의 신(영)은 수면에 운행하시니라"(창1:1-2). "그 신으로 하늘을 단장하시고…" 『그분께서 자신의 영으로 하늘을 단장하시고… KJV(욥26:13)』. "주의 영을 보내어 저희를 창조하사 지면을 새롭게 하시나이다"(시104:30). "하나님의 신이 나를 지으셨고 전능자의 기운이 나를 살리시느니라"(욥33:4).

2) 창조는 하나님의 시간적 행동이다.

성경은 하나님께서 태초에 세상을 창조하셨다고 증거해 준다. 곧 현, 물질(現.物質)세계의 시작을 가르쳐 주는 것이다. 창조 사역의 시작은 무(無)에서의 창조이며, 어떤 기존 재료를 사용하지 않은 창조였다. 또한 시간의 흐름 가운데 어느 지점에서 세계가 창조된 것이 아니라 만물과 함께 시간도 창조된 것이다. 태초(太初) 전에는 끝이 없는 영원이 존재했으며, 하나님께는 시간이 존재하지 않는다. 하나님의 창조 사역은 시간과 함께 시작하여 6일 동안에 완성되었다. 어거스틴(Augustine)도 『시간과 함께 시간 안에서의 창조』고 하였다. 또한 6일이라는 창조의 기간은 24시간의 6일을 의미한다. 여기서 『일(日)』즉 『날』이라는 단어의 의미에 대해서는 여러 가지 다른 견해들이 있는데, ① 『문자적 1일설』로서 창조의 각 날은 24시간, 즉 오늘날의 태양일을 의미한다는 견해와 ② 『장기 연대론(長期 連帶論)』으로서 "저녁이 되고 아침이 되니"라는 말씀은 문자적인 의미가 아니라 상징적인 의미로 본다거나, 또 창조의 각 날들은 계시하는데 사용된 날로서 실제 창조에 사용된 각 날의 길이는 본문에 나타나지 않았다고 하여 각 날의 사이를 헤아릴 수 없는 장기간으로 보는 견해가 있다.

또 우주가 2차에 걸쳐 창조되었다는 ③ 『증조설(增造設/재창조설)』이 있다. 이 증조설은 창세기 1:1절은 온 우주가 완전히 창조된 상태였으나 천사가 타락하는 이변적인 사건으로 인해 하나님은 지구를 심판하셨고,

그 결과로 "땅이 혼돈하고 공허하며 흑암이 깊음 위에 있고…"라는 2절은 심판된 상태를 표현한 것이며, "…빛이 있으라 하시매…"라는 3절부터는 하나님의 6일간의 재창조 사역의 기록이라는 것이다.

그래서 1절의 원창조(原創造)의 시기와 3절부터 시작되는 재창조(再創造)의 시기 사이에는 무궁한 세월이 있었다고 추측한다. 이외에도 많은 학설과 견해들이 있으나 성경적인 올바른 견해는 『문자적 1일설(文字的 一日設)』이다. 이에 대해 성경적인 여러 증거들을 찾을 수 있지만, 무엇보다 가장 중요한 증거는 출애굽기 20장에 "안식일을 기억하여 거룩히 지키라…. 이는 엿새 동안에 나 여호와가 하늘과 땅과 바다와 그 가운데 모든 것을 만들고 일곱째 날에 쉬었음이라 그러므로 나 여호와가 안식일을 복되게 하여 그 날을 거룩하게 하였느니라"(출20:8-11)고 하신 말씀이다. 이 말씀은 24시간의 하루를 말씀하고 있음에 논란의 여지가 없을 것이다. 여기서 지키라고 명하신 안식일은 장기적인 기간이 아니라 24시간의 하루이며, 하나님께서 엿새 동안의 창조사역을 마치시고 제칠 일에 쉬신 것은 수백, 수천 년의 장기간이 아님이 확실하기 때문이다』(개혁주의 성경연구 창세기. 유재원 교수. 참고).

3) 창조는 무(無)로부터 어떤 것을 생성(生成)케 하는 행동이다.

창조(創造)라는 말은 만물들을 만들고 형성하는 것을 뜻한다. 성경에는 창조에 관하여 세 가지 동사가 사용되고 있는데 '바라'(bara), '아사'(asa), '야차르'(yatsar)가 교대 적으로 사용되고 있다.
《창1:26(만들고), 27(창조 하시되), 27(지으시고)》

① '바라'는 가장 중요한 단어로서 본래 의미는 『쪼개다, 자르다, 나누다』이지만, 여기서 『형성하다, 창조하다』라는 의미와 함께 『산출하다, 생성하다, 중생하다』라는 의미도 파생되었다. 이 말 자체는 무(無)로부터 어떤 것을 생성(生成)한다는 개념이 내포되어 있지는 않다. 왜냐하면 섭리의 사역들에 대해서도 이 단어가 사용되고 있기 때문이다(사45:7; 렘31:32; 암4:13). 그러나 이 단어는 존재하는 물질과 관련해서는 사용되지 않으며, 언제나 신적 활동을 묘사할 때만 사용되고 있다(창1:1, 21, 27). 또한 이 단어는 물질을 목적격으로 가지지 않으며, 하나님의 위대성을 강조하는데 사용된다.(L. Berkhof, 조직신학, 제2권 참고).

② '아사'는 『향하다, 만들다』라는 의미로서 『행하다, 제조하다, 형성하다』의 일반적인 의미로 사용된다.

③ '야차르'는 『기존의 재료들로부터 만들어 낸다』는 의미가 있으며, 토기장이가 진흙으로부터 그릇을 만들어낼 경우에 사용된다(창1:7-10, 14-19; 2:7, 22). 이상의 단어들의 의미를 종합해 보면 '바라'는 무(無)에서의 창조를 의미하고, '아사'와 '야차르'는 이미 창조된 것을 가지고 어떤 것들을 형성하는 것을 의미한다. 『하나님께서는 자기의 영광을 나타내시기 위해서 어떤 물질도 존재하기 전, 무(無)에서 말씀의 능력으로 물질을 창조(생성)하시고, 창조하신 물질로부터 우주와 그 안에 있는 만물을 산출(産出)해 내신 것이다』(Lloyd Jones, 교리강좌 시리즈1권. 참고).

"태초에 하나님이 천지를 창조하시니라"(창1:1). "하나님이 가라사대 천하의 물이 한곳으로 모이고 뭍이 드러나라 하시매 그대로 되니라 하나님이 뭍을 땅이라 칭하시고 모인 물을 바다라 칭하시니라…"(창1:9-10) "하나님이 가라사대 우리의 형상을 따라 우리의 모양대로 우리가 사람을 만들고…"(창1:26), "…하나님의 형상대로 사람을 창조하시되 남자와 여자를 창조하시고"(창1:27), "여호와 하나님이 흙으로 사람을 지으시고 생기를 그 코에 불어 넣으시니 사람이 생령이 된지라"(창2:7).

4) 창조는 하나님의 영광을 나타내시기 위한 자유로운 행동이다.

창조의 목적에 대해 본 고백서에는 『하나님께서 영원하신 권능과 지혜와 선하신 영광을 나타내시기 위하여』라고 진술한다. 그러나 몇몇의 철학자들(플라톤, 필로, 세네카, 칸트)이나 신학자들(슐라이어막허, 리츨)은 인류의 복지 또는 행복이 창조의 최종적 목적이라고 주장하였다. 그것은 하나님은 자기 충족하시고 아무것도 필요하시지 않기 때문에 자신을 창조의 목적으로 삼을 수 없다는 것이다. 그러나 하나님이 인간을 위해 존재하시지 않고, 인간이 하나님을 위해 존재하는 것이다. 하나님은 영광을 받으시기 위해 창조하신 것이 아니라 그의 영광을 나타내시려고 창조하신 것이다.

『창조의 최고 목적은 하나님의 영원하신 권능과 지혜와 선하신 영광을 나타내시는 것이며, 피조물들의 행복과 구원은 창조를 통해 나타내신 영광에 따른 종속적(從屬的)인 목적으로서 감사와 존경하는 마음들로부터 찬송을 받으시는 것이다』(L. Berkhof).

"창세로부터 그의 보이지 아니하는 것들 곧 그의 영원하신 능력과 신성이 그 만드신 만물에 분명히 보여 알게 되나니…"(롬1:20).

"여호와여 주의 지으신 모든 것이 주께 감사하며 주의 성도가 주를 송축하리이다"(시145:10). "무릇 내 이름으로 일컫는 자 곧 내가 내 영광을 위하여 창조한 자를 오게 하라 그들을 내가 지었고 만들었느니라"(사43:7). "이 백성은 내가 나를 위하여 지었나니 나의 찬송을 부르게 하려 함이니라"(사43:21).

제 2절 하나님의 형상(形像)대로 인간 창조

> 하나님께서 모든 다른 피조물을 지으신 후에 사람을 창조하시되 남자와 여자로 지으셨다(창1:27). 이 사람에게 이성적이고 불멸(不滅)의 영혼을 주시고(창2:7; 전12:7; 눅23:43; 마10:28) 하나님의 형상에(창1:26; 골3:10; 엡4:24) 따라 지식과 의(義)의 참된 거룩한 성품을 부여하셨고, 마음에(롬2:14-15) 기록된 하나님의 법과 또한 그것을 성취할 힘을 주셨다(전7:29). 그와 동시에 범죄할 가능성 아래(창3:6; 전7:29) 인간의 의지의 자유에 맡겨 두셨다. 그들은 마음속에 쓰여진 율법 외에도 선악을 알게 하는 나무의 열매를 먹지 말라는 명령을 받았다. 그 명령을 지키고 있는 동안 그들은 하나님과 교제하고(창1:27; 3:8-11, 23), 또한 피조물을 다스릴 수가 있었다(창1:26, 28).

본 절에서는 하나님께서 인간(男女)을 창조하심으로써 창조 사역을 완성하셨고, 인간을 하나님의 형상을 따라 특별한 존재로 지으셨으며, 하나님의 뜻을 준행할 수 있는 충분한 지식과 능력을 주실 뿐 아니라 순종이나 타락을 선택할 자유 의지도 허락하셨다. 그들이 명령을 지키는 한 하나님과 교통하는 가운데 피조물을 다스릴 수 있었다고 진술하고 있다.

1) 인간은 하나님이 창조하셨다.

인간의 기원에 대해 진화론자들은 하나님의 창조를 부정하며, 인간은 원래 하등(下等) 동물에서부터 출생했다고 주장한다. 유인원(類人猿: 고릴라, 침팬지, 오랑우탄, 긴팔원숭이 등)과 같은 낮은 상태로 시작하였지만, 점점 고등(高等)한 단계로 발전하여 결국은 완벽함에 이른다고 한다. 이러한 진화론은 원시적이고 단순한 것으로부터 고도로 조직화 되고 복잡한 것으로 발전한다는 『종(種)의 변화』를 주장하지만, 생명의 기원에 대해서는 설명하지 못하며, 다만 이미 있던 유기체(有機體)들이 어떻게 자라나며 복잡하게 되었는가를 설명하는 것에 불과할 뿐, 최초의 원형질(原形質)세포가 어떻게 탄생했는지는 밝혀내시 못하고 있다.

그리고 유신론적(有神論的) 진화론자들은 사람의 몸은 하등(下等) 동물로부터 진화된 것이지만, 이성적 영혼은 하나님께서 넣어주시므로 짐승과 구별된 온전한 인간이 되었다고 주장하여, 성경과 진화론을 조화시키려고 한다(로마 가톨릭 계통에서 지지함). 그러나 비성경적이다. 성경은 분명하게 인간은 처음부터 이성적이고 불멸(不滅)의 영혼을 가진 완전한 인간으로 하나님이 창조하셨다고 증거해 주고 있다. "**하나님이 자기 형상 곧 하나님의 형상대로 사람을 창조하시되 남자와 여자를 창조하시고**"(창1:27), "**여호와 하나님이 흙으로 사람을 지으시고 생기를 그**

코에 불어 넣으시니 사람이 생령이 된지라"(창2:7).

"여호와 하나님이 흙으로 각종 들짐승과 공중의 각종 새를 지으시고 아담이 어떻게 이름을 짓나 보시려고 그것들을 그에게로 이끌어이르시니 아담이 각 생물을 일컫는 바가 곧 그 이름이라 아담이 모든 육축과 공중의 새와 들의 모든 짐승에게 이름을 주니라…"(창2:19-20).

2) 인간은 남, 여(男女)로 창조되었다.

하나님은 인간을 남자와 여자로 지으셨다. 남자는 흙으로 지으셨고 여자는 남자의 갈빗대를 취하여 지으셨다. 이로써 남녀는 하나님께로부터 창조된 본질적으로 동등한 존재이며, 둘이 한 몸을 이루어(마19:5) 생육하고 번성하라는 하나님의 명령을 준행하게 하셨다. "**하나님이 자기 형상 곧 하나님의 형상대로 사람을 창조하시되 남자와 여자를 창조하시고… 생육하고 번성하여 땅에 충만하라…**"(창1:27-28). "여호와 하나님이 아담에게서 취하신 그 갈빗대로 여자를 만드시고 그를 아담에게로 이끌어 오시니"(창2:22). 이런 사실에 근거하여 예수 그리스도는 이혼을 허락지 아니하셨다. "이러한즉 이제 둘이 아니요 한 몸이니 그러므로 하나님이 짝지어 주신 것을 사람이 나누지 못할지니라…"(마19:6). "…여호와가 이르노니 나는 이혼하는 것과 학대로 옷을 가리우는 자를 미워하노라…"(말2:16). 그리고 결혼은 남자와 여자의 결합으로써 부부가 되는 것이며, 동성(同性)끼리의 결혼이란 하나님께서 허락하신 적이 없다. "너는 여자와 교합함 같이 남자와 교합하지 말라 이는 가증한 일이니라… 누구든지 여인과 교합하듯 남자와 교합하면 둘 다 가증한 일을 행함인즉 반드시 죽일지니…"(레18:22, 20:13). "…하나님께서 저희를 부끄러운 욕심에 내어 버려 두셨으니 곧 저희 여인들도 순리대로 쓸 것을 바꾸어 역리로 쓰며 이와 같이 남자들도 순리대로 여인 쓰기를 버리고 서로 향하여 음욕이 불일듯하매 남자가 남자로 더불어 부끄러운 일을 행하여 저희의 그릇됨에 상당한 보응을 그 자신에 받았느니라"(롬1:26-27).

또한 인간은 자기 충족적인 개인으로서 창조되지 않고 서로 의지하는 사회적 존재로서 창조되었다. "**여호와 하나님이 가라사대 사람의 독처하는 것이 좋지 못하니 내가 그를 위하여 돕는 배필을 지으리라 하시니라**"(창2:18). 그러므로 독신주의는 성경적이라 할 수 없다.

3) 인간은 하나님의 형상대로 창조되었다.

성경은 인간이 하나님의 형상대로 창조되었다고 증거한다. "**하나님이 가라사대 우리의 형상을 따라 우리의 모양대로 우리가 사람을 만들고…**"(창1:26). 여기서 『형상』과 『모양』이라는 용어는 서로 교환적으로 사용할 수 있는 같은 의미의 용어로서 실제적인 의미의 차이는 없다. 성경은 두 용어가 상호 교환적으로 사용되었음을 증명해 준다. "**남자는 하나님의 형상과 영광이니…**"(고전11:7). 그러면 하나님의 형상이란 무엇을 의미하는가? 하나님의 형상이라 함은 신체적(身體的)인 면이 아니라 영적(靈的)인 면을 의미한다. 왜냐하면 하나님은 인간처럼 신체를 가지지 않으신 순수한 영이시기 때문이다. 인간이 하나님의 형상대로 창조되었다는 것은 하나님을 닮은, 즉 하나님의 빛, 그 영광을 반영(反映)하는 존재로 만드셨다는 의미다. 하나님의 형상이라는 개념에는 두 가지 주된 요소가 있다.

① **하나님의 자연적 형상**: 인간을 동물과 구별되게 만들어 주는 모든 것들을 의미하는데, 영적, 지적, 도덕적인 본성이라 할 수 있다. 이 자연적 형상은 인간의 죄로 인해 상실되었으나 아주 상실되지 않고, 모호(模糊)하지만 본성적 요소는 여전히 남아 있다. "**이것으로 우리가 주 아버지를 찬송하고 또 이것으로 하나님의 형상대로 지음을 받은 사람을 저주하나니**"(약3:9).

② **영적(도덕적) 형상**: 제한된 의미의 하나님의 형상으로서 참 지식과 의와 거룩을 의미한다. 이 형상은 인간의 타락으로 완전히 상실되었으나 그리스도 안에서 거듭남(중생)으로 회복되어 진다.

"**너희는 유혹의 욕심을 따라 썩어져 가는 구습을 좇는 옛사람을 벗어 버리고 오직 심령으로 새롭게 되어 하나님을 따라 의와 진리의 거룩함으로 지으심을 받은 새사람을 입으라**"(엡4:22-24). "**새 사람을 입었으니 이는 자기를 창조하신 자의 형상을 좇아 지식에까지 새롭게 하심을 받는 자니라**"(골3:10).

4) 인간은 의지의 자유를 받아 순종과 타락할 가능성 모두 있었다.

인간은 하나님의 형상인 의(原義)와 거룩함과 지적, 도덕적, 이성적 능력들을 가진 완전한 존재로 창조되었다. 마음에는 도덕율법이 명료(明瞭)하고 분명하게 새겨졌으며, 그 법을 행할 능력도 충분했다. 모든 것이 충족되고, 만물을 다스리는 지배자로서 자신의 몸으로도 하나님을 반영하는 삶이었다. 그리고 인간에게는 의지의 자유와 함께 **"선악을 알게 하는 나무의 실과는 먹지 말라…"**(창2:17)는 명령이 주어짐으로써, 인간은 두 가지 커다란 가능성 앞에 놓이게 되었다. 명령을 지켜 순종하면 인간은 하나님과의 복된 교제를 누리는 가운데서 더욱 발전하여 최상의 영광에 이르게 될 것이며, 반면에 거역하고 불순종하면 타락하여 죽음에 이르게 되는 것이다. "하나님이 그들에게 복을 주시며 그들에게 이르시되 생육하고 번성하여 땅에 충만하라, 땅을 정복하라, 바다의 고기와 공중의 새와 땅에 움직이는 모든 생물을 다스리라 하시니라"(창1:28). "… 네가 먹는 날에는 정녕 죽으리라…"(창2:17). "보라 내가 오늘날 생명과 복과 사망과 화를 네 앞에 두었나니"(신30:15).

제 5장
섭리(攝理)에 대하여

하나님께서는 세상을 창조하셨을 뿐 아니라, 창조하신 세상을 보존하시고 다스리시기 때문에 창조교리 다음에는 섭리교리를 살피는 것이 합당한 순서이다. 섭리란 『하나님께서 창조하신 모든 피조물을 보존, 유지하시며, 세상에서 발생하는 모든 사건 속에서 활동하시며, 만물을 정해진 목적에 맞도록 이끄시는 하나님의 사역이라 할 수 있다』(벌코프 조직신학 2권, 섭리론, 고영민 역, 참고). 창조와 섭리교리는 기독교적 세계관, 인생관의 확립을 위해서 대단히 중요한 교리이다. 기독교 유신론적 세계관의 기초는 하나님께서 세상을 무(無)에서 창조하셨으며, 창조하신 모든 피조물을 보존하시고, 섭리하신다는 것이다.

"여호와께서 그 보좌를 하늘에 세우시고 그 정권으로 만유를 통치하시도다"(시103:19).

이러한 섭리교리는 섭리를 부정하는 이신론(理神論)과 창조를 부정하는 범신론(汎神論)으로부터 구별되며, 참된 유신론적 세계관을 제시한다. 칼빈(Calvin)은 『만물을 계속 붙들고 계시는 하나님의 섭리를 깨닫지 못하는 한 우리의 정신을 가지고 아무리 이해를 잘하고 혀로 고백을 잘하는 것같이 보여도 하나님이 창조주라는 참 뜻을 진정코 바르게 이해하는 것이 아니다』라고 했다.(기독교강요 제1권 16장 1). 이와 같이 창조와 섭리는 밀접한 불가분리(不可分離)의 관계라 할 수 있다. 그러므로 창조 교리에 이어서는 섭리 교리를 탐구해야 한다.

1) 이신론(자연신론)자들은 창조는 인정하나 섭리는 부정한다.

이신론자들은 하나님은 세상을 창조하시고, 물질세계는 자연법을, 인간에게는 도덕법을 각각 부여하셔서 스스로 유지해 나가도록 하여 더 이상 간섭하지 않으신다(시계공이 시계를 만들고 태엽을 감아 놓으면 저절로 돌아가듯이)고 주장하여, 창조는 인정하나 섭리는 부정한다. 여기에는 하나님의 초월성(超越性)은 인정하나 내재성(內在性)은 부정하고 있다. 그러므로 세상에서 일어나는 모든 일들은 우연에 불과한 것이 되며, 이신론자들에게는 기도라는 것은 필요가 없게 된다.

2) 범신론(유출론)자들은 하나님의 초월성과 창조를 부정한다.

범신론자들은 하나님께서 만물을 무(無)에서 창조하신 것이 아니라 하나님께로부터 유출(流出)되었으며, 그래서 만물이 하나님 안에 있고, 하나님이 만물 안에 있다고 하여 하나님과 피조물을 구별하지 않는다. 하나님의 내재(內在)를 주장하나 초월성과 창조를 부정하는 것이다. 그래서 기도나 예배 따위는 필요 없다고 한다.(로이드 존스 교리강좌 시리즈 1권 참고).

3) 기독교 유신론은 하나님의 창조와 섭리를 믿는다.

참된 유신론(有神論)은 하나님께서 피조물을 무(無)에서 창조하셨으며,

또한 섭리하심을 믿는다. 하나님은 본질에 있어서는 초월해 계시면서 피조물과 구별되지만, 존재에 있어서는 피조물 가운데 내재해 계신다. 하나님의 초월성과 내재성을 믿는 것이다.

제 1절 하나님의 섭리(攝理)란 무엇인가?

> 만물의 위대한 창조자이신 하나님은 틀림없는 예지(행15:18; 시94:8-11)와 그 뜻하신바 자유롭고 불변하는 계획에 따라(엡1:11; 시33:10-11) 가장 지혜롭고 거룩한 섭리에 의하여(잠15:3; 시104:24, 145:17) 가장 큰 것에서부터 가장 작은 것에 이르기까지(마10:29-31) 모든 피조물들과 그들의 행위와 상황을 보존하시고(히1:3), 지도하시고, 처리하시고, 통치하심으로써(단4:34-35; 시135:6; 행17:25-26, 28; 욥38:41) 그 지혜와 권능과 공의와 선하심과 자비의 영광을 찬미하게 하신다(사63:14; 엡3:10; 롬9:17; 창45:7; 시145:7).

본 절은 섭리에 대한 정의(定義)로서 창조자이신 하나님은 무오(無誤)하신 예지와 불변하신 계획에 따라 지혜롭고 거룩한 섭리에 의하여 모든 피조물들의 행위와 상황을 보존하시고, 인도하시며, 통치하심으로써 그의 영광을 찬미하게 하신다고 진술하고 있다. 하나님의 섭리는 세 가지 요소로 구분된다.

1) 보존(保存): 보존은 하나님께서 창조하신 만물을 유지하시는 계속적인 사역을 뜻한다.

하나님은 땅의 피조물들을 계속적으로 창조하시거나, 스스로 돌아가도록 버려두신 것이 아니라 이미 창조하신 피조물들을 그 속성 및 능력들과 함께 생명이 유지되도록 하나님께서 붙드시며 지키신다. "**...그의 능력의 말씀으로 만물을 붙드시며...**"(히1:3). 하나님께서 붙들지 않으시면 세상에 유지될 것은 아무것도 없을 것이다. 모든 피조물은 하나님께 의존되어 있다. "...그가 만물보다 먼저 계시고 만물이 그 안에 함께 섰느니라"(골1:17). "우리가 그를 힘입어 살며 기동하며 있느니라..."(행17:28).

2) 협력(協力): 협력(동류)이란 하나님께서 만드신 모든 피조물과 협력하시며, 피조물로 하여금 해야 할 일을 행하도록 역사하시는 하나님의 사역이라 할 수 있다.

제1원인이(궁극적 권능)신 하나님이 우주 만물의 동작(動作)을 제2원인인 피조 세계의 질서와 인간의 자유의지(종속적 권능)에만 맡겨 두지 않으시고, 하나님의 뜻과 목적에 따라 종속적(從屬的) 권능의 방향과 모든 동작을 주관하심을 의미한다. "**여호와의 눈은 어디서든지 악인과 선인을 감찰하시느니라**"(잠15:3). 제2원인들은 독립적이지 않으며, 하나님은 제2원인들 안에 계시면서 그것들을 통해 일하고 계시는 것이다. "**이제 가라 내가 네 입과 함께 있어서 할 말을 가르치리라**"(출4:12). "**당신들이 나를 이곳에 팔았으므로 근심하지 마소서 한탄하지 마소서 하나님이 생명을 구원하시려고 나를 당신들 앞서 보내셨나이다**"(창45:5). "**...이는 하나님이 그 해를 악인과 선인에게 비취게 하시며 비를 의로운 자와 불의한 자에게 내리우심이니라**"(마5:45).

3) 통치(統治): 통치란 하나님께서 만물들을 그 존재 목적에 맞도록 다스리시는 하나님의 지속적인 활동이라 할 수 있다.

성경에는 하나님을 온 우주의 왕으로 선포되고 있다. "**여호와께서 그 보좌를 하늘에 세우시고 그 정권으로 만유를 통치하시도다**"(시103:19). "...여호와께서 통치하시니 세계가 굳게 서고 흔들리지 못할지라..."(시96:10). 창조에는 목적이 있으며, 만물들은 하나님의 정하신 목적을 향해 인도되고 있다. 하나님의 섭리의 궁극적인 목적은 하나님 자신의 무한하신 지혜와 권능과 의와 선하심과 자비의 영광을 나타내시는 것이며, 이로 인하여 모든 피조물들로 하여금 경배와 찬미케 하시는 것이다. "이는 이제 교회로 말미암아 하늘에서 정사와 권세들에게 하나님의 각종 지혜를 알게 하려 하심이니"(엡3:10), "...주께서 이같이 주의 백성을 인도하사 이름을 영화롭게 하셨나이다..."(사63:14). "저희가 주의 크신 은혜를 기념하여 말하며 주의 의를 노래하리이다"(시145:7). "성경이 바로에게 이르시되 내가 이 일을 위하여 너를 세웠으니 곧 너로 말미암아 내 능력을 보이고 내 이름이 온 땅에 전파되게 하려 함이로라..."(롬9:17).

제2절 섭리에 있어서 제1원인과 제2원인과의 관계

제1원인 되시는 하나님의 예지와 작정에 따라 모든 일들이 변함이나 틀림이 없이(행2:23) 일어난다. 그러나 같은 섭리로서 하나님은 그들이 제2원인의 본질에 따라서 필연적으로나 우연적으로, 또는 자유롭게(창

> 8:22; 렘31:35; 출21:13; 신19:5; 왕상22:28, 34; 사10:6-7) 일어나도록 작정하셨다.

본 절에서는 제1원인(第一原因)인 하나님의 예지와 작정과 제2원인(第二原因)인 자연법칙과 인간의 자유의지와의 관계를 명확하게 진술한다. 하나님의 작정과 섭리라는 하나님의 주권은 제2원인의 존재를 부정하거나, 그 자유의지와 우연성을 파괴하지 않고, 오히려 확립한다.

제1원인인 하나님의 작정에 따라 모든 일들이 착오 없이 확실하게 일어나지만 "**그가 하나님의 정하신 뜻과 미리 아신대로 내어준바 되었거늘…**"(행2:23), 그것들은 섭리에 의해 제2원인의 성질에 따라서 자연현상의 경우는 자연법칙에 따라 "**땅이 있을 동안에는 심음과 거둠과 추위와 더위와 여름과 겨울과 낮과 밤이 쉬지 아니하리라**"(창8:22). 인간의 행위는 자유의지에 따라서 "**…그들이 요셉을 멀리서 보고 죽이기를 꾀하여 서로 이르되…**"(창37:18-19), 마치 우연히 일어나는 것 같이 일어나는 것이다. "**사람을 쳐 죽인 자는 반드시 죽일 것이나 만일 사람이 계획함이 아니라 나 하나님이 사람을 그 손에 붙임이면…**"(출21:12-13). 여기서 '우연'(偶然)이라 함은 인간 편에서 우연일 뿐, 하나님 편에서는 필연적이다.

하나님의 신적 작정이 역사 속에서 실현되는 방법에는 『필연, 자유, 우연』이라는 세 형태로 구분되는 것은 제2원인의 종류에 따른 것이다. 어떤 때는 필연적으로, 어떤 때는 우연적으로, 어떤 때는 인간의 자유의지대로 된 것처럼 생각할 수 있는 다양한 형태로 나타나는 것이다. 이 모든 결과는 하나님의 영광을 위하여 그의 뜻대로 이루어 나간다. "**참새 두 마리가 한 앗사리온에 팔리는 것이 아니냐 그러나 너희 아버지께서 허락지 아니하시면 그 하나라도 땅에 떨어지지 아니하리라**"(마10:29). "**한 사람이 우연히 활을 당기어 이스라엘 왕의 갑옷 솔기를 쏜지라... 왕이 이미 죽으매... 여호와의 하신 말씀과 같이 되었더라...**"(왕상22:34, 37-38). "**내가 그를 보내어 한 나라를 치게 하며 내가 그에게 명하여 나의 노한 백성을 쳐서 탈취하며 노략하게 하며 또 그들을 길거리의 진흙 같이 짓밟게 하려 하거늘**"(사10:6).

제 3절 섭리의 수단(특별 섭리로서 기적)

> 하나님의 일반적 섭리에 있어서는 여러 가지 방법을 사용하신다(행 27:31, 44; 사55:10-11; 호2:21-22). 그러나 그 방법들 없이(호1:7; 마4:4; 욥34:10), 그것들을 초월하거나(롬4:19-21) 역행하시면서도(왕상6:6; 단3:27) 그의 기쁘신 뜻대로 자유롭게 역사하신다.

하나님의 섭리는 『일반섭리』와 『특별섭리』로 나누는데, 일반 섭리는 하나님이 제2원인인 자연의 법칙들을 사용하여 일하시지만 "**비와 눈이 하늘에서 내려서는 다시 그리로 가지 않고 토지를 적시어서 싹이 나게 하며 열매가 맺게 하여 파종하는 자에게 종자를 주며 먹는 자에게 양식을 줌과 같이**"(사55:10), 특별섭리(비상섭리, 기적)는 제2원인 없이 "**...내가 유다 족속을 긍휼히 여겨 저희 하나님 여호와로 구원하겠고 활과 칼이나 전쟁이나 말과 마병으로 구원하지 아니하리라 하시니라"(호1:7). "방백과 수령과 도백과 왕의 모사들이 모여 이 사람들을 본즉 불이 능히 그 몸을 해하지 못하였고 머리털도 그슬리지 아니하였고 고의 빛도 변하지 아니하였고 불탄 냄새도 없었더라"(단3:27).

"소경이 보며 앉은뱅이가 걸으며 문둥이가 깨끗함을 받으며 귀머거리가 들으며 죽은 자가 살아나며...."(마11:5), 또는 제2원인을 사용하시되 비상의 방법을 사용하시므로 초자연적인 것이다. 이것을 기적이라고 부른다. "연회장은 물로 된 포도주를 맛보고 어디서 났는지 알지 못하되 물 떠온 하인들은 알더라... 예수께서 이 처음 표적을 갈릴리 가나에서 행하여 그 영광을 나타내시매 제자들이 그를 믿으니라"(요2:9, 11).

제4절 섭리와 죄(罪)의 문제

> 하나님의 전능하신 권능과 측량할 수 없는 지혜와 무한하신 선하심이 섭리 가운데서 나타나고 있다. 그 섭리는 인류의 첫 번째 타락과 천사들과 사람들의 죄들에까지 영향을 미친다(롬11:32-34; 삼하24:1; 대상21:1; 왕상22:22-23; 대상10:4, 13-14; 삼하16:10; 행2:23; 4:27-28). 하나님은 이를 단순히 허용하는데 그치지 않으시고(행14:16) 다양한 통치 행위를 통해 가장 강력하고 지혜로운 제한을 가하기도 하시고(시76:10; 왕하19:28; 창50:20), 또 주관하시거나 다스리기도 하시어 거룩한 뜻을 이루도록 하신다(창1:20; 사10:6-7, 12). 그러나 죄악성은 하나님에게서 나오는 것이 아니라 오직 피조물에게서만 나온다. 가장

> 거룩하시고 의로우신 하나님은 죄의 원인자나 승인자가 아니시며, 또 그렇게 되실 수도 없다(약1:13-14, 17; 요일2:16; 시50:21).

본 절에서는 피조물의 죄와 관련하여 하나님의 섭리를 진술하고 있다. 제1절에서 『하나님은 섭리에 의하여 가장 큰 것에서부터 가장 작은 것에 이르기까지 모든 피조물들과 그들의 행위와 상황을 보존하시고, 인도하시고, 독려하시고, 통치하신다』라고 하였고, 제2절에서는 『제1원인인 하나님의 작정에 따라 모든 일들이 착오 없이 확실하게 일어난다』라고 하였다. 그러면 죄의 문제는 작정과 섭리에 있어서 어떻게 관련되는가? 본 제4절에서는 죄의 행위도 다른 모든 행위와 마찬가지로 하나님의 신적작정에 기초한 허용(許容)에서만 일어난다는 것이다. 하나님의 작정과 허용이 없이는 죄행까지 포함하여 아무것도 일어날 수 없다. 하나님의 섭리는 인간의 죄행에 있어서도 제한을 가하기도 하시면서 그 죄행이 선을 위해 역할을 하도록 지배하신다는 것이다. 요셉의 사례를 보면, 그 형들은 요셉을 죽이려 했지만(창37:18), 유다의 설득으로 미디안 상매들에게 팔아넘기게 되고(창37:26-28), 요셉은 애굽에서 노예, 감옥 생활과 바로왕의 꿈을 해석함으로써 애굽의 총리로 발탁되어(창41:41) 기근 중에 세상을 살리는 위대한 업적으로 하나님의 지혜와 영광을 나타내었다.

이 모든 과정을 후에 요셉은 하나님의 섭리로 받아들인다. "**당신들이 나를 이곳에 팔았으므로 근심하지 마소서 한탄하지 마소서 하나님이 생명**

을 구원하시려고 나를 당신들 앞서 보내셨나이다... 그런즉 나를 이리로 보낸 자는 당신들이 아니요 하나님이시라..."(창45:5,8) 하나님께서는 요셉의 어린 시절 꿈을 통해 계시하셨던 그 뜻을 이루시는데, 요셉의 형들의 악행(자유의지에서 나옴)까지도 사용 하셔서서 선을 이루신 것이다. 하나님께서는 그 형들의 악행(惡行)에도 간섭하시며 지배하신 것이다.

"당신들은 나를 해하려 하였으나 하나님은 그것을 선으로 바꾸사 오늘과 같이 만민의 생명을 구원하게 하시려 하셨나니."(창50:20)

여기서 중요한 것은 그러면 하나님께서 그 형들의 악행을 일으키신 원인자(原因者)이신가? 본 고백에서는 단호하게 『가장 거룩하시고 의로우신 하나님은 죄의 원인자나 승인자가 아니시며, 또 그렇게 되실 수도 없다. 타락한 죄악성은 하나님에게서 나오는 것이 아니라 오직 피조물에게서만 나온다』라고 진술한다.

신학자들은 이 죄와 섭리의 문제에 있어서 『행위 자체』와 『행위의 속성』을 구별한다. 행위 자체는 하나님에게서 나오지만, 그 행위의 죄악성은 전적으로 피조물에게서 나온다는 것이다. 왜냐하면 하나님의 작정과 섭리가 아니면 어떤 행위도 일어날 수 없기 때문이다. 이에 대해 바빙크(Bavinck)는 한 예로 『하나님은 단지 나무로 하여금 타게 하시지만 이 연소는 공식적으로 하나님에게 돌려질 수 없고 다만 주체인 나무에게 돌려질 수 있다』(벌코프 조직신학 제2권 p.347).라고 했다.

"여호와께서 다시 이스라엘을 향하여 진노하사 저희를 치시려고 다윗을 감동시키사 가서 이스라엘과 유다의 인구를 조사하라 하신지라"(삼하24:1).

죄의 섭리는 다만 허용만이 아니고 하나님의 섭리이지만, 일반적인 섭리와는 달리 그 도덕적 책임은 죄를 범한 인간에게 있다. 이 죄의 섭리교리도 온전히 밝혀내는 것은 불가능한 일이다. 그럼에도 하나님은 모든 피조물의 행위를 주관하시지만, 결코 죄의 원인자가 되실 수 없다고 주장해야 하는 것이다.

"사람이 시험을 받을 때에 내가 하나님께 시험을 받는다 하지 말지니 하나님은 악에게 시험을 받지도 아니하시고 친히 아무도 시험하지 아니하시느니라 오직 각 사람이 시험을 받는 것은 자기 욕심에 끌려 미혹됨이니"(약1:13-14).

"이는 세상에 있는 모든 것이 육신의 정욕과 안목의 정욕과 이생의 자랑이니 다 아버지께로 좇아 온 것이 아니요 세상으로 좇아 온 것이라"(요일2:16).

제 5절 신자의 시련(試鍊)과 효력

> 가장 지혜로우시고 의로우시며 은혜로우신 하나님은 때로 자기의 자녀들이 잠시 동안 여러 가지 유혹에 빠져 그들 마음의 부패한대로 행하게 버려두신다. 그렇게 함으로써 그들이 이전에 범한 죄를 징계하시고, 그들의 부패하고 간사한 마음이 얼마나 강력한 힘을 지니고 있는지를 깨달아 겸손하게 하시고(대하32:25-26, 31; 삼하24:1), 따라서 전보다도 하나님께 더 간절하고 굳게 의지하게 하시며, 더욱 깨어 앞으로 있을 모든 죄에 대비하게 하심으로써 의롭고 거룩한 목적을 이루도록 이끄신다(고후12:7-9;시73, 77:1, 10, 12; 막14:66-72; 요21:15-17).

본 절에서는 하나님께서 택함 받은 자녀들이 죄에 빠지는 것을 허용하심으로, 죄에 대한 징계와 그에 따른 여러 가지 시련들을 통하여 더욱 하나님을 의지하는 굳센 믿음과 거룩한 삶으로 이끄신다고 진술하고 있다.

하나님은 사람을 미혹해 죄짓도록 하거나, 하실 수 없다. 그런 일은 하나님의 순결하신 본성에도 어긋나기 때문이다. 그러나 하나님께서는 택하신 자녀들이 잠시 동안 여러 가지 유혹에 빠져 그 마음의 부패한 대로 행하게 내버려 두시기도 하신다. 그렇게 함으로써 전에 지은 죄에 대해 징계하시거나, 인간의 마음이 얼마나 부패하고 죄악에 이끌리는지를 깨달아 겸손하게 하시며, 죄의 유혹에 대해 깨어 경계하게 하심으로써 하나님의 의롭고 거룩한 목적을 이루도록 이끄신다는 것이다. 다윗(삼하24:1)과 히스기야(대하32:31)의 사례에서도 하나님께서 그들의 죄행을 허용하시면서 시험하심으로 그들의 죄를 징계하셨으며, 결국에는 그들의 신앙과 삶에 유익이 되게 하셨다.

1) 신자들도 시험에 이끌리어 죄에 빠질 수 있다.

이런 시험은 잠시 허용적일 뿐, 결코 멸망에 이르도록 버리지 않으신다(성도의 견인). "아버지께서 내게 주시는 자는 다 내게로 올 것이요 내게 오는 자는 내가 결코 내어 쫓지 아니하리라"(요6:37).

"내가 저희에게 영생을 주노니 영원히 멸망치 아니할 터이요 또 저희를 내 손에서 빼앗을 자가 없느니라"(요10:28). "...내가 과연 너희를 버리지 아니하고 과연 너희를 떠나지 아니하리라 하셨느니라"(히13:5). "내가 확신하노니 사망이나 생명이나 천사들이나 권세자들이나 현재 일이나 장래 일이나 능력이나 높음이나 깊음이나 다른 아무 피조물이라도 우리를 우리 주 그리스도 예수 안에 있는 하나님의 사랑에서 끊을 수 없으리라"(롬8:38-39).

2) 신자들의 죄로 인한 징계와 시련들은 회개를 일으키고 겸손케 한다.

택함 받은 신자들의 죄로 인한 징계와 시련들은 신자들에게 마음의 부패와 숨은 죄악들과 유혹에 이끌리기 쉬운 자신의 연약성을 깨달아 회개를 일으키고 겸손하게 한다. "주께서 그 사랑하시는 자를 징계하시고 그의 받으시는 아들마다 채찍질하심이니라..."(히12:6). "내가 죄악 중에 출생하였음이여 모친이 죄 중에 나를 잉태하였나이다... 주의 얼굴을 내 죄에서 돌이키시고 내 모든 죄악을 도말하소서"(시51:5, 9). "나의 곤고와 환난을 보시고 내 모든 죄를 사하소서"(시25:18). "죄악이 나를 이기었사오니 우리의 죄과를 주께서 사하시리이다"(시65:3).

3) 신자들의 시험과 징계의 시련들은 하나님을 더욱 의지하게 하며, 죄와 불의에서 떠나는 거룩한 삶으로 인도된다.

현세에서 신자들이 매일 경험하는 죄의 유혹과 시험들로 인한 징계의 시련들은 무익(無益)한 것이 아니라 하나님의 섭리에 의해, 하나님의 의로우심과 그 자비의 영광을 나타내시는데 유익하기도 한 것이다. "고난 당한 것이 내게 유익이라 이로 인하여 내가 주의 율례를 배우게 되었나이다... 주께서 나를 괴롭게 하심은 성실하심으로 말미암음이니이다"(시

119:71, 75). "...육체의 고난을 받은 자가 죄를 그쳤음이니 그 후로는 다시 사람의 정욕을 좇지 않고 오직 하나님의 뜻을 좇아 육체의 남은 때를 살게 하려 함이라"(벧전4:1-2).

"...오직 하나님은 우리의 유익을 위하여 그의 거룩하심에 참여케 하시느니라"(히12:10,요일3:9).

제 6절 유기자(遺棄者)에 대한 섭리

> 의로운 재판장이신 하나님은 악하고 불경건한 자들에게는 그들이 범한 죄들을 인하여 그들의 눈을 어둡게 하시고 마음을 강퍅하게 하시어 그들의 죄를 심판하신다(롬1:24, 26, 28, 11:7-8). 하나님은 그들의 생각을 밝히고 그들의 마음에 역사할 은혜를 허락하지 않으실 뿐만 아니라(신29:4) 때로는 그들이 가지고 있던 은사들을 거두기도 하시고(마13:12; 25:29), 그들을 버려두사 스스로의 부패함으로 인해 죄를 범하는 일을 하게 하시며(신2:30; 왕하8:12-13), 그들 자신의 정욕과 세상 유혹과 사탄의 권세에 넘겨주기도 하신다(시81:11-12; 살후2:10-12). 그 결과 그들은 하나님이 다른 사람들의 마음을 부드럽게 하시기 위해 사용하시는 수단들 아래서조차 스스로 강퍅해지고 만다(출7:3, 8:15 ,32; 고후2:15-16; 사8:14; 벧전2:7-8; 사6:9-10; 행28:26-27).

성경은 창세전부터 하나님의 기쁘신 뜻을 따라 구원의 은혜를 베푸시기로 인류 중 얼마를 택하시고 나머지는 유기(遺棄)하셨음을 증거해 준다. "곧 창세전에 그리스도 안에서 우리를 택하사... 그 기쁘신 뜻대로 우리를 예정하사 예수 그리스도로 말미암아 자기의 아들들이 되게 하셨으니"(엡1:4-5). 이 작정은 전적인 하나님의 주권적 결정이다. 이에 대해 하나님이 공정치 못하다고 이의(異議)를 제기하는 자들을 향하여 바울은 토기장이 비유를 통해 "네가 뉘기에 감히 하나님을 힐문(트집을 잡아 따져 물음)하느뇨 지음을 받은 물건이 지은 자에게 어찌 나를 이같이 만들었느냐 말하겠느뇨"(롬9:20)라고 논박하며, 하나님의 주권적 결정임을 강조했다.

칼빈(Calvin)도 어거스틴(Augustine)의 말을 인용하여 예정 교리를 부정하려는 자들에게 하나님을 원망할 이유가 없음을 제시한다. 『전 세대의 전 인류는 최초의 인간 안에서 모두 정죄하심에 빠져 들어가 버렸기 때문에 영광을 위하여 만들어진 그릇은 그 자신의 의를 담는 그릇이 아니고 하나님의 인자하심을 담는 그릇이 되었다(롬9:21-24). 한편 치욕을 위해 만들어진 그릇은 하나님의 불의를 위한 것이 아니라 하나님에게 심판이 존재함을 보여 주기 위한 것이 되었다. 또한 하나님은 내버리신 사람들에게 당연히 받아야 할 형벌을 갚으시지만, 택하신 사람들에게는 그들에게 어울리지 않는 풍성한 은혜를 주시는 것이기 때문에 일체의 원망 받으실 일에서 벗어나 계시는 것이다』(기독교강요 제3권 p.709).

하나님은 그의 영원하신 계획에 따라 작정하신 대로 택자들에게는 그의 부르심의 효과적인 과정을 통하여 구원을 이루시지만, 유기자(遺棄者)들에 대해서는 그 심판에 의해 그들에게 계획을 실행하신다. 그들을 진노의 그릇으로 삼아 치욕과 영원한 멸망에 이르도록 하심으로 하나님의 공의로우심의 본보기로 삼으신다. 그들을 정하신 결말에 이르게 하기 위해서는 그들의 마음속에 악한 생각을 불어 넣으시거나 완악하도록 그들의 영혼에 영향력을 행사하시는 것이 아니라, 그들의 마음에 역사할 은혜를 거두시는 방법을 사용하신다고 진술하고 있다.

1) 하나님은 악하고 불경건한 자들에게는 그들이 범한 죄들을 인하여 그들의 눈을 어둡게 하시고 마음을 강퍅하게 하시어 그들의 죄를 심판하신다.

"...오히려 그 생각이 허망하여지며 미련한 마음이 어두어졌나니"(롬1:21), "또한 저희가 마음에 하나님 두기를 싫어하매 하나님께서 저희를 그 상실한 마음대로 내어 버려두사 합당치 못 한 일을 하게 하셨으니"(롬1:28).

"그런즉 어떠하뇨 이스라엘이 구하는 그것을 얻지 못하고 오직 택하심을 입은 자가 얻었고 그 남은 자들은 완악하여졌느니라"(롬11:7).

2) 하나님은 그들의 생각을 밝히고 그들의 마음에 역사할 은혜를 허락하지 않으신다.

"...깨닫는 마음과 보는 눈과 듣는 귀는 오늘날까지 여호와께서 너희에게 주지 아니하셨느니라"(신29:4). "이는 저희로 보기는 보아도 알지 못하며 듣기는 들어도 깨닫지 못하게 하여 돌이켜 죄 사함을 얻지 못하게 하려 함이니라..."(막4:12).

3) 때로는 그들이 가지고 있던 은사들을 거두기도 하신다.

"...악하고 게으른 종아 나는 심지 않은데서 거두고 헤치지 않은데서 모으는 줄로 네가 알았느냐... 그에게서 그 한 달란트를 **빼앗아** 열 달란트 가진 자에게 주어라 무릇 있는 자는 받아 풍족하게 되고 없는 자는 그 있는 것까지 **빼앗기리라**"(마25:26, 28-29).

"...천국의 비밀을 아는 것이 너희에게는 허락되었으나 저희에게는 아니되었나니 무릇 있는 자는 받아 넉넉하게 되되 무릇 없는 자는 그 있는 것도 **빼앗기리라**"(마13:11-12).

4) 그들을 버려두사 스스로의 부패함으로 인해 죄를 범하는 일을 하게 하신다.

"헤스본 왕 시혼이 우리의 통과하기를 허락지 아니하였으니 이는 너의 하나님 여호와께서 그를 네 손에 붙이시려고 그 성품을 완강케 하셨고 그 마음을 강퍅케 하셨음이라..."(신2:30).

"하사엘이 가로되 내 주여 어찌하여 우시나이까 대답하되 네가 이스라엘 자손에게 행할 모든 악을 내가 앎이라 네가 저희 성에 불을 놓으며 장정을 칼로 죽이며 어린아이를 메어치며 아이 밴 부녀를 가르리라... 여호와께서 네가 아람 왕이 될 것을 내게 알게 하셨느니라"(왕하8:12-13).

5) 그들 자신의 정욕과 세상 유혹과 사탄의 권세에 넘겨주기도 하신다.

"불의의 모든 속임으로 멸망하는 자들에게 임하리니 이는 저희가 진리의 사랑을 받지 아니하여 구원함을 얻지 못함이니라 이러므로 하나님이 유혹을 저의 가운데 역사하게 하사 거짓 것을 믿게 하심은 진리를 믿지 않고 불의를 좋아하는 모든 자로 심판을 받게 하려 하심이니라"(살후2:10-12).

6) 그 결과 그들은 하나님이 다른 사람들의 마음을 부드럽게 하시기 위해 사용하시는 수단들 아래서조차 스스로 강퍅해지고 만다.

"내가 바로의 마음을 강퍅케 하고 나의 표징과 나의 이적을 애굽 땅에 많이 행하리라마는"(출7:3). "그가 거룩한 피할 곳이 되시리라 그러나 이스라엘의 두 집에는 거치는 돌, 걸리는 반석이 되실 것이며 예루살렘 거민에게는 함정, 올무가 되시리니"(사8:14). "우리는 구원 얻는 자들에게나 망하는 자들에게나 하나님 앞에서 그리스도의 향기니 이 사람에게는 사망으로 좇아 사망에 이르는 냄새요 저 사람에게는 생명으로 좇아 생명에 이르는 냄새라…"(고후2:15-16).

제 7절 섭리(攝理)와 교회

> 하나님의 섭리가 전체적으로는 모든 피조물에게 미치는 것과 마찬가지로 하나님은 가장 특별하신 방법으로 교회를 돌보시며, 모든 일을 교회에 유익하게 처리하신다(딤전4:10; 암9:8-9; 롬8:28; 사43:3-5, 14).

하나님의 섭리는 관례적으로 『일반섭리』와 『특별섭리』로 구분한다. 성경은 하나님께서 창조하신 모든 만물을 다스리고 계심을 증거하고 있는데, 이것을 일반섭리라고 한다. 하나님께서는 창조하신 모든 피조물들이 정해진 목적대로 활동하도록 다스리시며 주관하시는 것이다. "**여호와께서 그 보좌를 하늘에 세우시고 그 정권으로 만유를 통치하시도다**"(시103:19).

특별섭리는 전체와의 관계 속에서 피조물들의 각 개체들을 살피시며 돌보심인데, 특히 하나님의 자기 백성, 즉 교회에 대한 특별한 돌보심을 의미한다. 교회의 통치는 각 개인의 외적인 환경뿐만 아니라 내면적인 영적 영역까지도 돌보시며 행하시는 것이다. 교회는 하나님의 선택하신 자녀들의 단체로서, 역사는 교회를 중심으로 섭리되고 있는 것이다. 하나님은 자기 백성인 교회를 각별히 돌보시며 보호해 오셨다. 때로 교회는 엄청난 박해와 시련에 직면하기도 하고, 범죄로 위기에 빠지기도 하지만, 하나님은 자비와 구원을 베푸시며 돌보심으로 지금까지 보존되어 온 것이다.

"...이 반석 위에 내 교회를 세우리니 음부의 권세가 이기지 못하리라"(마16:18). "보라 주 여호와 내가 범죄한 나라에 주목하여 지면에서 멸하리라 그러나 야곱의 집은 온전히 멸하지는 아니하리라… 내가 명령하여 이스라엘 족속을 만국 중에 체질하기를 곡식을 체질함 같이 하려니와 그 한 알갱이도 땅에 떨어지지 아니하리라."(암9:8-9)

또한 하나님께서는 자기 백성들의 필요를 잘 아시기에, 세상의 선악(善惡)간의 모든 일들이 합력하여 교회에 유익이 되도록 일하시는 것이다. "우리가 알거니와 하나님을 사랑하는 자 곧 그 뜻대로 부르심을 입은 자들에게는 모든 것이 합력하여 선을 이루느니라."(롬8:28)

제 6장
인간의 타락과 죄(罪)와 벌(罰)에 대하여

창조, 타락, 구속, 종말에 관한 교리들은 기독교 신앙의 가장 기본이 되는 진리들이기 때문에 매우 중요하다. 그중에 본 6장에서는 인간의 타락과 죄에 관하여 다루고 있다.

죄(罪)를 바르게 파악하지 못하고, 죄에 대한 깊은 깨달음이 없으면, 그리스도의 구속 사역과 구원의 은혜에 대해서 바른 신앙이 확립될 수 없다. 그것은 그리스도의 구원은 죄로부터의 구원이기 때문이다. 그래서 복음의 메시지는 언제나 "…회개하라 천국이 가까웠느니라"(마4:17) 라는 외침으로 시작되는 것이다. 그러므로 죄의 교리를 떠나서는 구원의 교리도 없게 된다. 교회 안에서 타락과 죄의 교리가 진지하고, 심각하게 설교 되어질 때에만, 참 회개로 성결케 된 영혼들을 얻게 될 것이다. 오늘날 교회들이 시대정신(時代精神)에 사로잡혀 죄의 교리를 기피함으로써, 회개 없는 거짓 신자들로 예배당을 채우고 있지는 않는지 다시 돌아보아야 한다.

제1절 행위계약(行爲契約)의 위반(違反)

우리의 첫 조상(아담과 하와)은 사탄의 간계와 시험의 유혹을 받아 금단(禁斷)의 열매를 먹음으로써 죄를 범했다(창3:13; 고후11:3). 하나님

> 은 그의 지혜롭고 거룩한 계획에 따라 그들이 범한 죄를 허용하기를 기뻐하셨는데, 이는 그 일을 통해 자신의 영광을 드러내시기로 계획하셨기 때문이다(롬11:32).」

개혁파 변증학의 선구자, 코넬리우스 반틸(Cornelius Van Til)은 『인간의 타락은 창조만큼이나 강조될 필요가 있다』고 했다. 많은 신학사상들이 쏟아져 나오지만 최초의 인간 타락의 기사들을 상징이나, 신화, 풍유 정도로 생각할 뿐, 역사적 사실로 인정하려 하지 않는 사상들이 많기 때문이다. 불트만이나 칼 발트도 창조나 타락의 사건을 역사적 사실로 인정하지 않는다. 그러나 성경은 인간 타락의 기사는 역사적 사실임을 분명하게 증거해 주고 있다.

"여호와 하나님이 여자에게 이르시되 네가 어찌하여 이렇게 하였느냐 여자가 가로되 뱀이 나를 꾀므로 내가 먹었나이다."(창3:13) "저희는 아담처럼 언약을 어기고 거기서 내게 패역을 행하였느니라"(호6:7). "뱀이 그 간계로 이와를 미혹케 한 것 같이…"(고후11:3)

이 타락으로 인해 인간은 피할 수 없는 저주와 죽음이라는 비참한 운명에 놓이게 되었으며, 이 영원한 비참에서 인간은 구원을 필요로 하게 되었고, 그 구원은 죄를 바르게 파악하고 죄인 됨을 깨달아 그리스도의 구속 사역과 그 은혜를 의지할 때에만 가능하다. 성경은 하나님의 창조와 함께 인간 타락의 원인과 결과를 보여줌으로써 구원의 소망을 열어 주고 있는 것이다. 본 절에서는 첫 조상 아담의 타락은 역사적 사실임과 하나님께서 죄를 허용(許容)하신 것은 그 일을 통해 하나님 자신의 영광을 드러내시기로 계획하셨기 때문이라고 진술한다.

1) 성경은 죄가 세상에 들어오게 된 원인을 밝혀 주고 있다.
성경은 최초의 인간은 하나님의 형상대로 참된 의와 거룩함과 선하고 지혜로운 만물의 지배자로 창조되었다고 증거한다.
"하나님이 자기 형상 곧 하나님의 형상대로 사람을 창조하시되 남자와 여자를 창조하시고"(창1:27), "...땅을 정복하라... 다스리라 하시니라.(창 1:28).
이것은 처음 창조될 때의 인간은 죄를 범할만한 육체적인 원인이나 인간 내면에 타락을 초래할 만한 어떤 정욕도 없었으며, 하나님께서 만족하실 정도로 인간은 완전하게 지음을 받았다는 의미이다.
"하나님이 그 지으신 모든 것을 보시니 보시기에 심히 좋았더라..."(창 1:31). "...하나님이 사람을 정직하게 지으셨으나..."(전7:29).
그러므로 인간 안에는 타락으로 이끌리도록 하는 불완전한 요소는 전혀 없는 완벽한 균형이 있었다. 하나님은 인간의 마음에 거룩한 도덕율법(道德律法)을 새겨 주셨고, 그 법을 순종하는 것이 인간의 의무였으며, 그 법을 지킬 능력도 주셨다. 그리고 인간에게는 자신의 행동을 결정할 수 있는 자유의지가 허락되었다. 하나님은 그 인간의 의지를 시험하시려고 선악을 알게 하는 나무의 실과를 먹지 말라는 명령으로써 하나님의 의지인 율법에 대한 복종을 시험하셨다.
"여호와 하나님이 그 사람에게 명하여 이르시되 동산 각종 나무의 열매는 네가 임의로 먹되 선악을 알게 하는 나무의 열매는 먹지 말라 네가 먹

는 날에는 반드시 죽으리라 하시니라"(창2:16-17).

이 명령은 하나님의 주권적(主權的)인 뜻에 따라 주어진 명령으로서 하나님의 권위에 대한 인간의 복종을 시험하는 목적이 있었던 것이다(죄는 하나님의 율법에 불복종 하는 것). 이 명령을 인간이 거역하게 된 계기는 사단의 유혹이었다. 유혹이란 강제가 아니라 설득이다. 사단이 인간을 죄짓도록 강제한 것이 아니라 뱀이라는 동물을 도구로 삼아 거짓말로 인간의 의지를 설득하였고, 인간은 부여된 자유의지의 남용(濫用))으로 결국 유혹에 빠져 죄를 범하게 되고 말았다. **"뱀이 여자에게 이르되 너희가 결코 죽지 아니하리라 너희가 그것을 먹는 날에는 너희 눈이 밝아 하나님과 같이 되어 선악을 알 줄을 하나님이 아심이니라... 여자가 그 실과를 따먹고 자기와 함께한 남편에게도 주매 그도 먹은지라"(창 3:4-6).**

하나님께서 기쁘신 뜻을 따라 인간의 복종을 시험하실 때 사단은 인간을 유혹한 것이다. 이렇게 죄는 외부로부터 인간에게 들어 온 것이다. **"이러므로 한 사람으로 말미암아 죄가 세상에 들어오고..."(롬5:12).** 이것을 강조해야 하는 이유는 로마 가톨릭교회의 교리는 『인간은 육체적 부분인 야수성이 타락으로 이끌어 가려는 경향에 대해 투쟁하고 있으며, 하나님은 이런 부분을 제어할 수 있도록 인간에게 원의(原義)라는 특별한 은사를 주셨다고 주장하며, 인간의 육신, 또는 육신 안에 있는 본능적 욕구가 인간을 타락으로 이끈다』라고 하여 죄가 외부로부터 들어 온 것이라는 성경의 증거를 부정하기 때문이다.(로이드 존스 교리강좌 시리즈 1권, 임범진. 옮김 p.311).

2) 하나님은 자기의 기쁘신 뜻을 따라 인간의 범죄행위를 허용하셨다.

인간은 하나님의 형상대로 의와 거룩함으로 완전하게 지음을 받았지만 변할 수 있는 가능성이 함께 있었다. 그것은 인간이 스스로 결정할 수 있는 자유의지가 주어졌기 때문이다. 그러므로써 인간은 자기 결정에 대한 책임도 함께 지도록 한 것이다. 하나님께서 인간의 타락을 막으실 수도 있다. 그러나 하나님은 그럴 의무를 지시지 않으시며, 인간에게 스스로의 의무를 행할 수 있는 능력을 주셨고, 그 능력을 거두시지도 않으신 것이다. 하나님은 인간에게 악이나, 선을 행하도록 강제하지 않으신다. 인간이 스스로 선악 간에 자기 결정에 대한 책임을 지도록 자유의지를 허락하셨기 때문이다. 그래서 선에 대한 보상도, 악에 대한 형벌도 가능한 것이다. 인간의 타락도 하나님께서 원하시면 큰 은혜를 베푸셔서 막아 주실 수도 있지만 자제하시고 허용하셨다(가인의 범죄=창4:8, 아브라함의 약함=창16:2, 요셉의 형들 범죄=창37:28, 다윗의 범죄=삼하11:4, 14-15, 가룟 유다의 배신=마26:14-16등 참고). 인간의 타락도 하나님이 죄를 짓도록 작정하신 것이 아니라 허용하시기로 작정하셨기 때문에 가능했던 것이다. 그래서 섭리와 죄의 문제에 있어서는 허용작정(許容作定)이라는 입장에서 보게 되는 것이다.

3) 죄의 허용 목적은 하나님의 영광을 나타내시기 위함이다.

거룩하시고 의로우신 하나님께서 왜 인간의 타락을 막지 않으셨는가? 죄의 허용문제에 있어서 성령의 조명(照明)을 받지 못하는 자들은 끊임없이 악의적으로 문제를 제기하며 힐문(詰問)한다. 이에 대해 성경은 "이 사람아 네가 뉘기에 감히 하나님을 힐문 하느뇨 지음을 받은 물건이 지은 자에게 어찌 나를 이같이 만들었느냐 말하겠느뇨"(롬9:20)라고 논박(論駁)하며, 하나님의 주권적 결정임을 선포한다. 본 고백서도 이는 그 일을 통해 자신의 영광을 드러내시기로 계획하셨기 때문이라고 진술하고 있다. 이에 대해서 하이델베르크 요리문답 7문에서 다음과 같이 구체적으로 진술한다.

『하나님께서 왜 그것을 허용하셨는가? ① 창조주께서 원시(原始)의 의(義)의 상태에 있도록 보존하시지 않고 피조물을 홀로 두시면, 피조물이 연약할 수밖에 없다는 것을 드러내시기 위함이었다. ② 이를 계기로 믿는 모든 자들을 그리스도로 말미암아 구원하심으로써 하나님의 선하심과 긍휼하심과 은혜를 드러내시며, 또한 악인과 버림받은 자들의 죄를 벌하시는 하나님의 정의(正義)의 능력을 드러내시기 위함이었다』(자카리아스 우르시누스 저, 원광연 옮김 p.91).

"...모든 사람을 순종치 아니하는 가운데 가두워 두심은 모든 사람에게 긍휼을 베풀려 하심이로다"(롬11:32).

제 2절 행위계약 위반(違反)의 결과

> 이 죄로 말미암아 그들은 본래 가졌던 의(義)를 상실했고, 하나님과 가졌던 교제에서도 끊어지게 되었다(창3:6-8; 전7:29; 롬3:23). 그 결과 그들은 죄 가운데 죽게 되었고(창2:17; 엡2:1), 영혼과 육체의 모든 기능과 부분이 전적으로 더럽게 되고 말았다.(딛1:15; 창6:5; 렘17:9; 롬3:10-18).

본 절에서는 인류의 첫 조상이 죄를 범한 결과로 모두가 짊어지게 된 인간의 전적 타락과 비참에 대해 진술하고 있다.

1) 아담은 범죄로 인해 본래 가졌던 의(義)를 상실했다.

본래 가졌던 의란? 아담은 하나님의 형상대로 지음을 받았을 때 가졌던 하나님의 형상으로서의 의(義), 즉 하나님의 의로우심에 버금가는 의를 소유한 의로운 존재였다. "**하나님이 자기 형상 곧 하나님의 형상대로 사람을 창조하시되 남자와 여자를 창조하시고**"(창1:27). 그러나 범죄로 말미암아 그가 가지고 있던 의(義)를 잃어 버렸다. 그 의를 『원의(原義)』라고 한다. 이 원의가 사라지고 인간에게는 악(惡)이 들어와 존재하게 되는 변화가 일어나게 되었는데, 이것을 『원오염(原汚染)』이라고 부른다. 이 인간의 오염은 전적 부패(腐敗)와 전적 무능(無能)으로 나타나는 것이다. "**...곧 하나님이 사람을 정직하게 지으셨으나 사람은 많은 꾀를 낸 것이니라**"(전7:29). "**... 그 마음의 생각의 모든 계획이 항상 악할 뿐임을 보시고**"(창6:5), "**다 치우쳤으며 함께 더러운 자가 되고 선을 행하는 자가 없으니 하나도 없도다**"(시14:3).

2) 인간은 죄를 범한 결과 하나님과의 교제에서 끊어졌다.

인간에게 있어서 가장 큰 행복이었던 하나님과의 교제가 인간의 범죄로 말미암아 단절 되었다. 이것은 죄인을 향한 하나님의 진노이며, 죽음이었다. 하나님은 인간과의 계약(행위계약) 관계에서 어기는 날에는 반드시 죽으리라고 경고 하신 것은, 죄의 대가는 복되신 하나님과의 영원한 분리(分離)임을 선언하신 것이다.

결국 불순종의 죄를 범한 인간은 하나님 앞에 설 수 없었다. 최상의 기쁨이었던 하나님은 이제는 두려움의 대상이 되었고, 그 음성조차 감당할 수 없어서 숨어야 했다. "**...내가 동산에서 하나님의 소리를 듣고... 두려워하여 숨었나이다**"(창3:10). 그리고 하나님 앞에서 추방되어 다시는 스스로 돌아올 수 없는 비참으로 전락하고 말았다. "**이같이 하나님이 그 사람을 쫓아 내시고 에덴 동산 동편에 그룹들과 두루 도는 화염검을 두어 생명나무의 길을 지키게 하시니라**"(창3:24).

3) 인간은 죄를 범한 결과 죽었고, 죽게 되었다.

하나님은 인간과의 계약(행위계약) 관계에서 어기는 날에는 반드시 죽음으로 다스리실 것을 선언(宣言)하셨다. "**선악을 알게 하는 나무의 실과는 먹지 말라 네가 먹는 날에는 정녕 죽으리라 하시니라**"(창2:17). 죄를 범한 대가는 죽음으로 받게 될 것이라는 경고였다. 그 경고대로 죄는 하나님과의 관계 단절을 가져왔고 "**오직 너희 죄악이 너희와 너희 하나님 사이를 내었고...**"(사59:2), 그 단절은 곧 죽음을 의미하며 "**죄의 삯은 사망이요...**"(롬6:23), 저주와 죽음을 불러왔다. 영적인 죽음은 즉시 왔고, 육체도 부패와 죽음의 씨앗이 심어져 살아가는 과정이 죽어가는 것이며, 결국 죽어서 왔던 흙으로 다시 돌아가게 되었다. "**...너는 흙이니 흙으로 돌아갈 것이니라...**"(창3:19).

4) 범죄로 인간은 전적으로 타락했다.

하나님의 형상인 원의(原義)를 잃어버린 인간의 본성은 오염과 전적부패로 인해 영혼과 육체의 모든 기능과 능력들이 전적으로 더럽게 되고 말았다. 하나님의 영광을 위해 사용해야 할 은사들은 모두 자신의 영광을 위해 오용(誤用)되고 악용된다. "**기록한바 의인은 없나니 하나도 없으며 깨닫는 자도 없고 하나님을 찾는 자도 없고 다 치우쳐 한가지로 무익하게 되고 선을 행하는 자는 없나니 하나도 없도다**"(롬3:10-12).
"만물보다 거짓되고 심히 부패한 것은 마음이라 누가 능히 이를 알리요마는"(렘17:9).

제 3절 아담(Adam)의 죄(罪)와 우리의 관계

> 그들(아담과 하와)은 모든 인류의 시조(始祖)이었으므로(창1:27-28, 2:16-17; 행17:26; 롬5:12, 15-19; 고전15:21-22, 45, 49) 그들이 범한 죄책이 모든 후손들에게 전가(轉嫁) 되었고, 죄로 인한 죽음과 부패한 본성이 보통 생육 법으로 그들에게서 나오는 모든 후손에게까지 유전되었다.

본 절에서는 첫 조상 아담의 죄가 그 후손인 전 인류(人類)에게 전가 된 것과 그 죄로 인한 결과도 유전되었다고 진술하고 있다. 성경은 아담의 죄가 그의 후손인 인류 전체에 영향을 미치게 됨으로써 모든 사람이 죄를 범한 것이 되었고, 의인(義人)은 없나니 하나도 없다고 증거한다. "

모든 사람이 죄를 범하였으매 하나님의 영광에 이르지 못하더니"(롬 3:23), "...의인은 없나니 하나도 없으며"(롬3:10).

죄의 보편성(普遍性)에 대해 설명하는 주요한 두 가지 주장이 있다.

1) 실제설(實際設): 아담이 타락할 때 인류도 함께 타락했다.

실제설은 죄가 보편적인 이유는 인간 본성 전체가 아담 안에 있었기 때문에 아담이 타락할 때 함께 타락하게 되었다는 것이다. 이 설은 히브리서 7:9-10절의 "또한 십분의 일을 받는 레위도 아브라함으로 말미암아 십분의 일을 바쳤다 할 수 있나니 이는 멜기세덱이 아브라함을 만날 때에 레위는 아직 자기 조상의 허리에 있었음이니라"라는 내용을 근거로 삼는다. 이것을 『생식적 동일성(生殖的同一性)이론』이라고 부른다. 아브라함이 십일조를 드릴 때에 그의 후손 레위는 아직 태어나지 않은 상태로 아브라함의 허리에 있었으므로 함께 십일조를 드린 것이 된 것 처럼, 아담이 범죄할 때 그의 후손인 모든 인류는 그의 허리에 있었으므로 함께 범죄한 것이라고 주장하는 것이다.

※이 주장에는 몇 가지 문제가 따르는데,
① 영혼을 물질적인 성격으로 여기게 된다는 것이다. 마치 영혼도 육체처럼 부모로부터 나오는 것으로(영혼 유전설) 여기게 된다는 것이다.
② 죄의 전가(轉嫁: 잘못이나 책임을 다른 사람에게 넘겨 씌우는 것)는 아담의 첫 범죄에 대한 죄책만이 아니라 아담의 모든 죄와 조상들의 모든 죄에 대해서도 책임이 있게 된다는 것이다.

그러나 성경은 아담의 첫 범죄에 대한 죄책만이 인류에게 전가되었다고 증거해 주고 있다. 아담은 첫 범죄로 인해 후로는 인류의 대표(代表)라는 위치에서 벗어나게 되었기 때문이다. ③ 예수 그리스도의 인격에 대한 문제로서 그리스도도 원죄책(原罪責)을 짊어진 죄를 가진 인간처럼 되신다는 것이다. 그의 영혼이 부모에게서 유전(遺傳)된 것이라면 부모의 죄도 함께 유전되므로 예수님도 죄인이게 되시는 문제가 따르는 것이다. 그리스도의 무죄성(無罪性)을 부인하는 결과가 되고 만다.

2) 언약설(言約設): 아담은 인류의 언약적 대표자였다.

언약설 또는 계약설은 죄가 보편적이 되는 것은 아담은 인류의 자연적 머리일 뿐 아니라 하나님이 그를 인류의 대표자(代表者)로 세우시고 계약을 맺으셨다는 것이다. 그러므로 아담은 인류의 대표로서 그의 한 행동은 전 인류에게 영향을 미치게 되는 것이다.

"하나님이 자기 형상 곧 하나님의 형상대로 사람을 창조하시되 남자와 여자를 창조하시고 하나님이 그들에게 복을 주시며 그들에게 이르시되 생육하고 번성하여 땅에 충만하라…"(창1:27-28).

"인류의 모든 족속을 한 혈통으로 만드사 온 땅에 거하게 하시고…"(행17:26).

아담이 하나님의 말씀에 순종하여 계약(행위계약)을 지키면 아담과 그의 모든 후손이 복(福)중에 계속 발전하여 완전한 영광에 이를 것이며, 만약에 불순종하여 계약을 어기면 또한 아담과 그 후손 모두는 영원히 죽음의 저주 아래 떨어지게 되는 것이다. 이것을 『대표설(代表設)』이라고 부르기도 한다.

"여호와 하나님이 그 사람에게 명하여 가라사대 동산 각종 나무의 실과는 네가 임의로 먹되 선악을 알게하는 나무의 실과는 먹지말라 네가 먹는 날에는 정녕 죽으리라 하시니라"(창2:16-17). "이러므로 한 사람으로 말미암아 죄가 세상에 들어오고 죄로 말미암아 사망이 왔나니 이와 같이 모든 사람이 죄를 지었으므로 사망이 모든 사람에게 이르렀느니라"(롬5:12). "아담 안에서 모든 사람이 죽은 것 같이 그리스도 안에서 모든 사람이 삶을 얻으리라"(고전15:22).

※ 이 주장에는 몇 가지 장점이 따르는데,
① 죄의 전가에 있어서 아담의 첫 범죄만이 인류에게 전가되는 이유를 명확하게 설명해 준다. 아담은 첫 범죄로서 그의 대표적 지위를 상실하였으므로 첫 범죄 외에 다른 죄에 대한 전가는 없다.
② 예수 그리스도의 인격(人格)에 관련된 문제를 일으키지 않는다. 그리스도의 인격은 죄인의 인격이 아닌 하나님이시며, 또한 사람이신 신인(神人)의 인격이시다.『참 사람이시나 죄는 없으시다.(칼케돈 신조, 451년)』그리스도의 무죄성이 보호되는 것이다.

이 언약설(계약설)이 개혁주의 입장(직접 전가설)이다. 본 고백서에도 아담은 인류의 시조(始祖)로서 인류의 자연적 부모일 뿐 아니라 인류의 대표자로서 하나님과의 계약관계에 있었으므로 그의 첫 범죄의 죄책이 모든 후손들에게 전가되었고, 그 죄로 인한 죽음과 부패한 본성이 보통 생육 법으로 그들에게서 나오는 모든 후손에게까지 유전(遺傳)되었다라고 진술하고 있다. 특히 『보통 생육 법으로 그들에게서 나오는 모든 후손에게까지 유전되었다』라는 진술은 특별한 방법, 즉 성령의 능력에 의해 처녀에게서 탄생하신 예수 그리스도는 아담의 후손에서 제외되심을 강조하는 의미다.

그러므로 예수 그리스도는 아담의 첫 범죄의 죄책을 지시지 않으시며, 그 죄의 결과에 대해서도 관계가 전혀 없으신, 영원히 무죄하시고 순결하시다. "우리에게 있는 대제사장은 우리 연약함을 체휼하지 아니하는 자가 아니요 모든 일에 우리와 한결같이 시험을 받은 자로되 죄는 없으시니라"(히4:15).

제 4절 원죄(原罪)와 자범죄(自犯罪)

> 이 원(原) 부패성으로 말미암아 우리는 모든 선(善)을 행하고자 하는 마음도 가질 수 없으며, 선을 행할 능력도 없고, 선을 거부하며(롬5:6, 7:18, 8:7; 골1:21), 오직 악을 행하려는 성향만 있으므로써(창6:5; 8:21; 롬3:10-12), 모든 실제적인 범죄들이 나오게 되었다(약1:14-15; 엡2:2-3; 마15:19).

1) 원죄(原罪)란?

죄는 인류의 시조인 아담의 첫 범죄로부터 유래되었고, 아담은 인류의 대표자로서 그가 범한 죄의 죄책(罪責)과 벌책(罰責)이 온 인류에게 전가된 것을 말한다. 그러므로 인간은 누구나 태어날 때부터 죄책과 함께,

그 본성에 아담으로부터 물려받은 죄가 내재(內在)되어 있어서 죄인으로 나오는 것이다. 이 원죄는 인간이 현실적으로 저지르는 실제적인 모든 죄들의 뿌리가 된다.

본 절에서도 원죄로 말미암은 인간 본성의 부패와 죄를 향하여 적극적으로 나아가는 성향에서 실제적인 모든 죄(자범죄, 현실죄)들이 나온다고 진술하고 있다.

2) 원죄의 두 가지 요소

원죄에 대해서는 항상 두 가지 요소를 함께 생각해야 한다. 바로 『원 죄책(原罪責)』과 『원 오염(原汚染)』이다. 아담이 불순종의 죄를 범하는 순간에 그에게는 두 가지 일이 함께 일어났다. 죄책을 지게 된 것과 또한 아담 안에 원의가 사라지고 대신에 악을 향하는 성향(性向)으로 변화가 일어난 것이다. 이것을 오염이라고 한다. 그러므로 원죄는 이 죄책과 오염, 두 가지 모두를 전 인류가 짊어지게 된 것을 의미한다.

(1) 원 죄책(原罪責): 원 죄책이란? 인류의 시조이며, 대표자로서 아담이 범한 첫 범죄에 대한 책임을 모두가 짊어진 것을 말한다. 이 죄책(罪責)에는 벌책(罰責)이 따르는데, 곧 죽음이다.

(2) 원 오염(原汚染): 원 오염이란? 아담이 가지고 있던 하나님의 형상인 원의(原義)가 사라진 것을 뜻한다. 아담이 하나님의 형상대로 지음을 받았다는 것은 아담도 하나님의 의로우심에 버금가는 의를 소유한 의로운 존재라는 말이다. 그러나 죄로 인해 그 의는 사라지고, 대신에 인간 안에는 적극적인 악이 존재하게 된 것이다. 이것을 오염이라고 한다. 그러

므로 『오염이란 적극적으로 죄를 향하여 나아가는 타고난 성향』인 것이다.(로이드 존스, 교리강좌시리즈 1권, p.343). 이 오염의 표현은 전적부패(全的腐敗)와 전적무능(全的無能)으로 나타난다.

① **전적부패**: 『타락한 인간은 선천적으로 부패한 본성을 가지고 있으며, 이 부패는 인간성의 각 부분, 즉 영혼과 몸의 모든 기능과 능력들에까지 확장되며, 영적 선, 즉 하나님과의 관계에서 선(善)이 전혀 없다는 뜻이다』(벌코프 조직신학, 3권. 고영민역 p.148).

중생하지 못하고, 그 본성이 전적부패 상태에 있는 사람은 하나님과 율법에 대해 원수가 되어 있으며, 모든 능력들은 오용(誤用)되고 악용된다. 하나님의 영광을 위해 사용하도록 주어진 능력들을 자신의 영광을 위해 오용되고 악용(惡用)되고 있는 것이다. 하나님을 예배하며 영광을 돌려야 할 인간이 자신을 예배하며 스스로 영광을 취하려는 신(神)이 되려는 것이다. 하나님의 통제를 받아야 할 인간이 스스로를 통제하려 한다. 이것이 전적부패 상태에 있는 인간의 모습이다. **"여호와께서 사람의 죄악이 세상에 관영함과 그 마음의 생각의 모든 계획이 항상 악할 뿐임을 보시고"**(창6:5). **"만물보다 거짓되고 심히 부패한 것은 마음이라 누가 능히 이를 알리요마는"**(렘17:9).

② **전적무능**: 영적 무능으로서 하나님을 기쁘시게 하거나, 진리를 깨닫거나 순종할 수 없다. 성령으로 중생하지 못한, 타락한 상태에 있는 사람은 영적 감각이 상실되어 있기 때문에 영적인 문제에는 전혀 무능할 수밖에 없다. 죄를 향하는 자신의 성향을 돌이킬 수도 없으며, 진리를 깨닫거나 믿을 수 없다. "**...너희가 듣기는 들어도 깨닫**

지 못할 것이요 보기는 보아도 알지 못하리라 이 백성들의 마음이 완악하여져서 그 귀는 듣기에 둔하고 눈은 감았으니…"(마13:14-15; 사6:9-10), "저희 총명이 어두워지고 저희 가운데 있는 무지함과 저희 마음이 굳어짐으로 말미암아 하나님의 생명에서 떠나 있도다"(엡4:18). 자연적인 선과 도덕성은 있으나 영적 선은 전혀 행할 수 없음을 뜻한다. 죽은 사람은 감각이 없고 무능하듯, 타락한 인간은 영적으로 죽어 있기 때문에 하나님에 대해서는 전적으로 무능할 수밖에 없다. "너희의 허물과 죄로 죽었던 너희를… 전에는 우리도 다 그 가운데서 우리 육체의 욕심을 따라 지내며 육체와 마음의 원하는 것을 하여 다른 이들과 같이 본질상 진노의 자녀이었더니"(엡2:1-3), "육신의 생각은 하나님과 원수가 되나니 이는 하나님의 법에 굴복하지 아니할 뿐 아니라 할 수도 없음이라 육신에 있는 자들은 하나님을 기쁘시게 할 수 없느니라"(롬8:7-8).

"육에 속한 사람은 하나님의 성령의 일을 받지 아니하나니 저희에게는 미련하게 보임이요 또 깨닫지도 못하나니 이런 일은 영적으로라야 분변함이니라"(고전2:14).

3) 자범죄(自犯罪)

자범죄 또는 현실 죄란? 타락한 인간은 태어날 때부터 그 본성에 죄가 내재(內在)하고 있으며, 적극적으로 죄를 향하는 성향 때문에 현실적으로 저질러지는 모든 죄들을 의미한다. 이렇게 원죄는 실제적으로 저질러지는 모든 죄의 내적 뿌리인 것이다. "**내가 죄악 중에 출생하였음이**

여 모친이 죄 중에 나를 잉태하였나이다 …피 흘린 죄에서 나를 건지소서…"(시51:5, 14).

이상에서 살펴본 바와 같이 본 절에서는 인간의 원초적인 전적 부패로 선(善)이 없으며, 또한 전적 무능으로 선을 행하고자 하는 마음도, 행할 능력도 없으며, 도리어 선을 거부하고, 적극적으로 죄를 향하는 오염된 성향으로 인해 모든 실제적인 죄(자범죄, 현실죄)가 저질러진다고 진술하고 있다. "육체의 일은 현저하니 곧 음행과 더러운 것과 호색과 우상 숭배와 술수와 원수를 맺는 것과 분쟁과 시기와 분냄과 당 짓는 것과 분리함과 이단과 투기와 술 취함과 방탕함과 또 그와 같은 것들이라 …"(갈5:19-21).

제 5절 신자 안에 잔존(殘存)하는 죄

> 본성의 이 부패성은 이 세상에 사는 동안 중생한 사람들 안에도 남아 있다(요일1:8, 10; 롬7:14, 17-18, 23; 약3:2; 잠20:9; 전7:20). 그것은 그리스도를 통해서 용서되었고, 억제되고 있다할지라도, 그러한 본성 자체와 거기에서 비롯되는 모든 행위들은 참으로 죄 된 것이다(롬7:5, 7-8, 25; 갈5:17).

어떤 이들은 중생하여 그리스도 안에 있는 신자들은 새로운 피조물이 되었기 때문에 죄가 없으며, 또한 죄를 지을 수 없는 완전한 존재가 된 것처럼 주장한다. 이것을 완전주의(完全主義)라고 부른다. 그들은 이 세상에서 완전한 죄의 해방이 가능하다고 주장한다. 죤 웨슬리(John Wesley)도 『신자는 고의적으로 죄를 짓지는 않지만, 인지하지 못하는 무의적인 죄는 지을 수도 있다. 그러나 그런 죄는 상관없으며, 시간이 지난 후 그 죄가 드러날 때 버리면 그 죄에 대해서도 완전하게 된다』라고 했다. (로이드 존스 교리강좌시리즈 2권. 임범진 옮김 p.328).

특히 가톨릭(Catholic)교회는 신자 안에 잔존(殘存)하는 본성의 부패를 죄로 인정하지 않고 욕망이라고 부른다. 이 욕망은 아담 안에 처음부터 존재했던 자연스러운 본성이므로 원죄에 해당하지 않으며, 욕망 그 자체로는 죄가 아니라고 주장한다. 그러므로 『고의적으로 범하지 않는 무의식적인 죄(원치 않는 죄)는 죄가 아니라』는 것이다. (신앙고백서 강해. 김준삼 목사 지음 p.89).

그러나 본 절에서는 성령으로 중생하고 그리스도와 연합되어 있는 칭의와 양자 된 신자들 안에도 본성의 부패성은 여전히 남아 있으며, 그것들이 그리스도의 구속을 통해 용서되고, 해결되었다 할지라도 부패한 본성에서 나오는 행동들은 고의적이든, 무의식적이든지, 모두 분명한 죄라고 진술하고 있다. 오염된 샘에서는 오염된 물이 나올 수밖에 없듯이, 오염되고 부패한 인간 본성에서 나오는 행동들은 죄일 수밖에 없다. "**만일 우리가 죄 없다 하면 스스로 속이고 또 진리가 우리 속에 있지 아니할 것이요**"(요일1:8). "선을 행하고 죄를 범치 아니하는 의인은 세상에 아주 없느니라"(전7:20).

"우리가 다 실수가 많으니 만일 말에 실수가 없는 자면 곧 온전한 사람이라…"(약3:2). 본성(本性)의 부패란 앞서 살핀바 있듯이 원죄를 말하는 것이다.

중생하여 그리스도와 연합되어 있는 구원받은 신자들은 예수 그리스도의 구속을 통해 원 죄책이 용서받아 지워졌지만 "**그러므로 이제 그리스도 예수 안에 있는 자에게는 결코 정죄함이 없나니**"(롬8:1), 그렇다고 완전히 성화(聖化)되어 죄 없는 인생이 된 것이 아니다. 그리스도의 구속의 은혜와 성령의 역사로 새 본성, 즉 새 생명의 씨앗이 그 안에 심어졌지만 "...하나님의 씨가 그의 속에 거함이요..."(요일3:9). "...하나님의 아들의 이름을 믿는 너희에게... 영생이 있음을 알게 하려 함이라"(요일5:13), 동시에 옛 본성의 부패성, 즉 적극적으로 죄를 향하는 선천적인 성향이 아직 남아 있으므로 해서 "...**사랑하는 자들아... 영혼을 거스려 싸우는 육체의 정욕을 제어하라**"(벧전2:11), 구원받은 신자들도 죄를 짓게 되는 것이다. 그러므로 신자들은 세상사는 동안 그 안에 싸움이 있게 된다. "**내 속 사람으로는 하나님의 법을 즐거워하되 내 지체 속에서 한 다른 법이 내 마음의 법과 싸워 내 지체 속에 있는 죄의 법 아래로 나를 사로잡아 오는 것을 보는 도다**"(롬7:22-23; 히12:4).

이 싸움은 우리 안에 부패한 옛 본성은 죽여 가며, 반면에 중생으로 심어진 새 생명(새로운 본성)의 씨앗은 살려가는 것이다. 이것을 성화(聖化)라고 한다. 이 성화는 어느 순간에 완성되는 것이 아니라 중생(重生)과 함께 시작되는 전 생애(生涯)의 과정이며, 죄의 몸이 죽을 때에 완성되는 것이다. "**우리가 율법은 신령한 줄 알거니와 나는 육신에 속하여 죄 아래 팔렸도다**"(롬7:14). "이제는 이것을 행하는 자가 내가 아니요 내 속에 거하는 죄니라 내 속 곧 내 육신에 선한 것이 거하지 아니하는 줄을 아노니 원함은 내게 있으나 선을 행하는 것은 없노라"(롬7:17-18). "...그 런즉 내 자신이 마음으로는 하나님의 법을, 육신으로는 죄의 법을 섬기노라"(롬7:25).

"너희는 성령을 좇아 행하라 그리하면 육체의 욕심을 이루지 아니하리라 육체의 소욕은 성령을 거스리고 성령의 소욕은 육체를 거스리나니 이 둘이 서로 대적함으로 너희의 원하는 것을 하지 못하게 하려 함이니라"(갈5:16-17).

제 6절 죄(罪)에 대한 형벌(刑罰)

> 원죄(原罪)나 현실죄(現實罪)는 다같이 하나님의 의로우신 율법을 위반한 것이며, 그것에 반대되는 것으로서(요일3:4) 죄는 본질적으로 죄인에게 죄책을 부여한다(롬2:15; 3:9, 19). 그 죄책으로 말미암아 죄인은 하나님의 진노와(엡2:3) 그 율법의 저주 아래 놓여(갈3:10) 죽음을 당하게 되고(롬6:23), 영적 불행과(엡4:18), 한시적 불행과(롬8:20; 애3:39), 영원한 불행을 피할 수가 없다(마25:41; 살후1:9).

본 절에서는 원죄나 현실죄(자범죄) 모두 율법에 대한 위반이며, 그 죄책으로 말미암아 하나님의 진노 아래 놓여서 영원한 불행을 피할 수 없다고 진술한다.

1) 죄(罪)란 무엇인가?

죄는 원죄이든지, 현실죄(자범죄)이든지, 다같이 하나님의 율법에 대한 거역이며, 그 율법에 반대되는 행위다. 성경에서 죄를 표현하기 위해 사용된 용어 몇 가지를 살펴보면 『구약에서는 '하타아트'(hattat: 빗나감) 표적을 맞추지 못하거나 옳은 길에서 벗어난 행동을 가리킨다. '아윈'(awon: 죄악, 왜곡) 고결성과 정직성의 결핍으로서, 지정된 길에서 이탈하는 것을 가리킨다. '레샤'(resa: 사악, 혼란) 정당한 권위에 복종하기를 거절하는 것, 즉 율법에 대한 적극적인 범법으로서 언약을 파괴하는 것을 의미한다.

신약에서도 '하마르티아'(hamartia: 빗나감), '파랍토마'(paraptoma: 타락), '아노미아'(anomia: 불법)등은 하나님과의 올바른 관계가 파괴됨을 의미하는 것으로서, 죄란 「특수한 악」임을 나타내 준다.』(루이스 벌코프 조직신학, 제3권, 고영민 역 p.116-117 / 신학사전, 개혁주의신행협회편. 참고).

즉 죄란? 인간 능력의 한계를 벗어난 상태에서 저질러진 피동적(被動的)인 행동이 아니라, 능동적(能動的)으로 하나님께 반항하고 적극적으로 거룩한 율법을 거역한 것을 말한다. 그러므로 죄책이 따르게 되며, 마땅히 책임을 져야하는 것이다. 오늘날 사람들은 죄를 단지 이웃에 대한 잘못으로만 생각하는 경향이 있지만, 그것은 죄에 대한 요점을 파악하지 못한 것이다. 성경에서 죄는 하나님의 뜻과 관계되는 것으로서, 하나님의 율법에 대한 위반이며, 율법의 요구에 반대되는 것이다. 그래서 죄는 불법이라고 말한다. **"죄를 짓는 자마다 불법을 행하나니 죄는 불법이라"**(요일3:4)

2) 죄는 본질적으로 죄인에게 죄책이 부여된다.

앞에서 살폈듯이 죄는 하나님의 율법에 대한 위반이며, 죄책이란? 하나님의 율법(공의)을 만족시키지 못한 법정적(法廷的) 책임을 뜻하는 것이다. 하나님께서는 첫 사람 아담에게 지켜야 할 법을 명시(明示)하면서 그 법에 따른 책임도 함께 명하셨다. "**선악을 알게 하는 나무의 실과는 먹지 말라 네가 먹는 날에는 정녕 죽으리라 하시니라**"(창2:17). 아담이 하나님의 율법을 어기게 되면, 그에 대한 책임이 따르는데, 율법의 요구를 만족시킬 보상이 이루어져야 하는 것이다. 그것은 죽음으로써만 율법의 요구, 즉 하나님의 공의(公義)를 만족시킬 수 있다. 이 하나님의 공의를 만족시키지 않고서는 죄인을 향한 하나님의 진노를 풀어 드릴 수 없으며, 영원한 죽음의 저주에서 벗어날 수가 없다. 결국 아담의 타락은 죄책과 그에 따른 하나님의 진노와 율법의 저주 아래 놓이게 되었고, 죽음, 즉 영적, 육적, 영원한 죽음의 불행을 짊어지게 되었다.

① **육체적 죽음**: 영혼과 육체의 분리로서, "**예수께서 다시 크게 소리 지르시고 영혼이 떠나시다**"(마27:50). 영혼이 떠나버린 육체는 일시적이지만 썩는 것이다. 이 육체적 죽음은 타락 즉시 집행되지 않았으나, 그때부터 부패의 씨앗이 육체에 심어졌고, 죽어가기 시작한 것이다. 즉 죽음의 지배를 받기 시작한 것이다. 그러므로 인간의 육체는 살아있으나 죽어가며, 죽어서 부패해 간다. "**예수께서 가라사대 돌을 옮겨 놓으라 하시니 그 죽은 자의 누이 마르다가 가로되 주여 죽은 지가 나흘이 되었으매 벌써 냄새가 나나이다**"(요11:39).

② **영적 죽음**: 영혼은 죽을 수 없는 불멸(不滅)의 존재로 창조되었다. 영

혼은 육체를 떠나서도 존재하고 활동하는 것이며, 지옥에서도, 천국에서도 영원히 존재한다. **"이에 그 거지가 죽어 천사들에게 받들려 아브라함의 품에 들어가고 부자도 죽어 장사되매 저가 음부에서 고통 중에 눈을 들어 멀리 아브라함과 그의 품에 있는 나사로를 보고"** (눅16:22-23). 그러므로 영적 죽음이란 영원하신 하나님의 생명에서 단절됨 **"…하나님의 생명에서 떠나 있도다"**(엡4:18), 즉 교제가 끊어짐을 의미한다. 이 영적(靈的) 죽음은 타락 즉시 왔다. **"너희의 허물과 죄로 죽었던 너희를…"**(엡2:1).

③ **영원한 죽음**: 영혼과 육체, 모두 하나님에게서 영원히 끊어짐을 의미하는 것이다. 성경은 인간의 육체적 죽음도 일시적임을 가르친다. 마지막 주님의 재림시 모든 육체가 일어날 것이며, 선, 악간에 심판을 받아 영(靈)과 육(肉)이 함께 영원한 형벌로, 또는 영원한 생명으로, 영원한 운명이 갈리게 되는 것이다. **"…무덤 속에 있는 자가 다 그의 음성을 들을 때가 오나니 선한 일을 행한 자는 생명의 부활로, 악한 일을 행한 자는 심판의 부활로 나오리라"**(요5:28-29; 고전15:52), 부활한 육체는 영혼과 같이 영원히 죽어 소멸될 수 없으므로, 영원한 죽음이란 영혼과 육체가 하나님에게서 영원히 단절됨을 의미한다. **"땅의 티끌 가운데서 자는 자 중에 많이 깨어 영생을 얻는 자도 있겠고 수욕을 받아서 무궁히 부끄러움을 입을 자도 있을 것이며"**(단12:2).

아담이 짊어지게 된 죄책과 부패한 본성이 그의 후손인 전 인류에게 전가(轉嫁)됨으로써 인간은 누구나 예외 없이 태어날 때부터 아담의 죄책과 그에 따른 벌책을 짊어진 죄인으로 나와 율법의 요구, 즉 육적, 영적, 영원한 죽음이라는 하나님의 진노 아래 놓이게 되는 것이다. "...**유대인이나 헬라인이나 다 죄 아래 있다고 우리가 이미 선언하였느니라**"(롬 3:9).

이것이 예수 그리스도께서 성육신(成肉身) 하시고 죄인들을 대신하여 십자가 위에서 죽으셔야만 했던 이유인 것이다. 그리스도의 죽으심은 죄인들을 향한 율법의 요구, 즉 하나님의 공의를 만족시켜 드렸고, 죄인을 향한 하나님의 진노를 풀어드린 것이다. 이로 인해 율법의 저주 아래서 하나님과 원수 되었던 죄인들이 죄책과 죽음의 지배에서 영원히 해방되어 하나님과의 화평을 누리게 된 것이다. "그리스도께서 우리를 위하여 저주를 받은 바 되사 율법의 저주에서 우리를 속량하셨으니..."(갈 3:13), "곧 우리가 원수 되었을 때에 그 아들의 죽으심으로 말미암아 하나님으로 더불어 화목되었은 즉...."(롬5:10), "...우리 주 예수 그리스도로 말미암아 하나님으로 더불어 화평을 누리자.(롬5:1)

제7장
하나님과 인간과의 계약(契約)에 대하여

앞에 제6장 1절의 상반절에서 『우리의 첫 조상(아담과 하와)은 사탄의 간계와 시험의 유혹을 받아 금단(禁斷)의 열매를 먹음으로써 죄를 범했다…』라고 진술하였다. 즉 행위계약을 위반하여 범죄했다는 것이다. 이에 본 제7장에서는 이 행위계약에 대해서 상세하게 진술해 나가고 있다. 또한 이 계약(契約)교리는 예정론과 함께 개혁파 교회(Reformed church)에서는 매우 중요하게 취급되고 있다. 이러한 개혁주의 신앙의 훌륭한 교리 전통을 확실하게 계승(繼承)하여 신앙에 구체적으로 적용해 나가도록 해야 할 것이다.

제1절 계약은 참 종교성립(宗敎成立)의 기초(基礎)

> 하나님과 피조물 사이의 간격은 너무나 크기 때문에 이성을 가진 피조물이 마땅히 하나님을 그들의 창조주로 알고 그에게 복종해야 한다. 하지만, 그들이 하나님께 무슨 복이나 보상으로서의 상급을 요구할 수 없으며, 오직 하나님께서 자원하여 베푸시는 은혜로써만 얻을 수 있다. 그 은혜를 하나님께서는 계약의 방법으로 나타내시기를 기뻐하셨다.(사 40:13-17, 욥9:32-33, 삼상2:25, 시100:2-3, 113:5-6, 욥22:2-3, 35:7-8, 눅17:10, 행17:24-25)

본 절에서는 창조주 하나님과 피조물간의 기본적인 구별과 함께 피조물은 창조주에 대해 마땅한 순종의 의무가 있으며, 창조주께서는 피조물에 대해서 어떤 의무도 가지지 않으심과, 하나님께로부터 나오는 모든 복과 상급은 창조주 하나님의 주권적이며, 은혜로운 언약에 의해서만 주어지는 것임을 진술하고 있다.

하나님과 인간의 관계는 창조주와 피조물의 관계로서 그 사이의 간격은 너무나 크기 때문에 **"하나님은 나처럼 사람이 아니신즉 내가 그에게 대답함도 불가하고..."**(욥9:32), 이성을 가진 피조물인 인간은 마땅히 창조주 하나님께 복종해야 한다.

그러나 인간이 실수가 없는 완전한 복종을 하였다고 해도 그에 대한 보상(補償)을 하나님께 요구할 권리가 없다. 하나님은 인간에게 어떤 보상을 약속하시지 않고서도 복종만을 요구하실 권리를 가지고 계시지만, 피조물인 인간은 창조주 하나님께 복종할 의무만을 가졌을 뿐, 복종에 대한 어떤 보수도 바라거나 요구할 권리가 없다는 것이다. **"명한 대로 하였다고 종에게 사례하겠느냐 이와 같이 너희도 명령받은 것을 다 행한 후에 이르기를 우리는 무익한 종이라 우리의 하여야 할 일을 한 것 뿐이라 할지니라"**(눅17:9-10).

이것이 하나님과 인간의 관계라는 것이다. 그러나 복종(服從)과 의무(義務)만으로는 참된 종교성립이 될 수 없다. 그러므로 하나님께서 자원하여 은혜로 베푸실 때에만 인간은 복을 얻게 된다. 그러한 은혜를 하나님께서는 계약이라는 방법으로 나타내셨는데, 바로 아담과 맺으신 행위계약이다. **"선악을 알게 하는 나무의 실과는 먹지 말라 네가 먹는 날에는 정녕 죽으리라…"(창2:17). 인간이 타락하기 전에 에덴동산에서부터 하나님은 인간과의 관계를 창조주와 피조물의 관계만이 아닌 계약관계가 되심으로써, 인간에게는 복종의 의무만 지워진 것이 아니라 복종에 대한 보상도 약속으로 주어졌다. 행위계약(行爲契約) 안에는 "먹으면 죽으리라" 즉 계약을 어기면 죽으리라는 위협만이 있는 것이 아니라 먹지 않고 순종하면 생명과 하나님께서 허락하신 모든 복(福)을 유지할 뿐 아니라 하나님과의 교제 가운데 영원한 생명으로 더욱 성숙하여 최상의 영광의 자리에 이르게 되는 약속도 함께 있는 것이다. 그래서 행위계약을 『생명의 계약』이라고도 부른다. 창조주이신 하나님께서는 피조물인 인간과의 크고도 큰 사이의 간격을 자원(自願)하여 좁히시고, 인간의 눈높이까지 자신을 낮추어 계약관계가 되심으로써, 마치 인간에게 채무자(債務者)와 같이 되시고, 인간에게는 복종에 대한 보상을 기대할 수 있는 권리를 부여하신 것이다. 그러므로 인간은 하나님께 대한 복종의 의무만이 있는 것이 아니라 복종에 대한 보응을 기대하며 하나님을 기뻐하게 되는 것이다. "너희가 즐겨 순종하면 땅의 아름다운 소산을 먹을 것이요."(사1:19) "…너는 칠일 동안 네 하나님 여호와 앞에서 절기를 지키고 네 하나님 여호와께서 네 모든 물산과 네 손을 댄 모든 일에 복 주실 것을 인하여 너는 온전히 즐거워할지니라"(신16:15).

"기쁨으로 여호와를 섬기며 노래하면서 그 앞에 나아갈지어다"(시100:2). 이것은 전적으로 하나님의 주권적이며, 은혜로 맺은 계약(은혜계약)에 기초(基礎)하는 것이다. 여기에서 참된 종교가 성립된다. 하나님께서 인간에게 은혜적으로 계약을 허락지 않으셨다면 창조주이신 하나님과 피조물인 인간과의 사이에는 복종과 의무만이 있을 뿐, 참된 종교 성립이 될 수 없었을 것이다.

그러므로 하나님께서 스스로 인간과 맺으신 은혜로운 계약은 참 종교 성립의 기초가 되는 것이다. 이 계약을 지킴으로써 유익을 얻는 것은 인간이며, 하나님께서 얻으실 것은 아무것도 없는 것이다. "네가 의로운들 전능자에게 무슨 기쁨이 있겠으며 네 행위가 온전한들 그에게 무슨 이익이 있겠느냐"(욥22:3). "우주와 그 가운데 있는 만유를 지으신 신께서는 천지의 주재시니 손으로 지은 전에 계시지 아니하시고 또 무엇이 부족한 것처럼 사람의 손으로 섬김을 받으시는 것이 아니니 이는 만민에게 생명과 호흡과 만물을 친히 주시는 자이심이라"(행17:24-25).

제 2절 행위계약(行爲契約)

> 인간과 처음에 맺은 계약은 행위 계약이었다(창2:16-17, 갈3:12). 그 계약으로 아담과 그 후손들에게 완전하고 개별적인 복종을 조건으로 (창2:17, 갈3:10) 생명이 약속되었다.(롬5:12-20, 10:5)

본 절에서는 하나님께서 인간과 처음 맺은 계약은 행위계약이며, 이 계약은 아담을 계약적 머리(대표)로 하여 그 후손 전체와 맺은 것으로서, 완전한 순종을 조건으로 생명이 약속되었다고 진술하고 있다.

1) 하나님께서 인간과 처음 맺은 계약은 행위계약이다.

창세기 2장 16-17절에 "하나님이 그 사람에게 명하여 가라사대 동산 각종 나무의 실과는 네가 임의로 먹되 선악을 알게 하는 나무의 실과는 먹지 말라 네가 먹는 날에는 정녕 죽으리라"라고 기록된 내용이 어떻게 계약이 되는가? 라고 의문을 제기하는 경우가 있다. 삼위일체라는 용어가 성경에 나타나지 않는 것처럼, 행위계약이라는 용어도 찾아볼 수 없다는 것이다. 그러나 본 내용을 분석해 보면 ① 계약의 당사자= 하나님과 아담이다. ② 약속= 지키면 영생이 주어진다. ③ 조건= 금하신 열매를 먹지 말라. ④ 벌칙= 먹는 날에는 죽으리라. 계약에 필요한 4가지 조건이 모두 갖추어져 있다.

그래서 행위계약이라고 부르게 된다. **"저희는 아담처럼 언약을 어기고 거기서 내게 패역을 행하였느니라"**(호6:7). 이 행위계약을 『생명의 계약, 율법의 계약, 은혜의 계약』으로도 부른다. 생명의 계약이라 부르는 것은 "네가 먹는 날에는 성녕 죽으리라"는 경고에는 생명에 대한 약속도 포함되어 있기 때문이다.

불순종의 결과가 영원한 죽음이라면 순종의 대가는 영원한 생명이 주어질 것이기 때문이다. 또한 은혜의 계약이라 함은 인간이 계약을 지켜 순종했다고 해서 영원한 생명을 요구하거나 받을 권리가 따르는 것은 아니기 때문이다. 피조물로서 인간은 마땅히 복종할 의무만을 가지고 있을 따름이다. 그럼에도 불구하고 하나님께서는 자원하여 계약을 지켜 순종하면 생명을 주시겠다고 약속하셨기 때문에 그 조건과 약속은 은혜적인 약속인 것이다. 그래서 은혜계약(恩惠契約)이라 부르게 된다.

2) 행위계약은 아담과 그 후손 전체와의 계약이다.

여기에서도 어떤 이들은 첫 사람 아담이 인류의 자연적 머리인 것은 인정하면서도 행위계약의 머리, 즉 인류의 대표자라는 주장에 대해서는 거부 반응을 보인다. 그것은 아담의 첫 범죄에 대한 죄책이 그 후손인 온 인류에게 전가(轉嫁)되었다는 사실에 대해 공평치 못하다는 것이다. 그래서 펠라기우스주의자들은 『행위계약은 아담 개인에게만 제한된 것이었고, 타락의 결과도 그에게만 국한된다고 주장한다.』 또 아르미니안주의자들은 『아담의 첫 범죄가 온 인류에게 영향을 미친 것은 사실이나, 아담이 인류의 대표자라는 사실은 거부한다.』(W.신앙고백서 해설, 로버트 쇼 저, 조계광 역 p.185). 그러나 성경은 아담이 인류의 자연적 머리일 뿐 아니라 그의 후손, 즉 온 인류를 대표하는 행위계약의 머리였다고 증거해준다.

"…**아담은 오실 자(그리스도)의 모형이라**"(롬5:14). "**이러므로 한 사람으로 말미암아 죄가 세상에 들어오고 죄로 말미암아 사망이 왔나니 이와 같이 모든 사람이 죄를 지었으므로 사망이 모든 사람에게 이르렀느니라**"(롬5:12, 19).

아담은 그 후손인 온 인류의 대표자로서 하나님 앞에 서 있었으며, 하나님께서는 아담을 통하여 온 인류와 계약을 맺으신 것이다. 그러므로 아담의 한 행동과 그 결과에 대한 책임도, 유익도, 온 인류에게 미치게 되는 것이다. 이 사실을 부정한다면, 그리스도께서 행하신 구속적(救贖的) 사역도 우리에게 적용됨을 부정해야 할 것이다. 첫 아담 안에 우리가 있었음을 인정할 때에만, 또한 마지막 아담이신 그리스도 안에 우리가 있음을 알게 된다. "한 사람의 순종치 아니함으로 많은 사람이 죄인 된 것 같이 한 사람의 순종하심으로 많은 사람이 의인이 되리라"(롬5:19). "아담 안에서 모든 사람이 죽은 것 같이 그리스도 안에서 모든 사람이 삶을 얻으리라"(고전15:22). 아담은 자연적으로 출생하는 모든 후손들의 대표로서 행위계약의 머리였다면, 예수 그리스도는 영적으로 출생하는 모든 후손을 대표하는 은혜 언약의 머리가 되신다. 그래서 예수 그리스도를 마지막 아담이라 부르는 것이다. "기록된바 첫 사람 아담은 산 영이 되었다 함과 같이 마지막 아담은 살려 주는 영이 되었나니 그러나 먼저는 신령한 자가 아니요 육 있는 자요 그 다음에 신령한 자니라"(고전 15:45-46).

"…한 사람의 범죄를 인하여 많은 사람이 죽었은즉 더욱 하나님의 은혜와 또는 한 사람 예수 그리스도의 은혜로 말미암은 선물이 많은 사람에게 넘쳤으리라"(롬5:15).

3) 행위계약은 복종을 조건으로 생명이 약속되었다.

행위계약에서 하나님은 인간에게 완전한 복종을 조건으로 영원한 생명을 약속하셨다. 앞에서 언급했던 것처럼, "먹는 날에는 죽으리라"는 말씀의 이면(裏面)에는 먹지 않고 순종하면 영원한 생명을 주신다는 약속이 주어져 있는 것이다.

이 행위계약을 마치 하나님께서 인간에게 올무를 놓으신 것처럼 부당하다고 생각하는 경우들도 있다. 그러나 이 계약은 하나님께서 인간 앞에 죽음과 생명을 놓고, 좋은 대로 택하라고 하신 것이 아니다. 하나님의 뜻은 인간이 하나님께 완전하고 인격적인 순종을 함으로써 영원한 생명을 얻도록 하신 것이다. "...네 하나님 여호와께서 네게 요구하시는 것이 무엇이냐 곧 네 하나님 여호와를 경외하여 그 모든 도를 행하고 그를 사랑하며 마음을 다하고 성품을 다하여 네 하나님 여호와를 섬기고 내가 오늘날 네 행복을 위하여 네게 명하는 여호와의 명령과 규례를 지킬 것이 아니냐"(신10:12-13).

또한 아담에게는 이 조건을 성취할 수 있는 충분한 능력도 하나님께서 부여 하셨다. "...하나님이 사람을 정직하게 지으셨으나 사람은 많은 꾀를 낸 것이니라"(전7:29).

제 3절 은혜 계약(恩惠契約)

> 인간이 타락함으로써 행위계약을 통해 주어지는 생명을 얻을 수 없게 되었다. 이에 하나님은 두 번째 계약을 맺으시기를 기뻐하셨다.(갈 3:21, 롬3:20-21, 8:3, 창3:15, 사42:6) 이것을 보통 은혜계약(恩惠契約)이라고 부른다. 이 계약에 의하여 하나님은 죄인들에게 예수 그리스도를 통한 생명과 구원을 값없이 베푸신다. 그러나 이 구원을 받으려면 그리스도를 믿으라고 요구하시며(막16:15-16, 요3:16, 롬10:6, 9, 갈 3:11), 동시에 생명을 얻도록 작정(예정)된 모든 자들에게는 성령을 주시어 그들로 하여금 기꺼이 믿을 수 있도록 하시겠다고 약속하셨다.(겔 36:26-27, 요6:44-45).

본 절에서는 인간의 타락으로 인해 행위계약을 통해 약속된 생명을 얻을 수 없게 되었기 때문에 하나님께서는 두 번째 계약을 통해 생명과 구원을 베푸신다. 곧 그리스도를 통해 주시는 것으로서, 이것을 보통 은혜계약(언약)이라 부른다. 이 값없이 주시는 은혜계약에 참여하려면 그리스도를 믿을 것을 하나님은 요구하신다. 이 믿음은 죄인들이 스스로 가질 수 없기 때문에 영원 전에 구원하시기로 작정된 자들에게는 믿을 수 있도록 성령을 주시기로 약속하셨다고 진술한다.

1) 아담의 타락으로 행위계약에 의한 생명을 얻을 수 없게 되었다.
하나님께서 첫 사람 아담과 그의 모든 후손에게 완전한 복종을 조건으로 생명을 얻는 행위계약을 맺으셨다. 그러나 아담의 타락으로 인간은 계약을 지킬 능력과 자격이 상실되어 스스로는 영원한 생명을 얻을 수 없게 되었다. "육신의 생각은 하나님과 원수가 되나니 이는 하나님의 법에 굴복치 아니할 뿐 아니라 할 수도 없음이라 육신에 있는 자들은 하나님을 기쁘시게 할 수 없느니라"(롬8:7-8).

2) 타락한 죄인들에게 생명과 구원을 주시기 위해 하나님께서 두 번째 계약, 즉 은혜계약을 맺으셨다.
타락으로 인해 행위계약에 의한 생명을 얻을 수 없는 죄인들을 위해 하나님께서 두 번째 계약을 맺으셨는데, 이것을 은혜계약(언약)이라 부른다. 타락으로 인해 인간은 누구나 율법의 행위로는 하나님을 만족시켜 의를 얻을 수 없기 때문이다. "...율법의 행위로서는 의롭다 함을 얻을 육체가 없느니라"(갈2:16, 롬3:20). 그러므로 죄인들에게 은혜로써 생명과 구원을 베푸시기를 기뻐하셨다.

어떤 이들은 은혜계약을 행위계약 위반에 따른 비상(非常) 조치로 생각하기도 한다. 즉 아담의 타락은 하나님의 계획에 예상치 못한 차질을 빚게 되었고, 하나님께서는 아담으로 인한 실패를 만회(挽回)하기 위하여 사후 대책으로 아들 예수 그리스도를 세상에 보내셨다는 것이다. 그러나 우리는 앞서 신적 작정(神的作定) 교리에서 하나님은 그 모든 계획에 있어서 완전하시고 전지전능하신 분으로서 크고 작은 어떤 계획도 실패란 있을 수 없다는 사실을 배운 바 있다. 하나님은 영원 전에 작정하신 대로 그 뜻을 성취하시며, 죄와 관련하여서는 허용작정이라는 면에서 볼 수 있으며, 아담의 타락은 하나님의 계획의 실패가 아니라 허용적(許容的)이었다.

그리고 은혜계약은 행위계약에 앞선다고 본다. 행위계약은 창조 후에 하나님께서 아담과 그의 후손인 온 인류와 맺으셨는데, 은혜계약은 창세 전에 그리스도와 택함 받은 그의 영적 후손들과 맺은 것이다. **"곧 창세 전에 그리스도 안에서 우리를 택하사... 그 기쁘신 뜻대로 우리를 예정하사 예수 그리스도로 말미암아 자기의 아들들이 되게 하셨으니"**(엡1:4-5) 이 은혜계약에 관해서는 『구속계약』과 『은혜계약』을 구별한다. 구속계약(속죄언약)은 '평화의 의논'(슥6:13)이라고 부르는데, 영원 전에 가지신 삼위를 대표하시는 성부(聖父)와 택함을 받은 자들의 대표이신 성자(聖子) 사이의 언약인 것이다. 이 구속계약(救贖契約)에서 성자 그리스도는 계약의 머리가 되시며, 보증이 되신다. **"이와 같이 예수는 더 좋은 언약의 보증이 되셨느니라"**(히7:22). 보증인이란 타인의 법적 의무를 대신 책임지는 사람을 말한다. 그러므로 그리스도께서 죄인들을 대신하여 죄책의 형벌을 짊어지셨고, 자기 백성을 위한 법적 요구에 응하신 것이다. "그리스도께서 우리를 위하여 저주를 받은 바 되사 율법의 저주에서 우리를 속량하셨으니…"(갈3:13). 그러므로 그리스도는 마지막 아담으로서 살려주는 영이신 것이다. "…첫 사람 아담은 산 영이 되었다 함과 같이 마지막 아담은 살려 주는 영이 되었나니"(고전15:45).

『이 구속계약은 은혜계약의 영원한 기초가 되는 것으로서, 두 개의 계약이 아니라 동일한 계약으로 간주된다. 이 구속의 계약은 그리스도에게는 첫 사람 아담이 위반한 계약의 책임을 짊어지심으로써 행위 계약이었으나, 죄인들에게는 그리스도께서 이루신 구원과 영광을 값없이 받는 것이기에 은혜의 계약인 것이다』(ABC기독교 교리교재 합본, 루이스 벌코프 저 p.17).

3) 은혜계약에 의한 생명과 구원은 그리스도를 통해 주신다.

은혜계약에 의한 생명과 구원은 예수 그리스도를 통해서만 주어진다. 그것은 죄인의 구속주(救贖主)는 오직 예수 그리스도 한 분뿐이시기 때문이다. "모든 사람이 죄를 범하였으매 하나님의 영광에 이르지 못하더니 그리스도 예수 안에 있는 구속으로 말미암아 하나님의 은혜로 값 없이 의롭다 하심을 얻은 자 되었느니라"(롬3:23-24).

4) 하나님께서 구원을 주시기 위해서 죄인들에게 그리스도를 믿을 것을 요구하신다.

믿음은 그리스도께서 죄인들을 위해 이루신 구속의 은혜를 받아들이는 도구인 것이다. 믿음 자체가 구원하는 것이 아니라 우리가 믿을 때에 그리스도께서 구원하시는 것이다. "이제는 율법 외에 하나님의 한 의가 나타났으니 율법과 선지자들에게 증거를 받은 것이라 곧 예수 그리스도를 믿음으로 말미암아 모든 믿는 자에게 미치는 하나님의 의니 차별이 없느니라."(롬3:21-22) "하나님이 세상을 이처럼 사랑하사 독생자를 주셨으니 이는 저를 믿는 자마다 멸망치 않고 영생을 얻게 하려 하심이니라"(요3:16). "가로되 주 예수를 믿으라 그리하면 너와 네 집이 구원을 얻으리라..."(행16:31).

5) 구원을 주시기로 작정된 자들에게는 믿을 수 있도록 성령을 약속하셨다.
구원에 이르는 믿음은 죄인들이 스스로 믿는 것이 아니라 성령이 오셔서 그 마음 안에 믿음을 심어주시므로 믿게 되는 것이다. "...**또 성령으로 아니하고는 누구든지 예수를 주시라 할 수 없느니라**"(고전12:3). 그러므로 믿음은 성령을 통해 주시는 하나님의 선물인 것이다. "**너희가 그 은혜를 인하여 믿음으로 말미암아 구원을 얻었나니 이것이 너희에게서 난 것이 아니요 하나님의 선물이라**"(엡2:8). 하나님께서는 예수 그리스도를 통해 이루신 구원을 모든 사람들에게 받아들이도록 초청하시지만(외적소명), 이 초청을 믿음으로 받아들일 수 있는 자들은 성령의 효력 있는 부르심(유효소명)을 받는 택함 받은 자들뿐이다. "**나를 보내신 아버지께서 이끌지 아니하면 아무라도 내게 올 수 없으니... 아버지께 듣고 배운 사람마다 내게로 오느니라**"(요6:44-45). "예수께서 대답하여 가라사대 바요나 시몬아 네가 복이 있도다 이를 네게 알게 한 이는 혈육이 아니요 하늘에 계신 내 아버지시니라"(마16:17). "...믿음은 모든 사람의 것이 아 님이라"(살후3:2). 이상의 은혜의 교리를 살펴오면서 구원의 은혜는 성 삼위 하나님의 사역으로 베풀어지는 것임을 배우게 된다. 성부께서는 구원의 계획을 세우시고, 성자께서는 그 계획을 성취하시고, 성령께서 는 성취하신 구속을 택하신 자들에게 적용하신다. 그러므로 구원은 오 직 은혜로만 주어지는 것임을 잊지 말아야 한다.

제 4절 은혜 계약의 유언자(遺言者)

> 이 은혜계약은 유언자이신 예수 그리스도의 죽으심과 유언으로 상속되 는 영원한 기업과 거기에 속한 모든 것들과 관련하여 성경에 자주 말씀 되어 있다.(히9:15-17, 7:22, 눅22:20, 고전11:25)

신약 성경에서 언약(계약)이라는 단어는 헬라어 『디아다케'(διαθήκη)』 로서 유언(遺言)이라는 의미이다. 여기서 계약을 유언으로 표현하고 있 는데, ① 유언은 일방적인 약속인 것이며, ② 유언은 죽음으로써 효력이 발생하는 것이다.

계약에는 두 종류가 있는데 『상호계약(相互契約: 계약 당사자가 언제든 지 자유로운 입장에서 내용을 협정하는 계약)』과 『일방적 계약(一方的 契約: 서로 협의 없이 한 쪽만의 단독적 결정)』이다. 유언이란 일방적 계 약의 특색을 나타내는 것이며, 또한 죽음으로서 유언의 효력이 발생한다는 것이다. 유언자가 살아 있는 한, 그 유언의 효력은 없다. 은혜계약은 성부와 성자의 계약임과 동시에 성자이신 그리스도와 택함을 받은 자들과의 계약인 것이다. 그리스도는 성부 하나님에 대해서는 계약의 당사자가 되시고, 동시에 택함 받은 자들에 대해서는 계약자가 되신다. 이 은혜계약은 하나님께서 죄인들과 합의(合意)하에 이루어진 계약이 아니라 하나님 편에서의 일방적(一方的) 계약이며, 이 은혜계약의 효력은 그리스도께서 죽으심으로만 효력이 있게 되는 것이므로, 계약을 유언으로 표현하게 된다. 그리스도께서 죽으심으로써 은혜계약의 모든 유익들이 믿음으로 우리에게 상속되는 것이다. 그러므로 인간 편에서는 오직 은혜일 수밖에 없다. "이를 인하여 그는 새 언약의 중보니 이는 첫 언약 때에 범한 죄를 속하려고 죽으사 부르심을 입은 자로 하여금 영원한 기업의 약속을 얻게 하려 하심이니라 유언은 유언한 자가 죽어야 되나니 유언은 그 사람이 죽은 후에야 견고한즉 유언한 자가 살았을 때에는 언제든지 효력이 없느니라"(히9:15-17). "저녁 먹은 후에 잔도 이와 같이 하여 가라사대 이 잔은 내 피로 세우는 새 언약이니 곧 너희를 위하여 붓는 것이라"(눅22:20).

제 5절 율법(律法)시대와 제 6절 복음(福音)시대에 다르게 집행(執行)된 계약

≪제5절≫

> 이 계약은 율법시대와 복음시대에 각각 다르게 집행되었다(고후3:6-9). 율법시대에는 약속들과 예언들, 제물과 할례와 유월절 양을 비롯하

여 유대 백성들에게 주어진 여러 가지 의식과 예표를 통해 집행되었다. 이 모든 것들은 장차 오실 그리스도를 예표 하였다(히8:9-10, 롬4:11, 골2:11-12, 고전5:7). 이것들은 당시에 성령의 역사를 통해 선택받은 백성들을 약속된 메시아를 믿는 신앙으로 교훈하며, 든든히 세우는데 충분하고 효과적이었다(고전10:1-4, 히11:13, 요8:56). 그들은 약속된 메시아를 통해 온전한 죄 사함과 영원한 구원을 얻었는데, 이를 '구약'이라고 부른다.(갈3:7-9, 14)

≪제6절≫

복음시대에는 그 복음의 실체이신 그리스도께서(골2:17) 나타나시게 되자 이 계약은 말씀 선포와 세례와 주의 만찬인 성례 의식으로 집행되었다(마28:19-20, 고전11:23-25). 이 의식은 수적으로는 몇 안 되고 단순하며, 외적으로 화려함은 없으나 그 내용에 있어서는 유대인들 뿐만 아니라 모든 이방인들에게도(마28:19, 엡2:15-19) 그리스도를 더 충분하고 분명하게 나타내며, 영적인 효과가 있다(히12:22-27, 렘31:33-34). 이것을 '신약'이라고 부른다(눅22:20, 히8:7-9). 그러므로 실체가 같지 않은 두 개의 은혜의 계약이 있는 것이 아니라, 하나의 동일한 언약이 여러 시대에 걸쳐 여러 가지 모양으로 집행된 것뿐이다(갈3:14, 3:16, 행15:11, 롬3:21-23, 3:20, 시32:1, 롬4:3, 6, 16-17, 23-24, 히13:8).

본 ≪제5절≫과 ≪제6절≫에서 가르치고 있는 것은 이 은혜의 계약은 율법시대(律法時代)와 복음시대(福音時代)에 각각 다르게 집행되었으나, 이것은 시대에 따라 본질이 다른 두 개의 다른 계약이 있다는 의미가 아니라 한 개의 동일한 계약, 즉 은혜계약이 각각의 시대에 걸쳐 여러 모양으로 집행된 것뿐이다. 그러나 나타내려는 목적은 한 가지, 예수 그리스도였다. 율법시대와 복음시대의 방법은 달랐지만, 그 방법들이 성령의 역사 가운데서 구원자 예수 그리스도를 믿는 신앙으로 교훈하며 세우는데 충분했고, 효과적이었다. 그러므로 율법시대나 복음시대 모두 예수 그리스도를 믿음으로써 죄 사함을 받았으며, 영원한 구원을 얻었다고 진술하고 있다.

1) 제5절: 율법시대에는 약속된 메시아가 아직 오시지 않았기 때문에 약속, 예언, 제물, 할례, 유월절 양, 의식 등 여러 가지 방법들을 통해 그리스도의 모형이 백성들에게 제시되었다. 이것들은 당시에 성령의 역사를 통해 선택받은 백성들을 약속된 메시아를 믿는 신앙으로 교훈하며, 든든히 세우는데 충분하고 효과적이었다. 그들은 약속된 메시아를 믿음으로써 온전한 죄 사함과 영원한 구원을 얻었는데, 이를 『구약(舊約)』이라고 부른다.

〖약속〗 "이 약속들은 아브라함과 그 자손에게 말씀하신 것인데 여럿을 가리켜 그 자손들이라 하지 아니하시고 오직 하나를 가리켜 네 자손이라 하셨으니 곧 그리스도라"(갈3:16).

〖예언〗 "그러므로 주께서 친히 징조로 너희에게 주실 것이라 보라 처녀가 잉태하여 아들을 낳을 것이요 그 이름을 임마누엘이라 하리라"(사7:14).

〖제물〗 "염소와 송아지의 피로 아니하고 오직 자기 피로 영원한 속죄를

이루사 단번에 성소에 들어가셨느니라"(히9:12).

〖유월절 양〗"너희는 누룩 없는 자인데 새 덩어리가 되기 위하여 묵은 누룩을 내어버리라 우리의 유월절 양 곧 그리스도께서 희생이 되셨느니라"(고전5:7).

2) 제6절: 복음시대에는 복음의 실체(實體)이신 그리스도께서 오셨기 때문에 율법시대에 사용되었던 여러 가지 방법들은 말씀 선포와 세례와 주의 만찬인 성례 의식으로 대체(代替)되었다. 이 의식들은 율법시대에 비해 수적으로는 몇 안 되고 단순하며, 외적으로 화려함은 없으나 그 내용에 있어서는 유대인들뿐만 아니라 모든 이방인들에게도 그리스도를 더 충분하고 분명하게 나타내며, 영적인 효과가 있다. 이것을 『신약(新約)』이라고 부른다.

〖말씀 선포〗"또 가라사대 너희는 온 천하에 다니며 만민에게 복음을 전파하라 믿고 세례를 받는 사람은 구원을 얻을 것이요 믿지 않는 사람은 정죄를 받으리라"(막16:15-16).

"오직 성령이 너희에게 임하시면 너희가 권능을 받고 예루살렘과 온 유대와 사마리아와 땅 끝까지 이르러 내 증인이 되리라 하시니라"(행1:8).

〖세례〗"그러므로 너희는 가서 모든 족속으로 제자를 삼아 아버지와 아들과 성령의 이름으로 세례를 주고"(마28:19).

〖주의 만찬〗"또 떡을 가져 사례하시고 떼어 저희에게 주시며 가라사대 이것은 너희를 위하여 주는 내 몸이라 너희가 이를 행하여 나를 기념하라 하시고 저녁 먹은 후에 잔도 이와 같이 하여 가라사대 이 잔은 내 피

로 세우는 새 언약이니 곧 너희를 위하여 붓는 것이라"(눅22:19-20).

≪참고≫

제5절, 제6절에서 구약시대와 신약시대의 구분을 율법시대와 복음시대로 표현하고 있는 것에 대해 오해가 없어야 한다. 마치 구약시대에는 율법만 있고, 신약시대에는 복음만 있다고 생각하는 것이다. 그러나 율법 안에 복음이 있고, 복음 안에도 율법이 있음을 알아야 한다. 즉 구약시대에도 율법과 복음이 있었으며, 신약시대에도 복음과 율법이 있다는 것이다. 여기에서 율법시대와 복음시대로 표현하고 있는 것은 하나의 은혜계약이 집행되는 방법의 상이점(相異點)을 나타내려는 것뿐이다.

제8장
중보자(中保者)이신 그리스도에 대하여

예나 지금이나 기독교 역사 가운데 이단(異端)이나 신흥종교(新興宗敎) 집단이 가장 많이 발생하게 되는 원인은 기독론(基督論, 그리스도론)을 바르게 파악(把握)하는 데 실패하기 때문이다. 예수님은 가이사랴 빌립보 지방에서 제자들에게 물으셨다. "사람들이 인자를 누구라 하느냐"(마16:13). 이에 제자들은 자신들이 사람들에게 들었던 대로 고하였다. "...더러는 세례 요한, 더러는 엘리야, 어떤 이는 예레미야나 선지자 중의 하나라 하나이다... 너희는 나를 누구라 하느냐"(마16:14-15). 주님이 원하신 것은 사람들의 반응이 아니라 제자들의 생각, 믿음이었다. 베드로가 나서서 "...주는 그리스도시요 살아계신 하나님의 아들이시니이다"(마16:16)라고 고백했을 때 주님은 기뻐하셨다. 이것이 올바른 성경적 기독론인 것이다. 예수님을 바르게 아는 믿음으로 고백하지 않고, 다르게 믿거나 고백할 때 이단이 되는 것이다. 기독론이 올바르지 못하면, 거기에는 구원도, 교회도 있을 수 없다. 그래서 우리는 예배 때마다 사도신경에서 『그 외아들 우리 주 예수 그리스도를 믿사오니...』라고 고백하고 있다. "오직 우리 주 곧 구주 예수 그리스도의 은혜와 저를 아는 지식에서 자라 가라 영광이 이제와 영원한 날까지 저에게 있을지어다"(벧후 3:18).

제1절 그리스도의 중보(中保)직분

> 하나님은 그의 영원하신 목적에 따라 독생자이신 주 예수를 하나님과 사람 사이의 중보자로 택정하시고(사42:1, 벧전1:19-20, 요3:16, 딤전2:5), 그를 선지자와(행3:22) 제사장과(히5:5-6) 왕과(시2:6; 눅1:33) 교회의 머리와 구주가 되게 하시며(엡5:23), 만유의 상속자(히1:2)와 세상의 심판주(행17:31)가 되게 하시기를 기뻐하셨다. 하나님은 독생자에게 영원 전에 한 백성을 주셔서 그의 후손이(요17:6, 시22:30, 사53:10) 되게 하시고, 때가 되자 그로 말미암아 그 백성이 구속함을 받고, 부르심을 받아 의롭게 되고 성화되어 영화를 얻게 하셨다(딤전2:6, 사55:4-5, 고전1:30).

본 절에는 그리스도는 영원 전에 하나님과 사람 사이에 중보자로 하나님께서 택정하셨으며, 그에 따른『왕, 선지자, 제사장』의 여러 직분과 권한을 허락하시고, 하나님께서 그의 후손으로 주신 자기의 백성들을 위해, 그 직무의 수행을 통해서 구원의 영광에 이르게 하셨다고 진술하고 있다.

1) 그리스도는 하나님과 사람 사이의 유일 중보자이시다.

중보자(中保者)란 서로 대립 또는 적대 관계에 있는 사이에서 화해와 일치를 주선하는 사람을 가리킨다. 인간이 타락하기 전에는 하나님과 사람 사이에 중보자가 필요하지 않았다. 하나님과 인간은 창조주와 피조물의 관계로서 무한한 격차가 있었지만, 하나님은 인간을 기뻐하셨고,

또한 인간도 하나님을 기뻐하며 두 사이에 화평이 있었고 불편은 전혀 없었다.

그러나 인간의 타락은 하나님의 공의를 훼손하였고, 하나님은 진노하셨다. 하나님의 법정에서 타락한 인간은 저주와 영원한 죽음의 선고를 받았고, 하나님의 면전에서 쫓겨나면서 교제가 단절되었으며, 화평은 사라지고 원수의 관계로 전락되었다. "…**땅은 너로 인하여 저주를 받고… 네가 얼굴에 땀이 흘러야 식물을 먹고 필경은 흙으로 돌아가리니… 이같이 하나님이 그 사람을 쫓아내시고…**"(창3:17-19, 24), "**하나님의 진노가 불의로 진리를 막는 사람들의 모든 경건치 않음과 불의에 대하여 하늘로 좇아 나타나나니**"(롬1:18), "**전에는 우리도 다 그 가운데서 우리 육체의 욕심을 따라 지내며 육체와 마음의 원하는 것을 하여 다른 이들과 같이 본질상 진노의 자녀이었더니**"(엡2:3). 이와 같이 적대(敵對)관계가 된 하나님과 인간 사이에 화목을 위해서는 인간의 범법으로 훼손된 하나님의 공의를 만족시키고 하나님의 진노를 풀어드림으로써만 가능하게 되었다. 그러나 인간은 모두 죄인들이어서 그럴 능력도 자격도 없게 되었다. 이에 오직 한 분 하나님의 아들 그리스도만이 합당하시므로 "**하나님은 한 분이시요 또 하나님과 사람 사이에 중보도 한 분이시니 곧 사람이신 그리스도 예수라**"(딤전2:5), 성육신(成肉身)하셔서 인간의 모든 죄책을 십자가의 죽으심으로 담당하시고 율법(공의)의 요구를 만족시킴으로써 하나님의 진노를 누그러뜨리고 하나님과 죄인 사이의 화해를 이루신 것이다. "**전에 악한 행실로 멀리 떠나 마음으로 원수가 되었던 너희를 이제는 그의 육체의 죽음으로 말미암아 화목케 하사 너희를 거**

룩하고 흠 없고 책망할 것이 없는 자로 그 앞에 세우고자 하셨으니"(골 1:21-22), "곧 우리가 원수 되었을 때에 그 아들의 죽으심으로 말미암아 하나님으로 더불어 화목되었은즉…"(롬5:10).

2) 하나님은 영원 전에 그리스도를 중보자로 택정하셨다.

예수 그리스도의 중보자 직분의 기원(起源)은 영원 전의 하나님의 신적 작정에 있다. "그는 창세 전부터 미리 알리신 바 된 자나 이 말세에 너희를 위하여 나타내신 바 되었으니"(벧전1:20). 앞에 제7장 3절에서 언급하였듯이 그리스도의 중보직은 영원 전에 성부와 성자의 속죄계약(평화의 의논, 슥6:13)에 의한 것이다. 그러므로 속죄계약은 은혜계약의 기초가 된다. 그러므로 은혜계약은 돌연한 사태에 대한 비상수단(非常手段)이 아니라 하나님의 영원하신 계획에 의한 것이다. 즉 그리스도의 십자가 구속 사건은 첫 사람 아담의 행위계약 위반에 대한 비상수단으로서가 아니라 영원 전에 가지셨던 하나님의 구속계획에 의한 것이라는 의미이다. 이로써 그리스도의 중보직(中保職)은 성부 하나님의 측량할 수 없는 사랑을 보여주는 증거가 된다. 하나님께서는 구속의 목적을 위해 창세 전부터 성자 그리스도를 새로운 인류의 머리와 대표로 세우셨던 것이다. "여호와께서 그 조화의 시작 곧 태초에 일하시기 전에 나를 가지셨으며 만세 전부터, 상고부터, 땅이 생기기 전부터 내가 세움을 입었나니"(잠8:22-23). "곧 창세 전에 그리스도 안에서 우리를 택하사… 그 기쁘신 뜻대로 우리를 예정하사 예수 그리스도로 말미암아 자기의 아들들이 되게 하셨으니 이는 그의 사랑하시는 자 안에서 우리에게 거저 주시는 바 그의 은혜의 영광을 찬미하게 하려는 것이라"(엡1:4-6).

3) 그리스도의 구속과 중보 사역은 선지자, 제사장, 왕의 삼직(三職)을 통해 수행된다.

예수님을 메시아, 또는 그리스도라고 부른다. 이 둘은 같은 말이다. 구약의 히브리어로는 『메시아(משיח)』라고 하며, 신약의 헬라어로는 『그리스도(Χριστός)』라고 하는데 『기름 부음을 받은 자』라는 뜻이다. 구약시대에는 선지자(왕상19:16, 시105:15, 사61:1), 제사장(출29:7, 레4:3), 왕(삼상9:16, 10:1, 16:1)을 세울 때에 성령을 상징하는 기름을 부어 하나님이 택하신 성별(聖別)을 나타내었다. 이와 같이 성자 예수님은 영원 전에 선지자, 제사장, 왕의 삼직을 가지신 중보자로서 기름부음을 받으셨다. 그래서 메시아, 또는 그리스도라 부르는 것이다. 그리스도는 이 삼직을 통해 중보자 및 구속자의 사역을 수행하시는 것이다.

(1) 선지자(先知者): 하나님을 대표하여 백성들에게 말씀을 선포하고 가르치는 존재다. 선지자이신 그리스도는, 구약시대에는 선지자들을 통해 말씀을 계시(啓示)하셨고, 육체 가운데 계실 때는 친히 말씀을 선포하시며 가르치셨고, 그리고 지금도 말씀과 성령을 통해 직무를 수행하신다. "네 하나님 여호와께서 너의 중 네 형제 중에서 나와 같은 선지자 하나를 너를 위하여 일으키시리니 너희는 그를 들을지니라"(신18:15). "그 사람들이 예수의 행하신 이 표적을 보고 말하되 이는 참으로 세상에 오실 그 선지자라 하더라"(요6:14). "친히 증거하시기를 선지자가 고향에

서는 높임을 받지 못한다 하시고"(요4:44).

(2) 제사장(祭司長): 백성들을 대표하는 존재로서 백성들의 죄를 위해 속죄의 제사를 드리며, 간구하는 중보의 직무를 담당한다. 제사장이신 그리스도는 하나님과 죄인들의 화목을 위해 자신을 제물로 드려 죄책을 친히 담당하시고, 율법의 요구를 충족시킴으로써 하나님의 진노를 풀어 드렸고, 하나님과 죄인 사이의 영원한 화해를 이루셨다. 그리고 우리를 위해 간구하신다. "그러므로 우리에게 큰 대제사장이 있으니 승천하신 자 곧 하나님 아들 예수시라…"(히4:14). "이 예수를 하나님이 그의 피로 인하여 믿음으로 말미암는 화목 제물로 세우셨으니…"(롬3:25), "…그는 하나님 우편에 계신 자요 우리를 위하여 간구하시는 자시니라"(롬8:34).

(3) 왕(王): 백성들을 복종케 하며, 다스리고 보호한다. 그리스도는 왕이시다. 그리스도의 왕권은 두 가지로 구분하는데, 영적 왕권과 우주적 왕권이다.
① **영적왕권(중보적 왕권)**: 그리스도의 영적 통치 영역으로서 자기 백성, 즉 교회를 통해 선택받은 신자들의 마음과 생활 속에서 말씀과 성령을 통해 실시된다. 은혜로 다스려지므로 은혜의 왕국이라 부른다. 이것이 하나님의 나라의 의미이며, 무형교회의 회원인 참 신자들만이 그 나라의 참된 시민이다. "내가 나의 왕을 내 거룩한 산 시온에 세웠다 하시리로다"(시2:6). "하나님이여 주의 보좌가 영영하며 주의 나라의 홀은 공평한 홀이니이다 왕이 정의를 사랑하고 악을 미워하시니 그러므로 하나님 곧 왕의 하나님이 즐거움의 기름으로 왕에게

부어 왕의 동류보다 승하게 하셨나이다."(시45:6-7, 사9:6-7, 렘23:5, 슥6:13, 눅1:33, 요18:36-37).

② **우주적 왕권**: 그리스도의 우주적 왕권은 교회를 위하여 중보자 되신 그리스도께 맡겨진 우주 만물을 다스리시는 섭리적이고 심판적인 권세인 것이다. 그리스도는 현재 각 개인들과 국가들의 운명을 지배하시며, 그의 피로 사신 교회를 보호하고 계신다. (벌코프 조직신학 제4권. 참고). "내게 구하라 내가 열방을 유업으로 주리니 네 소유가 땅 끝까지 이르리로다 네가 철장으로 저희를 깨뜨림이여 질그릇 같이 부수리라 하시도다"(시2:8-9).

"예수께서 나아와 일러 가라사대 하늘과 땅의 모든 권세를 내게 주셨으니"(마28:18, 엡1:20-22, 빌2:9-11), "또 만물을 그 발 아래 복종하게 하시고 그를 만물 위에 교회의 머리로 주셨느니라"(엡1:22).

4) 하나님은 영원 전에 한 백성을 그리스도께 주셨다.

첫 사람 아담은 보통의 방법으로 출생하는 모든 후손들, 즉 인류의 자연적 머리이며 대표자였다. 그러나 하나님께서는 영원 전에 택하신 자기 백성을 그리스도에게 후손으로 주시고 **"세상 중에서 내게 주신 사람들에게 내가 아버지의 이름을 나타내었나이다 저희는 아버지의 것이었는데 내게 주셨으며..."**(요17:6), 그리스도를 그의 후손들의 머리가 되게 하시며, 대표자로 세우셨다. 그래서 그리스도를 마지막 아담이라 부르게 되는 것이다. **"...첫 사람 아담은 산 영이 되었다 함과 같이 마지막 아**

담은 살려 주는 영이 되었나니"(고전15:45). 때가 되자 택함 받은 자들에게, 그리스도를 통해 구속함과 부르심을 받아 칭의와 성화와 영화를 얻게 하셨다. "그가 모든 사람을 위하여 자기를 속전으로 주셨으니…"(딤전2:6). "너희는 하나님께로부터 나서 그리스도 예수 안에 있고 예수는 하나님께로서 나와서 우리에게 지혜와 의로움과 거룩함과 구속함이 되셨으니"(고전1:30), "내가 그를 만민에게 증거로 세웠고 만민의 인도자와 명령자를 삼았었나니 네가 알지 못하는 나라를 부를 것이며 너를 알지 못하는 나라가 네게 달려올 것은 나 여호와 네 하나님 곧 이스라엘의 거룩한 자를 인함이니라 내가 너를 영화롭게 하였느니라"(사55:4-5).

제 2절 그리스도의 성육신과 이성일인격(二性一人格)

> 삼위(三位)중에 제 2위이신 성자는 참되시고 영원하신 하나님으로서 성부 하나님과 한 본체이시며, 동등하시다. 그는 때가 되자 인간의 본성과(요1:1,14, 요일5:20, 빌2:6, 갈4:4) 본성에 속한 모든 본질적인 속성들과 일반적인 연약함을 모두 취하셨으나 죄는 없으시다(히2:14, 16-17, 4:15). 그는 성령의 능력으로 동정녀 마리아의 몸에서 잉태되시어 그녀의 살과 피를 받아(눅1:27, 31, 35; 갈4:4) 탄생하셨다. 그 결과 온전하고 독특한 두 본성인 신성(神性)과 인성(人性)이 분리할 수 없게 한 인격 안에 변경되거나 혼성이 되거나 혼동될 수 없게 결합되었다(눅1:35, 골2:9, 롬9:5, 벧전3:18, 딤전3:16). 이 인격은 참 하나님인 동시에 참 사람이시며, 한 분이신 그리스도요, 하나님과 사람 사이에 있는 유일한 중보자(中保者)이시다(롬1:3-4, 딤전2:5).

성경 가운데 가장 신비로운 교리가 있다면, 삼위일체(三位一體) 교리와 함께 예수 그리스도의 이성일인격(二性一人格) 교리일 것이다. 인간의 지혜로는 온전히 이해하거나 설명해 낼 수 없음을 부인할 수 없다. 그러기에 교회 역사 속에서 많은 논쟁을 거치며, 그릇된 이해와 주장들로 많은 이들이 이단으로 정죄되기도 했다.

단일신론자(單一神論者)들은 하나님이 한 분이심을 믿는다고 하지만 삼위일체 교리는 부정한다. 또 아리우스(Arius)는 삼위의 구별성은 인정하면서도 예수님의 신성은 부인했다. 예수는 본래 사람이었는데, 하나님의 영을 받으므로 신화(神化)되었다고 주장한 것이다. 즉 예수는 본래 하나님이 아니고 다만 사람이었으나, 처녀에게서 탄생하여 하나님의 영을 받아 하나님의 아들이 되었다는 말이다. 이에 대해 니케아(Nicaea, 325년) 종교회의에서 아타나시우스(Athanasius)가 **"그는 근본 하나님의 본체시나 하나님과 동등됨을 취할 것으로 여기지 아니하시고 오히려 자기를 비어 종의 형체를 가져 사람들과 같이 되었고"**라는 빌립보서 2:6-7의 말씀을 들어 아리우스의 이단설을 물리쳤다.

또한 아폴리나리우스(Apollinarius)는 그리스도는 육체와 혼(魂)은 가졌으나 영(靈) 대신에 말씀을 가졌다고 하여, 그리스도의 완전한 인성을 부정할 뿐 아니라, 그리스도는 하나님도 사람도 아닌 제3의 것이라고 주장하였다. 또한 유티커스(Eutychus)는 그리스도의 인성(人性)은 신성(神性)에 흡수, 동화되었다고 하여 그리스도의 신성과 인성의 구별을 부정하고 단일성(單一性)을 주장하였다 그리고 네스토리우스(Nestorius)는 그리스도의 인격은 신적인 것과 인간적인 것, 두 개의 분리된 인격이 있다고 하여 이성이인격(二性二人格)을 주장하며, 이성일인격(二性一人格)을 부정하였다. 이에 대해 칼케돈(Chalcedon, 451년)회의에서는 『그리스도의 신성과 인성은 밀접하면서도 혼돈되지 않는다. 예수 그리스도는 하나님인 동시에 참 사람이시다. 단, 사람이시나 죄는 없으시다』라고 하여 그리스도의 이성일인격 교리를 확립하였다. 이처럼 그리스도의 이성일인격 교리는 매우 귀중한 진리로서 신중하고 바르게 배우고 받아야 하는 것이다. 그러므로 본 절에서도 그리스도의 성육신과 이성일인격 교리에 대해 성경적인 올바른 진술로 그릇된 주장들에 대해 논박하고 있다.

1) 예수 그리스도는 하나님의 영원하신 아들로서 성육신(成肉身) 이전에도 존재하셨고, 성부 하나님과 한 본체이시며 동등하시다.

성자 예수 그리스도는 성육신 이전에도 존재하셨으며, 성부와 성령과 함께 삼위일체 하나님으로 동시선재(同時先在)이시다. "여호와께서 그 조화의 시작 곧 태초에 일하시기 전에 나를 가지셨으며 만세 전부터, 상고부터, 땅이 생기기 전부터 내가 세움을 입었나니"(잠8:22-23), "예수께서 가라사대 진실로 진실로 너희에게 이르노니 아브라함이 나기 전부터 내가 있느니라"(요8:58). "나와 아버지는 하나이니라…"(요10:30; 빌2:6). "아버지여 창세 전에 내가 아버지와 함께 가졌던 영화로써 지금도 아버지와 함께 나를 영화롭게 하옵소서"(요17:5, 1:1).

2) 하나님께서 정하신 때에 성자는 인간의 본성을 취하셔서 자신의 신성과 하나로 결합하셨다.

앞에서 언급하였듯이 예수 그리스도는 본래 삼위일체 하나님의 제2위격이신 성자 하나님이시다. 그런데 하나님의 영원하신 구속 계획을 실행하시기 위해 처녀 마리아에게서 인성을 취하시므로서, 그 결과 온전하고 독특한 두 본성인 신성(神性)과 인성(人性)이 분리될 수 없으며, 한 인격 안에 변경되거나 혼성이 되거나 혼동될 수 없게 결합되었다. 그리스도는 성육신 이전에는 하나님의 본성만 가지고 계셨으나 성육신에 의해서 인간의 본성도 취하셨다.

그러므로 그리스도는 신성과 인성을 모두 가지게 되셨다. 여기서 조심할 것은 그리스도께서 하나님의 본성을 버리고 대신에 인성만을 가지셨다거나, 신적 인격과 인간적 인격, 두 개의 인격을 가지셨다는 의미가 아니라는 것이다. 본성(本性)과 인격(人格)을 혼동하지 않아야 한다. 그리스도의 신성과 인성은 하나의 인격 안에 결합 되었으며(二性一人格), 신성과 인성은 구별되어 있으나 분리할 수는 없다. **"천사가 대답하여 가로되 성령이 네게 임하시고 지극히 높으신 이의 능력이 너를 덮으시리니 이러므로 나실바 거룩한 자는 하나님의 아들이라 일컬으리라"**(눅1:35). **"그 안에는 신성의 모든 충만이 육체로 거하시고"**(골2:9), **"...그는 육신으로 나타난바 되시고..."**(딤전3:16), **"...저는 만물 위에 계셔 세세에 찬양을 받으실 하나님이시니라"**(롬9:5).

예수 그리스도는 인간의 본성과 본성에 속한 모든 본질적인 속성들과 일반적인 연약함을 모두 취하신 참 사람이시나 죄는 없으셨다. **"태초에 말씀이 계시니라 이 말씀이 하나님과 함께 계셨으니 이 말씀은 곧 하나님이시니라... 말씀이 육신이 되어 우리 가운데 거하시매..."**(요1:1, 14), **"**

때가 차매 하나님이 그 아들을 보내사 여자에게서 나게 하시고 율법 아래 나게 하신 것은"(갈4:4). "...모든 일에 우리와 한결같이 시험을 받은 자로되 죄는 없으시니라"(히4:15).

3) 그리스도는 하나님과 사람 사이의 유일한 중보자이시다.

예수 그리스도는 영원 전에 하나님께서 세우신 유일한 중보자이시다. 그러므로 누구든지 예수 그리스도를 통하지 않고는 하나님께 나아갈 수 없다. "하나님은 한 분이시요 또 하나님과 사람 사이에 중보도 한 분이시니 곧 사람이신 그리스도 예수라"(딤전2:5). "예수께서 가라사대 내가 곧 길이요 진리요 생명이니 나로 말미암지 않고는 아버지께로 올 자가 없느니라"(요14:6). 다른 이로서는 구원을 얻을 수 없나니 천하 인간에 구원을 얻을만한 다른 이름을 우리에게 주신 일이 없음이니라..."(행4:12).

《참고》

그리스도의 이성일인격 교리에 대한 이해를 돕기 위해 다음과 같은 예를 들 수 있다.

『인간은 몸과 영혼으로 구성되었다. 몸과 영혼은 별개이며 섞일 수 없다. 서로 분리되어 있으면서도 한 인격 안에 연합되어 있다. 몸을 가지고 있는 동시에 영혼도 가지고 있는 것이다. 그러므로 몸이나 영혼에 일어난 일을 나에게 일어나는 일로 받아들인다. 즉 두 본성에서 일어나는 일을 한 인격에 속한 것으로 여기게 된다. 이처럼 예수 그리스도께 있어서도 신성과 인성이 한 인격안에 결합되어 있어서 한 가지 본성에 일어난 일을 인격 전체에 일어난 일로 표현하게 된다. "**만일 알았더라면 영광의 주를 십자가에 못 박지 아니하였으리라**"(고전2:8). 바울 사도는 주의 몸이 못 박혔다고 하지 않고 영광의 주가 못 박혔다고 표현한다. 영광의 주 하나님은 못 박히실 수 없다. 그러므로 죄인들을 위해 못 박히시기 위해 영광의 주, 하나님께서 몸을 입으신 것이다. 주님의 인성(人性)에 일어난 일을 주님의 신성(神性)에까지 일어난 것처럼 표현하고 있다는 것이다. 신성과 인성 두 본성이 한 인격 안에 결합되었기 때문이다. 그러므로 한 인격이시나 그 안에 두 개의 구별되는 본성을 가지실 수 있다는 것이다』(로이드 죤스 교리강좌 시리즈 1권, 임범진 옮김 p.471-472).

제 3절 그리스도의 중보(中保)와 직무

> 신성(神性)과 결합된 인성(人性)을 입으신 주 예수는 성령으로 거룩하게 되시고, 한량없이 기름 부음을 받으셨다(시45:7; 요3:34). 그분 안에는 지혜와 지식의 모든 보화가 감추어져 있고(골2:3), 성부 하나님께서는 모든 충만으로 그 안에 거하게 하시기를 기뻐하셨다(골1:19). 이는 그가 거룩하고, 흠이 없고, 순결하고, 은혜와 진리로 충만하여(히7:26; 요1:14) 중보자와 보증인의 직분을 수행하는 데 부족함이 없도록 하기 위함이었다(행10:38; 히12:24; 7:22). 이 직분은 예수께서 스스로 취하신 것이 아니요 성부께서 그에게 맡기신 것이다(히5:4-5). 성부께서는 모든 권세와 심판을 그의 손에 맡기시고 그것을 수행하도록 명령하셨다(요5:22, 27; 마28:18; 행2:36).

본 절에서는 신성과 결합된 인성을 입으신 예수 그리스도께서 중보자의 직무를 수행하시는 데 필요한 모든 조건을 성부 하나님께서 허락하셔서 조금도 부족함이 없도록 하셨다. 이 중보자와 보증인의 직분은 성자 예수께서 스스로 취하신 것이 아니라 성부 하나님께서 그것을 수행하도록 명령하시고, 모든 권한을 맡기셨다고 진술한다.

1) 성부께서는 성자의 중보 사역을 위해 필요한 모든 조건을 허락하셨다.

앞에서 살폈던 것처럼, 예수 그리스도께서 마리아에게서 인성을 취하시고 참 사람이 되셨으나, 죄가 없는 것 말고는 인간 본성에 속한 모든 본질적인 속성들과 일반적인 연약함까지 모두 취하셨다. 여자에게서 아기로 탄생하셔서 성장 과정을 경험하셨고, 주리고 목마름과 피로와 슬픔, 육체적 고뇌와 죽음까지 경험하시면서 연약성을 가지신 참 사람이셨다. "아기가 자라며 강하여지고 지혜가 충만하며 하나님의 은혜가 그 위에 있더라... 예수는 그 지혜와 그 키가 자라가며 하나님과 사람에게 더 사랑스러워 가시더라"(눅2:40, 52).
"이튿날 저희가 베다니에서 나왔을 때에 예수께서 시장하신지라 멀리서 잎사귀 있는 한 무화과 나무를 보시고..."(막11:12-13).
"...예수께서 행로에 곤하여 우물곁에 그대로 앉으시니..."(요4:6; 막4:38), "예수께서 눈물을 흘리시더라"(요11:35; 눅19:41). "...내 마음이 심히 고민하여 죽게 되었으니 너희는 여기 머물러 나와 함께 깨어 있으라 하시고"(마26:38). "...내가 목마르다 하시니"(요19:28), "예수께서 신 포도주를 받으신 후 가라사대 다 이루었다 하시고 머리를 숙이시고 영혼이 돌아가시니라"(요19:30). 인성(人性)을 입으신 그리스도는 비록 죄는 없으시나 인간의 연약성을 짊어지셨기에 스스로는 중보자로서 그리스도의 직무를 수행할 수 없었다. "**내가 아무것도 스스로 할 수 없노라...**" (요5:30). 그러므로 예수 그리스도는 육체로 계실 때에 끊임없이 눈물로 기도하시면서 하나님을 의지하셨다. "**그는 육체에 계실 때에 자기를 죽음에서 능히 구원하실 이에게 심한 통곡과 눈물로 간구와 소원을 올렸고 그의 경외하심을 인하여 들으심을 얻었느니라**"(히5:7).

성부 하나님께서는 성자에게 죄인의 구속을 위해 한 육체를 예비하셨을 뿐 아니라, 고난과 죽음을 감당하도록 성자의 인성(人性) 위에 성령으로 기름을 부으셨고 "**주 여호와의 신이 내게 임하셨으니 이는 여호와께서 내게 기름을 부으사...**"(사61:1), 능력과 은혜를 한량없이 충만하게 하셔서 중보자의 직무를 수행하는 데 부족함이 없게 하셨다. "**하나님이 나사렛 예수에게 성령과 능력을 기름붓듯 하셨으매 저가 두루 다니시며 착한 일을 행하시고 마귀에게 눌린 모든 자를 고치셨으니 이는 하나님이 함께 하셨음이라...**"(행10:38).

2) 성자의 중보자 직분은 성부께서 맡기셨고, 그에 따른 모든 권한을 부여하셨다.(본 고백서 제8장 1절).

예수 그리스도의 중보자(中保者) 직분은 스스로 취하신 것이 아니라 영원 전에 성부 하나님께서 맡기신 것이다. 예수 그리스도의 중보자 직분의 기원은 영원 전의 하나님의 신적 작정에 두고 있으며, 성부와 성자의 속죄계약에 의한 것이다. "**그는 창세 전부터 미리 알리신바 된 자나 이**

말세에 너희를 위하여 나타내신바 되었으니"(벧전1:20).

"이 존귀는 아무나 스스로 취하지 못하고 오직 아론과 같이 하나님의 부르심을 입은 자라야 할 것이니라 또한 이와 같이 그리스도께서 대제사장 되심도 스스로 영광을 취하심이 아니요 오직 말씀하신 이가 저더러 이르시되… 네가 영원히 멜기세덱의 반차를 좇는 제사장이라 하셨으니"(히5:4-6).

그리고 성부 하나님께서는 성자 그리스도의 중보 직무를 위해 모든 권세와 심판권을 허락하셨다. "예수께서 나아와 일러 가라사대 하늘과 땅의 모든 권세를 내게 주셨으니"(마28:18), "아버지께서 아무도 심판하지 아니하시고 심판을 다 아들에게 맡기셨으니"(요5:22), "그런즉 이스라엘 온 집이 정녕 알지니 너희가 십자가에 못 박은 이 예수를 하나님이 주와 그리스도가 되게 하셨느니라"(행2:36).

제 4절 그리스도의 직무(職務) 수행

> 주 예수는 이 직분을 매우 기꺼이 맡으셨으며(시40:7-8; 히10:5-10; 요10:18; 빌2:8), 이 직분을 이행하시기 위해 율법 아래 나셨고(갈4:4), 율법을 온전히 이루셨다(마3:15; 5:17). 그는 영혼의 가장 극심한 고뇌를 당하셨고(마26:37-38; 눅22:44; 마27:46), 그 육체로는 가장 괴로운 고통을 당하시고(마26:27) 십자가에 못 박혀 죽으셨으며(빌2:8), 장사되어 사망의 권세 아래 머무셨지만 썩음을 당하지 않으시고(행2:23-24, 27, 13:37; 롬6:9), 사흘 만에 죽은 자 가운데서 살아나셔서(고전15:3-5), 고난당하실 때의 그 육체 그대로(요20:25, 27) 하늘에 오르시

> 어 하나님 아버지의 우편에 앉으셨다(막16:19). 그곳에서 우리를 위해 간구하시며(롬8:34; 히9:24; 7:25), 세상 끝날에 다시 오셔서 사람들과 천사들을 심판하실 것이다(롬14:9-10; 행1:11; 10:42; 마13:40-42; 유1:6; 벧후2:4).

본 절에서는 그리스도께서 중보자의 직무를 자발적으로 맡으셨으며, 그 직무를 그의 비하(卑下)와 승귀(昇貴)의 상태에서 수행하셨고, 지금도 우리를 위해 중보하시며, 세상 끝날에는 영광의 심판주로 오신다고 진술하고 있다.

1) 주 예수님은 그의 직분을 자발적으로 맡으시고 수행하셨다.
그리스도는 영원 전에 성부 하나님으로부터 중보자와 보증인의 직무를 기쁘게 받으셨다. 그 직무를 수행하시기 위해 육체를 취하시고 율법 아래 나셨으며, 율법의 요구를 온전히 이루셨다. "**그는 근본 하나님의 본체시나 하나님과 동등됨을 취할 것으로 여기지 아니하시고 오히려 자기를 비어 종의 형체를 가져 사람들과 같이 되었고...**"(빌2:6-7), "이를 내게서 빼앗는 자가 있는 것이 아니라 내가 스스로 버리노라 나는 버릴 권세도 있고 다시 얻을 권세도 있으니..."(요10:18). "이에 내가 말하기를 하나님이여 보시옵소서 두루마리 책에 나를 가리켜 기록한 것과 같이 하나님의 뜻을 행하러 왔나이다 하시니라"(히10:7; 시40:7-8).
"**때가 차매 하나님이 그 아들을 보내사 여자에게서 나게 하시고 율법 아래 나게 하신 것은 율법 아래 있는 자들을 속량하시고 우리로 아들의 명분을 얻게 하려 하심이라"(갈4:4-5).

2) 그리스도는 비하(卑下)와 승귀(昇貴)의 상태에서 직무를 수행하셨다.
그리스도는 구속과 중보의 직무를 그 신분의 『비하(낮아지심)』와 『승귀(높아지심)』의 상태에서 수행하셨다.

① **그리스도의 '비하'(낮아지심)란?** 탄생, 율법 아래 놓이심, 세상의 비참, 십자가의 죽으심과 장사되심 등으로서, 그리스도의 낮아지심은 그의 탄생부터 시작된다. 영원하신 성자 하나님으로서 세세에 영광을 받으실 분이시나, 죄인들의 구속을 성취하시기 위해 여자의 몸에서 인성을 취하시고 육체로 낮아지셔서 율법 아래 놓이셨다. 죄인들이 겪는 세상의 비참을 경험하셨고, 십자가 지시고 저주의 죽으심과 장사(葬事)되어 얼마 동안 죽음의 권세 아래 거하셨다. 이렇게 그리스도의 낮아지심은 여자의 몸에 잉태되심과 탄생, 구유에서 무덤에 이르기까지의 기간을 의미한다. "…마리아가 이미 잉태되었더라 거기 있을 그 때에 해산할 날이 차서 맏아들을 낳아 강보로 싸서 구유에 뉘었으니…"(눅2:5-7), "때가 차매 하나님이 그 아들을 보내사 여자에게서 나게 하시고 율법 아래 나게 하신 것은"(갈4:4), "오히려 자기를 비어 종의 형체를 가져 사람들과 같이 되었고 사람의 모양으로 나타나셨으매…"(빌2:7-8), "예수께서 이르시되 여우도 굴이 있고 공중의 새도 거처가 있으되 오직 인자는 머리 둘 곳이 없다 하시더라"(마8:20).

"…엘리 엘리 라마 사박다니 하시니 이는 곧 나의 하나님 나의 하나님 어찌하여 나를 버리셨나이까 하는 뜻이라… 예수께서 다시 크게 소리 지르시고 영혼이 떠나시니라"(마27:46, 50), "요셉이 시체를 가져다가 정한 세마포로 싸서 바위 속에 판 자기 새 무덤에 넣어 두고 큰 돌을 굴려 무덤 문에 놓고 가니"(마27:59-60).

② 그리스도의 '승귀'(높아지심)란? 부활, 승천, 하나님의 우편에 앉으심과 재림을 가리킨다. 그리스도의 무덤은 그의 낮아지심의 절정(絶頂)이었다면, 그의 부활은 높아지심의 서곡(序曲)이었던 것이다. 완전한 죽으심이었고, 완전한 부활이었다. 죽으실 때의 육체 그대로 살아나셨고, 하늘에 오르사 하나님의 보좌 우편에 앉으셨다. 그리고 심판주로 세상에 재림하실 때에 그리스도의 높아지심과 그 영광은 절정에 이르게 될 것이다. "천사가 여자들에게 일러 가로되 너희는 무서워 말라 십자가에 못 박히신 예수를 너희가 찾는 줄 내가 아노라 그가 여기 계시지 않고 그의 말씀하시던 대로 살아나셨느니라…"(마28:5-6). "…예수께서 오사 가운데 서서 가라사대 너희에게 평강이 있을지어다 이 말씀을 하시고 손과 옆구리를 보이시니 제자들이 주를 보고 기뻐하더라"(요20:19-20).

"이 말씀을 마치시고 저희 보는데서 올리워 가시니 구름이 저를 가리워 보이지 않게 하더라"(행1:9). "…그리스도께서 하나님 우편에 앉아 계시느니라"(골3:1; 엡1:20). "…너희 가운데서 하늘로 올리우신 이 예수는 하늘로 가심을 본 그대로 오시리라 하였느니라"(행1:11).

"…그 때에 땅의 모든 족속들이 통곡하며 그들이 인자가 구름을 타고 능력과 큰 영광으로 오는 것을 보리라"(마24:30; 살전4:16). 이와 같이 그리스도는 선지자, 제사장, 왕의 삼직을 가지신 중보자로서 낮아지심과 높아지심의 상태에서 그 직무를 수행하신다.

제 5절 그리스도의 중보(中保)직무 수행의 결과

> 주 예수는 영원한 성령을 통해서 완전한 복종과 하나님께 단번에 자신을 희생의 제물로 드림으로써 성부 하나님의 공의(公義)를 충분하게 만족시키셨으며(롬5:19; 히9:14, 16, 10:14; 엡5:2; 롬3:25-26), 성부께서 자기에게 주신 모든 자들을 위하여 화목뿐만 아니라 하늘나라에서 얻을 영원한 기업을 값 주고 사셨다(단9:24, 26; 골1:19-20; 엡1:11, 14; 요17:2; 히9:12, 15).

본 절에서는 그리스도께서 완전한 복종과 희생을 통해 화목을 이루실 뿐 아니라 영원 전에 성부 하나님께서 자기에게 주신 자들을 위해 영원한 기업을 획득(獲得)하신 복(福)에 대해 진술하고 있다.

1) 주 예수 그리스도는 완전한 복종과 희생으로 성부 하나님의 공의(公義)를 만족시키셨다.

그리스도는 완전한 복종과 희생으로 하나님의 공의를 만족시켰으며, 이로써 죄인들의 구원의 조건은 충분히 만족되었다. 그리스도의 복종은 『수동적 복종』과 『능동적 복종』 두 가지로 구분된다.

① **수동적(受動的) 복종**: 수동적 또는 소극적 복종이란 그리스도께서 죄인들의 죄책을 대신 짊어지시고 십자가에 죽으심을 의미한다. 첫 사람 아담이 행위계약을 위반한 결과로 요구되는 "…**네가 먹는 날에는 정녕 죽으리라**"(창2:17). "**죄의 삯은 사망이요…**"(롬6:23). 이 죽음을 그리스도께서 대신 십자가에 죽으심으로 응하신 것이다. 즉 죄값(속전)을 대신 지불하셨다는 의미다. 이것은 하나님의 뜻이었고, 하신 일이었다. 그러므로 수동적(소극적) 복종이라고 하는 것이다. 이 그리스도의 수동적 복종으로 우리의 모든 죄책은 지워지고 도말(塗抹)되었다. "…내 아버지여 만일 할 만하시거든 이 잔을 내게서 지나가게 하옵소서 그러나 나의 원대로 마옵시고 아버지의 원대로 하옵소서…"(마26:39), "…여호와께서는 우리 무리의 죄악을 그에게 담당시키셨도다"(사53:6). "…피 흘림이 없은즉 사함이 없느니라"(히9:22). "그 아들 안에서 우리가 구속 곧 죄 사함을 얻었도다"(골1:14).

② **능동적(能動的) 복종**: 능동적 또는 적극적 복종이란 그리스도께서 죄인들로 하여금 영원한 생명을 얻게 하시기 위해 그 조건에 응하심을 의미한다. 즉 생명을 조건으로 주어진 율법을 온전히 지키는 것을 말함이다. 첫 사람 아담에게 주어진 행위계약은 지키면 영원한 생명이 주어지고 위반(違反)하면 죽음이었다. "**너희는 나의 규례와 법도를 지키라 사람이 이를 행하면 그로 인하여 살리라…**"(레18:5). 그러나 아담은 그 계약을 어김으로써 자신과 모든 후손들을 영원한 생명에서 끊어지게 한 것이다. "**저희는 아담처럼 언약을 어기고 거기서 내**

게 패역을 행하였느니라(호6:7). 그러므로 그리스도께서 아담 안에서 범한 죄책을 십자가의 죽으심으로 담당하실 뿐만 아니라 아담이 지키지 못한 율법을 온전히 지키심으로 구속한 자기 백성들에게 영원한 생명을 얻게 하신 것이다. 이것을 그리스도의 적극적 복종이라고 부른다. "내가 율법이나 선지자나 폐하러 온 줄로 생각하지 말라 폐하러 온 것이 아니요 완전케 하려 함이로라"(마5:17). "하나님 앞에서는 율법을 듣는 자가 의인이 아니요 오직 율법을 행하는 자라야 의롭다 하심을 얻으리니"(롬2:13). 그러므로 우리의 구원은 그리스도께서 십자가를 지시고 죽으실 뿐 아니라 적극적으로 율법을 지키심으로써 이룬 공로에 의한 것임을 명심해야 한다. 그의 죽으심은 우리가 범죄함으로 짊어진 죄의 빚을 대신 갚으신 것이며, 또한 율법을 온전히 지키심은 우리의 영원한 생명을 얻는 조건을 충족시키신 것이다. 이와 같이 그리스도는 수동적(소극적)인 복종과 능동적(적극적)인 복종으로 하나님의 공의를 만족시키시고 우리의 구원을 이루셨다.

2) 그리스도는 자기 백성을 위해 화목을 이루셨다.

화목(화해)이란 두 적대(원수) 관계가 된 사이를 우호적(友好的)인 관계로 회복하는 것을 뜻한다. 즉 둘로 갈라진 관계를 회복시켜 하나 되게 하는 것이다. 인간의 범죄는 하나님의 거룩하신 요구 즉 공의를 손상시키는 것으로써 관계를 깨뜨리는 것이 된다. 적대 관계가 된다는 것이다. 이런 관계를 회복시키고 연합되기 위해서는 먼저 하나님의 거룩한 요구, 즉 공의가 만족되어야만 하는 것이다.

예컨대 피해자와 가해자 사이의 화해를 위해서는 피해자의 요구가 만족되도록 보상이 이루어져야 한다. 이처럼 범죄한 죄인이 하나님과의 화목을 위해서는 손상시킨 하나님의 공의를 만족시키지 않으면 안 된다는 것이다. 하나님의 공의는 "**네가 먹는 날에는 정녕 죽으리라, 죄의 삯은 사망이요**" 그러므로 하나님과 죄인 사이의 적대(敵對)관계를 우호적 관계로의 회복을 위해서는 죽음이라는 희생이 있어야만 가능했다. "**피 흘림이 없은즉 사함이 없느니라**"(히9:22). 피 흘림이 없이는 하나님의 공의를 만족시킬 수 없다. 이것이 그리스도께서 십자가 지시고 죽으셔야만 했던 이유인 것이다. 그리스도의 죽으심과 피 흘림은 하나님의 공의를 만족시켜 드렸고, 하나님의 진노는 풀렸으며, 죄인들은 용서되고 하나님과 죄인 사이에 화목이 이루어진 것이다. 이 일을 위해 예수 그리스도는 화목제물(和睦祭物)이 되셨던 것이다. 이것이 십자가에서 이루어진 사건이다. "**이 예수를 하나님이 그의 피로 인하여 믿음으로 말미암는 화목제물로 세우셨으니**…(롬3:25), "저는 우리 죄를 위한 화목제물이니…"(요일2:2).

"곧 우리가 원수 되었을 때에 그 아들의 죽으심으로 말미암아 하나님으로 더불어 화목 되었은즉 화목된 자로서는 더욱 그의 살으심을 인하여 구원을 얻을 것이니라"(롬5:10).

3) 그리스도의 복종과 희생은 택함을 받은 자들이 천국 기업을 얻을 수 있도록 치르신 값이다.

보증인(保證人)이란 다른 사람의 빚을 대신 갚아주거나 다른 사람이 감당할 수 없는 형벌을 대신 담당하는 사람이다. 이처럼 그리스도는 창세 전부터 우리의 보증이 되셨으며 **"창세 전에 그리스도 안에서 우리를 택하사..."**(엡1:4), 우리가 감당할 수 없는 아담 안에서 범한 행위언약의 죄책과 복종의 빚을 대신 짊어지시고 십자가의 죽으심으로 감당해 주신 것이다. 뿐만 아니라 아담이 지키지 못했고, 죄인들이 지켜낼 수 없는 율법을 온전히 지키시고 이루신 의(義)를 우리에게 주심으로써 영원한 기업을 얻을 자격을 얻게 하셨다. **"이는 우리의 기업에 보증이 되사 그 얻으신 것을 구속하시고..."**(엡1:14), **"그리스도는 모든 믿는 자에게 의를 이루기 위하여 율법의 마침이 되시니라"**(롬10:4). 이 그리스도께서 이루신 구속의 은혜와 영원한 기업의 상속권은 오직 택함을 입은 그리스도의 백성들에게 제한된다. 첫 사람 아담이 인류의 자연적 머리이며, 대표자였던 것처럼, 마지막 아담이신 그리스도는 택정함을 입은 자기 백성의 머리이며 대표자가 되신다.

그러므로 그리스도께서 구속하신 백성들은 온전히 구원에 이르게 될 뿐 아니라 영원한 천국의 기업을 누리게 된다. **"...그는 새 언약의 중보니 이는 첫 언약 때에 범한 죄를 속하려고 죽으사 부르심을 입은 자로 하여금 영원한 기업의 약속을 얻게 하려 하심이니라"**(히9:15).

제 6절 그리스도의 구속(救贖)의 효력

> 그리스도의 구속 사역은 성육신하신 후에야 그로 말미암아 실제적으로 성취되었다. 그렇지만 그 구속 사역의 효력과 효능과 유익은 창세로부터 계속적으로 모든 세대의 택자(擇者)들에게 전달되었는데, 약속들과 모형들과 희생 제사들을 통해서 그리스도가 뱀의 머리를 상하게 할 여자의 후손이요 죽임 당하신 어린 양이라는 것과 어제나 오늘이나 영원토록 동일하시다는 것이 창세로부터 계시되고 예표(豫表) 되었다(갈 4:4-5; 창3:15; 계13:8; 히13:8).

그리스도의 구속 사역은 인간의 몸을 입으신 후에야 실제로 이루어졌지만, 그 구속의 힘과 효능은 세상이 처음 창조된 때부터 오늘날까지, 즉 구약시대와 신약시대 모든 시대에 걸쳐 전달되었다.
"내가 너로 여자와 원수가 되게 하고 너의 후손도 여자의 후손과 원수가 되게 하리니 여자의 후손(예수님)은 네 머리를 상하게 할 것이요 너(사탄)는 그의 발꿈치를 상하게 할 것이니라..."(창3:15).
앞서 제7장 5절, 7절에서 언급했듯이 단지 집행 방법이 다를 뿐이었다. 구약시대에는 약속과 예언과 다양한 예표들을 통해 제시되었으며, 구약시대의 신자들도 신약시대의 신자들과 마찬가지로 그리스도의 십자가 희생의 공로로 구원을 받을 수 있었다. 하나의 은혜계약이 율법시대와 복음시대에 서로 다르게 집행되었을 뿐이다. 믿음의 조상 아브라함도 오실 메시아를 소망하며 기뻐하였고, 그것을 믿음으로 의롭다 하심을 받았다. "너희 조상 아브라함은 나의 때 볼 것을 즐거워하다가 보고 기뻐하였느니라"(요8:56). 예수 그리스도는 영원 전부터 세움을 받으신 구속자요 중보자로서 어제나 오늘이나 영원토록 동일하시다. "...보라 처녀가 잉태하여 아들을 낳을 것이요 그 이름을 임마누엘이라 하리라"(사7:14). "때가 차매 하나님이 그 아들을 보내사 여자에게서 나게 하시고 율법 아래 나게 하신 것은 율법 아래 있는 자들을 속량하시고 우리로 아들의 명분을 얻게 하려 하심이라"(갈4:4-5).

"예수께서 가라사대 내가 곧 길이요 진리요 생명이니 나로 말미암지 않고는 아버지께로 올 자가 없느니라"(요14:6). "다른 이로서는 구원을 얻을 수 없나니 천하 인간에 구원을 얻을만한 다른 이름을 우리에게 주신 일이 없음이니라..."(행4:12). "예수 그리스도는 어제나 오늘이나 영원토록 동일하시니라"(히13:8).

제 7절 그리스도의 이성일인격(二性一人格)으로 중보(中保)사역 수행

> 그리스도는 두 가지 본성에 따라서 중보의 사역을 행하셨다(히9:14; 벧전3:18). 이 두 가지 본성은 각각 고유한 속성을 발휘하시지만, 그리스도의 인격이 한 인격 안에 통일되어 있었으므로 성경에서는 한 본성의 고유한 속성이 때로는 다른 본성에 속하는 것으로 나타나기도 한다(행20:28; 요3:13; 요일3:16).

본 절에서는 그리스도께서 두 가지 본성(本性)에 따라 중보 사역을 수행하신다고 진술하여, 그리스도는 인성(人性)만으로 중보자의 직무를 수행하신다고 주장하는 가톨릭(Catholic)교회의 주장을 논박하고 있다. 그리스도는 영원 전부터 중보자로 임명받으셨으며, 인간의 몸을 입으시기 전부터 선지자들을 통해 하나님의 뜻을 전달하게 하심으로써 중보의 일을 하셨고, 또 중보의 기도를 하셨다.

"여호와의 사자가 응하여 가로되 만군의 여호와여 여호와께서 언제까지 예루살렘과 유다 성읍들을 긍휼히 여기지 아니하시려나이까"(슥 1:12).

그리고 인간의 몸을 입으신 후로는 신성과 인성이 한 인격 안에 통일되어 있는 신인(神人)인격으로서(말씀이 육신이 되어) 중보자로 일하셨다. **"그리스도께서도 한번 죄를 위하여 죽으사 의인으로서 불의한 자를 대신하셨으니 이는 우리를 하나님 앞으로 인도하려 하심이라"**(벧전3:18). 이 신성과 인성은 각기 고유한 속성(屬性)을 발휘하시지만(신성에 의해 세상을 창조하셨고, 인성에 의해서 먹고, 마시고, 주무셨으며, 고난과 죽음을 맛보심), 통일된 한 인격 안에 있으므로 해서 성경에는 한 고유한 본성의 활동이 다른 본성의 활동으로 표현되는 경우가 있다는 것이다. 즉 신성(神性)의 활동은 전능의 능력으로 나타나시고, 인성(人性)의 활동은 제한된 능력으로 나타나시기도 한다. 그러나 신성과 인성은 서로 협력적이며, 혼동되거나 분리될 수 없는 오직 한 분 예수 그리스도의 인격적 사역이다.

그러므로 성경에는 때로 한 본성의 고유한 속성이 다른 본성에 속한 것처럼 표현되기도 했다. 즉 그리스도의 인성에 일어난 일이 그의 신성에 일어난 것처럼 표현되고 있다는 것이다. "…만일 알았더면 영광의 주를 십자가에 못 박지 아니하였으리라"(고전2:8).

"…하나님이 자기 피로 사신 교회를 치게 하셨느니라"(행20:28).

※ 여기서 신자들이 조심해야 할 것은 하나님의 죽으심이나, 아픔, 눈물 등의 표현들은 삼가야 한다. 하나님은 죽으시거나, 아프시거나, 눈물을 흘리시는 분이 아니시다. 그리스도의 죽으심도 삼위일체 하나님의 제 2 위격이신 성자 하나님의 죽으심이 아니라 그의 인성(人性)에 일어난 일인 것이다. 하나님은 영원히 죽음이나 불완전한 요소가 전혀 없으신 완전하신 분이시기 때문이다.

제 8절 그리스도의 구속(救贖)사역과 성령

> 그리스도께서는 값을 치르고 구속하신 모든 사람들을 위해 확실하고 효과적으로 그 구속을 적용하시고 전달해 주시며(요6:37,39, 10:15-16), 그들을 위하여 대언(代言)하시고(요일2:1-2; 롬8:34) 구원의 비밀을 말씀 안에서와 그 말씀을 통해서 그들에게 나타내신다. 성령을 통해서 효과적으로 그들을 설복(說服)하여 믿고 순종케 하며(요14:16; 히12:2; 고후4:13; 롬8:9, 14, 15:18-19; 요17:17), 그들의 마음을 말씀과 성령으로 다스리신다. 그들의 모든 원수들을 그의 전능하신 능력과 지혜로 물리치시되 그의 기이하고 측량할 수 없는 섭리에 가장 부합되는 방법으로 하신다(시110:1; 고전15:25-26; 말4:2-3; 골2:15).

본 절은 그리스도께서는 값을 치르시고 구속하신 모든 자들에게 그 구속을 효과적으로 적용하신다는 것과 어떻게 적용하시는가 하는 방법에 대해 진술하고 있다. 여기서 강조되고 있는 것은 그리스도의 구속은 택함을 받은 자들에게만 제한된 것으로서, 그리스도가 모든 만민을 위해 죽으셨다고 주장하는 보편구원론자들에 대해 논박하는 것이다.

1) 그리스도의 구속은 택함을 받은 자들에게 제한된다.

그리스도의 구속의 은혜는 무한하거나 보편적이지 않고 택함을 받은 자들에게 제한된다. 즉 그리스도는 모든 만민을 구속하기 위해 죽으신 것이 아니라 창세전부터 택하신 자기 백성들을 구속하시기 위해 죽으셨다. 그러므로 구속하신 모든 자들에게는 그 구속을 확실하고 효과적으로 적용하신다. "곧 창세 전에 그리스도 안에서 우리를 택하사... 그 기쁘신 뜻대로 우리를 예정하사 예수 그리스도로 말미암아 자기의 아들들이 되게 하셨으니"(엡1:4-5), "...나를 보내신 이의 뜻은 내게 주신 자 중에 내가 하나도 잃어버리지 아니하고 마지막 날에 다시 살리는 이것이니라"(요6:39).

말씀을 통해 구원의 비밀을 그들에게 나타내시고, 성령을 통해 그들 안에 믿음을 일으켜 순종케 하시며, 그들의 마음을 말씀과 성령으로 다스리신다. "세상 중에서 내게 주신 사람들에게 내가 아버지의 이름을 나타내었나이다 저희는 아버지의 것이었는데 내게 주셨으며 저희는 아버지의 말씀을 지키었나이다"(요17:6).

"내가 아버지께 구하겠으니 그가 또 다른 보혜사를 너희에게 주사 영원토록 너희와 함께 있게 하시리니"(요14:16), "...진리의 성령이 오시면 그가 너희를 모든 진리 가운데로 인도하시리니..."(요16:13), "...성령으로 아니하고는 누구든지 예수를 주시라 할 수 없느니라"(고전12:3). "너희가 그 은혜를 인하여 믿음으로 말미암아 구원을 얻었나니 이것이 너희에게서 난 것이 아니요 하나님의 선물이라"(엡2:8).

2) 그리스도는 구속하신 자들을 위해 간구하시며, 끝까지 지켜 보호하신다.
그리스도는 구속하신 자기 백성들을 위해 간구하시며, 전능하신 능력과 지혜로 모든 원수들을 정복하시어, 구속하신 자기 백성들을 영원히 보호하시고, 하나도 잃어버리시지 않는다. "...만일 누가 죄를 범하면 아버지 앞에서 우리에게 대언자가 있으니 곧 의로우신 예수 그리스도시라 저는 우리 죄를 위한 화목 제물이니..."(요일2:1-2), "정사와 권세를 벗어버려 밝히 드러내시고 십자가로 승리하셨느니라"(골2:15). "저가 모든 원수를 그 발아래 둘 때까지 불가불 왕노릇 하시리니 맨 나중에 멸망 받을 원수는 사망이니라"(고전15:25-26). "...그가 친히 말씀하시기를 내가 과연 너희를 버리지 아니하고 과연 너희를 떠나지 아니하리라 하셨느니라"(히13:5). "...내가 세상 끝날까지 너희와 항상 함께 있으리라..."(마28:20).

제 9장
자유의지(自由意志)에 대하여

그리스도 안에 있는 신자들의 자유는 성령의 역사로 중생과 칭의, 양자가 됨으로써 주어진 자유이다. 이 자유는 세 가지 부분으로 성립된다.

1. 하나님 앞에 의롭다 하심을 받은 신자들은 율법 아래서 해방되어 율법 위로 끌어 올려진 자유이다. 그러나 율법이 신자들에게 무용(無用)하다고 생각해서는 안 된다. 율법은 지금도 몽학선생(蒙學先生)의 역할을 하고 있다. "**이는 그리스도 예수 안에 있는 생명의 성령의 법이 죄와 사망의 법에서 너를 해방하였음이라.**"(롬8:2)
"**죄가 너희를 주관치 못하리니 이는 너희가 법 아래 있지 아니하고 은혜 아래 있음이니라**"(롬6:14). "**이같이 율법이 우리를 그리스도에게로 인도하는 몽학선생이 되어 우리로 하여금 믿음으로 말미암아 의롭다 함을 얻게 하려 함이니라.**"(갈3:24)

2. 그리스도 안에 있는 신자들은 율법의 의무, 즉 율법의 멍에에서 해방된 자유인이지만, 하나님을 사랑하는 마음에서 자발적이고 기쁨으로 복종해 가는 것이다. 노예적 공포심에서 율법을 지켜가는 것이 아니라 자유(自由)하는 자로서 마음을 다하고 뜻과 성품을 다하여 하나님을 사랑

하고 헌신하는(신율 주의적) 자유성이다. 율법을 구원의 조건으로서가 아니라 하나님에 대한 사랑의 표현으로서 지켜가는 것이다. "너는 마음을 다하고 성품을 다하고 힘을 다하여 네 하나님 여호와를 사랑하라."(신6:5) "하나님을 사랑하는 것은 이것이니 우리가 그의 계명들을 지키는 것이라…"(요일5:3)

3. 하나님의 율법이나 명령에서 금지하지 않는 것(Adiaphora: 무관한 것들)에 대해서는 『주어진 자유를 사용하여 타인의 견해나 관습에 매이지 말고 자기 확신 가운데 대담하게 행동을 취하는 자유이다』(W.신앙고백서 강해, 김준삼 목사 지음. 참고).

"그리스도께서 우리로 자유케 하려고 자유를 주셨으니 그러므로 굳세게 서서 다시는 종의 멍에를 메지 말라."(갈5:1) "…너희 자유함이 약한 자들에게 거치는 것이 되지 않도록 조심하라"(고전8:9). "모든 것이 가하나 모든 것이 유익한 것이 아니요 모든 것이 가하나 모든 것이 덕을 세우는 것이 아니니 누구든지 자기의 유익을 구치 말고 남의 유익을 구하라."(고전10:23-24)

"그런즉 너희가 먹든지 마시든지 무엇을 하든지 다 하나님의 영광을 위하여 하라."(고전10:31)

≪자유의지에 관한 논쟁≫
1) 어거스틴(Augustinus) 대 펠라기우스(Pelagius)
① **펠라기우스**: 인간에게는 선택의 자유가 있다. 인간은 선(善)이나 악

(惡), 어느 것이나 선택할 수 있는 능력이 있다. 하나님은 인간에게 선한 일이나 악한 일을 할 수 있는 가능성만 주셨으며, 그 결정은 인간이 하는 것이다. 인간은 이성적 의지와 함께 원초적으로 부여된 힘으로 인해 죄 없이 살 수 있는 능력이 있다. 즉 성령의 도움이 없어도 인간은 태어날 때부터 가지고 있는 능력으로 하나님의 계명을 지킬 수 있다는 주장이다.

② **어거스틴**: 성향에 따라 선택되는 자유다. 어거스틴은 타락 이전의 자유의지를 절대적인 것으로 보았다. 그러나 아담 안에서 타락한 결과로 생긴 부패성으로 인해 죄를 피하고 선을 행할 수 있었던 아담이 향유(享有)하던 자유는 상실되었다. 그러므로 인간은 하나님의 은총 없이는 죄를 피할 수 없고, 선을 성취할 수 없다. 즉 인간의 자유의지는 은혜의 작용에 의해서만 선을 택할 수 있으며, 은혜의 작용이 없이는 악을 선택하게 된다는 것이다.

2) **아르미니안(Arminian)**: 인간에게 신택의 지유가 있다. 그리스도는 만민(萬民)을 위해서 죽으셨으며, 그 구속의 은혜도 만민에게 제공되어 있다. 그러나 그 은혜를 받아들이거나 거부하는 것은 인간의 선택에 달려 있다고(만인 구원설) 주장한다.

3) **마틴 루터(M. Luther)**: 인간의 의지는 세상의 정의(正義)나 이성에 따르는 일들의 선택을 위해서 얼마간의 자유를 가지고 있다. 그러나 성령의 도움이 없다면 하나님의 의(義), 즉 영적 의를 행할 능력이 없다. 그것은 타락 후 인간은 태어날 때부터 영적인 것들을 이해하지 못하기 때문

이다. 그러나 말씀과 성령의 도움에 의해서 영적 의는 행하여진다.

제 1절 인간의 자유의지(自由意志)

> 하나님께서 인간의 의지에 선천적 자유를 부여하셨다. 그 의지는 선이나 악을 행하도록 강요당하거나, 또는 어떤 절대적인 필연성에 의해서 선이나 악을 택하도록 결정되어 있지 않는다(마17:12; 약1:14; 신 30:19).

본 절에서는 인간은 태어날 때부터 자유의지를 소유하고 있으며, 선이나 악을 행하도록 강요당하거나, 선택하도록 결정되어 있지 않다고 진술한다.

하나님은 인간을 자기 형상대로 창조하시고 자유의지를 허락하셨다. 그러므로 인간은 태어날 때부터 자기 결정권을 가진 자유로운 인격적 존재로 나오는 것이다. 이에 인간의 의지는 선(善)이나 악(惡)의 어느 쪽을 선택할 때에 외부에서 어떤 힘의 강압에 의하거나, 또는 자신 속에서 나오는 본능적 충동에 의해서도 아니라 전적으로 자신의 자유로운 의지에 의해서 결정하는 것이다. 가령 어떤 행위를 하도록 타인에게서 강요나 설득을 당할 때에도 최종적으로는 자신의 의지가 굴복하거나 거부할 것을 결정하게 되는 것이다. 이처럼 인간은 자유로운 인격적 주체로서 자기가 결정하고 행동한 것에 대해서는 그것이 선이든지, 악이든지 간에 선택에 대한 책임을 져야 하는 것이다. **"네가 먹는 날에는 정녕 죽으**

리라…"(창2:17). "…여자가 그 실과를 따먹고 자기와 함께한 남편에게도 주매 그도 먹은지라"(창3:6). "오직 각 사람이 시험을 받는 것은 자기 욕심에 끌려 미혹됨이니"(약1:14).

"…내가 생명과 사망과 복과 저주를 네 앞에 두었은즉 너와 네 자손이 살기 위하여 생명을 택하고"(신30:19), "나 여호와는 심장을 살피며 폐부를 시험하고 각각 그 행위와 그 행실대로 보응하나니"(렘17:10).

제 2절 무죄(無罪)한 상태

> 무죄한 상태에서 인간은 하나님이 보시기에 선(善)하고 아주 기뻐하시는 것을 원하며 행할 수 있는 자유와 능력을 가지고 있었다(전7:29; 창1:26). 그러나 가변적(可變的)이어서 인간은 그 상태에서 타락할 가능성이 있었다(창2:16-17, 3:6).

본 절에서는 인간이 타락하기 전, 무죄 상태에서는 하나님께서 선하게 여기시고 기뻐하시는 것을 원하며 행할 수 있는 자유와 능력을 가지고 있었으나, 그러나 변하고(가변적,可變的) 타락할 가능성도 함께 있었다고 진술하고 있다.

인간은 하나님의 형상대로 창조되었으며, 마음에 새겨진 율법을 지킬 수 있는 능력이 충분히 있었다. 이런 죄 없는 상태에서 인간의 의지는 자연적으로 선을 추구하고 하나님이 기뻐하시는 것을 행하도록 되어 있었으나, 의지의 자유에는 악을 선택하여 타락할 가능성도 있었다는 것이다. "여호와 하나님이 그 사람에게 명하여 가라사대 동산 각종 나무의 실과는 네가 임의로 먹되 선악을 알게 하는 나무의 실과는 먹지 말라 네가 먹는 날에는 정녕 죽으리라 하시니라"(창2:16-17).

"여자가 그 나무를 본즉 먹음직도 하고 보암직도 하고 지혜롭게 할 만큼 탐스럽기도 한 나무인지라 여자가 그 실과를 따먹고 자기와 함께한 남편에게도 주매 그도 먹은지라"(창3:6). 오늘날 우리가 가지고 있는 자유의지는 무죄(無罪)상태에서 아담이 가지고 있었던 자유의지와 같지 않다. 아담이 가지고 있었던 자유의지는 가변적, 즉 선한 것과 악한 것, 쌍방(雙方) 중에 어느 한쪽으로의 변화할 가능성을 가졌지만, 타락한 이후에 인간의 자유의지는 전적부패로 인해 영적 선(善)을 선택하거나 행할 능력이 전혀 없게 되었다. "…악을 행하기에는 지각이 있으나 선을 행하기에는 무지하도다"(렘4:22).

"육신에 있는 자들은 하나님을 기쁘시게 할 수 없느니라"(롬8:8).

제 3절 유죄(有罪)상태

> 인간은 타락하여 죄의 상태에 있음으로 말미암아 구원에 이르게 하는 영적 선(善)을 행하고자 하는 모든 의지력을 완전히 상실하였다(롬5:6, 8:7; 요15:5). 그러므로 자연인은 영적 선을 전적으로 싫어하고(롬3:10, 12), 죄로 죽어 있기 때문에(엡2:1, 5; 골2:13) 자신의 힘으로는 회개하거나 회개할 수 있도록 준비할 수가 없다(요6:44, 65; 고전2:14; 엡2:2-5; 딛3:3-5).

본 절에서는 아담 타락 후 죄의 상태에 있는 인간들은 구원을 이루는 영적 선을 행하고자 하는 의지와 능력을 완전히 상실하였다. 그러므로 거듭나지 못한 자연인은 영적 선을 싫어하며, 영적으로 죽어 있기 때문에 스스로는 회개할 수가 없다고 진술한다.

1) 죄 아래 있는 인간은 영적 선을 행할 능력이 전혀 없다.

아담 타락 후 인간의 본성은 죄로 인한 오염과 부패로 모든 영적 선(善)을 행할 수 있는 능력이 상실되었다. "**육신의 생각은 하나님과 원수가 되나니 이는 하나님의 법에 굴복치 아니할 뿐 아니라 할 수도 없음이라 육신에 있는 자들은 하나님을 기쁘시게 할 수 없느니라**"(롬8:7-8). "…나를 떠나서는 너희가 아무것도 할 수 없음이라"(요15:5).

2) 죄 아래 있는 자연인(自然人)의 행하는 선과 영적 선은 다르다.

여기서 전적무능이라고 힘은 타락한 인간은 어떤 선도 행할 수 없다는 뜻이 아니다. 자연인도 일반은총(一般恩寵) 면에서 선을 행한다. 즉 정치나 학문, 예술, 도덕을 비롯해서 사회 모든 분야에서 많은 선행들이 있다. 그러나 거듭나지 못한 자연인은 구원을 가져오는 영적 선(회개)에 대해서는 능력이 완전히 상실되어 있다. 이것을 전적무능(全的無能)이라고 한다. "…의인은 **없나니 하나도 없으며** 깨닫는 자도 없고 하나님을 찾는 자도 없고 다 치우쳐 한가지로 무익하게 되고 선을 행하는 자는 없나니 하나도 없도다"(롬3:10-12).

3) 죄 아래 있는 자연인은 영적인 것에 대해 죽어 있다.

죄 아래 태어나는 인간은 영적인 것에 죽어 있기 때문에 스스로 회개하거나 하나님께로 돌아설 수 없다. "너희의 허물과 죄로 죽었던 너희를…"(엡2:1). "또 너희의 범죄와 육체의 무할례로 죽었던 너희를…"(골2:13), 이런 의미에서 타락한 인간의 자유의지는 상실되었다고 하는 것이다. 다시 말해 자유의지를 상실했다고 하는 것은 자연적 선까지 행할 수 없다는 의미가 아니라 구원을 위한 영적 선을 선택하고 실행할 능력이 없다는 것이다. 부족하다는 것이 아닌 완전히 불가능하다는 의미이다. "나를 보내신 아버지께서 이끌지 아니하면 아무라도 내게 올 수 없으니…"(요6:44, 65), "육에 속한 사람은 하나님의 성령의 일을 받지 아니하나니 저에게는 미련하게 보임이요 또 깨닫지도 못하나니 이런 일은 영적으로라야 분별함이니라"(고전2:14). "예수께서 대답하여 가라사대 진실로 진실로 네게 이르노니 사람이 거듭나지 아니하면 하나님 나라를 볼 수 없느니라… 사람이 물과 성령으로 나지 아니하면 하나님 나라에 들어갈 수 없느니라"(요3:3, 5).

제4절 은혜(恩惠)의 상태

> 하나님께서 죄인을 회개시켜 은혜의 상태로 옮기실 때, 죄 아래 속박되어 있는 자연 상태에서 자유케 하신다(골1:13; 요8:34, 36). 그리고 오직 하나님의 은혜로만 영적 선을 원하며 행할 수 있게 하신다(빌2:13; 롬6:18, 22). 그렇지만 아직 남아 있는 부패성 때문에 선한 것만을 전적으로 결심하지 못하고 악한 것을 또한 결심한다(갈5:17; 롬7:15, 18-19, 21, 23).

본 절에서는 하나님께서 죄인을 회개시켜 은혜의 상태로 옮기실 때에는 죄의 속박(束縛)에서 자유케 하시고 은혜로써 영적 선을 원하며 행할 수 있게 하신다. 그러나 아직 남아 있는 인간 본성의 부패성으로 인해 선한 것만 바라고 행하는 것이 아니라 악한 것도 바라고 행한다고 진술하고 있다.

1) 은혜 상태에 있는 인간은 영적 선을 선택하고 행할 수 있다.

앞에 3절에서 유죄(有罪)의 상태에서 인간은 영적 선을 선택하거나 행할 능력이 아주 없는 전적무능(全的無能) 상태라고 했다. 그것은 영적인 것에 대해서는 죽어 있기 때문이다. 그러나 하나님의 유효소명, 즉 효력 있는 부르심에 의해 회심(悔心: 믿음과 회개)하고 은혜의 상태로 옮기신 바 된 사람들은 죄의 속박에서 해방되어 하나님의 은혜에 의해서 영적 선을 선택하고 행할 수 있게 된다. "...**죄를 범하는 자마다 죄의 종이라 종은 영원히 집에 거하지 못하되 아들은 영원히 거하나니 그러므로 아들이 너희를 자유케 하면 너희가 참으로 자유하리라**"(요8:34-36). "...너희가 본래 죄의 종이더니... 그러나 이제는 너희가 죄에게서 해방되고 하나님께 종이 되어 거룩함에 이르는 열매를 얻었으니..."(롬6:17, 22), "너희 안에서 행하시는 이는 하나님이시니 자기의 기쁘신 뜻을 위하여 너희로 소원을 두고 행하게 하시나니"(빌2:13).
"그가 우리를 흑암의 권세에서 건져내사 그의 사랑의 아들의 나라로 옮기셨으니"(골1:13).

2) 은혜 상태에 있는 사람은 선을 행하지만 악도 행한다.

죄인이 거듭나서 은혜 아래 있는 새로운 피조물이라 해도 "**누구든지 그리스도 안에 있으면 새로운 피조물이라**"(고후5:17), 이 세상에서는 남아있는 본성의 부패성으로 인해 완전하게 선(善)만을 원하며 행하지 못하고, 여전히 악(惡)을 향하고 행하게 된다. 하나님의 은혜로 선을 행할 의지가 회복되어진, 은혜 아래 있는 사람은 선을 행할 뿐 아니라 악도 행할 자유를 갖게 되는 것이다. 이로써 서로 반대되는 두 가지 도덕적 성향이 혼합되어 나타나게 되는데, 어떤 성향이 우세(優勢)한가에 따라 선을 행하기도 하고 악을 행하기도 하는 것이다. "**육체의 소욕은 성령을 거스리고 성령의 소욕은 육체를 거스리나니 이 둘이 서로 대적함으로 너희의 원하는 것을 하지 못하게 하려 함이니라**"(갈5:17). "나의 행하는 것을 내가 알지 못하노니 곧 원하는 이것은 행치 아니하고 도리어 미워하는 그것을 함이라... 내 속 곧 내 육신에 선한 것이 거하지 아니하는 줄을 아노니 원함은 내게 있으나 선을 행하는 것은 없노라... 만일 내가 원치 아니하는 그것을 하면 이를 행하는 자가 내가 아니요 내 속에 거하는 죄니라 그러므로 내가 한 법을 깨달았노니 곧 선을 행하기 원하는 나에게 악이 함께 있는 것이로다"(롬7:15, 18-21).

그러므로 이 지상에 있는 신자들은 말씀과 기도의 삶을 통해 성령으로 충만하여 자신 안에 있는 죄성(罪性)과 싸워나가야 하는 것이다. "**악에게 지지 말고 선으로 악을 이기라**"(롬12:21).

제 5절 영화(榮華)의 상태

> 인간의 의지는 영화(榮華)의 상태에 이르게 될 때에만 전적으로 변함없이 자유롭게 선만을 행할 수 있게 된다(엡4:13; 히12:23; 요일3:2; 유1:24).

본 절에서는 인간의 의지는 영화의 상태에 이르게 되면 불가변적(不可變的: 변하지 않음)으로 오직 선만을 자유롭게 행할 수 있게 된다고 진술한다.

1) 무죄의 상태

아담이 타락하기 전에는 죄 없는 무죄(無罪)상태였으나, 그러나 영원한 생명은 얻지 못한 상태였다. 아담은 자유의지를 가진 인격적 존재로서 영원한 생명을 얻는 선과 영원한 죽음을 얻는 악을 선택할 수 있었다. 그러므로 무죄상태에서의 그의 의지의 자유는 가변적(可變的)이었다. 즉 죄는 없으나 타락할 가능성은 있었다는 것이다.

2) 은혜의 상태

유죄(有罪)상태 하에 있던 죄인이 하나님의 유효소명에 의해서 죄를 회개하고 은혜의 상태로 옮겨지게 되면, 이제는 죄의 종노릇에서 해방되어 하나님의 은혜에 의해 영적인 선을 행할 수 있는 자유의지가 회복된다. 그러나 아직 남아 있는 본성의 부패성으로 인해 악도 행하게 되기 때문에 구원의 자녀로서 영광의 상태에 참여하고 있다고는 하나 아직 미

완성인 것이다.

3) 영화의 상태

인간의 의지가 온전히 선만을 행할 수 있는 완전한 자유가 있다. 이 자유는 에덴에서 아담이 가졌던 가변적(可變的)인 자유가 아니라 영원히 불변적(不變的)인 자유로서 최상의 기쁨과 최상의 자유인 것이다. "**우리가 다 하나님의 아들을 믿는 것과 아는 일에 하나가 되어 온전한 사람을 이루어 그리스도의 장성한 분량이 충만한 데까지 이르리니**"(엡4:13).

"하늘에 기록한 장자들의 총회와 교회와 만민의 심판자이신 하나님과 및 온전케 된 의인의 영들과"(히12:23).

"사랑하는 자들아 우리가 지금은 하나님의 자녀라 장래에 어떻게 될 것은 아직 나타나지 아니하였으나 그가 나타내심이 되면 우리가 그와 같을 줄을 아는 것은 그의 계신 그대로 볼 것을 인함이니"(요일3:2).

제 10장
유효소명(有效召命)에 대하여

소명(김命, Calling), 즉 부르심이란 하나님께서 죄인들로 하여금 그리스도의 구속을 통하여 제공된 구원을 받아들이도록 초청하시는 하나님의 은혜로운 행위라 할 수 있다. 이 부르심은 『외적(外的)부르심』과 『내적(內的)부르심』으로 구분된다.

1) 외적 부르심

『외적 부르심』이란 죄의 용서와 영생을 얻기 위해 믿음으로 그리스도를 영접하도록 만민을 향한 보편적(우주적) 복음제시 및 초청이라 할 수 있다.

① **우주적 부르심**: 어떤 국민이나 계급, 인종에 국한되지 않으며, 또 택자나 유기자 구별 없이 모두를 향한 부르심이다. 그래서 외적 부르심은 『우주적』 또는 『일반적』 부르심이라고도 한다. "**오직 성령이 너희에게 임하시면 너희가 권능을 받고 예루살렘과 온 유대와 사마리아와 땅 끝까지 이르러 내 증인이 되리라…**"(행1:8). "**…너희는 온 천하에 다니며 만민에게 복음을 전파하라**"(막16:15).

② **진정한 부르심**: 하나님께서는 모든 죄인들에게 그리스도를 통하여 제공되는 구원의 은혜를 믿음으로 받아들이기를 권고하신다. 그리

고 회개하고 믿는 자들에게는 영생을 약속하셨다. 그러나 인간들이 하나님의 부르심을 멸시하고 받아들이지 않으면 죄가 더욱 증가 된다. 이에 대한 하나님의 심판은 공의롭다 할 것이며, 죄인들은 핑계 할 수 없다. 또한 외적 부르심은 세상 만민들 가운데서 택자들을 모으시기 위하여 하나님께서 정하신 방법이기도 하다.

"밤에 주께서 환상 가운데 바울에게 말씀하시되 두려워하지 말며 잠잠하지 말고 말하라... 이 성중에 내 백성이 많음이라..."(행18:9-10). "청함을 받은 자는 많되 택함을 입은 자는 적으니라"(마22:14).

2) 내적 부르심

『내적 부르심』이란 성령의 역사로 외적 부르심을 효과 있게 만드는 것으로서, 외적 부르심을 받은 자들 중에 택한 자들에게는 성령의 역사에 의해서 구원을 유효케 하는 능력 있는 부르심이다. 이 내적 부르심을 받은 자들은 구원되며, 그 구원이 변경되거나 최소 되지 않는다. "...너희는 온 천하에 다니며 만민에게 복음을 전파하라 믿고 세례를 받는 사람은 구원을 얻을 것이요 믿지 않는 사람은 정죄를 받으리라"(막16:15-16). "아버지께서 내게 주시는 자는 다 내게로 올 것이요 내게 오는 자는 내가 결코 내어 쫓지 아니하리라"(요6:37). "하나님의 은사와 부르심에는 후회하심이 없느니라"(롬11:29).

제 1절 유효소명(有效召命)의 정의

> 하나님께서는 생명에 이르도록 예정하신 모든 사람들을 자신이 정하시고 적당하다고 생각하시는 때에, 효과적으로 부르시되 그의 말씀과 성령으로 하시며(살후2:13-14; 고후3:3, 6), 그들이 본래 처해 있는 죄와 사망의 상태에서 불러내어 예수 그리스도로 말미암아 은혜와 구원에로 인도하신다(롬8:2; 엡2:1-5; 딤후1:9-10). 또한 그들의 마음을 영적으로, 그리고 구원에 관하여 깨우쳐서 하나님의 일을 깨닫게 하시며(행26:18; 고전2:10, 12; 엡1:17-18), 그들의 돌같이 굳은 마음을 제하시고, 살과 같이 부드러운 마음을 주신다(겔36:27; 엡1:19; 요44:45). 그들의 의지를 새롭게 하시고(겔11:19; 빌2:13; 신30:6; 겔36:27), 그의 전능하신 능력으로 선한 것을 결심하게 하시며, 효과적으로 그들을 예수 그리스도께 나아오도록 이끄신다(엡1:19; 요6:44-45). 그렇지만 그들은 은혜로 말미암아 가장 자유롭게 나아오는 것이다(아1:4; 시110:3; 요6:37; 롬6:16-18).

본 절에서는 효력 있는 부르심을 받는 자들이 누구인지, 언제, 어떤 방도에 의해서, 어떤 영적 상태에서, 어떤 영적 상태로 이끌어 내어 구원으로 인도하시는지에 대해 진술하고 있다.

하나님은 모든 만민을 향하여, 그리스도를 통해 이루신 구원을 받아들이도록 초청하신다. 그러나 초청을 받은 사람들 모두가 그것을 받아들여 구원에 이르는 것은 아니다(마22:1-14). 어떤 사람들은 그리스도를 영접하여 구원에 이르지만, 어떤 사람들은 받아들이지 않는다. 이런 현상에 대해서 여러 다양한 해석들이 있었다.

반(半)펠라기우스주의(Semipelagianism)와 아르미니안주의(Arminianism)자들은 인간은 복음을 받아들일 수 있는 능력이 있다고 한다. 의지의 자연적 능력에 의해서, 또는 모든 사람에게 주어진 충분한 은총에 의해서 선천적 본성의 부패성을 극복하게 된다는 것이다. 그러므로 하나님은 구원으로 초청을 하시고 기다리실 뿐, 어떤 작용도 하지 않으시며, 받아들이고 안 받아 들이는 것은 오직 인간의 의지에 달려 있다고 주장함으로써, 하나님의 주권은 부정되고 인간의 의지가 강조되는 것이다.

그러나 어거스틴(Augustine)에 이은 칼빈주의(Calvinism)자들은 인간은 본성상 복음의 초청에 대해 회개와 믿음으로 반응할 수 없다고 한다. 인간 모두는 원죄 아래 태어나 죄 된 상태, 즉 철저한 부패와 영적 무능으로 인해 성령의 특별한 사역이 없이는 부르심에 반응할 수 없다는 것이다. "**...성령으로 아니하고는 누구든지 예수를 주시라 할 수 없느니라**"(고전12:3). 성령께서 마음을 열어 믿게 하시지 않으면 인간 스스로는 복음의 부르심에 응답할 수 없다고 한다. "**육에 속한 사람은 하나님의 성령의 일을 받지 아니하나니 저에게는 미련하게 보임이요 또 깨닫지도 못하나니 이런 일은 영적으로라야 분별함이니라**"(고전2:14). "**...루디아라 하는 한 여자가 들었는데 주께서 그 마음을 열어 바울의 말을 청종하게 하신지라**"(행16:14). 이 마음을 여시는 성령의 역사를 칼빈주의, 즉 개혁주의(改革主義, reformism) 신학자들은 『내적 부르심』 또는 『효력 있는 부르심, 유효소명』이라고 표현한다.

1) 효력 있는 부르심은 택자들에게 제한된다.

부르심에 응답하여 구원에 이르는 자들은 하나님께서 생명에 이르도록 예정하신 모든 사람들, 그들 만이다. "곧 창세전에 그리스도 안에서 우리를 택하사 우리로 사랑 안에서 그 앞에 거룩하고 흠이 없게 하시려고 그 기쁘신 뜻대로 우리를 예정하사 예수 그리스도로 말미암아 자기의 아들들이 되게 하셨으니"(엡1:4-5).

"이방인들이 듣고 기뻐하여 하나님의 말씀을 찬송하며 영생을 주시기로 작정된 자는 다 믿더라"(행13:48). "저가 큰 나팔소리와 함께 천사들을 보내리니 저희가 그 택하신 자들을 하늘 이 끝에서 저 끝까지 사방에서 모으리라"(마24:31).

2) 하나님이 정하신 때에 말씀과 성령을 통해 택자들에게 부르심을 효력 있게 하신다.

(1) 정하신 때: 복음은 때와 장소를 초월해 항상 전파하도록 하나님께서 명하셨다. "…땅 끝까지 이르러 내 증인이 되리라.."(행1:8). "너는 말씀을 전파하라 때를 얻든지 못 얻든지 항상 힘쓰라"(딤후4:2). 이 일반적인 부르심(외적 부르심)은 모든 장소, 모든 시간이 때이다. 그러나 효력 있는 부르심은 하나님께서 정하신 때에 일어난다는 것이다. "…**때와 기한은 아버지께서 자기의 권한에 두셨으니 너희의 알바 아니요**"(행1:7). "…때가 되면 나 여호와가 속히 이루리라"(사60:22). 그러므로 구원의 역사는 항상 하나님께서 정하신 때에 일어나며, 그 시기(時期)는 사람은 알 수 없다.

(2) 말씀과 성령을 통해: 부르심이 효력(效力)있게 되는 것은 말씀과 성령을 통해서 된다. 일반적으로 말씀이 전파되고 가르쳐지는 곳에 성령께서 구원의 적용을 위해 역사하신다.

① 사람의 마음을 열어 말씀에 응답하게 하시며 "…루디아라 하는 한 여자가 들었는데 주께서 그 마음을 열어 바울의 말을 청종하게 하신지라"(행16:14),

② 마음을 비추어 복음을 이해하게 하시고 **"어두운데서 빛이 비취리라 하시던 그 하나님께서 예수 그리스도의 얼굴에 있는 하나님의 영광을 아는 빛을 우리 마음에 비췌셨느니라"**(고후4:6), ③ 영적 생명을 주셔서 사람으로 하여금 믿음 안에서 하나님을 향하여 가게 하신다. "…내가 너를 구원하여 저희에게 보내어(선교) 그 눈을 뜨게 하여(중생) 어두움에서 빛으로, 사단의 권세에서 하나님께로 돌아가게 하고(회개)…"(행26:17-18), "…아버지께 듣고 배운 사람마다 내게로 오느니라"(요6:45). "이방인들이 듣고 기뻐하여 하나님의 말씀을 찬송하며 영생을 주시기로 작정된 자는 다 믿더라"(행13:48). 이상과 같이 일반적 부르심(외적 부르심)을 통해 들려진 말씀이 효력 있게 되는 것은 그 선포되는 말씀과 하나 되어 역사하시는 성령의 능력으로 되어지는 것이다. (개혁주의 구원론. 안토니 A. 후크마저, 유호준 역. 참고).

3) 죄로 영적 죽음의 상태에서, 은혜로 영적 생명의 상태에로 인도하신다.

인간은 누구나 태어날 때 아담의 후손인 죄인으로 나오게 된다. 아담은 인류의 대표자로서 그가 범한 첫 범죄는 그 후손인 전 인류에게 전가되었기 때문이다. "내가 죄악 중에 출생하였음이여 모친이 죄 중에 나를 잉태하였나이다"(시51:5). "한 사람의 순종치 아니함으로 많은 사람이 죄인 된것 같이..."(롬5:19).

이 원죄에는 두 가지 측면이 있는데 『원 죄책(原罪責)』과 『원 오염(原汚染)』인 것이다. 원 죄책이란 아담이 범한 죄의 책임을 짊어진 것이며, 원 오염이란 하나님의 형상인 의(義)를 잃어버린 결과로 악을 향해 적극성을 띄는 성향을 가지게 된 것을 뜻한다. 이 오염은 전적 부패와 전적무능으로 나타난다. 즉 인간 안에는 영적 선(善)이 전혀 없으며, 영적 선을 행할 능력도 전혀 없다는 것이다. 이것이 영적 죽음이다. 영적 죽음이란 영혼이 죽었다는 의미가 아니다. 영혼은 불멸(不滅)의 존재로서 영원히 죽을 수 없다.

그러므로 영적 죽음이란 죄로 인해 원의(原義)를 상실하고 하나님과 단절된 상태로서, 영적 감각의 상실을 의미한다. 하나님을 향한 선을 전혀 행할 수 없는 부감각한 상태를 의미하는 것이다. 그러므로 자연인은 하나님의 생명에서 떨어져 있기 때문에 스스로 믿음이나 회개를 할 수 없다.

"아담 안에서 모든 사람이 죽은 것 같이..."(고전15:22), "...한 사람의 범죄를 인하여 많은 사람이 죽었은즉..."(롬5:15), "너희의 허물과 죄로 죽었던 너희를..."(엡2:1, 5). "육신에 있는 자들은 하나님을 기쁘시게 할 수 없느니라"(롬8:8).

이와 같이 영적 죽음의 상태에 있는 죄인 안에 성령이 오셔서 새 생명의 씨앗을 심으시고(중생), 그 생명의 씨앗이 싹이 트게(출생)하는 것이 바로 말씀을 매개로 하는 효력 있는 부르심이다. 그 중생의 결과는 믿음과 회개다.

"너희의 허물과 죄로 죽었던 너희를 살리셨도다"(엡2:1, 5). "그가 그 조물 중에 우리로 한 첫 열매가 되게 하시려고 자기 뜻을 좇아 진리의 말씀으로 우리를 낳으셨느니라"(약1:18). "좋은 땅에 뿌리웠다는 것은 말씀을 듣고 깨닫는 자니 결실하여 혹 백배, 혹 육십배, 혹 삼십배가 되느니라…"(마13:23).

≪참고≫

앞으로 전개되는 내용들의 이해를 위해서 구원의 차서(次序: 택함 받은 자들에게 적용되는 구원의 순서)를 알아두는 것이 좋겠다.

① **예정(豫定, 선택)**: 창세전에 구원을 주시기로 택하심.

② **소명(召命, 부르심)**: 만민을 향한 값없이 제공되는 구원으로의 초청(외적 부르심, 내적 부르심).

③ **중생(重生, 거듭남)**: 택함 받은 자들의 심령에 성령으로 새 생명을 심는 하나님의 창조적 행위.

④ **회심(回心, 믿음, 회개)**: 구원의 초청에 회개와 신앙으로 응답하는 심령의 새로운 활동.

⑤ **칭의(稱義, 의롭다함)**: 믿는 자를 의롭다고 선언하시는 하나님의 법정적 행위.

⑥ **양자(養子, 자녀)**: 의롭다고 선언하신 자를 자녀로 받아들이시는 하나님의 사법적 행위.

⑦ **성화(聖化, 거룩함)**: 죄인의 순결과 본성을 새롭게 하시며, 선행을 할

수 있도록 하시는 성령의 계속적이고 은혜로운 역사.

⑧ **견인(堅忍, 성도의 인내)**: 구원의 길에서 인내할 수 있도록 신자들 안에서의 성령의 계속적인 작용.

⑨ **영화(榮華)**: 몸이 부활할 때 신자의 몸과 영혼이 그리스도 안에서 영원토록 완전케 됨.

제 2절 은혜적인 유효소명(有效召命)

> 이와 같은 유효(有效)한 부르심은 사람 안에서 일어날 미리 예견된 것을 근거로 하지 않고, 하나님의 값없고 특별한 은혜에서만 나오는 것이다(딤후1:9; 딛3:4-5; 엡2:4-5, 8-9; 롬9:11). 이 일에 있어서 인간은 전적으로 수동적이다. 성령으로 살리심을 받고 새로워짐으로써(고전2:14; 롬8:7; 엡2:5), 이 부르심에 응답할 수 있게 되고, 그 부르심이 제공하는 은혜를 받아들일 수 있게 된다(요6:37; 겔36:27; 요5:25).

본 절에서는 효력 있는 부르심은 인간에게서 미리 예견(豫見)된 것을 근거로 하지 않고 오직 하나님의 주권적이며, 은혜적인 사역이라고 진술하여, 아르미니안주의(Arminianism)자들의 예지(豫知), 즉 구원의 조건이 인간에게 있는 것처럼 주장하는데 대해 논박하고 있다.

1) 구원에 이르게 하는 효력 있는 부르심(유효소명)은 오직 하나님의 주권적이며, 은혜의 사역이다.

아르미니안 주의자들은 하나님의 선택과 부르심은 그 사람이 믿을 것인지, 안 믿을 것인지를 미리 아시고 정하신 것이라고 주장한다. 구원의 조건이 하나님의 은혜에 의하지 않고 인간의 행위가 조건인 것처럼 주장하는 것이다. 이것을 예지예정(豫知豫定)이라고 한다. 그러나 성경은 선택과 부르심은 오직 하나님의 주권적이며, 특별한 은혜에 의한 것임을 증거해 주고 있다(예정하셨기 때문에 아시는 것이다). "**하나님이 우리를 구원하사 거룩하신 부르심으로 부르심은 우리의 행위대로 하심이 아니요 오직 자기 뜻과 영원한 때 전부터 그리스도 예수 안에서 우리에게 주신 은혜대로 하심이라**"(딤후1:9). "우리를 구원하시되 우리의 행한바 의로운 행위로 말미암지 아니하고 오직 그의 긍휼하심을 좇아 중생의 씻음과 성령의 새롭게 하심으로 하셨나니"(딛3:5).

"그 자식들이 아직 나지도 아니하고 무슨 선이나 악을 행하지 아니한 때에 택하심을 따라 되는 하나님의 뜻이 행위로 말미암지 않고 오직 부르시는 이에게로 말미암아 서게 하려 하사"(롬9:11).

"너희가 그 은혜를 인하여 믿음으로 말미암아 구원을 얻었나니 이것이 너희에게서 난 것이 아니요 하나님의 선물이라"(엡2:8).

2) 부르심에 응답하여 구원을 받아들이는 것은 성령의 역사이다.

인간은 태어날 때부터 죄로 인해 하나님의 생명에서 단절된 영적 죽음 아래 나오는 것이다. 그러므로 성령에 의해 살리심을 받지 않으면 영적으로는 수동적일 수밖에 없다. "아담 안에서 모든 사람이 죽은 것 같이..."(고전15:22) "육신의 생각은 하나님과 원수가 되나니 이는 하나님의 법에 굴복치 아니할뿐 아니라 할 수도 없음이라"(롬8:7). 그러나 성령의 중생의 사역으로 살리심을 받게 되면 영적 감각이 회복되어 영적 선에 대한 결단을 하게 되고, 부르심에 응답할 수 있게 되며, 부르심을 통해 제공되는 은혜를 받아들일 수 있게 되는 것이다. "…죽은 자들이 하나님의 아들의 음성을 들을 때가 오나니 곧 이때라 듣는 자는 살아나리라"(요5:25). "…이르시기를 잠자는 자여 깨어서 죽은 자들 가운데서 일어나라 그리스도께서 네게 비취시리라 하셨느니라"(엡5:14).

"아버지께서 내게 주시는 자는 다 내게로 올 것이요…"(요6:37). "또 내 신을 너희 속에 두어 너희로 내 율례를 행하게 하리니 너희가 내 규례를 지켜 행할지라"(겔36:27).

중생(重生)은 인간의 지, 정, 의 전반에 걸친 갱신이다. ① 지성은 비침을 받고, ② 심령은 새로워지며, ③ 의지는 선을 결심하면서 하나님의 부르심에 응답하여 자발적으로 그리스도께 나오게 된다. 부르심에 응답은 믿음과 회개로 나타난다.

제 3절 유아(幼兒)의 죽음과 구원(외적수단 없이 구원의 문제)

> 택함을 받은 유아(幼兒)는 유아일 때에 죽는다 할지라도 성령을 통해서 그리스도로 말미암아 중생하고 구원을 받는다(눅18:15-16; 행2:38-39; 요3:3, 5; 요일5:12; 롬8:9 비교). 성령께서는 그가 기뻐하시는 때와 장소와 방법을 따라(요3:8) 원하시는 대로 역사하신다. 이와 마찬가지로 택함을 받은 사람들 가운데 말씀의 사역을 통해서 외적(外的)으로는 부르심을 받지 못할 상황에 처한 모든 자들도 중생하고 구원을 받는다(요일5:12; 행4:12).

본 절에서는 외적 부르심을 받을 능력이 없는, 즉 말씀을 듣거나 배울 수 없는 자들이 있다는 것과 그런 자들 가운데도 택함을 받은 자들은 성령께서 그가 기뻐하시는 때와 장소와 방법을 따라서 역사하심으로 중생하고 구원을 받는다고 진술한다.

성령은 말씀을 읽거나 전하는 일반적인 수단을 사용하여 구원의 역사를 일으키신다. 그러나 성령께서는 외적수단(外的手段) 없이도 직접 인간의 마음에 역사하셔서 구원을 일으키실 수 있다. 그러므로 말씀을 들을 수 없고 배울 수 없는 영아들이나, 어떤 장애들로 인해 이성을 사용할 수 없는 상태에 있는 자들도 택함을 받은 자들에게는 성령께서 그 기쁘신 뜻대로 때와 장소와 방법을 따라 그들의 영혼에 직접적으로 역사하셔서 중생케 하시고 구원하신다.

"예수께서 대답하시되 진실로 진실로 네게 이르노니 사람이 물과 성령으로 나지 아니하면 하나님 나라에 들어갈 수 없느니라"(요3:5). "예수께서 그 어린 아이들을 불러 가까이 하시고 이르시되 어린 아이들이 내게 오는 것을 용납하고 금하지 말라 하나님의 나라가 이런 자의 것이니라"(눅18:16).

우리가 이미 배운바 있지만 중생(거듭남)은 인간의 의지나 행위, 또는 어떤 수단도 사용함이 없이 오직 성령의 주권적이며, 직접적인 비밀 사역이라는 사실을 다시 기억할 필요가 있다. "바람이 임의로 불매 네가 그 소리를 들어도 어디서 오며 어디로 가는지 알지 못하나니 성령으로 난 사람은 다 이러하니라"(요3:8). 만일 아르미니안주의자(Arminianism)들의 주장처럼 구원은 인간의 의지의 선택에 달려 있다고 한다면 말씀을 듣거나 배울 수 없는 영아들이나 이성을 사용할 수 없는 정신적 장애를 가진 자들이나 기타 그런 상황에 처한 약자들에게는 전혀 구원의 기회가 없는 절망적인 비참일 것이다.

그러나 칼빈주의(Calvinism) 신학의 깊이와 우월성이 여기에서도 나타난다. 칼빈주의(개혁주의)하면 그저 엄격하고 무섭게 구는 것으로 생각하거나, 예정이나 인간의 전적타락, 무능 등의 교리들에 대해 알레르기(allergy)반응을 보이는 자들이 많다. 그러나 칼빈주의는 하나님의 주권을 인정하고 믿는 신앙으로서, 선택, 인간의 타락과 전적무능 등의 교리를 통해 죄인인 인간 스스로는 구원의 진리를 깨닫거나 받아들일 수 없으므로, 구원이란 전적인 하나님의 은혜로운 역사로만 이루어지며, 택한 자들은 어떤 조건과 상황에서도 반드시 구원하신다고 주장하는 것이다. 그러므로 영아기(嬰兒期)에 죽은 자들이나 이성을 사용할 수 없는 장애자들이나 기타 같은 여건에 처한 자들에게도, 택함을 받은 자들에게는 성령의 식섭적인 역사를 통해 기듭나게 하시며 구원하신다는 것이다. "…너희가 회개하여 각각 예수 그리스도의 이름으로 세례를 받고 죄 사함을 얻으라 그리하면 성령을 선물로 받으리니 이 약속은 너희와 너희 자녀와 모든 먼데 사람 곧 주 우리 하나님이 얼마든지 부르시는 자들에게 하신 것이라.."(행2:38-39).

"…예수여 당신의 나라에 임하실 때에 나를 생각하소서 하니 예수께서 이르시되 내가 진실로 네게 이르노니 오늘 네가 나와 함께 낙원에 있으리라…"(눅23:42-43).

제 4절 불택자(不擇者)

> 택함을 받지 못한 사람들은 비록 그들이 말씀의 전도에(마22:14) 의하여 부르심을 받고 성령의 일반적인 역사를 체험한다 할지라도(마7:22; 13:20-21; 히6:4-5) 그들은 그리스도에게로 참되게 나아오는 것이 아니며, 그러므로 구원을 받지 못한다(요6:64-66, 8:24). 또한 기독교 신앙을 고백하지 않는 사람들은 어떤 다른 방법으로도 구원을 얻을 수가 없다. 그들이 본성의 빛(이성/양심)과 그들이 믿는 종교의 계율에 따라서 자기들의 생활을 부지런하게 꾸려 나간다 할지라도 구원을 받지 못한다(행4:12; 요14:6; 엡2:12; 요4:22; 17:13). 그리고 그들이 구원 받을 수 있다고 단언하며 주장하는 것은 대단히 유해하며 가증된 일이다(요이9-11; 고전16:22; 갈1:6-8).

본 절에서는 택함을 받지 못한 자들은 택함을 받은 자들과 마찬가지로 외적 부르심을 받고 성령의 일반적인 사역을 체험할지라도 그리스도에게로 진실하게 나아올 수 없으므로 구원받지 못한다는 것과 기독교 신앙을 고백하지 않는 자들은 본성의 빛과 자신들이 믿는 종교의 계율에 따라 열심히 생활을 해도 구원받지 못하며, 그들이 구원을 받을 수 있다고 확신하고 주장하는 것은 악하고 가증한 일이라고 진술하고 있다.

1) 택함 받지 못한 자들은 그리스도에게로 나오지 못한다.

택함을 받지 못한 자들도 복음전도(외적 부르심)를 받고 교회에 나와 성령의 일반적 능력들을 체험할 수 있다. 그러나 그들은 중생치 못하며, 그리스도와 결합되지 못하므로 구원받을 수 없다. "돌밭에 뿌리웠다는 것은 말씀을 듣고 즉시 기쁨으로 받되 그 속에 뿌리가 없어 잠시 견디다가 말씀을 인하여 환난이나 핍박이 일어나는 때에는 곧 넘어지는 자요"(마13:20-21). "한번 비췸을 얻고 하늘의 은사를 맛보고 성령에 참여한바 되고 하나님의 선한 말씀과 내세의 능력을 맛보고 타락한 자들은 다시 새롭게 하여 회개케 할 수 없나니…"(히6:4-6). 인간은 죄와 부패성으로 인해 성령의 창조적인 능력에 의해 거듭날 때에만 부르심에 참되게 응답하여 그리스도에게로 나아올 수 있다. 이 은혜는 택함 받은 자들에게만 주어진다. 그러므로 택함을 받지 못한 자들은 비록 전도를 받고 교회에 출석하며, 성령의 일반적인 역사를 체험한다 해도 거듭날 수 없기 때문에 구원에 이르지 못한다. "사거리 길에 가서 사람을 만나는대로 혼인잔치에 청하여 오너라 한대 종들이 길에 나가 악한 자나 선한 자나 만나는대로 모두 데려오니 혼인자리에 손이 가득한지라… 청함을 받은 자는 많되 택함을 입은 사는 적으니라"(마22:9-10, 14).

"그 날에 많은 사람이 나더러 이르되 주여 주여 우리가 주의 이름 으로 선지자 노릇하며 주의 이름으로 귀신을 쫓아내며 주의 이름으로 많은 권능을 행치 아니하였나이까 하리니 그때에 내가 저희에게 밝히 말하되 내가 너희를 도무지 알지 못하니 불법을 행하는 자들아 내게서 떠나가라 하리라"(마7:22-23).

2) 자연계시와 종교적 열심만으로는 구원받지 못한다.

자연계시(일반계시), 즉 자연의 빛과 창조의 업적과 섭리가 하나님의 선하심과 무한한 지혜, 권능을 잘 나타내고 있지만, 타락한 인간에게는 구원을 얻는 지식을 전달해 주지 못한다. 그러므로 하나님께서는 복음을 통해 구원의 방법을 제시해 주셨다(본 고백서 제1장 1절, 참고).

"...복음은 모든 믿는 자에게 구원을 주시는 하나님의 능력이 됨이라..."(롬1:16). "영생은 곧 유일하신 참 하나님과 그의 보내신 자 예수 그리스도를 아는 것이니이다"(요17:3). "예수께서 가라사대 내가 곧 길이요 진리요 생명이니 나로 말미암지 않고는 아버지께로 올 자가 없느니라"(요14:6). 복음을 통해서만 구원의 길이신 그리스도를 알 수 있고 믿을 수 있다. 그러므로 복음을 접해보지 않는 자들이 복음 밖에서 자연계시(본성의 빛: 이성, 양심)에 의한 종교적 열심만으로는 구원을 얻을 수 없을 뿐 아니라, 그들이 갖는 확신과 주장도 악하고 가증한 것이다. "무릇 율법 행위에 속한 자들은 저주 아래 있나니 기록된바 누구든지 율법 책에 기록된 대로 온갖 일을 항상 행하지 아니하는 자는 저주 아래 있는 자라 하였음이라"(갈3:10). "스스로 지혜 있다 하나 우둔하게 되어 썩어지지 아니하는 하나님의 영광을 썩어질 사람과 금수와 버러지 형상의 우상으로 바꾸었느니라"(롬1:22-23).

제 11장
칭의(稱義)에 대하여

종교개혁자 마틴 루터(Martin Luther)는 믿음으로 의롭게 된다는 칭의(稱義)교리는 『올바른 교회인지, 타락한 교회인지』를 분별하는 표준이라고 했다. 칭의 교리가 바르게 가르쳐지는 교회는 다른 모든 가르침도 올바를 것이며, 잘못 가르쳐 지는 교회는 다른 모든 가르침도 잘못될 것이라는 말이다. 루터의 이런 표현은 가톨릭(Catholic)교회의 그릇된 칭의 교리로 인해 그의 영혼이 평안을 얻지 못하고 불안과 두려움 속에서 오랜 세월을 지내야 했었기 때문이다. 가톨릭교회는 칭의와 성화를 혼동한다. 칭의는 믿음이 아니라 세례 받을 때에 구원의 은혜와 함께 자동적으로 주입되며, 이때 주입된 의는 점진적인 과정을 거치면서 성장해 가는데 순종과 선행을 동반한 믿음을 통해 더욱 성장하고 의롭게 되어진다고 주장한다.

그리고 이 칭의는 큰죄(大罪)를 범하면 잃어버릴 수도 있으며, 그 잃어버린 칭의는 고해성사(告解聖事)를 통해 다시 얻을 수 있다고 한다. 칭의를 중생과 성화를 포함하는 하나의 과정으로 생각하는 것이다. 결국 가톨릭교회는 믿음을 말하면서도 행위 구원론을 주장하고 있는 것이다. 루터도 가톨릭교회의 수도사로서 이런 견해를 가지고 있었기에 자신을 의로운 존재로 하나님 앞에 세우기 위해서 딱딱한 마룻바닥에서 잠을 자고 금식하며, 손과 무릎으로 계단을 오르기도 하는, 육체적 고행을 하며 몸부림쳤지만, 마음의 죄의식은 더 깊어져 가고 하나님에 대한 두려움과 공포심은 사라지지 않았다. 그렇게 방황하는 루터의 영혼을 성령께서는 말씀으로 이끄셔서 로마서 1장 17절의 "오직 의인은 믿음으로 말미암아 살리라"는 말씀으로 그의 영혼을 깨우치셨다. 죄인은 어떤 행위로도 하나님 앞에 의로워질 수 없고, 오직 믿음으로서만 의(義)를 얻는다는『이신 칭의』교리를 깨달은 것이다. 루터의 영혼이 지옥에서 해방되는 순간이었다. 성경이 열리고, 그는 천국의 문으로 들어서게 되었다. 두려움과 공포심은 사라지고 평안과 기쁨이 그에게 넘치기 시작했다. 그 위대한 종교개혁의 역사는 여기서 출발된 것이다. 그러므로 이신칭의(以信稱義) 교리야말로 종교개혁의 가장 중심적 기치(旗幟)라고 할 수 있으며, 교회의 성패를 결정짓는 시금석인 것이다.

제 1절 칭의(稱義)의 정의(定義)

> 하나님은 유효하게 부르신 자들을 또한 값없이 의롭다고 칭(稱)하신다(롬8:30, 3:24). 이 칭의는 그들 안에 의(義)를 주입하심으로서가 아니라 그들의 죄를 용서하시고, 또한 의롭다고 여겨주심으로서 되는 것이다. 또한 그들 안에서 이루어진 것이나 행한 일 때문이 아니라 오직 그리스도 때문이며, 믿음 자체나 믿는 행위나 또는 복음적인 순종을 그들의 의로 삼으심이 아니라 다만 그리스도의 순종과 배상(賠償)을 그들에게 돌리심으로서(롬4:5-8; 고후5:19, 21; 롬3:22, 24-25, 27-28; 딛3:5, 7; 엡1:7; 렘23:6; 고전1:30-31; 롬5:17-19), 부르심을 입은 그들은

> 그리스도와 그의 의를 믿음으로 받아들이고 의존할 때 의롭다 함을 받는 것이다. 그 믿음은 그들 자신에게서 나온 것이 아니라 하나님이 주시는 선물이다(행10:44; 갈2:16; 빌3:9; 행13:38-39; 엡2:7-8).

앞에서 언급한 바와 같이 이신 칭의 교리는 기독교신앙에 있어서 가장 중심적인 교리 중에 하나이다. 루터도 이 교리를 교회의 성패(成敗)를 좌우하는 시금석으로 규정했듯이 『칭의 교리가 바르게 이해되지 않으면 교회가 바른 교회가 될 수 없다』는 것이다. 종교 개혁자들이 로마 가톨릭교회에 대항하였던 이유도 가톨릭교회는 성화가 칭의를 낳는 것으로 생각하여, 칭의와 성화를 혼동한다. 그 결과 칭의는 믿음으로 얻는 것이 아니라 인간의 선행으로 얻는 것으로 착각하여 행위 구원이라는 비성경적인 오류(誤謬)에 빠짐으로써 칭의 교리를 심각하게 왜곡시켰기 때문이다. 그러나 안타깝게도 오늘날 개혁교회 안에서도 칭의 교리에 대한 그릇된 주장들로 논쟁을 일으키고 있는 것이 사실이다. 그러므로 본 절에서는 칭의 교리에 대한 바른 정의(定義)를 진술함으로써, 그릇된 오류들을 분별하고 물리칠 수 있게 해준다.

1) 칭의(稱義)는 믿음으로 얻는 하나님의 은혜이다.

칭의란 그리스도의 의에 근거하여 죄인을 의롭다고 선언하시는 하나님의 은혜로운 법정적(法廷的) 행위라고 정의할 수 있다. 부르심을 받은 죄인이 그리스도를 믿을 때에 그리스도께서 십자가의 죽으심으로 이루신 구속(배상, 賠償)과 율법을 온전히 지키심으로 획득하신 의(義)가 죄인에게(전가됨) 돌려진다.

하나님께서는 이러한 그리스도의 공로를 근거로 죄인을 의롭다고 선언하시는 것이다. 여기에는 가톨릭교회의 주장처럼 죄인에게 의가 주입(注入)되거나, 어떤 행위나 공로에 의해서가 아니라, 전적인 하나님의 값없이 주시는 은혜인 것이다. "모든 사람이 죄를 범하였으매 하나님의 영광에 이르지 못하더니 그리스도 예수 안에 있는 구속으로 말미암아 하나님의 은혜로 값없이 의롭다 하심을 얻은 자 되었느니라"(롬3:23-24).

"하나님이 죄를 알지도 못하신 자로 우리를 대신하여 죄를 삼으신 것은 우리로 하여금 저의 안에서 하나님의 의가 되게 하려 하심이니라"(고후5:21).

"사람이 의롭게 되는 것은 율법의 행위에서 난 것이 아니요 오직 예수 그리스도를 믿음으로 말미암는 줄 아는고로 우리도 그리스도 예수를 믿나니 이는 우리가 율법의 행위에서 아니고 그리스도를 믿음으로서 의롭다 함을 얻으려 함이라 율법의 행위로서는 의롭다 함을 얻을 육체가 없느니라"(갈2:16).

"너희가 그 은혜를 인하여 믿음으로 말미암아 구원을 얻었나니 이것이 너희에게서 난 것이 아니요 하나님의 선물이라"(엡2:8).

2) 칭의는 하나님의 법정적(法廷的) 선언이다.

『의롭다(칭의)』라는 말은 구약의 히브리어로 '히츠띠크'(hitsdiqu: 의롭다고 선포하다, 선언하다)인데, 법정적 의미로 쓰인다. "사람과 사람 사이에 시비가 생겨서 재판을 청하거든 재판장은 그들을 재판하여 의인을 의롭다 하고 악인은 정죄할 것이며"(신25:1).

신약에서는 『의롭다』라는 동사는 헬라어로 '디카이오오'(dikaioo: 의롭다, 선포하다)인데, 역시 법정적 의미를 가졌다. "**누가 능히 하나님의 택하신 자들을 송사하리요 의롭다 하신 이는 하나님이시니 누가 정죄하리요…**"(롬8:33-34).

※ 『의롭다』와 『정죄하다』 두 단어는 대비(對比)되는 법정적 용어임.

그러므로 칭의는 그리스도의 의를 근거로, 믿는 죄인을 의롭다고 여기시는 하나님의 법정적 선언인 것이다. 이때 명심할 것은 『의롭게 하시는 것이 아니라 의롭다고 여겨주시는 것이다』 다시말해 칭의는 죄인이 의롭게 되는 것이 아니라 믿음으로 의롭게 여김을 받는 것이다. 우리는 여전히 죄인이지만, 그리스도를 구속주(救贖主)로 믿는 믿음을 보시고 그리스도께서 이루신 의를 우리의 것으로 간주하셔서 의롭다고 선언해 주시는 것이다. "일을 아니할지라도 경건치 아니한 자를 의롭다 하시는 이를 믿는 자에게는 그의 믿음을 의로 여기시나니"(롬4:5).

3) 칭의(稱義)와 성화(聖化)는 구별된다.

가톨릭교회는 칭의와 성화간의 본질적 차이를 혼동한다. 그래서 칭의를 점진적 과정으로 생각하여 결국 칭의는 믿음이 아닌 인간의 행위에 의하여 얻는 것으로 오해하기에 이른 것이다. 그러므로 칭의와 성화간의 본질적 차이를 알아 두어야 한다.

① **칭의(稱義)**: 앞에서 칭의는 법정적 용어라고 했다. 그러므로 칭의는 밖에서 일어나는 사건이다. 법정에서 죄인을 향해 재판장이 『의롭

다, 죄 없다』 선언하는 것과 같이 죄인인 나에게 믿음으로 말미암아 의롭다고 선언해 주시는 전적인 하나님의 법정적 행위이다. 이로써 죄인의 죄책(罪責)은 제거되고 신분(身分)의 변화가 주어지는 것이다. "누가 능히 하나님의 택하신 자들을 송사하리요 의롭다 하신 이는 하나님이시니 누가 정죄하리요..."(롬8:33-34). "그러므로 우리가 믿음으로 의롭다 하심을 얻었은즉 우리 주 예수 그리스도로 말미암아 하나님으로 더불어 화평을 누리자"(롬5:1).

② **성화(聖化)**: 성화는 우리의 내적 삶에서 일어나는 것이다. 죄의 오염을 제거하고 하나님의 형상으로 새롭게 되어가는, 우리 안에서 일어나는 점진적(漸進的)인 과정이다.

칭의는 밖(外)에서 일어나지만, 성화는 우리 안(內)에서 일어나는 것이다. 칭의는 단번에 일어나는 단회적(單回的) 사건이며, 반복되지 않는다. 그러나 성화는 일생 동안 계속되는 성장 과정이라 할 것이다. 옛 본성은 죽여가고 새 본성은 성장시켜 가는 영적 투쟁의 삶인 것이다. 칭의는 성부(聖父)하나님의 행동이나, 성화는 성령(聖靈)하나님의 활동이다. 성부께서는 의롭다고 선언하시고 "**...믿음으로 말미암아 의롭다 하실 하나님은 한 분이시니라**"(롬3:30), 성령은 거룩하게 하시는 것이다. "**...하나님 아버지의 미리 아심을 따라 성령의 거룩하게 하심으로...**"(벧전1:2).

4) 칭의(稱義)에는 두 가지 요소가 있다.

칭의는 죄 사함뿐만 아니라 하나님의 양자(養子)됨과 영생의 모든 복을 부여받는 것까지 포함된다. 이 은혜는 그리스도의 사역을 통해 주어지는 것으로서, 그의 능동적인 순종과 수동적인 순종으로 이루신 것이다. 수동적 순종이란 그리스도께서 받으신 고난을 말함이다. 여기서 수동적이라는 표현은 그리스도께서 억지로 순종했다는 의미가 아니라 그가 받으신 십자가의 고난을 의미하는 것이다. 그리고 능동적 순종은 그리스도께서 인간을 향해 요구하시는 하나님의 율법을 완전하게 지키신 것을 뜻한다. 그리스도는 수동적(受動的) 순종을 통하여 우리가 받을 형벌과 저주를 대신 받으심으로써 죄를 용서받을 수 있는 공로를 이루셨다. 그리고 능동적(能動的) 순종을 통하여 우리가 지켜낼 수 없는 율법을, 대신하여 완전하게 지키심으로써 우리가 하나님의 자녀로 양자됨과 영생의 복을 누릴 자격(義를 획득하심)을 얻어 내신 것이다. 그러므로 그리스도가 우리의 구원을 위해 행하신 속죄 사역은 『십자가의 죽으심만이 아니라 율법을 완전하게 지키심』도 포함되는 것이다. 즉 그리스도는 우리가 담당해야 할 아담이 범한 원 죄책(原罪責)과 스스로 범하는 자범죄(自犯罪)등, 모든 죄들에 대한 형벌을 대신 받으셔야 했으며, 또한 아담이 율법을 범한 불순종을 대신하여 완전한 순종을 하나님께 바치셔야만 했다.

이렇게 이루신 그리스도의 대속(代贖)과 순종(順從)이라는 이중적 사역의 결과가 칭의를 받을 때에 우리에게 돌려지는 것이다. 즉 우리가 칭의 받을 때에 우리에게 전가(轉嫁: 돌려짐, 간주됨)되는 그리스도의 의(義)는 대속(수동적 순종)과 순종(능동적 순종)으로 획득하신 공로이다. 이와 같이 그리스도께서 이루신 공로를 근거로 믿는 자들에게 의롭다 선언하시는 것이 칭의이다. 칭의의 소극적 요소는 죄인의 죄가 용서되었다고 선포하는 것이며 "...그리스도 예수 안에 있는 자에게는 결코 정죄함이 없나니... 의롭다 하신 이는 하나님이시니..."(롬8:1, 33), 칭의의 적극적 요소는 그리스도의 적극적인 의가 전가된 것이다. "그런즉 한 범죄로 많은 사람이 정죄에 이른 것 같이 의의 한 행동으로 말미암아 많은 사람이 의롭다 하심을 받아 생명에 이르렀느니라"(롬5:18). "그러므로 우리가 믿음으로 의롭다 하심을 얻었은즉 우리 주 예수 그리스도로 말미암아 하나님으로 더불어 화평을 누리자"(롬5:1).

그러므로 신자들이 명심해야 할 것은, 그리스도의 속죄 사역을 논할 때에는 그리스도의 순종의 두 국면인 『수동적 순종』과 『능동적 순종』을 함께 말해야 하며, 분리시켜서는 안 된다. 『그리스도께서 고난을 담당하신 것과 율법을 온전히 지키신 것은 하나의 순종 행위의 두 국면들이라는 사실이다』(개혁주의 구원론, 안토니 A. 후크마 저, 유호준 역 p.298).

제 2절 믿음은 칭의(稱義)의 수단(手段)

> 이같이 그리스도와 그의 의(義)를 받아들여 의지하는 믿음만이 의롭게 되는 칭의(稱義)의 유일한 방편이다(요1:12; 롬3:28, 5:1). 그러나 이 믿음은 의롭다 함을 받은 사람 안에서 홀로 있는 것이 아니라, 언제나 구원의 다른 은사들과 함께 있어서 죽은 믿음이 아니라 사랑으로 역사하는 믿음이다(약2:17, 22, 26; 갈5:6).

본 절에서는 그리스도와 그 의를 받아들여 의지하는 바른 믿음만이 칭의의 유일한 방편이며, 이 믿음은 사랑으로 역사하는 믿음이라고 진술하고 있다.

1) 칭의는 그리스도의 의(義)를 근거로 해서 주어지는 은혜이다.

믿음이 칭의의 근거가 아니라 그리스도의 의가 근거임을 분명히 해야 한다. 오늘날 교회 안에서 믿음과 칭의의 관계를 잘못 이해함으로써, 칭의론(稱義論)에 대해 그릇된 오류를 범하는 것을 종종 보게 된다. 즉 믿는 것 때문에 의롭다함을 받는 것으로 생각하는 것이다. 내가 믿기 때문에 의롭다함을 받는다면 믿음은 행위가 되며, 내 공로로 의를 획득하는 것이 되는 것이다. 그러면 믿음이 칭의의 근거라고 그릇되게 주장하는 아르미니안주의(Arminianism)적 칭의론이 되는 것이다.

그러나 성경은 믿기 때문에 의롭다함을 받는 것이 아니라 믿음으로 의롭다함을 받는다고 말씀하고 있다. 믿음이 칭의의 근거가 아니라 그리스도께서 이루신 의(대속과 순종)가 근거인 것이다. 믿음은 단지 하나님께서 나에게 주시는 그리스도의 의(義)를 받아들이는 도구일 뿐이다. 그러므로 칭의는 전적인 하나님의 은혜로 주어지는 것이며, 믿음 또한 하나님이 주시는 선물로서, 믿음과 칭의 모두가 은혜인 것이다. "**하나님이 죄를 알지도 못하신 자로 우리를 대신하여 죄를 삼으신 것은 우리로 하여금 저의 안에서 하나님의 의가 되게 하려 하심이니라**"(고후5:21). "**너희가 그 은혜를 인하여 믿음으로 말미암아 구원을 얻었나니 이것이 너희에게서 난 것이 아니요 하나님의 선물이라**"(엡2:8).

2) 칭의의 방편은 그리스도의 의를 받아들여 의지하는 믿음뿐이다.

칭의의 방편이 되는 믿음, 즉 구원에 이르는 믿음이란 그리스도의 의(義)를 받아들여 의지하는 믿음이다. 이 믿음만이 칭의의 유일한 방편이 된다. 가톨릭교회나 아르미니안주의자들의 주장처럼 하나님의 은혜에다 인간의 행위를 플러스 하여(신인협력설, 神人協力設) 얻는 의가 아니라 오직 그리스도의 의를 받아들여 의지하는 믿음으로만 받는 것이 칭의이다. "사람이 의롭게 되는 것은 율법의 행위에서 난 것이 아니요 오직 예수 그리스도를 믿음으로 말미암는 줄 아는고로 우리도 그리스도 예수를 믿나니 이는 우리가 율법의 행위에서 아니고 그리스도를 믿음으로서 의롭다 함을 얻으려 함이라 율법의 행위로서는 의롭다 함을 얻을 육체가 없느니라"(갈2:16).

"그러므로 사람이 의롭다 하심을 얻는 것은 율법의 행위에 있지 않고 믿음으로 되는줄 우리가 인정하노라"(롬3:28).

본 절에서는 칭의의 방편이 되는 바른 믿음, 즉 구원에 이르는 믿음이 어떤 것인지를 배우게 된다. 그것은 『그리스도의 의를 받아들여 의지하는 믿음』이다. 앞에서 상세히 언급한 것처럼, 그리스도의 의(義)란 그리스도께서 죄인들을 위해 대신 받으신 십자가의 형벌과 그리고 죄인들의 의를 위하여 율법을 완전하게 지키신 것을 말한다. 즉 그리스도께서 수동적 순종과 능동적 순종을 통해 이루신 공로라는 말이다. 이 공로를 나의 것으로 받아들이고 의지하는 믿음만이 칭의의 방편이며, 구원에 이르는 믿음인 것이다.

"그러므로 우리가 믿음으로 의롭다 하심을 얻었은즉 우리 주 예수 그리스도 말미암아 하나님으로 더불어 화평을 누리자"(롬5:1).
"사람이 마음으로 믿어 의에 이르고 입으로 시인하여 구원에 이르느니라"(롬10:10).

3) 칭의된 믿음은 다른 구원의 은사들과 더불어 사랑으로 역사한다.

어떤 사람들은 믿음으로만 얻는다는 칭의 교리(稱義敎理)가 사람을 타락과 방종으로 이끈다고 비난한다. 이런 오해들에 대해 본 절에서는 『믿음은 칭의 받은 사람 안에 홀로 머물러 있지 않고 다른 은사와 함께 사랑으로 역사한다』라고 진술하여 논박하고 있다. 칭의를 받는 참된 믿음은 살아 운동력이 있는 믿음으로써 선행을 유발(誘發)시킨다. 『칭의를 논할 때는 행위를 고려할 필요가 없다. 태양이 빛을 내뿜듯 참된 믿음은 행위를 유발시킨다』(마틴 루터). 참된 믿음은 감사와 기쁨의 순종과 섬김의 선행들을 나타내는 것이다. 만일 선행이 유발되지 않는다면 그것은 죽은 믿음이기 때문이다.

『참된 믿음으로 그리스도에게 접붙임을 받은 자들로서는 감사의 열매를 맺지 않을 수가 없다』(하이델베르크 요리문답 제64문).

"이와 같이 행함이 없는 믿음은 그 자체가 죽은 것이라... 네가 보거니와 믿음이 그의 행함과 함께 일하고 행함으로 믿음이 온전케 되었느니라... 영혼 없는 몸이 죽은 것 같이 행함이 없는 믿음은 죽은 것이니라"(약2:17, 22, 26).

"너희의 믿음의 역사와 사랑의 수고와 우리 주 예수 그리스도에 대한 소망의 인내를 우리 하나님 아버지 앞에서 쉬지 않고 기억함이니"(살전

1:3). "그리스도 예수 안에서는 할례나 무할례가 효력이 없되 사랑으로써 역사하는(energeo, 효과를 내다.) 믿음 뿐이니라"(갈5:6).

제 3절 그리스도의 대속(代贖)

> 그리스도는 순종과 죽으심을 통해 의롭다 함을 받는 모든 자들의 빚을 온전히 갚아 주셨고, 그들을 대신하여 성부 하나님의 공의에 합당하고 실제적인 충분한 배상(賠償)을 치르셨다(롬5:8-10,19; 딤전2:5-6; 히10:10, 14; 단9:24, 26; 사53:4-6, 10-12). 그러나 성부께서 그리스도를 내어 주셨고(롬8:32) 그의 순종과 배상이 그들 대신에 받아 들여졌으며(고후5:21; 마3:17; 엡5:2), 또한 이 모든 것이 그들 안에 있는 무엇 때문이 아니라 값없이 되어진 것이기 때문에, 그들의 칭의는 오직 값없는 은혜로 되어진 것이다(롬3:24; 엡1:7). 이는 엄정한 공의와 풍성한 은혜가 죄인들을 의롭다 하시는 가운데서 영광스럽게 나타내려 함이다(롬3:26; 엡2:7).

본 절에서는 그리스도의 순종과 죽으심은 택함 받은 자들의 죄값을 치루기에 충분하였으며, 하나님의 공의는 만족되었고, 죄인들의 칭의의 근거가 마련되었다. 이것은 전적으로 값없는 은혜인 것은 성부 하나님께서 성자 그리스도를 내어주셨으며, 그의 순종과 대속을 받아 들이셨기 때문이다. 그러므로 칭의는 죄인들에게 어떤 가치가 있어서가 아니라 오직 값없는 은혜로 되어 진 것이라고 진술한다.

1) 그리스도는 순종과 죽으심을 통해 죄인들의 칭의의 근거를 마련하셨다.

앞에서도 언급해 온 바이지만, 본 절에서도 그리스도의 순종과 죽으심만이 칭의의 근거가 됨을 진술하고 있다. 그리스도의 죽으심은 죄인들을 위한 대속(代贖)이었다. "…**여호와께서는 우리 무리의 죄악을 그에게 담당시키셨도다**"(사53:6). "**하나님이 죄를 알지도 못하신 자로 우리를 대신하여 죄를 삼으신 것은 우리로 하여금 저의 안에서 하나님의 의가 되게 하려 하심이니라**"(고후5:21).

구약에서 이스라엘 백성들의 죄를 해결하기 위해서는 속죄양의 희생을 필요로 하였다. 양의 죽음과 피뿌림을 통해 백성들의 죄는 씻어지고 사하여졌다. 백성들의 죄가 속죄양에게 전가(轉嫁)되고 그 속죄양이 죽음으로서 백성들의 죄가 대속이 되었다. 그 구약의 속죄양의 실체가 그리스도이시다. "…**요한이 예수께서 자기에게 나아오심을 보고 가로되 보라 세상 죄를 지고 가는 하나님의 어린 양이로다**"(요1:29). 흠없는 하나님의 어린양으로서 십자가의 죽으심과 피를 뿌림으로써 죄인들의 죄를 대속하신 것이다. "…**우리의 유월절 양 곧 그리스도께서 희생이 되셨느니라**"(고전5:7). 뿐만 아니라 불순종한 죄인들을 대신해 율법을 완전하게 지켜 순종하신 그 의로 죄인들의 칭의의 근거를 마련하신 것이다. 즉 그리스도의 율법에 대한 순종(능동적 순종)과 십자가의 대속적 죽으심(수동적 순종)이 택함을 받은 자들의 칭의의 근거가 되는 것이다.

2) 그리스도의 순종과 죽으심은 하나님의 공의를 만족시켜 드렸다.

첫 사람 아담의 범죄는 하나님과 인간 사이의 화평을 깨뜨리고 적대적

(敵對的)인 관계에 놓이게 했다. 죄를 범한 인간은 마귀의 종노릇 하며 하나님을 대적하게 되었고, 공의로우신 하나님은 범죄한 인간을 향해 진노하시게 되었다. "전에 악한 행실로 멀리 떠나 마음으로 원수가 되었던 너희를"(골1:21; 롬5:10), "하나님의 진노가 불의로 진리를 막는 사람들의 모든 경건치 않음과 불의에 대하여 하늘로 좇아 나타나나니"(롬 1:18). 이 적대적인 관계를 우호적(友好的)인 관계로 회복하려면 양측 사이의 화해가 이루어져야 한다. 이 화해가 이루어지기 위해서는 사랑의 반역을 저지른 인간 편에서 불순종으로 손상시킨 하나님의 거룩함의 요구(공의)를 만족시켜 드려야 한다. 즉 충분한 배상이 이루어져 율법의 요구가 만족되어야 한다는 것이다. 죄인을 향한 율법의 요구는 곧 죽음이다. "..선악을 알게하는 나무의 실과는 먹지 말라 네가 먹는 날에는 정녕 죽으리라..."(창2:17). "죄의 삯은 사망이요..."(롬6:23). 그러므로 그리스도는 죄인들을 대신하여 십자가의 죽으심으로 충분한 배상(賠償)을 치루시고, 하나님의 율법의 요구를 만족시킴으로써 하나님의 진노를 풀어드린 것이다.

"저는 우리 죄를 위한 화목 제물이니..."(요일2:2), "이 예수를 하나님이 그의 피로 인하여 믿음으로 말미암는 화목 제물로 세우셨으니..."(롬 3:25). 이로써 하나님은 죄인들을 용서하셨으며, 하나님과 죄인 사이의 화평의 관계가 회복되어 평안을 누리게 된 것이다. 이처럼 예수 그리스도는 제사장이시면서 화목 제물이 되셨던 것이다. "전에 악한 행실로 멀리 떠나 마음으로 원수가 되었던 너희를 이제는 그의 육체의 죽음으로 말미암아 화목케 하사..."(골1:21-22), "곧 우리가 원수 되었을 때에 그 아들의 죽으심으로 말미암아 하나님으로 더불어 화목되었은즉…"(롬 5:10), "그러므로 우리가 믿음으로 의롭다 하심을 얻었은즉 우리 주 예수 그리스도로 말미암아 하나님으로 더불어 화평을 누리자"(롬5:1). 그러므로 그리스도의 죽으심은 하나님의 진노를 풀어드리는데 일차적 목적이 있었다. 하나님의 공의가 만족되고, 그 진노가 풀리지 않고서는 죄인을 용서하실 수 없기 때문이다.

3) 칭의는 인간에게 있는 어떤 조건에 의함이 아니라 전적인 하나님의 은혜이다.

소시니안주의(Socinianism 1539-1604, 삼위일체론 부정, 합리주의)자들은 그리스도의 죽으심을 통해 충분한 배상이 이루어진 구속이라면 은혜적인 것이 아니라고 한다. 즉 아무런 배상이 이루어지지 않아도 무조건 용서해 주는 것이 은혜이므로, 하나님의 선한 뜻은 형벌이나 어떤 배상을 요구하시지 않는다고 수상했다. 『대속의 교리는 인간의 도덕적 의지를 마비시키는 결과가 되기 때문에 그리스도의 속죄 교리를 거부한다는 것이다. 그리스도의 순종과 희생은 높임을 받기 위한 것이지, 다른 사람을 위해 형벌을 짊어진 것이 아니다』(w.신앙고백서 강해, 김준삼 목사 지음 p.140).

이에 대해 본 절에서는 그리스도의 공로를 근거로 죄인을 의롭다고 하신 하나님의 행위는 오직 은혜에 의한 것이라고 진술하여 소시니안주의자들의 그릇된 주장에 대한 논박을 하고 있는 것이다. 소시니안주의자들의 주장이 그럴듯한 것 같지만 잘못된 것은, 만약에 하나님의 공의가 무시되고 희생된 칭의라면 은혜가 되지 못하고 불법이 되는 것이다. 인간 편에서는 은혜라고 할지는 모르나 하나님의 거룩성은 무너지고 마는 것이 된다. 칭의의 은혜는 하나님의 공의를 무시하거나 희생시켜서 주어지는 것이 아니다. 하나님의 공의가 충족되고 높여지지 않는 한, 죄를 용서할 수 없는 것은, 하나님은 거룩하시기 때문이다.

그러므로 하나님께서는 그리스도를 죄인들을 위한 대속자로 내어주시고, 죄인들의 받아야 할 공의의 심판을 온전히 대신 받게 하시므로, 하나님의 공의를 온전히 이루시고, 자기의 의로우심을 나타내실 뿐 아니라 그리스도의 대속의 공로를 근거로 죄인을 용서하시고 또한 의롭다하시는 측량할 수 없는 자비를 나타내신 것이다. **"이 예수를 하나님이 그의 피로 인하여 믿음으로 말미암는 화목 제물로 세우셨으니 이는 하나님께서 길이 참으시는 중에 전에 지은 죄를 간과하심으로 자기의 의로우심을 나타내려 하심이니 곧 이 때에 자기의 의로우심을 나타내사 자기도 의로우시며 또한 예수 믿는 자를 의롭다 하려 하심이니라"**(롬3:25-26). 이 하나님의 공의(公義)와 자비(慈悲)라는 두 가지 속성이 그리스도의 십자가를 통해 분명하게 나타났다. **"그러므로 하나님의 인자와 위엄을 보라..."**(롬11:22). **"...진노 중에라도 긍휼을 잊지 마옵소서"**(합3:2). 그러므로 하나님 편에서는 대가가 지불(支拂)된 용서이지만, 죄인인 인간의 편에서는 오직 은혜인 것이다. 그리스도도 성부 하나님께서 주셨고, 믿음도 하나님의 선물이기 때문이다. 이와 같이 칭의 교리는 하나님의 공의와 그 풍성한 은혜의 영광을 함께 나타내 준다.

제 4절 칭의(稱義)와 신적작정

> 하나님은 영원 전부터 택함 받은 모든 사람들을 의롭다 하시려고 작정하셨다(갈3:8; 벧전1:2, 19-20; 롬8:30). 그리스도는 때가 차매 그들의 죄를 위하여 죽으시고 그들을 의롭다 하심을 위하여 다시 살아나셨다(갈4:4; 딤전2:6; 롬4:25). 그러나 그들이 의롭다 함을 받는 것은 성령께서 실제로 그리스도를 그들에게 적용시킬 때에 비로소 이루어진다(골1:21-22; 갈2:16; 딛3:4-7).

본 절에서는 하나님은 영원 전부터 택하신 자들을 의롭다 하시려고 작정하셨으며, 그리스도는 정하신 때에 세상에 육체로 임하셔서 택하신 자들의 죄를 위해 죽으시고 그들의 의를 위해 부활하셨다. 그러나 그들이 의롭다 함은 받는 것은 성령의 역사로 그리스도를 믿을 때에 라고 진술하므로써, 칭의의 작정과 그리스도의 구속 사역과 신앙 칭의의 상호 관계와 구분을 명확히 하고 있다. 이것은 율법폐기론자(律法廢棄論)들의 그릇된 주장에 대한 논박인 것이다. 율법폐기론(무율법주의)자들은 선택받은 자들은 영원전이나, 또는 그리스도께서 죽으심으로 대속하실 그때에 의롭다함을 이미 받았다고 주장했기 때문이다. 이에 대해서 본 진술에서는 상세히 논박하고 있다.

1) 하나님은 영원 전에 택하신 자들을 의롭다 하시려고 작정하셨다.

"곧 하나님 아버지의 미리 아심을 따라 성령의 거룩하게 하심으로 순종함과 예수 그리스도의 피 뿌림을 얻기 위하여 택하심을 입은 자들에게 편지하노니 은혜와 평강이 너희에게 더욱 많을지어다"(벧전1:2). "또 미리 정하신 그들을 또한 부르시고 부르신 그들을 또한 의롭다 하시고 의롭다 하신 그들을 또한 영화롭게 하셨느니라"(롬8:30).

"또 하나님이 이방을 믿음으로 말미암아 의로 정하실 것을 성경이 미리 알고 먼저 아브라함에게 복음을 전하되 모든 이방이 너를 인하여 복을 받으리라 하였으니"(갈3:8).

2) 그리스도께서는 정하신 때에 택하신 자들을 위해 죽으시고, 그들의 의(義)를 위해 부활하셨다.

"때가 차매 하나님이 그 아들을 보내사 여자에게서 나게 하시고 율법 아래 나게 하신 것은"(갈4:4), "그가 모든 사람을 위하여 자기를 속전으로 주셨으니..."(딤전2:6), "예수는 우리 범죄함을 위하여 내어줌이 되고 또한 우리를 의롭다 하심을 위하여 살아나셨느니라"(롬4:25).

3) 택함 받은 자들이 의롭다 하심을 받는 것은 성령의 역사로 믿어 그리스도와 연합(聯合)할 때에 이루어진다.

여기서는 칭의의 시기(時期)를 분명하게 규정하고 있다. 하나님께서 영원 전에 택하신 자들을 의롭다 하시려고 작정하셨고(칭의의 작정), 그 뜻을 따라 이미 그리스도께서 세상에 육체로 임하셔서 택하신 자들의 죄를 위해 죽으시고 그들의 의를 위해 부활하셨다. 그러나 실제로 그리스도께서 이루신 의(義)가 우리의 것으로 돌려져 의롭다 함을 받는 것은 성령의 효력 있는 부르심에 의한 믿음이 주어졌을 때라는 것이다. 택함을 받은 자라 할지라도 믿기 전에는 정죄 받은 죄인으로서 하나님의 진노 아래 있는 상태인 것이다.

"전에는 우리도 다 그 가운데서 우리 육체의 욕심을 따라 지내며 육체와 마음의 원하는 것을 하여 다른 이들과 같이 본질상 진노의 자녀이었더니"(엡2:3). 그러므로 의롭다(칭의) 하심을 받는 것은 믿음으로 그리스도와 연합될 때에 이루어지는 것으로서, 믿기 전에 의롭다 함을 받는다는 율법폐기론자들의 주장은 그릇된 것이다.

"사람이 의롭게 되는 것은 율법의 행위에서 난 것이 아니요 오직 예수 그리스도를 믿음으로 말미암는줄 아는고로 우리도 그리스도 예수를 믿나니 이는 우리가 율법의 행위에서 아니고 그리스도를 믿음으로서 의롭다 함을 얻으려 함이라…"(갈2:16).

"성령을 우리 구주 예수 그리스도로 말미암아 우리에게 풍성히 부어 주사 우리로 저의 은혜를 힘입어 의롭다 하심을 얻이 영생의 소망을 따라 후사가 되게 하려 하심이라"(딛3:6-7).

제 5절 칭의(稱義)와 징계(懲戒)

> 하나님은 의롭다 하심을 받은 사람들의 죄를 계속적으로 용서하신다(마6:12; 요일1:7, 9, 2:1-2). 그러므로 그들은 칭의의 상태에서 절대로 떨어질 수는 없으나 그들의 죄로 말미암아 하나님의 부성적(父性的)인 노(怒)를 살수도 있다. 이런 경우에는 그들이 자신을 낮추고, 죄를 고백하며, 용서를 구하고, 믿음과 회개를 새롭게 하기 전에는(시89:31-33,

> 51:7-12; 32:5; 마26:75; 고전11:30,32; 눅1:20) 그들은 하나님 아버지의 얼굴빛을 볼 수가 없다.

본 절에서는 칭의는 단번에 완성되기 때문에 의롭다 하심을 받은 자들은 다시 정죄를 받는 일이나 의인의 자리에서 떨어지는 일은 결코 없다. 그러나 죄로 인해 하나님의 부성적(父性的)인 노를 살 수도 있다. 이런 경우에는 겸손히 자신을 낮추고 죄를 고백하며, 용서를 구하고 믿음과 회개를 새롭게 하기 전에는 하나님의 얼굴빛을 볼 수 없다고 진술한다.

1) 하나님은 칭의 받은 자들의 죄를 계속적으로 용서하신다.

하나님께 의롭다 하심을 받는 것은 죄가 없거나, 죄를 짓지 않는 완전한 사람으로 변화되었기 때문이 아니다, 여전히 죄인이며, 죄를 짓게 되는 인간이다. "대저 나는 내 죄과를 아오니 내 죄가 항상 내 앞에 있나이다"(시51:3). "우리가 아직 죄인되었을 때에…, 곧 우리가 원수 되었을 때에…"(롬5:8, 10). 그럼에도 불구하고 죄인을 의롭다 하신 것은 예수 그리스도의 순종과 대속에 근거하여 베푸신 은혜이다. 의롭다(칭의) 하심을 받은 자들은 이미 모든 죄를 용서 받았지만, 또 죄를 짓게 되기 때문에 계속하여 용서를 받게 되는 것이다. 그러므로 칭의 받은 신자들은 일생을 통하여 회개의 삶이 필요한 것이며, 이것이 믿음과 회개는 일평생 함께 가야 하는 이유다. "우리가 우리에게 죄 지은 자를 사하여 준것 같이 우리 죄를 사하여 주옵시고"(마6:12), "만일 우리가 우리 죄를 자백하면 저는 미쁘시고 의로우사 우리 죄를 사하시며 모든 불의에서 우리를 깨끗케 하실 것이요"(요일1:9). "...만일 누가 죄를 범하면 아버지 앞에서 우리에게 대언자가 있으니 곧 의로우신 예수 그리스도시라 저는 우리 죄를 위한 화목 제물이니 우리만 위할뿐 아니요 온 세상의 죄를 위하심이라"(요일2:1-2).

2) 칭의 받은 자들은 의인(義認)의 자리에서 떨어질 수 없다.

칭의는 단번에 완성되기 때문에 의롭다하심을 받은 자들이 정죄를 받거나 죄로 인해 죄 사함이 취소되는 일은 없다. 칭의는 하나님의 법정적인 선언으로서, 확정적이며, 번복(飜覆)될 수 없는 영원적인 선포이다. "내가 저희에게 영생을 주노니 영원히 멸망치 아니할 터이요 또 저희를 내 손에서 빼앗을 자가 없느니라"(요10:28).

"저가 한 제물로 거룩하게 된 자들을 영원히 온전케 하셨느니라"(히10:14). "그러므로 이제 그리스도 예수 안에 있는 자에게는 결코 정죄함이 없나니 이는 그리스도 예수 안에 있는 생명의 성령의 법이 죄와 사망의 법에서 너를 해방하였음이라"(롬8:1-2).

"내가 확신하노니 사망이나 생명이나 천사들이나 권세자들이나 현재 일이나 장래 일이나 능력이나 높음이나 깊음이나 다른 아무 피조물이라도 우리를 우리 주 그리스도 예수 안에 있는 하나님의 사랑에서 끊을수 없으리라"(롬8:38-39).

3) 칭의 받은 자도 죄로 인해 하나님의 부성적(父性的)인 노를 살 수 있다.

하나님은 공의로우시다. 그러므로 죄에 대해서는 진노(震怒)하시고 반

다시 심판하신다. 그러나 의롭다함을 받은 자들에게는 법정적 진노가 아니라 부성적(父性的) 진노인 것이다. 즉 의롭다 함을 받은 자들은 하나님의 자녀로 입양된 양자(養子)들로서, 하나님과의 관계가 법적인 관계가 아니라 법위로 끌어 올려진 사랑의 관계인 것이다. 아버지와 자녀의 관계라는 말이다. "**너희는 다시 무서워하는 종의 영을 받지 아니하였고 양자의 영을 받았으므로 아바 아버지라 부르짖느니라 성령이 친히 우리 영으로 더불어 우리가 하나님의 자녀인 것을 증거하시나니**"(롬 8:15-16), "**너희가 아들인고로 하나님이 그 아들의 영을 우리 마음 가운데 보내사 아바 아버지라 부르게 하셨느니라**"(갈4:6).

"**죄가 너희를 주관치 못하리니 이는 너희가 법 아래 있지 아니하고 은혜 아래 있음이니라**"(롬6:14).

그러므로 똑 같은 죄(罪)라할지라도 법정적 진노와 부성적 진노에는 차이가 있다. 법정적 진노는 정죄되어 영원한 형벌로 다스려지는 용서 없는 심판이지만, 부성적 진노는 정죄가 아니라 사랑의 징계(懲戒)로 다스려지며, 그 징계는 회개로 이끌어 용서와 관계 회복을 가져오는 것이다. 그러므로 의롭다함을 받은 자들도 죄를 범하면 하나님의 진노를 살 수 있으며, 하나님께서 얼굴을 돌리실 때에 평안을 잃고 고통에 빠지게 되는 것이다. 이때에는 겸손함으로 자신을 낮추고 죄를 고백하며, 용서를 구하고 믿음과 회개를 새롭게 해야 한다. "**만일 그 자손이 내 법을 버리며 내 규례대로 행치 아니하며 내 율례를 파하며 내 계명을 지키지 아니하면 내가 지팡이로 저희 범과를 다스리며 채찍으로 저희 죄악을 징책하리로다 그러나 나의 인자함을 그에게서 다 거두지 아니하며 나의 성**

실함도 폐하지 아니하며 내 언약을 파하지 아니하며 내 입술에서 낸 것도 변치 아니하리로다"(시89:30-34). "...내 아들아 주의 징계하심을 경히 여기지 말며 그에게 꾸지람을 받을 때에 낙심하지 말라 주께서 그 사랑하시는 자를 징계 하시고 그의 받으시는 아들마다 채찍질 하심이니라"(히12:5-6). "여호와께서 주의 은혜로 내 산을 굳게 세우셨더니 주의 얼굴을 가리우시매 내가 근심하였나이다"(시30:7).

"내가 이르기를 내 허물을 여호와께 자복하리라 하고 주께 내 죄를 아뢰고 내 죄악을 숨기지 아니하였더니 곧 주께서 내 죄의 악을 사하셨나이다"(시32:5).

제 6절 칭의는 신, 구약(新,舊約) 시대 동일(同一)

> 구약시대의 성도들의 칭의는 신약시대의 성도들의 칭의와 하나이며 동일하다(갈3:9, 13-14; 롬4:22-24; 히13:8).

본 절에서는 구약(舊約)시대의 성도들의 칭의와 신약(新約)시대의 칭의는 하나이며 동일하다고 진술한다. 이 진술은 시대마다 구원의 방법이 다른 것처럼 주장하는 오류들에 대한 논박인 것이다.

가톨릭(Catholic)교회에서는 『구약 시대의 신자들은 그리스도의 부활 때까지 의롭게 되지 못하여 연옥(煉獄)에 놓여져 있다』고 주장한다. 그리고 세대주의자들은 역사를 일곱 시대로 구분하여 『① 무죄시대= 창조부터 인류 타락 전까지, ② 양심시대= 인류 타락부터 노아까지, ③ 인간

통치 시대= 노아부터 아브라함까지, ④ 약속시대= 아브라함부터 모세까지, ⑤ 율법시대= 모세부터 그리스도까지, ⑥ 은혜시대= 교회시대, ⑦ 왕국시대= 천년왕국』각 시대마다 구원의 방법이 달랐던 것처럼 주장하기도 한다.

≪참고≫ 『성부시대=(구약시대), 성자시대=(예수님의 탄생과 승천), 성령시대=(예수님 승천에서 재림), 세대주의 견해』

그러나 하나님의 구원 방법은 구약시대나 신약시대나 하나이며, 동일하다. 앞에서 제7장 5절, 6절에서 『은혜 계약은 율법 시대와 복음 시대에 다르게 집행되었으나 본질상 두 개의 다른 계약이 아니고 동일한 하나의 계약』이라고 진술한 것을 기억하게 한다. 이 말은 구약시대나 신약시대나 죄인이 의롭다 함을 받는 것은 오직 은혜로 되어진다는 뜻이다. 즉 하나님이 그리스도의 순종과 대속의 공로를 근거하여 은혜로 주시는 칭의(稱義)는 구약시대나 신약시대나 똑 같이 믿음으로만 받는다는 것이다. "만일 아브라함이 행위로써 의롭다 하심을 얻었으면 자랑할 것이 있으려니와 하나님 앞에서는 없느니라 성경이 무엇을 말하느뇨 아브라함이 하나님을 믿으매 이것이 저에게 의로 여기신바 되었느니라"(롬4:2-3). "그러므로 사람이 의롭다 하심을 얻는 것은 율법의 행위에 있지 않고 믿음으로 되는 줄 우리가 인정하노라... 할례자도 믿음으로 말미암아 또는 무할례자도 믿음으로 말미암아 의롭다 하실 하나님은 한 분이시니라"(롬3:28, 30). 그러므로 구약시대의 참 신자들도 신약시대에 살고 있는 신자들과 같이 믿음이 주어졌을 때에 의롭다(칭의)함을 받은 것이다. 구약시대에는 하나님께서 약속하신 그리스도를 소망하는 믿음으로, 신약시대에는 하나님의 약속대로 세상에 오신 그리스도를 바라보고 믿는 믿음으로(구약시대는 오실 메시야를, 신약시대에는 오신 메시야를 믿음으로), 이 믿음은 하나요, 동일한 믿음이다. "**너희 조상 아브라함은 나의 때 볼 것을 즐거워하다가 보고 기뻐하였느니라**"(요8:56; 눅2:28-31).

제 12장
양자(養子)에 대하여

"16세기 종교개혁의 중심적인 논점은 가톨릭 교회와의 칭의와 성화론 같은 신학적 주제에 집중되어 있었다. 그리고 17세기에 들어와서는 개혁(改革)신앙의 신학적 체계가 잡혔다고 하지만, 양자론에 관한 신학적 논의는 전개되지 않다가 19세기에 이르러서야 양자론(養子論)에 대한 관심이 높아지기 시작했다. 그것은 자유주의 신학자들이 하나님은 만인의 아버지이시며, 인간은 누구나 다 하나님의 아들들이라고, 보편적 부성(父性)만을 주장하면서 그리스도의 속죄의 복음을 인간주의화(人間主義化) 하는데 대항해서 정통파 신학자들이 성경을 통해 양자교리를 내놓게 된 것이다. 종교개혁의 슬로건(slogan)이었던 칭의(稱義)교리에 이은 양자(養子)교리야말로 신자들에게 무한한 용기와 위로가 되는 진리이다" (w.신앙고백서 강해, 김준삼 목사 지음, 참고).

제 1절 칭의(稱義)와 양자(養子)

하나님께서는 의롭다 함을 받는 모든 사람들을 그의 독생자 예수 그리스도 안에서, 또한 그를 위하여 양자가 되게 하시는 은혜에 참여할 수 있게 하셨다(엡1:5; 갈4:4-5). 이로 말미암아 그들은 하나님의 자녀의 수효 중에 들게 되고, 하나님의 자녀로서 자유와 특권을 누리게 되었다

> (롬8:17; 요1:12). 그들 위에 하나님의 이름이 기록되며(렘14:9; 고후 6:18; 계3:12), 그들은 양자의 영을 받고(롬8:15) 담대하게 은혜의 보좌 앞에 나갈 수 있으며(엡3:12; 롬5:2; 히4:16), 하나님을 아바 아버지라 부를 수 있으며(갈4:6), 불쌍히 여기심과(시103:13) 보호를 받으며(잠14:26), 필요한 것을 공급 받으며(마6:30, 32; 벧전5:7), 육신의 아버지에게 징계를 받는 것 같이 하나님께 징계를 받는다. 그러나 그들은 결코 버림받지 않으며(애3:31), 구속의 날까지 인치심을 받아(엡4:30), 영원한 구원의 상속자로서(벧전1:3-4; 히1:14) 약속들을 기업으로 받는다(히6:12).

본 절에서는 의롭다(칭의)함을 받은 자들은 그리스도 안에서 양자로 입양되어, 하나님의 자녀가 되며, 자녀로서의 특권을 누리게 된다. 그러므로 하나님께 징계도 받게 되지만, 결코 버림을 당하지 않으며, 영원한 구원의 상속자로서 약속들을 기업으로 받는다고 진술한다.

1) 하나님께 의롭다함을 받은 자들은 그리스도 안에서 양자가 되는 은혜에 참여한다.

양자(養子)에 해당하는 헬라어 『휘오데시아(υἱοθεσία)』는 '휘오스'(아들)와 '디데미'(자리에 두다)의 합성어로서, 아들이 아닌 자가 입양을 통해 아들의 권리를 부여받는 것을 가리킨다. 『이 단어는 법적으로 양자됨을 의미하며, 상속권과 같은 특권과 양자로 삼아준 부모를 공양하는 것과 같은 의무를 동시에 지니는 것을 의미한다』(개혁주의 구원론, 안토니

A. 후크마 저, 유호준역 p.302). "너희는 다시 무서워하는 종의 영을 받지 아니하였고 양자의 영을 받았으므로 아바(아빠) 아버지라 부르짖느니라"(롬8:15). "그 기쁘신 뜻대로 우리를 예정하사 예수 그리스도로 말미암아 자기의 아들들이 되게 하셨으니 이는 그의 사랑하시는 자 안에서 우리에게 거저 주시는바 그의 은혜의 영광을 찬미하게 하려는 것이라"(엡1:5-6).

그러므로 하나님께서 의롭다 하신 자들이 그의 양자됨이란 하나님의 아들들과 딸들로서의 신분을 얻는 것과 그 신분에 수반되는 모든 특권을 누릴 자격이 주어진다는 사법적(司法的) 선언이라 할 수 있다. 칭의는 죄인에게 그리스도의 의를 전가시켜 의롭다고 선언하시는 하나님의 법정적 행위라면, 양자는 의롭다함을 받은 자들을 자녀라고 선언하시는 또 하나의 하나님의 사법적 행동인 것이다. 여기서 칭의나 양자됨의 은혜는 하나님에 대한 우리의 관계 변화 또는 신분 변화라는 점에서 같은 것으로 생각할 수 있으나, 그러나 구분되어야 한다. 양자됨과 칭의는 밀접한 관계에 있지만 같은 것이 아니라 별개의 것이다.

① **예수 그리스도의 아들 됨과 양자로서의 아들들 됨은 구분된다.**
의롭다함을 받은 자들이 하나님의 아들들이 되는 것은 그리스도께서 하나님의 아들 되심과는 구분되어야 한다. 우리가 하나님의 아들들이 되었다고 해서 그리스도처럼 되는 것은 아니라는 말이다. 예수 그리스도는 완전한 하나님이시며, 완전한 사람, 즉 신인(神人)이시다. 그러므로 우리가 아들이 된다고 해서 예수 그리스도처럼 신인이 되는 것은 아니

다. 그리스도는 영원한 하나님의 독생자시다. 그러나 신자들은 그리스도로 말미암아 입양된 양자들에 불과한 것이다.『그는 발생에 의해 아들이 되신 반면에 우리는 양자됨으로 인한 아들들이다』(로이드 존스).
하이델베르크 요리문답 33문에서도 다음과 같이 구분한다.
『문: 우리도 하나님의 자녀인데 왜 그를 하나님의 독생자라 부릅니까?
답: 오직 그리스도만이 하나님께로부터 직접 출생하신 영원한 아들이시며, 우리는 그리스도로 말미암아 은혜로 입양된 하나님의 자녀들이기 때문입니다.』
"...너는 내 형제들에게 가서 이르되 내가 내 아버지 곧 너희 아버지, 내 하나님 곧 너희 하나님께로 올라간다 하라..."(요20:17).

② **하나님의 구속적 부격(救贖的 父格)과 보편적 부격(普遍的 父格)은 구분된다.**

앞에서 언급했듯이 19세기에 들어서 양자론(養子論)에 대한 관심과 활발한 논쟁이 일어나기 시작한 것은 자유주의 신학자들이 하나님은 만인(萬人)의 아버지이시며, 인간은 누구나 다 하나님의 아들들이라고, 보편적 부성(父性)만을 주장하면서 그리스도의 속죄의 복음을 인간주의화(人間主義化)하는 것에 반대해서 정통파 신학자들이 양자론을 내놓게 된 것이다.

자유주의 신학자들은 사도행전 17장 26-29절에 "인류의 모든 족속을 한 혈통으로 만드사 온 땅에 거하게 하시고...., 이와 같이 신의 소생이 되었은즉..."이라는 말씀을 근거로 모든 인간은 다 하나님의 자녀라고, 보편적 부성을 주장한다. 물론 하나님은 우주만물을 창조하신 창조주로서 모든 인류의 아버지가 되시지만, 그러나 성경은 양자된 자녀들과는 구별한다. 즉 하나님은 창조주로서 창조와 섭리 안에서 모든 사람들과 관계하시는 『보편적 부성』과 그리스도의 구속을 통해 자녀로 삼으신 특별한 관계로서의 『구속적 부성』은 구별되는 것이다. 하나님의 참된 자녀들은 그리스도와 함께 살리심을 받은 자들, 그들 만이다.

"영접하는 자 곧 그 이름을 믿는 자들에게는 하나님의 자녀가 되는 권세를 주셨으니"(요1:12). "보라 아버지께서 어떠한 사랑을 우리에게 주사 하나님의 자녀라 일컬음을 얻게 하셨는고, 우리가 그러하도다…"(요일3:1). "또 아는 것은 우리는 하나님께 속하고 온 세상은 악한 자 안에 처한 것이며"(요일5:19). "예수께서 가라사대 하나님이 너희 아버지였으면 너희가 나를 사랑하였으리니 이는 내가 하나님께로 나서 왔음이라… 너희는 너희 아비 마귀에게서 났으니 너희 아비의 욕심을 너희도 행하고자 하느니라…"(요8:42, 44).

2) 양자된 자들은 하나님의 자녀로서의 자유와 특권을 누린다.
① 하나님의 이름을 그들에게 기록하신다.
"…여호와여 주는 오히려 우리 중에 계시고 우리는 주의 이름으로 일컬음을 받는 자이오니 우리를 버리지 마옵소서"(렘14:9). "그러므로 주께서 말씀하시기를 너희는 저희 중에서 나와서 따로 있고 부정한 것을 만지지 말라 내가 너희를 영접하여 너희에게 아버지가 되고 너희는 내게 자녀가 되리라 전능하신 주의 말씀이니라 하셨느니라"(고후6:17-18).

② 양자의 영을 받아 하나님을 아버지로 부를 수 있다.

"너희는 다시 무서워하는 종의 영을 받지 아니하였고 양자의 영을 받았으므로 아바(아빠) 아버지라 부르짖느니라"(롬8:15). "너희가 아들인고로 하나님이 그 아들의 영을 우리 마음 가운데 보내사 아바 아버지라 부르게 하셨느니라"(갈4:6).

③ 담대히 은혜의 보좌에 나아갈 수 있다.

"우리가 그 안에서 그를 믿음으로 말미암아 담대함과 하나님께 당당히 나아감을 얻느니라"(엡3:12). "그러므로 우리가 긍휼하심을 받고 때를 따라 돕는 은혜를 얻기 위하여 은혜의 보좌 앞에 담대히 나아갈 것이니라"(히4:16). "또한 그로 말미암아 우리가 믿음으로 서 있는 이 은혜에 들어감을 얻었으며 하나님의 영광을 바라고 즐거워하느니라"(롬5:2).

④ 긍휼히 여김과 보호를 받는다.

"아버지가 자식을 불쌍히 여김 같이 여호와께서 자기를 경외하는 자를 불쌍히 여기시나니"(시103:13), "...나의 종 너 이스라엘아 나의 택한 야곱아 나의 벗 아브라함의 자손아... 두려워 말라 내가 너와 함께 함이니라 놀라지 말라 나는 네 하나님이 됨이니라 내가 너를 굳세게 하리라 참으로 너를 도와주리라 참으로 나의 의로운 오른손으로 너를 붙들리라"(사41:9-10).

⑤ 하나님께서 필요를 베풀어 주신다.

"그러므로 염려하여 이르기를 무엇을 먹을까 무엇을 마실까 무엇을 입을까 하지 말라... 너희 천부께서 이 모든 것이 너희에게 있어야 할 줄을 아시느니라"(마6:31-32). "너희 염려를 다 주께 맡겨 버리라 이는 저가 너희를 권고(眷顧: 관심을 가지고 보살핌) 하심이니라"(벧전5:7).

3) 양자된 자들은 하나님 아버지께 자녀로서 징계를 받는다.

양자로 입양되어 하나님의 자녀가 된 자들은 아버지가 자식을 징계(懲戒)함과 같이 하나님께 징계를 받는다. 하나님의 징계는 형벌적인 것이 아니라 부성적(父性的) 사랑에서 비롯하는 것으로써 영적 유익을 주는 복이 된다. 그러므로 하나님의 징계는 자녀들에 대한 특별한 사랑의 표현인 것이다.

"...내 아들아 주의 징계하심을 경히 여기지 말며 그에게 꾸지람을 받을 때에 낙심하지 말라 주께서 그 사랑하시는 자를 징계 하시고 그의 받으시는 아들마다 채찍질 하심이니라... 하나님이 아들과 같이 너희를 대우하시나니 어찌 아버지가 징계하지 않는 아들이 있으리요 징계는 다 받는 것이거늘 너희에게 없으면 사생자요 참 아들이 아니니라"(히12:5-8). "대저 여호와께서 그 사랑하시는 자를 징계하시기를 마치 아버지가 그 기뻐하는 아들을 징계함 같이 하시느니라"(잠3:12). "볼지어다 하나님께 징계 받는 자에게는 복이 있나니 그런즉 너는 전능자의 경책을 업신여기지 말지니라"(욥5:17).

4) 양자된 자는 버림을 받지 않으며, 영원한 상속자로 약속을 받는다.

양자된 하나님의 자녀들에게 징계는 따르나 영원히 버림받지 않는다. 그리스도 안에서 이루어진 하나님과의 사랑의 관계는 불변하기 때문이다.

"...그가 친히 말씀하시기를 내가 과연 너희를 버리지 아니하고 과연 너희를 떠나지 아니하리라 하셨느니라"(히13:5).

그리고 그리스도와 함께 공동 상속자들로서, 그리스도께서 상속받으신 모든 것을 함께 누리게 된다.

"이 모든 날 마지막에 아들로 우리에게 말씀하셨으니 이 아들을 만유의 후사(後嗣: 상속자)로 세우시고…"(히1:2), "자녀이면 또한 후사 곧 하나님의 후사요 그리스도와 함께한 후사니 우리가 그와 함께 영광을 받기 위하여 고난도 함께 받아야 될 것이니라"(롬8:17). "썩지 않고 더럽지 않고 쇠하지 아니하는 기업을 잇게 하시나니 곧 너희를 위하여 하늘에 간직하신 것이라"(벧전1:4). "성령을 우리 구주 예수 그리스도로 말미암아 우리에게 풍성히 부어 주사 우리로 저의 은혜를 힙입어 의롭다 하심을 얻어 영생의 소망을 따라 후사가 되게 하려 하심이라"(딛3:6-7).

제 13장
성화(聖化)에 대하여

앞에서 살펴온 바와 같이 효력 있는 부르심과 중생, 칭의를 받고 양자된 하나님의 자녀들은 영원한 기업의 상속자가 된다. 그러나 신자들은 하나님께로부터 의롭다 하심을 받았지만, 아직 완전해진 것이 아니기 때문에 세상에서 신자의 삶에는 여전히 죄라는 문제가 남는다. 여기에 성화 교리의 중요성이 있는 것이다.

그러나 종교개혁 이전에는 가톨릭교회의 영향 아래서 칭의와 성화를 같은 것으로 취급하였기에, 성화 교리의 단독 구별은 없었다. 하지만, 종교개혁 이후로는 칭의와 성화를 분리하면서 가톨릭(Catholic)교회와 개혁교회(Protestant) 사이의 주장은 큰 차이를 나타내게 되었다.

특히 18세기 영국 부흥운동을 주도했던 죤 웨슬리(John Wesley, 1703-1791)가 주창한 성화와 거룩함에 대한 이론은 복음주의 안에서도 오랫동안 커다란 논쟁을 불러 일으켰다.

웨슬리의 부흥운동은 18세기 영국 산업혁명의 영향으로 인한 생활의 변화로 신앙 유지에 어려움을 겪고 있는 영적 침체에서 일어난 각성 운동이었다. 웨슬리는 칭의보다 성화를 특별히 강조하여 현세에서 죄 없는 완전한 성화가 가능하다고 했다. 칭의와 마찬가지로 성화도 즉각적으로 완전하게 되어진다는 것이다. 또한 가톨릭교회는 신자들이 완전한 내재적(內在的) 거룩함을 지니고 있거나 그런 완전한 상태에 도달할 수 있다고 주장한다. 그리고 율법폐기론자(무율법주의)들은 그리스도의 완전한 거룩함이 신자들에게 전가 되었다고 주장한다.

그러나 소요리문답 제35문과 제37문에서는 성화는 점진적(漸進的)이며, 현세에서는 완성이 없고 죽을 때에 완전하게 된다고 가르치고 있다. 칭의는 그리스도의 대속적 공로에 근거하여 죄인을 의롭다 선언하시는 하나님의 법정적 행위로서 단번에 완성되지만, 성화는 의롭다함을 받은 죄인이 전 생애를 통해 부패한 옛 본성은 죽여가고, 새 본성을 살려가는 지속적(持續的)인 투쟁의 과정인 것이다.

제1절 성화(聖化)의 정의

> 효과적인 부르심을 받고 중생하여 그 안에 새 마음과 새 영을 창조함 받은 자들은 그리스도의 죽음과 부활의 공로를 통하여(고전6:11; 행20:32; 빌3:10; 롬6:5-6) 그의 말씀과 그들 안에 내주(內住)하시는 성령으로 말미암아(요17:17; 엡5:26; 살후2:13) 실제로 또한 직접 성화되며, 온 몸을 주관하는 죄의 권세가 깨어지고(롬6:6, 14), 그 죄의 몸에서 나오는 여러 가지 정욕들이 점점 약해지고 억제되며(갈5:24; 롬8:13), 그들은 점차 구원의 모든 은혜 안에서 활기를 되찾아 강건하게 되어, 참된 거룩의 생활을 하게 된다. 이러한 거룩한 생활이 없이는 아무도 주님을 볼 수 없다(고후7:1; 히12:14).

본 절에서는 새 본성을 받아 중생한 신자들은 그리스도의 죽으심과 부활의 공로를 통해 그의 말씀과 성령으로 말미암아 거룩한 성장을 하게 된다. 온 몸을 지배하던 죄의 권세가 파괴되고, 죄에서 나타나는 여러 가지 욕심들은 점차 약해져서 죽어 가며, 의에 대해서는 점차 살게 되어 구원의 은혜 안에서 하나님이 기뻐하시는 선행을 실천하게 된다. 이 거룩한 행실이 없이는 아무도 주를 볼 수 없다고 진술하고 있다.

1) 거룩(성화)이라는 용어의 뜻

성화(聖化:거룩하게 하다)라는 말은 구약에서 『코데쉬(qodesh: 빛나다, 자르다, 분리하다, 구별하다)』인데, 사람이나 사물을 어떤 특정한 목적을 위해 따로 구별하는 것을 의미한다. 즉 구약의 제사장들이 하나님을 섬기는 특별한 직무를 위해 거룩하게 구별되는 것과 각종 기물들과 장소 등이 구별되는 것들을 말한다.

신약에서는 『하기오스(hagios: 분리, 구별)』로서 이 세상의 죄행(罪行)으로부터의 구별과 하나님께 헌신하기 위한 성별(聖別)을 뜻한다. 이상의 구약과 신약에서의 거룩이란 용어의 의미는 구원받은 신자들은 세상에서 하나님이 싫어하시는 모든 죄들로부터 자신을 구별되게 하여 온전히 하나님께 헌신하는 제사장들이 되어야 함을 뜻한다. "너희도 산 돌같이 신령한 집으로 세워지고 예수 그리스도로 말미암아 하나님이 기쁘게 받으실 신령한 제사를 드릴 거룩한 제사장이 될지니라"(벧전2:5, 9). "...전에 너희가 너희 지체를 부정과 불법에 드려 불법에 이른것 같이 이제는 너희 지체를 의에게 종으로 드려 거룩함에 이르라"(롬6:19). "하나님의 뜻은 이것이니 너희의 거룩함이라"(살전4:3).

2) 성화(聖化)란 무엇인가?

성화는 다음과 같이 정의할 수 있다. 『성령께서 칭의된 죄인을 죄의 부패에서 구출하여 그의 전 본성을 하나님의 형상으로 다시 새롭게 하여 그로 선한 일들을 수행할 수 있도록 하시는 성령의 은혜스럽고 계속적인 사역이다』(뻘콥 조직신학. 구원론, 고영민 역 p.246).

인간은 누구나 아담의 타락으로 인해 죄책과 오염을 짊어진 죄인으로 태어난다. 이런 죄인에게 하나님께서 중생의 은혜로 새로운 본성을 심어 주시고 의롭다 하심으로 죄책이 제거되며, 양자로 입양되어 하나님의 거룩한 자녀로 신분의 변화를 받게 된다.

그러나 아직 죄의 오염으로 인한 옛 본성의 부패성(죄의 잔재)은 남아 있어서 항상 죄를 향하여 적극적으로 기울어지는 성향이 있는 것이다. 이 부패성이 말씀과 성령의 역사에 의해 점진적으로 제거되는 것이 성화이다.

칭의(稱義)는 의롭지 못한 죄인을 그리스도의 수동적(소극적) 순종과 능동적(적극적) 순종을 통해 이루신 공로를 근거로 의롭다고 선언하시는 하나님의 법정적 행위라면, 성화(聖化)는 의롭지 못하나 의롭다함을 받은 죄인이 아직 몸에 남아있는 죄의 잔재(殘滓)들을 제거해 가며, 무죄하신 그리스도의 의로운 인성을 닮아가는 성장 과정이라 할 것이다. 『중생이 수태(발생)라면, 회심(믿음과 회개)은 출생의 표이며, 성화는 성장이라 할 수 있다』(조직신학 구원론, 최순직 박사. 편술 p.33). "**하나님이 미리 아신 자들로 또한 그 아들의 형상을 본받게 하기 위하여 미리 정하셨으니…**"(롬8:29), "우리가 흙에 속한 자의 형상을 입은 것 같이 또한 하늘에 속한 자의 형상을 입으리라"(고전15:49).

3) 성화(聖化)의 목적

성화의 목적은 가깝게는 신자들이 하나님의 형상이신 그리스도를 완전하게 닮는 것이며, 최종적인 목적은 하나님께 영광을 돌리는 것이라 할 수 있다. 그러므로 성화는 구원의 전체 목적인 것이다. 그리스도께서 십자가의 죽으심은 단지 죄인들의 죄 용서와 지옥의 심판을 면케 하시는데 그치는 것이 아니라 구원하신 자들이 하나님의 형상인 그리스도를 완전하게 닮아 거룩하신 하나님의 율법을 온전히 수행하므로 하나님께 영광을 돌리는데 그 목적이 있는 것이다.

"나는 여호와 너희 하나님이라 내가 거룩하니 너희도 몸을 구별하여 거룩하게 하고... 내가 거룩하니 너희도 거룩할지어다"(레11:44-45). "그가 우리를 대신하여 자신을 주심은 모든 불법에서 우리를 구속하시고 우리를 깨끗하게 하사 선한 일에 열심하는 친 백성이 되게 하려 하심이니라"(딛2:14).

성화 교리의 중요성이 여기에 있다. 오늘날 교회 안에서 성화의 교리가 소홀히 취급됨으로써 대부분 신자들이 구원의 목적은 죄 사함과 지옥에 가지 않고 천국 가는 것으로만 이해함으로써, 현재의 삶속에서 거룩하기를 힘쓰지 않게 되는 것이다. 구원의 목적은 비록 불완전 하지만 현세에서부터 하나님의 형상이신 예수 그리스도를 닮아가며, 하나님께 영광 돌리는 것임을 명심해야 한다.

제 2절 성화(聖化)는 전인적(全人的)

> 이 성화는 전인격을 통하여 되어지는 것이지만(살전5:23), 금생(今生)에서는 불완전하다. 육체의 모든 부분에는 부패함의 잔재(殘滓)들이 여전히 남아 있다(요일1:10; 롬7:18, 23; 빌3:12). 그로 인하여 계속적이고 화해될 수 없는 싸움이 일어난다. 육체의 소욕은 성령을 거스리고 성령의 소욕은 육체를 거스려 싸운다(갈5:17; 벧전2:11).

본 절에서는 성화는 전인적(全人的)이며, 현세에서는 완성되지 않는다. 육체의 모든 부분에는 부패의 잔재들이 여전히 남아 있어서 화해될 수 없는 지속적인 싸움이 구원받은 신자의 전 생애에 걸쳐 일어나는데, 육신은 영에 대항하고 영은 육신에 대항하여 싸운다고 진술한다.

1) 성화는 전인적(全人的)이다.

성화는 육체나 영혼에만 영향을 미치는 것이 아니라 육체와 영혼 전체에 영향을 미치는 것이다. 아담의 타락의 결과가 영혼과 육체, 전인격(全人格)에 영향을 미쳤듯이 성화도 전인격적인 것이다.

"평강의 하나님이 친히 너희로 온전히 거룩하게 하시고 또 너희 온 영과 혼과 몸이 우리 주 예수 그리스도 강림하실 때에 흠없게 보전되기를 원하노라"(살전5:23).

2) 신자의 몸에는 여전히 죄가 남아있다.

그리스도와 연합되어 있는 신자들은 영적으로 죄에서 완전하게 해방되어 깨끗하게 되었다. 그러나 육체는 여전히 죄에 속박(束縛)되어 있다. 영적으로는 죄에 대하여 죽었으므로 죄와의 관계가 끝났지만, 육체는 여전히 죄의 지배 아래 놓여 있는 것이다. **"또 그리스도께서 너희 안에 계시면 몸은 죄로 인하여 죽은 것이나 영은 의를 인하여 산 것이니라"** (롬8:10). 중생의 은혜로 그리스도와 연합되어 있는 신자들은 새 생명의 씨앗을 받아 영적으로는 살아 있으나 그 몸에는 부패와 죽음의 씨앗이 여전히 남아 있는 것이다. **"그러므로 너희는 죄로 너희 죽을 몸에 왕노릇하지 못하게 하여 몸의 사욕을 순종치 말고 또한 너희 지체를 불의의 병기로 죄에게 드리지 말고…"** (롬6:12-13). **"…영혼을 거스려 싸우는 육체의 정욕을 제어하라"** (벧전2:11). 그러므로 구원받은 신자들도 그 몸을 통해 역사하는 죄로 인해 고통을 겪게 된다. **"만일 우리가 범죄하지 아니하였다하면 하나님을 거짓말 하는 자로 만드는 것이니 또한 그의 말씀이 우리 속에 있지 아니하니라"** (요일1:10). **"내 속 곧 내 육신에 선한 것이 거하지 아니하는 줄을 아노니 원함은 내게 있으나 선을 행하는 것은 없노라"** (롬7:18).

"내 속 사람으로는 하나님의 법을 즐거워하되 내 지체 속에서 한 다른 법이 내 마음의 법과 싸워 내 지체 속에 있는 죄의 법 아래로 나를 사로잡아 오는 것을 보는도다" (롬7:22-23).

이와 같이 구원받은 신자들의 현세의 삶속에는 몸을 통해 역사하는 죄와의 싸움이 아직 남아 있는 것이다. 이 싸움이 없이는 거룩함에 이를 수 없다.

3) 화해될 수 없는 싸움은 일평생 계속된다.
신자들의 죄와의 싸움은 이 세상에서는 완전한 승리로 종식(終熄)되지는 않지만, 타협되거나 포기할 수 없는 것이다. 그러나 확신할 수 있는 것은 그리스도께서 우리의 영혼을 해방시키셨으며, 우리 죽을 몸도 해방시켜 나가고 계시다는 것이다. 그러므로 우리 몸도 완전하게 해방될 것이다. "…또한 우리 곧 성령의 처음 익은 열매를 받은 우리까지도 속으로 탄식하여 양자 될것 곧 우리 몸의 구속을 기다리느니라"(롬8:23). 우리는 그 때를 간절히 기다리며 싸워나가야 한다. 아직 남아있는 죄의 패잔병(敗殘兵)들이 우리의 죽을 몸에서 왕 노릇하기 위해 끊임없이 역사하는 게릴라전에 대항하여 싸워나가야 하는 것이다. "사랑하는 자들아 나그네와 행인 같은 너희를 권하노니 영혼을 거스려 싸우는 육체의 정욕을 제어하라"(벧전2:11).

그러므로 신자들의 신앙생활 전체는 회개의 생활이며, 옛것은 제거해 나가는 동시에, 새것으로 온전히 세워가는 교체 작업의 피나는 투쟁의 과정인 것이다. "그러므로 너희는 죄로 너희 죽을 몸에 왕노릇하지 못하게 하여 몸의 사욕을 순종치 말고 또한 너희 지체를 불의의 병기로 죄에게 드리지 말고 오직 너희 자신을 죽은 자 가운데서 다시 산 자 같이 하나님께 드리며 너희 지체를 의의 병기로 하나님께 드리라"(롬6:12-13). "너희는 유혹의 욕심을 따라 썩어져 가는 구습을 좇는 옛 사람을 벗어 버리고 오직 심령으로 새롭게 되어 하나님을 따라 의와 진리의 거룩함으로 지으심을 받은 새 사람을 입으라"(엡4:22-24). "내가 이르노니 너희는 성령을 좇아 행하라 그리하면 육체의 욕심을 이루지 아니하리라 육체의 소욕은 성령을 거스리고 성령의 소욕은 육체를 거스리나니 이 둘이 서로 대적함으로 너희의 원하는 것을 하지 못하게 하려 함이니라"(갈5:16-17).

제 3절 성화(聖化)는 평생 지속적

> 이 싸움에 있어서 남아 있는 부패한 죄성이 일시적으로 이기기도 하나(롬7:23) 그리스도의 성결케 하는 영으로부터 계속적으로 힘의 공급을 받음으로써 중생한 부분이 이기게 된다(롬6:14; 요일5:4; 엡4:15-16). 그러므로 성도들은 은혜 안에서 자라나고(벧후3:18; 고후3:18), 하나님을 경외하는 가운데서 거룩함을 온전히 이룬다(고후7:1).

본 절에서는 신자가 죄와의 싸움에서 때로는 실패하기도 하지만 성결케 하는 그리스도의 영으로부터 계속적으로 힘을 공급 받음으로서 중생한 부분, 즉 속사람이 이기게 된다. 그러므로 신자들은 은혜 안에서 성장하며 하나님을 경외하는 가운데 거룩함을 온전히 이룬다고 진술하고 있다.

1) 죄성(罪性)이 일시적으로 이기기도 하지만, 속 사람이 승리한다.

성화의 과정은 일정한 속도로 진행되는 것은 아니다. 때로는 일시적인 침체(沈滯)에 빠지기도 하고, 후퇴할 때도 있다. 이와 같이 개인적으로

나 교회적으로나 일진일퇴(一進一退)의 파란(波瀾)을 겪으며 나아가는 것이 구원받은 신자들의 삶의 모습이라 할 수 있다. "**내 속 사람으로는 하나님의 법을 즐거워하되 내 지체 속에서 한 다른 법이 내 마음의 법과 싸워 내 지체 속에 있는 죄의 법 아래로 나를 사로잡아 오는 것을 보는도다 오호라 나는 곤고한 사람이로다 이 사망의 몸에서 누가 나를 건져 내랴**"(롬7:22-24).

그러나 성화는 하나님께서 택하신 자들 안에 시작하신 일이므로 반드시 승리하게 된다. 성화는 나 홀로의 싸움이 아니라 성령과 함께하는 공작(工作)인 것이다. 그러므로 은혜에서 떨어지는 일은 결코 없다. "**너희 속에 착한 일을 시작하신 이가 그리스도 예수의 날까지 이루실 줄을 우리가 확신하노라**"(빌1:6). "**대저 하나님께로서 난 자마다 세상을 이기느니라 세상을 이긴 이김은 이것이니 우리의 믿음이니라**"(요일5:4). "**우리는 뒤로 물러가 침륜에 빠질 자가 아니요 오직 영혼을 구원함에 이르는 믿음을 가진 자니라**"(히10:39).

"죄가 너희를 주관치 못하리니 이는 너희가 법 아래 있지 아니하고 은혜 아래 있음이니라"(롬6:14).

2) 중생한 신자는 은혜 안에서 자라나며, 거룩함을 이룬다.

중생(거듭남)한 신자는 영적 성장이 없을 수 없다. 생명이 있는 씨앗은 반드시 싹을 틔우고 자라듯이, 새 새명의 씨앗을 받은 중생한 신자의 성숙은 필연적인 것이다. 죄인이 성령의 역사로 중생하는 순간부터 성화는 시작되어 일평생 지속된다. 비록 현세에서 완성되지는 않지만, 옛 본성은 죽여가고 새로운 본성을 살려가는, 즉 옛것과 새것의 교체 작업은 계속되어 가게 된다. "그런즉 사랑하는 자들아 이 약속을 가진 우리가 하나님을 두려워하는 가운데서 거룩함을 온전히 이루어 육과 영의 온갖 더러운 것에서 자신을 깨끗케 하자"(고후7:1). 이 과정에서 죄로 인한 징계(懲戒)의 고통과 여러 가지 시험의 체험들이 성화의 장애물처럼 생각할 수 있으나, 실상은 성화를 촉진시키는 양분이 되는 것이다. "고난 당한 것이 내게 유익이라 이로 인하여 내가 주의 율례를 배우게 되었나이다..."(시119:71). "...우리가 환난 중에도 즐거워하나니 이는 환난은 인내를, 인내는 연단을, 연단은 소망을 이루는 줄 앎이로다"(롬5:3-4).

그리고 끝내는 하나님의 형상이신 무죄(無罪)하시고 거룩하신 그리스도를 완전하게 닮은 자녀들로 하나님 앞에 서게 될 것이다. "우리가 다 수건을 벗은 얼굴로 거울을 보는것 같이 주의 영광을 보매 저와 같은 형상으로 화하여 영광으로 영광에 이르니 곧 주의 영으로 말미암음이니라"(고후3:18).

제 14장
구원에 이르는 믿음에 대하여

성경에서나 교회 안에서 '믿음'처럼 많이 사용되는 말은 없을 것이다. 신약에는 믿음으로 사용된 명사 『피스티스(Pistis)』와 동사 『피스튜에인(Pisteuein)』이 무려 240번 정도가 나온다. 이처럼 믿음에 대해 많이 강조되고 있는 이유는 하나님께서 주시는 구원의 모든 복들이 믿음을 통해서 주어지기 때문일 것이다. "하나님이 세상을 이처럼 사랑하사 독생자를 주셨으니 이는 저를 믿는 자마다 멸망치 않고 영생을 얻게 하려 하심이니라"(요3:16). "…주 예수를 믿으라 그리하면 너와 네 집이 구원을 얻으리라…"(행16:31). "영접하는 자 곧 그 이름을 믿는 자들에게는 하나님의 자녀가 되는 권세를 주셨으니"(요1:12), "믿음이 없이는 기쁘시게 못하나니…"(히11:6).

이렇게 믿음이란 구원의 필수 요건이므로 믿음에 대한 분명하고 올바른 이해가 대단히 중요하다. 왜냐하면 구원에 이르는 참된 믿음이 있는 반면에 구원에 이르지 못하는 일시적(一時的) 믿음과 같은 것도 있음을 성경이 가르치고 있기 때문이다.

"돌밭에 뿌리웠다는 것은 말씀을 듣고 즉시 기쁨으로 받되 그 속에 뿌리가 없어 잠시 견디다가 말씀을 인하여 환난이나 핍박이 일어나는 때에는 곧 넘어지는 자요"(마13:20-21). "나더러 주여 주여 하는 자마다 천국에 다 들어갈 것이 아니요 다만 하늘에 계신 내 아버지의 뜻대로 행하는 자라야 들어가리라"(마7:21).

1) 믿음에 대한 용어 고찰

(1) 구약성경에서 '믿는다'에 대해 사용되는 가장 보편적인 용어는 세 가지가 있다.

① **'헤에민'**(heemin: 확정된 줄로 여기다, 참된 줄로 본다, 신뢰하다)으로서 인물이나 또는 사물에 대해서 증거에 의지하여 참되다고 수긍하고 승인하는 것, 즉 증거되는 하나님의 말씀을 참되다고 인정하고 받아들이는 것을 뜻한다. "아브라함이 여호와를 믿으니 여호와께서 이를 그의 의로 여기시고"(창15:6). "…의인은 그 믿음으로 말미암아 살리라"(합2:4; 시78:22; 사7:9).

② **'빠타크'**(batach: 신임한다, 의지한다, 신뢰한다)로서 지적 승인뿐만 아니라 의지하고 모든 희망을 두는 것을 뜻한다. 즉 하나님의 말씀을 참되다고 인정할 뿐만 아니라 현재와 미래의 모든 희망을 하나님께 두고 의지하는 것을 의미한다. "**나의 하나님이여 내가 주께 의지하였사오니 나로 부끄럽지 않게 하시고…**"(시25:2). "**나는 오직 주의 인자하심을 의뢰하였사오니 내 마음은 주의 구원을 기뻐하리이다**"(시13:5; 84:12; 잠16:20; 사26:3-4).

③ **'차사'**(chasah: 자신을 숨긴다, 피난처를 찾다)도 신뢰를 뜻한다. "…내 영혼이 주께로 피하되 주의 날개 그늘 아래서 이 재앙이 지나기까지 피하리이다"(시57:1, 2:12, 25:20, 31:1).

(2) 신약성경에는 믿음으로 가장 많이 사용된 단어가 『피스티스, πίστις』인 명사와 『피스튜에인, πιστεύειν』인 동사이다.

① **'피스티스'**(πίστις: 믿는다)는 참된 것에 대한 확신을 나타내는 용어로서 하나님에 대해서는 존재하시며, 창조주와 만물의 통치자로서 그리스도를 통하여 구원을 섭리 하신다는 확신이다. 또 그리스도에 관해서는 메시아로서 우리가 그 분을 통해 구원을 얻을 수 있다는 믿음을 뜻한다.

"**하나님이 세상을 이처럼 사랑하사 독생자를 주셨으니 이는 저를 믿는 자마다 멸망치 않고 영생을 얻게 하려 하심이니라**"(요3:16). "**사람이 의롭게 되는 것은 율법의 행위에서 난 것이 아니요 오직 예수 그리스도를 믿음으로 말미암는 줄 아는 고로 우리도 그리스도 예수를 믿나니...**"(갈2:16).

② **'피스튜에인'**(πιστεύειν: 참이라고 생각하다, 증거를 받아들인다)은 예수 그리스도를 하나님이 지명하여 세우신 영원한 구원자로 받아들이는 것을 뜻한다. 그러므로 믿음이란 성경의 증거들을 참된 것으로 받아들이며, 그리스도를 구속주(救贖主)로 믿고, 인격적으로 그를 신뢰하는 것이다. "**네가 만일 네 입으로 예수를 주로 시인하며 또 하나님께서 그를 죽은 자 가운데서 살리신 것을 네 마음에 믿으면 구원을 얻으리니**"(롬10:9; 9:33; 마9:28; 요3:16). "**아들을 믿는 자는 영생이 있고...**"(요3:36). "**그 안에서 너희도 진리의 말씀 곧 너희의 구원의 복음을 듣고 그 안에서 또한 믿어 약속의 성령으로 인치심을 받았으니**"(엡1:13).

구원적 믿음은 하나님과 그리스도에 대한 신뢰를 기초로 증거된 말씀을 받아들이며, 복종하고 의지하는 것이라 할 수 있다.(믿음에 대한 용어 고찰은 신학사전, 개혁주의신행협회편 & 개혁주의 구원론, 안토니 A.후크마 저, 류호준 역. 참고).

2) 믿음은 구약시대와 신약시대 동일하다.

어떤 이들은 구약시대에는 그리스도가 없었기 때문에 구원의 방도가 율법을 지키는 것이었다고 주장하기도 한다. 즉 구약시대는 율법을 지킴으로 구원을 받았고, 신약시대에는 예수 그리스도를 믿음으로 구원을 받는다는 것이다. 그러나 하나님은 인간이 범죄하여 타락한 직후(율법을 주시기 전)에 구원의 약속으로 여자의 후손을 제시하셨다.

"내가 너(사탄)로 여자와 원수가 되게 하고 너의 후손도 여자의 후손(예수님)과 원수가 되게 하리니 여자의 후손은 네 머리를 상하게 할 것이요 너는 그의 발꿈치를 상하게 할 것이니라"(창3:15).

그러므로 구약시대나 신약시대나 구원의 유일 방도는 여자의 후손인 예수 그리스도를 믿는 믿음뿐이다.

"아브라함이 하나님을 믿으매 이것을 그에게 의로 정하셨다 함과 같으니라 그런즉 믿음으로 말미암은 자들은 아브라함의 아들인줄 알지어다"(갈3:6-7). "이 약속들은 아브라함과 그 자손에게 말씀하신 것인데 여럿을 가리켜 그 자손들이라 하지 아니하시고 오직 하나를 가리켜 네 자손이라 하셨으니 곧 그리스도라"(갈3:16).

구약시대에는 오실 그리스도를 소망하는 믿음이었다면, 시약시대에는 이미 오신 그리스도를 믿는 것이다. 구약에 예언된 그리스도가 신약에는 확실하게 나타나신 것뿐이다. 구약시대나 신약시대나 동일하게 하나님께서 정하신 구원의 방도는 오직 예수 그리스도를 믿는 것이다.

"너희 조상 아브라함은 나의 때 볼 것을 즐거워하다가 보고 기뻐하였느니라"(요8:56). "다른이로서는 구원을 얻을 수 없나니 천하 인간에 구원을 얻을만한 다른 이름을 우리에게 주신 일이 없음이니라..."(행4:12).

3) 믿음의 종류

① **역사적(歷史的) 믿음**: 이 믿음은 단지 진리에 대한 지적 동의, 즉 하나님의 말씀에 대해 찬동은 하지만 마음속에 확신이나 감동이 없으며, 어떠한 도덕적 또는 영적인 목적도 가지지 않는 순전히 지성적인 진리 인식에만 머문다. 종교적인 분위기에서 자랐거나 교회 출석을 오래 함으로 인해 성경에 대해 많은 지식을 가지고 긍정적으로 말은 하지만 전통을 의지할 뿐 중생하지 못한 인본주의적(人本主義的) 믿음인 것이다.

"경건의 모양은 있으나 경건의 능력은 부인하는 자니..."(딤후3:5), "네가 하나님은 한 분이신 줄을 믿느냐 잘 하는도다 귀신들도 믿고 떠느니라 아아 허탄한 사람아 행함이 없는 믿음이 헛 것인줄 알고자 하느냐... 영혼 없는 몸이 죽은 것 같이 행함이 없는 믿음은 죽은 것이니라"(약2:19-20, 26).

② **이적적(異蹟的) 믿음**: 이 믿음은 자신이 이적을 행하거나 다른 사람이 이적을 행함으로 믿는 이적 중심의 믿음이다. 그래서 항상 자신이

이적을 행할 수 있다거나 일어날 것이라고 확신한다. 이 믿음에는 구원하는 믿음이 동반할 수도 있고, 그렇지 않을 수도 있다.

"예수께서 가라사대 너희는 표적과 기사를 보지 못하면 도무지 믿지 아니하리라"(요4:48). "그 날에 많은 사람이 나더러 이르되 주여 주여 우리가 주의 이름으로 선지자 노릇하며 주의 이름으로 귀신을 쫓아내며 주의 이름으로 많은 권능을 행치 아니하였나이까 하리니 그때에 내가 저희에게 밝히 말하되 내가 너희를 도무지 알지 못하니 불법을 행하는 자들아 내게서 떠나가라 하리라"(마7:22-23).

③ **일시적(一時的) 믿음**: 이 믿음은 말씀을 듣고 성령의 보통 감화에 의해 기쁨을 경험하게 된다. 어느 정도의 말씀에 대한 반응을 보이기는 하지만 회개가 없으며, 중생하지 못한 마음으로서 말씀이 뿌리를 내리지 못하므로 소멸되고 만다. 『이런 신앙은 감정적 신앙에 근거를 두고 하나님의 영광보다는 자신의 즐거움을 추구하는 것이라 할 수 있다』(뻘콥 조직신학, 제5권. 고영민 역 p.187).

"돌밭에 뿌리웠다는 것은 말씀을 듣고 즉시 기쁨으로 받되 그 속에 뿌리가 없어 잠시 견디다가 말씀을 인하여 환난이나 핍박이 일어나는 때에는 곧 넘어지는 자요"(마13:20-21). "한번 비췸을 얻고 하늘의 은사를 맛보고 성령에 참여한바 되고 하나님의 선한 말씀과 내세의 능력을 맛보고 타락한 자들은 다시 새롭게 하여 회개케 할 수 없나니..."(히6:4-6).

④ **구원적(救援的) 믿음**: 이 믿음은 하나님의 택하심과 부르심을 받은 죄인의 마음에 『성령으로 말미암아 일으켜진 복음의 진리에 대한 확

신이며, 또한 그리스도 안에서 하나님의 하신 약속들을 진심으로 의지하는 것이다』(앞에 책 p.187). 이 구원을 얻는 참된 믿음은 하나님께서 성령을 통해 주시는 특별한 선물이다. "**영접하는 자 곧 그 이름을 믿는 자들에게는 하나님의 자녀가 되는 권세를 주셨으니 이는 혈통으로나 육정으로나 사람의 뜻으로 나지 아니하고 오직 하나님께로서 난 자들이니라**"(요1:12-13). "...또 성령으로 아니하고는 누구든지 예수를 주시라 할 수 없느니라"(고전12:3).

"너희가 그 은혜를 인하여 믿음으로 말미암아 구원을 얻었나니 이것이 너희에게서 난 것이 아니요 하나님의 선물이라"(엡2:8).

4) 믿음의 요소들 : 신앙은 인간의 어떤 부분적(部分的) 활동이 아니라 인간 전체(全體)의 전인(지,정,의)적 활동이다.

① 지적(知的) 요소(지식)

성경은 지식이 없이는 참된 믿음을 가질 수 없음을 가르친다. 그 지식은 하나님을 아는 지식으로서, 특히 그리스도 안에서 값없이 주어진 복음의 진리를 바로 알고 확신하는 것이다. 알지 못하고 믿는다는 것은 미신(迷信)일 수밖에 없다. 『예컨대, 나는 예수 그리스도를 잘 알지 못하지만 믿는다. 라고 하거나, 여호와의 증인들처럼 나는 예수를 믿지만 그는 하나님이 아닌 단지 한 피조물로서 믿는다. 라고 하거나, 또 가톨릭교회처럼 사람이 진리를 이해하지 못해도 교회를 의지하기만 하면 그리스도인이 된다』고 주장하는 것은 참 믿음이 될 수 없다. 그러므로 참 믿음은 하나님이 어떤 분이신지, 그리스도께서 우리를 위해 행하신 것이 무엇인지를 충분히 알고 확신하는 것이다』(개혁주의 구원론. 안토니 A. 후크마 저, 유호준 역 p.23-24 참고). "너희는 알지 못하는 것을 예배하고 우리는 아는 것을 예배하노니..."(요4:22).

"...너는 배우고 확신한 일에 거하라... 성경은 능히 너로 하여금 그리스도 예수 안에 있는 믿음으로 말미암아 구원에 이르는 지혜가 있게 하느니라"(딤후3:14-15). "...너희로 우리 주 예수 그리스도를 알기에 게으르지 않고..."(벧후1:8) "오직 우리 주 곧 구주 예수 그리스도의 은혜와 저를 아는 지식에서 자라 가라..."(벧후3:18).

② 감정적(感情的) 요소(찬동)

복음을 듣고 하나님이 어떤 분이신지, 그리스도를 통해 죄인들을 위해 행하신 일들을 알고 믿게 되면, 마음에 감동과 하나님을 향한 사랑이 일어나게 된다. 그러므로 참된 믿음의 지식은 마음(감정)으로부터 반응을 일으키는 것이다. 만일 그리스도를 알았고, 믿는다고 하면서도 마음에 감동이나 사랑으로 이끌지지 않는다면 그것은 지적 동의(同意)에만 머무는 역사적 믿음으로써, 참된 믿음일 수 없다. 구원에 이르는 참된 믿음은 마음에서부터 죄에 대한 아픔(회개)과 하나님에 대한 사랑의 감정이 일어나는 것이다. "애통하는 자는 복이 있나니 저희가 위로를 받을 것임이요"(마5:4). "저희가 이 말을 듣고 마음에 찔려 베드로와 다른 사도들에게 물어 가로되 형제들아 우리가 어찌할꼬 하거늘"(행2:37). "예수를 너희가 보지 못하였으나 사랑하는도다 이제도 보지 못하나 믿고 말할 수 없는 영광스러운 즐거움으로 기뻐하니 믿음의 결국 곧 영혼의 구원을 받음이라"(벧전1:8-9).

③ 의지적(意志的) 요소(신뢰)

구원은 오직 그리스도의 공로로만 이루어지는 것임을 믿고 전적으로 신뢰(信賴: 믿고 의지함)하는 것이다. 그리스도께서 구원을 위해 율법을 온전히 수행하심과 십자가 지시고 죽으심으로 완성하신 사역을 의지하며, 그 행하신 모든 일들이 우리를 위해 행하신 것으로 받아들이는 것이다. 이 신뢰에는 순종이 포함된다. 참된 믿음은 그리스도의 사역을 알고 믿는다는 고백으로만 멈추는 것이 아니라 말씀을 사랑하고 순종하는 것이다. 살아있는 믿음은 행위를 유발(誘發)한다. 그래서 신뢰는 믿음의 왕관(王冠)인 것이다.

"…너희는 너희 하나님 여호와를 신뢰하라 그리하면 견고히 서리라…"(대하20:20). "하나님을 사랑하는 것은 이것이니 우리가 그의 계명들을 지키는 것이라…"(요일5:3).

"내가 내 행위를 생각하고 주의 증거로 내 발을 돌이켰사오며 주의 계명을 지키기에 신속히 하고 지체치 아니하였나이다"(시119:59-60). "영혼 없는 몸이 죽은 것 같이 행함이 없는 믿음은 죽은 것이니라"(약2:26).

제 1절 성령(聖靈)에 의한 믿음

> 믿음의 은혜는 택함을 받은 자들로 믿어 그들의 영혼을 구원하는데 이르게 한다(히10:39), 그 믿음의 은혜는 그들의 마음 안에서 활동하시는 그리스도의 영의 역사로서(고후4:13; 엡1:17-19; 2:8), 보통 말씀의 사역을 통해 일어나며(롬10:14, 17), 또한 성례의 집행과 기도에 의하여 더 증가되고 강화된다(벧전2:2; 행20:32; 롬4:11; 눅17:5; 롬1:16-17).

본 절에서는 믿음의 은혜는 그리스도의 영의 역사로서 택함을 받은 자들은 그 믿음으로 영혼을 구원하는데 이르며, 그 믿음은 말씀의 사역을 통해 일어나고, 성례의 집행과 기도에 의하여 더욱 증가되고 강화된다고 진술한다.

1) 믿음의 은혜는 그리스도의 영(靈)의 역사이다.

어떤 사람들은 성령의 역사가 없이도 인간에게는 믿을 수 있는 능력이 있다거나(펠라기안, Pelagian) 또는 성령의 능력이 필요하기도 하지만 인간의 자유의지를 통해 믿음을 가질 수 있다(아르미니안, Arminian)고 주장하기도 한다. 그러나 성경은 인간의 죄로 인해 타락과 전적 부패로 구원에 이를 수 있는 영적 선을 행할 능력이 온전히 상실되었다고 증거한다. "…의인은 없나니 하나도 없으며 깨닫는 자도 없고 하나님을 찾는 자도 없고 다 치우쳐 한 가지로 무익하게 되고 선을 행하는 자는 없나니 하나도 없도다"(롬3:10-12). "육신에 있는 자들은 하나님을 기쁘시게 할 수 없느니라"(롬8:8).

그러므로 죄인 안에 성령께서 능력으로 작용하시지 않고서는 인간 스스로는 구원에 이르는 믿음을 가질 수 없다. 그리스도께서 이루신 구원을 받아들이도록 죄인의 마음 안에 믿음을 일으키시는 분은 성령이시다. "…성령으로 아니하고는 누구든지 예수를 주시라 할 수 없느니라"(고전12:3). "시몬 베드로가 대답하여 가로되 주는 그리스도시요 살아계신 하나님의 아들이시니이다 예수께서 대답하여 가라사대 바요나 시몬아 네가 복이 있도다 이를 네게 알게 한 이는 혈육이 아니요 하늘에 계신 내 아버지시니라"(마16:16-17).

2) 택함 받은 자들만이 믿어 구원에 이른다.

성경은 모든 사람들의 믿음이 다 구원에 이르는 믿음이 아니라고 증거한다. 구원에 이르는 참된 믿음의 은혜를 받는 자들은 하나님께서 택하신 자들뿐이다. "...**믿음은 모든 사람의 것이 아님이라**"(살후3:2). 역사적 믿음이나, 일시적 믿음이나, 이적적 믿음과는 다르게 구원에 이르는 믿음에 대한 정의는 앞서 인용한바 처럼, 『성령으로 말미암아 일으켜진 복음의 진리에 대한 확신과 그리스도 안에 있는 하나님의 약속을 성실하게 신뢰하는 것이다』(조직신학 제5권, 루이스 뻘콥 저, 고영민 역 p.187). 이 믿음은 하나님의 선택의 열매이며, 성령의 역사로 중생에 의해 심어지는 하나님의 선물인 것이다. 그래서 세상을 이기는 믿음이다. "**또 미리 정하신 그들을 또한 부르시고 부르신 그들을 또한 의롭다 하시고 의롭다 하신 그들을 또한 영화롭게 하셨느니라**"(롬8:30). "...성령으로 아니하고는 누구든지 예수를 주시라 할 수 없느니라"(고전12:3). "너희가 그 은혜를 인하여 믿음으로 말미암아 구원을 얻었나니 이것이 너희에게서 난 것이 아니요 하나님의 선물이라"(엡2:8).

3) 믿음은 말씀을 통해 일어난다.

믿음은 하나님의 선물로서 중생 때에 심어지며, 말씀을 통해 일어난다. 이것을 『효력 있는 부르심(유효소명)』이라고 한다. 성령의 역사로 중생할 때에 믿음의 씨앗은 심어지게 되며, 그 믿음은 말씀을 통해 역사하시는 성령의 효력 있는 부르심을 통해 싹이 트고 활동하게 되는 것이다. 즉 중생으로 심어진 믿음의 씨앗은 말씀의 선포를 통해 발아(發芽)된다. 이것이 중생과 말씀의 관계이다. 그러므로 중생한 자만이 말씀에 반응하게 된다. "너희가 거듭난 것이 썩어질 씨로 된 것이 아니요 썩지 아니할 씨로 된 것이니 하나님의 살아 있고 항상 있는 말씀으로 되었느니라"(벧전1:23).

"그가 그 피조물 중에 우리로 한 첫 열매가 되게 하시려고 자기의 뜻을 좇아 진리의 말씀으로 우리를 낳으셨느니라"(약1:18). "그러므로 믿음은 들음에서 나며 들음은 그리스도의 말씀으로 말미암았느니라"(롬10:17). "이방인들이 듣고 기뻐하여 하나님의 말씀을 찬송하며 영생을 주시기로 작정된 자는 다 믿더라"(행13:48).

4) 믿음은 성례와 기도에 의해 증가되고 강화된다.

하이델베르크 요리문답 제65문에는 『믿음은 성령으로부터 오는데, 그는 복음 설교를 통하여 우리 마음에 믿음을 일으키시고, 또한 성례의 시행을 통하여 그 믿음을 확증하게 하신다』라고 했다. 구원의 『내적 수단(內的手段)』인 믿음은 『외적 수단(外的手段)』인 말씀과 성례와 기도를 통해 증가되고 강화되는 것이다. 그러므로 구원의 수단인 믿음을 받은 신자들은 그 믿음이 증가되고 강화(强化)되도록 외적 수단인 말씀과 성례와 기도를 부지런히 사용해야 한다. 이 외적 수단을 열심히 사용하지 않고서는 결코 믿음이 증가되고 강해질 수 없음을 명심해야 한다. "갓난 아이들 같이 순전하고 신령한 젖을 사모하라 이는 이로 말미암아 너희로 구원에 이르도록 자라게 하려 함이라"(벧전2:2). "지금 내가 너희를 주와 및 그 은혜의 말씀께 부탁하노니 그 말씀이 너희를 능히 든든히 세우사 거룩하게 하심을 입은 모든 자 가운데 기업이 있게 하시리라"(행20:32), "내 살은 참된 양식이요 내 피는 참된 음료로다"(요6:55). "쉬지 말고 기도하라"(살전5:17; 골4:2; 엡6:18).

제 2절 믿음의 대상(對象)과 활동

> 이 믿음으로 말미암아 신자는 말씀 안에서 친히 말씀하시는 하나님의 권위를 믿고, 그 말씀 안에 계시되어진 것은 무엇이든지 참된 것으로 믿게 된다(요4:42; 살전2:13; 요일5:10; 행24:14). 그리고 성경에 있는 각 구절에 포함되어 있는 내용에 따라 행동하되, 명령의 말씀에는 복종하고(롬16:26), 경고의 말씀에 대해서는 두려워하며(사66:2). 금세(今世)와 내세(來世)에 대한 하나님의 약속의 말씀을 받아들인다(히11:13; 딤전4:8). 그러나 구원에 이르는 믿음의 주요한 역할은 신자들로 하여금 은혜 언약의 효력에 의하여 칭의와 성화와 영생을 위하여 그리스도만 영접하고 받아들여 의지 하는데 있다.(요1:12; 행16:31; 갈2:20; 행15:11).

본 절에서 신자들은 믿음의 선물을 통해 성경의 계시를 하나님의 말씀으로 진실히 믿게 되며, 성경의 각 구절에 포함되어 있는 내용에 따라 반응하며, 현세와 내세에 대한 하나님의 약속의 말씀들을 받아들인다. 그러나 구원에 이르는 믿음의 역할은 은혜 언약의 효력을 토대로 칭의와 성화와 영생을 위하여 그리스도만 영접하고 받아들여 의지 하는데 있다고 진술한다.

1) 신자들은 믿음으로 말씀의 권위와 계시 되어진 것은 참되게 믿고 행동한다.

신자들은 중생 때에 심어지는 믿음으로 성경 안에서 친히 말씀하시는 하나님의 권위를 믿고, 그 안에 계시되어진 모든 것들은 참된 것으로 받아들이게 된다. "예수의 말씀을 인하여 믿는 자가 더욱 많아 그 여자에게 말하되 이제 우리가 믿는 것은 네 말을 인함이 아니니 이는 우리가 친히 듣고 그가 참으로 세상의 구주신줄 앎이니라 하였더라"(요4:41-42). "...너희가 우리에게 들은바 하나님의 말씀을 받을 때에 사람의 말로 아니하고 하나님의 말씀으로 받음이니 진실로 그러하다 이 말씀이 또한 너희 믿는 자 속에서 역사하느니라"(살전2:13).

"하나님의 아들을 믿는 자는 자기 안에 증거가 있고..."(요일5:10). 그래서 각 구절이 가르치는 것에 따라서 행동하되, ① 명령(계명)에는 순종하며 "이제는 나타나신바 되었으며 영원하신 하나님의 명을 쫓아 선지자들의 글로 말미암아 모든 민족으로 믿어 순종케 하시려고 알게 하신 바 그 비밀의 계시를 쫓아 된 것이니 이 복음으로 너희를 능히 견고케 하실 지혜로우신 하나님께..."(롬16:26), ② 경고에는 두려워하고 "나 여호와가 말하노라... 무릇 마음이 가난하고 심령에 통회하며 나의 말을 인하여 떠는 자 그 사람은 내가 권고 하려니와"(사66:2), "이에 이스라엘 하나님의 말씀을 인하여 떠는 자가 이 사로잡혔던 자의 죄를 인하여 다 내게로 모여 오더라"(스9:4), ③ 현세와 내세를 위한 하나님의 약속을 받아들인다. "이 사람들은 다 믿음을 따라 죽었으며 약속을 받지 못하였으되 그것들을 멀리서 보고 환영(확신)하며 또 땅에서는 외국인과 나그네로라 증거하였으니"(히11:13). 참된 믿음이란 성경에 계시된 하나님의 말씀이 참되다고 믿는 것만이 아니라 그 말씀의 내용에 따라 합당한 행동이 수반되어야 하는 것이다. "...너희가 부르심을 입은 부름에 합당하게 행하여"(엡4:1), "너희는 내게 배우고 받고 듣고 본 바를 행하라..."(빌4:9). "...믿음이 그의 행함과 함께 일하고 행함으로 믿음이 온전케 되었느니라... 영혼 없는 몸이 죽은 것 같이 행함이 없는 믿음은 죽은 것이니라"(약2:22, 26).

2) 믿음의 주요한 역할은 그리스도를 구주로 영접하고 받아들여 의지 하는 데 있다.

믿음의 역할은 많지만 특별히 주요한 역할은 칭의와 성화와 영생을 얻기 위하여 그리스도를 영접하고 받아들여, 그만을 의지하고, 그 안에서 쉬게 하는 것이다. "우리가 저희와 동일하게 주 예수의 은혜로 구원 받는 줄을 믿노라 하니라"(행15:11). "...이제 내가 육체 가운데 사는 것은 나를 사랑하사 나를 위하여 자기 몸을 버리신 하나님의 아들을 믿는 믿음 안에서 사는 것이라"(갈2:20).

3) 구원적 믿음은 두 개의 면으로 성립된다.
① 성경에 계시된 모든 것을 하나님의 말씀으로 확신하는 지식과, ② 죄

사함과 의와 영원한 구원을 얻기 위해 그리스도의 공로를 믿고 의지하는 것. 이 양자가 불가분리적(不可分離的)으로 묶여서 구원적 믿음이 성립되는 것이다.『전자만을 강조하고 후자를 동반치 않을 경우, 그것은 생명 없는 죽은 지적 신앙에 지나지 않으며, 또한 후자만을 강조하고 전자를 떼어버리면 내용이 없는 공허한 신앙이 되고 만다』(w.신앙고백서 강해. 김준삼 목사, 지음 p.163).

≪참고≫
하이델베르크 요리문답 제21문에서도 믿음의 정의를 다음과 같이 하고 있다.
문: 참된 믿음이란 무엇입니까?
답: 참된 믿음이란 하나님께서 그의 말씀 속에서 우리에게 계시하신 모든 것을 진리로 여기는 확실한 지식인 동시에, 하나님께서 값없이 은혜로 오직 그리스도의 공로로 말미암아 죄 사함과 영원한 의와 구원을 다른 이들에게만이 아니라 나에게도 베풀어 주셨다는 견고한 신뢰로서, 성령께서 복음을 통하여 나의 마음 속에서 일으키시는 것입니다.

제 3절 견인(堅忍)의 신앙

> 이 믿음에는 정도의 차이가 있어서 약하기도 하고 강하기도 하며(히5:13-14; 롬4:19-20; 마6:30; 8:10), 자주 여러 모양으로 공격을 받아 약해지기도 하지만, 마침내는 승리를 얻는다(눅22:31-32; 엡6:16; 요

> 일5:4-5). 그리고 여러 모양으로 자라나서 그리스도를 통하여 온전한 확신에 이르게 되는데(히6:11-12, 10:22; 골2:2), 이는 그리스도께서 우리의 믿음의 창시자요 완성자이시기 때문이다(히12:2).

본 절에서는 신자들의 믿음에는 정도의 차이가 있어서 약하기도 하고 강하기도 하며, 여러 모양으로 자주 공격을 받아 흔들리기도 하지만 마침내는 승리를 얻는다. 그리고 여러 모양으로 자라나서 그리스도를 통해 온전한 확신에 이르게 되는데, 이는 그리스도께서 우리의 믿음의 창시자요 완성자이시기 때문이라고 진술한다.

1) 믿음에는 정도의 차이가 있어서 약하기도 하고 강하기도 한다.

구원받은 신자들도 때로는 믿음의 확신이 약해지기도 하며, 강해지기도 한다. "오늘 있다가 내일 아궁이에 던지우는 들풀도 하나님이 이렇게 입히시거든 하물며 너희일까보냐 믿음이 적은 자들아"(마6:30), "예수께서 들으시고 기이히 여겨 좇는 자들에게 이르시되 내가 진실로 너희에게 이르노니 이스라엘 중 아무에게서도 이만한 믿음을 만나보지 못하였노라"(마8:10).

"그가 백세나 되어 자기 몸의 죽은 것 같음과 사라의 태의 죽은 것 같음을 알고도 믿음이 약하여지지 아니하고 믿음이 없어 하나님의 약속을 의심치 않고 믿음에 견고하여져서 하나님께 영광을 돌리며 약속하신 그것을 또한 능히 이루실 줄을 확신하였으니"(롬4:19-21).

2) 믿음의 확신이 흔들리기도 하지만 마침내 승리를 얻는다.

여러 가지 모양으로 시험을 받아 흔들리기도 하고, 또 죄에 빠짐으로써 죄책에 사로잡혀 흔들리기도 하는 것이다. 그러나 마침내는 승리를 얻는다. "이에 제자들에게 이르시되 어찌하여 이렇게 무서워 하느냐 너희가 어찌 믿음이 없느냐…"(막4:40). "시몬아, 시몬아, 보라 사단이 밀 까부르듯 하려고 너희를 청구하였으나 그러나 내가 너를 위하여 네 믿음이 떨어지지 않기를 기도하였노니 너는 돌이킨 후에 네 형제를 굳게 하라"(눅22:31-32). "대저 하나님께로서 난 자마다 세상을 이기느니라 세상을 이긴 이김은 이것이니 우리의 믿음이니라"(요일5:4).

3) 믿음은 그리스도를 통해 자라나서 온전한 확신에 이른다.

이 믿음은 믿음의 창시자요 완성자이신 그리스도를 통해 자라나서 온전한 확신에 이르게 된다. "우리가 간절히 원하는 것은 너희 각 사람이 동일한 부지런을 나타내어 끝까지 소망의 풍성함에 이르러 게으르지 아니하고 믿음과 오래 참음으로 말미암아 약속들을 기업으로 받는 자들을 본받는 자 되게 하려는 것이니라"(히6:11-12). "이는 저희로 마음에 위안을 받고 사랑 안에서 연합하여 원만한 이해의 모든 부요에 이르러 하나님의 비밀인 그리스도를 깨닫게 하려 함이라"(골2:2).

4) 그리스도는 믿음의 창시자(創始者)요 완성자이시다.

믿음은 사람에게서 나오는 것이 아니라 오직 하나님께서 주시는 선물이다. 그리스도는 이 믿음의 창시자이시며, 또한 완성자이시다. "너희가 그 은혜를 인하여 믿음으로 말미암아 구원을 얻었나니 이것이 너희에게서 난 것이 아니요 하나님의 선물이라"(엡2:8). 그러므로 우리 안에 시작하신 믿음을 그리스도께서 끝까지 완성하시는 것이다. "너희 속에 착한 일을 시작하신 이가 그리스도 예수의 날까지 이루실 줄을 우리가 확신하노라"(빌1:6). "믿음의 주요 온전케 하시는 이인 예수를 바라보자…"(히12:2).

제 15장
생명(生命)에 이르는 회개

1) 회개의 정의

『회개란 중생한 사람이 온전한 삶의 변화를 통해서 새로운 사고와 감정과 의지를 반영하면서 죄로부터 돌아서서 하나님을 향하는 의식적(意識的) 돌아섬이라 정의할 수 있다』(개혁주의 구원론. 안토니오 후크마 저, 유호준 역 p.210).

2) 회개라는 말의 뜻

구약에서 회개에 해당하는 단어는 『니캄(מחנ, nicham)』과 『슈브(שׁוּב, shubh)』이다.

'니캄'(nicham)은 『유감스럽게 여기다, 불쌍히 여기다, 잘못에 대해 회개하다』라는 의미로서 종종 하나님께서 뜻을 돌이키신다는 뜻으로 사용되며, 또한 사람이 죄에 대해 슬퍼함을 가리키는 뜻으로 사용되기도 한다. "여호와께서 사람의 죄악이 세상에 관영함과 그 마음의 생각의 모든 계획이 항상 악할 뿐임을 보시고 땅위에 사람 지으셨음을 한탄하사 마음에 근심하시고"(창6:5-6), "여호와께서 뜻을 돌이키사 말씀하신 화를 그 백성에게 내리지 아니하시니라"(출32:14; 신32:36; 삿2:18).

"내가 돌이킴을 받은 후에 뉘우쳤고 내가 교훈을 받은 후에 내 볼기를 쳤사오니 이는 어렸을 때의 수치를 진고로 부끄럽고 욕됨이니이다 하도다"(렘31:19). "그러므로 내가 스스로 한하고 티끌과 재 가운데서 회개하나이다"(욥42:6).

또한 '슈브'(shubh)는 『돌이킨다, 반대 방향으로 가다』라는 의미를 가지고 있다. 그러므로 회개는 방향을 바꾼다는 의미로서, 잘못된 길, 즉 죄(왕상8:35)와 불의(욥36:10)와 사악함(겔3:19)과 악한 길(느9:35)에서 돌이켜 올바른 길, 즉 하나님께로 향하는 것을 뜻한다. **"여호와께서 가라사대 이스라엘아 네가 돌아오려거든 내게로 돌아오라…"**(렘4:1; 시51:13). "이스라엘아 네 하나님 여호와께로 돌아오라 네가 불의함을 인하여 엎드러졌느니라"(호14:1). "…그런즉 내게로 돌아오라 그리하면 나도 너희에게로 돌아가리라…"(말3:7).

신약에서 회개에 해당하는 단어는 『메타노이아(μετάνοια)』와 『에피스트레포(ἐπιστρέφω)』가 있다.

'메타노이아'는 히브리어 '니감'을 헬라어로 번역한 것으로서 내면적 변화를 의미하며, '에피스트레포'는 히브리어 '슈브'의 헬라어 번역으로써, 내면적 변화가 외형적으로 나타나는 삶의 변화를 가리키는 단어이다.

3) 회개의 요소

회개는 전인적(全人的)이며, 세 가지 요소를 포함하고 있다.

① **지적 요소**: 죄를 깨닫는 것이다. 죄를 깨닫게 하는 것은 성령의 사역인데, 성령께서는 율법을 통해 죄를 깨닫게 하신다. 성령께서는 율법을

거울삼아 우리 자신을 비추시므로 죄의 실상을 보게 하시고 깨닫게 하신다. "…내가 떠나가지 아니하면 보혜사가 너희에게로 오시지 아니할 것이요 가면 내가 그를 너희에게로 보내리니 그가 와서 죄에 대하여, 의에 대하여, 심판에 대하여 세상을 책망하시리라"(요16:7-8). "…율법으로 말미암지 않고는 내가 죄를 알지 못하였으니 곧 율법이 탐내지 말라 하지 아니하였더면 내가 탐심을 알지 못하였으리라"(롬7:7). "…율법으로는 죄를 깨달음이니라"(롬3:20).

② 감정적 요소: 거룩하신 하나님을 거역하여 범한 죄에 대해 슬퍼함이다. 자신의 넘치는 죄성을 깨달은 자는 자신에 대한 분노와 슬픔을 나타내게 된다. 이런 감정이 없다면 참된 회개라 할 수 없다.『경건한 슬픔의 근저에는 하나님을 향한 사랑이 가로 놓여져 있어야 한다. 하나님을 사랑하기에, 지은 죄에 대해 죄송스럽게 생각하는 것이며 슬퍼하는 것이다. 그러므로 죄에 대한 가장 깊은 슬픔은 십자가 밑에서 느껴지는 것이다』(안토니 A. 후크마)

"그러므로 내가 스스로 한하고 티끌과 재 가운데서 회개하나이다"(욥42:6). "세리는 멀리 서서 감히 눈을 들어 하늘을 우러러 보지도못하고 다만 가슴을 치며 가로되 하나님이여 불쌍히 여기옵소서 나는 죄인이로소이다 하였느니라"(눅18:13). "보라 하나님의 뜻대로 하게 한 이 근심이 너희로 얼마나 간절하게 하며 얼마나 변명하게 하며 얼마나 분하게 하며 얼마나 두렵게 하며 얼마나 사모하게 하며 얼마나 열심있게 하며 얼마나 벌하게 하였는가…"(고후7:11).

③ **의지적 요소**: 참된 회개는 내면적 변화가 외형적으로 나타나는 삶의 변화가 있어야 한다. 죄를 인식하고 슬퍼할 뿐 아니라 그 죄에서 떠나 감사하는 순종으로 하나님께 돌아가 섬김의 삶이 있어야 하는 것이다. 열매가 없는 회개는 참된 회개라 할 수 없다.

"악인은 그 길을, 불의한 자는 그 생각을 버리고 여호와께로 돌아오라…"(사55:7). "너희는 옷을 찢지 말고 마음을 찢고 너희 하나님께로 돌아올지어다"(욜2:13). "그러므로 회개에 합당한 열매를 맺고 속으로 아브라함이 우리 조상이라 말하지 말라 …하나님이 능히 이 돌들로도 아브라함의 자손이 되게 하시리라 … 좋은 열매 맺지 아니하는 나무마다 찍혀 불에 던지우리라"(눅3:8-9).

4) 믿음과 회개와의 관계

믿음과 회개와의 관계에 대해 오해하는 경우가 많다. 즉 믿음은 하나님의 은혜의 역사이고, 회개는 인간의 사역으로, 믿음과 회개를 별개의 것으로 분리시켜 생각하는 것이다. 그러나 믿음과 회개는 선후(先後) 관계가 아니라 동시적이라 할 수 있으며, 일평생 함께 지속되는 것이다. 『믿음과 회개는 다 하나님의 사역으로서 믿음은 하나님과의 관계가 주가 되고, 회개는 자신과의 관계가 주가 된다. 믿음의 눈은 하나님을 앙모하고 회개의 눈은 자기를 살핀다. 하나님 인식(認識)과 자기 인식(認識)이 마치 새끼 꼬듯이 엮어져 가는 것이다. 믿음 없는 회개, 회개 없는 믿음은 있을 수 없으며, 믿음과 회개는 분리될 수 없다』(w.신앙고백서 강해, 김준삼 목사 지음 p.166).

『구원받는 믿음은 회개 속에 깊이 잠겨져 있으며, 회개 역시 믿음 속에 깊이 스며져 있다』(존 머레이, John Murray). 그리고 믿음과 회개는 회심(回心, 돌이킴)의 구성 요소로서, 믿음도 회개도 다 하나님의 선물이다. "저희가 이 말을 듣고 잠잠하여 하나님께 영광을 돌려 가로되 그러면 하나님께서 이방인에게도 생명 얻는 회개를 주셨도다 하니라"(행11:18). "거역하는 자를 온유함으로 징계할지니 혹 하나님이 저희에게 회개함을 주사 진리를 알게 하실까 하며"(딤후2:25).

제 1절 회개(悔改)는 복음(福音)에서 오는 은혜

> 생명에 이르게 하는 회개는 복음에서 오는 은혜이다(슥12:10; 행11:18). 이 회개의 교리는 그리스도를 믿는 신앙의 교리의 경우와 마찬가지로 복음을 전파하는 모든 복음의 사역자들은 이 회개에 관한 교리를 설교해야 한다(눅24:47; 막1:15; 행20:21).

본 절에서는 생명에 이르는 회개는 복음에서 오는 은혜이며, 말씀의 사역자들은 믿음의 교리와 같이 회개의 교리도 설교해야 한다고 진술한다.

1) 생명을 얻는 회개는 복음적 은혜이다.

앞에서 언급한바 있지만 믿음은 하나님이 주시는 은혜이지만, 회개는 인간 편에서 행하는 것으로 오해하는 경향을 많이 볼 수 있다. 그래서 회개는 몇 시간, 몇 칠 간의 집회 등을 통해 해결할 수 있는 것으로 착각하게 되는 것이다. 그러나 믿음과 회개는 동시적이며, 일평생 지속되는 것임을 알아야 한다. 회심은 중생과 함께 단회적이나, 믿음과 회개는 평생 지속되는 것이다.

성경은 믿음과 함께 회개도 하나님이 주시는 은혜라고 증거한다. 회개는 내가 하지만, 그것은 하나님의 은혜의 주권 하에서 이루어지는 것이다. 그러므로 회개의 주체는 인간편이 아닌 하나님편인 것이다. 오직 성령만이 우리 안에 믿음과 회개를 불러일으키신다.

"내가 다윗의 집과 예루살렘 거민에게 은총과 간구하는 심령을 부어 주리니 그들이 그 찌른바 그를 바라보고 그를 위하여 애통하기를 독자를 위하여 애통하듯 하며 그를 위하여 통곡하기를 장자를 위하여 통곡하듯 하리로다"(슥12:10).

"...그러면 하나님께서 이방인에게도 생명 얻는 회개를 주셨도다 하니라"(행11:18).

2) 믿음의 교리와 함께 회개의 교리도 설교해야 한다.
중생의 은혜에 의한 돌이킴(회심)은 회개와 믿음으로 성립된다. 이 믿음과 회개는 분리될 수 없으며, 일평생 함께 지속되는 것이다. 그러므로 믿음이 없는 회개, 회개가 없는 믿음은 생명을 얻거나 구원에 이르는 참된 믿음과 회개가 아님을 알 수 있다. 그러므로 설교자는 믿음의 교리만을 설교하는데 그쳐서는 안 되며, 동시에 회개의 교리도 설교하며 강조해야 하는 것이다. 오늘날 교회 강단에서 믿음은 강조되고 있으나, 회개가 강조되지 않고 있는 것은 안타깝게도 그릇되어 있는 것이라 할 것이다.

회개 없는 믿음, 회개 없는 구원은 있을 수 없기 때문이다. 『우리는 항상 다음과 같은 진리의 양면성을 염두에 두어야 한다. ① 사람들로 하여금 회개토록 촉구하는 것이 설교자의 엄숙한 의무이다. ② 회개의 은사를 사람들에게 주권적으로 부여하시고 그들로 자기에게 돌아오게 하실 수 있는 분은 하나님이시다』(개혁주의 구원론, 안토니 A.후크마저, 류호준 역 p.215).

"...그의 이름으로 죄 사함을 얻게 하는 회개가 예루살렘으로부터 시작하여 모든 족속에게 전파될 것이 기록되었으니"(눅24:47), "가라사대 때가 찼고 하나님 나라가 가까웠으니 회개하고 복음을 믿으라 하시더라"(막1:15). "유대인과 헬라인들에게 하나님께 대한 회개와 우리 주 예수 그리스도께 대한 믿음을 증거한 것이라"(행20:21).

제 2절 회개(悔改)의 본질

> 회개로 말미암아 죄인은 자신의 죄가 위험할 뿐만 아니라 더럽고 추악하여, 하나님의 거룩하신 성품과 공의로우신 율법에 반대되는 것임을 눈으로 보고 깨달음으로 해서, 또한 그 죄를 회개하는 자들에게 그리스도 안에서 베풀어 주시는 하나님의 긍휼을 깨닫고 굳게 붙잡으며, 자기의 죄를 슬퍼하고 미워하며, 모든 죄에서 돌이켜 하나님께로 향하게 된다(겔18:30-31; 36:31; 사30:22; 시51:4; 렘31:18-19; 욜2:12-13; 암5:15; 시119:128; 고후7:11). 그리고 하나님과 동행하기로 작정하고 그의 모든 계명을 지키려고 노력하게 된다(시119:6, 59, 106; 눅1:6; 왕하23:25).

본 절에서 회개는 자신이 지은 죄가 무섭고, 더러우며, 추악하고 하나님의 거룩하신 성품과 율법에 반대되는 것을 깨달음과 동시에 그 죄를 회개하는 자들에게 그리스도 안에서 베푸시는 하나님의 긍휼을 깨달아 자신의 죄를 슬퍼하고 미워하며, 죄에서 돌이켜서 하나님과 동행하는 삶을 목적으로 그의 계명을 지키려고 노력하게 되는 것이라고 진술한다.

1) 회개는 믿는 자의 전인적(全人的: 지, 정, 의)인 행위이다.

앞에서 이미 살펴왔지만, 회개는 지성과 감정과 의지의 전면에 걸쳐 행해지는 변화로서 전인적인 행위이다.

① **지적(知的)인 면에서** 자신의 지은 죄가 무섭고, 더러우며, 추악하고 하나님의 거룩한 성품과 반대되는 것을 깨닫는 것이다.

"그 때에 너희가 너희 악한 길과 너희 불선한 행위를 기억하고 너희 모든 죄악과 가증한 일을 인하여 스스로 밉게 보리라"(겔36:31). "너희가 너희 소각한 우상에 입힌 은과 부어 만든 우상에 올린 금을 더럽게 하여 불결한 물건을 던짐 같이 던지며 이르기를 나가라 하리라"(사30:22). "대저 나는 내 죄과를 아오니 내 죄가 항상 내 앞에 있나이다… 내가 죄악 중에 출생하였음이여 모친이 죄 중에 나를 잉태하였나이다"(시51:3, 5).

② **감정적(感情的)인 면에서** 자신의 죄를 슬퍼하고 미워하며, 돌이켜 회개하는 자에게는 그리스도 안에서 베푸시는 하나님의 긍휼을 굳게 붙잡는 것이다. 참된 회개에는 죄에 대한 비탄(悲歎)만이 아니라, 하나님의 용서(容恕)에 대한 소망과 기쁨도 따라야 한다.

죄의 용서에 대한 소망으로 하나님의 긍휼을 붙잡지 않는 것은 온전한 회개가 아니다. "세리는 멀리 서서 감히 눈을 들어 하늘을 우러러 보지도 못하고 다만 가슴을 치며 가로되 하나님이여 불쌍히 여기옵소서 나는 죄인이로소이다 하였느니라"(눅18:13).

"하나님의 뜻대로 하는 근심은 후회할 것이 없는 구원에 이르게 하는 회개를 이루는 것이요 세상 근심은 사망을 이루는 것이니라 보라 하나님의 뜻대로 하게 한 이 근심이 너희로 얼마나 간절하게 하며 얼마나 변명하게 하며 얼마나 분하게 하며 얼마나 두렵게 하며 얼마나 사모하게 하며 얼마나 열심 있게 하며 얼마나 벌하게 하였는가..."(고후 7:10-11).

③ 의지적(意志的)인 면에서는 죄에서 돌이켜 하나님과 동행하는 삶을 목적으로, 그의 계명에 순종하기를 노력하게 된다. 참된 회개는 내면적 변화가 외형적으로 나타나는 삶의 변화가 있어야 하는 것이다. 감사하는 순종을 통하여 하나님께 돌아가 전적인 헌신으로 회개의 열매들을 맺어야 하는 것이다. 그러므로 회개는 전인적(지, 정, 의)으로 죄에서 돌이켜 일생을 하나님께로 향하여 생활해 나가는 행위인 것이다. "악인은 그 길을, 불의한 자는 그 생각을 버리고 여호와께로 돌아오라 그리하면 그가 긍휼히 여기시리라 우리 하나님께로 나아오라 그가 널리 용서하시리라"(사55:7). "내가 내 행위를 생각하고 주의 증거로 내 발을 돌이켰사오며 주의 계명을 지키기에 신속히 하고 지체치 아니하였나이다"(시119:59-60, 106).

"그러므로 내가 범사에 주의 법도를 바르게 여기고 모든 거짓 행위를 미워하나이다"(119:128).

"요시야와 같이 마음을 다하며 성품을 다하며 힘을 다하여 여호와를 향하여 모세의 모든 율법을 온전히 준행한 임금은 요시야 전에도 없었고 후에도 그와 같은 자가 없었더라"(왕하23:25).

2) 회개는 말씀의 설교를 통해 듣는 자들의 마음에서 일어난다.

회개(悔改)는 율법과 복음이 전하여질 때 듣는 자들의 마음에서 일어나는 것이다. 말씀을 통해 죄를 깨닫고 슬퍼하며, 미워하게 되고, 또한 회개하는 자에게 그리스도 안에서 베풀어지는 용서의 은혜를 깨닫게 되는 것이다. 그러므로 성령께서는 율법과 복음의 말씀을 통해 회개를 일으키신다. "…율법으로는 죄를 깨달음이니라…"(롬3:20). "…율법으로 말미암지 않고는 내가 죄를 알지 못하였으니…"(롬7:7). "또 왕에게 고하여 가로되 제사장 힐기야가 내게 책을 주더이다 하고 왕의 앞에서 읽으매 왕이 율법책의 말을 듣자 곧 그 옷을 찢으니라"(왕하22:10-11). "저희가 이 말을 듣고 마음에 찔려 베드로와 다른 사도들에게 물어 가로되 형제들아 우리가 어찌할꼬 하거늘"(행2:37).

"다윗이 나단에게 이르되 내가 여호와께 범죄하였노라 하매 나단이 다윗에게 대답하되 여호와께서도 당신의 죄를 사하셨나니…"(삼하12:13). "만일 우리가 우리 죄를 자백하면 저는 미쁘시고 의로우사 우리 죄를 사하시며 모든 불의에서 우리를 깨끗케 하실 것이요"(요일1:9).

3) 중생(重生)과 회개(悔改)와의 관계

회심(돌이킴)은 중생의 외형적 증거로서 회개와 믿음으로 구성된다. 중생과 회개의 차이점은, 중생은 무의식적(無意識的) 상태에서 이루어지는 성령의 사역인 반면에, 회개는 자각적(自覺的) 상태에서 이루어지는 성령의 사역이다. "삭개오가 서서 주께 여짜오되 주여 보시옵소서 내 소유의 절반을 가난한 자들에게 주겠사오며 만일 뉘 것을 토색한 일이 있으면 사배(四倍)나 갚겠나이다 예수께서 이르시되 오늘 구원이 이 집에 이르렀으니 이 사람도 아브라함의 자손임이로다"(눅19:8-9). 회개는 단회적 사건이며, 또한 반복적이다.

중생의 역사가 반복되지 않는 것처럼 구원에 이르는 회개(회심)도 단회적이다. 그러나 죄인이 하나님께로 돌이켰으나 연약성으로 인해 범죄하는 것에 대해 일평생 회개가 반복되는 것이다. **"예수께서 가라사대 이미 목욕한 자는 발 밖에 씻을 필요가 없느니라 온 몸이 깨끗하니라…"**(요13:10).

제 3절 회개를 통한 용서(容恕)도 하나님의 은혜

> 회개는 죄를 보상하는 근거나 죄 용서의 원인이 되는 것으로 믿어서는 안 된다(겔36:31-32, 16:61-63). 죄의 용서는 그리스도 안에서 하나님이 값없이 베풀어 주시는 은혜의 행위이다(호14:2,4; 롬3:24; 엡1:7). 그러나 회개는 모든 죄인에게는 반드시 필요하며, 누구도 회개하지 않고는 죄의 용서를 기대할 수가 없다(눅13:3, 5; 행17:30-31).

본 절에서는 회개가 죄를 보상하는 근거나 죄를 용서해 주는 원인이 아니라 죄의 용서는 그리스도 안에서 하나님 값없이 베푸시는 은혜의 행위다. 그러나 회개는 모든 죄인들에게 반드시 필요하며, 누구도 회개하지 않고서는 용서를 기대할 수 없다고 진술하고 있다.

1) 회개는 죄를 보상하는 근거나 용서의 원인이 되는 것 아니다.

가톨릭(Catholic)교회는 회개를 죄에 대한 변상(辨償) 행위로 간주하고, 고행이나 고해성사를 통해서도 죄값을 치를 수 있다고 주장한다. 회개가 믿음을 부여 받기 위한 조건이며, 죄 사함의 원인이라는 것이다. 즉 회개를 선행과 공적(功績)으로 생각하는 것이다. 그러나 본 절에서는 회개가 죄에 대한 변상이나 죄용서의 원인이 될 수 없다고 논박하고 있다. 죄 사함의 원인은 회개에 있는 것이 아니라 그리스도의 속죄와 중보 사역에 의하는 것이다. 만일 회개가 죄 용서의 원인이 되거나, 믿음을 부여 받는 조건이라면 회개는 인간의 공로가 되고, 구원은 결국 인간의 공로로 받는 것이 되어 은혜가 은혜 되지 못하게 되는 것이다. "내가 네게 내 언약을 세워서 너로 나를 여호와인줄 알게 하리니 이는 내가 네 모든 행한 일을 용서한 후에 너로 기억하고 놀라고 부끄러워서 다시는 입을 열지 못하게 하려 함이니라…"(겔16:62-63).

2) 죄의 용서는 하나님의 은혜의 행위다.

죄의 용서는 그리스도 안에서 하나님이 값없이 베풀어 주시는 은혜의 행위이다. 『하나님은 아무런 원칙 없이 긍휼을 베풀지 않으신다. 그분은 죄 사함을 회개와 죄의 고백과 연관시키셨다. 회개와 죄의 고백은 우리가 죄 사함을 받았다는 것을 보여주는 유일한 증거이며, 둘 다 우리 주 예수 그리스도를 통해 주어지는 하나님의 선물이다』(W.신앙고백서 해설. 로버트 쇼 저, 조계광 역 p.319).

"내가 저희의 패역을 고치고 즐거이 저희를 사랑하리니 나의 진노가 저에게서 떠났음이니라"(호14:4). "우리가 그리스도 안에서 그의 은혜의 풍성함을 따라 그의 피로 말미암아 구속 곧 죄 사함을 받았으니"(엡1:7), "그리스도 예수 안에 있는 구속으로 말미암아 하나님의 은혜로 값없이 의롭다 하심을 얻은 자 되었느니라"(롬3:24).

3) 회개는 하나님의 사역이며, 인간의 사역이다.

회개는 하나님의 은혜의 선물로서 복음적이며, 하나님의 사역인 동시에 인간의 사역인 것이다. 즉 하나님께서 인간으로 하여금 행하도록 하시는 사역이라 할 수 있다. 그러므로 성경은 회개를 촉구하면서도 그 회개는 하나님께서 주시는 선물임을 증거하고 있다.

회개는 인간 편에서 행동을 취하도록 하는 은혜의 선물인 것이다. 중생에서는 인간은 완전히 수동적이지만, 회개에서는 인간이 행동하고 움직이게 되는 것이다. 회개는 모든 죄인들의 의무(義務)이며, 회개는 내가 하지만 회개하도록 역사하시는 분은 하나님이시다. "악인은 그 길을, 불의한 자는 그 생각을 버리고 여호와께로 돌아오라 그리하면 그가 긍휼히 여기시리라 우리 하나님께로 나아오라 그가 널리 용서하시리라"(사55:7).

"...이스라엘 족속아 돌이키고 돌이키라 너희 악한 길에서 떠나라 어찌 죽고자 하느냐 하셨다 하라"(겔33:11). "이때부터 예수께서 비로소 전파하여 가라사대 회개하라 천국이 가까이 왔느니라 하시더라"(마4:17). "그러므로 너희가 회개하고 돌이켜 너희 죄 없이 함을 받으라 이같이 하면 유쾌하게 되는 날이 주 앞으로부터 이를 것이요"(행3:19). "...그러면 하나님께서 이방인에게도 생명 얻는 회개를 주셨도다 하니라"(행11:18).

『죄인이 유효소명에 의해 하나님께 부르심 받고 중생의 은혜에 의해서 죽었던 생명이 영적으로 다시 살아나게 되면, 그 영혼은 새로운 활동을 시작하게 되는데, 곧 회심(回心, 돌이킴)이 일어난다. 이 회심은 하나님께 대한 회개와 그리스도에 대한 믿음으로 성립되는 것이다』(신앙고백서 강해, 김준삼 목사 지음 p.169)

제 4절 죄를 경시(輕視)함에 대한 경고

> 아무리 작은 죄라도 정죄 받지 않는 죄는 없는 것과 같이(롬6:23; 5:12; 마12:36) 아무리 큰 죄라도 진실로 회개하는 자에게까지 정죄를 가져오는 죄란 없는 것이다(사55:7; 롬8:1; 사1:16,18).

본 절에서는 죄는 아무리 작아도 정죄 받지 않는 죄가 없으며, 아무리 큰 죄라도 진실히 회개하는 자에게는 정죄가 없다고 진술하여, 죄를 소죄(小罪)와 대죄(大罪)로 나누는 로마 가톨릭(R. Catholic)교회의 주장과 세례와 은혜를 받은 후에 범하는 중대한 죄는 뉘우치더라도 다시 사함을 받을 수 없다는 재세례파(再洗禮派)의 주장에 대해 논박하고 있다.

≪참고≫ 『재세례파(Anabaptist): 유아(幼兒)세례를 부정하고 성인(成人)세례만을 주장하던 분파』 가톨릭교회는 죄를 소죄(小罪)와 대죄(大罪)로 나눈다. 소죄는 마음속에 미움이나 비열한 행위들을 뜻하며, 이런 죄들은 성찬(영성체)에 의해 사해지고, 대죄는 신앙을 배반하거나 파렴치한 행위를 뜻하는데, 이런 죄는 고해성사(告解聖事)에 의해 사하여진다고 주장한다. 또한 재세례파는 세례와 은혜를 받은 후에 범하는 중대한 죄들은 회개하더라도 용서받을 수 없다고 주장한다.

그러나 성경은 죄가 크고 작고를 떠나서 죄는 모두 죽음의 형벌을 받는다고 증거한다. "**죄의 삯은 사망이요...**"(롬6:23). "**...기록된바 누구든지 율법 책에 기록된 대로 온갖 일을 항상 행하지 아니하는 자는 저주 아래 있는 자라 하였음이라**"(갈3:10). 그리고 죄는 어떤 인간의 의식(儀式)이나 행위에 의해 사함 받는 것이 아니라 오직 예수 그리스도의 속죄의 은혜로만 받는 것이다. 또한 은혜를 받은 후에 저질러진 중대한 죄라도 진심으로 뉘우치고 회개하면 사함을 받는다. "**다윗이 나단에게 이르되 내가 여호와께 죄를 범하였노라 하매 나단이 다윗에게 대답하되 여호와께서도 당신의 죄를 사하셨나니 당신이 죽지 아니하려니와**"(삼하12:13). "**이에 베드로가 예수의 말씀에 닭 울기 전에 네가 세번 나를 부인하리라 하심이 생각나서 밖에 나가서 심히 통곡 하니라**"(마26:75). "**만일 우리가 우리 죄를 자백하면 저는 미쁘시고 의로우사 우리 죄를 사하시며 모든 불법에서 우리를 깨끗케 하실 것이요**"(요일1:9).

≪사망(死亡)에 이르는 죄≫

사망에 이르는 죄란 사함을 받지 못하는 죄를 의미한다. 이런 죄는 십계명중 어느 하나만을 범하거나, 부분적인 죄가 아니고 하나님을 완전히 떠나 버리는 배교를 말함이다.

『예수님은 "…성령을 훼방하는 것은 사하심을 얻지 못하겠고"라는 말씀으로 사망에 이르는 죄가 성령 훼방 죄임을 분명히 하셨다. '성령 훼방 죄'란 성령의 역사와 능력을 힘입어 예수가 그리스도이심을 증거하는 사도들의 증거를 거부하고 배교하며, 적그리스도에 소속되어 끝내 회개하지 않는 것을 말한다』(그랜드종합주석 16권 p.575 & F. F.브르스 성경주석. 요한1. 2. 3서, 이상원 옮김 p.161 참고).

"누구든지 형제가 사망에 이르지 아니한 죄 범하는 것을 보거든 구하라 그러면 사망에 이르지 아니하는 범죄자들을 위하여 저에게 생명을 주시리라 사망에 이르는 죄가 있으니 이에 대하여 나는 구하라 하지 않노라"(요일5:16). "…내가 너희에게 이르노니 사람의 모든 죄와 훼방은 사하심을 얻되 성령을 훼방하는 것은 사하심을 얻지 못하겠고"(마12:31).

제 5절 죄에 대한 회개(悔改)는 의무

> 누구든지 일반적인 회개로 만족해서는 안 된다. 각자 자기의 죄들을 낱낱이 개별적으로 힘써 회개하는 것이 모든 사람의 의무다(시19:13; 눅 19:8; 딤전1:13, 15).

본 절에는 죄에 대해 전체적으로 회개 했다고 만족해서는 안되며, 자신의 죄를 하나하나 구체적으로 회개하도록 노력하는 것이 사람의 의무라고 진술한다.

1) 일반적인 회개로 만족해서는 안 된다.

누구든지 자신의 죄를 낱낱이 기억하는 사람은 없을 것이다. 그렇다고 두루뭉술하게 자신이 죄인이라는 사실을 인정하는 것만으로 충분하다고 만족해서는 안 된다는 것이다. 역사적 믿음의 특징이 바로 그렇다. 믿음이나 회개에 대해서 지적인 동의로 만족하는데 그친다. 그래서 자신이 하나님 앞에 죄인이라는 사실에 대해 마음속 깊이 아픔이나 슬픔을 느끼지 않는다. 이것은 참 믿음이나 참 회개가 아닌 것이다. "자기 허물을 능히 깨달을 자 누구리요 나를 숨은 허물에서 벗어나게 하소서 또 주의 종으로 고범죄를 짓지 말게 하사 그 죄가 나를 주장치 못하게 하소서 그리하시면 내가 정직하여 큰 죄과에서 벗어나겠나이다"(시19:12-13). "내가 넘어지게 되었고 나의 근심이 항상 내 앞에 있사오니 내 죄악을 고하고 내 죄를 슬퍼함이니이다"(시38:17-18).

2) 회개는 전체적이며 구체적으로 해야 한다.

인간은 태어날 때부터 이미 아담 안에서 죄책을 짊어지고 나온 죄인(원죄)임을 인정하고 회개할 뿐 아니라 스스로 행한 죄(자범죄, 현실죄)들을 구체적으로 찾아내어 고백하며 회개하기를 노력해야 한다. 물론 그 많은 죄들을 스스로 다 기억할 수는 없다해도 포기하지 말고 가능한 한 진실히 회개하기를 힘써야 한다는 것이다. 하나님의 사랑에 대한 배신과 패역에 대해 마음 깊이 아픔을 느끼며 애통하기까지 진실히 뉘우치며 회개해야 하는 것이다.

"대저 나는 내 죄과를 아오니 내 죄가 항상 내 앞에 있나이다 내가 주께만 범죄하여 주의 목전에 악을 행하였사오니…"(시51:3-4), "…나의 구원의 하나님이여 피 흘린 죄에서 나를 건지소서…"(시51:14). "내가 이르기를 내 허물을 여호와께 자복하리라 하고 주께 내 죄를 아뢰고 내 죄악을 숨기지 아니하였더니 곧 주께서 내 죄의 악을 사하셨나이다"(시32:5). "내가 전에는 훼방자요 핍박자요 폭행자이었으나 도리어 긍휼을 입은 것은 내가 믿지 아니할 때에 알지 못하고 행하였음이라… 내가 죄인 중에 괴수니라"(딤전1:13, 15). "삭개오가 서서 주께 여짜오되 주여 보시옵소서 내 소유의 절반을 가난한 자들에게 주겠사오며 만일 뉘 것을 토색한 일이 있으면 사배나 갚겠나이다"(눅19:8).

제 6 절 죄의 고백(告白)과 용서

> 각 사람은 자기 죄를 하나님께 개인적으로 고백해야 하며, 그 죄에 대한 용서를 간구해야 한다(시51:4-5, 7, 9, 14, 32:5-6). 그렇게 간구하고, 죄들을 버릴 때 죄의 용서를 받게 되며, 긍휼을 입게 된다(잠28:13; 요일1:9). 형제나 그리스도의 교회에 죄를 지은 사람은 사적으로나, 공적으로 자기의 죄를 고백하며, 슬피 뉘우치고, 잘못을 끼친 사람들에게 자신의 회개하였음을 나디니야 한다(약5:16; 눅17:3-4; 수7:19; 시51:). 그러면 피해를 입었던 자는 그와 화해하고 사랑으로 그를 받아들여야 한다(고후2:8).

본 절에서는 자기 죄를 하나님께 개인적으로 고백하며 용서를 구하고 죄들을 버릴 때 사함과 긍휼을 입게 된다. 형제나 교회에 죄를 지은 사람은 사적(私的)으로나 공적(公的)으로 자기의 죄를 고백하고 뉘우쳐야 하며, 잘못을 끼친 사람들에게 자신이 회개했음을 나타내야 한다. 그러면 피해를 입었던 자들은 그와 화해하고 사랑으로 너그럽게 받아들여야 한다고 진술한다.

1) 죄는 하나님께 개인적으로 고백하며 용서를 구해야 한다.

가톨릭교회는 영세(세례)를 받은 뒤 저지른 대죄(大罪)는 사제(신부)에게 은밀히 죄를 고백하고(고해성사) 사면 받는 것이 하나님이 정하신 유일한 속죄수단이라고 주장한다. 그들에 의하면 원죄는 세례에 의해서 사하여지고, 소죄(小罪)는 성찬(영성체)에 의해 사하여지며, 대죄(大罪)는 고해성사에 의해서 사하여진다는 것이다. 이에 대해 그들은 "너희가 뉘 죄든지 사하면 사하여질 것이요 뉘 죄든지 그대로 두면 그대로 있으리라"(요20:23). "…너희 죄를 서로 고하며…"(약5:16)라는 성경의 구절들을 근거로 내세운다. 그러나 이 구절들이 사제(司祭)에게 죄를 고백하라는 내용과는 전혀 상관이 없다. 성경은 그들이 주장하는 속죄의 수단이나 죄를 사하는 권위에 대해 성경은 어디에서도 지지해 주지 않는다. 그러므로 모든 사람은 자기의 죄를 개인적으로 하나님께 고백해야 한다. 개인적으로 하나님께 죄를 자백하며, 죄를 버릴 때에 사제에게 죄를 고백하지 않아도 하나님께 용서와 긍휼을 얻게 되는 것이다. 오직 그리스도만이 영원한 우리의 구속주와 중보자이심을 잊지 말아야 한다. 그리스도 안에서 우리의 죄를 숨기지 아니하고 하나님 아버지께 자백하며 회개할 때 용서받는 것이다.

"하나님이여 나의 구원의 하나님이여 피 흘린 죄에서 나를 건지소서 내 혀가 주의 의를 높이 노래하리이다"(시51:14). "내가 이르기를 내 허물을 여호와께 자복하리라 하고 주께 내 죄를 아뢰고 내 죄악을 숨기지 아니하였더니 곧 주께서 내 죄의 악을 사하셨나이다"(시32:5).

2) 죄는 고백하고 버려야 참된 회개다.

하나님은 전지(全知)하시므로 하나님의 눈을 피해 감출 수 있는 것은 아무 것도 없다. 하나님은 인간의 행동뿐만 아니라 마음까지도 살피신다. "사람의 행위가 자기 보기에는 모두 정직하여도 여호와는 심령을 감찰하시느니라"(잠21:2). 그러므로 죄를 숨기는 것은 하나님을 멸시(蔑視)하는 것이다. 그것은 하나님을 속일 수 있다고 생각하고 행동하는 것이기 때문이다. 참된 회개는 자기의 죄를 낱낱이 고백할 뿐 아니라, 그 죄들을 버리는 것이다. 잘못된 생각과 행실을 버려야 한다. 열매가 없는 회개는 참된 회개가 될 수 없기 때문이다. "자기의 죄를 숨기는 자는 형통하지 못하나 죄를 자복하고 버리는 자는 불쌍히 여김을 받으리라"(잠28:13). "악인은 그 길을, 불의한 자는 그 생각을 버리고 여호와께로 돌아오라 그리하면 그가 긍휼히 여기시리라… 그가 널리 용서하시리라"(사55:7). "그러므로 회개에 합당한 열매를 맺고… 이미 도끼가 나무 뿌리에 놓였으니 좋은 열매 맺지 아니하는 나무마다 찍어 불에 던지우리라"(마3:8, 10). "도적질하는 자는 다시 도적질하지 말고 돌이켜 빈궁한 자에게 구제할 것이 있기 위하여 제 손으로 수고하여 선한 일을 하라"
(엡4:28; 롬13:13-14).

3) 죄에 대한 회개는 사적으로나 공적으로 나타내야 한다.

죄의 고백은 자신과 하나님과의 관계이나 대인(對人)관계도 빼놓을 수 없다. 하나님 앞에 죄를 고백했다고 해서, 다른 사람에게 저지른 죄에 대해서는 용서를 구하지 않는다면 온전한 회개라고 할 수 없다. 또한 사람에게 용서를 구하였다고 해서 하나님께 용서를 구하지 않는 것도 옳지 않다. 사적으로 사람에게 범한 죄뿐만 아니라 교회에 공적으로 저지른 죄에 대해서도 죄를 고백하고 하나님의 영광을 가린 죄에 대해 회개하여 하나님께 영광을 돌려야 한다.

① 사적(私的)으로 저지른 죄

대인관계에서 타인을 중상, 비방하고 훼방하여 그 명예를 실추시켰거나, 물질적인 피해를 끼치거나, 여러 가지 일들로 상처를 입힌 경우에는 진심으로 자신의 잘못을 고백하고 용서를 구하며, 자신이 저지른 피해를 보상하기 위해 노력해야 한다. 이에 따르는 어떤 수치라도 감당하고 받아드릴 자세를 취함으로써 진실한 회개를 나타내야 한다.

"…예물을 제단에 드리다가 거기서 네 형제에게 원망들을 만한 일이 있는 줄 생각나거든 예물을 제단 앞에 두고 먼저 가서 형제와 화목하고 그 후에 와서 예물을 드리라"(마5:23-24). "삭개오가 서서 주께 여짜오되… 만일 뉘 것을 토색한 일이 있으면 사배나 갚겠나이다"(눅19:8). "…내 몸에서 난 아들도 내 생명을 해하려 하거든 하물며 이 베냐민 사람이랴 여호와께서 저에게 명하신 것이니 저로 저주하게 버려두라… 시므이는 산비탈로 따라가면서 저주하고 저를 향하여 돌을 던지며 티끌을 날리더라"(삼하16:11, 13).

② 공적(公的)으로 저지른 죄

그리스도의 교회에 죄를 저질렀을 경우에도 공적으로 자신의 죄를 고백하고 용서를 구해야 한다. 교회를 비방하거나 훼방하여 주님의 몸된 교회의 영광을 가리우고, 망령되이 행한 일들에 대해 진심으로 고백하고 뉘우치며 용서를 구해야 하는 것이다.

"…유대인에게나 헬라인에게나 하나님의 교회에나 거치는 자가 되지 말고"(고전10:32). "내가 이전에 유대교에 있을 때에 행한 일을 너희가 들었거니와 하나님의 교회를 심히 핍박하여 잔해하고…"(갈1:13), "내가 전에는 훼방자요 핍박자요 폭행자이었으나… 죄인 중에 내가 괴수니라"(딤전1:13, 15). "여호수아가 아간에게 이르되 내 아들아 청하노라 이스라엘의 하나님 여호와께 영광을 돌려 그 앞에 자복하고 네 행한 일을 내게 고하라 그 일을 내게 숨기지 말라"(수7:19).

4) 죄를 고백하며 용서를 구할 때는 사랑으로 받아들여야 한다.

사적으로나 공적으로 범죄한 자가 죄를 고백하며, 진실한 회개를 나타낼 때에는 용서하고 화해하며 사랑으로 받아들여야 한다. 우리도 용서받은 자들임을 기억하고, 회개하는 자들은 개인적으로나 교회적으로 용서하며 받아들여야 하는 것이다. 하나님께서 용서 하시는 자를 어느 누구도 정죄할 권리가 없기 때문이다.

"...만일 네 형제가 죄를 범하거든 경계하고 회개 하거든 용서하라 만일 하루 일곱번이라도 네게 죄를 얻고 일곱번 네게 돌아와 내가 회개하노라 하거든 너는 용서하라 하시더라"(눅17:3-4; 마18:21-22). "그러므로 너희를 권하노니 사랑을 저희에게 나타내라"(고후2:8).

제 16장
선행(善行)에 대하여

하나님의 택하심과 부르심에 의해 거듭난 신자들에게는 성화(聖化)를 위해 그들로 하여금 선한 일을 수행할 수 있도록 하나님께서 성령으로 역사하신다. 그러므로 구원받은 신자들에게는 선행이 필연적으로 나타날 수 밖에 없다. 이 선행들은 구원의 조건이 아니라 구원의 열매로 나타나는 것이다. 다시 말해 신자들은 선행 때문에 구원을 받은 것이 아니라 선행을 위해 구원을 받은 것이다.

"사람아 주께서 선한 것이 무엇임을 네게 보이셨나니 여호와께서 네게 구하시는 것이 오직 공의를 행하며 인자를 사랑하며 겸손히 네 하나님과 함께 행하는 것이 아니냐"(미6:8).

"우리는 그의 만드신 바라 그리스도 예수 안에서 선한 일을 위하여 지으심을 받은 자니 이 일은 하나님이 전에 예비하사 우리로 그 가운데서 행하게 하려 하심이니라"(엡2:10).

『우리가 은혜를 받으려고 선행에 의존하는 것이 아니라, 우리가 하나님의 뜻을 이행하고 그분을 영화롭게 하기 위하여 선행을 행해야 한다고 우리는 가르침 받았다. 은혜와 죄 사함을 받는 것은 언제나 오직 믿음뿐이다. 믿음으로 말미암아 성령이 주신바 되었을 때, 그 마음에 선한 일을 하고자 하는 마음이 일어나게 된다』(아우그부르크 신앙고백서. 제20조

믿음과 선행에 대해서.1530).

"모든 선한 일에 너희를 온전케 하사 자기 뜻을 행하게 하시고 그 앞에 즐거운 것을 예수 그리스도로 말미암아 우리 속에 이루시기를 원하노라…"(히13:21).

"이같이 너희 빛을 사람 앞에 비취게 하여 저희로 너희 착한 행실을 보고 하늘에 계신 너희 아버지께 영광을 돌리게 하라"(마5:16).

제 1절 선행의 규준(規準)

> 선행(善行)이란 하나님께서 그의 거룩하신 말씀으로 명령하신 것들만을 가리킨다(미6:8; 롬12:2; 히13:21). 성경에 근거함이 없이 맹목적인 열심에 의한 것이나 선의(善意)를 가장하여 고안(考案)해 낸 것들은 선행이 아니다(마15:9; 사29:13; 벧전1:8; 롬10:2; 삼상15:21-23; 요16:2).

본 절에서는 선행이란 무엇을 근거로, 어떤 행위들을 선행으로 규정해야 하는지를, 선행의 규준을 제시해 주고 있다. 선행이란 하나님께서 거룩하신 말씀으로 명령한 것들만을 가리키는 것이며, 성경에 근거함이 없는 맹목적 열심이나 선한 의도를 가장(假裝)해서 임의로 규정한 것들은 선행이 아니라고 진술하고 있다.

1) 선행은 하나님께서 말씀으로 명령하신 것뿐이다.

일반적으로 선행이라 할 때 자선을 베풀거나 봉사의 행위들을 생각한다. 그러나 선행은 먼저 하나님과의 관계에서 이해하여야 한다. 성경에 의하면 참된 선행은 하나님의 말씀에 명령되어져 있는 것만이 선(善)의 길을 여는 것이다. 그러므로 성경에 근거하지 않은 맹목적인 열정이나 사람들이 좋다고 생각하는 것이나 사람이 정한 것에 기초한 것들은 선이 될 수 없다.

하이델베르크 요리문답 제91문에서 선행에는 3가지 요소가 갖추어져야 한다고 가르치고 있다.

① 선행의 근거(원인, 동기)는 참 믿음에서 나와야 한다.

선한 행위는 참 믿음에서 나오는 것이다. 참된 믿음은 그리스도의 공로와 중보에 근거하는 것으로서, 우리 자신과 행위들도 그리스도의 중보 사역으로 인해 하나님께서 받으시는 것이다. 믿음 밖에 있는 자들은 깨끗하지 못하기 때문에 그들의 모든 행위가 다 더러운 것이다. 그러므로 선행의 근거는 참 믿음인 것이다. **"믿음이 없이는 기쁘시게 못하나니……."**(히11:6), **"…믿음으로 좇아 하지 아니하는 모든 것이 죄니라"**(롬 14:23).

② 선행의 규준(내용)은 하나님의 말씀이다.

행위가 하나님 보시기에 선한 것이 되려면 하나님께서 명령하신 것이라야 한다. 하나님이 명령하신 것이란 율법 곧 십계명이다. 율법은 복종의 유일한 규칙으로서, 선행이란 율법에 따라 행해지는 것이다. 이 율법의 말씀에 근거하지 않고 인간의 맹목적 열심이나, 임의(任意)대로 규정하는 것은 아무리 훌륭해 보이더라도 선행으로 간주될 수 없다. 예수께서는 바리새인들의 선행을 인정하지 않으셨다. 그것은 그들이 장로들의 전통이나 스스로 규칙을 만들어 지켰을 뿐, 하나님의 명령과는 상관이 없었기 때문이다. "이 백성이 입술로는 나를 존경하되 마음은 내게서 멀도다 사람의 계명으로 교훈을 삼아 가르치니 나를 헛되이 경배하는도다..."(마15:8-9).

"사람들이 너희를 출교할 뿐 아니라 때가 이르면 무릇 너희를 죽이는 자가 생각하기를 이것이 하나님을 섬기는 예라 하리라"(요16:2; 행26:9-11).

"사무엘이 가로되 여호와께서 번제와 다른 제사를 그 목소리 순종하는 것을 좋아하심 같이 좋아하시겠나이까 순종이 제사보다 낫고 듣는 것이 수양의 기름보다 나으니"(삼상15:22).

"나는 여호와 너희 하나님이라 너희는 나의 율례를 따르며 나의 규례를 지켜 행하고"(겔20:19).

③ **선행의 목적은 하나님의 영광이어야 한다.**
어떤 행위도 선(善)이 되려면, 원칙적으로 하나님의 존귀와 영광을 위한 것이어야 한다. 존귀에는 사랑, 존경, 순종, 그리고 감사가 포함된다. 그러므로 무슨 일이든 하나님의 영광을 위한 것은 하나님을 향한 사랑과 존경과 순종을 나타내기 위함이며, 또한 하나님의 은혜에 대하여 감사를 표하기 위해 행하는 것이다. 그렇지 않고 자기 자신의 영광을 드러내기 위한 일이라면 아무리 훌륭해 보인다 해도 선행이 될 수 없으며, 이기적 욕망에서 나온 외식(外飾)에 불과할 뿐이다. "그런즉 너희가 먹든지

마시든지 무엇을 하든지 다 하나님의 영광을 위하여 하라"(고전10:31). "이같이 너희 빛을 사람 앞에 비취게 하여 저희로 너희 착한 행실을 보고 하늘에 계신 너희 아버지께 영광을 돌리게 하라"(마5:16).

하나님께서 인정하시는 참된 선행은 하나님의 영광을 목적으로 하는 사랑과 믿음에서 나오는 행위여야 하며, 하나님의 명하신 말씀이 규준(規準)이어야 한다.

제 2절 선행은 믿음의 결실

> 하나님의 계명에 순종함으로써 이루어지는 선행은 참되고 살아있는 믿음의 열매이며 증거들이다(약2:18,22). 그리고 신자들은 이 선행을 통하여 감사를 나타내며(시116:12-13; 벧전2:9), 확신을 견고케 하며(요일2:3, 5; 벧후1:5-10), 형제들에게 덕을 세우며(고후9:2; 마5:16), 복음의 가르침을 아름답게 빛내며(딛2:5, 9-11; 딤전6:1), 대적자들의 입을 막고(벧전2:15), 하나님을 영화롭게 한다(벧전2:12; 빌1:11; 요15:8). 신자들은 하나님이 지으신 바요 예수 그리스도 안에서 창조된 것이므로 거룩함에 이르는 열매를 맺음으로써 결국은 영생을 소유하게 된다(롬6:22).

본 절에서는 말씀에 순종하므로 나타나는 선행들은 믿음의 열매이며, 이 선행이 가져다주는 유익과 효용은 감사를 나타내고, 믿음을 견고케 히며, 형제들에게 덕을 세우고, 복음의 교훈을 빛내며, 대적들의 입을 막고, 하나님을 영화롭게 하는 것이다. 신자들은 이러한 거룩함에 열매를 맺어 마지막에는 영생을 소유하게 된다고 진술한다.

1) 선행은 살아있는 믿음의 열매이며 증거들이다.

살아 성장하는 식물은 반드시 열매를 맺는다. 마찬가지로 살아있는 참된 믿음은 선한 행위의 열매를 맺는다. 이 열매로서 그 믿음이 참됨을 증거하는 것이다. 선행이 유발(誘發)되지 않는 믿음은 죽은 믿음이라고 성경은 증거한다. 선행은 구원의 열매인 것이다.

"내 형제들아 만일 사람이 믿음이 있노라 하고 행함이 없으면 무슨 이익이 있으리요 그 믿음이 능히 자기를 구원하겠느냐... 이와 같이 행함이 없는 믿음은 그 자체가 죽은 것이라"(약2:14, 17).

"네가 보거니와 믿음이 그의 행함과 함께 일하고 행함으로 믿음이 온전케 되었느니라"(약2:22).

2) 선행은 감사를 표하는 가장 적절한 방법이다.

선행은 하나님에 대한 사랑과 존경, 순종을 나타내기 위함이며, 또한 하나님의 은혜에 대하여 감사를 표하는 가장 적절한 방법 중에 하나라 할 수 있다. 올바른 감사는 입술로만이 아니라 선행이 수반(隨伴)되어야 한다. 이 선행은 하나님의 말씀에 즐거이 순종하므로 행하는 삶으로서의 감사인 것이다.

『참된 믿음으로 그리스도에게 접붙임을 받은 자들로서는 감사의 열매를 맺지 않을 수 없다』(하이델베르크 요리문답 64문).

"여호와께서 내게 주신 모든 은혜를 무엇으로 보답할꼬 내가 구원의 잔을 들고 여호와의 이름을 부르며 여호와의 모든 백성 앞에서 나의 서원을 여호와께 갚으리로다"(시:116:12-14). "삭개오가 서서 주께 여짜오되 주여 보시옵소서 내 소유의 절반을 가난한 자들에게 주겠사오며..."(눅19:8).

"그 때에 임금이 그 오른편에 있는 자들에게 이르시되 내 아버지께 복 받을 자들이여... 내가 주릴 때에 너희가 먹을 것을 주었고 목마를 때에 마시게 하였고 나그네 되었을 때에 영접하였고 벗을 때에 옷을 입혔고 병들었을 때에 돌아보았고 옥에 갇혔을 때에 와서 보았느니라... 너희가 여기 내 형제 중에 지극히 작은 자 하나에게 한 것이 곧 내게 한 것이니라"(마25:34-36, 40).

3) 선행은 믿음의 확신을 더욱 견고하게 한다.

선행은 감사만이 아니고 믿음을 강하게 하는 효력이 있다. 선행의 열심에 의해서 확신을 얻게 된다. 그러나 믿음과 확신을 얻을 목적으로 선행을 하는 것이 아니다. 그렇게 되면 율법주의가 되고 만다. 참된 믿음은 선행을 낳고, 그 선행으로 믿음을 증거하는 것이다. "우리가 그의 계명을 지키면 이로써 우리가 저를 아는 줄로 알 것이요... 누구든지 그의 말씀을 지키는 자는 하나님의 사랑이 참으로 그 속에서 온전케 되었나니 이로써 우리가 저 안에 있는 줄을 아노라"(요일2:3, 5). "사랑하는 자들아 만일 우리 마음이 우리를 책망할 것이 없으면 하나님 앞에서 담대함을 얻고 무엇이든지 구하는 바를 그에게 받나니 이는 우리가 그의 계명들을 지키고 그 앞에서 기뻐하시는 것을 행함이라"(요일3:21-22).

4) 선행은 형제들에게 덕(德)을 세운다.

선행은 다른 형제들에게 본보기가 되어 선행을 자극하게 된다. 이로 인해 많은 사람들이 분발(奮發)하게 된다. "성도를 섬기는 일에 대하여 내가 너희에게 쓸 필요가 없나니 이는 내가 너희의 원함을 앎이라 내가 너희를 위하여 마게도냐인들에게 아가야에서는 일 년 전부터 예비하였다 자랑하였는데 과연 너희 열심이 퍽 많은 사람들을 격동시켰느니라"(고후9:1-2).

5) 선행은 복음의 가르침을 아름답게 빛낸다.

풍성한 열매는 나무를 아름답게 장식하여 빛내듯이, 믿음의 열매는 복음의 교훈을 아름답게 빛내며, 기독교의 신앙을 아름답게 장식하는 것이다. "…오직 선한 충성을 다하게 하라 이는 범사에 우리 구주 하나님의 교훈을 빛나게 하려 함이라"(딛2:10).

"이 복음이 이미 너희에게 이르매 너희가 듣고 참으로 하나님의 은혜를 깨달은 날부터 너희 중에서와 같이 또한 온 천하에서도 열매를 맺어 자라는도다"(골1:6; 살전1:2-4, 7)

6) 선행은 대적자들의 입을 막는다.

신자들이 선한 일을 행하며, 복음에 합당한 말을 하고, 기독교의 진실성을 나타냄으로써 진리를 대적하는 자들의 입을 막고 침묵시킬 수 있다. 그것은 그들이 복음을 비방하며, 방탕을 일삼는 것들이 합당치 못하다는 것을 일깨워 부끄러워지게 하기 때문이다.

"너희가 이방인 중에서 행실을 선하게 가져 너희를 악행한다고 비방하는 자들로 하여금 너희 선한 일을 보고 권고하시는 날에 하나님께 영광을 돌리게 하려 함이라"(벧전2:12). "곧 선행으로 어리석은 사람들의 무식한 말을 막으시는 것이라"(벧전2:15).

7) 선행은 하나님을 영화롭게 한다.

소요리문답 제1문에서 인생의 제일 되는 목적은『하나님을 영화롭게 하는 것』이라고 가르치고 있다. 신자들이 구원의 열매로서 선행을 나타낼 때에 하나님을 영화롭게 하는 것이다. 그러므로 신자들은 하나님의 영광을 목적으로 선행에 힘쓰는 삶이 되어야 한다.

"너희가 과실을 많이 맺으면 내 아버지께서 영광을 받으실 것이요 너희가 내 제자가 되리라"(요15:8).
"이같이 너희 빛을 사람 앞에 비취게 하여 저희로 너희 착한 행실을 보고 하늘에 계신 너희 아버지께 영광을 돌리게 하라"(마5:16, 계3:1-2 비교). "예수 그리스도로 말미암아 의의 열매가 가득하여 하나님의 영광과 찬송이 되게 하시기를 원하노라"(빌1:11).

8) 선행은 영생을 얻는 증표가 된다.

선행이란 믿음으로 구원을 얻은 신자들에게서 필히 나타나는 구원의 합당한 열매로서, 영생을 얻는 조건은 될 수 없다. 그러나 선행은 영생을 얻는 자들이 반드시 갖추어야 하는 요건이다. 행함이 없는 믿음은 죽은 믿음이기 때문이다.『칭의를 얻는 믿음은 사람 안에서 홀로 있는 것이 아니라 다른 모든 은사와 함께 있다. 이 믿음은 또한 죽은 믿음이 아니라 사랑으로 역사하는 믿음이다"(본 고백서 제11장 2절). 선행은 구원의 조건이 될 수 없다. 그러나 선행의 열매는 영생을 얻는 증표가 된다. "**우리는 그의 만드신 바라 그리스도 예수 안에서 선한 일을 위하여 지으심을 받은 자니 이 일은 하나님이 전에 예비하사 우리로 그 가운데서 행하게 하려 하심이니라**"(엡2:10).

"...이제는 너희가 죄에게서 해방되고 하나님께 종이 되어 거룩함에 이르는 열매를 얻었으니 이 마지막은 영생이라"(롬6:22).

제 3절 선행의 능력(能力)은 성령의 역사

> 선을 행할 수 있는 힘은 그들 자신에게서 나오는 것이 아니라 전적으로 그리스도의 영으로부터 나온다(요15:4-6; 겔36:26-27). 또한 선을 행할 수 있으려면 이미 받은 은혜 이외에도 그들 안에서 역사하여 자기의 기쁘신 뜻을 위해 그들로 하여금 소원을 두고 행하게 하시는 성령의 실제적인 감화가 필요하다(빌2:13, 4:13; 고후3:5). 그렇다고 해서 성령의 특별한 역사가 없으면 아무런 의무도 실천할 필요가 없는 것으로 오해하여 나태에 빠져서는 안 되며, 자기 안에 있는 하나님의 은혜를 힘써 불일 듯하게 해야 한다(빌2:12; 히6:11-12; 벧후1:3, 5, 10, 11; 사64:7; 딤후1:6; 행26:6-7; 유20-21).

본 절에서는 신자들이 선을 행할 수 있는 능력은 자신에게서가 아니라 그 안에 거하시는 성령에게서 나온다. 이 성령의 역사로 인해 하나님의 뜻을 행하려는 마음이 생겨나고 행하게 된다. 그러나 성령의 특별한 역사가 없이는 아무런 의무도 행할 필요가 없는 것 같이 태만에 빠져서는 안 된다. 오히려 부지런히 자기 안에 있는 하나님의 은사가 불일 듯 일어나도록 힘써야 한다고 진술한다.

1) 선을 행할 능력은 전적으로 그리스도의 영으로부터 나온다.

선행의 능력은 우리 자신에게서가 아니라 성령의 역사에 의해서 나오는 것이다. 인간은 성령으로 거듭나는 중생이 없이는 하나님이 보시기에 어떤 선한 일도 할 수 없는, 영적으로 죽어 있고 전적으로 부패하고 무능한 존재이다. 그러므로 중생이 없이는 어떤 행위도 하나님을 기쁘시게 할 수 없다. 인간의 선을 행할 능력은 오직 성령에게서 나오는 것이다. 믿음은 선행의 원인이며, 이 믿음은 하나님께로부터 주어지는 선물이다. 그러므로 믿음의 열매인 선행은 하나님께로서 오는 것이다. "…새 영을 너희 속에 두고 새 마음을 너희에게 주되 니희 육신에서 굳은 마음을 제하고 부드러운 마음을 줄 것이며 또 내 신을 너희 속에 두어 너희로 내 율례를 행하게 하리니 너희가 내 규례를 지켜 행할지라"(겔36:26-27). "…저가 내 안에, 내가 저 안에 있으면 이 사람은 과실을 많이 맺나니 나를 떠나서는 너희가 아무 것도 할 수 없음이라"(요15:5).

2) 선을 행하기 위해서는 이미 받은 은혜 외에도 성령의 실제적인 감화가 필요하다.

선행은 중생의 은혜만이 아니라 동일한 성령의 계속적인 역사를 통하여 이루어진다. 성령에 의한 중생의 은혜를 받았다 해도 성령의 지속적인 영향력과 지도하심이 없다면 결코 선행을 할 수 없고 도리어 죄악에 빠질 수밖에 없다. 그러므로 구원의 은혜를 받은 자들에게도 계속적인 성령의 역사가 필요한 것이다. 그러므로 신자들은 매일 성령의 도우심을 구하며, 충만하기를 힘써야 한다.

"…오직 성령의 충만을 받으라"(엡5:18). "…너희는 성령을 좇아 행하라 그리하면 육체의 욕심을 이루지 아니하리라"(갈5:16).
"내게 능력 주시는 자 안에서 내가 모든 것을 할 수 있느니라"(빌4:13).

≪성령의 은혜를 두 가지로 구분하면≫
① 죄인을 새롭게 하여 거룩한 성질을 부여해 주신 성령의 거듭남의 은혜(중생: 이미 받은 은혜)다. "그런즉 누구든지 그리스도 안에 있으면 새로운 피조물이라 이전 것은 지나갔으니 보라 새것이 되었도다"(고후5:17).
② 거듭난 신자들 안에서 계속적으로 활동하시며, 선행을 할 소원을 일으켜 실제로 행하게 하시는 은혜(성령의 계속적인 은혜)다. "너희 안에서 행하시는 이는 하나님이시니 자기의 기쁘신 뜻을 위하여 너희로 소원을 두고 행하게 하시나니"(빌2:13).

3) 성령의 특별한 역사가 없다고 해서 의무에 태만하면 안 된다.
앞에서 중생의 은혜를 받은 자도 이미 받은 은혜 이외에 성령의 계속적인 역사가 없이는 선행을 할 수 없다고 했다. 이를 빌미로 성령의 특별한 역사가 없다고 해서 마땅히 행해야 할 의무도 거부하는 광신주의자(狂信主義者)들 처럼 태만에 빠져서는 안 된다.

오히려 자기 안에 은사가 불 일듯 하게 일어나도록 더욱 기도하며 힘써야 한다. 이와 같은 선행에 있어서 성령의 역사에 의존한다는 것은 우리의 의무를 충실히 감당할 책임을 회피(回避)함이 아니라 도리어 그 책임을 더욱 강화시키는 것이다. "그러므로 나의 사랑하는 자들아 너희가 나 있을 때뿐 아니라 더욱 지금 나 없을 때에도 항상 복종하여 두렵고 떨림으로 너희 구원을 이루라"(빌2:12). "우리가 간절히 원하는 것은 너희 각 사람이 동일한 부지런을 나타내어 끝까지 소망의 풍성함에 이르러 게으르지 아니하고 믿음과 오래 참음으로 말미암아 약속들을 기업으로 받는 자들을 본받는 자 되게 하려는 것이니라"(히6:11-12). "부지런하여 게으르지 말고 열심을 품고 주를 섬기라"(롬12:11).

"그러므로 형제들아 더욱 힘써 너희 부르심과 택하심을 굳게 하라 너희가 이것을 행한즉 언제든지 실족지 아니하리라 이같이 하면 우리 주 곧 구주 예수 그리스도의 영원한 나라에 들어감을 넉넉히 너희에게 주시리라"(벧후1:10-11).

제 4절 선행의 한계(限界)

> 이 세상에서 순종이 가장 뛰어난 신자들일지라도 하나님이 요구하시는 것보다 더 많은 선행을 할 수 있거나 더 큰 공덕을 쌓을 수 있는 것은 아니다. 이는 그들이 마땅히 행해야 할 의무마저도 다 행할 수 없기 때문이다(눅17:10; 느13:22; 욥9:2-3; 갈5:17).

본 절에서는 이 세상에서 열심히 순종하는 신자들일지라도 하나님께서 요구하시는 것 이상으로 선행을 할 수 없으며, 더 큰 공덕을 쌓을 수 없다. 그것은 자신들이 마땅히 행해야 할 의무마저도 다 행할 수 없기 때문이라고 진술한다.

1) 세상에서 순종이 뛰어난 신자라 해도 하나님의 요구하시는 것 이상을 행할 수 없다.

『가톨릭교회는 죄인들이 하나님의 은혜를 받음으로 해서 모든 의무뿐만 아니라 그 보다 더 많은 것을 행하여 공덕(功德)을 쌓을 수 있고, 남은 공덕을 공로가 모자란 사람들에게 나누어 주어 유익을 끼칠 수 있다고 가르친다. 성모 마리아나 성자(聖者)들이, 그들의 생애 동안에 필요 이상으로 획득해 놓은 공덕(과다보속, 過多補贖)을 교황이 교회 신자들 가운데 연약한 자들이나 죄를 지은 자들에게 필요한 대로 임의로 나누어 줄 수 있다고 주장한다』(W.신앙고백 해설. 로버트 쇼 저. 조계광 역 p.336 / G. I. 윌리암슨 지음, 나용화 옮김 p.204). 그러나 이런 주장은 성경에서 아무런 근거를 찾을 수 없으며, 도리어 성경에는 "비록 노아, 다니엘, 욥이 거기 있을지라도 나의 삶을 두고 맹세하노니 그들은 자녀도 건지지 못하고 자기의 의로 자기의 생명만 건지리라 나 주 여호와의 말이니라..."(겔14:20)라고 말씀하고 있다. 『사람의 의가 하나님께서 인정하실 만큼 크다고 해도 오직 자신만을 구원할 수 있을 뿐 다른 사람을 구원하는 데는 아무 효력이 없다. 구원은 전적으로 개인적인 사건으로서, 타인의 의(공덕)를 나누어 받거나 해서 대리적으로 성취될 수 없다』(그랜드 종합주석 10권 p.860 참고).

그러므로 본 절에서는 세상에서 누구도 하나님의 요구하시는 것 이상을 행하거나 더 큰 공덕을 쌓을 수 없다. 그것은 그들이 마땅히 행해야 할 의무마저도 다 행할 수 없기 때문이라고 진술하여, 가톨릭교회의 공덕(功德)주장을 논박하고 있는 것이다. 세상에서 가장 훌륭한 신자라도 주어진 의무 이상을 행할 수 없고 부족할 뿐이다. "우리가 다 실수가 많으니..."(약3:2), 성경에는 서둑한 신지자들과 시도들도 죽는 순간까지 자신들이 죄인임을 고백하고 있다. "...인생이 어찌 하나님 앞에 의로우랴"(욥9:2). "내 속 곧 내 육신에 선한 것이 거하지 아니하는 줄을 아노니 원함은 내게 있으나 선을 행하는 것은 없노라"(롬7:18). 인간은 죄가 없는 상태에서도 하나님의 명하신 요구를 다 이행하지 못하였다면(창3:6), 하물며 죄인인 인간이 어찌 이행할 수 있을까?

"이와 같이 너희도 명령 받은 것을 다 행한 후에 이르기를 우리는 무익한 종이라 우리의 하여야 할 일을 한 것뿐이라 할지니라"(눅17:10).

"육체의 소욕은 성령을 거스리고 성령의 소욕은 육체를 거스리나니 이 둘이 서로 대적함으로 너희의 원하는 것을 하지 못하게 하려함이니라"
(갈5:17).

≪참고≫『교황에게 그런 재량권(면죄부 교리, 免罪符 敎理)을 부여해 크게 남용한 것이 종교개혁의 직접적인 계기가 되었다』(로버트 쇼).

제 5절 선행으로는 죄 용서나 구원받지 못함

> 우리의 최선의 행동들이라 해도 그것이 죄의 용서나 영생을 얻는 공로가 될 수 없다. 그것은 우리의 선행들과 장차 있을 영광 사이에는 너무나도 큰 차이가 있으며, 우리와 하나님 사이에도 무한한 거리가 있기 때문이다. 그러므로 우리의 선행으로 하나님을 유익하게 할 수도 없고, 우리들의 전에 범한 죄의 빚을 감하거나 탕감할 수 있는 것도 아니다(롬3:20; 4:2, 4, 6; 엡2:8-9; 딛3:5-7; 롬8:18; 시16:2; 욥22:2-3, 35:7-8). 가령 우리가 할 수 있는 모든 일을 다 했다고 할지라도 그것은 우리의 의무를 행한 것뿐이요, 우리는 무익(無益)한 종들에 지나지 않는다(눅17:10). 우리들의 행위가 선하다면 그것은 하나님의 성령으로 말미암은 것이다.(갈5:22-23). 그리고 우리들에 의해 되어진 것들이라면 여러 가지 연약성과 불완전성이 뒤섞이고 더럽혀져 결국 하나님의 엄중한 심판을 견디어 낼수 없다(사64:6; 갈5:17; 롬7:15, 18; 시143:2, 130:3).

본 절에는 인간이 행하는 최선의 선행이라 해도 그것이 죄의 용서나 영생을 얻는 공로가 될 수 없다. 인간이 선을 행했다고 해도 그것은 하나님의 성령에 의한 것으로서, 마땅히 행할 것을 한 것뿐이다. 인간이 스스로 행한 것들은 여러 가지 연약성과 불완전성이 뒤섞이고 더럽혀져 하나님의 심판을 견디어 낼 수 없다고 진술한다.

1) 인간이 최선으로 행한 것이라고 해도 죄의 용서나 영생을 얻는 공로가 될 수 없다.

가톨릭(Catholic)교회는 신자들의 선한 행위는 마치 종(從)이 일을 해서 얻는 보수와 같이 영생을 얻는 공로가 된다고 가르친다. 이에 대해 본 고백서는 선행을 공적(功績)으로 인정하는 가톨릭교회의 율법주의를 지적하고 있는 것이다.

죄의 용서와 영생의 구원은 선행에 의한 공적으로 얻는 것이 아니라 은혜계약에 기초하여 그리스도만을 믿음으로 받아들이고 그 공로를 의지함으로써 이루어진다고 성경은 가르치고 있다. 죄의 용서와 영생의 구원은 그리스도 안에서 성령으로 주어지는 전적인 하나님의 선물인 것이다. "그러므로 율법의 행위로 그의 앞에 의롭다 하심을 얻을 육체가 없나니…"(롬3:20), "만일 아브라함이 행위로써 의롭다 하심을 얻었으면 자랑할 것이 있으려니와 하나님 앞에서는 없느니라"(롬4:2). "너희가 그 은혜를 인하여 믿음으로 말미암아 구원을 얻었나니 이것이 너희에게서 난 것이 아니요 하나님의 선물이라 행위에서 난 것이 아니니 이는 누구든지 자랑치 못하게 함이니라"(엡2:8-9). "우리를 구원하시되 우리의 행한 바 의로운 행위로 말미암지 아니하고 오직 그의 긍휼하심을 좇아 중생의 씻음과 성령의 새롭게 하심으로 하셨나니"(딛3:5).

2) 하나님과 인간 사이, 인간의 선행과 장차 영광은 무한한 거리와 차이가 있다.

하나님과 인간의 사이는 무한한 거리가 있다. 그러므로 인간이 아무리 선을 행한 다해도 하나님의 거룩하신 요구에 미칠 수 없는 것이다. 무죄한 상태의 인간(아담)도 미치지 못했거든, 하물며 죄인들이랴! 또한 인간의 선행과 장차 그리스도와 함께 임(臨)할 영광은 큰 격차가 있어서 인간이 행하는 선행으로는 그 영광에 도무지 도달할 수 없다. 그러므로 인간의 선행으로는 하나님을 유익하게 할 수도 없고 과거에 진 죄의 빚을 갚을 수도 없다. "사람이 어찌 하나님께 유익하게 하겠느냐 지혜로운 자도 스스로 유익할 따름이니라 네가 의로운들 전능자에게 무슨 기쁨이 있겠으며 네 행위가 온전한들 그에게 무슨 이익이 있겠느냐"(욥22:2-3), "네가 의로운들 하나님께 무엇을 드리겠으며 그가 네 손에서 무엇을 받으시겠느냐 네 악은 너와 같은 사람이나 해할 따름이요 네 의는 인생이나 유익하게 할 뿐이니라"(욥35:7-8).

"생각건대 현재의 고난은 장차 우리에게 나타날 영광과 족히 비교할 수 없도다"(롬8:18).

3) 인간이 의무를 다 행하여도 무익한 종일뿐인 것은, 그의 선행은 성령으로 비롯되었기 때문이다.

인간이 하나님의 명하신 의무를 다 행했다해도 자랑할 것이 없는 무익한 종일뿐인 것은, 선행은 자신의 힘이 아닌 성령의 역사에서 비롯되기 때문이다. 신자들은 날마다 주시는 성령의 능력이 없이는 스스로 선행을 할 수 없다. 만약에 성령의 역사 없이 스스로의 힘으로 선행을 했다면, 거기에는 많은 약점과 불완전함으로 오염될 수밖에 없으므로 선(善)이 될 수 없고, 도리어 악(惡)이 되어 하나님의 엄중한 심판을 견딜 수 없게 된다. "이와 같이 너희도 명령 받은 것을 다 행한 후에 이르기를 우리는 무익한 종이라 우리의 하여야 할 일을 한 것뿐이라 할지니라"(눅17:10).

"대저 우리는 다 부정한 자 같아서 우리의 의는 다 더러운 옷 같으며 우리는 다 잎사귀 같이 시드므로 우리의 죄악이 바람같이 우리를 몰아가나이다"(사64:6).

"오직 성령의 열매는 사랑과 희락과 화평과 오래 참음과 자비와 양선과 충성과 온유와 절제니 이같은 것을 금지할 법이 없느니라"(갈5:22-23).

제 6절 선행(善行)은 그리스도 안에서 받으심

> 그럼에도 불구하고 하나님께서 그리스도를 통해서 신자들의 인격을 받아 주심 같이 그들의 선행 또한 그리스도 안에서 받아 주신다(엡1:6; 벧전2:5; 출28:38; 창4:4; 히11:4). 그러나 그들이 이 세상에서 하나님 보시기에 전혀 흠이 없거나 책망 받을 것이 없다는 뜻에서가 아니라 그 아들 안에서 그들을 보시기 때문에, 비록 많은 연약성과 온전치 못한 것이 있어도 참된 마음으로 행한 것에 대해서는 상주시기를 기뻐하신다(히13:20-21; 고후8:12; 히6:10; 마25:21, 23).

본 절에서 하나님께서는 신자들의 선행을 그리스도 안에서만 인정하시고 받아 주신다. 그것은 흠이 없거나 책망 받을 것이 없어서가 아니라, 그리스도 안에서 신자들을 보시기 때문에 비록 많은 연약함과 온전치 못한 것이 있어도 진실한 마음으로 행한 것에 대해서는 상주시기를 기뻐하신다고 진술한다.

1) 신자의 선행이 공로가 될 수는 없지만, 그리스도 안에서 하나님이 인정하시고 복을 주신다.

신자들이 선행을 한다고 해도 거기에는 많은 약점이 있고 온전치 못하지만, 하나님께서 받아 주시고 복을 주신다. 그것은 그 행위 자체를 인정하시는 것이 아니라 그리스도의 공로와 중보사역 때문이다. 하나님께서는 그리스도를 통해서 약함과 불완전성을 용납하시고, 참된 마음으로 행하는 것은 흠 없는 것처럼 인정해 주시는 것이다. "양의 큰 목자이신 우리 주 예수를 영원한 언약의 피로 죽은자 가운데서 이끌어 내신 평강의 하나님이 모든 선한 일에 너희를 온전케 하사 자기 뜻을 행하게 하시고 그 앞에 즐거운 것을 예수 그리스도로 말미암아 우리 속에 이루시기를 원하노라..."(히13:20-21).

"이제는 행하기를 성취할지니 마음에 원하던 것과 같이 성취하되 있는 대로 하라 할 마음만 있으면 있는대로 받으실 터이요 없는 것을 받지 아니하시리라"(고후8:11-12).

"하나님이 불의치 아니하사 너희 행위와 그의 이름을 위하여 나타낸 사랑으로 이미 성도를 섬긴 것과 이제도 섬기는 것을 잊어버리지 아니하시느니라"(히6:10; 마25:21-23).

2) 불신자들의 선이라고 행하는 것들은 구원에 도움이 될 수 없고, 하나님의 심판에 아무런 역할을 할 수 없다.

"…의인은 없나니 하나도 없으며 깨닫는 자도 없고 하나님을 찾는 자도 없고 다 치우쳐 한가지로 무익하게 되고 선을 행하는 자는 없나니 하나도 없도다"(롬3:10-12). "…믿음으로 좇아 하지 아니하는 모든 것이 죄니라"(롬14:23). 그러나 『불신자의 행위는 일반은총(一般恩寵)면에서의 열매라 할 수 있다. 구원에 이르지는 못하지만 죄를 억제하는 성령의 활동인 것이다』(w.신앙고백서 강해. 김준삼 목사 지음. 참고).

제 7절 불신자의 선행(善行)은 참 선행이 아님

> 중생하지 못한 사람들이 행한 일들이 비록 하나님의 명령하신 것을 행한 것이고, 그들 자신에게 뿐만 아니라 다른 사람들에게도 유익하게 하는 일이라 할지라도(왕하10:30-31; 왕상21:27, 29; 빌1:15-16, 18) 그것들이 믿음으로 깨끗해진 마음에서 나온 것이 아니고(창4:3-5; 히11:4, 6), 말씀에 따라서 올바르게 행한 것도 아니며(고전13:3; 사1:12), 하나님의 영광을 위한 옳은 목적을 위하여 행한 것이 아니기 때문에, 그것들은 죄에 해당하며, 하나님을 기쁘시게 할 수도 없고, 사람들로 하여금 하나님의 은혜를 받을 수 있게 하지 못한다(학2:14; 딛1:15; 암5:21-22; 호1:4; 롬9:16; 딛3:5). 그렇다고 해서 그들이 선한 행위들을 무시하게 되면 그 것은 더 큰 죄가 되고, 하나님 보시기에 악한 것이다(시14:4, 36:3; 욥21:14-15; 마25:41-45, 23:23).

본 절에서는 불신자들이 행한 일들이 비록 하나님이 명령하신 것을 행한 것이고, 자신과 다른 사람들에게도 유익을 끼치는 일이라 해도 그것들은 선행의 요건들을 갖추지 못했기 때문에 죄에 해당하며 하나님을 기쁘시게 하거나 사람들로 하여금 은혜를 받을 수 있게 하지도 못한다는 것과, 그렇다고 해서 선행을 무시하는 것은 더 큰 죄가 되고 하나님 보시기에 악한 것이라고 진술한다.

1) 불신자들의 선(善)이라고 하는 행위들은 선행이 될 수 없다.

가톨릭(Catholic)교회는 중생하지 못한 불신자들이 행하는 행위도 하나님 앞에서 공로가 될 수 있다고 주장한다. 이것을 『덕행의 공로』라고 부른다.

그러나 성경은 회개가 없는 중생하지 못한 자들은 죄인들이며, 불법을 행하는 자들로 간주된다. "...믿지 아니하는 자들에게는 아무 것도 깨끗한 것이 없고 오직 저희 마음과 양심이 더러운지라"(딛1:15). 그러므로 그들의 행위가 자신과 다른 사람들을 유익하게 한 것일지라도 하나님이 보시기에는 죄일 뿐이다. 그것은 그들이 선이라고 행하는 것들은 하나님이 받으실만한 선행이 될 수 있는 모든 조건을 결여하고 있기 때문이다.

≪선행의 요건≫ 『① 선행의 근거: 참 믿음에서, ② 선행의 규준: 하나님의 말씀에서, ③ 선행의 목적: 하나님의 영광을 나타내는 것』(하이델베르크 요리문답 91문, 참고).

앞에 제16장 1절에서도 자세히 언급한 것처럼, 하나님이 받으실만한 선행은 ① 참 믿음에서 나오는 것이어야 하고, ② 하나님이 명하신 말씀을 규준 삼아야 하며, ③ 하나님의 영광을 목적으로 행하는 것이어야 한다. 참된 믿음이 없이는 죄인이 깨끗하게 될 수 없으며, 깨끗지 못한 죄인은 하나님이 기뻐하실 선을 행할 수 없기 때문이다. "**믿음이 없이는 하나님을 기쁘시게 못하나니…**"(히11:6), "**…믿음으로 좇아 하지 아니하는 모든 것이 죄니라**"(롬14:23). "**육신에 있는 자들은 하나님을 기쁘시게 할 수 없느니라**"(롬8:8).

"깨끗한 자들에게는 모든 것이 깨끗하나 더럽고 믿지 아니하는 자들에게는 아무것도 깨끗한 것이 없고 오직 저희 마음과 양심이 더러운지라"(딛1:15).

"…좋은 나무마다 아름다운 열매를 맺고 못된 나무가 나쁜 열매를 맺나니 좋은 나무가 나쁜 열매를 맺을 수 없고 못된 나무가 아름다운 열매를 맺을 수 없느니라"(마7:17-18).

불신자들의 선행을 어거스틴이 『화려한 죄들』이라고 표현한 것처럼, 겉으로 화려해 보일 수 있고, 또 많은 사람들을 유익하게 할 수도 있다. 그러나 하나님 앞에는 큰 죄악일 수밖에 없는 것은, 그들은 자신들의 행위로 자신들의 죄를 보상하고 내세의 영생을 보장 받을 수 있다고 생각하며, 하나님이 보내신 예수 그리스도의 구원 사역을 거부하고 있기 때문이다.

2) 불신자들이 선한 행위를 게을리 하는 것은 더 큰 죄악이다.

중생하지 못한 불신자들의 행위는 하나님이 보시기에 다 죄라고 한다하여, 그들이 선한 일을 무시하거나 게을리 하는 것은 더 큰 죄악을 범하는 것이다. "…그들은 하나님께 말하기를 우리를 떠나소서 우리가 주의 도리 알기를 즐겨하지 아니하나이다 전능자가 누구기에 우리가 섬기며 우리가 그에게 기도한들 무슨 이익을 얻으랴 하는구나"(욥21:14-15), "그 입의 말은 죄악과 궤휼이라 지혜와 선행을 그쳤도다 저는 그 침상에서 죄악을 꾀하며 스스로 불선한 길에 서고 악을 싫어하지 아니하는도다"(시36:3-4).

"화 있을진저 외식하는 서기관들과 바리새인들이여 너희가 박하와 회향과 근채의 십일조를 드리되 율법의 더 중한바 정의와 긍휼과 믿음은 버렸도다 그러나 이것도 행하고 저것도 버리지 말아야 할지니라"(마 23:23; 마25:41-43,45).

제 17장
성도의 궁극적(窮極的) 구원에 대하여

성도의 궁극적 구원이란 말은 일반적으로 『성도의 견인』으로 불리지만 『참 신자의 견인』이라는 표현으로 사용하기도 한다. 이 성도의 견인(堅忍)교리(선택된 자는 궁극적으로 결코 멸망하지 않는다)는 어거스틴(Augustinus. 354-430)에 의해 최초로 교훈되기 시작했으나 해설에 있어서 다소 모순(矛盾)이 있었다. 그러나 후에 개혁자들에 의해 이 견인 교리는 확고하게 정립되어 왔다.

루이스 뻘콥(L. Berkhof)은 견인에 대한 정의를 『신자 안에 있는 성령의 지속적인 사역으로서, 이 사역에 의해 마음속에서 시작되는 신적 은혜의 역사가 계속되고 완성에 이르게 된다』라고 했다. 즉 이 세상에서 유효소명(효력 있는 부르심)과 중생에 의해서 은혜의 상태로 옮겨진 참 신자들은 여러 가지 곡절(曲折)을 겪을 수 있겠으나 성령의 사역에 의해 궁극적으로는 모두 구원에 이른다는 것이다.

그러나 로마 가톨릭(Catholic)교회와 아르미니안(Arminian)주의자들은 인간의 자유의지를 주장하면서 성도의 견인 교리를 부정하고 견인을 불확실한 인간의 행위에 의존시킨다. 또한 루터(Luther)교회도 구원의 상태를 유지하는 것은 인간이 신앙 행위를 계속하는 것이라고 주장하며, 견인 교리를 부정한다. 견인의 교리를 믿는 것은 개혁파 교회(Reformed

Church)뿐이며, 칼빈주의 5대 교리 중의 하나로서 중요하게 강조되는 교리이다. 이 견인 교리(堅忍敎理)는 도르트(Dort)회의를 통해 확고하게 정립되었는데, 여기서 칼빈주의 신학, 5대 강령(교리)작성의 역사적 배경과 내용을 참고로 알아두면 좋겠다.

『1603년 화란(네덜란드)의 라이덴 대학 교수인 야콥 알미니우스(Jacobus Arminius.1560-1609)가 칼빈의 예정설에 반대 의견을 주장하여, 당시 칼빈주의 영향 하에 있던 화란에서 파문이 일기 시작했고, 알미니우스 사후(死後)에 그의 지지자 46명이 그의 입장을 대변한 신학적 선언 5개 조항(레몬스트란츠 Remonstranz, 항론서)을 발표하고, 의회에 제출하였다』(교회사. 김의환 박사 감수 p.357).

≪Arminian 선언 5개 조항≫

① **조건적 선택(예지 예정)**: 선택(믿음)과 유기(불신)는 하나님의 예지에 근거한다.

② **보편적 속죄(만인 구원)**: 그리스도는 예정된 자들만이 아니라 만인을 위해 죽으셨다.

③ **자유의지(인간의 능력)**: 그리스도의 구원 사역에 응답하는 것은 인간의 자유의지이다.

④ **거절할 수 있는 은혜**: 은혜는 인간 편에서 받아들일 수도 있고 거절할 수도 있다.

⑤ **은총으로부터의 타락(견인의 불확실성)**: 구원에서 탈락할 수 있다.

이상의 항론서(抗論書)로 인해 아르미니안(Arminian)파와 칼빈주의

(Calvinism)파 사이의 논쟁은 점점 격렬해지며, 화란 전체를 흔들었다. 이에 1617년 11월 국회는 이 문제 해결을 위해 종교회의를 열기로 결의하고, 다음해 1618년 11월 13일 도르트(Dort)에서 종교회의를 개최하였다. 영국과 독일, 프랑스, 스위스 등의 학자들도 초대되어 대의원은 내국인이 45명, 외국인이 26명이었고, 145회, 회의를 통해 아르미니안파가 제출한 5개 조항을 면밀히 검토한 결과 비성경적임을 만장일치로 단정하여 거부하였다.

그리고 그에 대항(對抗)하는 5개조 93개조항의 문서를 작성하여 1619년 5월 6일 공포한 것을 『도르트 신조』라고 부른다. 이 문서의 내용이 칼빈주의 5대 강령(교리)이다. 그리고 알미니우스주의자들은 이단으로 정죄되어 국외로 추방되었다.

≪칼빈주의(Calvinism) 5대 강령(교리)≫

① **인간의 전적 타락**: 인간은 선을 행할 의지니 능력이 없으며, 인간의 공로가 전혀 불가능하도록 전적으로 부패되어 있다.

② **무조건 선택**: 하나님은 창세전에 자기의 기쁘신 뜻을 따라 인간을 선택하시거나 유기하시기로 예정하셨다.(택자와 유기자 사이에 아무런 윤리적 차이는 없으며, 구원은 하나님의 전적인 주권에 의함을 강조)

③ **제한적 속죄**: 그리스도의 속죄 사역은 구원에 이르도록 예정된 택한 자들에게만 효력을 지닌다. 그리스도의 속죄는 전 인류를 구원하기에 충분하지만, 목적과 적용에 제한되어 있을 뿐이다.

④ **불가항력적 은혜**: 중생의 은혜는 하나님의 선택에 근거한 사역의 결과로서 은혜가 주어질 때 인간이 거부할 수 없다.

⑤ **성도의 견인(성도의 인내)**: 택함 받은 신자도 일시적으로 타락 할 수 있으나 궁극적으로는 반드시 구원에 이른다. 하나님의 선택은 인간의 행위에 의해 무효화 될 수 없다.

『자비가 풍성하신 하나님께서는 자신의 불변하는 선택의 작정에 따라, 심지어 그들이 통탄할 만한 죄를 지었을 때도 그들에게서 하나님의 성령을 완전히 거두지 않으신다. 또한 그들이 은혜로 양자 된 것과 의롭다 하심을 받은 은혜를 박탈당하거나, 사망에 이르게 하는 죄, 또는 성령을 모독하는 죄를 짓거나, 하나님께 완전히 버림받거나, 그들 자신을 영원한 멸망 가운데 스스로 던져 넣을 정도로 타락하게 내버려 두지 않으신다』(도르트 신조, 제6조).

하나님의 은혜의 주권성은 우리들 속에서 시작된 구원의 사역이 여러가지로 장해(障害)를 받을 수 있지만 끝까지 이끌어 완성해 주신다. "너희 속에 착한 일을 시작하신 이가 그리스도 예수의 날까지 이루실 줄을 우리가 확신하노라"(빌1:6). "평강의 하나님이 친히 너희로 온전히 거룩하게 하시고 또 너희 온 영과 혼과 몸이 우리 주 예수 그리스도 강림하실 때에 흠없게 보전되기를 원하노라 너희를 부르시는 이는 미쁘시니 그가 또한 이루시리라"(살전5:23-24). "내가 확신하노니 사망이나 생명이나 천사들이나 권세자들이나 현재 일이나 장래 일이나 능력이나 높음이나 깊음이나 다른 아무 피조물이라도 우리를 우리 주 그리스도 예수 안에 있는 하나님의 사랑에서 끊을수 없으리라"(롬8:38-39).

제 1절 견인(堅忍)의 정의

> 하나님께서 자기의 사랑하시는 독생자 안에서 용납해 주시고, 성령으로 유효하게 부르시고, 거룩하게 하신 자들은 은혜의 자리에서 전적으로 또는 궁극적으로 타락할 수 없다. 그들은 마지막 날까지 그 상태에서 꾸준히 인내하며, 머물러 있게 되고, 또한 영원히 구원을 받는다(빌1:6; 벧후1:10; 요10:28-29; 요일3:9; 벧전1:5, 9).

본 절에서는 하나님께서 그리스도 안에서 용납하시고, 성령으로 부르셔서 거룩하게 하신 자들은 전적으로 또는 최종적으로 타락할수 없으며, 그들은 은혜의 상태에서 끝까지 인내하게 되며, 영원히 구원을 받는다고 하여, 구원의 은혜의 확실성과 안전성을 진술하고있다.

1) 참 신자는 완전히 타락할 수 없고, 영원히 구원 받는다.

그리스도를 고백한다고 다 참 신자는 아니다. 외적 부르심에 의해 성령의 일반적 사역에는 참여하지만, 그리스도에게 이르지 못하는 자들이 있다. "돌밭에 뿌리웠다는 것은 말씀을 듣고 즉시 기쁨으로 받되 그 속에 뿌리가 없어 잠시 견디다가 말씀을 인하여 환난이나 핍박이 일어나는 때에는 곧 넘어지는 자요"(마13:20-21).

"한번 비췸을 얻고 하늘의 은사를 맛보고 성령에 참여한바 되고 하나님의 선한 말씀과 내세의 능력을 맛보고 타락한 자들은 다시 새롭게 하여 회개케 할 수 없나니…"(히6:4-6, 10:26-27).

그러나 내적 부르심(유효소명)을 받고 성령으로 중생하여 칭의와 양자된 참 신자들은 죄에 빠진다 할지라도 완전히 타락할 수 없고, 은혜 안에서 인내하며, 궁극적으로 영원히 구원에 이른다. 『견인(堅忍)』이란 어떤 위험이 있다 할지라도 끝까지 지탱해낸다는 의미로서, 인간 스스로의 능력으로 믿음을 지켜내고 구원을 쟁취한다는 뜻이 아니다. 그렇다면 결과는 전적으로 절망밖에는 남을 것이 없다. 칼빈주의에 있어서는 구원은 은혜로써 절대 하나님의 주권적 의지에 있으며, 구원받는 인간 자신의 능력에 의존하지 않는다는 것이다. 내가 붙든 손은 언제든지 놓칠 수 있지만, 하나님이 붙드신 손은 영원히 놓치지 않으신다. 그래서 참 신자의 구원은 절대 안전한 것이다. "**내가 저희에게 영생을 주노니 영원히 멸망치 아니할 터이요 또 저희를 내 손에서 빼앗을 자가 없느니라**"(요 10:28).

"너희 속에 착한 일을 시작하신 이가 그리스도 예수의 날까지 이루실 줄을 우리가 확신 하노라"(빌1:6).

"하나님께로서 난 자마다 죄를 짓지 아니하나니 이는 하나님의 씨가 그의 속에 거함이요 저도 범죄치 못하는 것은 하나님께로서 났음이라"(요일3:9).

"여호와께서 사람의 걸음을 정하시고 그 길을 기뻐하시나니 저는 넘어지나 아주 엎드러지지 아니함은 여호와께서 손으로 붙드심이로다"(시37:23-24). "하나님의 은사와 부르심에는 후회하심이 없느니라"(롬11:29).

2) 견인 교리에 대한 이의(異議)

① 견인 교리는 태만과 방종에로 인도한다.

견인 교리에 반대하는 자들은 그에 대한 이유로 성도들의 구원이 하나님에 의해 보장되었다고 믿는 사람들은 삶의 길에 부주의(不注意)하게 되고 죄에 대하여 투쟁을 멈추며, 자기중심적이고, 나태하게 된다는 것이다. 그러나 성경은 신자들의 방종에 대해 경고한다. "그런즉 선 줄로 생각하는 자는 넘어질까 조심하라"(고전10:12). "…항상 복종하여 두렵고 떨림으로 너희 구원을 이루라"(빌2:12). "…경건함과 두려움으로 하나님을 기쁘시게 섬길지니 우리 하나님은 소멸하는 불이심이니라"(히12:28-29).

『성령을 모시고 사는 참 신자들은 내주하신 성령의 역사하심 가운데, 성경의 경고들은 겸손히 받아들이며, 더욱 경건에 힘쓸 뿐 아니라 값없이 베푸신 구원의 은혜에 대해 감사하는 가운데 하나님을 위해 살려는 열정을 품게 될 것이다. 마음속에 이런 열정이 없다면 이런 사람은 참 신자가 아니다』(안토니 A. 후크마). **"주를 향하여 이 소망을 가진 자마다 그의 깨끗하심과 같이 자기를 깨끗하게 하느니라"**(요일3:3).

② 견인 교리는 인간의 자유와 모순된다.

『사람들은 흔히 자유를 도덕적, 영적 문제들에 있어서 반대 방향으로 선택하는 것으로 그릇되게 생각을 한다. 참된 자유는 거룩한 방향으로의 자기 결정으로 구성되는 것이다. 사람은 하나님의 방향으로 의식적으로 움직일 때에 참으로 자유 한다. 신자들은 하나님의 은혜를 통해 이 자유를 누리게 된다』(뻘콥 조직신학 제5권. 고영민 역 p.277). "모든 것이 가하나 모든 것이 유익한 것이 아니요 모든 것이 가하나 모든 것이 덕을 세우는 것이 아니니"(고전10:23), "그런즉 너희가 먹든지 마시든지 무엇을 하든지 다 하나님의 영광을 위하여 하라"(고전10:31).

제2절 견인(堅忍)의 근거

> 성도의 견인(궁극적 구원)은 그들 자신의 자유 의지에 달려 있는 것이 아니라 하나님 아버지의 자유롭고 변치 않는 사랑에서 나오는 선택의 불변성과(딤후2:18-19; 렘31:3), 또한 예수 그리스도의 공로와 중보의 효력과(히10:10, 14, 13:20-21, 9:12-15; 롬8:33-39; 요17:11, 24; 눅22:32; 히7:25), 성령의 내주하심과 그들 안에 있는 하나님의 씨로 말미암은 것이요(요14:16-17; 요일2:27, 3:9), 은혜 언약의 본질에 의한 것이다(렘32:40; 히8:10-12). 이 모든 것에서 구원의 확신과 절대적인 확실성이 생겨나는 것이다(요10:28; 살후3:3; 요일2:19).

본 절에서는 성도의 견인은 인간의 의지에 달려 있는 것이 아니라 하나님의 선택의 불변성과 그리스도의 공로와 중보의 효력과 신자들로 하여금 인내할 수 있게 하는 성령의 내주하심과 은혜 언약의 본질에 의한 것이다. 이 모든 것에서 구원의 확신과 절대적인 확실성이 생겨난다고 진술한다.

1) 견인은 인간의 자유의지에 달려 있지 않다.

웨슬리안((Wesleyan) 알미니안파들은 참 신자라도 타락하여 멸망할 수 있다고 주장한다. 즉 구원받은 신자도 구원에서 탈락할 수 있다는 것이다. 구원받는 자들은 자신의 자유의지에 의해 최후까지 신앙과 순종함으로 구원받는 것이라고 한다. 가톨릭교회나 알미니안주의자들은 하나님의 능력뿐 아니라 인간의 능력에 의해서도 구원이 가능하다고 가르친다. 그들의 주장에 의하면 하나님은 죄인들에게 구원의 가능성만을 열어 놓았을 뿐, 이 가능성이 현실화 되고 안 되는 문제는 사람의 자유의지, 즉 노력에 달렸다는 것이다. 이런 주장을 입증하기 위해 그들이 제시하는 성경 구절들은 다음과 같다. "…끝까지 견디는 자는 구원을 얻으리라"(마24:13). "만일 너희가 믿음에 거하고 터 위에 굳게 서서 너희 들은 바 복음의 소망에서 흔들리지 아니하면 그리하리라…"(골1:23). "그러므로 모든 들은 것을 우리가 더욱 간절히 삼갈지니 혹 흘러 떠내려 갈까 염려하노라"(히2:1, 6:11-12). "우리가 시작할 때에 확실한 것을 끝까지 견고히 잡으면 그리스도와 함께 참여한 자가 되리라"(히3:14). 그러나 『이러한 말씀들은 참 신자가 배교(背敎)할 수 있다는 것을 입증하는 것이 아니라 견인에 있어서 인간의 책임 부분을 강조하는 것이며, 그들이 범죄하지 않도록 하기 위해 방편(方便)들을 사용할 필요성을 입증하는 것이다』(루이스 뻘콥). 이 말씀들 속에 있는 훈계, 경고, 약속들은 신자들에게 인내할 수 있도록 역사하시는 하나님께서 사용하시는 방편들인 것이다.

그러므로 이런 방편들을 통해 우리 자신이 믿음에 있는지를 시험하고 확증할 수 있게 된다. 꾸준한 신앙생활, 굳센 인내함 등을 통해 더욱 확신에 거하게 되는 것이다. "너희가 믿음에 있는가 너희 자신을 시험하고 너희 자신을 확증하라 예수 그리스도께서 너희 안에 계신 줄을 너희가 스스로 알지 못하느냐 그렇지 않으면 너희가 버리운 자니라"(고후13:5).

2) 견인은 성삼위 하나님의 주권적 사역에 의존되어 있다.

성도의 견인은 인간이 지닌 고유한 능력이나, 이미 받은 은혜로가 아니라 전적으로 하나님의 은혜에 근거한다. 만약 견인이 인간의 의지에 달려 있다면 믿음은 곧 무너지고 말 것이다. 타락한 인간의 부패성과 사단의 막강한 공격에 노출되어 있는 인간으로서는 스스로의 의지나 능력으로 이겨내고 버티어 낼 수가 없는 것이다.

"베드로가 대답하여 가로되 다 주를 버릴지라도 나는 언제든지 버리지 않겠나이다… 내가 주와 함께 죽을지언정"(마26:33, 35), 이렇게 강력한 의지를 보였던 베드로도 허무하게 무너졌다. 하나님의 마음에 합한 사람이라는 성군(聖君) 다윗도 간음과 살인으로 무너졌다. "내 죄악이 내 머리에 넘쳐서 무거운 짐 같으니 감당할 수 없나이다"(시38:4). "죄악이 나를 이기었사오니 우리의 허물을 주께서 사하시리이다"(시65:3). 이렇게 인간 스스로의 능력으로는 죄와 사단의 공격으로부터 믿음을 지켜낼 수 없음을 보여 준다. 그러나 그들이 믿음을 완전히 잃어버리고 은혜의 상태에서 벗어나지 않았던 것은 전적인 하나님의 사역에 의해서이다. "저는 넘어지나 아주 엎드러지지 아니함은 여호와께서 손으로 붙드심이로다"(시37:24).

"내가 여호와께 범죄하였으니 주께서 나를 위하여 심판하사 신원하시기까지는 그의 노를 당하려니와 주께서 나를 인도하사 광명에 이르게 하시리니 내가 그의 의를 보리로다"(미7:9).

3) 견인의 근거들

① **선택의 불변성**: 하나님의 선택은 인간이 자기의 의무를 이행한다면 구원을 받을 수 있다는 의미의 조건적 선택이 아니라, 성부의 변치 않는 사랑에서 나오는 불변한 결정에 의하여 선택된 자들은 궁극적으로 구원에 이르게 하신다는 것을 의미한다. 즉 은혜로 구원에 이르게 하시는 선택인 것이다. 하나님이 선택하신 자들에게는 성령의 사역으로 그리스도를 받아들이게 하실 뿐 아니라 끝까지 견인하여 궁극적으로 구원받게 하신다. "곧 창세전에 그리스도 안에서 우리를 택하사 우리로 사랑 안에서 그 앞에 거룩하고 흠이 없게 하시려고… 이는 그의 사랑하시는 자 안에서 우리에게 거저 주시는바 그의 은혜의 영광을 찬미하게 하려는 것이라"(엡1:4, 6).

"진리에 관하여는 저희가 그릇 되었도다 부활이 이미 지나갔다 하므로 어떤 사람들의 믿음을 무너뜨리느니라 그러나 하나님의 견고한 터는 섰으니 인침이 있어 일렀으되 주께서 자기 백성을 아신다 하며 또 주의 이름을 부르는 자마다 불의에서 떠날지어다 하였느니라"(딤후2:18-19).

"나 여호와가 옛적에 이스라엘에게 나타나 이르기를 내가 무궁한 사랑으로 너를 사랑하는 고로 인자함으로 너를 인도하였다 하였노라"(렘31:3).

② **그리스도의 공로와 중보의 효력**: 그리스도의 속죄 사역은 죄인을 의롭다하시는 칭의(稱義)의 근거가 된다. 그리스도는 자신의 피를 통해 완

전하고 충분한 보상을 치르시고, 또한 율법을 온전히 수행하심으로 인해 의롭게 된 자들은 다시 정죄 아래 떨어질 수 없다. 더욱이 피(血)로써 사신 자기의 백성을 위한 그의 중보 기도는 언제나 유효하기 때문이다. "이 뜻을 좇아 예수 그리스도의 몸을 단번에 드리심으로 말미암아 우리가 거룩함을 얻었노라… 저가 한 제물로 거룩하게 된 자들을 영원히 온전케 하셨느니라"(히10:10, 14, 9:12-15). "…저희 죄와 저희 불법을 내가 다시 기억지 아니하리라…"(히10:17).

"누가 능히 하나님의 택하신 자들을 송사하리요 의롭다 하신 이는 하나님이시니 누가 정죄하리요 죽으실 뿐 아니라 다시 살아나신 이는 그리스도 예수시니 그는 하나님 우편에 계신 자요 우리를 위하여 간구하시는 자시니라"(롬8:33-34). "그러므로 자기를 힘입어 하나님께 나아가는 자들을 온전히 구원하실 수 있으니 이는 그가 항상 살아서 저희를 위하여 간구하심이니라"(히7:25; 요17:11, 24).

"…내가 너를 위하여 네 믿음이 떨어지지 않기를 기도하였노니 너는 돌이킨 후에 네 형제를 굳게 하라"(눅22:32).

③ **성령의 내재하심**: 신자의 견인은 성령의 내주(內住)하심에 의해 보장된다. 그리스도는 세상을 떠나시기 전에 제자들에게 성령을 약속하셨다. 그 성령이 오셔서 그들 안에 영원토록 내주 하신다는 것이다. "**내가 아버지께 구하겠으니 그가 또 다른 보혜사를 너희에게 주사 영원토록 너희와 함께 있게 하시리니… 저는 너희와 함께 거하심이요 또 너희 속에 계시겠음이라**"(요14:16-17). "너희가 하나님의 성전인 것과 하나님의 성령이 너희 안에 거하시는 것을 알지 못하느뇨"(고전3:16).

"너희는 주께 받은바 기름 부음이 너희 안에 거하나니 아무도 너희를 가르칠 필요가 없고 오직 그의 기름 부음이 모든 것을 너희에게 가르치며 또 참되고 거짓이 없으니 너희를 가르치신 그대로 주 안에 거하라"(요일 2:27).

이 약속은 제자들에게만 국한되지 않고 모든 참 신자들에게 주신 약속이다. 신자들의 견인은 그 안에 내주하시는 성령을 통해 안전하게 보장되는 것이다. 성령은 신자들의 구원과 장차 받게 될 영원한 기업의 보증이시며, 인(印)이 되신다. "우리를 너희와 함께 그리스도 안에서 견고케 하시고 우리에게 기름을 부으신 이는 하나님이시니 저가 또한 우리에게 인치시고 보증으로 성령을 우리 마음에 주셨느니라"(고후1:21-22).

"그 안에서 너희도 진리의 말씀 곧 너희의 구원의 복음을 듣고 그 안에서 또한 믿어 약속의 성령으로 인치심을 받았으니 이는 우리의 기업에 보증이 되사 그 얻으신 것을 구속하시고 그의 영광을 찬미하게 하려 하심이라"(엡1:13-14). 이 성령을 통해 신자들 안에 영원한 하나님의 생명의 씨앗이 심어지고 성령 안에서 자라며 거룩한 열매를 맺게 되는 것이다. "하나님께로서 난 자마다 죄를 짓지 아니하나니 이는 하나님의 씨가 그의 속에 거함이요 저도 범죄치 못하는 것은 하나님께로서 났음이라"(요일3:9).

성부께서 택하신 자들을 성자께서 세상에 오셔서 구속하시고, 성령은 오셔서 구속하신 자들 안에 내주하셔서서 일평생 보호하시며, 영광으로 인도하시는 것이다. 그러므로 신자의 구원은 안전하다.

"주께서 너희 마음을 인도하여 하나님의 사랑과 그리스도의 인내에 들어가게 하시기를 원하노라"(살후3:5).

④ **구속의 언약**: 구속언약(속죄언약, 은혜언약)에서 성부 하나님은 택하신 자기의 백성을 그의 아들 그리스도에게 순종과 고난에 대한 보상으로 주셨다. 이 보상은 영원 전부터 확정되었고, 하나님의 약속은 변하시지 않는다. "세상 중에서 내게 주신 사람들에게 내가 아버지의 이름을 나타내었나이다 저희는 아버지의 것이었는데 내게 주셨으며…"(요 17:6), "저희를 주신 내 아버지는 만유보다 크시매 아무도 아버지의 손에서 **빼앗을** 수 없느니라"(요10:29), "내가 저희에게 영생을 주노니 영원히 멸망치 아니할 터이요 또 저희를 내 손에서 **빼앗을** 자가 없느니라"(요10:28). 이 불변(不變)의 언약 안에서 그리스도와 생명의 연합을 이룬 신자들은 완전히 타락하여 멸망하지 않는다. 『신자의 견인의 확실성은 성부 하나님의 영원한 신적작정에 기초하여, 예수 그리스도의 온전한 구속과 중보에 의하며, 성령의 보증으로서, 성부 하나님과 성자 그리스도 사이에 세워진 은혜계약에 기초하는 것으로서, 세상에서 이보다 더 확실한 것은 없다』(w.신앙고백서 강해, 김준삼 목사 지음 p.190).

"내가 그들에게 복을 주기 위하여 그들을 떠나지 아니하리라 하는 영영한 언약을 그들에게 세우고 나를 경외함을 그들의 마음에 두어 나를 떠나지 않게 하고"(렘32:40). "주는 미쁘사 너희를 굳게 하시고 악한 자에게서 지키시리라"(살후3:3).

제 3절 구원받은 신자(信者)의 죄에 빠질 위험성

> 그러나 신자들도 사탄과 이 세상의 유혹과 그들 안에 남아 있는 죄의 부패성이 강해짐과 그들을 보존해 주는 은혜의 방편들을 무시함으로써 심각한 죄에 빠지기도 하며(마26:70, 72, 74), 얼마동안 그 죄 가운데 머물기도 한다(시51:14). 그로 인해 하나님의 분노를 사고(사64:5, 7, 9; 삼하11:27) 그의 성령을 근심케 하므로(엡4:30) 자신이 받은 은혜와 위로 중의 얼마를 상실하게 되며(시51:8, 10, 12: 계2:4; 아5:2-4, 6), 마음이 강퍅해지고(사63:17; 막6:52), 남을 해치고 중상하여 사람들에게 비방할 거리를 주고(삼하12:14) 양심은 상처를 받으며(시32:3-4, 51:8), 자신에게 일시적인 심판을 자초하게 된다(시89:31-32; 고전11:32).

본 절에서는 구원의 확실성에도 불구하고 참 신자들도 여러 가지 원인들로 인해 심각한 죄에 빠지기도 하며, 그 죄 가운데 머물러 있기도 한다. 그로 인해 하나님의 분노를 사고, 성령을 근심케 하여 받은 은혜와 위로중 얼마를 상실하게 되며, 마음이 강퍅하게 되어 남을 해치고, 실족케 하여 사람들에게 비방할 거리를 주고, 양심은 상처를 받으며, 자신에게 일시적인 심판을 자초하게 된다고 진술한다.

1) 참 신자도 심각한 죄에 빠질 수 있다.

신자들이 살아가는 이 세상은 죄로 타락한 세상이며, 사단이 활동하는 무대(舞臺)이기도 하다. 그래서 하나님의 심판을 기다리는 장망성(將亡

城, 장차 망할 성)인 것이다. "...그 날에 하늘이 불에 타서 풀어지고 체질이 뜨거운 불에 녹아지려니와"(벧후3:12), "또 내가 새 하늘과 새 땅을 보니 처음 하늘과 처음 땅이 없어졌고 바다도 다시 있지 않더라"(계21:1). 이런 세상 속에서 신자들은 사단의 공격과 죄의 유혹에 노출되어 있을 뿐 아니라, 아직 구속되지 못한 죽을 몸 안에는 죄의 부패성이 남아 있어서 구원받은 참 신자들이라 할지라도 견인의 은혜가 없이는 스스로의 능력으로 자신을 거룩하게 지켜 낼 수가 없다. 그러므로 견인의 교리를 통해 참 신자는 은혜의 상태에서 벗어나 완전히 타락할 수는 없지만, 그러나 얼마든지 심각한 죄를 저지를 수 있다고 본 절에서 진술하여 경고해 주고 있다. "예수께서 가라사대 내가 진실로 네게 이르노니 오늘밤 닭 울기 전에 네가 세번 나를 부인하리라..., 베드로가 맹세하고 또 부인하여 가로되 내가 그 사람을 알지 못하노라..., 저가 저주하며 맹세하여 가로되 내가 그 사람을 알지 못하노라..."(마26:34, 72, 74).
"하나님이여 나의 구원의 하나님이여 피 흘린 죄에서 나를 건지소서..."(시51:14).

2) 죄의 원인

① **사탄(Satan)의 유혹**: 에덴동산에서 완전한 인간(아담)도 유혹하여 넘어지게 한 사단은 지금도 맹렬히 활동하고 있음을 성경은 증거해 준다. 사단의 주된 목표는 하나님과의 은혜 관계 속에 있는 신자들이다. 그러므로 성경은 참된 신자들에게 깨어서 마귀를 대적하여 싸울 것을 권고하고 있다. "종말로 너희가 주 안에서와 그힘의 능력으로

강건하여지고 마귀의 궤계를 능히 대적하기 위하여 하나님의 전신 갑주를 입으라"(엡6:10-11). "근신하라 깨어라 너희 대적 마귀가 우는 사자 같이 두루 다니며 삼킬 자를 찾나니 너희는 믿음을 굳게 하여 저를 대적하라..."(벧전5:8-9). "...마귀를 대적하라 그리하면 너희를 피하리라"(약4:7). "...기도 외에 다른 것으로는 이런 종류가 나갈 수 없느니라"(막9:29).

② **세상의 유혹**: 은혜의 방편들을 무시하고, 자신의 성찰과 영적 관리를 소홀히 하므로, 무절제한 삶으로 빠져들게 된다. 그래서 세상의 염려와 재리(財利)의 유혹에 빠져 영적 생활에 충실치 못하므로 세상과 타협하고 우상 숭배자가 되는 것이다. "가시떨기에 뿌리웠다는 것은 말씀을 들으나 세상의 염려와 재리의 유혹에 말씀이 막혀 결실치 못하는 자요"(마13:22). "...너희가 하나님과 재물을 겸하여 섬길 수 없느니라"(눅16:13). "부하려 하는 자들은 시험과 올무와 여러 가지 어리석고 해로운 정욕에 떨어지나니 곧 사람으로 침륜과 멸망에 빠지게 하는 것이라 돈을 사랑함이 일만 악의 뿌리가 되나니 이것을 사모하는 자들이 미혹을 받아 믿음에서 떠나 많은 근심으로써 자기를 찔렀도다"(딤전6:9-10).

"이는 세상에 있는 모든 것이 육신의 정욕과 안목의 정욕과 이 생의 자랑이니 다 아버지께로 좇아 온 것이 아니요 세상으로 좇아 온 것이라"(요일2:16).

"이스라엘이 싯딤에 머물러 있더니 그 백성이 모압 여자들과 음행하기를 시작하니라"(민25:1).

③ **자신 속에 남아 있는 부패성**: 인간은 태어날 때부터 아담 안에서 죄책과 오염을 짊어지고 나온다. 죄책(罪責)이란 아담이 저지른 죄에 대한 책임으로서 『원 죄책』이라고 한다. "**한 사람의 순종치 아니함으로 많은 사람이 죄인 된 것 같이…, 아담 안에서 모든 사람이 죽은 것 같이…**"(롬5:19; 고전15:22). 그리고 원 오염이다.

『오염(汚染)』이란 죄를 향해 적극적이고 능동적으로 나아가는 타고난 성향을 말한다. "**만물보다 거짓되고 심히 부패한 것은 마음이라…**"(렘17:9). "**내가 원하는바 선은 하지 아니하고 도리어 원치 아니하는바 악은 행하는 도다**"(롬7:19). 성령으로 거듭난 참 신자들은 그리스도의 구속으로 죄책에서 해방되었고, 중생의 은혜로 성향에 변화를 받았다. 그러나 오염에서 나오는 부패성이 아직 남아 있는 것이다. 이 세상에서 죄의 잔재(殘滓)와 죽음의 씨앗이 남아 있는 죽을 몸, 아직 구속되지 못한 몸을 입고 있는 한, 참 신자도 죄와의 싸움을 게을리 한다면 언제든지 악한 죄에 빠질 수 있다. "**그러므로 너희는 죄로 너희 죽을 몸에 왕노릇하지 못하게 하여 몸의 사욕을 순종치 말고**"(롬6:12), 너희는 유혹의 욕심을 따라 썩어져 가는 구습을 좇는 옛 사람을 벗어 버리고"(엡4:22).

④ **은혜의 수단(방편) 사용을 게을리 함**: 참 신자들이 세상에 살아가면서 사단과 죄와 유혹들을 이겨낼 수 있는 비결은 자신들의 의지의 힘으로가 아니라 하나님이 주신 은혜의 수단들을 열심히 사용해 나가며, 성령으로 충만한 삶을 사는 것이다. 성경말씀 듣고 배우는 것, 기도생활, 예배생활, 서로가 사랑과 선행을 격려하며, 봉사의 일들을

열심히 해나갈 때에 죄와 유혹을 이길 힘을 얻게 되는 것이다. 죄와 유혹에 빠지는 것은 이런 은혜의 수단(견인의 수단)들을 열심히 사용하지 않기 때문이다. "**구원의 투구과 성령의 검 곧 하나님의 말씀을 가지라 모든 기도와 간구로 하되 무시로 성령 안에서 기도하고…**"(엡 6:17-18).

"**…약속하신 이는 미쁘시니 우리가 믿는 도리의 소망을 움직이지 말고 굳게 잡아 서로 돌아보아 사랑과 선행을 격려하며 모이기를 폐하는 어떤 사람들의 습관과 같이 하지 말고 오직 권하여 그날이 가까움을 볼수록 더욱 그리하자**"(히10:23-25).

3) 죄의 결과

본 절의 진술처럼 참 신자는 은혜의 상태에서 완전히 타락하지는 않지만, 그러나 중대한 죄에 빠질 수 있고, 그런 죄의 상태에 머물러 있으면서 일시적이지만 심판을 사초일 수 있음을 명심해야 한다. "**내 율례를 파하며 내 계명을 지키지 아니하면 지팡이로 저희 범과를 다스리며 채찍으로 저희 죄악을 징책 하리로다**"(시89:31-32) "**우리가 판단을 받는 것은 주께 징계를 받는 것이니 이는 우리로 세상과 함께 죄 정함을 받지 않게 하려 하심이라**"(고전11:32).

그러므로 성도의 견인 교리를 오해하고 남용해서 잘못 되는 일이 없어야 한다. 성도의 견인(堅忍)의 확실성은 성실히 말씀 따라 주의 길을 걸으며, 악한 마귀와 죄와 이 세상의 유혹들과 자신의 연약성에 대해 믿음으로 싸워 나가는 신자들에게 큰 위로와 용기를 주는 것이다. "**… 그가**

나타내심이 되면 우리가 그와 같을 줄을 아는 것은 그의 계신 그대로 볼 것을 인함이니 주를 향하여 이 소망을 가진 자마다 그의 깨끗하심과 같이 자기를 깨끗하게 하느니라"(요일3:2-3). "...그가 친히 말씀하시기를 내가 과연 너희를 버리지 아니하고 과연 너희를 떠나지 아니하리라 하셨느니라"(히13:5).

제 18장
은혜와 구원의 확신(確信)에 대하여

본 18장은 『은혜와 구원의 확신』이라는 주제로 은혜의 상태에서 예수 그리스도를 믿고 의지하는 신자들의 개인적인 확신에 대해 다루고 있는데, 신자 개개인이 구원의 확신을 가질 수 있는가? 확신이 구원의 본질인가 아닌가? 하는 문제이다.

이에 대해 신학자 루이스 뻘콥(L. Berkhof)은 확신에 있어서 두 가지 의미로 구분한다.

1) 신앙의 객관적 확신: 예수 그리스도가 우리들의 죄를 대속해 주셨고, 그를 믿으면 구원하여 주신다고 의심 없이 확신하는 것이다. 이 객관적 확신이 신앙의 본질이라는 것에 대해서는 일반적으로 동의(同意)되고 있다.

2) 신앙의 주관적 확신(은혜와 구원의 확신): 『신자 개인이 죄사함을 받았고 영혼이 구원을 받았다고 확신함에 이르는 안심감(安心感)과 안전감(安全感)을 뜻한다.』(뻘콥 조직신학 구원론, 고영민 역 p.195).

이 주관적 확신이 신앙의 본질인가? 하는 문제에 대해서는 견해상 차이들이 있다.

① **가톨릭(Catholc)교회**: 개인적 확신이 신앙의 본질에 속한다는 것이나, 이것이 신앙의 열매라는 사실도 부인한다. 『이 세상에서 특별한 계시가 따로 주어지지 않는 한 구원에 대한 확신은 불가능하다고 주장한다. 그러나 교회의 기도와 성인과 순교자들의 공로와 사제가 하나님의 이름으로 선언하는 사면(赦免)을 통해 어느 정도 의심과 불확실성을 제거할 수 있다고 하면서 신자들을 현혹시킨다』(W.신앙고백서 해설. 로버트 쇼 저, 조계광 역 p.365). 그리고 그들은 개혁교회의 확신의 교리는 가장 해롭고 잘못된 가르침이라고 공격한다.

② **아르미니안(Arminian)**: 신자의 궁극적 견인을 부인하며, 믿음을 지키면 구원을 받게 될 것이라는 생각 외에 더 큰 구원의 확신을 갖는 것은 불가능하다고 주장한다. 가톨릭교회나 아르미니안주의자들은 구원을 하나님의 은혜에 인간의 선행을 더하여(神人協力設) 획득할 수 있는 것으로 생각하기에, 신자들은 구원을 확신할 수 없다고 가르칠 수밖에 없을 것이다.

③ **칼빈(Calvin)**: 구원의 확신을 믿음의 본질에 속한다고 가르친다. 『자기 구원의 확신을 의지하여 마귀와 사망을 자신 있게 승리하는 자 외에는 신자가 아니라고...』(기독교강요 제3권 2:16, 김문제 역 p.128). 『하나님의 영으로 인도함을 받는 자는 모두가 하나님의 아들들이다. 하나님의 아들들은 모두가 영생의 상속자들이다. 그러므로 하나님의 영으로 인도함을 받는 자들은 모두가 영생을 확신하여야 한다』(칼빈 로마서 8:15 강해). 그러나 칼빈이 말하는 확신은 의심이 전혀 없는 확신이나 걱정이 전혀 엄습하지 않는 그런 믿음을 뜻하는 것이

아니다. 신자가 때로 구원의 확신이 부족할 수 있음을 그는 부인하지 않는다. 도리어 신자란 자신의 불신과 함께 끝없이 갈등하며 싸워나가는 자라고 말한다.『우리는 신앙이란 것은 확실하고 또 부동(不動)한 것이어야 한다고 가르치고 있는데, 그것은 우리가 아무 의심이 가미(加味)되어 있지 않은 확실성이나 또는 어떤 불안에도 습격 받지 않는 확신을 상상하고 그런 것은 아니다. 오히려 우리는 신자들이 자신의 불신과 부단한 싸움을 하고 있다고 말한다. 우리는 그들의 양심이 어떤 교란에도 끄떡없는 아주 평안한 안정 가운데 있을 수 있는 것은 도저히 생각할 수 없는 것이다. 그러나 우리 신자들은 어떠한 환난을 당할지라도 하나님의 긍휼로부터 받은 틀림없는 확신으로부터 탈락하거나 떠나는 일은 없다는 것만을 다시 말해둔다』(기독교강요 제3권 2:17).

④ **개혁주의(Reformd):** 사람의 확신에 의해서 구원을 얻는 것은 아니다. 그러므로 본 고백서(제18장 3절)에서도 확신은 믿음의 본질이 아니라고 진술하고 있다.

『우리 믿음의 연약함이나 우리가 무가치하다고 한 생각 모두 구원의 확신을 흔들 수는 없다. 그 확신의 배경은 우리에게 있는 것이 아니라 오직 그리스도 안에서와 우리를 위한 그 분의 구원 사역 안에서 온전히 발견된다』(개혁주의 구원론, 안토니 후크마 저. 류호준 역 p.248).

『예컨대, 시험 때에 정답이라고 확신한다는 사람보다 나는 틀렸다고 말하는 사람이 합격하는 경우가 있다. 그러므로 확신이 사실에 있어서 규준이 되지 못한다』(김준삼 목사).

『우리의 구원은 우리 믿음의 강도(强度)에 좌우되지 않는다』(메이첸, Machen).

그러나 신자들은 확신에 거하도록 힘써나가야 한다. "...**너는 배우고 확신한 일에 거하라 네가 뉘게서 배운 것을 알며 또 네가 어려서부터 성경을 알았나니 성경은 능히 너로 하여금 그리스도 예수 안에 있는 믿음으로 말미암아 구원에 이르는 지혜가 있게 하느니라**"(딤후3:14-15).

제 1절 확신에 대한 진위(眞僞)

> 위선자나 그 밖에 중생하지 못한 사람들은 하나님의 은총과 구원을 자신들이 소유하고 있는 것처럼(욥8:13-14; 미3:11; 신29:19; 요8:41), 그릇된 소망과 육적인 억측으로 헛되게 자신을 속이고 있으나, 그들이 가지고 있는 소망은 사라질 것이다(마7:22-23). 그러나 주 예수 그리스도를 진실하게 믿고 신실한 마음으로 그를 사랑하며, 그 앞에서 선한 양심에 따라 힘써 행하는 사람들은 이 세상에서 그들이 은혜의 자리에 있다는 확신을 가질 수 있으며(요일2:3; 3:14, 18-19, 21, 24, 5:13), 하나님의 영광의 소망 중에서 즐거워할 수가 있다. 이 소망은 그들을 결코 부끄럽게 하지 않을 것이다(롬5:2, 5).

본 절에서는 중생하지 못한 자도 구원의 확신을 가지고 있는 것처럼, 자신을 속일 수 있지만, 그들의 소망은 사라질 것이다. 그러나 그리스도를 참되게 믿고, 성실히 그를 사랑하며, 선한 양심을 따라 행하기를 힘쓰는 참 신자들은 구원의 확신을 가질 수 있으며, 그들의 소망은 결코 그들을 부끄럽게 하지 않는다고 진술한다.

본 절에서 진술한 것처럼, 확신에는 참된 확신과 거짓된 확신이 있다. 그러면 『참된 확신』과 『거짓된 확신』의 차이는 무엇인가?

1) 참된 확신의 특징

성령으로 거듭난 참 신자에게는 믿음에서 나오는 참된 확신이 있다. 그 확신은 ① **겸손으로 나타난다.** 참된 확신은 유쾌함이나 흥분으로 가득 차 있는 그런 상태로가 아니라 겸손으로 허리를 동이며(벧전5:5), 그리고 성품과 삶에 실제적인 영향을 끼치게 된다. "**..너희가 여기 내 형제 중에 지극히 작은 자 하나에게 한 것이 곧 내게 한 것이니라...**"(마25:40). ② **자기반성으로 나타난다.** 참된 확신을 가진 사람은 하나님과의 관계를 가장 귀하게 여기며, 바르게 유지하기를 진실히 원하게 된다. 그러므로 진지하게 자신을 살펴 스스로를 점검하게 되는 것이다. 삶속에서 세상적인 유쾌함을 즐기려 하기 보다는 경외심과 경건한 두려움 가운데서 회개의 삶을 통해 하나님께 더욱 가까이 나아가기를 소원한다. 이 소망은 절대로 그들을 부끄럽게 하지 않는다. "**하나님이여 나를 살피사 내 마음을 아시며 나를 시험하사 내 뜻을 아옵소서 내게 무슨 악한 행위가 있나 보시고 나를 영원한 길로 인도하소서**"(시139:23-24).
"너희가 믿음에 있는가 너희 자신을 시험하고 너희 자신을 확증하라..."

(고후13:5). "내가 내 몸을 쳐 복종하게 함은 내가 남에게 전파한 후에 자기가 도리어 버림이 될까 두려워함이로라"(고전9:27).
③ **그리스도를 닮고자 하는 거룩한 갈망을 나타낸다.** 참된 확신을 가진 자는 예수님을 닮고자 힘쓰는 사람이다. 이것이 그 신앙의 목적이라고 생각하게 된다. "내가 그리스도와 그 부활의 권능과 그 고난에 참여함을 알려하여 그의 죽으심을 본받아… 그리스도 예수께 잡힌바 된 그것을 잡으려고 좇아가노라"(빌3:10-12).
"…그가 나타나심이 되면 우리가 그와 같을 줄을 아는 것은 그의 계신 그대로 볼 것을 인함이니 주를 향하여 이 소망을 가진 자마다 그의 깨끗하심과 같이 자기를 깨끗하게 하느니라"(요일3:2-3).

2) 거짓된 확신의 특징

① **영적 교만을 낳는다.** 성령으로 거듭나지 못한 사람들도 나름의 확신에 넘쳐 활동할 수 있다. 그들은 자신들이 주님을 열심히 섬겼으며, 기쁘시게 했다고 생각한다. 그러나 주님은 그들에게 너희는 나에게 하지 않았으며, 나에게 속하지 않았고 구원받지도 않았다고 외면하신다. "그 날에 많은 사람이 나더러 이르되 주여 주여 우리가 주의 이름으로 선지자 노릇하며 주의 이름으로 귀신을 쫓아내며 주의 이름으로 많은 권능을 행치 아니하였나이까 하리니 그때에 내가 저희에게 밝히 말하되 내가 너희를 도무지 알지 못하니 불법을 행하는 자들아 내게서 떠나가라 하리라"(마7:22-23). 이로써 그들의 확신은 거짓된 것으로 드러나게 되고, 그들의 소망도 영원히 끊어지고 만다. 이렇게 거짓된 확신은 믿음과 그

리스도를 사랑하는 마음에서 행한 것이 아니라 자신의 영광을 위해 자신을 드러내려는 위선(僞善)이었을 뿐이다. 영적 교만은 위선으로 나타난다. "그 두령은 뇌물을 위하여 재판하며 그 제사장은 삯을 위하여 교훈하며 그 선지자는 돈을 위하여 점치면서 오히려 여호와를 의뢰하여 이르기를 여호와께서 우리 중에 계시지 아니하냐 재앙이 우리에게 임하지 아니하리라 하는도다"(미3:11).

"그때에 너희가 말하되 우리는 주 앞에서 먹고 마셨으며 주는 또한 우리 길거리에서 가르치셨나이다 하나 저가 너희에게 일러 가로되 나는 너희가 어디로서 왔는지 알지 못하노라 행악하는 모든 자들아 나를 떠나가라 하리라"(눅13:26-27; 마25:1-46).

② **자기 점검을 회피한다.** 자신을 진지하게 살펴 점검하려 하지 않으므로 거짓된 확신에는 참된 회개가 없다. 겉모양으로 만족해하고, 자신의 허물이 드러날 때에 불쾌해 한다. 그들에게는 성령이 없으므로 믿음이나 회개가 일어나지 않는다. 오직 육적(肉的)일뿐이다. 경건의 모양만 있을 뿐 경건의 능력은 부인한다. "**경건의 모양은 있으나 경건의 능력은 부인하는 자니 이 같은 자들에게서 네가 돌아서라**"(딤후3:5). "화 있을진저 외식하는 서기관들과 바리새인들이여 회칠한 무덤 같으니 겉으로는 아름답게 보이나 그 안에는 죽은 사람의 **뼈**와 모든 더러운 것이 가득하도다 이와 같이 너희도 겉으로는 사람에게 옳게 보이되 안으로는 외식과 불법이 가득하도다"(마23:27-28).

3) 거짓된 확신의 근거

거짓된 확신은 어떻게 심어지는가?『일반적으로 나쁜 가르침, 잘못된 복음 전도, 사람들에게 결정을 내리도록 압력을 가하는 것, 아니면 성령이 역사하시는 과정이 일어나기 전에 그들을 거듭나게 하려고 애쓰는 것, 등으로 인해 생겨난다』(로이드 죤스 교리강좌 시리즈2권 임범진 역 p.272).

『참된 확신은 확신의 강도(强度)가 아니라 그가 가지고 있는 확신의 성격이다. 어떤 사람들은 자기가 구원받았다고 광신적으로 확신하는 경우가 있으나 흔히는 잘못되어 있다는 것을 스스로 드러내는데 지나지 않는다』(w.신앙고백서 G. I. 윌리암슨 지음, 나용화 옮김 p.220).

제 2절 확신(確信)의 근거

> 이런 확실성은 허망한 소망에 근거한(히6:11, 19) 단순한 억측이거나 그럴 듯한 신념이 아니다. 그것은 구원을 약속한(히6:17-18) 하나님의 진리에 근거한 믿음의 틀림없는 확신이다. 그것은 약속된 은혜의 내적 증거요(벧후1:4-5, 10-11; 요일2:3; 3:14; 고후1:12), 우리의 영과 더불어 우리가 하나님의 자녀라고 말씀하시는 양자(養子)의 영이신 성령의 증거에서 비롯한다(롬8:15-16). 이 영은 우리의 기업에 대한 보증이 되시고, 이 영으로 말미암아 구속의 날까지 우리가 인(印)치심을 받았다(엡1:13-14, 4:30; 고후1:21-22).

본 절에서는 참된 확신은 구원을 약속한 하나님의 말씀과 신자들의 마음속에 있는 은혜와 확신을 가질 수 있도록 해 주시는 성령의 증거에서 나오며, 이 영은 우리 기업의 보증이 되시고, 이 영으로써 구속의 날까지 인침을 받았다고 진술하고 있다.

1) 참된 확신은 하나님의 무오(無誤)한 말씀에 근거한다.

거짓된 확신은 인간의 잘못된 가르침이나, 주관적 억측에 근거하지만, 참된 확신은 거짓 없는 진실한 하나님의 말씀에 근거한다.

하나님은 말씀 안에 "하나님이 세상을 이처럼 사랑하사 독생자를 주셨으니 이는 저를 믿는 자마다 멸망치 않고 영생을 얻게 하려 하심이니라"(요3:16). "영접하는 자 곧 그 이름을 믿는 자들에게는 하나님의 자녀가 되는 권세를 주셨으니"(요1:12), "아들을 믿는 자는 영생이 있고…"(요3:36). "우리가 그의 계명을 지키면 이로써 우리가 저를 아는 줄로 알 것이요"(요일2:3)라고 무오(無誤)한 것들을 말씀하셨다. 이러한 약속의 말씀에 따라 그리스도를 믿고 그의 계명들을 지킬 때에 참된 확신을 소유하게 된다.

"하나님은 약속을 기업으로 받는 자들에게 그 뜻이 변치 아니함을 충분히 나타내시려고 그 일에 맹세로 보증하셨나니 이는 하나님이 거짓말을 하실 수 없는 이 두 가지 변치 못할 사실을 인하여 앞에 있는 소망을 얻으려고 피하여 가는 우리로 큰 안위을 받게 하려 하심이라"(히6:17-18).

2) 참된 확신은 하나님의 약속의 은혜들을 소유함으로써 나타나는 증거에 근거한다.

참된 확신은 약속의 은혜들을 소유한 증거들을 나타낸다. 그러나 거짓된 확신은 참된 확신에서 나오는 증거들의 외형적 모양만 흉내 내는 것에 근거한다. "우리가 그의 계명을 지키면 이로써 우리가 저를 아는 줄로 알 것이요 저를 아노라 하고 그의 계명을 지키지 아니하는 자는 거짓말 하는 자요 진리가 그 속에 있지 아니하되 누구든지 그의 말씀을 지키는 자는 하나님의 사랑이 참으로 그 속에서 온전케 되었나니 이로써 우리가 저 안에 있는 줄을 아노라 저 안에 거한다 하는 자는 그의 행하시는 대로 자기도 행할지니라"(요일2:3-5). "우리가 형제를 사랑함으로 사망에서 옮겨 생명으로 들어간 줄을 알거니와 사랑치 아니하는 자는 사망에 거하느니라"(요일3:14).

"이러므로 너희가 더욱 힘써 너희 믿음에 덕을, 덕에 지식을, 지식에 절제를, 절제에 인내를, 인내에 경건을, 경건에 형제 우애, 형제 우애에 사랑을 공급하라 이런 것이 너희에게 있어 흡족한즉… 이런 것이 없는 자는 소경이라"(벧후1:5-9).

3) 참된 확신은 마음 안에서 역사하시는 성령의 증거에 근거한다.

어떤 이들은 성령의 직접적인 계시(啓示)에 의해서만 구원의 확신을 갖게 된다(가톨릭교회)고 주장한다. 그들은 "**성령이 친히 우리 영으로 더불어 우리가 하나님의 자녀인 것을 증거하시나니**"(롬8:16)라는 말씀을 자기들 주장의 근거로 제시한다.

그러나 『그 본문은 '사람의 영으로 더불어'(with~함께~같이) 증거하시는 것이지, '영에게(to~에~까지) 직접' 하신다는 의미가 아니다. 오히려 하나님께서 사람의 영에게 직접 영향력을 행사하시되, 성경을 제쳐 놓고 직접 말씀하시어 행사하지 않는다. 오히려 직접적인 영향력이란 사람과 함께 하나님이 말씀하시는 것을 가리킨다. 즉 '나는 믿기 때문에 구원 받는다'라고 우리가 말할 때 하나님은 "**아들을 믿는 자는 영생이 있다**"(요3:36). 라고 말씀하시는 것이다. 그러므로 우리가 하나님의 자녀라고 하는 확신은 성령 혼자만의 증거로 되어지지 않고, 그의 말씀과 일치하는 우리의 고백에 의한 공동(共同)의 증거로 되어진다』(w.신앙고백서. G.I.윌리암슨 지음, 나용화 옮김 p.222).

 이상에서 살폈듯이 구원의 참된 확신은 성경말씀 외에 어떤 특별한 계시나 인간의 전통이나 체험에서 나오지 않고, 성경 말씀과 성령의 증거에 의해서 나오는 것이다.

제 3절 확신(確信)의 도달(到達)방법

> 이 틀림없는 확신은 믿음의 본질에 속하는 것이 아니다. 참 신자는 오랫동안 기다리며 많은 어려움으로 인해 갈등을 겪고 나서야 그 확신을 갖게 되는 것이다(요일5:13; 사50:10; 막9:24; 시88:, 77:1-12). 특별한 계시가 없어도 보통의 방법들을 올바르게 사용하면 성령께서 하나님이 값없이 주시는 것들을 알 수 있게 해주시기 때문에 능히 확신을 얻을 수가 있다(고전2:12; 요일4:13; 히6:11-12; 엡3:17-19). 그러므로 모든 신자에게는 자기의 부르심과 택하심을 확실하게 하기 위하여 열심을 다할 의무가 있는 것이다(벧후1:10). 그렇게 함으로써 그의 마음은 성령 안에서 화평과 기쁨이 있고, 하나님에 대한 사랑과 감사가 넘치며, 또한 복종하는 일에 있어서도 힘이 있고 유쾌하게 된다. 이것이 확신에서 오는 당연한 열매들이다(롬5:1-2, 5, 14:17, 15:13; 엡1:3-4; 시4:6-7, 119:32). 이 확신을 갖게 되면 사람들은 결코 방탕한 생활로 치우치

> 지 않게 된다(요일2:1-2; 롬6:1-2; 딛2:11-12, 14; 고후7:1; 롬8:1, 12; 요3:2-3; 시130:4; 요일1:6-7).

본 절에서는 구원의 확신은 믿음의 본질에 속하지 않으며, 때로 참 신자라도 확신을 갖지 못할 수 있다. 그렇지만 특별한 계시가 없어도 보통의 방법들을 사용하면 확신을 얻을 수 있으므로 부르심과 택하심을 확실하게 하기 위해 열심을 다해야 한다. 이 확신을 가짐으로써 기쁨과 감사가 넘치는 가운데 순종할 수 있게 된다. 그리고 방탕(放蕩)한 생활로 치우치지 않게 된다고 진술하고 있다.

1) 구원의 확신은 믿음의 본질에 속하지 않는다.

앞에서 언급한바 있듯이 확신에는 두 가지의 의미가 있다.『객관적 확신(예수 그리스도와 그가 행하신 일을 믿으면 구원해 주신다는 확신)』과『주관적 확신(신자 개인이 죄 사함을 받고 영혼이 구원을 받았다고 확신을 갖는 안심, 안전감)』이다.

여기서 객관적 확신은 믿음에 본질에 속한다. 그러나 여기서 믿음의 본질에 속하지 않는다는 확신은 주관적 확신을 말하는 것이다.『믿음에 본질에 속하는 확신은 일반적으로 '믿음의 확신'이라고 불리고, 은혜와 구원의 확신은 '감각의 확신'이라고 불린다. 전자는 객관적 확신이고, 후자는 주관적인 확신에 해당한다』(W.신앙고백 해설, 로버트 쇼 저. 조계광 역 p.377). 그렇지만 참된 확신이란 객관적, 주관적 확신 두 가지를 다 포함한다.

그러나 주관적 확신은 흔들릴 수도 있으며, 의심에 빠질 수도 있다. "곧 그 아이의 아버지가 소리를 질러 가로되 내가 믿나이다 나의 믿음 없는 것을 도와주소서 하더라"(막9:24). 그렇다고 해서 구원을 받지 못한 것은 아니다. 왜냐하면 구원의 믿음은 가지고 있으면서도 아직 우리 속에 남아 있는 불신앙과 부패의 요소들로 인해 두려움과 의심에 사로잡혀 확신이 흔들리기 때문이다. 그러므로 신자들은 확신에 도달하도록 힘써야 하는 것이다. "내가 하나님을 생각하고 불안하여 근심하니 내 심령이 상하도다… 주께서 영원히 버리실까 다시는 은혜를 베풀지 아니하실까… 또 내가 말하기를 이는 나의 연약함이라 지존자의 오른손의 해 곧 여호와의 옛적 기사를 기억하여 그 행하신 일을 진술하리이다"(시77:3-12).

"너희 중에 여호와를 경외하며 그 종의 목소리를 청종하는 자가 누구뇨 흑암 중에 행하여 빛이 없는 자라도 여호와의 이름을 의뢰하며 자기 하나님께 의지할지어다"(사50:10).

2) 보통의 방법들을 바르게 사용하면 확신을 얻을 수 있다.

본 절에서는 구원의 확신을 얻는 것은 어떤 특별한 계시가 없어도 보통의 방법들을 바르게 사용하면 확신을 얻을 수 있다고 하여, 구원의 확신은 특별한 계시에 의해서만 얻을 수 있다고 가르치는 가톨릭교회의 주장에 대해 논박하고 있다. 여기서 말하는 보통의 방법이란 제1절에 진술된 것처럼, ① 예수 그리스도를 진실히 믿고, ② 성실하게 그를 사랑하며, ③ 선한 양심에 따라 행동하기를 노력하면, 이 세상에서도 구원의 확신을 얻을 수 있다는 것이다.

이러한 보통의 방법을 제처 놓고 특별한 방법으로 구원의 확신을 얻으려고 미혹되거나, 미신적인 사고방식에 사로잡히는 일들이 오늘날에도 많이 있다. "우리가 세상의 영을 받지 아니하고 오직 하나님께로 온 영을 받았으니 이는 우리로 하여금 하나님께서 우리에게 은혜로 주신 것들을 알게 하려 하심이라"(고전2:12).

"그의 성령을 우리에게 주심으로 우리가 그 안에 거하고 그가 우리 안에 거하시는 줄을 아느니라"(요일4:13).

"우리가 간절히 원하는 것은 너희 각 사람이 동일한 부지런을 나타내어 끝까지 소망의 풍성함에 이르러 게으르지 아니하고 믿음과 오래 참음으로 말미암아 약속들을 기업으로 받는 자들을 본받는 자 되게 하려는 것이라"(히6:11-12).

"믿음으로 말미암아 그리스도께서 너희 마음에 계시게 하옵시고 너희가 사랑 가운데서 뿌리가 박히고 터가 굳어져서 능히 모든 성도와 함께 지식에 넘치는 그리스도의 사랑을 알아 그 넓이와 길이와 높이와 깊이가 어떠함을 깨달아 하나님의 모든 충만하신 것으로 너희에게 충만하게 하시기를 구하노라"(엡3:17-19).

3) 신자들은 확신에 도달하기 위하여 열심을 다할 의무가 있다.

참 신자들은 확신에 도달하기 위해서 최선을 다하며 성실히 노력을 기울여야 할 의무가 있다. 확신은 앞에서 언급한 것처럼 어떤 특별한 계시나, 신비로운 체험으로 얻어지는 것이 아니라 보통의 방법들을 부지런하고 올바르게 사용하며, 선행에 힘쓸 때에 얻어지는 것이다. 신자들이 이러한 노력을 기울여야 하는 것은 하나님의 명령인 것이다. "**그러므로 형제들아 더욱 힘써 너희 부르심과 택하심을 굳게 하라 너희가 이것을 행한즉 언제든지 실족지 아니하리라**"(벧후1:10). 참된 확신은 하나님이 주시는 은사이지만 열심히 기도하며, 신앙에 힘써 나갈 때 허락되는 것이다. 신자들이 이 참된 확신을 누림으로써 마음의 평안과 성령의 기쁨을 얻게 되고, 하나님께 사랑과 감사를 드리게 되며, 기쁨으로 순종하게 되는 것이다.

"그러므로 우리가 믿음으로 의롭다 하심을 얻었은즉 우리 주 예수 그리스도로 말미암아 하나님으로 더불어 화평을 누리자 또한 그로 말미암아 우리가 믿음으로 서 있는 이 은혜에 들어감을 얻었으며 하나님의 영광을 바라고 즐거워하느니라 다만 이뿐 아니라 우리가 환난 중에도 즐거워하나니 이는 환난은 인내를, 인내는 연단을, 연단은 소망을 이루는 줄 앎이로다 소망이 부끄럽게 아니힘은 우리에게 주신 성령으로 말미암아 하나님의 사랑이 우리 마음에 부은바 됨이니"(롬5:1-5).

"주께서 내 마음에 두신 기쁨은 저희의 곡식과 새 포도주의 풍성할 때보다 더하니이다"(시4:7).

4) 참된 확신은 방탕(放蕩)한 생활로 치우치지 않게 한다.

구원받은 참된 신자들이라 할지라도 세상으로부터 오는 많은 유혹들과 사단의 공격으로 인해 무질서하고 방탕한 생활로 치우치기 쉽다. 그러나 구원의 확신을 가질 때에 세상을 이길 힘을 얻으며, 유혹들과 방탕한 생활에 치우치지 않게 된다. "나의 자녀들아 내가 이것을 너희에게 씀은 너희로 죄를 범치 않게 하려 함이라..."(요일2:1). "모든 사람에게 구원을 주시는 하나님의 은혜가 나타나 우리를 양육하시되 경건치 않은 것과 이 세상 정욕을 다 버리고 근신함과 의로움과 경건함으로 이 세상에 살고..., 그가 우리를 대신하여 자신을 주심은 모든 불법에서 우리를 구속하시고 우리를 깨끗하게 하사 선한 일에 열심하는 친 백성이 되게 하려 하심이니라"(딛2:11-14). "그런즉 사랑하는 자들아 이 약속을 가진 우리가 하나님을 두려워하는 가운데서 거룩함을 온전히 이루어 육과 영의 온갖 더러운 것에서 자신을 깨끗케 하자"(고후7:1).

제 4절 확신(確信)의 흔들림

> 참 신자일지라도 그들의 구원의 확신이 여러 가지 모양으로 흔들리거나 약해지며 중단될 수 있다. 그런 결과는 그 확신을 유지하는 일을 소홀히 하거나, 어떤 특별한 죄를 저질러 양심에 상처를 입히고 성령을 근심케 하거나, 어떤 갑작스럽고 강렬한 유혹에 의하거나, 또는 하나님께서 그의 얼굴빛을 거두시므로, 그를 경외하는 자일지라도 빛이 없는 상태에서, 어둠 중에 다니게 하시는 경우에 발생하게 된다(아5:2-3, 6; 시51:8, 12, 14; 엡4:30-31, 시77:1-10; 마26:69-72; 시31:22; 88편; 사50:10). 그러나 하나님의 씨와 믿음의 생활과 그리스도와 형제들에 대한 사랑, 마음의 진실함과 의무를 행하려는 양심은 결코 온전히 사라지지 않는다(요일3:9; 눅22:32; 욥13:15; 시73:15, 51:8, 12; 사1:10). 적당한 때가 되면 성령의 역사로 인해 확신이 되살아나고, 그렇게 되기

> 까지 완전한 절망에 빠지지 않도록 도움을 받는다(미7:7-9; 렘32:40; 사54:7-10; 시22:1, 88:1-18).

본 절에서는 구원의 확신을 가진 참 신자일지라도 때로 여러 모양으로 그의 확신이 흔들리거나 약해지며, 중단될 수 있다. 그러나 그 신자가 확신을 가졌든지, 아니든지 간에, 그 안에 있는 하나님의 씨와 역사로 인해 그의 구원은 보장되어 있는 것이다. 그리고 때가 되면 성령의 역사로 인해 확신이 되살아나고 완전한 절망에 빠지지 않도록 도움을 받는다고 진술한다.

1) 참 신자라도 구원의 확신이 흔들리거나 중단될 수 있다.
구원의 확신을 가진 참 신자라도 여러 가지 모양으로 그 확신이 흔들리거나 약해지고, 또 중단될 수 있다. 그러면 이런 결과는 왜 오는 것일까?
① 확신을 유지하는 일을 게을리 하기 때문이다.
그리스도를 향한 믿음과 사랑 가운데서 신앙의 행위들을 열심히 하지 않고 나태해지기 때문이다. 말씀 탐구와 기도의 생활, 예배 및 봉사와 헌신의 일들을 부지런히 하지 않으면 확신은 약해져가고 흔들리며, 중단될 수 있다. "내가 네 행위를 아노니 네가 차지도 아니하고 더웁지도 아니하도다… 네가 이같이 미지근하여 더웁지도 아니하고 차지도 아니하니 내 입에서 너를 토하여 내치리라… 무릇 내가 사랑하는 자를 책망하여 징계하노니 그러므로 네가 열심을 내라 회개하라"(계3:15-16, 19),

"우리가 간절히 원하는 것은 너희 각 사람이 동일한 부지런을 나타내어 끝까지 소망의 풍성함에 이르러 게으르지 아니하고 믿음과 오래 참음으로 말미암아 약속들을 기업으로 받는 자들을 본받는 자 되게 하려는 것이니라"(히6:11-12).

② 죄를 저질러 양심이 상하고, 성령을 근심케 하기 때문이다.

신자들이 심각한 죄를 저지르게 될 때에, 스스로 자신의 양심에 상처를 입히게 되고 성령을 근심케 하므로 마음에 확신이 흔들리고 사라지게 된다. "하나님이여 나의 구원의 하나님이여 피 흘린 죄에서 나를 건지소서..."(시51:14), "주의 얼굴을 내 죄에서 돌이키시고 내 모든 죄악을 도말하소서"(시51:9), "나를 주앞에서 쫓아내지 마시며 주의 성령을 내게서 거두지 마소서 주의 구원의 즐거움을 내게 회복시키시고 자원하는 심령을 주사 나를 붙드소서"(시51:11-12).

"예수께서 가라사대 내가 진실로 네게 이르노니 오늘밤 닭 울기 전에 네가 세 번 나를 부인하리라... 베드로가 맹세하고 또 부인하여 가로되 내가 그 사람을 알지 못하노라..., 저가 저주하며 맹세하여 가로되 내가 그 사람을 알지 못하노라..."(마26:34, 72, 74).

"하나님의 성령을 근심하게 하지 말라 그 안에서 너희가 구속의 날까지 인치심을 받았느니라"(엡4:30).

③ 예상치 못한 시험에 빠지므로 흔들리고 약해진다.

신자들이 갑자기 예기치 못한 강력한 시험에 처하거나, 여러 가지 삶속에서 겪는 고통과 심각한 병고(病苦)에 부딪칠 때도 확신이 흔들리거나 약해질 수 있고, 중단되기까지 한다. "하나님이 참으로 이스라엘 중 마음이 정결한 자에게 선을 행하시나 나는 거의 실족할뻔 하였고 내 걸음이 미끄러질뻔 하였으니 이는 내가 악인의 형통함을 보고 거만한 자를 질시하였음이로다"(시73:1-3).

"조금 후에 곁에 섰던 사람들이 나아와 베드로에게 이르되 너도 진실로 그 당이라 네 말소리가 너를 표명한다 하거늘 저가 저주하며 맹세하여 가로되 내가 그 사람을 알지 못하노라 하니 닭이 곧 울더라"(마26:73-74).

④ 때로 하나님께서 그 얼굴을 돌리심으로 어둠속에서 두려움에 빠져 확신이 흔들리기도 한다.

신자가 마음이 교만해지므로 하나님께서 징계하실 때나, 또는 연단을 위하여 잠깐 동안 그 얼굴빛을 가리우심으로 마음의 평안을 잃고 두려움에 빠져, 구원의 확신이 흔들리고 약해지며, 중단되기도 한다. "**내가 형통할 때에 말하기를 영영히 요동치 아니하리라 하였도다 여호와께서 주의 은혜로 내 산을 굳게 세우셨더니 주의 얼굴을 가리우시매 내가 근심하였나이다**"(시30:6-7).

"주의 손으로 나를 만드사 백체를 이루셨거늘 이제 나를 멸하시나이다 기억하옵소서 주께서 내 몸 지으시기를 흙을 뭉치듯 하셨거늘 다시 나를 티끌로 돌려 보내려 하시나이까"(욥10:8-9).

2) 그러나 그들의 믿음은 보호되며, 성령의 역사로 확신은 되살아 난다.

앞에서 살폈듯이 구원받은 참 신자도 여러 가지 모양으로 구원의 확신이 흔들리고 약해지며, 잃을 수도 있지만, 그렇다고 성령으로 심어진 그 안에 영원한 생명의 씨앗이 사라지거나, 변화된 성향이 사라져서 완전한 절망에 빠지는 일은 없다. "하나님께로서 난 자마다 죄를 짓지 아니하나니 이는 하나님의 씨가 그의 속에 거하심이요 저도 범죄치 못하는 것은 하나님께로서 났음이라"(요일3:9).

"...내가 너를 위하여 네 믿음이 떨어지지 않기를 기도하였노니 너는 돌이킨 후에 네 형제를 굳게 하라"(눅22:32).

"저는 넘어지나 아주 엎드러지지 아니함은 여호와께서 손으로 붙드심이로다"(시37:24). 적당한 때가 되면 성령의 도우심으로 확신이 되살아나게 되고 완전히 실족치 않도록 보호를 받는다. 구원의 확실성은 믿음의 강도(强度)에 좌우되는 것이 아니라 영원하신 하나님의 언약의 확실성과 그리스도의 사역에 근거하는 것이다.

"내가 그들에게 복을 주기 위하여 그들을 떠나지 아니하리라 하는 영영한 언약을 그들에게 세우고 나를 경외함을 그들의 마음에 두어 나를 떠나지 않게 하고"(렘32:40).

"나의 대적이여 나로 인하여 기뻐하지 말지어다 나는 엎드러질지라도 일어날 것이요 어두운데 앉을지라도 여호와께서 나의 빛이 되실 것임이로다 내가 여호와께 범죄하였으니 주께서 나를 위하여 심판하사 신원하시기까지는 그의 노를 당하려니와 주께서 나를 인도하사 광명에 이르게 하시리니 내가 그의 의를 보리로다"(미7:8-9).

제 19 장
하나님의 율법(律法)에 대하여

종교개혁자들은 성경의 내용을 신약, 구약이 아닌 복음과 율법으로 구별하여 성경의 전체를 두 개의 요소로 보았다. 율법은 명령 또는 금지 규정으로서 주어지는 하나님의 의지의 계시(啓示)였고, 복음은 화해(和解)의 사역으로서, 예수 그리스도 안에서 하나님을 바라보게 하는 대속과 사랑의 선교에 대한 부분이다. 그래서 율법은 죄인의 마음에 죄를 보게 하여 회개를 일으키고, 복음은 예수 그리스도를 믿는 구원의 믿음을 일으킨다. 이런 의미에서 율법은 복음으로의 준비의 역할을 하는 것이다. 율법은 주로 죄의식(罪意識)을 깊게 하는 것에 의해서 그리스도의 구속(救贖)의 필요성을 갈망하게 한다. 그러므로 율법과 복음, 양쪽이 다 동일한 목적에 기여하며, 양쪽 다 은혜의 수단으로서 없어서는 안 되는 것이다. 여기서 조심할 것은 율법을 죄의식을 깊게 하는 역할로만 지나치게 강조함으로써 은혜의 수단의 일부임을 잊어서는 안 된다는 것이다.

1) 율법과 복음에 대한 관점들

① 마르키온(Marcion, 주후 85~160?): 마르키온 교파의 창시자로서 『구약의 하나님과 신약의 하나님은 다르다. 구약의 하나님은 율법의 신(神)으로서 유다인들의 신일뿐이고, 예수의 하나님은 평화의 신으

로서 만인(萬人)의 신이다』(이은근〈바오로〉신부).라고 하여 이원적 (二元的) 신관(神觀)을 주장한 이단자이다. 그는 율법과 복음을 절대적 대립관계로 보았다.

② **세대주의(世代主義)**: 구약의 이스라엘은 율법아래 있었으나 신약의 교회는 복음아래 있다. 그러므로 교회는 율법에 대한 의무는 없다. 복음만이 은혜의 수단일 뿐, 율법은 그 역할을 하지 못한다고 주장하여 무율법주의적(無律法主義的)이다.

③ **루이스 뻘콥(L. Berkhaf)**: 율법의 세 가지 효용

첫째, 사회적 효용: 사회의 질서를 보호 유지하기 위해서 악(惡)을 억제하고 선(善)을 유지하는 역할을 한다. 일반은총(一般恩寵)적이라 할 수 있다.

둘째, 수호 역할의 효용: 죄인식(罪認識)을 주어 양심이 율법의 요구에 응답치 못하는 자기 연약함과 그것에 대한 하나님의 심판의 공포에서 구주(救主)를 구하고 하나님을 부르도록 하는 역할을 한다.(갈3:24)

셋째, 의의 규준의 활동: 신자들에게 있어서 자신의 생활 규준으로 하여 생명과 구원의 길을 인도하는 규준이다.

④ **루터파(Luther)**: 루터파에서는 율법의 첫 번째(사회적 효용)와 세 번째(의의 규준)의 효용을 인정하면서도 두 번째(수호 역할) 효용을 율법의 가장 중요한 역할로 강조한다.

⑤ **개혁파(Reformed)**: 율법의 두 번째 효용을 충분히 인정하면서, 세 번째 효용과는 분명하게 구분한다. 그리고 세 번째(의의 규준) 효용에 보다 중점을 두어, 성화의 수단으로서 구원받은 신자들의 생활에 감

사로 행하는 새로운 순종의 규준으로서 율법을 보는 것이다.

오늘날 인생들이 상대적인 것만을 내세우고 중시하며, 불변(不變)하는 절대적인 것들을 경시(輕視)하는 풍조 속에서 하나님의 율법을 가르치고 선포하는 것은 교회의 사명이라 할 것이다. 그러나 현실은 교회강단에서 복음과 율법을 분리시키는 균형 잃은 가르침으로 인해, 신자들이 무율법주의, 반율법주의 사상에 빠져들어, 성화(聖化)가 없는 삶으로 인해서 세상의 소금과 빛의 역할을 다하지 못하고, 세상으로부터 비난과 조롱거리가 되어 버린 현실에 대한 책임감을 설교자들은 통감(痛感)하고, 회개하며, 성경의 바른 가르침으로 돌아가야 할 것이다.

제 1절 행위계약(行爲契約)으로서의 율법

> 하나님은 아담에게 행위계약으로 율법을 주셨는데, 이 율법은 아담 자신뿐만 아니라 그의 모든 후손들로 하여금 개인적으로 온전하게 영구적으로 지켜야 할 의무를 부과하셨다. 그와 동시에 그 율법을 지키면 생명을 주고 범할 때는 죽음의 형벌을 내릴 것이라고 경고하셨다. 또한 아담에게 이 율법을 지킬 수 있는 힘과 능력을 부여해 주셨다(창1:26-27; 2:17; 롬2:14-15, 10:5, 5:12,19; 갈3:10, 12; 전7:29; 욥28:28).

본 절에서는 하나님께서 첫 사람 아담에게 행위계약으로 율법을 주셨는데, 이 율법은 아담 자신뿐만 아니라 그의 모든 후손들에게까지 개인적으로 온전히 지켜야 할 영구적인 의무(義務)로 부과하시고, 지키면 생명을 주고, 범할 때는 죽음의 형벌을 내릴 것이라고 경고하셨다. 또한 아담에게 이 율법을 지킬 힘과 능력도 함께 주셨다고 진술한다.

1) 행위계약

하나님은 인간을 자신의 형상을 따라 지으시되, 지성적이고 도덕적인 자율성을 지닌 존재로 창조하셨다. **"하나님이 자기 형상 곧 하나님의 형상대로 사람을 창조하시되…"**(창1:27). 그리고 율법을 인간의 행위의 규칙으로 그 마음에 기록해 주시고 완전한 복종을 요구하신 것이다. **"…그 마음에 새긴 율법의 행위를 나타내느니라"**(롬2:15). 인간은 이러한 하나님의 뜻과 자신이 해야 할 의무를 충분히 이해하고 있었으며, 온전히 복종할 수 있는 힘과 능력도 하나님께 부여 받았다. 그리고 복종하면 생명을 주시고, 어기면 사망의 형벌이 내려질 것을 경고하셔서 율법을 계약의 형태로 주셨다.

"선악을 알게 하는 나무의 실과는 먹지말라 네가 먹는 날에는 정녕 죽으리라"(창2:17). 이것을 『행위계약(行爲契約)』이라고 부른다.

앞서 제7장 1절에서 살폈듯이, 이 계약은 참 종교 성립의 기초가 되는 것이다. 하나님과 인간의 관계에 있어서는 창조주와 피조물의 관계로만 보면, 주인과 종의 관계에서 오직 복종과 의무밖에는 없는 것과 같다. **"이와 같이 너희도 명령 받은 것을 다 행한 후에 이르기를 우리는 무익한 종이라 우리의 하여야 할 일을 한 것뿐이라 할지니라"**(눅17:10). 이와 같이 복종과 의무만으로는 참된 종교가 성립되지 못한다. 인간은 자신에게 따를 보응으로서 복(福)을 기대함이 없다면 하나님을 기뻐하지 못하게 된다.

그러므로 하나님께서는 인간과의 관계를 창조주와 피조물의 관계만이 아니라 율법을 통한 행위계약이라는 관계 아래 두신 것이다. 그리고 인간이 마음에 쓰여진 율법에 대해 복종할 것인지를 시험하시기 위해 선악(善惡)을 알게 하는 나무의 열매를 먹지 말라고 명하셨다. 이 명령을 지키므로 인간은 하나님과의 교제 가운데 더욱 영광스러운 존재로 발전할 뿐 아니라 만물을 다스리는 권세를 유지할 수 있게 된다. 이렇게 계약관계를 통해 『하나님에 대한 인간의 의무와 하나님으로부터 주어질 복(福)과 보응으로서의 하나님을 기뻐하는 최상의 행복을 결부(結付)시킨 것은 하나님의 주권적이며, 은총적인 계약인 것이다. 이로써 참된 종교가 성립되는 것이다. 이것은 인간 편에서 먼저 하나님과의 계약 관계를 맺은 것이 아니라 하나님의 자발적인 낮아지심으로써 가능했던 것이다. 하나님께서 특별하신 은혜로서 계약을 제공치 않으셨다면 창조주이신 하나님과 피조물인 인간의 관계는 딘지 복종과 의무만이 있을 뿐, 여기서는 참된 종교란 있을 수 없었을 것이다』(W.신앙고백서 강해, 김준삼 목사 저 p.94).

2) 아담은 그 후손인 인류의 머리(대표자)

이 행위계약은 첫 사람 아담뿐만 아니라 아담을 통해 이 세상에 나오는 모든 그의 후손, 즉 인류와의 계약이었다. 아담은 자연적인 인류의 머리일 뿐 아니라 그의 후손인 전 인류를 대표(代表)하는 계약적 머리였던 것이다. 하나님께서는 그에게 생육하고 번성하라는 복을 주시면서 "하나님이 그들에게 복을 주시며 그들에게 이르시되 생육하고 번성하여 땅에 충만하라..."(창1:28), 아담과 그를 통해 세상에 나올 모든 그의 후손들과 계약을 맺으신 것이다. 그러므로 전 인류는 아담 안에서 하나님과의 행위계약 관계로써, 그 개개인이 하나님의 율법에 온전히 복종할 의무(義務)아래 있는 것이다.

그래서 아담이 계약을 어기고 죄를 범하므로 사망의 저주를 받았을 때 아담과 함께 그의 후손인 전 인류는 아담의 범한 죄책(罪責)을 짊어지고 죽음의 형벌 아래 처하게 된 것이다. **"아담 안에서 모든 사람이 죽은 것 같이..."**(고전15:22), 대표(代表)의 한 행동은 전체에 영향을 미치게 되는 것이기 때문이다. 대표자인 아담이 계약을 어기는 순간, 그의 모든 후손도 계약을 어긴 상태로 전락하게 되었고, 아담 안에서 모든 사람이 죄인이 되어 죽었으며(영), 죽어가는(육체) 것이다. **"이러므로 한 사람으로 말미암아 죄가 세상에 들어오고 죄로 말미암아 사망이 왔나니 이와 같이 모든 사람이 죄를 지었으므로 사망이 모든 사람에게 이르렀느니라"**(롬5:12).

제 2절 의(義)의 규준(規準)인 십계명

> 이 율법은 아담이 타락한 후에도 완전한 의(義)의 규칙으로 존속하게 되었다. 그리고 그것을 시내 산에서 하나님이 십계명의 형식으로 두 돌판에 기록하여 전해 주셨다(약1:25, 2:8, 10-12; 롬13:8-9; 신5:32; 10:4; 출34:1). 처음 네 계명은 하나님께 대한 우리의 의무를 기록했고, 나머지 여섯 계명은 사람에 대한 우리의 의무를 기록해 두셨다(마22:37-40).

본 절에서는 아담이 타락한 후에도 율법은 완전한 의의 규칙으로 존속하고 있으며, 그 율법을 시내산에서 하나님이 십계명 형식으로 두 돌판에 기록하여 전달해 주셨다. 처음 네 계명은 하나님께 대한 인간의 의무를 기록했고, 나머지 여섯 계명은 이웃에 대한 의무를 기록해 두셨다고 진술한다.

1) 인간이 타락한 후에도 율법은 의(義)의 규칙으로 존속하고 있다.
첫 사람 아담의 타락으로 행위계약은 폐지되었지만, 인간의 마음에 새겨주신 도덕법인 율법은 여전히 의의 규칙으로 남아 있다. 이 율법은 인간의 타락으로 인해 희미하게 되었으나, 하나님을 경배하고, 부모를 공경하며, 이웃에 대한 배려 등, 일반적 원리들은 모든 사람들 마음속에 여전히 새겨져 있다. "율법 없는 이방인이 본성으로 율법의 일을 행할 때는 이 사람은 율법이 없어도 자기가 자기에게 율법이 되나니 이런이들은 그 양심이 증거가 되어 생각들이 서로 혹은 송사하며 혹은 변명하여 그 마음에 새긴 율법의 행위를 나타내느니라"(롬2:14-15).

2) 하나님께서 율법을 두 돌 판에 십계명의 형식으로 기록해 주셨다.
인간의 타락으로 마음에 새겨주신 율법이 희미하게 되었으므로 (율법이 희미해진 것이 아니라 인간의 마음이 어두워짐) 하나님께서는 시내 산에서 두 돌 판에다 십계명 형식으로 기록하여 모세를 통해 전달해 주셨다. "여호와께서 모세에게 이르시되 너는 돌판 둘을 처음 것과 같이 깎아 만들라 네가 깨드린바 처음 판에 있던 말을 내가 그 판에 쓰리니... 여호와께서는 언약의 말씀 곧 십계를 그 판들에 기록하셨더라"(출34:1, 28).

타락으로 인간의 마음 눈이(엡1:18) 어두워지므로 인해, 하나님께서는 육의 눈으로 볼 수 있도록 두 돌 판에 도덕율법(십계명)을 기록하여 주신 것이다. 이것은 영구적(永久的)으로 살아 있는 규칙임을 의미한다. 의식법이나 사회법은 양피지(羊皮紙)나 우피지(牛皮紙)에 모세가 받아 기록했지만, 도덕법인 십계명은 하나님께서 친히 두 돌판에 기록하여 주셨다. 이것은 도덕율법은 영구적인 규칙으로 주어짐을 의미하는 것이다.

3) 처음 네 가지 명령은 하나님에 대한 의무를, 나머지 여섯 가지 명령은 사람에 대한 의무이다.

《첫째 돌 판에는 하나님에 대한 의무가 기록됨》(출20:1-11)

    제일은 너는 나 외에는 다른 신들을 네게 있게 말지니라.

    제이는 너를 위하여 새긴 우상을 만들지 말고 또 위로 하늘에 있는 것이나 아래로 땅에 있는 것이나 땅아래 물속에 있는 것의 아무 형상이든지 만들지 말며 그것들에게 절하지 말며 그것들을 섬기지 말라.

    제삼은 너는 너의 하나님 여호와의 이름을 망령되이 일컫지 말라.

    제사는 안식일을 기억하여 거룩히 지키라.

《둘째 돌 판에는 사람에 대한 의무가 기록됨》(출20:12-17)

    제오는 네 부모를 공경하라.

    제육은 살인하지 말지니라.

    제칠은 간음하지 말지니라.

    제팔은 도적질하지 말지니라.

제구는 네 이웃에 대하여 거짓 증거하지 말지니라.

제십은 네 이웃의 집을 탐내지 말지니라.

이상의 열 가지 계명을 예수께서는 『마음을 다하여 하나님을 사랑하고, 이웃을 네 몸과 같이 사랑하라』는 두 가지 계명으로 축약(縮約)하셨다. **"예수께서 가라사대 네 마음을 다하고 목숨을 다하고 뜻을 다하여 주 너의 하나님을 사랑하라 하셨으니 이것이 크고 첫째 되는 계명이요 둘째는 그와 같으니 네 이웃을 네 몸과 같이 사랑하라 하셨으니 이 두 계명이 온 율법과 선지자의 강령이니라"**(마22:37-40).

※「강령(綱領): 근본이 되는 큰 줄거리, 기본 입장이나 방침」

≪참고≫ 가톨릭교회에서는 첫 번째 돌 판에는 세 개의 계명을 기록하였고, 둘째 돌 판에는 일곱 개의 계명을 기록했다고 주장한다. 그들은 제1계명과 제2계명을 하나의 계명으로 묶어 『하나이신 천주를 흠숭하여라』로, 마지막 제10계명을 둘로 나누어 『남의 아내를 원하지 말고』를 제9계명으로, 『남의 재물을 탐하지 말라』를 제10계명으로 보는 것이다. 『그 이유는 제2계명에서 『아무 형상이든지 만들지 말며 그것들에게 절하지 말며 섬기지 말라』는 명령이 가톨릭교회의 관행을 허용치 않기 때문이다. 그래서 그들은 제2계명은 제1계명에 포함되는 것으로 간주해서, 단지 우상의 형상을 금하는 것으로만 보고, 이를 근거로 하나님과 성인(聖人)들을 묘사하는 경우에는 얼마든지 형상을 만들어 예배할 수 있다고 주장하는 것이다. 또한 두 계명을 하나로 합쳤기 때문에 열 가지 계명으로 맞추기 위해 마지막 계명을 두 개의 계명으로 분리해 놓았다. (w.신앙고백 해설, 로버트 쇼 저, 조계광 역 p.385).

제 3절 의식율법(儀式律法) 폐기(廢棄)

> 도덕법이라 불리는 이 율법 외에도 하나님께서는 미성숙한 교회였던 이스라엘 백성에게 의식법(儀式法)을 주셨다. 거기에는 여러 가지 모형이 되는 의식들이 포함되어 있는데, 부분적으로는 예배에 대한 것으로서, 그것은 그리스도와 그를 통해서 베풀어질 은혜들, 그가 행하실 일들과 받으실 고난들, 그리고 그의 공로로 주어질 유익들을 예표(豫表)하고 있다(히9:1-28; 10:1; 갈4:1-3; 골2:17). 또한 부분적으로는 도덕적인 의무들을 일깨우는 여러 가지 교훈들이 제시되어 있다(고전5:7; 고후6:17; 유-23). 그런데 이 모든 의식법들은 신약시대에는 폐기되었다(골2:14, 16-17; 단9:27; 엡2:15-16).

본 절에서는 미성숙한 교회였던 이스라엘을 위하여 하나님께서 도덕법에 더하여 의식법을 주셨는데, 그 안에는 그리스도의 구속 사역을 통해 베풀어질 은혜의 유익들이 여러 가지 모형들과 상징들로 제시되었고, 또한 도덕적인 의무들을 일깨우는 여러 가지 교훈들도 제시되었다. 그러나 이 모든 의식법들은 신약시대에는 폐기되었다고 진술한다.

1) 구약의 율법에는 도덕법, 의식법, 사회법, 세 가지가 있다.

① **도덕법(道德法):** 도덕법은 십계명으로 일컬어진다. 하나님께서 인간을 창조하실 때에 그 마음에 기록해 주신 것으로서, 이 법은 아담이 타락한 후에도 의(義)의 규칙으로 존속하는 항구적(恒久的)인 법이다.

② **의식법(儀式法)**: 의식법은 구약시대에 이스라엘 백성들이 행했던 각종 제사 의식들과 할례(割禮)예식 등을 가리킨다. 본 절에서는 이 의식법을 통해 당시 미성숙한 교회였던 이스라엘 백성들에게 장차 오실 그리스도께서 행하실 일들과 그로 인해 주어질 복들에 대한 모형(模型)을 제시하여 미리 그리스도를 바라볼 수 있도록 하셨다는 것이다. "성령이 이로써 보이신 것은 첫 장막이 서 있을 동안에 성소에 들어가는 길이 아직 나타나지 아니한 것이라 이 장막은 현재까지의 비유니 이에 의지하여 드리는 예물과 제사가 섬기는 자로 그 양심상으로 온전케 할 수 없나니 이런 것은 먹고 마시는 것과 여러 가지 씻는 것과 함께 육체의 예법만 되어 개혁할 때까지 맡겨 둔 것이니라"(히 9:8-10). 그러므로 하나님께서 이스라엘 백성들에게 명하셨던 의식법에는 그리스도에 대한 여러 가지 예표(豫表)들이 포함되어 있다. 성소, 제사장, 속죄의 희생 제사 등은 하나의 예표들로서, 그리스도께서 영원한 대제사장으로서 자신의 몸을 희생의 제물로 삼아 죄인들을 구속하실 것과 구속하신 자기 백성들을 위해 중보하실 것 등을 미리 보여주는 예표들이었던 것이다. 특히 의식법의 대표적인 것은 유월절과 할례다. 유월절은 그리스도의 은혜와 받으실 고난과 그로 인해 믿는 자들에게 주어질 복들을 예표하고 있으며 "…**우리의 유월절 양 곧 그리스도께서 희생이 되셨느니라**"(고전5:7). 할례는 구원받은 신자들의 도덕적 의무에 대한 교훈을 제시하고 있다. 그러므로 구약의 의식법은 그리스도가 오실 때까지의 한시적(限時的)인 법으로서 신약시대에는 폐기되었다. "**율법은 장차 오는 좋은 일의 그림자요**

참 형상이 아니므로 해마다 늘 드리는바 같은 제사로는 나아오는 자들을 언제든지 온전케 할 수 없느니라"(히10:1). "이것들은 장래 일의 그림자이나 몸은 그리스도의 것이니라"(골2:17).

"그 후에 말씀하시기를 보시옵소서 내가 하나님의 뜻을 행하러 왔나이다 하셨으니 그 첫 것을 폐하심은 둘째 것을 세우려 하심이니라 이 뜻을 좇아 예수 그리스도의 몸을 단번에 드리심으로 말미암아 우리가 거룩함을 얻었노라"(히10:9-10).

③ **사회법(社會法)**: 사회법은 사법적(司法的) 율법으로서 당시 상황에서 이스라엘 사회를 유지하는 법으로 주어진 것이므로, 오늘날에는 각 국가 민족들이 각기 사회에 합당한 법을 가짐으로써 끝났다고 할 수 있다.

제 4 절 사법적(司法的) 율법

> 하나님께서는 정치적 집단인 이스라엘 백성들에게 여러 가지 재판에 관한 사법적 율법을 주셨다. 그러나 그 재판법은 그 백성의 나라와 함께 시효(時效)가 만료되어 사라졌기 때문에 그 법률에 있는 일반적인 정당성 이외에는 아무런 구속력이 없다(출21장, 22:1-29; 창49:10; 벧전2:13-14; 마5:17, 38-39; 고전9:8-10).

본 절에는 하나님께서 정치적 체제를 구축하고 있던 이스라엘 백성들에게 여러 가지 재판에 관한 사법적 율법을 주셨다. 그러나 이 율법은 그들의 국가와 함께 모두 사라졌기 때문에 그 법률에 있는 일반적인 정당성 이외에는 아무런 구속력이 없다고 진술한다.

1) 사법적 율법은 이스라엘 나라와 함께 사라져 구속력이 없다.

사법적 율법(사회법, 시민법)은 당시 이스라엘 민족이라는 국가 체제에 국한되는 것으로서, 국가를 통치하기 위한 법률적 성격을 가진다. 이런 사법적 율법은 당시 상황에서 이스라엘 사회를 유지하는 법으로 주어진 것이므로, 오늘날에는 각 국가와 민족들이 각기 사회에 합당한 법을 가짐으로써 끝났다고 할 수 있다. 그러나 모든 민족들에게 공통되는 자연법의 원칙을 따르는 법령은 여전히 효력이 있다. "홀이 유다를 떠나지 아니하며 치리자의 지팡이가 그 발 사이에서 떠나지 아니하시기를 실로(소유자)가 오시기까지 미치리니 그에게 모든 백성이 복종하리로다"(창 49:10).

"인간에 세운 모든 제도를 주를 위하여 순종하되 혹은 위에 있는 왕이나 혹은 악을 행하는 자를 징벌하고 선행하는 자를 장려하기 위하여 그의 보낸 방백에게 하라"(벧전2:13-14).

제 5절 도덕율법(道德律法)의 영구불변(永久不變)

> 도덕법은 의롭다 하심을 받은 사람이나 다른 모든 사람들에게도 영원토록 구속력(拘束力)이 있으므로 해서 영구히 복종을 요구한다(롬 13:8-10; 엡6:2; 요일2:3-4, 7-8). 그리고 그 법 안에 있는 내용에 대해

> 서 뿐만 아니라 그것을 주신 창조주 하나님의 권위 때문에 복종해야 하는 것이다(약2:10-11). 그리스도께서도 복음 안에서 이 의무를 폐하지 않으시고 오히려 더욱 강화하셨다(마5:17-19; 약2:8; 롬3:31).

본 절에서는 도덕율법(십계명)은 구원받은 신자들이나 다른 모든 사람들에게도 영구적으로 살아있어 복종을 요구한다. 그 이유는 그 법안에 있는 내용만이 아니라 그것을 주신 하나님의 권위 때문이다. 그리스도께서도 이 의무를 폐지하지 않으시고 오히려 더욱 강화하셨다고 진술한다.

1) 도덕율법(십계명)은 신자들이나 불신자들 모두에게 복종을 요구한다.

율법에 있어서 의식법이나 사회법은 그리스도의 사역이 성취됨과 또 당시의 이스라엘 국가가 사라짐으로써, 그 구속력이 모두 사라져 폐기되었다. 그러나 도덕율법은 영구적으로 살아있어서 모든 사람이 복종의 의무를 가진다. 이 법은 시간과 장소를 초월하여 모든 국가, 모든 민족에게 적용된다. 그것은 창조주 하나님과 피조물인 인간관계에 근거하기 때문이다. "너희가 만일 경에 기록한 대로 네 이웃 사랑하기를 네 몸과 같이 하라 하신 최고한 법을 지키면 잘하는 것이거니와 만일 너희가 외모로 사람을 취하면 죄를 짓는 것이니 율법이 너희를 범죄자로 정하리라(약2:8-9).

"네 아버지와 어머니를 공경하라 이것이 약속 있는 첫 계명이니 이는 네가 잘되고 땅에서 장수하리라"(엡6:2-3). "우리가 그의 계명을 지키면 이로써 우리가 저를 아는 줄로 알 것이요"(요일2:3).

2) 도덕율법(십계명)은 의롭다함을 받은 신자들의 삶의 규칙이다.

율법폐기론(律法廢棄論)자들은 구원받은 신자들이 도덕율법의 의무에서 해방되었으므로 지킬 필요가 없다고 주장한다. 이에 대해 본 절에서는 『의롭다 하심을 받은 사람이나 다른 모든 사람들에게도 영구히 복종을 요구한다』라고 하여 그들의 주장에 대해 논박하고 있다. 신자들에게 있어서 도덕율법은 지키면 살고, 어기면 죽는 행위언약(行爲言約)으로서의 기능에서는 온전히 해방되었다. 그것은 그리스도께서 온전한 순종을 통해 언약으로서의 율법을 모두 성취하셨고, 자기 백성들의 죄를 위해 십자가의 고난도 당하셨기 때문이다. 그러므로 신자들은 율법의 저주(詛呪)에서는 온전히 벗어나 자유하게 된 것이다. "그리스도께서 우리로 자유케 하려고 자유를 주셨으니 그러므로 굳세게 서서 다시는 종의 멍에를 메지 말라"(갈5:1). "수고하고 무거운 짐진 자들아 다 내게로 오라 내가 너희를 쉬게 하리라"(마11:28). 그러나 그 율법의 내용과 권위는 변함없이 동일하며, 신자들의 도덕적 행위의 규칙으로서의 기능은 영구(永久)히 살아있어 유효한 것이다. 이에 구원받은 신자들에게는 다시 정죄는 없다 해도, 은혜 아래서의 새로운 복종의 규준(規準)으로서 도덕율법을 감사와 기쁨으로 지켜 나가는 것이 올바른 믿음의 생활이라 할 것이다. "...내가 하나님께는 율법 없는 자가 아니요 도리어 그리스도의 율법 아래 있는 자나..."(고전9:21), "자유하게 하는 온전한 율법을 들여다보고 있는 자는 듣고 잊어버리는 자가 아니요 실행하는 자니 이 사람이 그 행하는 일에 복을 받으리라"(약1:25).

그리스도께서 우리를 위해 죽으신 것은 우리를 도덕율법의 의무에서 벗어난 방종(放縱)의 삶을 보장하기 위해서가 아니라, 자유함 가운데서 하나님의 명령인 율법을 사랑하고 자발적이며, 기쁨으로 지켜 나가는 거룩한 자녀들이 되게 하려 하심이다. "그런즉 우리가 믿음으로 말미암아 율법을 폐하느뇨 그럴 수 없느니라 도리어 율법을 굳게 세우느니라"(롬3:31). 그러므로 복음은 도덕율법의 의무를 약화시키는 것이 아니라 오히려 그 권위를 강화하고, 그것을 지켜야할 이유를 깨닫게 하며, 사랑하게 하며, 복종하게 한다.

"내가 율법이나 선지자나 폐하러 온 줄로 생각지 말라 폐하러 온 것이 아니요 완전케 하려 함이로라"(마5:17). "하나님을 사랑하는 것은 이것이니 우리가 그의 계명들을 지키는 것이라"(요일5:3). "우리가 그의 계명을 지키면 이로써 우리가 저를 아는 줄로 알 것이요 저를 아노라 하고 그의 계명을 지키지 아니하는 자는 거짓말 하는 자요..."(요일2:3-4). "너희가 짐을 서로 지라 그리하여 그리스도의 법을 성취하라"(갈6:2).

제 6절 생활의 규준(規準)인 도덕율법(십계명)

> 참 신자들은 행위 언약으로서의 율법 아래 있지 않기 때문에 그것으로써 의롭다 함을 받거나 정죄함을 받지 아니한다(롬6:14; 갈2:16, 3:13, 4:4-5; 행13:39; 롬8:1). 그러나 불신자들뿐만 아니라 참 신자들에게도 율법이 아주 유용한 것은 생활의 규칙으로서 하나님의 뜻과 그들이 지켜야 할 의무에 대해 알려주고, 지도하며, 그것에 따라 행하도록 하기 때문이다(롬7:12, 22, 25; 시119:4-6; 고전7:19; 갈5:14, 16, 18-23). 또한 그들의 본성과 마음과 생활이 죄악으로 오염되어 있는 것을 발견

> 하게 하고(롬7:7, 3:20, 7: 24), 자신들을 살핌으로써 죄에 대하여 깨닫게 하고, 죄를 인하여 겸비하게 하고, 죄를 미워하게 하며(약1:23-25; 롬7:9, 14, 24), 또한 그리스도와 그의 완전한 순종이 자기들에게 필요하다는 것을 더욱 분명하게 알게 해 주기 때문이다(갈3:24; 롬7:24-25; 8:3-4).
> 이와 같이 율법은 거듭난 자들에게 그들의 부패함을 억제할 수 있는 유익을 준다. 율법은 죄를 금지할 뿐 아니라(약2:11; 시119:101, 104, 128), 경고를 통해 그들이 비록 율법의 저주에서 해방되었다 할지라도 죄를 지으면 어떤 징벌을 받고, 또 현세에서 어떤 고난을 받게 될 것인지를 알려준다(스9:13-14; 시89:30-34). 또한 율법의 약속들은 율법에 순종하면 하나님께서 기뻐하시고, 율법을 행할 때에 그들에게 어떤 복을 주시는가를 보여 준다(레26:1-14; 고후6:16; 엡6:2-3; 시37:11; 마5:5; 시19:11). 그러나 그것은 율법 행위에 대한 약속으로 그들이 지켰다고 해서 그들에게 주는 보상이 아니다(갈2:16; 눅17:10). 그러기에 사람이 선을 행하고 악을 금하는 것은 율법이 선을 권하고, 악을 금하고 있기 때문이지만, 그렇다고 해서 그가 율법 아래 있고, 은혜 아래 있지 않다는 증거가 되는 것은 아니다(롬6:12, 14; 벧전3:8-12; 시34:12-16; 히12:28-29).

본 절에서는 참 신자들은 행위언약으로서의 율법 아래 있지 않기 때문에 율법에 의해서 의롭다 함이나 정죄를 받지 않는다. 그러나 율법이 신자들에게도 유용한 것은 생활의 규칙으로서, 하나님의 뜻과 지켜야할 의무를 알게 해주며, 또한 죄로 인한 자신의 부패성을 깨닫게 하고 그리스도의 필요성을 더욱 분명하게 알게 해준다. 죄를 억제케 하고 경고해 주며, 율법에 순종하면 어떤 복을 주시는지 보여준다. 율법의 교훈에 따라 사람이 선을 행하고 악을 삼간다고 해서 그가 율법 아래 있고, 은혜 아래 있지 않다는 증거가 되는 것은 아니라고 진술한다.

1) 참 신자들은 행위 언약으로서의 율법 아래 있지 않다.
앞에서도 언급하여 왔듯이 구원받은 참 신자들은 행위 언약으로서의 율법 아래 있지 않기 때문에 율법의 행위에 의해 의롭다함을 받거나 정죄를 받지 않는다. 인간은 이미 첫 사람 아담이 행위 언약을 어김으로 인해 정죄 아래 놓였다. 그러므로 정죄 받은 죄인인 인간이 다시 행위 계약인 율법을 온전히 지켜 정죄에서 벗어날 수 있는 것은 불가능한 것이다. "**모든 사람이 죄를 범하였으매…**"(롬3:23), "**그러므로 율법의 행위로 그의 앞에 의롭다 하심을 얻을 육체가 없나니…**"(롬3:20). 그러므로 그리스도께서 세상에 오셔서 인간이 지키지 못한 율법을 대신하여 온전히 지켜 주셨고, 또한 저지른 불순종의 죄와 죄책을 대신 짊어지시고 죽으심으로 이루신 공로(功勞)를 믿는 자들에게 돌려 주심으로써, 정죄에서 해방되고 의롭다(칭의)하심을 받아 자유하는 하나님의 자녀(양자)들이 된 것이다. 그러므로 참 신자들은 지키면 살고 어기면 죽는 율법의 행위 아래 있지 않고 믿음으로 받는 은혜 아래 있는 것이다.
"사람이 의롭게 되는 것은 율법의 행위에서 난 것이 아니요 오직 예수 그리스도를 믿음으로 말미암는 줄 아는 고로 우리도 그리스도 예수를 믿나니…, 율법의 행위로서는 의롭다 함을 얻을 육체가 없느니라"(갈2:16).

"죄가 너희를 주관치 못하리니 이는 너희가 법 아래 있지 아니하고 은혜 아래 있음이니라"(롬6:14). "그러므로 이제 그리스도 예수 안에 있는 자에게는 결코 정죄함이 없나니"(롬8:1).

2) 율법은 죄를 깨닫게 하여 그리스도의 필요성을 알게 한다.

『율법은 죄인식(罪認識)을 주어 양심이 율법의 요구에 응답하지 못하는 자기의 연약함과 그것에 대한 하나님의 심판의 공포에서 구주(救主)를 구하며, 하나님께 부르짖게 하는 역할을 한다. 도덕율법은 인간이 율법을 온전히 지켜 낼 능력이 없으며, 도리어 율법 앞에 죄와 더러움이 더욱 드러나고 하나님의 진노의 심판 아래 처한 자신을 보게 한다』(루이스 뻘콥). "…율법으로 말미암지 않고는 내가 죄를 알지 못하였으니 곧 율법이 탐내지 말라 하지 아니하였더면 내가 탐심을 알지 못하였으리라"(롬7:7). "전에 법을 깨닫지 못할 때에는 내가 살았더니 계명이 이르매 죄는 살아나고 나는 죽었도다"(롬7:9). "그러므로 율법의 행위로 그의 앞에 의롭다 하심을 얻을 육체가 없나니 율법으로는 죄를 깨달음이니라"(롬3:20).

이렇게 율법은 그리스도의 의와 완전한 순종의 필요성을 깨달아 그리스도께 나아가 그를 의지하도록 한다. 즉 율법을 불순종하므로 심판 아래 있는 자신에게 구원의 소망은 오직 그리스도께서 이루신 공로 밖에 없음을 깨달아 그에게 나아가도록 하는 것이다. **"이같이 율법이 우리를 그리스도에게로 인도하는 몽학선생이 되어 우리로 하여금 믿음으로 말미암아 의롭다 함을 얻게 하려 함이니라"(갈3:24).**

3) 율법은 참 신자들게 유일무이(唯一無二)한 생활의 규준이다.

구원받은 참 신자들이 하나님을 사랑하고 그의 뜻에 순종하는 삶의 규준으로서의 도덕율법은 반드시 필요하다. 율법은 하나님의 의지의 표현으로서, 이 법을 떠나서는 신자들의 삶은 하나님의 뜻을 벗어난 방황의 삶일 수 밖에 없다. "주의 말씀은 내 발의 등이요 내 길에 빛이니이다"(시119:105). "내가 주께 범죄치 아니하려 하여 주의 말씀을 내 마음에 두었나이다"(시119:11). "내가 주의 모든 계명에 주의 할 때에는 부끄럽지 아니하리이다"(시119:6).

참 신자들은 율법을 통해 죄의 더러움을 깨달아 알고, 그것을 억제함으로써, 하나님께 순종하는 자세를 가진다. 따라서 율법은 하나님으로부터 나오는 선(善)을 장려하고, 세상으로 인한 죄악을 억제하는 기능을 한다. 구원받은 참 신자들은 율법을 통해 하나님께서 원하시는 것과 싫어하시는 것이 무엇인지 알게 된다. 신약시대에도 율법이 여전히 효력이 있는 것은 바로 그 이유 때문이다. 그렇지만 율법이 효력이 있다고 해서 신약시대의 신자들이 행위언약, 즉 구원의 조건으로 율법을 지키는 것은 아니다. 그리스도께서 성취하신 구원의 사역을 통해 율법 아래서 끌어 올려진 자유함의 은혜 아래서, 신자들은 도덕율법을 새로운 복종의 규준으로 받아 감사함으로 지켜가는 것이다. "그러므로 아들이 너희를 자유케 하면 너희가 참으로 자유하리라"(요8:36). "죄가 너희를 주관치 못하리니 이는 너희가 법 아래 있지 아니하고 은혜 아래 있음이니라"(롬6:14). "하나님을 사랑하는 것은 이것이니 우리가 그의 계명들을 지키는 것이라"(요일5:3).

4) 율법은 불순종과 순종에 대한 징벌과 보상이 있음을 알게 한다.

율법은 하나님의 의지의 표현으로서, 하나님이 원하시는 뜻이 무엇인지를 분명하게 보여준다. 율법 아래서 해방된 참 신자라 할지라도 죄를 지으면 징벌(懲罰)을 받는다는 경고와 함께, 순종하면 보상(報償)을 기대할 수 있음을 알려준다. "자유하게 하는 온전한 율법을 들여다보고 있는 자는 듣고 잊어버리는 자가 아니요 실행하는 자니 이 사람이 그 행하는 일에 복을 받으리라"(약1:25). "...주의 종이 이로 경계를 받고 이를 지킴으로 상이 크니이다"(시19:11).

"네 부모를 공경하라 이것이 약속 있는 첫 계명이니 이는 네가 잘되고 땅에서 장수하리라"(엡6:2-3). 이것은 행위 언약으로서의 보상이라는 뜻은 아니다. 하나님께서 자기의 자녀들에게 선(善)을 장려하시고, 악(惡)을 멀리하여, 거룩한 길을 걷도록 이끄심이다.

"복 있는 사람은 악인의 꾀를 좇지 아니하며 죄인의 길에 서지 아니하며 오만한 자의 자리에 앉지 아니하고 오직 여호와의 율법을 즐거워하여 그 율법을 주야로 묵상하는 자로다... 그 행사가 다 형통하리로다"(시1:1-3).

그리고 사람이 율법을 따라 선을 행하고 악을 멀리하는 행위가 율법 아래 있고 은혜 아래 있지 않다는 증거가 되지는 않는다. "그러므로 너희는 죄로 너희 죽을 몸에 왕노릇하지 못하게 하여 몸의 사욕을 순종치 말고... 죄가 너희를 주관치 못하리니 이는 너희가 법 아래 있지 아니하고 은혜 아래 있음이니라"(롬6:12, 14).

제 7절 율법(律法)안에 계시(啓示)된 하나님의 뜻

> 지금까지 언급한 율법의 용도는 복음의 은혜와 상충(相衝)되는 것이 아니라 오히려 잘 조화된다(갈3:21). 그리스도의 영은 인간의 의지를 정복하시고, 율법 안에 계시되어 있는 하나님의 뜻을 자유롭고 기쁜 마음으로 행할 수 있는 능력을 주신다(겔36:27; 히8:10; 렘31:33).

본 절에서는 지금까지 언급한 율법의 용도(用途)는 복음의 은혜에 서로 어긋나는 것이 아니라 오히려 잘 조화(調和)된다. 그리스도의 영은 인간의 의지를 정복하시어 율법에 계시된 하나님의 뜻을 자유롭고 기쁜 마음으로 행할 수 있는 능력을 주신다고 진술한다.

1) 율법의 용도는 복음의 은혜와 상충(相衝)되지 않고 조화를 이룬다.

율법과 복음은 서로 어긋나는 것이 아니다.『율법은 죄인의 마음에 죄에 대한 회개를 일으키고, 복음은 예수 그리스도를 믿는 구원의 믿음을 일으킨다. 그런 의미에서 율법은 복음으로의 준비의 역할을 하는 것이다』 (w.신앙고백 강해, 김준삼 목사 p.203). "그러면 율법이 하나님의 약속들을 거스리느냐 결코 그럴 수 없느니라 만일 능히 살게하는 율법을 주셨더면 의가 반드시 율법으로 말미암았으리라 "(갈3:21).
"...율법으로 말미암지 않고는 내가 죄를 알지 못하였으니 곧 율법이 탐내지 말라 하지 아니하였더면 내가 탐심을 알지 못하였으리라"(롬7:7).
"이같이 율법이 우리를 그리스도에게로 인도하는 몽학선생이 되어 우리로 하여금 믿음으로 말미암아 의롭다 함을 얻게 하려 함이니라"(갈 3:24).

2) 율법에서의 자유함이 신자들의 방종(放縱)을 부추기지 않는다.

참 신자들이 언약으로서의 율법에서 해방되었다고 해서 방종을 부추기지 않는다. 그것은 도덕율법이 폐기된 것이 아니라 신자들의 삶의 의(義)의 규준으로서 지켜야 할 의무를 갖기 때문이다. 율법은 신자들의 성화(聖化)의 수단으로서 성령은 인간의 의지를 정복하시어 율법에 계시된 하나님의 뜻을 자유롭고 기쁜 마음으로 행할 수 있는 능력을 주신다. "...내 신을 너희 속에 두어 너희로 내 율례를 행하게 하리니 너희가 내 규례를 지켜 행할지라"(겔36:27).

"또 주께서 가라사대 그날 후에 내가 이스라엘 집으로 세울 언약이 이것이니 내 법을 저희 생각에 두고 저희 마음에 이것을 기록하리라 나는 저희에게 하나님이 되고 지희는 내게 백성이 되리라"(히8:10).

이상의 본 고백서 제19장 전체는 율법의 행위를 구원의 조건으로 주장하는 율법주의(律法主義)와 또한 구원받은 신자는 율법을 지킬 필요가 없다고 주장하는 무율법주의(無律法主義)에 대해 논박하며, 구원받은 신자들이 율법을 열심히 지키는 것은 복음에 반대되는 것이 아니라 오히려 잘 조화를 이룬다고 진술하고 있다.

≪w.대요리문답 참고≫

『제97문: 도덕법이 중생한 자들에게 무슨 특별한 소용이 있는가?
답: 중생하여 그리스도를 믿는 자는 행위의 언약인 도덕법에서 해방되

었음으로, 이로서 의롭다함을 받거나 정죄를 받는 일은 없다. 그러나 모든 사람에게 공통된 도덕법의 일반적 용도 외에 특수한 소용이 되는 것은 이 법을 친히 완성하시고, 그들을 대신하여 저주를 받으신 그리스도와 그들이 얼마나 밀접한 관계가 있는지를 보여줌으로써, 그들로 하여금 더욱 더 감사하게 하며, 이 감사를 표시하려고 그들의 생활법칙으로서 도덕법을 더욱더 조심하여 따르게 한다.』

"내가 그의 입술의 명령을 어기지 아니하고 일정한 음식보다 그 입의 말씀을 귀히 여겼구나"(욥23:12). "내가 주의 법을 어찌 그리 사랑하는지요 내가 그것을 종일 묵상하나이다"(시119:97). "내 소유는 이것이니 곧 주의 법도를 지킨 것이니이다"(시119:56).

제 20장
신자의 자유와 양심(良心)의 자유에 대하여

본 제20장에서 말하는 신자의 자유란 시민적(市民的) 자유나, 무엇에도 얽매이지 않는 개인적 판단과 행동을 의미함이 아니라 하나님의 언약에 기초한 그리스도의 사역을 통해 얻게 된 죄와 죽음의 권세에서의 해방된 자유를 의미한다. 즉 하나님을 거역함으로서 저주와 사망에 처한 인간이 하나님의 은혜로 말미암아 영원한 구원과 영생을 소유하게 된 것을 말하는 것이다.

성령의 중생케 하시는 은혜와 칭의, 양자가 된 신자들이 하나님의 자녀로서 누리는 은혜와 그 양심의 자유는 세상에 얽매이지 않을 뿐 아니라 기록된 말씀의 교훈 외에 인간들로 말미암는 맹신(盲信)과 맹종(盲從)에서 벗어나게 하며, 어떤 경우에도 그 자유 하는 권리는 박탈당하지 않는다. 이 신자에게 주어지는 자유에 관해서는 세 가지로 요약할 수 있다.

1) 율법 아래서 율법 위로 올려진 자유이다.

신자들의 자유는 율법의 정죄 아래서 해방되어 은혜 아래서 누리는 자유인 것이다. **"죄가 너희를 주관치 못하리니 이는 너희가 법 아래 있지 아니하고 은혜 아래 있음이니라"**(롬6:14). 이것은 신자들에게 율법이 무용(無用)하게 되었다는 의미가 아니다. 구원받은 신자들에게 율법의 정죄 기능은 사라졌지만, 신자들의 하나님에 대한 사랑과 순종의 규준으로서의 역할은 여전히 상실되지 않고 살아있다. 신자들에게 율법은 종(從)으로서의 의무가 아니라, 자유하는 자녀로서의 아버지를 향한 자발적인 기쁨의 순종의 규준인 것이다. **"자유하게 하는 온전한 율법을 들여다보고 있는 자는 듣고 잊어버리는 자가 아니요 실행하는 자니 이 사람이 그 행하는 일에 복을 받으리라"**(약1:25).

2) 율법적 의무에서 벗어난 자발적 복종의 자유이다.

인간은 타락으로 율법을 지켜낼 능력이 없으며, 전적으로 무능하다. 그러므로 율법의 의무 아래서는 저주밖에 받을 것이 없다. 그러나 신자들은 이 율법의 의무에서 해방되어 자유하게 되었다. 그리스도께서 속죄 사역으로 모든 죄책(罪責)을 도말하셨을 뿐 아니라 율법을 온전히 순종하셔서 믿는 자들을 율법의 의무라는 멍에에서 해방하신 것이다. **"그러므로 아들이 너희를 자유케 하면 너희가 참으로 자유하리라"**(요8:36). 그러므로 신자들은 노예적 공포심에서 벗어나 자유하는 자녀로서 기쁨과 감사함으로 하나님의 뜻에 복종하게 되는 것이다. 죄와 사망의 법에서 해방된 자유인으로서, 그 자유함 가운데 하나님을 사랑하고, 그 법을 즐거워하며 자발적으로 복종해 가는 것이다. **"이는 그리스도 예수 안에 있는 생명의 성령의 법이 죄와 사망의 법에서 너를 해방하였음이라"**(롬8:2).

또한 죄의 종노릇에서 벗어나 이제는 의(義)에 종으로서 죄와 적극적으로 싸워가는 자유성(自由性)이다. **"하나님께 감사하리로다 너희가 본래**

죄의 종이더니 너희에게 전하여 준바 교훈의 본을 마음으로 순종하여 죄에게서 해방되어 의에게 종이 되었느니라 … 이제는 너희 지체를 의에게 종으로 드려 거룩함에 이르라"(롬6:17-19).

3) 믿음의 확신에 기초한 행동할 수 있는 자유이다.

『신자들의 삶에서 어떤 문제들에 관해서는 하나님의 말씀에 명(命)하시지도 않으시고, 금(禁)하시지도 않는 경우에는 신자들은 주어진 자유를 생각하고, 타인의 의견이나 관습에 매임이 없이 담대하게 믿음의 확신에 따라 행동할 수 있다. 그렇지 않고 맹종이나 회의(懷疑)는 미신적 행동이 나오는 원천이 된다』(w.신앙고백서 강해, 김준삼 목사 p.217).

신자들의 자유는 하나님께서 자녀들에게 주시는 은혜이다. 그리스도께서 속량해 주시고, 성령에 의해서 주어진 자유이다. 그러므로 이 자유를 자신의 욕망의 구실(口實)로 삼아서는 안 된다. 이 자유의 선물은 그것을 주신 그리스도의 뜻에 따라서만 사용되어야 한다. "**자유하나 그 자유로 악을 가리우는데 쓰지 말고 오직 하나님의 종과 같이 하라**"(벧전2:16). "너희는 자유의 율법대로 심판 받을 자처럼 말도 하고 행하기도 하라"(약2:12).

"모든 것이 가하나 모든 것이 유익한 것이 아니요 모든 것이 가하나 모든 것이 덕을 세우는 것이 아니니 누구든지 자기의 유익을 구치 말고 남의 유익을 구하라"(고전10:23-24).

제 1절 신자(信者)의 자유(自由)

> 그리스도께서 복음 아래 있는 신자들을 위해 값주고 사신 자유는 죄책과 하나님의 정죄하시는 진노와 도덕법의 저주에서 해방이며(딛2:14; 살전1:10; 갈3:13), 현재의 악한 세상과 사탄의 속박과 죄의 지배로부터 해방되었다는 것과(갈1:4; 골1:13; 행26:18; 롬6:14) 그리고 악한 고뇌와, 죽음의 고통과 무덤에서의 승리와 영원한 파멸에서의 해방에 있다(롬8:28; 시119:71; 고전15:54-57; 롬8:1). 또한 이 자유는 하나님께 나아갈 수 있고(롬5:1-2), 노예적인 공포에서가 아니라 어린 아이와 같은 사랑과 자원하는 마음으로 하나님께 순종하는 것 등이다(롬8:14-15; 요일4:18). 이것은 율법 아래 있던 모든 신자들에게도 있었던 일이다(갈3:9, 14). 그러나 신약에서는 유대교회가 복종했던(갈4:1-3, 6-7, 5:1; 행15:10-11) 의식법의 멍에로부터 해방되었으므로 신자의 자유가 더욱 확대되었으며, 그들은 율법 아래 있던 신자들 보다(요7:38-39; 고후3:13, 17-18) 더욱 담대하게 은혜의 보좌 앞에 나아가 하나님의 영과 더욱 충만한 교통을 가지는데 이 자유가 있다(히4:14, 16, 10:19-22).

본 절에서는 그리스도께서 신자들을 위하여 값 주고 사신 자유는, 곧 죄책과 하나님의 진노와 도덕법의 저주, 현재의 악한 세상과 사탄의 속박과 죄의 지배, 그리고 죄악된 환란, 죽음의 고통, 무덤에서의 승리와 영원한 멸망에서의 자유, 하나님께 자유로이 나아가는 것과 노예적 공포가 아닌 어린아이와 같은 사랑과 자발적인 마음으로 하나님께 순종하는 것이다. 신약의 신자들은 구약의 의식법의 멍에로부터 해방되어 자유가 더욱 확대되었으며, 더욱 담대히 보좌 앞에 나아가 하나님과 충분한 교통을 가지는데, 이 자유가 있다고 진술한다.

1) 신자의 자유는 그리스도께서 값주고 사신 자유이다.

신자의 자유는 그리스도께서 구속사역을 통해 값 주고 사신 자유이다. 이것은 정치적 자유나, 경제적 자유와 같은 일반적인 자유와는 구별되는 것으로서, 죄책과 율법의 저주에서 해방의 자유이다. 인간의 죄책이 그리스도의 구속으로 용서되고, 율법의 요구는 그리스도의 완전한 의가 전가됨으로서 만족되어져 얻는 의이다. 이것은 오직 그리스도를 믿는 자들만이 누리는 자유인 것이다.

① 죄(죄책)와 불법에서 자유

"그가 우리를 대신하여 자신을 주심은 모든 불법에서 우리를 구속하시고 우리를 깨끗하게 하사 선한 일에 열심하는 친 백성이 되게 하려 하심이니라"(딛2:14).

② 하나님의 정죄와 노하심에서 자유

"…죽은 자들 가운데서 다시 살리신 그의 아들이 하늘로부터 강림하심을 기다린다고 말하니 이는 장래 노하심에서 우리를 건지시는 예수시니라"(살전1:10), "저를 믿는 자는 심판을 받지 아니하는 것이요…"(요3:18). "그러므로 그리스도 예수 안에 있는 자에게는 결코 정죄함이 없나니"(롬8:1).

③ 도덕율법의 저주에서 자유

"그리스도께서 우리를 위하여 저주를 받은바 되사 율법의 저주에서 우리를 속량하셨으니 기록된바 나무에 달린 자마다 저주 아래 있는 자라 하였음이라"(갈3:13).

2) 신자의 자유는 현재적이며, 미래적이다.

① 이 악한 세상에서 해방

"그리스도께서 하나님 곧 우리 아버지의 뜻을 따라 이 악한 세대에서 우리를 건지시려고 우리 죄를 위하여 자기 몸을 드리셨으니"(갈1:4).

② 사단의 속박에서 해방

"그가 우리를 흑암의 권세에서 건져내사 그의 사랑의 아들의 나라로 옮기셨으니 그 아들 안에서 우리가 구속 곧 죄 사함을 얻었도다"(골1:13-14).

③ 죄의 지배에서 해방

"죄가 너희를 주관치 못하리니 이는 너희가 법 아래 있지 아니하고 은혜 아래 있음이니라"(롬6:14).

④ 악한 고뇌에서 해방

"우리가 알거니와 하나님을 사랑하는 자 곧 그 뜻대로 부르심을 입은 자들에게는 모든 것이 합력하여 선을 이루느니라"(롬8:28).

⑤ 죽음의 고통에서 해방

"... 살든지 죽든지 내 몸에서 그리스도가 존귀히 되게 하려 하나니 이는 내게 사는 것이 그리스도니 죽는 것도 유익함이니라"(빌

1:20-21). "성도의 죽는 것을 여호와께서 귀중히 보시는도다"(시 116:15).

⑥ 무덤에서의 승리

"이 썩을 것이 썩지 아니함을 입고 이 죽을 것이 죽지 아니함을 입을 때에는 사망이 이김의 삼킨바 되리라고 기록된 말씀이 응하리라 사망아 너의 이기는 것이 어디 있느냐 사망아 너의 쏘는 것이 어디 있느냐… 우리 주 예수 그리스도로 말미암아 우리에게 이김을 주시는 하나님께 감사하노니"(고전15:54-57).

⑦ 영원한 정죄에서 해방

"그러므로 이제 그리스도 예수 안에 있는 자에게는 결코 정죄함이 없나니 이는 그리스도 예수 안에 있는 생명의 성령의 법이 죄와 사망의 법에서 너를 해방하였음이라"(롬8:1-2).

3) 신자의 자유는 하나님께 가까이 함과 자발적 순종이다.

① 신자는 하나님께 가까이 나아갈 수 있다.

"그러므로 우리가 긍휼하심을 받고 때를 따라 돕는 은혜를 얻기 위하여 은혜의 보좌 앞에 담대히 나아갈 것이니라"(히4:16). "감사함으로 그 문에 들어가며 찬송함으로 그 궁정에 들어가서 그에게 감사하며 그 이름을 송축할지어다"(시100:4).

② 노예적 공포가 아니라 자발적으로 하나님께 순종한다.

"무릇 하나님의 영으로 인도함을 받는 그들은 곧 하나님의 아들이라 너희는 다시 무서워하는 종의 영을 받지 아니하였고 양자의 영을 받앗으므로 아바(아빠) 아버지라 부르짖느니라"(롬8:14-15). "사랑 안에 두려움이 없고 온전한 사랑이 두려움을 내어 쫓나니…"(요일4:18), "주는 영이시니 주의 영이 계신 곳에는 자유함이 있느니라"(고후3:17).

4) 신자의 자유는 구약시대보다 신약시대에 더욱 확대 되었다.

이 자유는 본질적으로 구약의 신자들이나 신약의 신자들 모두에게 동일하다. 그러나 풍부함과 큰 점에 있어서는 신약시대의 신자들의 자유가 구약시대의 신자들 보다 훨씬 뛰어나다고 할 수 있다.

① 신약시대의 신자들은 의식적(儀式的) 율법의 멍에에서 자유하다. "…그 첫 것을 폐하심은 둘째 것을 세우려 하심이니라 이 뜻을 좇아 예수 그리스도의 몸을 단번에 드리심으로 말미암아 우리가 거룩함을 얻었노라… 저가 한 제물로 거룩하게 된 자들을 영원히 온전케 하셨느니라… 이것을 사하셨은즉 다시 죄를 위하여 제사드릴 것이 없느니라"(히10:9-10, 14, 18)

② 하나님께 담대히 나아감과 그 영으로 더불어 충분한 교통을 가지는 자유이다. "…우리에게 큰 대제사장이 있으니 승천하신 자 곧 하나님의 아들 예수시라… 그러므로 우리가 긍휼하심을 받고 때를 따라 돕는 은혜를 얻기 위하여 은혜의 보좌 앞에 담대히 나아갈 것이니라"(히4:14, 16).

"그러므로 우리가 믿음으로 의롭다 하심을 얻었은즉 우리 주 예수 그리스도로 말미암아 하나님으로 더불어 화평을 누리자"(롬5:1).

제 2절 양심(良心)의 자유

> 하나님만이 홀로 양심의 주인이 되신다(약4:12; 롬14:4). 그분은 자신의 말씀에 위배되는 인간의 교리와 명령은 물론 예배나 믿음에 관련해 양심을 자유롭게 하셨다(행4:19; 5:29; 고전7:23; 마23:8-10; 고후1:24; 마15:9). 따라서 그런 교리를 믿거나 양심적으로 복종하는 것은 참된 양심의 자유를 위반하는 것이다(골2:20, 22-23; 갈1:10, 2:4-5, 5:1). 또한 무조건적인 신뢰와 맹목적이고 절대적인 복종을 요구하는 것은 양심의 자유와 이성의 자유를 파괴하는 것이다(롬10:17; 14:23; 사8:20; 행17:11; 요4:22; 호5:11; 계13:12, 16-17; 렘8:9).

본 절에서는 하나님만이 양심의 주인이 되신다. 하나님은 자신의 말씀에 위배되는 것에서나, 신앙과 예배에 관한 인간의 교리와 명령에서 벗어날 자유를 주셨다. 그리고 맹목적인 신뢰와 절대적 복종을 요구하는 것은 양심과 이성의 자유를 파괴하는 것이라고 진술한다.

1) 하나님만이 양심의 주인이 되신다.

양심의 주인은 하나님이시다. 그러므로 인간의 양심은 오직 하나님의 말씀에만 복종할 뿐, 하나님의 말씀에 위배되는 교리나 인간의 전통, 명령에 복종하지 않을 자유가 있다. 이 양심의 자유는 세상의 권력이나, 교회의 다스림이나 지도자들에 의해 침해를 받는 경우들이 있다. 본 절에서는 로마 가톨릭교회의 관행을 논박하는 것으로서 그들은 교황이나 주교들이 자신들의 권위에 의해서 양심을 속박하는 법령을 시행할 수 있고, 그것을 어기는 것은 하나님의 율법을 어기는 것과 같다고 주장한다. 또한 성경에 근거가 없는 의식과 예전(禮典)들을 수없이 만들어 내어 복종하도록 요구한다. 이러한 가톨릭교회의 하나님의 권위를 찬탈(簒奪)하는 그릇된 횡포에 대해 강하게 비판하고 있는 것이다.

양심의 자유를 속박할 수 있는 권한은 입법자(立法者)이시며, 양심의 주인이신 하나님께만 있을 뿐, 인간에게는 어느 누구에게도 없기 때문이다. "입법자와 재판자는 오직 하나이시니 능히 구원하기도 하시며 멸하기도 하시느니라..."(약4:12). "남의 하인을 판단하는 너는 누구뇨 그 섰는 것이나 넘어지는 것이 제 주인에게 있으매 저가 세움을 받으리니 이는 저를 세우시는 권능이 주께 있음이니라"(롬14:4).

"우리가 너희 믿음을 주관하려는 것이 아니요 오직 너희 기쁨을 돕는 자가 되려 함이니 이는 너희가 믿음에 섰음이라"(고후1:24).

2) 하나님의 말씀만이 양심의 규칙이 된다.

신자들의 양심은 하나님의 말씀에만 온전히 맡겨져야 한다. 인간의 어떤 명령이나, 예배, 교회의 회의, 또는 제도라 할지라도 말씀의 보증(保證)이 없다면, 맹목적이 신뢰나 복종을 할 필요가 없다.

마틴 루터(Martin Luther)는 가톨릭교회에 대한 95개조의 반박문과 그의 저서들로 인해 1521년 4월 17일 의회에 소환되어 독일 황제 카를(Karl V)5세 앞에서 심문을 받을 때에 다음과 같이 대답하였다. 『성경의 증거와 명백한 이성에 비추어 나의 유죄가 증명되지 않는 이상 나는 교황과 공의회의 권위를 신뢰할 수 없습니다. 사실 이 둘은 오류를 범하여 왔고, 또 서로 엇갈린 주장을 펴왔습니다. 내 양심은 하나님의 말씀에 사로잡혀 있습니다. 나는 아무것도 철회할 수 없고 또 그럴 생각도 없습니다. 왜냐하면 양심에 반해서 행동하는 것은 안전하지도 못할 뿐만 아니라 현명한 일도 아니기 때문입니다. 하나님이시여! 나를 도와주소서 아멘.」하나님의 말씀만이 양심의 규칙이기 때문에 말씀에 위배되는 로마 가톨릭(R-Catholic)교회의 결정과 명령에 루터는 생명을 걸고 거부했던 것이다. "베드로와 요한이 대답하여 가로되 하나님 앞에서 너희 말 듣는 것이 하나님 말씀 듣는 것보다 옳은가 판단하라"(행4:19). "베드로와 사도들이 대답하여 가로되 사람보다 하나님을 순종하는 것이 마땅하니라"(행5:29).

3) 말씀에 배치되는 교리나 명령들에 복종하는 것은 양심의 자유를 위반하는 것이다.

하나님의 말씀에 어긋나는 교리나 거짓된 사람의 교훈들과 명령은 양심을 속박할 아무런 권세가 없다. 또한 이런 것들을 받아들이고 복종하는 것은 양심의 자유를 위배하는 것이며, 하나님만이 양심의 주(主)가 되신다는 사실을 부인하는 것이다.

① 로마 가톨릭교회의 성경에 근거가 없는 교황주의나 의식과 예전들에 대해 복종하는 것.
② 교회의 회의(노회, 총회, 연합회 등)에서 결의하여 제정하는 것도, 성경적 근거가 없는 규율 등은 결의주의(決議主義)에 떨어질 수 있다.
③ 맹신을 강요하거나, 맹신적 복종은 양심과 이성을 파멸시키는 것이

다. 신자들은 성경에 비추어 자신의 양심의 자유를 분명하게 지킴과 함께 타인의 양심의 자유도 존중해야 한다. 성경의 말씀에 의지하는 믿음에서 나오는 복종이 아니면 바른 복종이라 할 수 없다. "그리스도께서 우리로 자유케 하려고 자유를 주셨으니 그러므로 굳세게 서서 다시는 종의 멍에를 메지 말라"(갈5:1). "...저희가 가만히 들어온 것은 그리스도 예수 안에서 우리의 가진 자유를 엿보고 우리를 종으로 삼고자 함이로되 우리가 일시라도 복종치 아니하였으니 이는 복음의 진리로 너희 가운데 항상 있게 하려 함이라"(갈2:4-5). "마땅히 율법과 증거의 말씀을 좇을지니 그들의 말하는 바가 이 말씀에 맞지 아니하면 그들이 정녕히 아침 빛을 보지 못하고 이 땅으로 헤매며 곤고하며 주릴 것이라..."(사8:20-21).

"에브라임은 사람의 명령 좇기를 좋아하므로 학대를 받고 재판의 압제를 당하는도다"(호5:11).

제 3절 신자의 자유 남용(濫用)의 경계(警戒)

> 신자의 자유를 구실(口實)삼아 죄를 범하거나, 정욕에 치우친다면 그것은 그 자유의 목적을 파괴하는 것이다. 신자들이 원수들의 손아귀에서 구원받은 목적은 평생토록 두려움 없이 주님을 거룩함과 의로움으로 섬기려는데 있는 것이다(갈5:13; 벧전2:16; 벧후2:19; 요8:34; 눅1:74-75).

본 절에서는 신자들이 자유를 구실 삼아 죄를 범하거나 정욕에 치우친다면 그것은 자유의 목적을 파괴하는 것이다. 신자들이 원수들의 손에서 구원받은 목적은 일평생 두려움이 없이 거룩함과 의로움으로 주님을 섬기려는데 있다고 진술한다.

1) 신자는 자유의 목적을 파괴해서는 안 된다.
그리스도 안에서 주어진 신자의 자유는 통제가 없는 절대적인 자유가 아니다. 자유를 구실로 죄를 짓거나 정욕에 치우치는 것은 자유를 허락하신 하나님의 뜻을 파괴하는 것이다. 무율법주의자들의 자신들이 기뻐하는 대로 행하고자 하는 소욕과 의지는 방종이며, 죄일 뿐이다. 율법을 세우도록 자유를 주신 것이지, 율법을 파괴하도록 자유를 주신 것은 아니다. 하나님께서는 신자들이 도덕율법(십계명)을 기쁨으로 순종하며 더욱 거룩하기를 원하신다. 『신자들에게는 하나님의 율법을 성취하려고 애쓰는 내면적인 소원과 능력, 그것이 참 자유인 것이다』(W.신앙고백서 강해, G. I.윌리암슨 저, 나용화 옮김 p.245). "형제들아 너희가 자유를 위하여 부르심을 입었으나 그러나 그 자유로 육체의 기회를 삼지 말고 오직 사랑으로 서로 종노릇하라"(갈5:13). "...은혜를 더하게 하려고 죄에 거하겠느뇨 그럴 수 없느니라 죄에 대하여 죽은 우리가 어찌 그 가운데 더 살리요"(롬6:1-2).

2) 신자의 자유는 그리스도의 종이 되어 섬기는데 있다.
신자들이 죄아 사단의 속박에서 자유하게 된 것은 하나님의 종이 되어 기쁨으로 섬기게 하려는데 목적이 있다. 즉 하나님께서 신자들을 구원하여 자유하게 하신 것은 두려움을 떨쳐 버리고, 자발적이며, 능동적인 마음으로 기쁨 가운데, 하나님을 거룩함으로 섬기게 하려는데 목적이 있는 것이다. 그러므로 신자들은 주신 자유를 하나님의 영광을 위해 사용해야 하며, 방종(放縱)하는 것은 죄악이다. 도덕율법은 신자들의 의의 규준으로 살아 있음을 명심해야 한다. 이것을 버리면 무율법주의로 떨어지는 것이다.

"우리로 원수의 손에서 건지심을 입고 종신토록 주의 앞에서 성결과 의로 두려움이 없이 섬기게 하리라 하셨도다"(눅1:74-75).

"예수께서 대답하시되 진실로 진실로 너희에게 이르노니 죄를 범하는 자마다 죄의 종이라"(요8:34), "자유하나 그 자유로 악을 가리우는데 쓰지 말고 오직 하나님의 종과 같이 하라"(벧전2:16).

제 4절 하나님의 제정(制定)하신 권력과 그리스도가 속량(贖良)한 자유

하나님이 세우신 권력과 그리스도께서 값 주고 사신 자유는 서로 충돌하거나, 파괴하지 않고 오히려 서로를 지지하고, 보존되도록 의도된 것이다. 그러므로 그리스도인의 자유를 구실(口實)로 합법적인 권세, 즉 국가나 교회의 합법적인 권위 행사에 반대하는 것은 하나님이 제정하신 법령을 반항하는 것이 된다(마12:25; 벧전2:13-14,16; 롬13:1-8; 히13:17). 그리고 자연의 빛이나 믿음과 예배와 교제에 관한 기독교의 일반 원리나 경건의 능력에 위배되는 견해를 유포하거나 그런 행위를 일삼는 것, 또는 그 자체의 본질이나 그것을 유포하거나 유지하는 방식

> 이 그릇된 견해나 행위는 그리스도께서 교회 안에 확립하신 외적 평화와 질서를 파괴하는 것이기 때문에 교회의 견책을 통해 책임을 묻고(롬1:32; 고전5:1, 5, 11, 13; 요이:10-11; 살후3:14; 딤전6:3-5; 딛1:10-11, 13; 3:10; 마18:15-17; 딤전1:19-20; 계2:2, 14-15, 20; 3:9) 처분할 것이며, 국가 위정자의 권세로 처리해야 한다(신13:6-12; 롬13:3-4; 요이1:10-11; 스7:23-28; 계17:12, 16-17; 느13:15, 17, 21-22, 25, 30; 왕하23:5-6, 9, 20-21; 대하34:33; 15:12-13, 16; 단3:29; 딤전2:2; 사49:23; 슥13:2-3).

본 절에서는 하나님이 세우신 권력과 그리스도께서 값주고 사신 자유는 서로 충돌하지 않고 오히려 서로 지지(支持)한다. 때문에 신자의 자유를 구실삼아 교회나 국가의 합법적인 권위에 대항하는 것은 곧 하나님이 제정하신 법령에 대항하는 것이다. 그와 같은 자들은 교회가 견책을 통해 처분할 것이며, 국가 관리의 권한에 의해서 처분해야 한다고 진술한다.

1) 하나님이 세우신 권세에 복종해야 한다.

하나님이 세우신 권세란, 국가(國家)권력과 교회(敎會)권력을 의미한다. 이 국가권력과 교회권력이 하나님께서 제정하신 목적에 따라서 합법적으로 권한이 행사되어지는 경우에는, 그것은 하나님의 종으로써 봉사하고 있는 것이기 때문에 복종하지 않으면 안 된다.

"인간에 세운 모든 제도를 주를 위하여 순복하되 혹은 위에 있는 왕이나 혹은 악행하는 자를 징벌하고 선행하는 자를 장려하기 위하여 그의 보

낸 방백에게 하라"(벧전2:13-14).
"너희를 인도하는 자들에게 순종하고 복종하라 저희는 너희 영혼을 위하여 경성하기를 자기가 회계할 자인것 같이 하느니라…"(히13:17).

2) 신자는 자유를 남용(濫用)해서는 안 된다.

신자들이 그리스도를 통해 얻은 자유는 통제 없는 절대적인 자유가 아니다. 도덕율법의 저주에서는 해방되어 자유하나, 복종의 규준인 도덕율법에서까지 자유가 주어진 것은 아니다. 하나님은 율법의 의무를 벗어나는 양심의 자유를 허락하신 것은 아니다. 그러므로 신자들이 자유를 구실(口實)로 죄를 짓거나 국가나 교회권력의 합법적인 권한 행사에 반대하는 것은 하나님이 세우신 법령을 거역하는 것이 된다. "각 사람은 위에 있는 권세들에게 굴복하라 권세는 하나님께로 나지 않음이 없나니 모든 권세는 다 하나님의 정하신바라 그러므로 권세를 거스리는 자는 하나님의 명을 거스림이니 거스리는 자들은 심판을 자취하리라"(롬13:1-2).

"너희를 인도하는 자들에게 순종하고 복종하라 저희는 너희 영혼을 위하여 경성하기를 자기가 회계할 자인것 같이 하느니라 저희로 하여금 즐거움으로 이것을 하게하고 근심으로 하게 말라 그렇지 않으면 너희에게 유익이 없느니라"(히13:17). "형제들아 너희가 자유를 위하여 부르심을 입었으나 그러나 그 자유로 육체의 기회를 삼지말고 오직 사랑으로 서로 종노릇하라…"(갈5:13).

그러나 국가나 교회가 하나님의 말씀이 명하는 범위를 벗어날 때에는 합법적인 권한 행사라고 할 수 없다. 국가 권력이 교회의 영적 영역을 침범하거나, 교회권력이 국가적 영역에 침범할 때에는 합법적 권한 행사라고 할 수 없다. 따라서 국가나 교회가 그 고유의 영역에서 권한을 행사했다 하여도 그것이 합법적인 권한 행사가 아닌 하나님의 말씀에 어긋나는 경우에는 신자들은 양심의 자유라는 원칙에 따라 거부할 수 있다. **"다니엘이 이 조서에 어인이 찍힌 것을 알고도 자기 집에 돌아가서는 그 방의 예루살렘으로 향하여 열린 창에서 전에 행하던대로 하루 세 번씩 무릎을 꿇고 기도하며 그 하나님께 감사하였더라"**(단6:10), **"…왕이여 우리가 왕의 신들을 섬기지도 아니하고 왕의 세우신 금 신상에게 절하지도 아니할 줄을 아옵소서"**(단3:18).
"베드로와 요한이 대답하여 가로되 하나님 앞에서 너희 말 듣는 것이 하나님 말씀 듣는 것보다 옳은가 판단하라"(행4:19), **"베드로와 사도들이 대답하여 가로되 사람보다 하나님을 순종하는 것이 마땅하니라"**(행5:29).

3) 국가도, 교회도 각각의 고유영역(固有領域)안에서 권한을 행사해야 한다.
그리스도 교회 안에서 확립된 평화와 질서에 대해서 파괴적인 행동을 하는 자들에 대해서는 교회의 견책을 통해 처분할 것이며, 국가 위정자의 권세로 처분해야 한다. 어떤 그릇된 견해나 행동에 관한 문제를 처리함에 있어서는 국가도, 교회도 고유 영역 안에서 권한을 행사하여야 한다. 예컨대 『어떤 사람이 교회를 싫어하고, 사람들에게 성경의 진리를 부정하는 주장을 한다고 해서 국가 권세로 처벌하는 것은 정당하다고 할 수 없을 것이다. 그러나 교회가 싫다고 하여 교회당 안으로 들어가 예배를 방해하거나 재물을 훼손한다면, 국가 법률에 의해 마땅히 처벌을 받아야 할 것이다. 그것은 교회를 비방하고 성경의 진리를 부정해서가 아니라 남에게 피해를 주는 불법을 저질렀기 때문이다』(W.신앙고백서 강해. G. I.윌리암슨 지음, 나용화 옮김, 참고). 그러나 교회 안에서 일어나는 신앙의 문제는 국가 권세가 간섭해서는 안 된다. 또한 교회의 문제를 교회 안에서 판단하지 못하고 세상 법정으로 가져가는 것도 그릇된 것이다. "**너희 중에 누가 다른이로 더불어 일이 있는데 구태여 불의한 자들 앞에서 송사하고 성도 앞에서 하지 아니하느냐... 형제가 형제로 더불어 송사할 뿐더러 믿지 아니하는 자들 앞에서 하느냐**"(고전6:1, 6).

이상의 본 절에서는 신자들이 자유를 구실로, 하나님이 세우신 권세를 부정하는 무정부주의(無政府主義)적 위험이나, 또한 양심의 자유를 말살하는 전체주의(全體主義)적 위험들을 경계하며, 개인적으로나 사회적으로 참된 자유를 실현하여 나가도록 힘써야 할 것과 국가와 교회의 권세를 존중하며, 그것에 순복해야 함을 가르칠 뿐 아니라 맹목적 신앙이나, 맹목적 복종의 위험과 같이 자유의 남용 또한 얼마나 위험한 것인가를 가르쳐 주고 있다.

제 21 장
예배와 안식일(安息日)에 대하여

기독신자들은 하나님께 예배와 안식일(安息日)을 올바르게 지키는 것이 생활의 중심이며, 이것이 모든 복의 원천인 것이다. 신자들은 생활의 출발점도 예배이며, 생활의 중심과 목표도 하나님을 예배하는 것이다. 칼빈은 인생의 전 영역을 『오직 하나님의 영광(Soli Deo Gloria)』을 위해서 라는 예배적 인생관을 부르짖었다.

예배란 무한하시고 완전하신 하나님을 공경하고 영화롭게 하는 것이기 때문이다. 그러므로 참된 예배는 인생의 전체 목적이 되는 것이다. "**너희는 여호와 우리 하나님을 높여 그 발등상 앞에서 경배할지어다 그는 거룩하시도다**"(시99:5).

"아버지께 참으로 예배하는 자들은 영과 진리로 예배할 때가 오나니 곧 이때라 아버지께서는 이렇게 자기에게 예배하는 자들을 찾으시느니라"(요4:23). 종교 개혁자들의 투쟁도 하나님에 대한 올바른 예배 확립이라는 목적에 있었다고 할 수 있다. 본 고백서 제21장에서 예배와 안식일(安息日)에 대하여 구체적으로 취급하는 것도 영국 교회의 예배와 로마 가톨릭(R-Catholic)교회의 그릇된 잔재(殘滓)에서 벗어나, 성경적인 올바른 예배를 확립하려는 청교도(Puritan)들의 투쟁이었던 것이다.

제 1절 바른 예배(禮拜)방법

> 자연은 하나님이 계시다는 것을 보여준다. 그 하나님은 만물에 대하여 통치권과 주권을 행사하신다. 그는 선하시며, 만물에게 선을 행하시기 때문에 인간은 마음을 다하고, 성품과 힘을 다하여 그를 경외하고, 사랑하며, 찬양하고, 사모하고, 신뢰하며, 섬겨야 한다(롬1:20; 행17:24; 시119:68; 렘10:7; 시31:23; 18:3; 롬10:12; 시62:8; 수24:14; 막12:33). 그러나 참 하나님을 예배하는 합당한 방법은 그 자신이 친히 정해 주셨으므로, 그 자신의 계시된 뜻 안에 제한되어 있다. 그러므로 인간의 어떤 상상이나 의향에 따라서 예배하거나 또는 사탄의 암시에 따라 어떤 가견적(可見的)인 구상(具象)을 사용하거나 성경에 규정하지 않는 다른 방식으로 하나님을 예배해서는 안 된다(신12:32; 마15:9; 행17:25; 마4:9-10; 출20:4-6; 신4:15-20; 15:20; 골2:23).

본 절에서는 하나님은 창조하신 모든 만물을 다스리시며, 선을 베푸신다. 그러므로 모든 인간은 하나님을 예배할 의무를 가지고 있다. 그러나 하나님에 대한 예배는 인간의 상상이나 의향, 또는 사탄의 암시에 따라 어떤 형상들을 사용하거나, 성경에 규정하지 않는 다른 방식으로 해서는 안 되며, 오직 하나님께서 친히 제정하신 방법으로만 해야 한다고 진술한다.

1) 모든 인간은 하나님을 예배할 의무가 있다.

하나님은 창조하신 모든 만물을 다스리시며, 선을 베푸신다. 이 자연계시(일반계시)는 하나님이 계시다는 것을 보여주며, 모든 인간은 그 하나님을 예배하며 섬길 의무가 있음을 충분히 알려준다.

"창세로부터 그의 보이지 아니하는 것들 곧 그의 영원하신 능력과 신성이 그 만드신 만물에 분명히 보여 알게 되나니 그러므로 저희가 핑계치 못할지니라"(롬1:20). "열방의 왕이시여 주를 경외치 아니할 자가 누구리이까 이는 주께 당연한 일이라…"(렘10:7).

그러나 인간은 타락으로 인해 자연계시로는 하나님을 바르게 예배하는 방법을 알 수 없게 되었다. 그래서 죄로 마음이 어두워진 인간들은 보이지 아니하는 하나님과 그 영원한 영광을 썩어질 것들의 형상의 우상들로 바꾸어 예배하며, 섬기는 것이다. "**하나님을 알되 하나님으로 영화롭게도 아니하며 감사치도 아니하고 오히려 그 생각이 허망하여지며 미련한 마음이 어두워졌나니 스스로 지혜 있다 하나 우둔하게 되어 썩어지지 아니하는 하나님의 영광을 썩어질 사람과 금수와 버러지 형상의 우상으로 바꾸었느니라**"(롬1:21-23).

2) 예배에는 내적(內的) 측면과 외적(外的) 측면이 있다.

예배란 하나님을 공경하고 영화롭게 하는 것으로써, 예배는 『내적 측면』과 『외적 측면』을 가진다.

① 내적 측면은 마음속에서 이루어지는 것으로 사랑과 믿음과 경외심과 신뢰등 공경심을 갖는 것이다. "**너는 마음을 다하고 성품을 다하고 힘을 다하여 네 하나님 여호와를 사랑하라**"(신6:5).

② 외적 측면은 하나님의 제정하신 법령을 지킴으로써 행동으로 공경

심을 나타내는 것을 말한다. 본 절에서 가르치는 것은 하나님에 대한 예배의 외적 측면이다. "그러므로 이제는 여호와를 경외하며 성실과 진정으로 그를 섬길 것이라…"(수24:14). "주의 계명을 지키기에 신속히 하고 지체치 아니하였나이다"(시119:60). "…너희 몸을 하나님이 기뻐하시는 거룩한 산 제사로 드리라 이는 너희의 드릴 영적 예배니라"(롬12:1).

3) 예배는 하나님께서 제정하신 방법대로 해야 한다.

죄로 인해 마음이 어두워진 인간은 자연계시(自然啓示)로는 참된 예배의 방법을 알 수 없다. 이에 하나님께서는 특별계시인 성경을 통해 참된 예배의 방법을 제시해 주셨다. "**하나님은 영이시니 예배하는 자가 영과 진리로 예배할지니라**"(요4:24). 그러므로 하나님께서 성경에 제시해 주신 방법 외에 인간의 상상과 의향이나, 어떤 형상들을 사용하여 예배하는 행위들은 미신적이며, 자의적 숭배를 일삼는 죄악인 것이다. "너를 위하여 새긴 우상을 만들지 말고 또 위로 하늘에 있는 것이나 아래로 땅에 있는 것이나 땅아래 물속에 있는 것의 아무 형상이든지 만들지 말며 그것들에게 절하지 말며 그것들을 섬기지 말라…"(출20:4-5). "거룩하신 자가 가라사대 그런즉 너희가 나를 누구에게 비기며 나로 그와 동등이 되게 하겠느냐 하시느니라"(사40:25). "…하나님을 금이나 은이나 돌에다 사람의 기술과 고안으로 새긴 것들과 같이 여길 것이 아니니라"(행17:29). "내가 너희에게 명하는 이 모든 말을 너희는 지켜 행하고 그것에 가감(加減)하지 말지니라"(신12:32).

가톨릭교회는 자신들의 교리와 관습이 단죄됨을 피하기 위해, 하나님께서 형상을 만들어 예배하지 말라고 엄히 명하신 제2계명을, 제1계명에 부가적(附加的)인 것으로 취급해 십계명에서 배제해 버렸다. 그리고 그들은 동정녀 마리아와 성자들과 순교자들의 형상들과 그림들, 유골들은 교회에서 보존하고 또 숭배되어야 한다고 주장하며 스스로 부패해 있다. "두렵건데 스스로 부패하여 자기를 위하여 아무 형상대로든지 우상을 새겨 만들되 남자의 형상이라든지, 여자의 형상이라든지, 땅 위에 있는 아무 짐승의 형상이라든지….만들까 하노라"(신4:16-18, 23).

4) 바른 예배는 말씀에 의지하는 영적(靈的)예배이다.

예배를 아름답고 매력적으로 보이게 하고, 회중의 마음을 끌기 위해 사용되고 있는 수많은 방법들은 참된 예배의 본질을 오염시키는 것이다. 예배실 강단의 화려한 치장과, 조명들, 여러 가지 오락적 행태, 성경적 근거가 없는 설교사들의 특별한 예복(gown)들, 십자가상, 건물성전, 성찬식때 스크린에(The Passion Of The Christ, 같은) 영화를 상영하는 등, 온갖 미신적 행태와 가톨릭적 잔재(殘滓)들이 오늘날 개혁교회 안에서도 사용되고 있다.

이런 것들은 순수한 성경적 예배의 본질을 심각하게 오염시키는 행위들이다. 역대상 13장에 보면 다윗은 자신의 왕궁으로 법궤(法櫃)를 모시기 위해 정성을 다해 준비하고 시행하였으나 하나님의 진노를 사고 말았다. 하나님께서 명하신 방법(제사장들이 법궤를 어깨에 메어 옮겨야 함. 레25:14)을 버렸기 때문이다. 거대한 범국민적인 행사로 치르기 위해 백성들을 동원하고, 새 수레를 만들어 법궤를 싣고, 악단과 노래하는 합창단을 동원하여 천지가 울리도록 찬양을 하며 화려한 행사로 사람을 감동시키기에는 충분했을지 몰라도 하나님은 진노하셨고, 거부하셨다. 언제든지 말씀을 버린 곳에는 외적인 화려함과 인간들만의 행사가 있을 뿐이다. "전에는 너희가 메지 아니하였으므로 우리 하나님 여호와께서 우리를 충돌하셨나니 이는 우리가 규례대로 저에게 구하지 아니하였음이니라"(대상15:13) "아론의 아들 나답과 아비후가 각기 향로를 가져다가 여호와의 명하시지 않은 다른 불을 담아 여호와 앞에 분향하였더니 불이 여호와 앞에서 나와 그들을 삼키매 그들이 여호와 앞에서 죽은지라"(레10:1-2). "...여호와께서 아벨과 그 제물은 열납하셨으나 가인과 그 제물은 열납하지 아니하신지라..."(창4:4-5).

참된 예배는 인간의 눈과 귀를 즐겁게 하는데 있지 않고, 오직 하나님의 말씀을 따라 갈망하는데 있음을 보여준다. "내 영혼이 하나님 곧 생존하시는 하나님을 갈망하나니 내가 어느 때에 나아가서 하나님 앞에 뵈올꼬"(시42:2). "하나님은 영이시니 예배하는 자가 영과 진리로 예배할지니라"(요4:24).

제 2절 예배의 대상은 삼위일체(三位一體)하나님

> 예배는 성부와 성자와 성령 하나님께 드려야 하며, 오직 그에게만 드려야 한다(마4:10: 요5:23; 고후13:13). 천사나 성인이나 그 밖의 어떠한 피조물에게도 예배해서는 안 된다. 그리고 인간의 타락 이후로는 중보

> 자 없이 예배를 드릴(골2:18; 계19:10; 롬1:25)수가 없고, 또는 다른 이의 중보가 아니라 오직 그리스도의 중보로만 드릴 수 있다(요14:6; 딤전2:5; 엡2:18; 골3:17).

본 절에서 예배는 오직 삼위일체 하나님께만 드려야 한다. 천사나 그 밖의 어떤 피조물에게도 예배해서는 안 된다. 또한 인간의 타락 이후로는 중보자이신 그리스도를 통해서만 예배드릴 수 있다고 진술한다.

1) 예배는 삼위일체 하나님께만 드려야 한다.

십계명 제1계명에는 오직 참 되신 하나님만이 예배의 대상이심이 선포되어 있다. "너는 나 외에는 다른 신들을 네게 있게 말지니라"(출20:3). 인간은 피조물로서 예배의 의무를 가졌으며, 그 예배의 대상은 오직 창조주이신 삼위일체(三位一體) 하나님이시다. 그러므로 하나님 외에 다른 것을 예배하는 것은 제1계명을 위반하는 우상숭배가 되는 것이다. 또한 제2계명은 어떤 형상들을 가지고 하나님을 예배하는 것도 올바르지 못한 예배의 방법으로서, 우상숭배의 죄를 범하는 것임을 경고해 주고 있다. "너를 위하여 새긴 우상을 만들지 말고 또 위로 하늘에 있는 것이나 아래로 땅에 있는 것이나 땅 아래 물속에 있는 것의 아무 형상이든지 만들지 말며 그것들에게 절하지 말며 그것들을 섬기지 말라…"(출20:4-5).

모든 인간은 하나님께 예배할 의무를 가졌으므로 예배하지 않는 것은 크나큰 죄가 된다. 그 예배의 대상은 오직 삼위일체 하나님뿐이시며 "...기록되었으되 주 너의 하나님께 경배하고 다만 그를 섬기라 하였느니라"(마4:10). 하나님께서 말씀을 통해 제시해 주신 방법으로만 예배해야 한다. 인간의 자의적(恣意的)인 방법은 허용되지 않는다. "이 백성이 입술로는 나를 존경하되 마음은 내게서 멀도다 사람의 계명으로 교훈을 삼아 가르치니 나를 헛되이 경배하는도다..."(마15:8-9; 사29:13). "하나님은 영이시니 예배하는 자가 영과 진리로 예배할지니라"(요4:24).

2) 중보자 예수 그리스도를 통해서만 바른 예배가 드려진다.
참된 예배의 대상은 오직 삼위일체 하나님이시며, 인간이 타락한 후로는 중보자 예수 그리스도를 통해서만 참된 예배를 드릴 수 있게 되었다. 인간이 타락하기 전에 무죄한 상태에서는 중보자 없이 직접 하나님을 예배할 수 있었으나, 인간이 타락한 후로는 하나님의 면전에서 쫓겨나게 되었고(창3:22), 죄인으로서 거룩하신 하나님 앞에 나아갈 수도, 설 수도 없게 되었다. 그러므로 우리의 죄를 대속하신 중보자 그리스도를 통해서만 하나님께 나아갈 수 있으며, 합당한 예배를 할 수 있게 된 것이다. "그러므로 우리에게 큰 대제사장이 있으니 승천하신 자 곧 하나님의 아들 예수시라... 그러므로 우리가 긍휼하심을 받고 때를 따라 돕는 은혜를 얻기 위하여 은혜의 보좌 앞에 담대히 나아갈 것이니라"(히4:14, 16). "예수께서 가라사대 내가 곧 길이요 진리요 생명이니 나로 말미암지 않고는 아버지께로 올 자가 없느니라"(요14:6).

"하나님은 한 분이시요 또 하나님과 사람 사이에 중보도 한 분이시니 곧 사람이신 그리스도 예수라"(딤전2:5). "그러므로 자기를 힘입어 하나님께 나아가는 자들을 온전히 구원하실 수 있으니 이는 그가 항상 살아서 저희를 위하여 간구하심이니라"(히7:25).

3) 피조물은 어떤 것도 예배의 대상이 될 수 없다.

가톨릭(Catholic)교회는 천사들과 동정녀 마리아와 세상을 떠난 성인(교황에 의해 성인으로 추대된 신자)들도 숭배해야 한다고 가르친다. 『마리아나 성자들과 순교자들의 그림들, 형상들과 유골들은 교회에 보존하고 숭배되어야 하며, 또 성자들의 공로를 근거로 하나님께 구원을 간구할 수 있고, 그들은 하나님과 그리스도께 중재할 수 있다』(트렌트 고백서 25장). 그러나 성경은 어디에도 이런 가톨릭교회의 주장들에 대한 근거를 제공하지 않고 있으며, 도리어 그들의 주장이 그릇됨을 가르치고 있다. 이에 본 절에서도 가톨릭교회의 그릇된 주장들에 대해 논박하고 있는 것이다. "누구든지 일부러 겸손함과 천사 숭배함을 인하여 너희 상을 빼앗지 못하게 하라…"(골2:18).

"사단아 물러가라 기록되었으되 주 너의 하나님께 경배하고 다만 그를 섬기라 하였느니라"(마4:10).

≪참고≫『트렌트(Trent)종교회의: 종교개혁에 대항하여 가톨릭교회가 열었던 세계대회, 1545-1563』

제 3절 기도(祈禱)는 예배의 한 요소(要素)

> 감사함으로 드리는 기도는 예배의 한 특별한 요소로서(빌4:6), 하나님께서 모든 사람에게 요구하신다(시65:2). 이 기도가 열납되려면 성자의 이름으로(요14:13-14; 벧전2:5), 성령의 도우심을 받아(롬8:26), 하나님의 뜻을 따라서(요일5:14) 이해와 경외심과 겸손과 열심과 믿음과 사랑과 인내를 가지고 하며(시47:7; 전5:1-2; 히12:28; 창18:27; 약5:16, 1:6-7; 막11:24; 마6:12, 14-15; 골4:2; 엡6:18), 만약 소리를 내어 기도할 때는 모두가 알 수 있는 말로 해야 한다(고전14:14).

본 절에서는 감사와 기도는 예배의 특별한 요소로서, 하나님께서 모든 사람에게 요구하신다. 그러한 기도가 열납 되려면 중보자이신 예수 그리스도를 통해서 드려야 하며, 성령의 도우심과 하나님의 뜻(성경의 규칙)을 따라서 경외심, 겸손, 열심, 믿음, 사랑과 인내를 가지고 해야 한다. 그리고 소리를 내어 기도할 때는 일반적인 언어로 해야 한다고 진술하고 있다.

1) 기도는 예배의 한 특별한 요소이다.

소요리문답 98문에는 『기도는 그리스도의 이름으로 우리의 소원을 하나님께 고하고 그의 뜻에 합당한 것을 간구하여 죄를 자복하며, 그의 자비하신 모든 은혜를 감사하는 것이다』라고 했다.

① 좁은 의미로 기도는 하나님과 직접적인 영적 교통이며, 우리의 소원을 하나님께 말씀드리는 것이다. "그러므로 우리가 긍휼하심을 받고

때를 따라 돕는 은혜를 얻기 위하여 은혜의 보좌 앞에 담대히 나아갈 것이니라"(히4:16). "아무것도 염려하지 말고 오직 모든 일에 기도와 간구로 너희 구할 것을 감사함으로 하나님께 아뢰라"(빌4:6).

② 넓은 의미로 기도는 하나님의 완전하신 속성들과 그를 통해 드러난 사역을, 경외심을 가지고 경배와 찬양하며, 회개와 하나님의 은혜에 감사하고, 또한 필요한 것들을 구하는 모든 행위를 뜻한다. "**너희는 여호와 우리 하나님을 높여 그 발등상 앞에서 경배할지어다 그는 거룩하시도다**"(시99:5). "하나님은 온 땅에 왕이심이라 지혜의 시로 찬양할지어다"(시47:7).

"우리가 우리에게 죄 지은 자를 사하여 준 것같이 우리 죄를 사하여 주옵시고"(마6:12). "기도를 항상 힘쓰고 기도에 감사함으로 깨어 있으라"(골4:2). "그러므로 내가 너희에게 말하노니 무엇이든지 기도하고 구하는 것은 받은 줄로 믿으라 그리하면 너희에게 그대로 되리라"(막11:24). "오직 믿음으로 구하고 조금도 의심하지 말라…"(약1:6).

2) 기도는 모든 사람에게 보편적으로 부과(賦課)된 의무다.

하나님은 모든 사람들에게 기도를 요구하신다. 모든 피조물은 하나님의 창조에 의해 존재하고, 생명 유지의 필요를 공급받으며 살아가고 있다. "**우리가 그를 힘입어 살며 기동하며 있느니라**"(행17:28). 그러므로 모든 인간은 마땅히 하나님께 감사하며, 그로부터 나오는 모든 은혜들을 구할 의무가 있는 것이다. "**각양 좋은 은사와 온전한 선물이 다 위로부터**

빛들의 아버지께로서 내려 오나니…"(약1:17). 이 세상의 모든 피조물들은 하나님께 의존되어 있지 않고 독자적으로 존재하는 것은 아무 것도 없다.

그러므로 믿음밖에 있는 불신자들조차도 하나님께 기도할 의무가 함께 있는 것이다. 물론 믿음의 기도만이 응답을 받을 수 있지만 말이다. 기도는 하나님께서 정하신 은혜의 수단으로서, 누구든지 진실히 기도하는 자들이 하늘로부터 오는 좋은 것을 누리게 된다. **"구하라 그러면 너희에게 주실 것이요…"**(마7:7). 그러므로 기도하지 않는 것은 하나님의 은혜를 거역하는 죄가 된다. **"쉬지 말고 기도하라"**(살전5:17). **"나는 너희를 위하여 기도하기를 쉬는 죄를 여호와 앞에 결단코 범하지 아니하고…"** (삼상12:23), **"기도를 들으시는 주여 모든 육체가 주께 나아오리이다"**(시65:2).

"주를 알지 못하는 열방과 주의 이름으로 기도하지 아니하는 족속들에게 주의 분노를 부으소서…"(렘10:25).

3) 기도는 합당한 방법으로 해야 한다.

① 그리스도의 이름으로 기도해야 한다. 타락한 인간이 하나님께 나아갈 수 있는 유일한 방편은 죄인의 중보자가 되시는 그리스도를 통해서이다. 그러므로 참된 예배와 기도는 그리스도께서 이루신 속죄의 공로와 중보에 의지할 때에만 열납되는 것이다. **"…너희가 무엇이든지 아버지께 구하는 것을 내 이름으로 주시리라"**(요16:23).

"내 이름으로 무엇이든지 내게 구하면 내가 시행하리라"(요14:14).

② 기도는 성령의 도우심을 의지해야 한다. 죄인인 인간은 누구나 그 마음 안에 성령의 역사가 없이는 하나님의 말씀을 깨달을 수 없으며, 하나님의 뜻대로 기도할 수도 없다. 그러므로 성령의 도우심이 없는 기도는 미신(迷信)에 치우칠 위험이 있다. 성령께서는 말씀을 통해 마땅히 빌 바를 깨우쳐 알게 하시며, 믿음을 가지고 담대히 구할 수 있도록 우리의 연약함을 도우신다. "모든 기도와 간구로 하되 무시로 성령 안에서 기도하고 이를 위하여 깨어 구하기를 항상 힘쓰며…"(엡 6:18), "사랑하는 자들아 너희는 너희의 지극히 거룩한 믿음 위에 자기를 건축하며 성령으로 기도하며"(유1:20), "이와 같이 성령도 우리 연약함을 도우시나니 우리가 마땅히 빌바를 알지 못하나 오직 성령이 말할 수 없는 탄식으로 우리를 위하여 친히 간구하시느니라"(롬 8:26).

③ 하나님의 뜻에 합당한 것을 구해야 한다. 하나님의 뜻은 말씀을 통해 분별하게 된다. 그리므로 기도의 규칙은 말씀인 것이다. 말씀을 따라 합당하게 구하는 것은 하나님께서 기쁘시게 응답하신다. 예수님은 우리에게 영적인 것을 먼저 구하라고 가르치셨다.

"너희는 먼저 그의 나라와 그의 의를 구하라 그리하면 이 모든 것을 너희에게 더하시리라"(마6:33). 영적인 것을 제쳐 놓고, 육신의 것들만을 우선시 하는 기도는 하나님의 뜻에 합당치 않다. 즉 영혼에 대한 관심보다, 육신에 대한 관심을 앞세우지 말라는 것이다.

"육신의 생각은 사망이요 영의 생각은 생명과 평안이니라"(롬8:6). "그를 향하여 우리의 가진바 담대한 것이 이것이니 그의 뜻대로 무엇을 구하면 들으심이라"(요일5:14). "구하여도 받지 못함은 정욕으로 쓰려고 잘못 구함이니라"(약4:3).

4) 기도는 올바른 태도로 해야 한다.

① **이해가 필요하다.** 하나님을 바로 알고, 중보자이신 그리스도의 인격과 사역, 구해야 할 필요 등에 대해 바른 지식이 있어야 한다. (시47:7, 100:3).

② **공경심이 필요하다.** 하나님의 거룩하심과 위엄을 의식하는 마음에서 나오는 두려운 경외심을 가져야 한다. (히12:28).

③ **겸손함이 필요하다.** 우리의 죄와 연약함을 깊이 의식하는 마음에서 나오는 겸손함이 있어야 한다. (창18:27).

④ **열정이 필요하다.** 인생의 모든 필요는 하나님께로부터 나오는 것임을 확신하며, 적극적으로 나아가는 열정이 있어야 한다.(약 5:16).

⑤ **믿음이 필요하다.** 하나님의 뜻대로 구하는 것은 반드시 주신다는 믿음의 확신이 필요하다. (요일5:14).

⑥ **사랑이 필요 하다.** 하나님을 사모하는 마음과 영혼을 귀히 여겨 기도하는 사랑이 필요하다. (딤전2:8).

⑦ **인내가 필요하다.** 응답을 받을 때까지 기다리며, 계속하여 간구하는 인내가 필요하다.(마15:22-28; 눅18:1-7; 엡6:18).

5) 공개적인 기도는 모두가 알고 있는 말로 해야 한다.

가톨릭교회는 라틴어로 예배하는 것을 고집해 왔다. 그리고 고린도 교회는 은사의 잘못된 사용으로 인해 무질서와 혼란에 빠지게 되었는데, 특히 공적인 예배에서 방언으로 기도하는 신자들로 인해 혼란이 심각했던 것이다. 이에 대해 바울사도는 모든 은사는 교회에 덕을 세우기 위한 것으로서, 공적인 모임에서는 방언보다 모두가 알아들을 수 있는 언어를 사용하는 것이 덕을 세우는데 좋다고 가르쳤다. 그러므로 공개적인 기도나 가르침은 자기의 유익만을 위해서가 아니라, 모두의 유익을 위해서 알아들을 수 있는 말로 해야 한다. "**내가 만일 방언으로 기도하면 나의 영이 기도하거니와 나의 마음은 열매를 맺히지 못하리라**"(고전14:14). "...교회에서 네가 남을 가르치기 위하여 깨달은 마음으로 다섯 마디 말을 하는 것이 일만 마디 방언으로 말하는 것보다 나으니라"(고전14:19). "...너희가 모일 때에 각각 찬송시도 있으며 가르치는 말씀도 있으며 계시도 있으며 방언도 있으며 통역함도 있나니 모든 것을 덕을 세우기 위하여 하라"(고전14:26).

제 4절 위해서 기도(祈禱)할 자와 하지 말아야 할 자

> 기도는 합당한 것들과(요일5:14) 현재 살아있는 사람들이나 앞으로 출생할 모든 사람을 위해서(딤전2:1-2; 요17:20; 삼하7:29; 룻4:12) 하되, 죽은 자들이나(삼하12:21-23; 눅16:25-26; 계14:13), 사망에 이르는 죄를 지은 것으로 알려진 자들을 위해서는 할 것이 아니다(요일5:16).

본 절에는 기도는 합법적인 일들을 위해서, 또한 살아있는 모든 사람들과 앞으로 출생할 사람들을 위해서 하되 죽은 자들이나, 죽음에 이르는 죄를 범한 자들을 위해서는 할 것이 아니라고 진술한다.

1) 모든 사람을 위해 기도해야 한다.

우리는 모든 자들을 위해 기도하되, 살아있는 사람들과 출생할 사람들을 위해 해야 하며, 심지어 원수까지도 위해 기도해야 한다.
"…모든 사람을 위하여 간구와 기도와 도고와 감사를 하되 임금들과 높은 지위에 있는 모든 사람을 위하여 하라…"(딤전2:1-2).
"…너희 원수를 사랑하며 너희를 미워하는 자를 선대하며 너희를 저주하는 자를 위하여 축복하며 너희를 모욕하는 자를 위하여 기도하라"(눅6:27-28). "내가 비옵는 것은 이 사람들만 위함이 아니요 또 저희 말을 인하여 나를 믿는 사람들도 위함이니"(요17:20).

2) 죽은 사람을 위해서는 기도하지 않아야 한다.

가톨릭교회는 죽은 사람들을 위해 미사를 드리면 그들에게 유익을 줄 수 있다고 하며, 연옥 교리를 주장한다. 『연옥(煉獄)이란 정화(淨化)한다는 의미인데, 이 세상에서 순교자들 같이 완전하게 된 자들은 죽은 후 바로 천국에 가지만, 아직 완전히 정화되지 못한 교황이나 신자들은 죽은 후 연옥에 간다는 것이다. 이 연옥은 천국에 갈 중간적 장소로서 이곳에서는 하나님과 분리된 영적 고통을 통해 그 영혼들이 성화된다고 한다. 그러나 이곳에서 머물러야 하는 기간은 알 수 없기 때문에 그들을 위해 지상에 있는 신실한 신자들의 기도와 예배, 봉헌 등으로 그 기간이 감해질 수 있다고 한다』(김상구 목사, 조직신학에서 옮김).

그러나 성경에는 그들의 주장을 뒷받침할만한 아무런 근거가 제시되어 있지 않으며, 도리어 죽은 자를 위해 기도하지 말아야 할 것을 가르치고 있다. 다윗도 밧세바 사이에서 태어난 아이가 병들자 그 아이를 위해 금식하며 기도했지만, 아이가 죽자 즉시 기도를 중단하였다. **"아이가 살았을 때에 내가 금식하고 운 것은 혹시 여호와께서 나를 불쌍히 여기사 아이를 살려 주실는지 누가 알까 생각함이어니와 시방은 죽었으니 어찌 금식하랴 내가 다시 돌아오게 할 수 있느냐 나는 저에게로 가려니와 저는 내게로 돌아오지 아니하리라"**(삼하12:22-23). 하나님의 정하신 뜻대로 종결(終結)된 상황을 받아들이지 않고, 인간의 신앙행위나 노력으로 되돌릴 수 있다는 생각은 하나님의 뜻에 대항하는 죄악인 것이다. **"죽은 자를 위하여 너희는 살을 베지 말며 몸에 무늬를 놓지 말라 나는 여호와니라"**(레19:28). 그리고 믿음 안에서 죽은 자들은 이 세상에서처럼 어떤 고통이나 부족함이 있는 것이 아니라 완전한 성화와 복락에 들어가 있기 때문에 그들을 위해 구할 것은 아무것도 없다. "이에 그 거지가 죽어 천사들에게 받들려 아브라함의 품에 들어가고…"(눅16:22), "…지금 이후로 주 안에서 죽은 자들은 복이 있도다 하시매 성령이 가라사대 그러하다 저희 수고를 그치고 쉬리니 이는 저희의 행한 일이 따름이라 하시더라"(계14:13).

3) 사망에 이르는 죄를 범한 자를 위해서는 기도하지 말아야 한다.

성경은 회개하는 죄들은 용서받는다고 가르친다. "만일 우리가 우리 죄를 자백하면 저는 미쁘시고 의로우사 우리 죄를 사하시며 모든 불의에서 우리를 깨끗케 하실 것이요"(요일1:9). "...주께 내 죄를 아뢰고 내 죄악을 숨기지 아니하였더니 곧 주께서 내 죄의 악을 사하셨나이다"(시32:5). 그러나 용서받을 수 없는, 사망에 이르는 죄도 있다고 가르치고 있다. "누구든지 형제가 사망에 이르지 아니한 죄 범하는 것을 보거든 구하라 그러면 ...저에게 생명을 주시리라 사망에 이르는 죄가 있으니 이에 대하여 나는 구하라 하지 않노라"(요일5:16). 하지만, 그 죄가 어떤 것인지는 구체적으로 명시하지 않고 있다. 다만 예수님께서 "...사람의 모든 죄와 훼방은 사하심을 얻되 성령을 훼방하는 것은 사하심을 얻지 못하겠고 또 누구든지 말로 인자를 거역하면 사하심을 얻되 누구든지 말로 성령을 거역하면 이 세상과 오는 세상에도 사하심을 얻지 못하리라"(마12:31-32)라고 말씀하셨다. 또한 여기서도 성령 훼방 죄가 어떤 것인지 구체적으로 말씀하고 있지 않다.

그러나 마태복음 12장의 내용을 보면, 귀신들려 눈이 멀고 벙어리된 자를 사람들이 예수님께 데리고 왔을 때, 주님은 그를 고쳐 주셔서 그가 보게 되고 말을 하게 되었다. 이것을 본 무리가 다 놀라며, 예수님을 메시아가 아닌가하고 마음들이 열리고 있을 때에 유대 종교지도자들이 귀신의 능력이라고 비난하고 나서면서 무리들의 믿음을 가로막은 것이다. 이에 주님은 "나와 함께 아니하는 자는 나를 반대하는 자요 나와 함께 모으지 아니하는 자는 헤치는 자니라"(마12:30)라고 말씀하여 성령이 증거하시는 진리의 능력을 보면서도 믿지 아니할 뿐만 아니라 다른 사람들의 믿음까지도 가로 막는 행위를 용서받을 수 없는 성령 훼방 죄임을 경고하신 것이다. 당시 유대 종교지도자들은 예수께서 행하시는 많은 능력들이 메시야 된 증거들로 성경에 기록되어 있음을 알면서도 고의적으로 부정하고 반대했던 것이다. 귀로 듣고, 눈으로 보고 마음으로 느끼면서도 받아들이지 않고 끝까지 반대하면서, 주님이 모으시려는 양떼들을 함께 모으려 하지 않고 오히려 헤치고, 흩으려고 훼방했던 것이다. 오늘날 교회 지도자들이나 신자들이 심각하게 주의해야 할 대목인 것이다. 진리의 바른 선포와 가르침으로 하나님의 나라를 세워가지 않고 도리어 진리를 혼란스럽게 하므로 천국 문을 닫고 헤치는 자들이 되어서는 안 될 것이다. "화 있을진저 외식하는 서기관들과 바리새인들이여 너희는 천국 문을 사람들 앞에서 닫고 너희도 들어가지 않고 들어가려 하는 자도 들어가지 못하게 하는도다"(마23:13).

제 5절 예배의 요소(要素)

경건한 두려움으로 성경을 읽는 것과(행15:21; 계1:3) 흠없는 설교와 (딤후4:2) 하나님께 순종하는 마음으로 믿음과 경외심을 가지고 정성껏 듣는 것과(약1:22; 행10:33; 마13:19; 히4:2; 사66:2) 마음에 은혜로 시편을 노래하는 것과(골3:16; 엡5:19; 약5:13) 그리스도께서 정하신 성례를 합당하게 집행하고, 합당한 태도로 받는 것은 하나님께 드리는 일반적인 예배의 모든 요소이다(마28:19; 고전11:23-29; 행2:42). 이것들 외에도 맹세와(신6:13; 느10:29) 서원과(사19:21; 전5:4-5) 금

> 식과(욜2:12; 에4:16; 마9:15; 고전7:5) 특별한 경우에 드리는 감사(시 107:1-43; 에9:22)등도 여러 때와 절기에 따라 경건하고 거룩한 태도로 이루어져야 한다(히12:28).

본 절에는 예배의 일반적인 요소들로서는 성경을 읽는 것과 말씀을 전하는 것과 듣는 것, 시편을 노래하는 것과 성례의 집행과 받는 것이며, 이것들 외에도 맹세와 서원, 금식과 감사 등의 임시적인 것들이 있다는 것과 이 모든 요소들은 경건하고 거룩한 태도로 이루어져야 한다고 진술하고 있다.

1) 예배의 일반적인 요소와 임시적인 것

앞에 제3절에서는 기도는 예배의 한 특별한 요소라고 했다. 그리고 본 절에서는 예배의 『일반적인 요소』와 『임시적』인 것들에 대해 가르치고 있다.

(1) 일반적 요소

① **말씀을 읽는 것**: 경건한 두려움을 가지고 읽어야 한다.

개인적으로 읽을 뿐 아니라 가족들과 함께 읽을 것, 그리고 회중 앞에서 읽을 것(눅4:16). "…에디오피아 여왕 간다게의 모든 국고를 맡은 큰 권세가 있는 내시가 예배하러 예루살렘에 왔다가 돌아 가는데 병거를 타고 선지자 이사야의 글을 읽더라"(행8:27-28; 요5:39). "오늘날 내가 네게 명하는 이 말씀을 너는 마음에 새기고 네 자녀에게 부지런히 가르치며…"(신6:6-7).

"예수께서 그 자라나신 곳 나사렛에 이르사 안식일에 자기 규례대로 회당에 들어가사 성경을 읽으려고 서시매"(눅4:16).

② 설교하는 것: 순수한 말씀의 선포와 가르침이어야 한다.

"너는 말씀을 전파하라 때를 얻든지 못 얻든지 항상 힘쓰라"(딤후4:2). "내가 너희에게 분부한 모든 것을 가르쳐 지키게 하라…"(마28:20). "하나님의 율법 책을 낭독하고 그 뜻을 해석하여 백성으로 그 낭독하는 것을 다 깨닫게 하매"(느8:8).

③ 말씀을 듣는 것:

ㄱ. 순종하는 자세로 말씀을 들어야 한다.

"너희는 귀를 기울이고 내게 나아와 들으라 그리하면 너희 영혼이 살리라"(사55:3). "내가 주의 말씀을 지키려고 발을 금하여 모든 악한 길로 가지 아니하였사오며"(시119:101)

"너희는 도를 행하는 자가 되고 듣기만 하여 자신을 속이는 자가 되지 말라"(약1:22).

ㄴ. 이해(理解)하며 들어야 한다.

"아무나 천국 말씀을 듣고 깨닫지 못할 때는 악한 자가 와서 그 마음에 뿌리운 것을 빼앗나니 이는 곧 길 가에 뿌리운 자요… 좋은 땅에 뿌리웠다는 것은 말씀을 듣고 깨닫는 자니 결실하여 혹 백배, 혹 육십배, 혹 삼십배가 되느니라 하시더라"(마13:19, 23).

ㄷ. 간절한 마음과 믿음으로 들어야 한다.

"…내 말을 듣고 또 나 보내신 이를 믿는 자는 영생을 얻었고 심판에 이르지 아니하나니"(요5:24).

"…그 들은바 말씀이 저희에게 유익되지 못한 것은 듣는 자가 믿음을 화합지 아니함이라"(히4:2). "베뢰아 사람은 데살로니가에 있는 사람보다 더 신사적이어서 간절한 마음으로 말씀을 받고 이것이 그러한가 하여 날마다 성경을 상고하므로 그 중에 믿는 사람이 많고…"(행17:11).

ㄹ. 경건한 마음으로 들어야 한다.

"…무릇 마음이 가난하고 심령에 통회하며 나의 말을 인하여 떠는 자 그 사람은 내가 권고하려니와"(사66:2). "…이제 우리는 주께서 당신에게 명하신 모든 것을 듣고자 하여 다 하나님 앞에 있나이다"(행10:33).

④ **찬송을 부르는 것**: 은혜에 감사하는 마음으로 찬송해야 한다.

"그리스도의 말씀이 너희 속에 풍성히 거하여 모든 지혜로 피차 가르치며 권면하고 시와 찬미와 신령한 노래를 부르며 마음에 감사함으로 하나님을 찬양하고"(골3:16).

⑤ **성례를 집행하고 받는 것**: 성례를 합당하게 집행하고, 합당하게 받아야 한다. (성례전에 관해서는 제27장에서 상세히 다루고 있다.)

"…너희는 가서 모든 족속으로 제자를 삼아 아버지와 아들과 성령의 이름으로 세례를 주고"(마28:19), "또 떡을 가져 사례하시고 떼어 저희에게 주시며 가라사대 이것은 너희를 위하여 주는 내 몸이라 너희가 이를 행하여 나를 기념하라 하시고 저녁 먹은 후에 잔도 이와 같이 하여 가라사대 이 잔은 내 피로 세우는 새 언약이니 곧 너희를 위하여 붓는 것이라"(눅22:19-20).

"사람이 자기를 살피고 그 후에야 이 떡을 먹고 이 잔을 마실지니 주의 몸을 분별치 못하고 먹고 마시는 자는 자기의 죄를 먹고 마시는 것이니라"(고전11:28-29).

(2) 임시적인 것

① **맹세와 서원**(맹세와 서원에 대해서는 제22장에서 상세히 다루고 있다.) "네 하나님 여호와를 경외하며 섬기며 그 이름으로 맹세할 것이니라"(신6:13). "다 그 형제 귀인들을 좇아 저주로 맹세하기를 우리가 하나님의 종 모세로 주신 하나님의 율법을 좇아 우리 주 여호와의 모든 계명과 규례와 율례를 지켜"(느10:29).

"네가 하나님께 서원하였거든 갚기를 더디게 말라 하나님은 우매자를 기뻐하지 아니하시나니 서원한 것을 갚으라"(전5:4).

② **금식**: 하나님의 비상한 섭리가 요구할 경우 날을 정하여 금식 기도할 수 있다. "여호와의 말씀에 너희는 이제라도 금식하며 울며 애통하고 마음을 다하여 내게로 돌아오라 하셨나니"(욜2:12).

"당신은 가서 수산에 있는 유다인을 다 모으고 나를 위하여 금식하되 밤낮 삼일을 먹지도 말고 마시지도 마소서 나도 나의 시녀로 더불어 이렇게 금식한 후에 규례를 어기고 왕에게 나아가리니 죽으면 죽으리이다"(에4:16). "니느웨 백성이 하나님을 믿고 금식을 선포하고 무론 대소하고 굵은 베를 입은지라"(욘3:5)

③ 절기에 따른 감사

"너의 중 모든 남자는 일년 삼차 곧 무교절과 칠칠절과 초막절에 네 하나님 여호와의 택하신 곳에서 여호와께 보이되 공수로 여호와께 보이지 말고 각 사람이 네 하나님 여호와의 주신 복을 따라 그 힘대로 물건을 드릴지니라"(신16:16-17).

"이 달 이 날에 유다인이 대적에게서 벗어나서 평안함을 얻어 슬픔이 변하여 기쁨이 되고 애통이 변하여 길한 날이 되었으니 이 두 날을 지켜 잔치를 베풀고 즐기며 서로 예물을 주며 가난한 자를 구제하라…"(에9:22).

≪참고≫ 하나님께서 말씀 가운데 제정하신 예배의 요소들에 대해서는 대요리문답 제108문에 보충하여 상세히 설명되어 있다.

㉠기도, ㉡성경 낭독, ㉢말씀 설교, ㉣말씀 들음, ㉤성례 집행, ㉥교회 권징, ㉦시편 찬송, ㉧헌물 수납, 이것들은 일반적인 요소들이다. 이외의 임시적인 요소들은 ㉠맹세와 서원, ㉡금식, ㉢절기감사, 등이다. 이것들은 특별한 경우에 행해지는 것이므로 임시적이다.

※기도가 예배의 특별한 요소가 되는 것은, 예배의 전 요소의 시작과 끝이 기도가 없어서는 안 되기 때문이다. 말씀이나 예전(禮典)에 있어서 기도가 없다면 영적 유익을 기대할 수 없기 때문이다.

제 6절 예배의 장소

> 복음 아래 있는 지금은 기도를 비롯한 예배의 다른 요소들이 행해지는 장소가 고정되어 있는 것이 아니고, 어떤 장소를 향하여 드릴 필요가 없으며, 그 장소에 따라서 기도나 예배 행위가 열납되는 것도 아니다(요4:21). 하나님께는 어디서든지(말1:11; 딤전2:8) 영과 진리로(요4:23-24) 예배 드려야 한다. 각 가정에서(렘10:25; 신6:6-7; 욥1:5; 삼하6:18, 20; 벧전3:7; 행10:2) 매일(마6:11) 드리든지 혼자서 은밀한 곳에서(마6:6; 엡6:18) 드릴 수 있고, 또 공적으로 모여 엄숙하게 드려야 한다. 하나님께서 말씀이나 섭리에 의해서 기도나 예배를 요구하실 때는(사56:7; 히10:25; 잠1:20-21, 24, 8:34; 행13:42; 눅4:16; 행2:42) 경솔하게 행하거나 고의적으로 소홀히 해서는 안 되고, 무시해서는 안 된다.

본 절에서는 구약시대와 달리 복음 아래서는 기도를 비롯한 모든 예배 행위는 특정한 장소에 고정되어 있는 것이 아니고, 또 특정한 장소를 향하여 할 필요가 없다. 어떤 장소에 따라 기도나 예배 행위가 훌륭하게 되거나 열납되는 것이 아니다. 하나님께 예배하는 자들은 어디서든지 영과 진리로 예배해야 한다. 각 가정에서나, 혹은 매일 혼자서도 할 수 있고, 또 공적으로 모여서 엄숙하게 드려야 한다. 이 중에 어느 것도 경솔히 행하거나 고의적으로 소홀이 하거나 무시해서는 안 된다고 진술한다.

1) 복음 아래서는 영과 진리로 어디서든지 예배할 수 있다.

구약시대에는 제단과 성막이나 성전 같은 특정한 장소에서만 예배할 수 있었다. "너는 삼가서 네게 보이는 아무 곳에서든지 번제를 드리지 말고 오직 너희의 한 지파 중에 여호와의 택하실 그곳에서 너는 번제를 드리고 또 내가 네게 명하는 모든 것을 거기서 행할지니라"(신12:13-14). 이 때에 제단이나 성막, 성전은 장차 오실 예수 그리스도의 모형과 예표로서 실체이신 예수님이 오시기까지는 효력이 있었다. "**예수께서 대답하여 가라사대 너희가 이 성전을 헐라 내가 사흘 동안에 일으키리라... 그러나 예수는 성전된 자기 육체를 가리켜 말씀하신 것이라**"(요2:19, 21). 그러므로 예수님이 오신 후부터 복음 아래서 영과 진리로 드려지는 예배는 특정한 장소에 고정되거나, 어떤 장소를 향하여 할 필요가 없다. "**종과 주의 백성 이스라엘이 이곳을 향하여 기도할 때에 주는 그 간구함을 들으시되...**"(왕상8:30; 단6:10). 장소에 의해서 예배가 훌륭하게 되거나 기도의 응답이 있는 것도 아니다. 하나님은 영이시기 때문에, 영과 진리로 하는 예배는 장소를 초월하여 어디서든지 할 수 있다. "**하나님은 영이시니 예배하는 자가 영과 진리로 예배할지니라**"(요4:24). "만군의 여호와가 이르노라 해 뜨는 곳에서부터 해 지는 곳까지의 이방 민족 중에서 내 이름이 크게 될 것이라 각처에서 내 이름을 위하여 분향하며 깨끗한 제물을 드리리니 이는 내 이름이 이방 민족 중에서 크게 될 것임이니라"(말1:11).

"그러므로 각처에서 남자들이 분노와 다툼이 없이 거룩한 손을 들어 기도하기를 원하노라"(딤전2:8). 그러므로 각 가정에서나 또는 혼자서도 매일 예배할 수 있으며, 공적으로 모여서도 엄숙하게 해야 한다. "... 그가 경건하여 온 집으로 더불어 하나님을 경외하며 백성을 많이 구제하고 하나님께 항상 기도하더니"(행10:2; 욥1:5), "너는 기도할 때에 네 골방에 들어가 문을 닫고 은밀한 중에 계신 네 아버지께 기도하라 은밀한 중에 보시는 네 아버지께서 갚으시리라"(마6:6)).

2) 공적 예배에는 성실히 참여하여 엄숙히 예배해야 한다.

복음 아래서는 장소를 초월하여 각 가정에서 가족 끼리, 또는 매일 혼자서도 예배할 수 있다. 그렇다고 해서 공적(公的)예배에 등한시(等閒視)해서는 안 된다고 본 절에는 강조하고 있다. 공적 예배란 『하나님의 말씀이 선포되는 교회의 정규적인 예배와 주일학교, 성경공부 및 기도회 등과 같은 다른 회집을 포함하는 교회에서 드리는 모든 종류의 예배를 의미한다』(W.대요리문답 강해, J. G.보스 & G. I. 윌리암슨 지음. 류근상, 신호섭 옮김 p.437). 이러한 신자들이 함께 모여 하는 공적 예배를 귀하게 여기며 적극 참여해야 한다.

예수님도 평소에 산에 올라 홀로 기도하셨지만, 절기 때마다 예루살렘 성전에 올라 가셨으며, 안식일에는 회당에 나아가 예배에 참석하셨다. **"예수께서 그 자라나신 곳 나사렛에 이르사 안식일에 자기 규례대로 회당에 들어가사 성경을 읽으려고 서시매"**(눅4:16).

초대교회 신자들도 가정에서나 혼자서 예배하는 것에 그치지 않고 공적 예배에 모이기를 힘썼다. **"날마다 마음을 같이 하여 성전에 모이기를 힘쓰고…"**(행2:46), 공적 예배는 신자들의 의무(義務)일뿐 아니라 하나님께서는 주의 백성들이 함께 모여 성령 안에서 예배할 때에 더욱 영광을 받으시고, 기뻐하시며 복을 주신다. **"두 세 사람이 내 이름으로 모인 곳**

에는 나도 그들 중에 있느니라"(마18:20). "서로 돌아보아 사랑과 선행을 격려하며 모이기를 폐하는 어떤 사람들의 습관과 같이 하지 말고 오직 권하여 그날이 가까움을 볼수록 더욱 그리하자"(히10:24-25).

3) 복음 아래서는 건물이나 특정한 장소가 성전이 될 수 없다.

구약시대에는 하나님께서 정하신 특정한 장소인 제단이나 성막, 성전 등이 거룩한 곳으로 구별되어 그곳에서만 예배가 허용되었다. 그러나 예수 그리스도께서 오신 후로는, 즉 복음 아래서는 모두 폐지되었다. 그것은 구약시대의 규례들은 장차 오실 그리스도에 대한 모형(模型)이며, 예표(豫表)들이었기 때문이다. "이 장막은 현재까지의 비유니 이에 의지하여 드리는 예물과 제사가 섬기는 자로 그 양심상으로 온전케 할 수 없나니 이런 것은 먹고 마시는 것과 여러가지 씻는 것과 함께 육체의 예법만 되어 개혁할 때까지 맡겨둔 것이니라"(히9:9-10). "너희가 성경에서 영생을 얻는 줄 생각하고 성경을 상고하거니와 이 성경이 곧 내게 대하여 증거하는 것이로다"(요5:39). 그러므로 오늘날 예배당을 성전으로 부르며, 봉헌식을 하고, 거룩히 여기는 관습들과 이런 특정한 장소에서 드리는 예배가 더욱 훌륭한 것처럼 여기는 미신적 사고들은 버려야 할 것이다. 또한 설교자들이 성경의 근거가 없는 온갖 형형색색(形形色色)의 예복(가운)들이나, 예배당 안팎의 온갖 치장(治粧)들도 신자들의 순순한 신앙을 오염시킬 수 있는 가톨릭적인 잔재들이므로 마땅히 개혁 되어야 할 것이다. 예배에 있어서는 하나님께서 명하시지 않은 요소들이나, 성경에 근거하지 않는 형식을 더 중시함으로써 참된 예배의 본질에서 벗어나는 일이 없도록 해야 한다. "너희는 이 세대를 본받지 말고 오직 마음을 새롭게 함으로 변화를 받아 하나님의 선하시고 기뻐하시고 온전하신 뜻이 무엇인지 분별하도록 하라"(롬12:2).

제 7절 안식일(安息日) 구별

> 일반적으로 하나님께 예배하기 위하여 일정한 시간을 정하는 것은 자연의 법칙에 합당한 것이다. 그래서 하나님은 그의 말씀을 통하여 적극적이고 도덕적이며, 영속적인 명령으로써 모든 시대의 모든 사람들에게 이레(칠일)중 하루를 안식일로 택정하여 하나님께 거룩하게 지키도록 명하셨다(출20:8, 10-11; 사56:2, 4, 6-7). 이 날은 창세로부터 그리스도의 부활까지는 한 주간의 마지막 날이었으나, 그리스도의 부활 이후로는 한 주간의 첫째 날로(창2:2-3; 고전16:1-2; 행20:7) 바뀌었다. 성경에는 이 날이 주의 날(主日)로 불리웠다(계1:10). 이 날은 세상 끝날까지 기독교의 안식일로 계속 지켜져야 한다(출20:8-10; 마5:17-18).

본 절에서는 하나님께 예배하기 위하여 일정한 시간을 정하는 것은 자연의 법칙에 합당한 것이며, 또한 하나님은 말씀을 통하여 모든 시대의 사람들에게 칠 일중 하루를 안식일로 정하여 하나님께 지키도록 명하셨다. 이 날은 창조로부터 그리스도의 부활까지는 한 주간의 마지막 날이었으나, 그리스도의 부활 이후로는 한 주간의 첫째 날로 바뀌어 주의 날(主日)로 불리웠다. 이 날은 세상 끝날까지 기독교의 안식일로 계속 지켜져야 한다고 진술하고 있다.

1) 하나님은 모든 사람에게 안식일을 지키도록 명하셨다.

하나님께서는 엿새 동안의 창조사역을 마치시고 일곱째 날에 안식하시므로, 자기의 형상대로 지으신 인간에게 안식일을 지킬 의무를 제정하셨다. "하나님의 지으시던 일이 일곱째 날이 이를 때에 마치니 그 지으시던 일이 다하므로 일곱째 날에 안식하시니라 하나님이 일곱째 날을 복 주사 거룩하게 하셨으니 이는 하나님이 그 창조하시며 만드시던 모든 일을 마치시고 이 날에 안식하셨음이더라"(창2:2-3). 이처럼 안식일 계명은 도덕법으로서, 모세에 의해서 처음으로 제정된 것이 아니라 세상의 창조시(創造始)에 기원(起源)된 것임을 알 수 있다. 그러므로 타락 전의 인간이 무죄(無罪)했던 때부터 하나님께 예배하기 위해 일정한 시간을 정하는 것은 자연법칙에 합당한 것으로서 모든 인간은 안식일을 지켜야 할 의무를 가졌다.

2) 안식일 준수는 도덕적이며, 영속적인 명령이다.

하나님께서 자연계시뿐만 아니라 특별히 그의 말씀(특별계시)을 통하여 적극적이며, 도덕적이고, 영속적인 명령으로써, 모든 시대, 모든 사람들에게 칠 일중 하루를 안식일로 지키도록 명하셨다. 따라서 일주일 가운데 일곱째 날을 특별히 구별하여 하나님을 예배하도록 친히 결정하셨다. "안식일을 기억하여 거룩히 지키라 엿새 동안은 힘써 네 모든 일을 행할 것이나 제칠일은 너의 하나님 여호와의 안식일인즉.... 아무 일도

하지 말라 이는 엿새 동안에 나 여호와가 하늘과 땅과 바다와 그 가운데 모든 것을 만들고 제칠일에 쉬었음이라…"(출20:8-11). 그러므로 칠일 중에 하루를 안식일로 구별하여 지키는 것은 하나님의 주권적인 결정에 의한 것으로서, 모든 인간이 지켜야할 영속적(永續的)이고, 도덕적인 의무(義務)이며, 확정적인 제도이다. "안식일을 기억하여 거룩히 지키라" (출20:8). "이스라엘 자손이 광야에 거할 때에 안식일에 어떤 사람이 나무하는 것을 발견한지라… 그 사람을 반드시 죽일지니 온 회중이 진 밖에서 돌로 그를 칠지니라"(민15:32, 35).

3) 지금은 유대인의 안식일이 아니라 기독교의 안식일로 지킨다.
하나님께서 명하신 안식일은 창세로부터 그리스도의 부활까지는 한 주간의 마지막 날(토요일)이었으나, 그리스도의 부활 이후로는 한 주간의 첫째 날(일요일)로 바뀌었다. "안식일이 다하여가고 안식후 첫날이 되려는 미명에 막달라 마리아와 다른 마리아가 무덤을 보려고 왔더니…, 그가 여기 계시지 않고 그의 말씀하시던 대로 살아나셨느니라…"(마28:1, 6). 이 날을 성경에서는 주의 날(主日)이라고 부른다. 이 날은 세상 끝날까지 기독교의 안식일로 지켜질 것이다. "안식후 첫날에 우리가 떡을 떼려 하여 모였더니…"(행20:7). "주의 날에 내가 성령에 감동하여 내 뒤에서 나는 나팔 소리 같은 큰 음성을 들으니"(계1:10).
"내가 율법이나 선지자나 폐하러 온 줄로 생각지 말라 폐하러 온 것이 아니요 완전케 하려 함이로라 진실로 너희에게 이르노니 천지가 없어지기 전에는 율법의 일점일획이라도 반드시 없어지지 아니하고 다 이루리라"(마5:17-18).

≪참고≫ 대요리문답 116문, 제4계명 해설

(1) 왜 그리스도인의 안식일은 주중 첫날인가?

그리스도인의 안식일 또는 주일은 그리스도의 부활을 기념하는 이레 중 첫날이다. 따라서 구약의 안식일이 하나님의 창조를 기념하는 날이라면 그리스도인의 안식일은 하나님의 새로운 창조인 예수 그리스도 안에서의 위대하신 구속 사역을 기념하는 날이다.

(2) 누가 안식일을 주중의 일곱 번째 날에서 첫날로 바꾸었는가?

우리 주 예수 그리스도시다. 그리스도는 그의 위대한 구속사역의 성취로 구약시대를 마감하고 은혜 언약이라는 신약시대를 여셨다. 이레 중 일곱 번째 날에서 첫째 날로의 변경은 이 세대의 변경의 일부분이다. 우리 구주께서 제6일에 십자가에 달리셨고 그날 저녁에 장사 지낸바 되셨으며 제7일째 되는 날 무덤에 계셨고 다음 이레 중 첫날에 무덤에서 부활하셨다. 따라서 그리스도는 구약의 제 칠일 안식일을 자신과 함께 무덤에 장사 지내셨으며, 그곳에 남겨두셨고 안식 후 첫날을 지키게 하기 위해 자신과 함께 신약의 새로운 안식일을 일으켜 세우신 것이다.

(3) 주중 첫날로서의 안식일은 언제까지 지켜야 하는가?

세상 끝날까지 지켜야 한다. 이것은 우리가 신약이라고 부르는 그리스도와 사도들을 통한 하나님의 계시가 세상에 끝날이 올 때까지 인류에게 주어진 마지막 계시이기 때문이다. 신약의 완성으로 인해 하나님께서는 침묵하셨고 더 이상 인간에게 직접 말씀하시지 않으시며, 우리 주 예수 그리스도께서 영광 중에 다시 오실 때까지 새로운 계시는 없을 것이기 때문이다. (J. G.보스/ G. I.윌리암슨 지음. 류근상, 신호섭 옮김).

『구약의 안식일은 일주일 가운데 일곱째 날로서 하나님의 창조 사역을 마치시고 안식하신 것을 기념했다. 그러나 그리스도의 부활 이후부터는 창조 사역과 구원 사역을 동시에 기념하기 위해 일주일 가운데 일곱째 날에서 첫째 날로 바뀌었다. 이날은 기독교의 안식일로서 세상 끝날 까지 계속 된다』(w.신앙고백 해설, 로버트 쇼 저, 조계광 역 p.447). "**이 날은 여호와께서 정하신 것이라 이 날에 우리가 즐거워하고 기뻐하리로다**"(시118:24).

제 8절 안식일(安息日)을 지키는 방법

> 안식일은 주님께 거룩하게 지켜야 한다. 사람들은 마음을 합당하게 준비하고, 일상적인 일들을 미리 정돈한 후에, 그날에 하루 종일 자신의 일과 세상적인 일에 대한 말이나 생각, 그리고 오락을 중단하고 거룩하게 안식할 뿐만 아니라(출20:8, 16:23, 25-26, 29-30, 31:15-17; 사58:13; 느13:15-19 ,21-22), 모든 시간을 바쳐서 공적으로나 개인적으로 하나님께 예배하는 일과 부득이한 의무를 처리하며 자비를 베푸는 일에 바쳐야 한다(사58:13; 마12:1-3).

본 절에는 안식일을 거룩하게 지키기 위해서는 마음의 합당한 준비와 세속적인 일이나 오락을 삼가고 경건하게 지내며, 개인적으로나 공적으로 예배하며, 부득이한 의무를 처리하는 것과 자비를 베푸는 일에 시간을 바쳐야 한다고 진술한다.

1) 마음을 합당하게 준비해야 한다.

안식일은 단순히 일을 중단하고 휴식하는 것만을 의미하지 않는다. 마음 속에 하나님에 대한 사랑이나 감사가 없이 의무감으로만 안식일을 지킨다면, 경직된 율법주의가 되고 만다. **"주께서 가라사대 이 백성이 입으로는 나를 가까이하며 입술로는 나를 존경하나 그 마음은 내게서 멀리 떠났나니..."**(사29:13). 그러므로 안식일을 거룩하게 지키려면 먼저 안식일의 의미와 특권과 약속들을 묵상하며, 마음이 먼저 은혜로 준비돼야 한다. 마음에서 우러나는 하나님에 대한 사랑과 감사와 기쁨으로 순종의 예배와 헌신이 될 때에 참된 안식이 되는 것이다. **"너는 마음을 다하고 성품을 다하고 힘을 다하여 네 하나님 여호와를 사랑하라"**(신6:5).

2) 일상적인 일들을 미리 정돈해야 한다.

유대인들은 안식일 전날을 예비일(豫備日)이라 불렀다. **"이 날은 예비일 곧 안식일 전날이므로..."**(막15:42). 안식일의 준비는 한 주간의 삶을 통해 이루어져야 하지만, 특별히 전날(금요일)이 준비일인 것이다. 하나님께서 모세를 통해 이스라엘 백성들에게 안식일을 거룩하게 지키도록 전날에 준비할 것을 명하셨기 때문이다. **"모세가 그들에게 이르되 여호와께서 이같이 말씀하셨느니라 내일은 휴식이니 여호와께 거룩한 안식**

일이라 너희가 구울 것은 굽고 삶을 것은 삶고 그 나머지는 다 너희를 위하여 아침까지 간수하라"(출16:23).

안식일이 거룩하게 지켜질 것인지, 아닌지는 전날(前日)의 준비하는 자세에 의해 결정이 되는 것이다. 준비 없이 안식일을 지키려는 것은 안식일 준수의 실패라 할 것이다. 그러므로 안식일을 거룩하게 지키기 위해서는 전날에 일상적인 일들은 모두 정돈하고 마음에 부담이 될 만한 근원을 제거해야 한다. 그래서 안식일(주일)에 즐거움으로 합당한 일들을 온전히 수행할 수 있어야 한다.

3) 합당치 않은 언행(言行)을 중단해야 한다.

안식일(주일)은 온 종일 합당치 않은 말이나 행동을 일체 중단하고 공적으로나 사적으로 예배하는 일과 부득이한 의무를 처리하는 것과 자비를 베푸는 일에 온전히 시간을 드려야 한다. "**안식일을 기억하여 거룩히 지키라**"(출20:8). 안식일은 거룩한 날이므로 육체적, 정신적 모든 노동과 세상의 직업과 관련된 일체의 활동을 중단해야 한다. "**엿새 동안은 힘써 네 모든 일을 행할 것이나 제칠 일은 너의 하나님 여호와의 안식일인즉 너나 네 아들이나 네 딸이나 네 남종이나 네 여종이나 네 육축이나 네 문안에 유하는 객이라도 아무 일도 하지말라**"(출20:9-10). 또한 세상의 일들과 관련된 불필요한 말과 생각도 삼가야 하며, 각종 오락과 같은 사사로운 일상(日常)을 중단해야 한다. 그 이유는 안식일에 거룩하게 사용해야 할 시간들을 헛되게 하지 않고 마음가짐이 시종(始終) 흐트러짐 없이 합당한 의무를 수행하기 위함이다. "**만일 안식일에 네 발을 금하여 내**

성일에 오락을 행치 아니하고 안식일을 일컬어 즐거운 날이라 여호와의 성일을 존귀한 날이라 하여 이를 존귀히 여기고 네 길로 행치 아니하며 네 오락을 구치 아니하며 사사로운 말을 하지 아니하면 네가 여호와의 안에서 즐거움을 얻을 것이라 내가 너를 땅의 높은 곳에 올리고 네 조상 야곱의 업으로 기르리라 여호와의 입의 말이니라"(사58:13-14). 안식일에 거룩함이 없이 오락이나 사사로운 즐거움을 쫓는다면 하나님의 명을 멸시하는 중한 죄책이 따르게 된다. "...성회와 아울러 악을 행하는 것을 내가 견디지 못하겠노라"(사1:13). "안식일을 지켜 더럽히지 아니하며 그 손을 금하여 모든 악을 행치 아니하여야 하나니 이같이 행하는 사람, 이같이 굳이 잡는 인생은 복이 있느니라"(사56:2).

4) 부득이한 의무와 자비를 베푸는 일은 합당하다.

하나님께서는 안식일을 부정적인 준수만이 아니라 긍정적인 준수도 함께 요구하신다. 안식일에 금하신 일들을 행하지 않을 뿐만 아니라 명하신 일들은 적극적으로 행하는 의무인 것이다. 적극적인 의무는 예배하는 일뿐만 아니라 그 외의 부득이한 의무와 자비를 베푸는 일들이다.

구약의 제사장들은 안식일의 제사를 위해 짐승을 도살하여 제물을 드려야 했다. "안식일에는 일년 되고 흠 없는 수양 둘과 고운 가루 에바 십분지 이에 기름 섞은 소제와 그 전제를 드릴 것이니 이는 매 안식일의 번제라..."(민28:9-10; 마21:5). 주일날에 교회 안에서 여러 가지 직무들을 수행하는 것이나, 화재시 불을 끄는 것이나, 긴급환자를 돌보는 것과 같은 부득이한 경우는 마땅히 행해야 할 일들이다.

그리고 자비를 베푸는 일에는 예수님도 안식일에 병자를 고쳐 주셨고 (마21:9-13), 아히멜렉 제사장도 사울에게 쫓기며, 주림으로 고통 중에 찾아온 다윗에게 제사장만이 먹을 수 있는 거룩한 떡, 진설병을 주었다. "**제사장이 그 거룩한 떡을 주었으니 거기는 진설병 곧 여호와 앞에서 물려낸 떡 밖에 없음이라...**"(삼상21:6; 마12:3-4). 안식일에 의사와 간호사가 환자들을 돌보는 일이나, 교회에서 병자를 심방하고, 가난한 자들을 구제하는 일등은 자비를 베푸는 일들이다. 자비와 긍휼이 없는 제사는 하나님께서 원하시는 제사가 아니다. "**나는 자비를 원하고 제사를 원치 아니하노라 하신 뜻을 너희가 알았더라면 무죄한 자를 죄로 정치 아니하였으리라 인자는 안식일의 주인이니라 하시니라**"(마12:7-8). 그러므로 안식일(주일)은 예배와 함께 적극적으로 선을 행하는 날인 것이다. 그러나 영리적(營利的)인 동기가 아니라 사랑의 동기로 수행하는 일이어야 한다.

제 22장
합당한 맹세(盟誓)와 서원(誓願)에 대하여

합당한 『맹세』란 자신이 증언하는 바가 거짓 없는 진실임을 확정하기 위해 거룩하신 하나님의 이름을 불러 증거를 삼는 것을 말한다. 이런 맹세와 서원은 오늘날에도 구속력(拘束力)이 있는가에 대해, 어떤 이들은 폐지되어 구속력이 없다고 주장하기도 한다.

특히 재세례파(再洗禮派, Anabaptist)들은 **"또 옛 사람에게 말한바 헛맹세를 하지 말고 네 맹세한 것을 주께 지키라 하였다는 것을 너희가 들었으나 나는 너희에게 이르노니 도무지 맹세하지 말지니…"**(마5:33-34) 라는 예수님의 말씀을 근거로 맹세를 부정하였다.

그러나 주님의 말씀은 율법을 폐하심이 아니라 합법적이지 않는 맹세와 그릇된 해석을 금하고 계시는 것이다. 『구약의 이스라엘 사회에서는 맹세와 서원의 이행이 강조되었으며, 이것이 하나님의 백성으로서의 경건과 신실함을 가늠하는 척도이기도 했다. 그러나 이런 정신이 시대의 흐름에 따라 변질되어 가면서 신약의 유대인들 사이에서는 자신들의 신앙과 경건을 자랑하는 종교적 허세의 수단으로 악용되었을 뿐 아니라 자신들의 이익에 관련해서는 맹세의 구속력을 강조하고, 그렇지 않으면 맹세의 구속력이 없다고 자의적 해석을 남발(濫發)했다』(호크마 종합주석, 민수기. 강병도 편 p.540). **"화 있을진저 소경된 인도자들이여 너희**

가 말하되 누구든지 성전으로 맹세하면 아무 일 없거니와 성전의 금으로 맹세하면 지킬지라 하는도다... 너희가 또 이르되 누구든지 제단으로 맹세하면 아무 일 없거니와 그 위에 있는 예물로 맹세하면 지킬지라 하는도다... 제단으로 맹세하는 자는 제단과 그 위에 있는 모든 것으로 맹세함이요 또 성전으로 맹세하는 자는 성전과 그 안에 계신 이로 맹세함이요"(마23:16, 18, 20-21). 성경은 합당한 모든 맹세는 구속력이 있음을 말씀하고 있다. "사람들은 자기보다 더 큰 자를 가리켜 맹세하나니 맹세는 저희 모든 다투는 일에 최후 확정이니라"(히6:16). 그러므로 본 고백서 제22장에서도 합당한 맹세와 서원은 구속력이 있다고 진술하고 있는 것이다. 거짓이 만연되어 있는 죄악된 세상에는 특별한 경우에 적절한 격식(格式)을 갖추어 맹세해야 한다. 그리고 그 맹세를 어기는 것이나, 거짓된 맹세들은 하나님 앞에 중대한 죄악임을 잊지 말아야 한다. 언약에 신실하신 하나님은 모든 인생들에게 신실함을 요구하고 계시기 때문이다. "감사로 하나님께 제사를 드리며 지극히 높으신 자에게 네 서원을 갚으며 환난 날에 나를 부르라 내가 너를 건지리니 네가 나를 영화롭게 하리로다"(시50:14-15).

제 1 절 맹세(盟誓)는 예배의 한 부분

> 합당한 맹세는 경건한 예배의 한 요소이다(신10:20). 예배하는 자가 때를 따라 맹세할 때는 엄숙하게 하나님의 이름을 불러 자기가 주장하거나 약속하는 것을 증거하시게 하며, 자기가 맹세하는 것이 참인지 거짓인지 판단하시게 한다(출20:7; 레19:12; 고후1:23; 대하6:22-23).

본 절에는 정당한 맹세는 예배의 한 요소이다. 예배하는 자가 때를 따라 맹세할 때는 엄숙히 하나님의 이름을 불러 자기가 주장하거나 약속하는 것을 증거하시게 하며, 자기가 맹세하는 것이 참인지 거짓인지를 판단하시게 한다고 진술한다.

1) 합당한 맹세는 예배의 한 요소이다.

맹세(盟誓)란 일반적으로 목표나 약속을 꼭 실현, 또는 실천하겠다고 굳게 다짐하는 것을 가리킨다. "네 하나님 여호와를 경외하여 그를 섬기며 그에게 친근히 하고 그 이름으로 맹세하라"(신10:20). 이 맹세에는 『단언된 맹세』와 『약속의 맹세』로 구분되는데(w.신앙고백서 해설. 로버트 쇼 저, 조계광 역 p.457), ① 단언된 맹세는 과거나 현재의 사실에 대해 맹세하는 것이며, "내가 내 영혼을 두고 하나님을 불러 증거하시게 하노니 다시 고린도에 가지 아니한 것은 너희를 아끼려 함이라"(고후1:23). ② 약속의 맹세는 앞으로 행해야 할 일을 맹세하는 것이다. "내가 너로 하늘의 하나님, 땅의 하나님이신 여호와를 가리켜 맹세하게 하노니 너는 나의 거하는 이 지방 가나안 족속의 딸 중에서 내 아들을 위하여 아내를 택하지 말고 내 고향 내 족속에게로 가서 내 아들 이삭을 위하여 아내를 택하라"(창24:3-4). 합당한 맹세는 엄숙히 하나님의 이름을 불러 증인되어 주시기를 소원하는 것이다. 이것은 그 맹세가 개인의 의지만이 아니라 하나님께서도 동의하고 계시다는 확신을 의미한다. 이와 같은 하나님의 이름으로 증거를 삼는 정당한 맹세는 엄숙한 신앙행위에 해당한다. "아브람이 소돔왕에게 이르되 천지의 주재시요 지극히 높으신 하나님 여호와께 내가 손을 들어 맹세하노니…"(창 14:22), "…땅에서 맹세하는 자는 진리의 하나님으로 맹세하리니…"(사 65:16).

2) 합당하지 않은 맹세는 금(禁)해야 한다.
"나는 너희에게 이르노니 도무지 맹세하지 말지니…"(마5:34). 앞에서도 언급한바 있지만, 예수님께서 도무지 맹세하지 말라고 금하신 것은 합당하지 않은 맹세를 금하신 것이다. ① 거짓 맹세: 자신을 위해 진실을 감추고 거짓으로 하는 맹세(렘5:2), ② 우상숭배적인 맹세: 하나님의 이름이 아닌 다른 존재로 하는 맹세(렘12:16; 출23:13), ③ 정당하지 않은 것에 대한 맹세(마14:7-11), ④ 경솔하고 가볍게 하는 맹세(마5:34-36; 약5:12; 삿11:31, 21:1-7) 등은 합당하지 않은 맹세들이다. 또한 하나님의 영광과 이웃의 안전을 위하여 맹세가 필요할 때에 맹세를 거부하는 것도 신앙에 어긋나는 것이다.

"내 형제들아 무엇보다도 맹세하지 말지니 하늘로나 땅으로나 아무 다른 것으로도 맹세하지 말고 오직 너희의 그렇다 하는 것은 그렇다 하고 아니라 하는 것은 아니라 하여 죄 정함을 면하라"(약5:12)

"너는 너희 하나님 여호와의 이름을 망령되이 일컫지 말라 나 여호와는 나의 이름을 망령되이 일컫는 자를 죄 없다 하지 아니하리라"(출20:7).

"…그들이 내 백성의 도를 부지런히 배우며 살아 있는 여호와 내 이름으로 맹세하기를 자기들이 내 백성을 가리켜 바알로 맹세하게 한 것 같이 하면 그들이 내 백성 중에 세움을 입으려니와…"(렘12:16).

제 2절 합당(合當)한 맹세

> 사람들은 오직 하나님의 이름으로만 맹세해야 한다. 하나님의 이름을 사용할 때는 전적으로 두려워하는 마음과 경외심을 가지고 사용해야 한다(신6:13). 따라서 하나님의 영광스럽고 두려운 이름을 경솔하게나, 망령되이 사용하거나 다른 것들을 불러 맹세하는 것은 죄를 범하는 것이다(출20:7; 렘5:7; 마5:34, 37; 약5:12).
>
> 그러나 사안의 중요성과 시기에 따라 이루어지는 맹세는 하나님의 말씀에 의하여 보증된 것으로 신, 구약 성경에 다 허락된 것이다(히6:16; 고후1:23; 사65:16). 따라서 합당한 맹세는 합법적인 권세로 말미암아 요구될 때는 이를 행해야 한다(왕상8:31; 느13:25; 스10:5).

본 절에는 합당한 맹세는 하나님의 이름에 의해서만 해야 하며, 그 거룩하신 이름은 두려운 경외심을 가지고 사용해야 한다. 하나님의 이름을 경솔하게나 망령되이 사용하는 것과, 다른 것으로 맹세하는 것은 죄를 범하는 것이다. 그러나 사안의 중요성과 시기에 따라 이루어지는 맹세는 하나님의 말씀인 신, 구약성경에 다 허락된 것으로서, 합법적인 권세에 의해 요구될 때는 이행해야 한다고 진술한다.

1) 합당한 맹세는 하나님의 이름으로만 해야 한다.

우리는 하나님의 이름을 부르거나 사용할 때 그 분의 거룩하심과 위대하심에 영광을 돌리는 일에 사용해야 한다. 또한 우리는 자신의 탐심을 위하여 그 이름을 경솔히 또는 왜곡되게 사용해서는 안 된다. 합당한 맹세는 하나님의 이름으로 할 때에만 성립되며, 다른 것으로 맹세하는 것은 합당치 못한 맹세로서, 우상숭배에 해당한다. "네 하나님 여호와를 경외하여 그를 섬기며 그에게 친근히 하고 그 이름으로 맹세하라"(신 10:20). "...다른 신들의 이름은 부르지도 말며 네 입에서 들리게도 말지니라"(출23:13).

2) 하나님의 이름은 두려운 경외심을 가지고 사용해야 한다.

신자들이 하나님의 이름으로 맹세하는 일에 대해서는 주의를 요한다. 하나님의 이름으로 맹세한다는 것은 하나님의 속성과 성품의 보증으로 맹세하는 것으로써, 이는 그 맹세를 틀림없이 지키겠다는 의미다. 이와 같은 맹세를 하고 그 맹세를 이행하게 될 때 이것은 하나님께 대한 예배가 된다. 그것은 그 맹세를 통하여 하나님의 신실하심이 드러나기 때문이다.

그러나 하나님의 이름으로 맹세히고 지키지 않는 거짓되고 무익한 맹세는 하나님의 이름을 욕되게 하는 것이다. 자기의 이익을 위하여 하나님의 이름을 함부로 사용하는 자들은 경건을 이익의 재료로 삼는 자들로서, 그 행위 자체가 하나님의 이름을 망령되이 일컫는 죄악인 것이다. **"너는 너의 하나님 여호와의 이름을 망령되이 일컫지 말라 나 여호와는 나의 이름을 망령되이 일컫는 자를 죄 없다 하지 아니하리라"**(출20:7).

3) 합법적인 맹세는 하나님의 말씀에 허락되었다.

본장 서두에 언급한 것과 같이 재세례파나 퀘이커교도들은 맹세는 구속력이 없다고 부정한다. 그들은 구약시대의 신자들에게는 맹세가 정당한 것이었지만, 신약시대의 신자들에게는 맹세가 금지 되었다고 주장하며, 그 근거로 "...도무지 맹세하지 말지니..."(마5:34)라는 예수님의 말씀과 야고보서의 "**내 형제들아 무엇보다도 맹세하지 말지니 하늘로나 땅으로나 아무 다른 것으로도 맹세하지 말고...**"(약5:12)라는 말씀을 제시한다. 그러나 여기에서 맹세를 금하는 것은 당시 바리새인이나 외식(外飾)자들의 일상적인 대화에서 흔하게 행해졌던 경솔한 맹세들이다. 그들은 성전이나 제단이나 하늘과 땅으로 하는 맹세들은 하나님의 이름을 사용하지 않았기 때문에 어긴다 해도 죄가 되지 않으며, 하나님의 이름을 욕되게 하지 않는다고 생각했다. 이에 대해 예수님은 하늘과 땅으로 맹세하는 것도 하나님의 이름으로 맹세하는 것이 된다고 하신 것이다. 하나님은 하늘과 땅의 주인이시기 때문이다. "...**하늘로도 말라 이는 하나님의 보좌임이요 땅으로도 말라 이는 하나님의 발등상임이요 예루살렘으로도 말라 이는 큰 임금의 성임이요...**"(마5:34-35). 그러므로 합당치 못한 맹세는 금하였지만, 합당한 맹세는 성경에 허락되었다.

『맹세의 목적은 신실성과 진실성을 확증하고, 분쟁을 종식(終熄)시키는데 있다. 이는 교회와 국가를 위해서도 동시에 하나님의 영광을 위해서도 유익하고 정당하며 필수적이다. 그러므로 그리스도인들에게 맹세가 정당할 뿐 아니라 필수적이기까지 하다는 것이 분명히 드러나는 것이다』(하이델베르그 요리문답해설. 자카리아스 우르시누스. 원광연 옮김 p.866).

"사람들은 자기보다 더 큰 자를 가리켜 맹세하나니 맹세는 저희 모든 다투는 일에 최후 확정이니라"(히6:16).

"내가 내 목숨을 걸고 하나님을 불러 증언하시게 하노니…"(고후1:23), "내가 예수 그리스도의 심장으로 너희 무리를 어떻게 사모하는지 하나님이 내 증인이시니라"(빌1:8).

4) 합법적인 권세에 의해 요구될 때는 이행해야 한다.
재세례파(再洗禮派, Anabaptists)나 퀘이커(Quakers)교도들은 맹세를 부정할 뿐 아니라 교회와 국가의 분리를 주장하는데 대해서, 본 대목은 합법적인 권세, 즉 국가 권세나 교회 권세가 요구하는 정당한 맹세는 이행해야 한다고 진술하여 논박하고 있다. "각 사람은 위에 있는 권세들에게 굴복하라 권세는 하나님께로 나지 않음이 없나니 모든 권세는 다 하나님의 정하신 바라 그러므로 권세를 거스리는 자는 하나님의 명을 거스림이니 거스리는 자들은 심판을 자취하리라"(롬13:1-2).

제 3절 맹세(盟誓)의 자세

> 누구든지 맹세를 할 때에는 그것이 매우 중요하고 엄숙한 행사라는 점을 충분히 인식해야 한다. 그 때에 자기가 진리라고 확신하는 것 외에는 아무 것도 공언해서는 안 된다(출20:7; 렘4:2). 또한 선하고 정당한 것과, 그렇다고 믿는 것과, 자신이 실행할 수 있고, 또 실행하겠다고 결심하는 것 외에는 맹세를 통해 그 무엇에도 스스로를 속박해서는 안 된다(창24:2-3, 5-6, 8-9). 그러나 합법적인 권위가 요구하는 맹세, 곧 선하고 옳은 것과 관련된 맹세를 거부하는 것은 죄에 해당한다(민5:19, 21; 느5:12; 출22:7-11).

본 절에는 맹세할 때 어떤 마음가짐으로 해야 하는지를 진술하고 있는데, 매우 중요하고 엄숙한 행사임을 충분히 인식할 것과 진리라고 확신할 수 있는 것 외에는 어떤 것도 공언(公言)해서는 안 되며, 또 선하고 정당한 것과 그렇다고 자신이 믿는 것과 실행할 수 있고, 또 실행하겠다고 결심한 것 외에는 맹세를 통해 그 무엇에도 스스로를 속박(束縛)해서는 안 된다. 그러나 합법적인 권위가 요구하는 선하고 올바른 것과 관련된 맹세를 거부하면 죄에 해당한다고 진술한다.

1) 맹세는 중요하고 엄숙한 행사임을 충분히 인식해야 한다.

예수님은 맹세(盟誓) 자체를 금하신 것이 아니라 가볍고 경솔한 맹세를 엄히 금하셨다. 그러므로 맹세할 때는 거룩하신 하나님의 이름을 걸고 하는 매우 중요하고 엄숙한 행사임을 충분히 인식해야만 한다. 그것은 하나님만이 인간의 마음과 생각을 살피시며, 거짓과 진실을 판단하시기 때문이다. "주께서 나의 앉고 일어섬을 아시며 멀리서도 나의 생각을 통촉하시오며 나의 길과 눕는 것을 감찰하시며 나의 모든 행위를 익히 아시오니 여호와여 내 혀의 말을 알지 못하시는 것이 하나도 없으시니이다"(시139:2-4). 그러므로 하나님의 이름으로만 맹세하여 증거를 삼는 것은 나의 진실에 대해 증언하시고, 만일 거짓 맹세를 할 경우에는 벌해 달라고 구하는 것이기 때문이다. "내가 내 목숨을 걸고 하나님을 불러 증언하시게 하노니 내가 다시 고린도에 가지 아니한 것은 너희를 아끼려 함이라"(고후1:23).

2) 진리라고 확신할 수 있는 것 외에는 어떤 것도 확언해서는 안된다.

"진실과 공평과 정의로 여호와의 삶을 가리켜 맹세하면 열방이 나로 인하여 스스로 복을 빌며 나로 인하여 자랑하리라"(렘4:2).

3) 선하고 정당하며, 믿는 것과 실행할 수 있고 결심한 것 외에는 맹세로 자신을 속박해서는 안 된다.

"그가 여호와께 서원하여 가로되 주께서 과연 암몬 자손을 내 손에 붙이시면 내가 암몬 자손에게서 평안히 돌아올 때에 누구든지 내 집 문에서 나와서 나를 영접하는 그는 여호와께 돌릴 것이니 내가 그를 번제로 드리겠나이다 하니라"(삿11:30-31). "입다가 미스바에 돌아와 자기 집에 이를 때에 그 딸이 소고를 잡고 춤추며 나와서 영접하니 이는 그의 무남독녀라 입다가 이를 보고 자기 옷을 찢으며 가로되 슬프다 내 딸이여 너는 나로 참담케 하는 자요 너는 나를 괴롭게 하는 자 중의 하나이로다 내가 여호와를 향하여 입을 열었으니 능히 돌이키지 못하리로다"(삿11:34-35).

4) 합법적인 권위가 요구하는 정당한 맹세를 거부하면 죄가 된다.

앞에 2절에서 언급한 것처럼 국가권위나 교회권위는 누구에게나 필요할 때에 정당한 맹세를 요구할 수 있으며, 이를 거부하는 것은 죄가 되는 것이다. "여인에게 맹세시켜 그에게 이르기를 네가 네 남편을 두고 실행(失行)하여 사람과 동침하여 더럽힌 일이 없으면 저주가 되게 하는 이 쓴 물의 해독을 면하리라 그러나 네가 네 남편을 두고 실행하여 더럽혀서 네 남편 아닌 사람과 동침하였으면… 이 저주가 되게 하는 이 물이 네 창자에 들어가서 네 배로 붓게 하고 네 넓적다리로 떨어지게 하리라 할 것이요 여인은 아멘 아멘 할지니라"(민5:19-20, 22).

"저희가 말하기를 우리가 당신의 말씀대로 행하여 돌려 보내고 아무것도 요구하지 아니하리이다 하기로 내가 제사장들을 불러 저희에게 그 말대로 행하리라는 맹세를 시키게 하고"(느5:12).

제 4절 맹세(盟誓)에 대한 의무

> 맹세는 애매모호(曖昧模糊)하지 않게, 분명하고 평범한 말로 해야 한다(렘4:2; 시24:4). 맹세로 말미암아 죄를 짓게 되어서는 안 된다. 그러나 죄가 되지 않는 것을 맹세하게 된 때에는 자신에게 손해가 될지라도, 반드시 실행해야 하며(삼상25:22, 32-34; 시15:4), 비록 이단자나 불신자에게 한 경우라도 어겨서는 안 된다(겔17:16, 18-19; 수9:18-19; 삼하21:1).

본 절에는 맹세는 애매모호하지 않게, 분명하고 평범한 말로 해야 한다. 또한 맹세로 인해 죄를 짓게 되어서는 안 되며, 죄가 되지 않는 정당한 맹세를 했을 때는 자신에게 손해가 될지라도 반드시 실행해야 하며, 비록 이단이나 불신자에게 한 경우라도 어겨서는 안 된다고 하여, 맹세가 갖는 구속력의 범위와 그 근거에 대해 진술하고 있다.

1) 맹세는 애매모호하지 않게 분명하고 평범한 말로 해야 한다.

맹세는 마음의 생각과 맹세의 말이 일치하도록 진실하게 해야 하며, 맹세하는 자와 듣는 자들 모두가 그 의미를 쉽고 분명하게 이해할 수 있도록 해야 한다. "진실과 정의와 공의로 여호와의 삶을 가리켜 맹세하면 열방이 나로 인하여 스스로 복을 빌며 나로 인하여 자랑하리라"(렘4:2). "여호와의 산에 오를 자 누구며 그 거룩한 곳에 설 자가 누군고 곧 손이 깨끗하며 마음이 청결하며 뜻을 허탄한데 두지 아니하며 거짓 맹세치 아니하는 자로다"(시24:3-4).

2) 맹세는 죄를 짓게 만드는 것이 되어서는 안 된다.

경솔한 맹세는 자신뿐 아니라 다른 사람들에게도 죄를 짓게 할 수 있다. "…사울이 백성에게 맹세시켜 경계하여 이르기를 저녁 곧 내가 내 원수에게 보응하는 때까지 아무 식물이든지 먹는 사람은 저주를 받을지어다 하였음이라…"(삼상14:24). "요나단은 그 아버지가 맹세로 백성에게 명할 때에 듣지 못하였으므로 손에 가진 지팡이 끝을 내밀어 꿀을 찍고 그 손을 돌이켜 입에 대매 눈이 밝아졌더라"(삼상14:27). "사울이 가로되 요나단아 네가 반드시 죽으리라…"(삼상14:44).

3) 정당(正當)한 맹세는 손해가 될지라도 지켜야 한다.

맹세 자체가 죄가 되는 것이라면 하나님의 뜻이 아니기 때문에 지킬 의무가 없다. 만일 죄가 되는 맹세를 하고 지킨다면 더욱 큰 죄를 범하는 것이다. "내가 그(나발)에게 속한 모든 것 중 한 남자라도 아침까지 남겨

두면 하나님은 다윗에게 벌을 내리시고 또 내리시기를 원하노라…"(삼상25:22). "…유대인들이 당을 지어 맹세하되 바울을 죽이기 전에는 먹지도 아니하고 마시지도 아니하겠다 하고"(행23:12). 그러므로 맹세는 선하고 옳은 것이어야 하며, 합당하게 이루어진 맹세는 자신에게 해로울지라도 반드시 이행해야 한다. 비록 이단이나 불신자에게 한 경우라도 어겨서는 안 된다.

"…회중 족장들이 이스라엘 하나님 여호와로 그들에게 맹세한 고로 이스라엘 자손이 그들을(기브온 거민) 치지 못한지라 그러므로 회중이 다 족장들을 원망하니 모든 족장이 온 회중에게 이르되 우리가 이스라엘 하나님 여호와로 맹세하였은즉 이제 그들을 건드리지 못하리라"(수9:18-19). "다윗 시대에 년부년 삼년 기근이 있음으로 다윗이 여호와 앞에 간구하매 여호와께서 가라사대 이는 사울과 피를 흘린 그 집을 인함이니 저가 기브온 사람을 죽였음이니라 하시니라"(삼하21:1).

"…그 마음에 서원한 것은 해로울지라도 변치 아니하며…"(시15:4).

제 5절 서원(誓願)

> 서원도 서약(맹세)과 그 본질이 같다. 그러므로 서원을 행할 때에도 맹세와 똑같이 경건하고 신중하게 이루어져야 하고, 또 성실하게 이행 되어야 한다(사19:21; 전5:4-6; 시61:8; 66:13-14).

본 절에서는 서원(誓願)도 맹세(盟誓)와 그 본질이 같다. 그러므로 서원도 맹세와 똑같이 경건하고 신중하게 해야 하고, 또 성실하게 이행 되어야 한다고 진술한다.

1) 서원과 맹세(서약)는 그 본질이 같지만 구별된다.

서원과 맹세는 같은 성격을 가지고 있지만, 이 둘은 서로 구별되어야 한다. 맹세는 사람과 사람 사이의 약속에 대해 하나님을 증인되시게 하여 심판하시도록 하는 것이다. "아브라함이 자기 집 모든 소유를 맡은 늙은 종에게 이르되 청컨대 네 손을 내 환도뼈 밑에 넣으라 내가 너로 하늘의 하나님, 땅의 하나님이신 여호와를 가리켜 맹세하게 하노니…"(창24:2-3, 50:25). 그리고 서원은 하나님과 사람 간에 이루어지는 약속이라고 할 수 있다. "야곱이 서원하여 가로되 하나님이 나와 함께 계시사 내가 가는 이 길에서 나를 지키시고 먹을 양식과 입을 옷을 주사 나로 평안히 아버지 집으로 돌아가게 하시오면 여호와께서 나의 하나님이 되실 것이요…"(창28:20-21). "…그 날에 애굽인이 여호와를 알고 제물과 예물을 그에게 드리고 경배할 것이요 여호와께 서원하고 그대로 행하리라"(사19:21).

2) 서원도 신중하게 하고 성실하게 이행해야 한다.

맹세와 마찬가지로 서원도 신중하게 해야 하고, 성실히 이행해야 한다. "사람이 여호와께 서원하였거나 마음을 제어하기로 서약하였거든 파약하지 말고 그 입에서 나온 대로 다 행할 것이니라"(민30:2). "네가 하나님께 서원하였거든 갚기를 더디게 말라 하나님은 우매자를 기뻐하지 아니하시나니 서원한 것을 갚으라 서원하고 갚지 아니하는 것보다 서원하지 아니하는 것이 나으니 네 입으로 네 육체를 범죄케 말라 사자 앞에서 내가 서원한 것이 실수라고 말하지 말라 어찌 하나님으로 네 말소리를 진노하사 네 손으로 한 것을 멸하시게 하랴"(전5:4-6).

"...바울이 일찍 서원이 있으므로 겐그레아에서 머리를 깎았더라"(행 18:18).

제 6절 서원(誓願)의 자세

> 서원은 피조물이 아니라 하나님께만 해야 한다(시76:11; 렘44:25-26). 서원이 열납되려면 자원하는 마음으로, 믿음과 의무감에서 해야 한다. 또한 받은 은혜나 우리가 원하는 것을 얻는 것에 대한 감사하는 마음에서 우러나야 한다. 그리고 필요한 의무나 그 밖의 일들을 행하는데 적절히 기여하는 한 그 서원으로 말미암아 우리는 그 필요한 의무와 그 밖의 것들을 보다 엄격하게 지켜야 한다(신23:21-23; 시50:14; 창28:20-22; 삼상1:11; 시66:13-14, 132:2-5).

본 절에서는 서원은 오직 하나님께만 해야 하며, 서원이 열납되려면 자원하는 마음으로, 믿음과 의무감에서, 또한 받은바 은혜에 대한 감사하는 마음에서 우러나야 한다. 이런 서원은 의무로서의 구속력을 갖는다. 그러므로 엄격히 지켜야 한다고 진술한다.

1) 서원은 하나님께만 해야 한다.

서원은 어떤 피조물에 대해서도 할 것이 아니라 오직 하나님께 대해서만 해야 한다. "너희는 여호와 너희 하나님께 서원하고 갚으라..."(시 76:11). 『가톨릭교회처럼 죽은 성인들에게 서원하는 것은 미신이자 우상숭배에 해당한다』(w.신앙고백 해설, 로버트 쇼 저, 조계광 역 p.462).

2) 서원은 믿음과 자원하는 마음으로 해야 한다.

서원이 하나님께 열납되려면 순전히 자발적으로 이루어져야 한다. "야곱이 서원하여 가로되 하나님이 나와 함께 계시사 내가 가는 이 길에서 나를 지키시고 먹을 양식과 입을 옷을 주사 나로 평안히 아버지 집으로 돌아가게 하시오면 여호와께서 나의 하나님이 되실 것이요 내가 기둥으로 세운 이 돌이 하나님의 전이 될 것이요 하나님께서 내게 주신 모든 것에서 십분의 일을 내가 반드시 하나님께 드리겠나이다..."(창28:20-22). "한나가 마음이 괴로워서 여호와께 기도하고 통곡하며 서원하여 가로되 만군의 여호와여 만일 주의 여종의 고통을 돌아보시고 나를 생각하시고 주의 여종을 잊지 아니하사 아들을 주시면 내가 그의 평생에 그를 여호와께 드리고 삭도를 그 머리에 대지 아니하겠나이다"(삼상1:10-11). 이미 받은 은혜나 또한 원하는 것을 주실 것에 대한 감사와 함께 서원한 것을 지킬 능력을 주시는 그리스도의 은혜를 의지하는 믿음을 가져야 한다. "감사로 하나님께 제사를 드리며 지극히 높으신 자에게 네 서원을 갚으며 환난 날에 나를 부르라 내가 너를 건지리니 네가 나를 영화롭게 하리로다"(시50:14-15).

"여호와께서 내게 주신 모든 은혜를 무엇으로 보답할꼬 내가 구원의 잔을 들고 여호와의 이름을 부르며 여호와의 모든 백성 앞에서 나의 서원을 여호와께 갚으리로다"(시116:12-14).

3) 서원한 것은 엄격하게 지켜야 한다.

① **서원의 성질**: 서원은 자원하여 기쁨으로 해야 하고, 함부로 서원해서는 안 된다. 서원한 것은 반드시 갚아야 하고, 거리낌이 없는 마음으로 해야 한다. 서원이 이루어졌을 때에는 더욱 엄격히 이행해야 한다. 서원은 하나님께 대한 자발적인 의무를 지는 것임으로 반드시 이행하여야 하며, 어기는 것은 하나님께 심판을 자초하는 것이다. "**네가 하나님께 서원하였거든 갚기를 더디게 말라 하나님은 우매자를 기뻐하지 아니하시나니 서원한 것을 갚으라 서원하고 갚지 아니하는 것보다 서원하지 아니하는 것이 나으니 네 입으로 네 육체를 범죄케 말라 사자 앞에서 내가 서원한 것이 실수라고 말하지 말라 어찌 하나님으로 네 말소리를 진노하사 네 손으로 한 것을 멸하시게 하랴**"(전5:4-6).

② **서원의 종류**: 『적극적인 서원』과 『소극적인 서원』으로 구분할 수 있다. 적극적인 서원은 하나님께 복과 보상을 기대하면서 서원을 행하는 것이다. "**한나가 마음이 괴로워서 여호와께 기도하고 통곡하며 서원하여 가로되 만군의 여호와여 만일 주의 여종의 고통을 돌아보시고 나를 생각하시고 주의 여종을 잊지 아니하사 아들을 주시면 내가 그의 평생에 그를 여호와께 드리고 삭도를 그 머리에 대지 아니하겠**

나이다"(삼상1:10-11).

소극적인 서원은 남자나 여자가 그의 마음의 소욕을 절제하기 위하여 (금식, 금주, 금욕 등) 하나님께 서원이나 약속하는 것이라 할 수 있다. **"사람이 여호와께 서원하였거나 마음을 제어하기로 서약하였거든 파약하지 말고 그 입에서 나온대로 다 행할 것이니라"**(민30:2). 이 외에도 나실인(Nazirite) 서원이 있는데, 일정한 기간 동안이나, 또는 일평생 자신을 제사장처럼 성별(聖別)하는 특별한 서원으로서, 나실인은 포도나무의 소산물을 먹거나 마시지 말아야 하며, 머리에 삭도를 대지 말아야 하고 죽은 시체를 가까이 하지 않아야 한다. **"…남자나 여자가 특별한 서원 곧 나실인의 서원을 하고 자기 몸을 구별하여 여호와께 드리거든… 자기 몸을 구별하는 모든 날 동안에는 포도나무 소산은 씨나 껍질이라도 먹지 말지며…삭도를 도무지 그 머리에 대지 말 것이라…"**(민6:2-7).

제 7절 그릇된 서원(誓願)

> 아무도 하나님의 말씀이 금하는 것에 대하여 서원해서는 안 된다. 또 하나님의 말씀에 명령된 의무를 방해하는 것이나, 자신의 능력이 미치지 못하는 일이나, 서원을 이행하는데 있어서 하나님께로부터 약속이나 능력을 얻지 못한 것에 대해서 서원해서는 안 된다(행23:12, 14; 막6:26; 민30:5, 8, 12-13). 이러한 점에 비추어 볼 때, 교황청의 수도원에서 종신토록 독신(獨身)생활과 궁핍생활과 규칙적인 복종의 생활에 대한 서원들은 더 높은 완전함에 이르는 단계가 아니라 미신적이고 죄악된 올가미들이므로 기독신자들은 아무도 거기에 빠져들어서는 안 된다(마19:11-12; 고전7:2, 9; 엡4:28; 벧전4:2; 고전7:23).

본 절에는 하나님의 말씀이 금하는 것에 대해 서원해서는 안 되며, 또 말씀에 명령된 의무를 방해하는 것이나 자신의 능력에 미치지 못하는 일이나 서원을 이행하는데 있어서 약속이나 능력들을 하나님께 받지 못한 것에 대해서는 서원해서는 안 된다. 이런 면에서 가톨릭교회의 종신토록 독신 생활과 궁핍, 규칙적인 복종의 생활에 대한 서원들은 말씀에 어긋나는 미신적이고 죄악된 것들이라고 진술한다.

1) 하나님의 말씀에 금지하는 것들은 서원해서는 안 된다.

합당한 맹세나 서원은 하나님의 말씀에 허락된 것이어야 한다. 말씀에 금지한 것이나 "날이 새매 유대인들이 당을 지어 맹세하되 바울을 죽이기 전에는 먹지도 아니하고 마시지도 아니하겠다 하고 이같이 동맹한 자가 사십여 명이더라"(행23:12-13), 받은 명령을 수행하는데 방해가 되거나, 자신의 힘으로 할 수 없는 것들은 서원해서는 안 된다. "**여자가 만일 어려서 아비 집에 있을 때에 여호와께 서원한 일이나 스스로 제어하려 한 일이 있다 하자 그 아버지가... 듣고도 그에게 아무 말이 없으면 그 모든 서원을 행할 것이요... 그러나 그 아버지가 그것을 듣는 날에 허락지 아니하면 그 서원과 마음을 제어하려던 서약이 이루지 못할 것이니 그 아버지가 허락지 아니하였은즉 여호와께서 사하시리라**"(민30:3-5). "무릇 서원과 무릇 마음을 괴롭게 하려는 서약은 그 남편이 그것을 지키게도 할 수도 있고 무효케도 할 수도 있나니"(민30:13).

2) 올바른 서원은 감사와 믿음에서 나오는 자발적인 결단이다.

서원은 순전히 받은 은혜에 대한 감사와 믿음에서 우러나는 자발적인 결단으로서, 하나님에 대해 스스로에게 의무를 부과하여 속박하는 것이다. 그러므로 가톨릭교회의 자력구원(自力救援)과 공덕사상(功德思想)에 기인한 평생의 독신과 궁핍생활, 수도원의 규칙적인 복종을 서원하는 것들은 미신적이며, 사악한 함정이라고 본 고백서는 논박한다. 서원은 어떤 공덕을 쌓아서 스스로의 구원을 성취하거나 은혜를 받기 위한 수단이 아니라 이미 받은 은혜에 대한 감사와 또한 주실 은혜를 소망하는 믿음에서 자신의 소욕을 절제하는 의무를 스스로에게 지우는 것이다. "여호와께서 내게 주신 모든 은혜를 무엇으로 보답할꼬 내가 구원의 잔을 들고 여호와의 이름을 부르며 여호와의 모든 백성 앞에서 나의 서원을 여호와께 갚으리로다"(시116:12-14).

3) 교회에서 하는 서약(誓約)도 서원과 같다.

참 신자들은 하나님 앞에 한 가지는 분명하게 서약(서원)하고 지키는 자들이다. 그것은 세례 받을 때에 『그리스도가 구주라는 공적 고백과 함께 믿고 순종할 것을 서약하는 것』으로서, 매우 성경적이다. 이 서약은 사람들 앞에서만이 아니라 하나님께 대하여 하는 것이다. **"누구든지 사람 앞에서 나를 시인하면 나도 하늘에 계신 내 아버지 앞에서 저를 시인할 것이요"**(마10:32). 세례 서약이나, 직분 서약 등은 사람 앞에서만이 아니라 하나님께 대한 서약으로서, 반드시 지켜야 하는 서원인 것이다. 대부분의 개혁주의 교회에서 행해지는 서약(서원)들은 다음과 같다.

① 성경을 신앙과 생활을 위한 유일 무오한 규칙으로 믿고 순종할 것에 대한 서약,

② 자신이 죄인이며, 부패한 존재로 알고, 하나님의 진노에서 구원하실 이는 오직 그리스도뿐이신 줄 알고 믿으며, 그에게만 의지할 것에 대한 서약,

③ 성령의 은혜를 의지하고 그리스도를 따르는 자가 되고 모든 죄악을 버리고 그의 가르침과 본을 따라 살기로 한 서약,

④ 교인의 의무와 권리를 바르게 행사하며, 교회의 관할과 치리를 복종하고 성결과 화평으로 덕을 세우는데 헌신하기로 한 서약, 등이다. 이런 서약들은 정당한 서약으로서 반드시 지켜야 한다.

"너희는 여호와 너희 하나님께 서원하고 갚으라…"(시76:11).

제 23장
국가(國家) 공직자(公職者)에 대하여

그리스도를 믿는 신자들도 이 세상에서는 한 국가의 국민으로 살아가게 된다. 그러므로 본 장에서는 신자들이 지녀야 할 올바른 국가관(國家觀)을 제시해 주고 있다.

제 1절 국가(國家)는 하나님의 정하신 질서

> 온 세상의 최고의 주(主)시며, 왕이신 하나님께서는 자기의 영광과 공공의 선을 위해 국가 공직자들을 세워 백성들을 다스리게 하셨다. 그분은 이 목적을 위해 그들에게 칼의 권세를 허락하시어 선한 자들을 보호하고 격려하는 한편 악을 행하는 자들을 징벌하게 하셨다.(롬13:1-4; 벧전2:13-14).

본 절에는 온 세상의 주가 되시며, 왕이신 하나님께서는 자신의 영광과 공공의 유익을 위해 국가 공직자들을 세워 백성들을 다스리게 하셨다. 이 목적을 위해 하나님은 그들에게 칼의 권세를 허락하시어 선한 자들을 보호하시고 격려하는 한편, 악을 행하는 자들을 징벌하게 하셨다고 진술한다.

1) 하나님은 온 세상의 주인이시며, 왕이시다.

하나님은 창조주로서 지으신 만물을 보존하시고 이끄시는 온 세상의 주인이시며, 다스리시는 왕으로서 세상의 질서를 유지하신다. "**태초에 하나님이 천지를 창조하시니라**"(창1:1), "**땅과 거기 충만한 것과 세계와 그 중에 거하는 자가 다 여호와의 것이로다**"(시24:1).

"**나의 왕 나의 하나님, 만군의 여호와여…**"(시84:3), "**여호와께서 통치하시니 스스로 권위를 입으셨도다 여호와께서 능력을 입으시며 띠셨으므로 세계도 견고히 서서 요동치 아니하도다**"(시93:1).

2) 하나님의 영광과 공공의 선을 위해 세속 정부를 세우셨다.

『가정과 교회와 국가는 하나님에 의해서 세워진 세 개의 근본적 제도이다. 가정(家庭)은 창조의 질서요, 교회(敎會)는 특별 은총의 질서요, 국가(國家)는 일반 은총의 질서로써, 결혼과 가정의 제도는 하나님이 자기 형상대로 인간을 창조하셨을 때 정하신 제도이다. 그리고 교회와 국가는 인간이 타락한 결과로 필요하게 되었고, 죄에서의 구원과 죄의 영향력을 억제하고 사회적 질서를 유지하며, 하나님의 영광과 공공의 유익을 위해서 정해진 제도이다』(w.신앙고백서 강해, 김준삼 목사 지음 p.244).

① **교회**: 세상에서 택하신 자들을 불러 모아 온전케 하시며, 죄에서 영원한 구원을 얻게 하시기 위하여 정하신 제도이다. "**…미리 정하신 그들을 또한 부르시고 부르신 그들을 또한 의롭다 하시고 의롭다 하신 그들을 또한 영화롭게 하셨느니라**"(롬8:30).

② **국가**: 도덕적 통치자이신 하나님께서는 세상의 죄의 힘을 억제하여, 사회적 질서와 경건과 정의와 평화가 유지되도록 하나님의 영광과 공공의 유익을 위해서 정하신 제도이다. 그러므로 국가에 있어서는 기독교 국가가 아니라 해도 하나님이 정하신 질서이며, 국가 위정자(爲政者)들의 권위는 하나님께로부터 온 것임을 알아야 한다. "**각 사람은 위에 있는 권세들에게 굴복하라 권세는 하나님께로 나지 않음이 없나니 모든 권세는 다 하나님의 정하신 바라**"(롬13:1). 이러한 기독교 유신론적 국가관은 가정과 교회와 국가는 하나님께서 세우신 세 개의 근본적 제도라는 성경적 근본 원리에 기초한 것이다.

3) 하나님은 국가 위정자들에게 칼의 권세를 허락하셨다.

『국가는 하나님이 정하신 권세로, 타락한 인간의 외면적 조직을 유지케 하는 법질서이다. 죄의 힘을 억제하고 사회적 질서와 경건과 정의와 평화를 유지하기 위해 하나님께서는 국가 위정자들에게 칼, 즉 무력(武力)의 권세를 허락하셨다. 그러므로 국가 정부는 하나님께 대한 책임이 있는 것이며, 이 국가의 권세는 악행 하는 자를 징벌하고 선행하는 자를 포상하면서, 공의를 바로 세워 타락한 인간이 사회적 혼란에 빠지지 않도록 방지해야 한다』(신학사전, 개혁주의신행협회 편 p.101).

"인간에 세운 모든 제도를 주를 위하여 순복하되 혹은 위에 있는 왕이나 혹은 악행하는 자를 징벌하고 선행하는 자를 장려하기 위하여 그의 보낸 방백에게 하라"(벧전2:13-14).

"그는 하나님의 사자가 되어 네게 선을 이루는 자니라 그러나 네가 악을 행하거든 두려워하라 그가 공연히 칼을 가지지 아니하였으니 곧 하나님의 사자가 되어 악을 행하는 자에게 진노하심을 위하여 보응하는 자니라"(롬13:4).

"너는 재판장을 욕하지 말며 백성의 유사(지도자)를 저주하지 말지니라"(출22:28).

제2절 신자로서 공직자(公職者)의 직무

> 신자가 공직자로 부름 받았을 때 그 직임을 받아들여 수행하는 것은 정당한 일이다(잠8:15-16; 롬13:1-2, 4). 그들은 그 직임을 수행할 때에 각 나라의 건전한 법률에 따라 특별히 경건과 정의와 평화를 유지하도록 해야 한다(시2:10-12; 딤전2:2; 시82:3-4; 삼하23:3; 벧전2:13). 그 목적을 위하여 신약시대인 지금, 정당하고 필요한 경우에는 전쟁을 하는 것은 정당하다(눅3:14; 롬13:4; 마8:9-10; 행10:1-2; 계17:14, 16).

본 절에는 신자들도 공직을 맡아 그 직임을 수행하는 것은 정당한 일이다. 그 직임을 수행할 때에 각 나라의 건전한 법을 따라 특별히 경건과 정의와 평화를 유지해야 할 의무가 있으며, 그 목적을 위해서는 신약시대인 지금도 정당하고 필요한 경우에는 전쟁을 수행할 수 있다고 진술한다.

1) 신자도 공직자가 되어 직임을 수행할 수 있다.

본 절의 진술은 재세례파(再洗禮派, AnaBaptist: 16세기 종교개혁 때 나타난 개신교의 급진적인 종파)들이 유아 세례와 전쟁과 법정에서의 맹세(서약)를 부정하고, 또 교회와 국가의 완전한 분리를 주장하며, 신자들이 공직을 맡는 것을 거부하는 데 대해서, 기독교 신자가 공직에 임명되었을 때에는 수락하고 그 직임을 수행하는 것은 정당한 일이라고 논박하고 있는 것이다. 만일 그들의 주장대로 신자의 공직 수행을 금한다면 기독교 국가는 무정부주의적(無政府主義的)이 되거나 불신자가 다스려야 할 것이다. 성경은 결코 신자들의 공직 수행을 금하고 있지 않다. **"나로 말미암아 왕들이 치리하며 방백들이 공의를 세우며 나로 말미암아 재상과 존귀한 자 곧 세상의 모든 재판관들이 다스리느니라"**(잠8:15-16).

2) 공직자들은 경건과 정의와 평화를 유지해야 할 의무가 있다.

바울과 베드로는 국가와 공직이 하나님께서 정하시고 배치한 질서이므로 그 권위에 복송하며(롬13:1-5; 벧전2:13-17), 그들을 위해 기도하라고 가르쳤다. "…**모든 사람을 위하여 간구와 기도와 도고와 감사를 하되 임금들과 높은 지위에 있는 모든 사람을 위하여 하라 이는 우리가 모든 경건과 단정한 중에 고요하고 평안한 생활을 하려 함이니라**"(딤전2:1-2). 그리고 국가 공직자들은 하나님의 사자가 되어 백성들에게 선을 이루어야 할 의무가 있는 것이다. "**그는 하나님의 사자가 되어 네게 선을 이루는 자니라…**"(롬13:4). 국가의 권력은 국민을 강제하며, 군림(君臨)하기 위함이 아니라 건전한 법을 따라 공의로서 타락한 인간들이 사회적 혼돈에 빠지는 것을 방지하여 경건과 정의와 평화를 유지해야 할 의무가 있으며, 하나님의 뜻에 책임을 져야 하는 것이다. "그런즉 군왕들아 너희는 지혜를 얻으며 세상의 관원들아 교훈을 받을지어다 여호와를 경외함으로 섬기고 떨며 즐거워할지어다"(시2:10-11). "가난한 자와 고아를 위하여 판단하며 곤고한 자와 빈궁한 자에게 공의를 베풀지며 가난한 자와 궁핍한 자를 구원하여 악인들의 손에서 건질지니라 하시는도다"(시82:3-4).

3) 신약시대에도 필요하고 정당한 경우 전쟁을 수행할 수 있다.
앞에서 언급했듯이 재세례파들은 신자들의 공직(公職)수행을 인정하지 않을 뿐 아니라 전쟁은 어떤 형태든지 반기독교적인 것으로 규정하고, 정당성을 부정했다. 그리고 퀘이커(Quakers: 1650년대 영국인 조지 폭스, George Fox가 창설한 종파)교도들도 전쟁의 정당성을 인정하지 않는다. 그러나 본 고백서는 지금도 필요하고 정당한 경우 전쟁을 수행할 수 있다고 진술하여 그들의 주장을 논박한다.

전쟁이란 인간을 불행하게 하는 큰 악이지만, 그렇지만 세상에는 때로 전쟁이 필요할 때가 있다. 나라가 침략을 당할 때에 방어를 위해 불가불 전쟁을 수행할 수밖에 없다. 재세례파나 퀘이커교도들처럼 전쟁은 무조건 불법이라고 부정하고, 또한 오늘날 어떤 종교집단처럼 종교적 양심을 내세워 집총거부를 한다면, 침략자들에게서 나라와 국민들을 어떻게 지켜낼 수 있겠는가?

그러므로 성경은 전쟁을 부정하지 않는다. "...**전쟁은 여호와께 속한 것인즉**..."(삼상17:47; 대하20:15). 악한 권세 자들의 야욕을 위한 침략 전쟁은 어떤 경우에도 정당화 될 수 없지만, 그러나 침략으로부터 방어를 위한 무력 동원과 전쟁은 정당하다 할 것이다.

"군병들도 물어 가로되 우리는 무엇을 하리이까 하매 가로되 사람에게 강탈하지 말며 거짓으로 고발하지 말고 받는 급료를 족한 줄로 알라 하니라"(눅3:14). "나도 남의 수하에 있는 사람이요 내 아래도 군사가 있으니 이더러 가라 하면 가고 저더러 오라 하면 오고 내 종더러 이것을 하라 하면 하나이다"(마8:9).

제 3 절 교회와 국가

> 국가 공직자는 주의 말씀을 주관하거나 성례전 집행이나 천국 열쇠의 권세를 집행해서는 안 된다(대하26:18; 마18:17; 16:19; 고전12:28-29; 엡4:11-12; 고전4:1-2; 롬10:15; 히5:4). 그러나 교회의 질서를 보장하고, 일치와 평화가 유지되고, 하나님의 진리가 순수하고 온전하게 보존되며, 모든 신성모독과 이단들이 억제되고, 예배와 권징에 있어서 모든 부패한 요소와 남용을 방지하고 개혁하며, 하나님의 정하신 모든 제도가 올바르게 집행되거나 지켜져 나가도록(사49:23; 시122:9; 스7:23, 25-28; 24:16; 신13:5-6, 12; 왕하18:4; 대상13:1-9; 왕하24:1-16; 대하34:33, 15:12-13) 적절한 조처를 취해야 할 의무가 있다. 이 일을 더 효과적으로 하기 위하여 회의를 소집하고 거기에 참석하여, 거기에서 결정된 것은 하나님의 뜻에 따라서 처리되도록 주선해야 할 권한이 있다(대하19:8-11, 29:30, 마2:4-5).

본 절에서 국가 공직자는 하나님의 말씀과 성례, 또는 권징을 맡을 수 없으며, 교회 안에서 일치와 평화가 유지되고, 예배와 권징에 있어서 부패한 요소와 남용을 방지하고, 이단을 억제하며, 하나님의 정하신 모든 제도가 올바르게 집행되거나 지켜져 나가도록 적절한 조처를 취해야 할 의무가 있다고 진술하고 있다.

《참고》 본 23장 3절은 뒤에 30장 1절과 31장 2절의 내용들과 상충되는 부분이 있어서 후에 수정되었다. 자세한 내용은 제31장 2절에 설명되어 있다.

1) 국가 공직자는 말씀을 맡거나 성례와 권징을 집행할 수 없다.

에라스투스주의자(Erastian: 종교는 국가에 종속돼야 한다고 주장) 들은 교회의 정치와 권징의 권한이 국가 공직자들에게 있다고 주장하였다. 이에 대해 본 고백서는 국가 공직자는 말씀을 주관하거나 성례의 집행이나 천국 열쇠(권징)의 권세를 사용해서는 안 된다고 본 절에서 진술하여 논박하고 있다. "웃시야 왕을 막아 가로되 웃시야여 여호와께 분향하는 일이 왕의 할바가 아니요 오직 분향하기 위하여 구별함을 받은 아론의 자손 제사장의 할바니 성소에서 나가소서..."(대하26:18).

"이 존귀는 아무나 스스로 취하지 못하고 오직 아론과 같이 하나님의 부르심을 입은 자라야 할 것이니라"(히5:4). "그가 혹은 사도로, 혹은 선지자로, 혹은 복음 전하는 자로, 혹은 목사와 교사로 주셨으니 이는 성도를 온전케 하며 봉사의 일을 하게 하며 그리스도의 몸을 세우려 하심이라"(엡4:11-12).

2) 공직자는 하나님이 정하신 제도가 바르게 집행되도록 조처할 의무가 있다.

국가 공직자들의 일차적 의무는 하나님의 영광을 위해 국민들의 일반적인 행복에 기여하는 것이지만, 또한 교회의 유익을 도모하고 믿음을 증진케 하는 것도 중요한 의무 가운데 하나다. 그것은 국가도 교회도 하나님께서 정하신 제도이기 때문이다.

그러나 국가 공직자가 교회와 믿음의 증진을 위해 필요한 조치를 행할 권한을 가지고 있다고 해서, 교회를 다스릴 권한이 있다는 말은 아니다. 그래서 본 고백서는 『국가 공직자는 주의 말씀을 주관하거나 성례전 집행이나 천국 열쇠의 권세를 집행해서는 안 된다』라고 하여, 공직자가 권한을 행사할 때에 지켜야 할 한계를 분명하게 명시하고 있다. 국가 공직자는 말씀과 성례, 즉 예배와 관련된 의식을 집행할 수 없으며, 또한 『천국 열쇠의 집행』 즉 교회의 정치와 권징을 주관할 권한도 취해서는 안 된다.

또한 공직자가 교회의 문제에 대해 적절한 조처를 취해야 할 의무도 말씀의 규칙에 따라 준수해야 한다. 『교회의 머리이시며, 왕이신 그리스도는 교회의 직분자들의 손에 통치권을 허락하셨다』(제30장 1절). 그러므로 국가 공직자는 교회의 내부 문제에 관여할 수 없다. **"여호와께 속한 모든 일에는 대제사장 아마랴가 너희를 다스리고 왕에게 속한 모든 일은 유다 지파의 어른 이스마엘의 아들 스바댜가 다스리고 레위 사람들은 너희 앞에 관리가 되리라..."**(대하19:11).

제4절 국민의 의무

> 국가 공직자들을 위해 기도하고(딤전2:1-2) 그들의 인격을 존중하고(벧전2:17), 조세와 공과금을 납부하며(롬13:6-7), 그들의 적법한 명령에 따르고, 양심을 위하여 그들의 권위에 복종하는 것은(롬13:5; 딛3:1) 백성의 의무이다. 믿음이 없거나 종교가 다르다고 해서 국가 공직자의 정당하고 합법적인 권위를 인정치 않거나 그들에 대하여 마땅히 해야 할 복종을 거절할 수 없다(벧전2:13-14, 16). 교회의 직분을 맡은 자도 예외일 수 없다(롬13:1; 왕상2:35; 행25:9-11; 벧후2:1, 10-11; 유1:8-11). 교황도 위정자들이 통치권을 행사할 때에 그들에 대하여, 또는 그들의 백성들에 대하여 어떤 권한이나 사법권을 가지는 것이 아니며, 그들을 이단으로 정죄하거나 그 밖의 다른 구실을 내세워 그들의 통치권이나 생명을 박탈할 권한이 없다(살후2:4; 계13:15-17).

본 절에서는 국가 공직자들을 위해 기도할 뿐 아니라 그들의 적법한 권위 행사에 복종하는 것은 백성들의 의무이다. 믿음이 없거나 종교가 다르다는 이유로 정당한 권위를 불신하거나 복종을 거절할 수 없다. 교회의 직분자들도 예외일 수 없으며, 교황도 위정자들의 통치권 행사와 백성들에 대해서, 어떤 권한이나 사법권이 있는 것이 아니며, 그들을 이단으로 정죄하거나 어떤 구실로도 그들의 통치권이나 생명을 박탈할 권한이 없다고 진술한다.

1) 국가의 정당한 권위 행사에 복종하는 것은 국민의 의무다.

① 국가 공직자들을 위해 기도해야 한다. "…모든 사람을 위하여 간구와 기도와 도고와 감사를 하되 임금들과 높은 지위에 있는 모든 사람을 위하여 하라 이는 우리가 모든 경건과 단정한 중에 고요하고 평안한 생활을 하려 함이니라"(딤전2:1-2).

② 그들의 인격을 존중해야 한다. "뭇사람을 공경하며 형제를 사랑하며 하나님을 두려워하며 왕을 공경하라"(벧전2:17).

③ 납세 의무를 성실히 이행해야 한다. "…가이사의 것은 가이사에게, 하나님의 것은 하나님께 바치라…"(마22:21), "모든 자에게 줄 것을 주되 공세를 받을 자에게 공세를 바치고 국세를 받을 자에게 국세를 바치고 두려워할 자를 두려워하며 존경할 자를 존경하라"(롬13:7).

④ 정당한 명령과 권위에 복종해야 한다. "그러므로 굴복하지 아니할 수 없으니 노를 인하여만 할 것이 아니요 또한 양심을 인하여 할 것이라"(롬13:5). "너는 저희로 하여금 정사와 권세 잡은 자들에게 복종하며 순종하며 모든 선한 일 행하기를 예비하게 하며 아무도 훼방하지 말며…"(딛3:1-2).

2) 위정자가 불신자이거나, 또는 종교가 달라도 정당한 권위는 인정하고 복종해야 한다.

국가 위정자가 불신자이거나, 종교가 달라도 정당하고 적법한 권세는 무효화 되지 않는다. 그러므로 기독시민들은 그의 세속적 권위를 인정하고 정당한 권위 행사에 복종해야 한다. "인간에 세운 모든 제도를 주를 위하여 순복하되 혹은 위에 있는 왕이나 혹은 악행하는 자를 징벌하고 선행하는 자를 장려하기 위하여 그의 보낸 방백에게 하라"(벧전2:13-14). "...권세를 거스리는 자는 하나님의 명을 거스림이니 거스리는 자들은 심판을 자취하리라"(롬13:2).

3) 국가 권위에 복종은 교회의 직분자들도 예외일 수 없다.

국가 공직자는 교회 직분자들의 고유한 기능을 행사할 때에 그것을 통제하거나 간섭할 권한이 없으며, 또한 교회 직분자들도 국가 공직자들의 정당한 통치권 행사를 거부할 권한이 없고, 복종해야 할 의무가 있다. 교회 직분자들도 국가의 국민이기 때문이다.

"각 사람은 위에 있는 권세들에게 굴복하라 권세는 하나님께로 나지 않음이 없나니 모든 권세는 다 하나님의 정하신 바라"(롬13:1).

"그러한데 꿈꾸는 이 사람들도 그와 같이 육체를 더럽히며 권위를 업신여기며 영광을 훼방하는도다... 화 있을진저 이 사람들이여, 가인의 길에 행하였으며 삯을 위하여 발람의 어그러진 길로 몰려 갔으며 고라의 패역을 좇아 멸망을 받았도다"(유1:8, 11).

4) 교황도 세속적인 권한에 대하여 아무런 권리가 없다.

로마 가톨릭교회 교황들은 역사 속에서 세속적, 영적 문제를 가리지 않고 막강한 권력을 휘두를 때가 있었다. 교황 인노쎈트(Innocent, 1198-1216) 3세는 『교황은 하나님과 그리스도의 대리자로서 그의 통치권은 세계를 포괄하는 것이며, 왕중의 왕이 되므로 군왕의 심판자인 지위에 서야 한다』라고 했다. 또한 『그리스도의 대리자는 하나님보다 낮고, 사람보다는 높다. 하나님은 성. 베드로에게 교회의 통치권을 주었다. 교회는 태양이며, 제국은 그 빛을 받아 빛나는 달과 같다』(교회사 김의환박사 감수 p.196) 라고 하여 교황지상권주의(울트라몬타니즘, Ultramontianism)를 주장했다. 그리고 그는 성직자 임명권 문제로 황제를 파문(破門)하기도 했으며, 교황 그레고리(Gregory, 1227-1241)9세는 신성 로마제국의 황제 프리드리히(Friedrich)2세를 파문하기도 했다.

당시 유럽의 왕들은 모두 교황의 허가를 받아야 즉위할 수 있었고, 장례식까지도 교황의 재가(裁可)를 청해야하는 상황이었다. 그러나 종교개혁 이후로는 교황의 권력이 크게 제한되었으며, 개혁교회는 세속적, 영적 문제를 떠나 교황의 권위를 인정하지 않는다.

그러나 가톨릭교회는 여전히 교황 무오설(無誤說)을 주장하며, 교황지상권주의의 미련을 버리지 못하고 있다. "**저는 대적하는 자라 범사에 일컫는 하나님이나 숭배함을 받는 자 위에 뛰어나 자존히여 하나님 성전에 앉아 자기를 보여 하나님이라 하느니라**"(살후2:4). 이에 본 절에서는 교직자들이나 교황도 국가 공직자들의 정당한 통치권에 간섭할 권한이 없으며, 복종해야 한다고 진술하여 그들의 주장을 논박하고 있는 것이다. 개혁교회는 세속 정권과 종교와의 관계에 있어서 정교분리(政敎分離) 원칙을 성경의 가르침으로 받아들인다.

제 24장
결혼(結婚)과 이혼(離婚)에 대하여

본 신앙고백서에는 가정과 교회, 국가 문제를 취급하여, 가정과 교회와 국가는 하나님이 제정하신 질서이며, 제도임을 가르치고 있다. 앞에 제23장에서 언급했듯이, 가정은 결혼에 의해서 구성되는 창조 질서에 속하며, 국가는 일반 은총의 질서, 그리고 교회는 특별 은총의 질서에 속하는 제도이다.

본 24장에 결혼과 이혼에 관해서는 십계명 제7계명 "간음하지 말지니라"(출20:14)에 대한 해설로서, 가정의 질서에 관한 교훈이라 할 것이다. 이것은 기독교 사회 윤리에 대한 매우 중요한 기본 문제이다. 그러나 오늘날 일남일녀(一男一女)의 결혼으로 이루어지는 가정은 창조 질서에 속한 하나님께서 정하신 제도임을 인정하지 않고, 이에 반(反)하는 비성경적인 각종 『계약결혼, 합당치 않은 이혼, 재혼, 동성혼, 독신주의』등의 풍습이 만연되는 성도덕의 붕괴로 온갖 사회악을 발생시키고 있을 뿐 아니라 이로 인한 가정 해체의 사회적 분위기는 교회도, 국가도 해체되어 가는 무서운 지구촌의 재앙이라 할 것이다.

성경은 경고해 주고 있다. 노아시대에 내려진 홍수 심판(창6:1-7)과 소돔과 고모라(창19:4-5, 23-25)에 내려진 불 심판, 그리고 이스라엘을 통해 가나안 족속들에게 내려진 심판(신9:4-5; 레18:6-25) 등은 그 시대들마다 타락상의 극치『근친(近親)간음, 동성(同性)간음, 수(獸)간음 등』가 성도덕의 붕괴로 나타났을 때에 임했다는 것이다. 이것은 오늘 이 시대에도 주어지는 경고임을 명심해야 할 것이다. "**여호와께서 사람의 죄악이 세상에 관영함과 그 마음의 생각의 모든 계획이 항상 악할 뿐임을 보시고 땅위에 사람 지으셨음을 한탄하사 마음에 근심하시고 가라사대 나의 창조한 사람을 내가 지면에서 쓸어 버리되...**"(창6:5-7). "너희는 이 모든 일로 스스로 더럽히지 말라 내가 너희의 앞에서 쫓아내는 족속들이 이 모든 일로 인하여 더러워졌고 그 땅도 더러워졌으므로 내가 그 악을 인하여 벌하고 그 땅도 스스로 그 거민을 토하여 내느니라"(레18:24-25). 그러므로 기독신자들은 성경적인 기독교적 세계관과 인생관, 가정관을 확립하는 것이 무엇보다도 중요하고 시급한 일이라 할 것이다.

제 1절 일부일처(一夫一妻)의 결혼

> 결혼은 한 남자와 한 여자 사이에 이루어져야 한다. 어느 남자가 동시에 한 명 이상의 아내를 두거나, 어느 여자가 한 명 이상의 남편을 동시에 두는 것은 정당치 않다(창2:24; 마19:5-6; 잠2:17).

본 절에는 결혼은 한 남자와 한 여자 사이에 이루어져야 하며, 어느 남자가 동시에 둘 이상의 아내를 두거나 어느 여자가 동시에 둘 이상의 남편을 두는 것은 정당치 않다고 진술한다.

1) 정당한 결혼은 한 남자와 한 여자 사이에 이루어지는 것이다.

하나님께서 제정하시고 복(福)주신 최초의 결혼은 일남일녀(一男 一女: 아담과 하와)로써 사랑에 의한 전인격적인 결합이었음을 성경이 증명해 주고 있다. "여호와 하나님이 아담에게서 취하신 그 갈빗대로 여자를 만드시고 그를 아담에게로 이끌어 오시니 아담이 가로되 이는 내 **뼈** 중의 **뼈**요 살 중의 살이라 이것을 남자에게서 취하였은즉 여자라 칭하리라 하니라 이러므로 남자가 부모를 떠나 그 아내와 연합하여 둘이 한 몸을 이룰지로다"(창2:22-24). 이와 같이 한 남자와 한 여자의 결합은 그의 모든 후손들이 따라야 할 본보기로서 하나님께서 정해주신 불변(不變)의 결혼제도인 것이다.

2) 일부다처제(一夫多妻制)는 타락의 결과로 나타난 것이다.

구약 성경에는 믿음의 조상들조차도 여러 아내를 두어, 마치 일부다처가 허용된 것처럼 보인다. 아브라함은 후사를 얻기 위해 여종 하갈을 취하여 이스마엘을 낳았고(창16:3, 15), 야곱도 아내 넷을(레아, 라헬, 실바, 빌하) 두어 열 두 아들을 낳았다(창46:8-27). 다윗(삼하3:2-5)과 솔로몬(왕상11:3)도 여러 아내를 두었다. 그러나 그 결과는 가정에 많은 갈등과 불행한 결과들을 낳았다.

이렇게 하나님이 제정하신 일부일처제(一夫一妻制)에서의 이탈(離脫) 현상은 인간의 타락과 하나님을 떠나면서 시작되었다. "라멕이 두 아내를 취하였으니 하나의 이름은 아다요 하나의 이름은 씰라며"(창4:19). 라멕은 가인의 후손으로서 중혼(重婚)의 원조가 되었고, 이것이 인류의 역사 속에 부도덕한 관습으로 굳어져 내려온 것이다. 그러므로 일부다처제는 인간의 타락과 부패의 결과이며, 하나님의 정하신 제도에 대한 거역인 것이다. 하나님께서 정하신 제도는 일남 일녀(一男一女)의 결혼으로 가정을 이루는 것이다.

"이러므로 남자가 부모를 떠나 그 아내와 연합하여 둘이 한 몸을 이룰지로다"(창2:24). "...그러므로 하나님이 짝지어 주신 것을 사람이 나누지 못할지니라..."(마19:6)

"모든 사람은 혼인을 귀히 여기고 침소를 더럽히지 않게 하라 음행하는 자들과 간음하는 자들을 하나님이 심판하시리라"(히13:4).

제 2절 결혼 제도(制度)의 목적

> 결혼은 남편과 아내가 서로 돕고(창2:18), 합법적인 자손을 통하여 인류를 번성시키며, 거룩한 씨를 통해 교회를 성장시키고(말2:15), 성적 부도덕을 방지하기 위해 제정된 것이다(고전7:29).

본 절에는 결혼은 남편과 아내가 서로 도우며, 합법적인 자손을 낳아 인류를 번성케 하며, 거룩한 자손들을 통해 교회를 성장시키고, 성적 부도덕을 방지하기 위해 제정된 것이다. 라고 진술하여 결혼 제도의 목적을 가르치고 있다.

1) 결혼 제도의 목적

① 부부간의 상부상조(相扶相助: 서로 돕는 것)

"여호와 하나님이 가라사대 사람의 독처하는 것이 좋지 못하니 내가 그를 위하여 돕는 배필을 지으리라 하시니라"(창2:18).

② 인류의 번성

"하나님이 그들에게 복을 주시며 그들에게 이르시되 생육하고 번성하여 땅에 충만하라…"(창1:28).

③ 거룩한 자손으로 교회의 번성

"여호와는 영이 유여(有餘)하실지라도 오직 하나를 짓지 아니하셨느냐 어찌하여 하나만 지으셨느냐 이는 경건한 자손을 얻고자 하심이니라 그러므로 네 심령을 삼가 지켜 어려서 취한 아내에게 궤사(거짓)를 행치 말지니라"(말2:15).

④ 성적 부도덕 방지

"음행의 연고로 남자마다 자기 아내를 두고 여자마다 자기 남편을 두라 남편은 그 아내에게 대한 의무를 다하고 아내도 그 남편에게 그렇게 할지니라"(고전7:2-3).

남녀(男女)간의 결혼 제도는 하나님께서 자기의 영광과 뜻을 이루시기 위해 정하신 것이다. 부부간의 사랑과 결합이라는 방법을 통해 인류를 번성케 하며, 거룩한 자손으로 교회를 성장시키기 위함이다. 그러므로 성(性)은 쾌락의 도구가 아니라 하나님의 뜻을 이루기 위한 아름다운 선물인 것이다.

제 3절 결혼의 자격(資格)과 상대(相對)

> 결혼에 동의를 표할 수 있는 판단력을 가진 사람이라면 누구라도 결혼할 수 있다(히13:4; 딤전4:3; 고전7:36-38; 24:57-58). 그러나 신자들은 오직 주 안에서 결혼해야 할 의무가 있다(고전7:39). 참다운 개혁 신앙을 고백하는 자들은 불신자들이나 교황 추종자들이나 기타 우상 숭배자들과 결혼해서는 안 되며, 생활면에서 악하다고 평판을 받는 자들이나, 저주 받을만한 이단을 주장하는 자들과 결혼함으로 해서 멍에를 같이 메서는 안 된다(창34:14; 출34:16; 신7:3-4; 왕상11:4; 느13:25-27; 말2:11-12; 고후6:14).

본 절에는 결혼에 동의를 표할 수 있는 판단력을 가진 사람은 누구나 결혼할 수 있다. 그러나 신자들은 오직 주 안에서만 결혼해야 할 의무가 있다. 불신자들이나, 가톨릭 교황 추종자들이니 기타 우상 숭배자들과는 결혼해서는 안 된다. 또 생활이 악하다고 평판을 받는 자들이나 이단을 주장하는 자들과 결혼해서 멍에를 같이 해서는 안 된다고 진술한다.

1) 결혼에 동의를 표할 수 있는 사람은 누구나 결혼할 수 있다.

『가톨릭교회는 성직자(신부,수녀)들의 결혼을 금지하고 있다. 이것은 교황 그레고리 7세(Gregorius Ⅶ, 1073-1085)의 명령에 의해 제정된 것으로서 성경적 근거에 의한 것이 아니다. 그 이전까지는 가톨릭의 성직자들도 결혼하여 가정을 가지고 있었으나, 교황의 성직자 독신 명령으로 인해 이혼을 해야 했으며, 그렇지 않으면 간음죄를 범한 것으로 간주하였다』(교회사, 김의환 박사 감수 p.192).

지금도 가톨릭교회에서는 성직자들의 독신 생활을 성스러운 생애로 치하(致賀)하고 있다. 그러나 이런 제도는 "**모든 사람은 혼인을 귀히 여기고...**"(히13:4)라는 성경 말씀에 위배되는 것으로서, 구약시대의 제사장이나 선지자들을 비롯해 신약 시대의 사도들과 같이 성직을 수행하는 모든 사람들에게 결혼하는 것이 허락되었다.

그러므로 본 절은 스스로의 판단력으로 결혼에 동의할 수 있는 사람은 남녀 누구나 결혼할 수 있다고 진술하여 가톨릭의 성직자 독신주의(獨身主義)에 대해 논박하고 있다. "그들이 가로되 우리가 소녀를 불러 그에게 물으리라 하고 리브가를 불러 그에게 이르되 네가 이 사람과 함께 가려느냐 그가 대답하되 가겠나이다"(창24:57-58). 성경에 『혼인을 금하는 것』은 배교시대의 특징의 하나로서 『귀신의 가르침』에 속한다고 말씀하고 있다. "...성령이 밝히 말씀하시기를 후일에 어떤 사람들이 믿음에서 떠나 미혹케 하는 영과 귀신의 가르침을 좇으리라 하셨으니 자기 양심이 화인 맞아서 외식함으로 거짓말하는 자들이라 혼인을 금하고 식물을 폐하라 할터이나..."(딤전4:1-3).

2) 신자들은 주 안에서만 결혼해야 할 의무가 있다.

성경은 참 신앙을 고백하는 신자들은 주 안에서만 결혼해야 한다고 가르친다. "너희는 믿지 않는 자와 멍에를 같이 하지 말라 의와 불법이 어찌 함께하며 빛과 어두움이 어찌 사귀며... 믿는 자와 믿지 않는 자가 어찌 상관하며"(고후6:14-16). 이런 권고를 무시하게 되면 많은 해를 받을 수밖에 없다. 하나님께서 구약시대의 이스라엘 백성들에게 이방인과의 결혼을 엄히 금지한 것도 하나님 신앙을 지키는데 많은 유혹에 노출되기 때문이다.

"또 그들과 혼인하지 말지니 네 딸을 그 아들에게 주지 말 것이요 그 딸로 네 며느리를 삼지 말 것은 그가 네 아들을 유혹하여 그로 여호와를 떠나고 다른 신들을 섬기게 하므로 여호와께서 너희에게 진노하사 갑자기 너희를 멸하실 것임이니라"(신7:3-4; 출34:16).

노아시대에 믿음의 아들들이 불신의 여자들과 결혼하여 육적이 됨으로 하나님의 신이 사람과 함께 하지 아니하셨고, 심판을 초래했다(창6:2-3). 또 솔로몬도 이방의 여자들을 아내로 들였다가 노년에는 유혹에 빠져 하나님을 떠나 우상을 숭배함으로 후손들에게 큰 불행을 남겼다(왕상11:1-8). 그러므로 신자들은 그 신분에 합당하도록 초혼(初婚)도, 재혼(再婚)도, 수 안에서만, 즉 신자들 사이의 결혼을 원칙적으로 명하는 것이다. "아내가 그 남편이 살 동안에 매여 있다가 남편이 죽으면 자유하여 자기 뜻대로 시집갈 것이나 주 안에서만 할 것이니라"(고전7:39).

3) 타종교나 이단, 또는 악한 자와 결혼해서는 안 된다.

개혁신앙을 고백하는 신자들은 신앙적으로나 인간적으로 협력하며 동일한 목적을 향해 나아가기 위해서는 무신론자나 교황주의자(가톨릭 신자)나 이단 사상을 가진 자, 우상 숭배자와 결혼해서는 안 된다. "**그리스도와 벨리알이 어찌 조화되며 믿는 자와 믿지 않는 자가 어찌 상관하며**

하나님의 성전과 우상이 어찌 일치가 되리요 우리는 살아 계신 하나님의 성전이라…"(고후6:15-16). 또한 악하다고 평판을 받는 사람과도 결혼해서는 안 된다. 소요리문답 제1문에서 가르친 것처럼, 인간의 제일 되는 목적은 『하나님을 영화롭게 하는 것과 영원토록 그를 즐거워하는 것』이라는 일치된 신앙적인 목적을 가진 배우자가 아니라면 신앙생활에 도움이 되기보다는 오히려 영혼을 옭아매는 올무가 되고, 결국 이런 일로 자신의 믿음마저 저버린 사람들이 많이 있으며, 믿음을 지킨다 해도 많은 고통과 슬픔을 감수해야만 하는 것이다.

제 4절 근친(近親)결혼 금지

> 성경 말씀에 금(禁)해져 있는 혈족이나 친족끼리는 서로 결혼이 허용되지 않는다(레18장; 고전5:1; 암2:7). 근친결혼은 인간의 법률이나 단체의 승인이나, 서로의 동의에 근거하더라도 합법으로 간주될 수 없다(막6:18; 레18:24-28). 남자는 자신의 친인척이나, 아내의 친인척과 결혼해서는 안 되고, 여자도 자신의 친인척과 또는 남편의 친인척과 결혼해서도 안 된다(레20:19-21).

본 절에는 성경 말씀이 금하고 있는 혈족이나 친족 사이의 결혼은 허용되지 않는다. 근친결혼은 인간의 법률이나 단체의 승인이나, 서로가 동의하더라도 합법으로 인정될 수 없다. 남자는 자신의 친인척이나 아내의 친인척과도 결혼할 수 없고, 여자도 자신의 친인척이나 남편의 친인척과 결혼할 수 없다고 진술하고 있다.

1) 성경이 금하는 혈족이나 친족 사의의 결혼은 할 수 없다.

모세의 율법은 근친상간, 근친결혼을 엄하게 금지하고 있다. "너희는 골육지친을 가까이하여 그 하체를 범치 말라 나는 여호와니라"(레18:6, 20:11-21).

※골육지친『骨肉之親: 뼈와 살을 같이 나눈 사이로서 서로 떨어질 수 없는 친족이란 뜻으로, 부자(父子)와 형제, 또는 그와 가까운 혈족(血族)을 지칭하는 말』(디지털 한자사전 e-한자).

"롯의 두 딸이 아버지로 말미암아 잉태하고…"(창19:36), "이스라엘이 그 땅에 유할 때에 르우벤이 가서 그 서모(庶母) 빌하와 통간하매 이스라엘이 이를 들었더라…"(창35:22, 49:4). "…유다가 그것들을 그에게 주고 그에게로 들어갔더니 그(며느리)가 유다로 말미암아 잉태하였더라"(창38:18). "암논이 그 말을 듣지 아니하고 다말보다 힘이 세므로 억지로 동침하니라"(삼하13:14, 28-29).

"너희 중에 심지어 음행이 있나 함을 들으니 이런 음행은 이방인 중에라도 없는 것이라 누가 그 아버지의 아내를 취하였다 하는도다… 이 악한 사람은 너희 중에서 내어 쫓으라"(고전5:1, 13).

2) 근친결혼은 세상 법률이나 단체의 승인이나 서로의 동의가 있어도 인정되지 않는다.

근친결혼은 성경 말씀이 금(禁)하고 있기 때문에 세상의 법률로 허용되거나, 단체의 승인이나, 서로의 동의가 있다 할지라도 합법으로 인정되지 않는다. 근친(近親)이란 혈육에 의해 친척된 자들뿐만 아니라 결혼에 의해 맺어지는 남편과 아내, 양쪽의 친척관계도 포함하는 것이다. "너의 이모나 고모의 하체를 범하지 말지니 이는 골육지친의 하체인즉 그들이 그 죄를 당하리라"(레20:19).

제 5절 이혼(離婚)의 사유

> 약혼한 후에 범한 간음이나 음행이 결혼 전에 드러났을 경우에는 잘못이 없는 배우자에게 약혼을 파기할 수 있는 정당한 권리가 있다(마 1:18-20). 결혼한 후에 간음을 저지른 경우에도 잘못이 없는 배우자가 이혼을 청구할 수 있고(마5:31-32), 이혼한 후에는 간음이나 음행을 저지른 배우자가 죽은 것으로 간주하여 다른 사람과 결혼 할 수 있다(마 19:9; 롬7:2-3).

본 절에는 약혼한 후에 범한 간음이나 음행이 결혼 전에 드러났을 경우에는 잘못이 없는 배우자에게 약혼을 파기할 수 있는 정당한 권리가 있다. 결혼을 한 후에 간음을 저지른 경우에도 잘못이 없는 배우자가 이혼을 청구할 수 있고, 이혼한 후에는 간음을 저지른 배우자가 죽은 것으로 간주하여 다른 사람과 재혼할 수 있다고 진술한다.

1) 정당한 이혼의 사유는 두 가지 경우이다.

신약성경에는 이혼이 허락되는 두 가지 경우가 있다. ① 음행의 경우다. 약혼한 후에 범한 간음이나 음행이 드러날 경우에는 잘못이 없는 배우자가 약혼을 파기할 수 있고 "**그 남편 요셉은 의로운 사람이라 저를 드**

러내지 아니하고 가만히 끊고자 하여"(마1:19), 또한 결혼한 후에 간음이나 음행을 저지른 경우에도 잘못이 없는 배우자가 이혼을 청구할 수 있다. "나는 너희에게 이르노니 누구든지 음행한 연고 없이 아내를 버리면 이는 저로 간음하게 함이요 또 누구든지 버린 여자에게 장가드는 자도 간음함이니라"(마5:32).

여기서 『음행한 연고 없이』라는 말씀은, 음행은 이혼의 사유가 된다는 의미인 것이다. 배우자의 음행으로 이혼을 한 경우에는 잘못을 저지른 배우자가 죽은 것으로 간주하여 다른 사람과 재혼하는 것은 적법한 것이다. "남편이 있는 여인이 그 남편 생전에는 법으로 그에게 매인바 되나 만일 그 남편이 죽으면 남편의 법에서 벗어났느니라 그러므로 만일 그 남편 생전에 다른 남자에게 가면 음부라 이르되 남편이 죽으면 그 법에서 자유케 되나니 다른 남자에게 갈지라도 음부가 되지 아니하느니라"(롬7:2-3). 그러나 음행 이외의 다른 사유로 이혼하고 다른 사람과 재혼하는 것은 간음죄를 범하는 것이다. "...누구든지 음행한 연고 외에 아내를 내버리고 다른데 장가드는 자는 간음함이니라"(마19:9).

② 고의적인 별거이다. 제6절에 『교회나 세상 법률에 의해서도 도무지 해결할 수 없을 정도로 완고하게 별거를 주장할 때』는 이혼의 사유가 될 수 있다고 했다. "혹 믿지 아니하는 자가 갈리거든 갈리게 하라 형제나 자매나 이런 일에 구속(拘束)받을 것이 없느니라..."(고전7:15). 이 말씀의 배경은 선교지에서 일반적으로 나타나는 현상으로, 고린도교회 내에도 발생했던 것이다. 부부(夫婦) 중 한쪽이 복음을 받아 믿음을 가졌을 때에 한쪽은 여전히 불신자로 남아 있는 경우다. 이때에 불신자인 배우

자가 이혼을 요구하면 그에 응하여 이혼하는 것은 정당하다는 것이다. 이런 경우에 버림당한 배우자에게 재혼이 허용되는가에 대해서는 많은 논쟁을 불러일으킬 수 있다. 신학자들 가운데는 재혼은 정당하다고 주장하는 이들이 많다. 그러나 성경은 "**만일 갈릴지라도 그냥 지내든지 다시 그 남편과 화합하든지 하라**"(고전7:11)고 권고하고 있다.

2) 독신주의는 성경 말씀에 위배된다.

가톨릭교회(Catholic Church)에서는 성직자들의 결혼을 금하고 있다. 성직독신주의(聖職獨身主義)인 것이다. 그들은 바울도 독신생활이었고, "**내 생각에는 이것이 좋으니 곧 임박한 환난을 인하여 사람이 그냥 지내는 것이 좋으니라**"(고전7:26)고 한 말씀을 근거로 독신주의를 주장한다. 그러나 바울은 독신주의를 권한 것이 아니라 임박한 환난에서 고생을 덜고 분요(紛擾)함이 없이 주를 섬기기 위해 독신을 권한 것이다.

그러므로 바울은 "**음행의 연고로 남자마다 자기 아내를 두고 여자마다 자기 남편을 두라**"(고전7:2)고 했으며, "**...젊은이는 시집가서 아이를 낳고 집을 다스리고 대적에게 훼방할 기회를 조금도 주지 말기를 원하노라**"(딤전5:14)고 한 것이다.

독신에 관하여 예수님은 "**...오직 타고난 자라야 할지니라... 천국을 위하여 스스로 된 고자(鼓子)도 있도다...**"(마19:11-12)라고 하셨는데, 여기서 『타고난 자』란, 아무나 결혼하지 않고 독신할 수 있다는 의미가 아니라 『위로부터 부르심을 받고 믿음으로 응답함으로써 결혼을 자발적으로 포기한 사람을 가리키는 것이다. 또 『천국을 위해 스스로 된 고자』란,

결혼을 천박하게 여기거나, 천국을 얻기 위한 조건으로 결혼을 포기한 것을 의미하는 것이 아니라 하나님 나라를 위한 봉사를 위해 결혼을 희생하는 것의 고귀함을 강조한 것일 뿐이다.』(호크마 종합주석, 마태복음, 강병도편 p.655). 바울 자신도 여기에 해당된다고 할 수 있으며, 그는 "**만일 절제할 수 없거든 혼인하라 정욕이 불같이 타는 것보다 혼인하는 것이 나으니라**"(고전7:9)고 권고한다. 여기서 분명히 해야 하는 것은 예수님이나 사도들도 가톨릭교회가 독신 생활이 결혼생활보다 더 성스러운 것으로 치하(致賀)하고 차원 높게 여기는 것처럼 간주하지 않았다는 것이다. "**나는 모든 사람이 나와 같기를 원하노라 그러나 각각 하나님께 받은 자기의 은사가 있으니 하나는 이러하고 하나는 저러하니라**"(고전7:7).

결혼이나, 독신이나, 주어진 은사의 다양성에 따라 자발적인 선택일 뿐, 독신주의는 비성경적이며, 사단의 가르침인 것이다. "…**성령이 밝히 말씀하시기를 후일에 어떤 사람들이 믿음에서 떠나 미혹케 하는 영과 귀신의 가르침을 좇으리라 하셨으니… 혼인을 금하고 식물을 폐하라 할 터이나…**"(딤전4:1-3).

제 6절 이혼(離婚)의 절차

> 인간의 마음이 부패한 까닭에 하나님께서 결혼을 통하여 짝지어 주신 관계를 깨뜨리기 위해 부당한 이혼 사유(事由)를 내세우는 경향이 있다. 하지만 교회나 세상 법률에 의해서도 도무지 해결할 수 없을 정도로 완고하게 별거(別居)를 주상할 때나 간음을 저지른 경우를 제외하고는

> 어떤 것도 이혼을 위한 충분한 사유가 될 수 없다(마19:8-9; 고전7:15; 마19:6). 이혼을 할 때에는 공적인 법적 절차를 밟아야 하며, 관련된 당사자들은 자신의 의사나 결정에 따라 자의(自意)로 처리해서는 안 된다(신24:1-4).

본 절에는 인간의 사악함 때문에 하나님께서 제정해 주신 결혼관계를 깨뜨리기 위해 부당한 이혼 사유를 내세우는 경향이 있다. 하지만 교회나 세상 법률에 의해서도 도무지 해결할 수 없을 정도로 완고하게 별거를 주장할 때나 간음을 저지른 경우를 제외하고는 그 무엇도 이혼을 위한 충분한 사유가 될 수 없다. 이혼을 할 때에는 공적인 법적 절차를 밟아야 하며, 관련 당사자들은 자신의 의사나 결정에 따라 마음대로 처리해서는 안 된다고 진술한다.

1) 마음이 부패한 인간은 하나님이 짝지어 주신 관계를 깨뜨리려는 경향이 있다.

모세의 율법에는 이혼이 허락되어 있다. "사람이 아내를 취하여 데려온 후에 수치되는 일이 그에게 있음을 발견하고 그를 기뻐하지 아니하거든 이혼증서를 써서 그 손에 주고 그를 자기 집에서 내어 보낼 것이요"(신24:1). 그러나 예수님은 인간의 마음이 완악함으로 인해 이혼이 허락된 것으로서, 본래 하나님의 뜻은 그렇지 않다고 말씀 하셨다. "예수께서 가라사대 모세가 너희 마음의 완악함을 인하여 아내 내어버림을 허락하였거니와 본래는 그렇지 아니하니라"(마19:8). 이혼은 하나님이 남자와 여자가 한 몸을 이루도록 정하신 창조질서를 파괴하는 것으로서 하나님의 온전하신 뜻이 아니다.

그러나 율법에 이혼이 허락된 것은 하나님의 뜻이 변한 것이 아니라 인간의 '마음의 완악함'(스크레로카르디안, σxληροκαρδίαν: 거칠고 잔인하며 완고한 마음, 말라붙은 마음)때문이다. 남자들이 아내를 내쫓기 위해 학대하거나 살해할 수도 있기 때문에 더 큰 악을 방지하기 위해 작은 악을 허용한 것일 뿐이다.『최초에 제정된 결혼 법은 결코 폐지되거나, 다른 법으로 대체된 것이 아니라 영속적 효력을 지닌다』(빈센트, Vincent).

2) 정당한 이혼의 사유는 두 가지뿐이다.

성경이 허용하는 두 가지, 정당한 이혼 사유에 대해서는 앞에 제5절에서 자세히 설명하였다. ① 음행의 연고와(마19:9), ② 고의적 별거이다.(고전7:15).

3) 이혼은 공적인 법적 절차를 밟아야 한다.

배우자의 음행이나 고의적 별거로 인해 부득불 이혼을 해야 할 경우에는 관련 당사자들의 의사 결정에만 따라 자의(自意)로 처리해서는 안 된다. 반드시 공적으로 제정된 법적 절차를 밟아 처리하여야 한다. 이혼 후에 따를 수 있는 여러 가지 문제의 원인들을 공적인 절차를 통해 깨끗이 정리하는 것이 옳다.

4) 결혼을 위해서는 올바른 성경적인 결혼관이 필요하다.

남녀(男女)의 결혼은 하나님께서 그의 뜻을 이루시기 위해 친히 제정하신 질서로서 가장 아름답고 소중한 제도이다. 그러므로 결혼은 당사자의 자유로운 판단에 의한 계약으로 이루어져야 하는 것이며, 향락 중심이 아니라 두 사람의 일치와 협력으로 하나님이 주신 사명을 다하는 것이어야 한다. 가정의 질서가 바로 지켜져 갈 때에만 사회와 교회의 질서도 바로 서게 되는 것이다.

그러므로 결혼은 가정, 국가, 교회의 건강한 질서를 유지하는 커다란 사명을 짊어지는 것이다. 가정의 질서를 파괴하는 것은 사회, 교회의 질서까지도 파괴하는, 그만큼 큰 죄악인 것이다. 그러므로 자신의 위치에서 흔들림이 없이 사명을 위해 전력을 다하며, 기도하고, 인내하며, 서로에게 봉사하지 않으면 안 된다. 배우자의 불륜이나 별거의 갈등으로 정당한 이혼의 사유가 된다고 해서 반드시 이혼을 하라는 것은 아닐 것이다. 인내와 기도, 회개, 용서라는 믿음의 방법을 통해 해결하고 회복하려는 노력이 중요하다. **"아내 된 자여 네가 남편을 구원할는지 어찌 알 수 있으며 남편 된 자여 네가 네 아내를 구원할는지 어찌 알 수 있으리요"**(고전7:16).

제25장
교회에 대하여

본 고백서(Westminster Confession)에는 제25장~31장까지 교회론에 대한 내용이 전개되고 있다. 그리고 앞에 제21장의 예배와 안식일에 대한 고백도 교회론의 중요한 일부라 할 것이다. 이와 같이 교회론에 대한 많은 진술이 이 고백서에 들어 있음은 교회론의 중요성 때문이라 하겠다. 중세의 가톨릭교회(Catholic Church)의 심각한 오류(誤謬)는 그들의 그릇된 교회관(교회를 그리스도와 함께 중보의 위치에 올려놓음)에서 비롯되었음을 생각할 때에 충분히 이해할 수 있다. 어느 시대이고, 교회관이 올바로 서 있지 못하면, 올바른 교회도, 신앙도 없을 것이다. 그러므로 혼란을 겪고 있는 오늘 이 시대의 교회들도 본 고백서에 겸손히 귀를 기울여야 할 것이다.

1) 교회의 명칭과 정의(定義)
① 구약에서는 히브리어 '카할'(קָהָל, qahal: 부르다, 회의 소집)과 '에다'(עֵדָה, edah: 지정하다, 지정된 장소에 모임)로서 부름 받은 백성들의 모임이나 집회를 뜻한다(출12:6; 민14:5; 렘26:17).
"너희는 이스라엘 회중에게 고하여 이르라…"(출12:3).
② 신약에서는 『에클레시아』(ἐκκλησία, ekklesia: 불러내다)와 '쉬나고

게'(συναγωγή, synagoge: 회당, 종교적 집회)로서, 교회란 『인류 세계로부터 하나님에 의해 부름 받은 택자들의 모임(공동체)』이라 정의할 수 있다. 즉 교회는 하나님의 택하심을 따라 그리스도의 구속과 성령의 역사로 세상에서 부름 받은 자들의 거룩한 공동체인 것이다(엡1:22, 3:10, 21, 5:23-25, 27, 30; 골1:18, 24). "**고린도에 있는 하나님의 교회 곧 그리스도 예수 안에서 거룩하여지고 성도라 부르심을 입은 자들과 또 각 처에서 우리의 주 곧 저희와 우리의 주 되신 예수 그리스도의 이름을 부르는 모든 자들에게**"(고전1:2).

2) 교회의 본질

교회의 본질과 성격에 관해서는 로마 가톨릭교회와 개혁교회 사이에 커다란 견해 차이가 있다. 가톨릭교회는 주교, 대주교, 추기경, 교황과 같은 고위 성직자들과 사제(신부)들로 구성되는 외부적인 유형적 조직체로서의 교회에서 그 본질을 찾는다. 즉 교황을 머리로 하는 직분과 조직을 교회의 본체로 보는 것이다. 따라서 사제들을 『교훈하는 교회』로, 일반 신자들은 『교훈 받는 교회』로 양분한다. 그리고 일반 신자들(교훈 받는 교회)이 없이 사제들(교훈하는 교회)만으로도 교회가 된다고 가르친다. 그들은 교회의 무형적인 면을 인정하지만, 유형교회가 무형교회를 낳는다고 하여, 교회를 중보적(中保的)인 위치에 두고 있다. 『하나님→그리스도(중보자)→ 가톨릭교회(중보자)→ 죄인』(교회론, 최순직 박사 편술, 참고).

그러나 개혁교회는 가톨릭교회가 주장하는 직분과 조직이 결코 아닌

『성도들의 교통』에서 교회의 본질을 찾는다.『참된 신앙을 고백하는 성도들의 모임』을 교회로 보는 것이다. 교직자들과 일반신자들로 양분되지 않으며, 목사, 장로, 집사, 기타 남녀 구별 없이 영원한 생명으로의 택함을 받은 자는 과거, 현재, 미래를 통틀어 하나도 빠짐없이 교회의 머리가 되시는 그리스도의 지체로서 교회에 속해 있다. 이런 의미에서 먼저는 영적인 무형(불가견)교회이다. 이 무형교회야말로 지상의 유형(가견)교회의 모태(母胎)가 된다. 그러므로 무형교회에 속한 자만이 지상의 유형교회의 참 회원이 되는 것이다. 그리스도 안에서 택하심을 받은 자가 아니면 교회의 참 회원이라 할 수 없다.

3) 무형(無形)교회와 유형(有形)교회

교회는『유형교회(가견(可見): 보이는 교회)』와『무형교회(불가견(不可見): 보이지 않는 교회)』로 구별한다. 유형교회는 지상의 각처에 흩어져 있는 교회들을 가리키며, 무형교회는 영적으로서 과거와 현재와 미래에 있어서 창세전부터 하나님의 기쁘신 뜻을 따라 영원한 생명으로의 택하심을 입은 모든 성도들의 모임을 가리킨다. 이것은 별개로 두 개의 교회가 있다는 의미가 아니라, 하나의 교회로서 보이는 면(유형)과 보이지 않는 면(무형), 양면(兩面)을 의미하는 것이다. 이것을 보편교회(普遍敎會)라고 부른다.

4) 참 교회의 표지(標識)

오늘날 세계 각처에서 기독교회라는 이름을 가진 분파들이 수없이 많이 생겨나고 있음을 우리는 알고 있다. 한국교회 안에도 많은 교파들이 있고, 또 장로교 안에도 많은 분파들로 나누어져 있다. 또 각종 이단들이 우후죽순(雨後竹筍)처럼 발생하고 있으며, 똑같은 성경을 가지고 하나님의 이름을 부르며, 모두가 자신들을 교회라고 주장한다. 그렇다고 그들 모두가 참 교회라고 할 수 있는가? 그러므로 앞서간 개혁자들은 모든 시대의 신자들에게 참된 신앙을 위해서는 참 교회를 분별해야 할 의무가 있음을 강조하며, 성경적인 참 교회의 표지(상징)를 제시해 준 것이다.

『우리는 부지런히 그리고 매우 신중하게 하나님의 말씀으로부터 참교회가 무엇인지 분별해야 함을 믿는다. 왜냐하면 오늘날 세계에 있는 모든 분파가 스스로 교회라는 이름을 주장하고 있기 때문이다… 우리는 스스로 교회라고 부르는 모든 분파로부터 반드시 구별되어야 하는 참 교회의 실체와 교제에 관하여 말하고 있다』(벨기에 신앙고백, 제29항).

참 교회와 거짓 교회를 분별하는데 있어서는 한 개인의 느낌이나 자부심에서가 아니라 오직 말씀을 기준으로 분별해야 함을 명심해야 한다. 칼빈(Calvin)은 『하나님의 말씀이 순수하게 전해지고 그리고 그것이 들려지는 곳, 또 성례가 그리스도께서 정하신 그대로 집행되는 곳이라면 어디라도 하나님의 교회는 존재하는 것이며, 이것은 의심할 수 없는 사실이다』(기독교강요 4권 1장 9)라고 했다. 이런 칼빈의 입장에다 개혁파 교회는 바른『권징(勸懲)』을 더하여, 세 가지를 참 교회의 3대 표지로 보았다.

① **말씀의 순수한 선포**: 참 교회는 성경적인 복음이 순수하게 설교 되는

곳이다. 오직 그리스도, 오직 믿음, 오직 은혜로써 얻는 칭의(稱義)의 십자가 복음인 것이다. 이 복음을 중심으로 하지 않고, 치유와 건강, 물질적인 번영, 세속적 복지(福祉)를 중심으로 설교되는 오늘날의 교회 강단은 참 교회의 모습이라 할 수 없다.

"유대인은 표적을 구하고 헬라인은 지혜를 찾으나 우리는 십자가에 못 박힌 그리스도를 전하니 유대인에게는 거리끼는 것이요 이방인에게는 미련한 것이로되 오직 부르심을 입은 자들에게는 유대인이나 헬라인이나 그리스도는 하나님의 능력이요 하나님의 지혜니라"(고전1:22-24). **"내가 복음을 부끄러워하지 아니하노니 이 복음은 모든 믿는 자에게 구원을 주시는 하나님의 능력이 됨이라"**(롬1:16).

"...우리나 혹 하늘로부터 온 천사라도 우리가 너희에게 전한 복음 외에 다른 복음을 전하면 저주를 받을지어다"(갈1:8).

② **올바른 성례의 집행**: 참 교회는 주님이 제정하신 대로 성례가 올바르게 집행되는 곳이다. 주님이 제정하신 성례는 세례와 성찬, 두 가지이다. **"...너희는 가서 모든 족속으로 제자를 삼아 아버지와 아들과 성령의 이름으로 세례를 주고"**(마28:19).

"...곧 주 예수께서 잡히시던 밤에 떡을 가지사 축사하시고 떼어 가라사대 이것은 너희를 위하는 내 몸이니 이것을 행하여 나를 기념하라 하시고 식후에 또한 이와 같이 잔을 가지시고 가라사대 이 잔은 내 피로 세운 새 언약이니 이것을 행하여 마실 때마다 나를 기념하라 하셨으니"(고전11:23-25; 마26:26-28).

그러나『가톨릭(Catholic)교회는 이 두 가지에다 주님이 명하시지도 않은 다섯 가지(견진성사, 고해성사, 성품성사, 혼인성사, 종부성사)를 추가하여 일곱 가지(칠성례)를 성례로 시행하고 있다. 또한 구세군교회는 세례를 무시하고 시행하지 않는다. 그러므로 로마 가톨릭이나 구세군은 참 교회라고 할 수 없다』(벨기에 신앙고백 해설, 허순길 p.407).

③ **권징의 바른 시행**: 참 교회는 바른 권징(勸懲)이 집행되는 곳이다. 『이 권징의 중요성은 말씀의 순수성을 유지하고 성례의 거룩성을 보호하는데 있다. 이것은 교회를 세상의 죄와 오염으로부터 지켜 순결을 유지하는 방편이다. 범죄한 신자에게는 회개의 기회를 제공하고, 모든 신자들에게 경고가 되게 하여 죄의 더러움으로부터 교회를 보호하는 것이 된다』(뻘콥 조직신학, 고영민 역 p.58). 이 권징의 시행은 범죄자를 찍어내는데 목적이 있지 않고, 범죄자를 회개시켜 형제를 얻고자 하는데 있다. 오늘날 교회 안에 권징이 사라짐으로써, 회개 없는 신자들로 넘쳐나고 있으며, 거룩성을 지키는 교회를 찾아보기 힘들게 되었다. "너희 중에 심지어 음행이 있다 함을 들으니 이런 음행은 이방인 중에라도 없는 것이라… 어찌하여 통분히 여기지 아니하고 그 일 행한 자를 너희 중에서 물리치지 아니하였느냐… 적은 누룩이 온 덩어리에 퍼지는 것을 알지 못하느냐"(고전5:1-2, 6; 히 12:15).

"네 형제가 죄를 범하거든 가서 너와 그 사람과만 상대하여 권고하라 만일 들으면 네가 네 형제를 얻은 것이요 만일 듣지 않거든 한 두 사람을 데리고 가서 두 세 증인의 입으로 말마다 증참케 하라 만일 그들의 말도 듣지 않거든 교회에 말하고 교회의 말도 듣지 않거든 이방인과 세리와 같이 여기라 ...무엇이든지 너희가 땅에서 매면 하늘에서도 매일 것이요 무엇이든지 땅에서 풀면 하늘에서도 풀리리라"(마18:15-18). "또 내가 그에게 회개할 기회를 주었으되 그 음행을 회개하고자 아니하는도다... 만일 그의 행위를 회개치 아니하면 큰 환난 가운데 던지고"(계2:21-22). "무릇 징계가 당시에는 즐거워 보이지 않고 슬퍼 보이나 후에 그로 말미암아 연달한 자에게는 의의 평강한 열매를 맺나니"(히12:11).

제 1절 무형적(無形的/ 불가견적,不可見的) 교회

> 보편적(Catholic)이고 우주적(universal)인 무형(無形)교회는 과거나 현재나 미래에 있어서 머리 되시는 그리스도를 중심으로 하여 하나로 모이는 택함을 받은 모든 신자들로 구성되는 공동체이다. 이 교회는 만물을 충만케 하시는 그리스도의 신부요, 그의 몸이며, 충만이다(엡1:10, 22-23; 5:23, 27, 32; 골1:18).

본 절에서는 보이지 아니하는 무형 교회는 보편적이고 우주적인 교회로서 과거, 현재, 미래에 있어서 교회의 머리되시는 그리스도를 중심으로 하여, 하나로 모이는 택함 받은 모든 신자들의 공동체이다. 이 교회는 만물을 충만케 하시는 그리스도의 신부요, 그의 몸이며, 충만이라고 진술하고 있다.

1) 무형(無形/ 불가견, 不可見)교회는 보편적이며, 우주적이다.

교회는 『유형(가견)교회』와 『무형(불가견)교회』로 구별한다. 유형교회란 각 지역에 산재(散在)해 있는 조직체로서의 보이는 교회를 가리키며, 무형교회는 눈으로 보거나 분별할 수 없는 영적 교회로서, 본 절에 정의한대로 과거, 현재, 미래를 통합하여, 그리스도를 중심으로 해서 하나로 모이는 택함 받은 신자들의 공동체로서 보편적이고 우주적인 교회인 것이다. 이 유형교회와 무형교회의 구별은 두 개의 교회를 말함이 아니고 하나의 교회로서 두 양면, 즉 보이는 면과 보이지 않는 면을 의미한다. "**하늘에 있는 것이나 땅에 있는 것이 다 그리스도 안에서 통일되게 하려 하심이라**"(엡1:10). 이 교회가 『영적 성질에 있어서는 무형(불가견)적이기 때문에 누가 참 신자인지, 아닌지를 알 수도 없으며, 볼 수도 없다. 그러나 이 교회가 신자들의 신앙고백과 행위(行爲)면에서, 말씀과 성례의 사역(使役)면에서, 또 교회의 외적 조직과 정치(政治)면에서는 눈으로 볼 수 있는 유형적인 것이다』(ABC교리교재. 루이스 뻘콥 저, 신복윤 박사 감수 p.24).

"고린도에 있는 하나님의 교회 곧 그리스도 예수 안에서 거룩하여지고 성도라 부르심을 입은 자들과 또 각처에서 우리의 주 곧 저희와 우리의 주 되신 예수 그리스도의 이름을 부르는 모든 자들에게..."(고전1:2).

"가로되 너 보는 것을 책에 써서 에베소, 서머나, 버가모, 두아디라, 사데, 빌라델비아, 라오디게아 일곱 교회에 보내라..."(계1:11).

2) 교회는 그리스도의 신부(新婦)이며, 그의 몸이다.

성경에 그리스도는 교회의 머리이시며, "그는 **몸인 교회의 머리라…**"(골1:18). 신랑이시며, "**신부를 취하는 자는 신랑이나 서서 신랑의 음성을 듣는 친구가 크게 기뻐하나니…**"(요3:29). 그의 몸이라고 증거한다. "**그의 몸된 교회를 위하여…**"(골1:24). 하나의 머리에 모든 지체가 결합되어 한 몸을 이루듯이 민족적, 시대적, 장소적, 제약(制約)을 넘어 하늘과 땅, 역사와 세계전체를 포함하여서 교회의 유일한 머리가 되시는 그리스도와 결합되는 택함 받은 모든 신자들이 하나의 몸으로써 그리스도의 신부(新婦)인 교회이다. 이것을 보편적(가톨릭,Catholic)이고, 우주적(유니버셜,Universal)인 무형(불가견적)교회라 한다. "**몸은 하나인데 많은 지체가 있고 몸의 지체가 많으나 한 몸임과 같이 그리스도도 그러하니라**"(고전12:12). "**또 만물을 그 발 아래 복종하게 하시고 그를 만물 위에 교회의 머리로 주셨느니라 교회는 그의 몸이니 만물 안에서 만물을 충만케 하시는 자의 충만이니라**"(엡1:22-23).

"**하늘에 있는 것이나 땅에 있는 것이 다 그리스도 안에서 통일되게 하려 하심이라**"(엡1:10).

제 2절 유형적(有形的/ 가견적,可見的) 교회

> 유형적 교회도 복음 아래서는 (과거 율법 아래서 처럼 한 민족에게만 제한되어 있지 않다.) 보편적 속성을 지닌다. 이 유형적 교회는 전 세계적으로 참 믿음을 고백하는(고전1:2, 12:12-13; 시2:8; 계7:9; 롬15:9-

> 12) 모든 사람들과 그의 자손들로써 구성된다(고전7:14; 행2:39; 겔 16:20-21; 롬11:16; 창3:15; 17:7). 이 교회는 주 예수 그리스도의 나라요(마13:47; 사9:7), 하나님의 집이며, 권속이다(엡2:19; 3:15). 이 교회를 떠나서는 일상적으로 구원을 받을 가능성이 없다(행2:47).

본 절에는 유형 교회도 복음 아래서는 과거 율법 아래서처럼 한 민족(이스라엘)에게만 제한되어 있지 않고, 보편적 속성을 지닌다. 전 세계적으로 참 믿음을 고백하는 모든 사람들과 그 자손들로 구성된다. 이 교회는 그리스도의 나라요, 하나님의 집이며, 가족이다. 이 교회를 떠나서는 일상적으로 구원 받을 가능성이 없다고 진술한다.

1) 유형(가견적)교회도 보편적이다.

앞에서 무형(불가견)교회는 과거, 현재, 미래를 통틀어서 머리되시는 그리스도를 중심으로 하여 모이는 택함 받은 모든 사람들로 구성된다고 하였고, 본 절에서는 유형교회도 복음 아래서는 과거 율법 아래서처럼 이스라엘이라는 한 민족에게만 제한되지 않고, 전 세계적으로 유대인이나 모든 이방인에게까지도 참 믿음을 고백하는 모든 사람들과 그들의 자녀들로 구성되는 보편성을 지닌다고 진술했다. **"그러므로 너희는 가서 모든 족속으로 제자를 삼아 아버지와 아들과 성령의 이름으로 세례를 주고"(마28:19; 고전12:13)**. 여기서 중요한 요점은 무형교회는 하나님의 선택과 유효소명(효력 있는 부르심)에 의해서 이루어지고, 유형교회는 신앙고백에 의해서 이루어진다는 점이다. 다시 언급하지만 이것은 두 개의 교회가 존재한다거나, 교회의 부분은 보이고, 부분은 안 보이거나 하는 의미가 아니다. 무형교회와 유형교회는 하나(보편, 공동)의 교회로서, 교회의 양면을 말함이다. 즉 사람은 영혼과 육체로 구성되어 있어서 영혼은 보이지 않지만, 육체는 보이는 것과 같은 이치이다.

《제네바 요리문답》
『97문: 공동(보편)적 이란 말은 무슨 뜻입니까?
답: 성도들의 머리는 오직 한 분뿐이시라는 것과 모든 사람들은 이 한 몸 안에서 연합되어 있어야 한다는 것을 의미합니다. 그러므로 여러 교회들이 있는 것이 아니라 전 세계에 흩어져 있는 단 하나의 교회가 있을 뿐입니다.』

그러나 무형교회와 유형교회의 회원이 반드시 일치하지 않다는 사실에 주의할 필요가 있다. 유형교회가 무형교회에 포함되지만, 유형교회 신자들 가운데는 무형교회에 속하지 않는 자들이 있을 수 있다. 즉 세상에 보이는 유형교회 안에는 곡식과 가라지가 공존하는(마13:37-38) 밭과 같아서, 영적으로 택함 받지 못한 사람들이 있을 수 있다는 것이다. 무형교회의 회원은 오직 택함을 받은 자들만으로 구성된다(엡1:4; 롬8:30). "이 약속은 너희와 너희 자녀와 모든 먼데 사람 곧 주 우리 하나님이 얼마든지 부르시는 자들에게 하신 것이라…"(행2:39), "…내가 너희 열 둘을 택하지 아니하였느냐 그러나 너희 중에 한 사람은 마귀니라…"(요6:70). "돌밭에 뿌리웠다는 것은 말씀을 듣고 즉시 기쁨으로 받되 그 속에 뿌리가 없어 잠시 견디다가 말씀을 인하여 환난이나 핍박이 일어나는 때에는 곧 넘어지는 자요"(마13:20-21), "청함을 받은 자는 많되 택함을 입은 자는 적으니라"(마22:14).

2) 유형(가견)교회를 떠나서는 구원의 가능성이 없다.

교회는 그리스도의 나라이며, 하나님의 집이요 권속으로서, 이곳을 떠나서는 일상적으로 구원의 가능성이 없다고 하는 것은 무형교회와 유형교회가 별개의 것이 아닌, 하나의 교회에 두 가지 면이라는 것을 분명하게 하는 것이다. 교회는 주님의 몸으로서, 이 몸에 지체로 결합됨이 없이는 구원이 없게 되는 것이며, 성령께서는 구원의 활동을 말씀과 성례라는 은혜의 수단을 통해서 이루시기 때문이다(소요리문답 88문, 은혜의 수단, 참고). 중요한 것은 유형교회를 떠나서는 구원의 가능성이 없다는 것은 신중한 표현으로써, 예외적으로 특별한 경우가 있을 수 있음을 암시하는 것이기도 하다. 『택함 받은 영아는 어려서 죽는다 할지라도 성령을 통해서 그리스도로 말미암아 중생하고 구원을 받는다. 이 성령은 자기가 원하는 대로 언제든지, 어디서든지, 또 어떤 방법으로든지 역사하신다. 이와 마찬가지로 모든 택함을 받은 사람들도 말씀의 전도를 통해서 외적으로 부르심을 받지 못했다 할지라도 중생하고 구원을 받는다』(본 고백서 제10장 3절).

이런 사례는 특별한 경우에 해당하며, 하나님께서는 일상적인 수단을 통해서 역사하신다. 그러므로 교회 밖에 있는 사람들의 경우는 구원의 일상적인 수단을 적용받을 수 없기 때문에 유형교회를 떠나서는 일상적으로 구원받을 가능성이 없게 되는 것이다. "… **믿음은 들음에서 나며 들음은 그리스도의 말씀으로 말미암았느니라**"(롬10:17). "**믿고 세례를 받는 사람은 구원을 얻을 것이요 믿지 않는 사람은 정죄를 받으리라**"(막16:16).

이것은 로마 가톨릭교회가 주장하는 것과는 크게 다르다. 그들은 로마 가톨릭교회만이 유일한 교회이기 때문에 그 교회 밖에서는 구원이 없다고 주장한다. 그들이 말하는 교회란 교황을 중심으로 한 직분, 즉『사제들의 조직을 교회라고 하며』(벨기에 신앙고백 해설, 허순길p.376) 사제(司祭)들의 지배 영역 밖에서는 구원이 없다는 것이다. 그것은 교회를 중보적 위치에 올려놓았기 때문이다.

제3절 유형적(有形的/ 가견적,可見的) 교회의 사명

> 이 보편적이고 유형적인 교회에게 세상 끝날까지 이 세상에서 성도들을 모으는 일과 온전케 하는 일을 위하여 그리스도께서는 성직(聖職)과 성경(聖經)과 성례(聖禮)를 제정해 주셨다. 그리고 그 약속을 따라 그 자신의 임재하심과 성령을 통해 그 목적을 효과적으로 이루신다(고전 12:28; 엡4:11-13; 마28:19-20; 사59:21).

본 절에는 그리스도께서는 보편적이고 유형적인 교회에게 세상 끝날까지 세상에서 택자들을 불러 모으는 일과 온전케 하는 일을 완수하도록 성직과 성경과 성례를 제정해 주셨다. 그리고 자신의 임재하심과 성령을 통하여 그 목적을 효과적으로 이루신다고 진술한다.

1) 그리스도는 유형교회에 복음 선포의 사명을 주셨다.

지상에 있는 유형교회의 사명은 세상에서 성도들을 불러 모으는 일과 그들을 온전케 하는 것이다. 하나님께서는 택하신 자기의 백성들을 세상 끝날까지 온전히 불러 모아 그리스도의 몸, 즉 무형교회를 완성하신다. "...미리 정하신 그들을 또한 부르시고 부르신 그들을 또한 의롭다 하시고 의롭다 하신 그들을 또한 영화롭게 하셨느니라"(롬8:30). 하나님이 영화롭게 하시려고 택하신 자들을 불러 모으는 사역을 지상의 유형교회에 사명으로 주셨다. 그러므로 유형교회는 이 사명을 복음의 선포를 통해, 그리고 말씀의 교육을 통해 이루게 되는 것이다. "오직 성령이 너희에게 임하시면 너희가 권능을 받고 예루살렘과 온 유대와 사마리아와 땅 끝까지 이르러 내 증인이 되리라..."(행1:8), "그러므로 너희는 가서 모든 족속으로 제자를 삼아 아버지와 아들과 성령의 이름으로 세례를 주고 내가 너희에게 분부한 모든 것을 가르쳐 지키게 하라..."(마28:19-20), "너는 말씀을 전파하라 때를 얻든지 못 얻든지 항상 힘쓰라"(딤후4:2).

2) 유형 교회의 사명을 위해 성직과 성경과 성례를 제정하셨다.

지상의 유형교회가 성도들을 불러 모아 온전케 하도록, 복음 사역의 성직(聖職)을 주시고, 그들로 하여금 말씀(聖經)과 성례(聖禮)를 베풀도록 하셨다. 이것이 교회에 여러 직분을 세우게 하신 목적이다. 이 복음의 사역은 택함 받은 모든 자들이 그리스도께 나아오고 그들이 온전해지도록, 세상 끝날까지 계속될 것이며, 온전히 이루게 될 것이다. "그가 혹은 사도로, 혹은 선지자로, 혹은 복음 전하는 자로, 혹은 목사와 교사로 주셨으니 이는 성도를 온전케 하며 봉사의 일을 하게 하며 그리스도의 몸을 세우려 하심이라 우리가 다 하나님의 아들을 믿는 것과 아는 일에 하나가 되어 온전한 사람을 이루어 그리스도의 장성한 분량이 충만한데까지 이르리니"(엡4:11-13). "또 이 우리에 들지 아니한 다른 양들이 내게 있어 내가 인도하여야 할터이니 저희도 내 음성을 듣고 한 무리가 되어 한 목자에게 있으리라"(요10:16).

3) 유형 교회의 사명을 그리스도의 임재(臨在)와 성령을 통해 효과적으로 이루도록 하신다.

그리스도의 임재는 성령의 임재인 동시에 그리스도의 신성(神性)에 있어서 그 자신의 임재이기도 하다. 말씀이나 성례전, 이 모든 것이 그리스도께서 사용하시는 수단으로써 효과적인 것이다.

"오직 성령이 너희에게 임하시면 너희가 권능을 받고 예루살렘과 온 유대와 사마리아와 땅 끝까지 이르러 내 증인이 되리라…"(행1:8), "저희가 다 성령의 충만함을 받고 성령이 말하게 하심을 따라 다른 방언으로 말하기를 시작하니라"(행2:4).

제 4절 보편적(普遍的) 교회

> 이 보편적인 교회는 때로는 더 분명하게 볼 수도 있고, 때로는 덜 분명하게 보이기도 한다(롬11:3-4; 계12:6, 14). 그 보편적 교회에 속하는 지역 교회들은 더 순수할 수도 있고, 덜 순수할 수도 있다. 이는 복음의

> 교리를 가르치고 받아들일 때나 의식이 시행될 때, 또는 예배를 드릴 때, 그것들이 얼마나 순수하게 이루어지느냐에 따라 달라진다(계2-3장; 고전5:6-7).

본 절에는 보편적인 교회는 때로는 분명하게 볼 수도 있고, 때로는 덜 분명하게 보이기도 한다. 그 보편적 교회에 속하는 지역 교회들은 더 순수할 수도 있고, 덜 순수할 수도 있다. 이는 복음의 교리를 가르치고 받아들일 때나 의식이 시행될 때, 또는 예배를 드릴 때 그것이 얼마나 순수하게 이루어지느냐에 따라 달라진다고 진술한다.

1) 보편교회는 분명하게 보이기도 하고, 덜 분명하게 보이기도 한다.
가톨릭교회는 과거와 현재와 미래에 있어서 교회는 가장 영광스러운 모습으로 항상 세상에 나타난다고 주장한다. 이에 대해 본 절은 다음과 같이 논박한다. 지상에 있는 유형교회는 번성하여 눈에 돋보이게 드러나기도 하지만 "**그 말을 받는 사람들은 세례를 받으매 이 날에 제자의 수가 삼천이나 더하더라**"(행2:41), 때로는 박해로 인해 신자들이 흩어져 모습을 감추거나 하여 교회의 상태가 사라지는 것 같이 희미해 질 때도 있다. "…그 날에 예루살렘에 있는 교회에 큰 핍박이 나서 사도 외에는 다 유대와 사마리아 모든 땅으로 흩어지니라"(행8:1). "…이스라엘 자손이 주의 언약을 버리고 주의 단을 헐며 칼로 주의 선지자들을 죽였음이오며 오직 나만 남았거늘 저희가 내 생명을 찾아 취하려 하나이다"(왕상19:10; 롬11:3).

또한 그릇된 진리(이단)에 오염되어 신자들이 떠남으로 교회가 위기를 맞을 때도 있다. "**그리스도의 은혜로 너희를 부르신 이를 이같이 속히 떠나 다른 복음 좇는 것을 내가 이상히 여기노라**"(갈1:6). 그러나 주님의 교회는 결코 멸망하거나 사라지지 않는다. 잠시 동안 사람들의 눈에는 매우 작아 보이고 없어진 것처럼 보일 때도 있지만, 교회의 주인이신 하나님에서는 그의 교회를 끝까지 보존하신다. "**…내가 나를 위하여 바알에게 무릎을 꿇지 아니한 사람 칠천을 남겨 두었다 하셨으니 그런즉 이와 같이 이제도 은혜로 택하심을 따라 남은 자가 있느니라**"(롬11:4-5). "**…내가 이 반석 위에 내 교회를 세우리니 음부의 권세가 이기지 못하리라**"(마16:18).

2) 보편교회는 더 순수할 수도 있고, 덜 순수할 수도 있다.

보편적 교회에 속하는 개 교회들이 그 안에서 복음의 교리가 바르게 가르쳐지고 받아들이는 가운데 따라 성례가 시행되고, 공적 예배가 진실하게 행해지므로 순수하기도 하고 "**저희가 사도의 가르침을 받아 서로 교제하며 떡을 떼며 기도하기를 전혀 힘쓰니라… 또 재산과 소유를 팔아 각 사람의 필요를 따라 나눠 주고 날마다 마음을 같이 하여 성전에 모이기를 힘쓰고…**"(행2:42, 45-46), 또 덜 순수하기도 한다. "**…너희가 교회에 모일 때에 너희 중에 분쟁이 있다 함을 듣고 대강 믿노니 너희 중에 편당이 있어야 너희 중에 옳다 인정함을 받은 자들이 나타나게 되리라**"(고전11:18-19).

『교리의 순수성이 교회의 핵심이자 생명이다. 교리에 의해 교회의 진실성이 좌우되는 것이다. 건물과 조직이 갖추어져 있고, 성경을 가지고 있어도 잘못된 교리를 가지고 있으면 교회가 아니게 된다... 교회의 생명은 도덕에 있는 것이 아니라 교리에 있다』(마이클 호튼, Michael Horton, 저, '그리스도 없는 기독교' 중에서).

제 5절 지상(地上) 교회의 불완전성

> 지상에서는 아무리 순수한 교회일지라도 혼란과 오류에 치우칠 수 있다(고전13:12; 계2-3장; 마13:24-30, 47). 어떤 교회들은 극도로 타락하여 그리스도의 교회가 아니라 사탄의 공회당(公會堂)이라 부를 정도가 되기도 한다(계18:2; 롬11:18-22). 그럼에도 불구하고 지상에는 언제나 하나님의 뜻을 따라 예배하는 교회가 있을 것이다(마16:18; 시72:17, 102:28; 마28:19-20).

본 절에는 지상에 있는 유형교회는 아직 불완전 하여서, 아무리 순수한 교회일지라도 때로 혼란과 오류에 빠질 수 있고 심각하게 타락하기도 하지만, 그러나 하나님의 뜻을 따라 참되게 예배하는 교회가 세상 끝날까지 있을 것이라고 진술한다.

1) 유형교회는 언제나 그릇될 수 있고 타락할 수 있다.

지상에 있는 유형교회는 순수할지라도 때로 혼란과 오류에 빠질 수 있다. "...천국은 좋은 씨를 제 밭에 뿌린 사람과 같으니 사람들이 잘 때에 그 원수가 와서 곡식 가운데 가라지를 덧뿌리고 갔더니"(마13:24-25), "그리스도의 은혜로 너희를 부르신 이를 이같이 속히 떠나 다른 복음 좇는 것을 내가 이상히 여기노라"(갈1:6).

"사데 교회의 사자에게 편지하기를… 내가 네 행위를 아노니 네가 살았다 하는 이름은 가졌으나 죽은 자로다"(계3:1).

또한 어떤 교회는 사단의 모임이라고 생각되어질 정도로 심각하게 타락할 수도 있다. "그가 또 나를 데리고 여호와의 전 안뜰에 들어가시기로 보니 여호와의 전문 앞 현관과 제단 사이에서 약 이십오인이 여호와의 전을 등지고 낯을 동으로 향하여 동방 태양에 경배하더라"(겔8:16).

"힘센 음성으로 외쳐 가로되 무너졌도다 무너졌도다 큰 성 바벨론이여 귀신의 처소와 각종 더러운 영의 모이는 곳과 각종 더럽고 가증한 새의 모이는 곳이 되었도다"(계18:2, 2:10).

"…내 집은 기도하는 집이라 일컬음을 받으리라 하였거늘 너희는 강도의 굴혈을 만드는도다…"(마21:13).

2) 교회들이 타락한 가운데도 하나님의 뜻을 따라 참되게 예배하는 교회는 있을 것이다.

주님의 교회는 어떤 경우에도 멸망하지 않을 것이며, 영원히 보존될 것이다. 역사가 시작된 이래로 교회는 사단의 궤계(詭計)와 연약성으로 인해 타락하기도 하고 또 많은 박해를 받으며, 상태가 희미해지고 사라지는 것 같을 때도 있었지만, 현재까지도 주님의 은혜로 보존되었고, 앞으로도 보존될 것이다. 그것은 영원 전부터 하나님께서는 교회를 통해 예배를 받으실 것을 계획하셨고, 약속하셨기 때문이다. "…이 반석 위에 내 교회를 세우리니 음부의 권세가 이기지 못하리라"(마16:18), "…내가 세상 끝날까지 너희와 항상 함께 있으리라…"(마28:20).

"내 양은 내 음성을 들으며 나는 저희를 알며 저희는 나를 따르느니라 내가 저희에게 영생을 주노니 영원히 멸망치 아니할 터이요 또 저희를 내 손에서 **빼앗을** 자가 없느니라 저희를 주신 내 아버지는 만유보다 크시매 아무도 아버지 손에서 **빼앗을** 수 없느니라"(요10:27-29).

제 6절 그리스도는 교회(敎會)의 머리

> 주 예수 그리스도 외에는 교회의 머리가 없다(골1:18; 엡1:22). 그러므로 로마 교황은 어떠한 의미에서도 교회의 머리가 될 수 없다. 오히려 그는 적그리스도요, 불법의 사람 곧 멸망의 아들이며, 그리스도에 대항하여 자신을 높이며, 하나님을 훼방하는 자이다(마23:8-10; 살후2:3-4, 8-9; 계13:6).

본 절에는 예수 그리스도만이 유일한 교회의 머리가 되신다. 그러므로 로마 교황은 어떠한 의미에서도 교회의 머리가 될 수 없으며, 오히려 그는 적(敵)그리스도요, 불법의 사람 곧 멸망의 아들이며, 그리스도에 대항하여 자신을 높이며, 하나님을 훼방하는 자라고 진술한다.

1) 예수 그리스도만이 교회의 머리가 되신다.

『주 예수 그리스도 외에는 교회의 머리가 없다』라고 분명하게 진술한

본 절은, 로마 가톨릭교회가 무형(불가견)교회의 머리는 그리스도라고 고백하면서도 유형(가견)교회의 머리는 교황이라고 주장하는 것과, 또 영국 성공회(聖公會)는 영국 국왕이 교회의 머리가 되는 것처럼 행세하는(에라스티안주의, Erastianism: 종교는 국가에 종속해야 한다는 주장) 것에 대해 논박하고 있다. 이런 그릇된 주장들에 대해서, 본 고백서는 제25장 전체를 통해서 무형교회와 유형교회는 하나의 교회일 뿐이며, 이 보편교회의 머리는 오직 예수 그리스도 한 분뿐이심을 분명히 하는 것이다. "그는 몸인 **교회의 머리라** 그가 근본이요 죽은 자들 가운데서 먼저 나신 자니 이는 친히 만물의 으뜸이 되려 하심이요"(골1:18), "또 만물을 그 발 아래 복종하게 하시고 그를 만물 위에 교회의 머리로 주셨느니라"(엡1:22).

2) 로마 교황은 교회의 머리가 될 수 없으며, 하나님을 훼방하는 자이다.
로마 가톨릭교회는 교황이 베드로의 계승지요, 그리스도의 대리자로서 보편교회의 머리가 된다고 주장한다. 그러나 교황제도는 성경에 아무런 근거가 없다. 그럼에도 불구하고 교황주의가 생겨나게 된 배경은, 예수 그리스도의 부활과 승천 후에 사도들의 복음 전파를 통해 각 지역으로 교회가 확장되어 가게 되었고, 또 사도들의 사후(死後), 제2세기 이후는 속사도(屬使徒)들이라 일컫는 교부(감독)들이 교회를 이끌게 되었다.
이때에 교회들은 극심한 박해를 겪을 뿐 아니라 많은 이단(異端)들이 나타나 교회를 어지럽히는데 대해서 교회들이 공동으로 대처해야할 필요성이 요구되었다. 즉 흩어져 있는 교회들이 하나의 연합체로 조직이 필요했던 것이다. 여기서부터 『교회의 감독 또는 대감독이라는 직명들이 생겨나게 되고, 이들이 그리스도의 계승자였던 사도들의 계승자라고 생각하게 되었다. 이것이 점차 확대되어 그 최고의 권위를 인정하는 격(格)을 높여서 교황제도를 만들어 냈고, 교황은 스스로 지상에서는 그리스도의 대리자라는 신념을 갖게 되었다. 그리고 지상 교회의 머리가 된다고, 우러러보도록 만든 것이다』(조직신학 교회론, 최순직 박사 편술 p.4).

교황 그레고리(Gregory,1073) 7세가 영국왕 윌리엄 1세에게 보낸 편지 중에는 다음과 같은 기록이 있다. 『조물주는 하늘에 두 빛을 달아 두심으로서 만물을 비치는 것처럼, 땅에는 두 큰 권력을 세우시므로 만민을 지배하여 잘못된 데 빠지지 않게 하신다. 이 두 권력은 교황과 국왕이다. 교황은 큰 빛이고 국왕은 작은 빛이다. 그리스도의 가르침 아래서는 하나님의 도우심으로 사도의 권력이 국왕의 권력을 지배하는 것으로 정해져 있다』(교회사, 김의환 박사 감수 p.193). 여기서 교황은 스스로를 큰 빛과 사도의 계승자로 높이면서, 교회뿐만 아니라 세상의 권력까지 통틀어 교황의 지배권 아래 두고 있다. 그러나 성경은 무형교회나 유형교회의 머리는 오직 예수 그리스도 한 분뿐이심을 증거하고 있다. "**모든 정사와 권세와 능력과 주관하는 자와 이 세상뿐 아니라 오는 세상에 일컫는 모든 이름 위에 뛰어나게 하시고 또 만물을 그 발 아래 복종하게 하시고 그를 만물 위에 교회의 머리로 주셨느니라**"(엡1:21-22; 골1:18).

그러므로 본 절에서는 교회의 머리로 자처(自處)하는 교황에 대해 적(敵)그리스도요, 죄의 소유자요, 지옥의 아들이요, 교회에서 그리스도를 대항하여 자신을 높이며, 하나님을 훼방하는 자라고 단죄하고 있다. "누가 아무렇게 하여도 너희가 미혹하지 말라 먼저 배도하는 일이 있고 저 불법의 사람 곧 멸망의 아들이 나타나기 전에는 이르지 아니하리니 저는 대적하는 자라 범사에 일컫는 하나님이나 숭배함을 받는 자 위에 뛰어나 자존하여 하나님 성전에 앉아 자기를 보여 하나님이라 하느니라"(살후2:3-4).

제 26장
성도의 교제(交際)에 대하여

교회들이 예배 때마다 함께 사용하는 신앙고백인 사도신경에는 『성도가 서로 교통하는 것』과 라는 고백이 있다. 이 말은 『성도의 사귐, 또는 성도의 교제』라고도 표현한다. 그러면 이 성도의 교제란 무엇을 뜻하는가?

하이델베르크 요리문답 제55문에서 다음과 같이 진술하고 있다. 『문: 성도의 교제를 그대는 어떻게 이해합니까?

답: 첫째로, 모든 신자들은 개개인이 그리스도의 지체들로서 그리스도와 그의 모든 보화와 은사들에 참여하는 자들이라는 것입니다. 둘째로, 각 신자는 다른 지체들의 유익과 구원을 위하여 자신의 은사들을 기꺼이 기쁨으로 사용할 의무가 있습니다.』

여기서 성도의 교제란

1) 신자들은 그리스도와 연합되어 있음을 뜻한다.

성도의 교제란 성령의 역사로 말미암아 신자들은 그리스도와 연합되어 있으며, 그리스도의 지체들로서 한 몸인 것이다. 그러므로 그리스도로 말미암는 구원에 필요한 은혜들과 모든 혜택들을 공통으로 누리게 되는 것이다. "우리가 유대인이나 헬라인이나 종이나 자유자나 다 한 성령으로 세례를 받아 한 몸이 되었고 또 다 한 성령을 마시게 하셨느니라"(고전12:13).

2) 신자들은 자신들에게 베풀어진 모든 은사들을 나누는 것이다.
성도의 교제란 머리이신 그리스도의 영광과, 온 몸의 구원을 위하여, 또한 각 지체들의 유익을 위하여 은사들을 사용하는 것을 뜻한다. 신자들은 자신들에게 베풀어진 각양의 은사들을, 자신만을 위해서가 아니라 교회의 유익을 위하여 사용해야할 의무가 있다는 것이다. "우리 각 사람에게 그리스도의 선물의 분량대로 은혜를 주셨나니... 이는 성도를 온전케 하며 봉사의 일을 하게 하며 그리스도의 몸을 세우려 하심이라"(엡4:7, 12).
"그러면 너희도 신령한 것을 사모하는 자인즉 교회의 덕 세우기를 위하여 풍성하기를 구하라"(고전14:12).

제1절 교제(交際)의 원리

> 성령과 믿음으로 머리가 되시는 예수 그리스도와 연합된 모든 신자들은 그의 은혜와 고난과 죽음과 부활과 영광 안에서 그와 교제를 나누며 (요일1:3; 엡3:16-19; 요1:16; 엡2:5-6; 빌3:10; 롬6:5-6; 딤후2:12), 신자들끼리 사랑으로 하나 되어 서로의 받은 은사와 은혜 안에서 교제한다(엡4:15-16; 고전12:7; 3:21-23; 골2:19). 또한 피차 덕을 세워 서로를 유익하게 하는데 도움이 되는 의무들을 공적으로나 사적으로 행해야 한다(살전5:11, 14; 롬1:11-12, 14; 요일3:16-18; 갈6:10).

본 절에는 성령(중생)과 믿음으로 그리스도와 연합된 모든 신자들은 그의 은혜와 고난과 죽음과 부활과 영광을 통해 그분과 교제를 나누며, 서로 사랑으로 하나가 되어 은사와 은혜 안에서 교제한다. 또한 피차 덕을 세워 서로를 유익하게 하는데 도움이 되는 의무들을 공적으로나 사적으로 행해야 한다고 진술하고 있다.

1) 그리스도와 연합된 신자들은 그와 교제를 나눈다.

교제는 연합에 근거하는 것으로서, 모든 신자들은 그리스도와 연합되어 있다. 연합이란 하나로 묶는 것을 의미한다. 그리스도와 신자의 연합은 성령에 의한 영적이며, 생명의 연합으로서 『신비적 연합』이라고 부른다. 이 연합은 영원 전부터 그리스도께서 택하신 자들의 머리로 세우심을 받으실 때(구속의 언약)에 형성되었고 **"...창세 전에 그리스도 안에서 우리를 택하사..."**(엡1:4), 그리스도의 구속과 성령의 사역에 의해 생명의 연합이 실현되는 것이다. **"우리가 유대인이나 헬라인이나 종이나 자유자나 다 한 성령으로 세례를 받아 한 몸이 되었고 또 다 한 성령을 마시게 하셨느니라"**(고전12:13).

"주와 합하는 자는 한 영이니라"(고전6:17).

이와 같이 성령과 믿음으로 그리스도와 연합된 신자들은 그의 은혜와 고난과 죽음과 부활과 영광을 통해 그와 교제를 나눈다. 즉 그리스도와 연합이 되면, 그의 은혜와 고난과 죽음과 부활과 영광, 모두에 참여한 자가 된다는 것이다. 우리가 아담과 언약적으로 연합되어 있을 때에는 그의 범죄와 타락과 죽음에 참여한 자가 되었듯이 **"한 사람의 순종치 아니**

함으로 많은 사람이 죄인 된 것 같이…"(롬5:19), "아담 안에서 모든 사람이 죽은 것 같이…"(고전15:22).

그리스도와 언약적으로 연합된 자들은 그리스도의 고난과 죽음, 부활과 영광, 그의 모든 은혜에 참여한 자가 되는 것이다.

"…한 사람의 순종하심으로 많은 사람이 의인이 되리라"(롬5:19). "만일 우리가 그의 죽으심을 본받아 연합한 자가 되었으면 또한 그의 부활을 본받아 연합한 자가 되리라… 만일 우리가 그리스도와 함께 죽었으면 또한 그와 함께 살 줄을 믿노니"(롬6:5, 8), "또 함께 일으키사 그리스도 예수 안에서 함께 하늘에 앉히시니"(엡2:6).

2) 그리스도 안에서 참 신자들의 교제는 교회를 건강하게 세운다.

성도의 교통이란 그리스도와 결합된 신자들의 사귐으로서, 각자 받은 은사들을 교회의 지체들과 나누며 "내가 너희 보기를 심히 원하는 것은 무슨 신령한 은사를 너희에게 나눠 주어 너희를 견고하게 하려함이니"(롬1:11), "믿는 사람이 다 함께 있어 모든 물건을 서로 통용하고 또 재산과 소유를 팔아 각 사람의 필요를 따라 나눠 주고"(행2:44-45), 자신의 유익보다 신자들의 유익을 위해 사용하고 봉사하는 것이다. "각 사람에게 성령의 나타남을 주심은 유익하게 하려 하심이라"(고전12:7). 그렇게 함으로써 그리스도의 몸인 교회를 더욱 건강하게 세워 나가게 된다.

"오직 사랑 안에서 참된 것을 하여 범사에 그에게까지 자랄지라 그는 머리니 곧 그리스도라 그에게서 온 몸이 각 마디를 통하여 도움을 입음으로 연락하고 상합하여 각 지체의 분량대로 역사하여 그 몸을 자라게 하

며 사랑 안에서 스스로 세우느니라"(엡4:15-16)

사람의 육체도 머리에서부터 발끝까지 온 몸의 각 기관과 지체마다 혈류(血流)가 원만(圓滿)하면 건강한 몸이 되고 활력이 넘치게 되는 것처럼, 신자들 간의 은혜로운 교제는 그리스도의 몸인 교회로 하여금 생명의 활력이 넘치는 건강한 교회가 되게 하는 것이다. 그러므로 교회의 본질은 『성도의 단체이며 사귐』이라는 사실을 명심해야 한다. 신자들은 성도의 교제 속에서 성장하여 가는 것임으로, 교회생활의 중요성을 알아야 할 것이다. "...오직 하나님이 몸을 고르게 하여 부족한 지체에게 존귀를 더하사 몸 가운데서 분쟁이 없고 오직 여러 지체가 서로 같이하여 돌아보게 하셨으니... 너희는 그리스도의 몸이요 지체의 각 부분이라"(고전12:24-27).

"그가 혹은 사도로, 혹은 선지자로, 혹은 복음 전하는 자로, 혹은 목사와 교사로 주셨으니 이는 성도를 온전케 하며 봉사의 일을 하게 하며 그리스도의 몸을 세우려 하심이라"(엡4:11-12).

제 2절 교제(交際)의 실천

> 믿음을 고백하고 성도가 된 사람들은 하나님을 예배하는 일과 서로의 덕을 세우는 다른 영적 의무들을 행하며(히10:24-25; 행2:42,46; 사2:3; 고전11:20), 또한 서로의 능력과 필요에 따라 물질을 베풀어 서로 도와주면서 거룩한 교제와 교통을 유지해야 한다. 이 같은 성도의 교통은 하나님께서 기회를 주시는 대로 어디에서나 주 예수의 이름을 부르는 모든 사람들에게 베풀어져야 한다(행2:44-45; 요일3:17; 고후8-9장; 행11:29-30).

본 절에는 믿음을 고백한 신자들에게는 서로 교제를 나눠야 할 의무가 있음을 진술하고 있다.

1) 신자들은 함께 모여 하나님을 예배해야 한다.

믿음을 고백하는 신자들은 하나님을 예배하는 일과 거룩한 성례에 참여하며, 거룩한 성도의 교제를 나누어야 할 의무가 있다. 오순절 성령강림과 사도들이 전하는 복음을 받고 믿음을 고백한 초대교회 신자들이 나누었던 교제는 오늘의 교회들에게 주는 교제의 귀한 표본(標本)이라 할 것이다. "저희가 사도의 가르침을 받아 서로 교제하며 떡을 떼며 기도하기를 전혀 힘쓰니라… 날마다 마음을 같이 하여 성전에 모이기를 힘쓰고 집에서 떡을 떼며 기쁨과 순전한 마음으로 음식을 먹고 하나님을 찬미하며…"(행2:42, 46-47).

오늘날 일부 신자들이 교회에 가입하지 않고 자신들의 필요에 의해서만 예배에 참여하면서 교제(성도의 교통)의 의무를 경시하는 것은 참 신자의 모습이라 할 수 없다. "서로 돌아보아 사랑과 선행을 격려하며 모이기를 폐하는 어떤 사람들의 습관과 같이 하지 말고 오직 권하여 그날이 가까움을 볼수록 더욱 그리하자"(히10:24-25).

2) 신자들은 영적인 면과 물질적인 면에서 교제를 나누어야 한다.

신자들은 서로의 덕을 세우는 영적 의무들을 행할 뿐 아니라 각자의 능력과 기회에 따라서 물질을 베풀며 교제를 유지해야 한다.

서로를 위한 기도의 모임, 사랑과 선행을 서로 격려하는 것, 마음이 연약한 자들과 병든 자들을 찾아 위로하고 격려하는 일들은 영적 봉사로서, 서로의 덕을 세우는 일들이다. "이러므로 우리가 화평의 일과 서로 덕을 세우는 일을 힘쓰나니"(롬14:19), "또 형제들아 너희를 권하노니 규모 없는 자들을 권계하며 마음이 약한 자들을 안위하고 힘이 없는 자들을 붙들어 주며 모든 사람을 대하여 오래 참으라"(살전5:14). 또한 신자들은 각자의 물질적인 능력을 따라 가난한 신자들의 필요를 채워주며 교제를 나누어야 한다. "믿는 사람이 다 함께 있어 모든 물건을 서로 통용하고 또 재산과 소유를 팔아 각 사람의 필요를 따라 나눠 주고"(행2:44-45). "누가 이 세상 재물을 가지고 형제의 궁핍함을 보고도 도와줄 마음을 막으면 하나님의 사랑이 어찌 그 속에 거할까보냐 자녀들아 우리가 말과 혀로만 사랑하지 말고 오직 행함과 진실함으로 하자"(요일3:17-18).

3) 신자들의 교제의 범위는 확장되어가야 한다.

신자들의 교제는 각자 섬기는 교회뿐만 아니라 각처에서 참 믿음을 고백하는 모든 사람들에게까지 확대되어야 한다. 어떤 나라에서는 교회들이 심각한 박해로 인해 재산을 몰수당하고 내몰려 극심한 고통에 빠져 있는 신자들이 많이 있을 수 있으며, 기근이나 각종 재난들로 인해 고통 가운데 있는 교회와 신자들이 있다. 교파(敎派)가 다르다 할지라도 참 믿음을 고백하는 자들은 모두가 보편교회에 속한 지체들로서, 적대시하기보다 그리스도 안에서 한 형제들임을 잊지 말아야 한다. 이들을 위해 기도하며, 또한 물질로 돕는 것은 거룩한 성도의 교통이며, 모든 신자들의 의무인 것이다. "...내가 성도를 섬기는 일로 예루살렘에 가노니 이는 마게도냐와 아가야 사람들이 예루살렘 성도 중 가난한 자들을 위하여 기쁘게 얼마를 동정하였음이라"(롬15:25-26). "성도들의 쓸 것을 공급하며 손 대접 하기를 힘쓰라"(롬12:13). "하나님이 불의치 아니하사 너희 행위와 그의 이름을 위하여 나타낸 사랑으로 이미 성도를 섬긴 것과 이제도 섬기는 것을 잊어버리지 아니하시느니라"(히6:10).

제 3 절 교제(交際)에 대해서 피할 오해

> 성도들이 그리스도와 교제를 나눈다는 것은 그리스도의 신성에 참여하거나 그리스도와 동일하다는 것을 의미하는 것이 결코 아니다. 이 두 가지 중에 한 가지라도 인정한다면 신성을 모독하는 불경죄에 해당한다(골1:18-19; 고전8:6; 사42:8; 딤전6:15-16; 시45:7; 히1:8-9). 또한 성도들끼리의 교제는 각자가 가지고 있는 물건이나 재산의 소유권이 상실되거나 침해되지 않는다(출20:15; 엡4:28; 행5:4).

본 절에서는 그리스도와 신자의 연합과 성도의 교제에 대한 진술로서, 그릇된 주장을 하는 두 가지 이단 사상에 대해 논박하고 있다.

1) 신자들이 그리스도와의 연합과 교제를 나눈다는 것은 신적(神的)이 되거나, 그리스도와 동등하게 된다는 것이 아니다.

신비주의자들은 신자들의 그리스도와의 연합과 교제를 마치 그리스도의 신성(神性)의 본질에 참여하여 그와 동등하게 되는 것으로 착각한다.

그래서 자신을 그리스도, 또는 작은 예수라고 주장하는 자들이 나타나기도 한다. 그것은 신성을 모독하는 불경죄를 저지르는 것이다. 신자들의 그리스도와의 연합과 교제는 신적이 되거나, 중보자나 구원자가 된다는 뜻이 결코 아니다. "그는 근본 하나님의 본체시나 하나님과 동등됨을 취할 것으로 여기지 아니하시고 오히려 자기를 비어 종의 형체를 가져 사람들과 같이 되었고"(빌2:6-7), "...우리에게는 한 하나님 곧 아버지가 계시니 만물이 그에게서 났고 우리도 그를 위하며 또한 한 주 예수 그리스도께서 계시니 만물이 그로 말미암고 우리도 그로 말미암았느니라"(고전8:6).

"하나님은 한 분이시요 또 하나님과 사람 사이에 중보도 한 분이시니 곧 사람이신 그리스도 예수라"(딤전2:5).

예수 그리스도는 신성(神性)과 인성(人性)을 함께 가지신 신인(神人)으로서 죄인의 구주이시며, 유일한 중보자이시다. 그러므로 그리스도와의 연합과 교제를 나눈다는 것은 죄인인 인간이 구원자와 중보자가 되시는 그리스도와 동등됨을 의미하지 않는다. 또한 그리스도는 하나님의 참 아들이시나 우리는 양자로서의 아들들일 뿐이다.

2) 성도들 상호 간(相互間)의 교제는 각 사람의 소유에 대한 권리와 재산권을 침해하지 않는다.

역사적으로 기독교 내에서 재산의 소유권과 모든 물건을 공동으로 소유하는 사회를 만들어 보려는 시도들이 있었다. 그들은 성경적인 근거로 "**믿는 사람이 다 함께 있어 모든 물건을 서로 통용하고 또 재산과 소유를**

팔아 각 사람의 필요를 따라 나눠 주고"(행2:44-45), "믿는 무리가 한 마음과 한 뜻이 되어 모든 물건을 서로 통용하고 제 재물을 조금이라도 제 것이라 하는 이가 하나도 없더라"(행4:32)라는 구절을 내세운다.

그러나 성경에는 하나님께서 공동소유(共同所有)를 신자들의 규범으로 명하신 곳이 없다. 또한『초대 교회에서도 신자들이 교회의 유익이나 성도의 교제를 위해 재산을 처분하는 것이 반드시 지켜야할 법이나 의무가 아니었다는 사실을 아나니아와 삽비라 부부의 사건을 통해 보여주고 있다』(w.신앙고백서 해설, 로버트 쇼 저/ 조계광 역 p.530). "**땅이 그대로 있을 때에는 네 땅이 아니며 판 후에도 네 임의로 할 수가 없더냐 어찌하여 이 일을 네 마음에 두었느냐...**"(행5:4). "도적질하지 말지니라"(출20:15). "네 이웃의 집을 탐내지 말지니라 네 이웃의 아내나 그의 남종이나 그의 여종이나 그의 소나 그의 나귀나 무릇 네 이웃의 소유를 탐내지 말지니라"(출20:17).

제 27장
성례전(聖禮典)에 대하여

본 고백서 제25장에서 살폈듯이 참 교회의 표지(標識)는 순수한 말씀 선포와 바른 성례전의 시행, 진실한 권징의 시행, 세 가지라고 했다. 그러므로 바른 성례의 시행은 참 교회 표지의 하나로서 그 중요성을 알아야 한다. 오늘날 교회들에서 성례가 시행되고 있다고는 하지만, 자세히 들여다보면 성례의 참 의미를 알지 못하고 그저 형식적으로 시행하고 참여하는 경우가 적지 않다. 이런 무지(無知)에서 벗어나기 위해 참 교회의 표지일 뿐 아니라 은혜의 수단인 성례에 대해 올바르게 배우고 시행하며, 참여함으로써 교회를 교회답게, 신앙을 신앙답게 세워나가야 할 것이다.

개혁교회의 성례는 두 가지로 세례(洗禮)와 성만찬(聖晩餐)이다.

1) 성례라는 용어의 기원과 의미

『성례』라는 용어가 성경에는 발견되지 않지만, 교회에서 사용하게 된 유래를 살펴보면 『고대 로마 법정에서 공소관계에 있는 원고와 피고라는 두 당사자로 하여금, 각각 일정액의 돈을 법정에 공탁(供託)하게 하고, 사건의 판결이 내려지면 법정은 승소한 자의 돈은 돌려주고, 패소한 자의 돈은 몰수하여 특정한 종교적 목적을 위해 바치는 관례가 있었는데, 그 공탁금을 라틴어로 싸크라멘툼(sacramentum: 성식, 성례전)이라고 불렀다. 이것은 신(神)들에게 바치는 일종의 화해적 제물로 여겼기 때문일 것으로 추측한다』(뻘콥 조직신학 제6권, 고영민역 p.133 참고). 또한 이 싸크라멘툼은 『군사들이 사령관에게 엄숙히 충성을 맹세하는 서약의 의미로도 사용되었으며』(w.신앙고백 해설, 로버트 쇼 저, 조계광 역 p.534), 『이방 종교에서 행하는 비밀 의식이나 입교식에 대해 사용하는 말이기도 했다』(로이드 존스 교리강좌시리즈 3권 p.53).

그러나 『고대 교부들은 '비밀'을 뜻하는 성경 용어인 헬라어 무스테리온(μυστήριον)을 라틴어 싸크라멘툼으로 번역하여 사용하게 되었는데, 두 용어가 같은 뜻을 가졌지만 영적 사실에 대한 성스러움(거룩함)을 표현 할 때에는 싸크라멘트(sacrament)라고 부르게 되었다』(기독교강요, 제4권, 김문제 역 p.447 참고), 이런 유래로 오늘날까지 성례전이라는 용어가 교회에서 사용되어 오고 있는 것이다.

2) 성례의 종류와 제정

개혁교회는 세례와 성만찬, 두 가지를 성례로 보는 반면에 가톨릭교회는 칠 성례 『七聖禮: 영세(세례)성사, 견진성사, 성체(성찬)성사, 신품(임직)성사, 고해성사, 혼인성사, 종부(병자)성사』를 주장한다. 그러나 개혁교회는 주님이 친히 제정하신 세례와 성만찬 두 가지 외에는 어떤 것도 성례로 인정하지 않는다. "**또 떡을 가져 사례하시고 떼어 저희에게 주시며 가라사대 이것은 너희를 위하여 주는 내 몸이라 너희가 이를 행하여 나를 기념하라...**"(눅22:19; 고전11:23-25). "...너희는 가서 모든 족속으로 제자를 삼아 아버지와 아들과 성령의 이름으로 세례를 주고 내가 너희에게 분부한 모든 것을 가르쳐 지키게 하라…"(마28:19-20).

3) 말씀과 성례의 관계

하나님께서는 말씀과 성례라는 두 가지 방편(외적수단, 보통수단)을 통해 죄인들에게 구원의 은혜를 제공하신다. 이 방편을 통해 죄인 안에 믿음을 일으키시고 양육하시며, 유지케 하신다.

≪참고≫ 『은혜의 수단에 있어서는 말씀과 성례, 두 가지로 보는 견해(뻘콥, Berkhof)와 기도를 추가하여 세 가지(하지, Hodge)로, 또는 교회까지 포함하여 네 가지(맥퍼슨, Mcpherson)로 보는 견해가 있다.』

말씀과 성례의 관계에 있어서, 개혁교회는 말씀이 주된 은혜의 방편으로서 먼저이며, 성례를 보조적인 것으로 보는데 비해, 가톨릭(Catholic) 교회는 성례가 주된 방편으로 먼저이고, 말씀은 보조적인 것으로 본다. 그러나 먼저 말씀을 듣지 않고는 성례를 이해할 수 없다. 그래서 개혁교회는 예배 시, 말씀 설교 후에 성례를 베푸는 것이다. 말씀은 믿음을 일으키지만, 성례는 그 믿음을 강화해 주는 역할이기 때문이다. "…**이 복음은 모든 믿는 자에게 구원을 주시는 하나님의 능력이 됨이라**"(롬1:16). "…**믿음은 들음에서 나며 들음은 그리스도의 말씀으로 말미암았느니라**"(롬10:17). 하나님께서 말씀에 성례를 더하신 것은 말씀이 불완전하거나 충분치 못해서가 아니라 인간의 연약함과 우둔함으로 인함이다.

믿음으로 구원받은 신자들이라 해도 이 세상에 사는 동안에 때로 하나님께서 말씀을 통해 약속하신 구원의 은혜와 그에 따른 복(福)들에 대해 의심과 불신에 빠져 흔들리기도 한다. 이런 우리의 연약함을 도우시기 위해 성례의 시행으로, 우리가 믿는바 말씀의 약속들을 더욱 충분하게 선포해 주심으로써, 우리의 믿음을 더욱 견고하게 유지할 수 있게 하신다.『성령께서는 말씀을 통하여 죄인의 마음에 믿음을 일으키실 뿐만 아니라 성례의 시행을 통해 그 믿음을 확증하게 하신다』(하이델베르크 요리문답 65문).

제 1절 성례(聖禮)의 정의

> 성례는 은혜 언약의 거룩한 표징이며, 보증의 인(印)침이다(롬4:11; 창17:7, 10). 그것은 하나님께서 직접 제정하셨는데(마28:19; 고전11:23), 이는 그리스도와 그가 주시는 은혜를 나타내고 그 안에서 우리가 받는 유익을 확증하며(고전10:16; 11:25-26; 갈3:27), 교회에 속한 자들과 세상에 속한 자들을 볼 수 있게 구별하기 위한 표지이다(롬15:3-4; 출12:48; 창34:14). 또한 성도들로 하여금 하나님의 말씀에 따라 그리스도 안에서 하나님께 예배하는 일에 엄숙하게 참여하도록 하기 위함이다(롬6:3-4; 고전10:16, 21).

본 절에서는 성례의 본질과 누구에 의해 제정된 것인지, 그리고 그 용도와 목적에 대해 진술하고 있다.

1) 성례는 은혜 언약의 표징(表徵)과 보증의 인(印)이다.

성례의 정의에 대해서 소요리문답 92문에는 『성례는 그리스도께서 세우신 거룩한 예식인데 그리스도와 그 새 언약의 유익을 깨닫는 표로서 표시하여 인쳐 신자들에게 적용하는 것이다』라고 했다. 성례(세례와 성만찬)의 가장 주요한 의미는 『표징(表徵)과 보증(保證)의 인(印)』으로서, 하나님께서 믿는 자들에게 허락하신 은혜계약의 약속들을 보이는 표식으로 확증해 주시는 것이다.

앞서 말한 것과 같이 의심 많은 인간의 연약함과 우둔함 때문에 눈으로 보고 만지며, 맛보아 감각할 수 있도록, 세례와 성만찬을 시행하게 하신 것이다. 눈으로 볼 수 없는 영적 유익들을 눈에 보이는 표식을 통해 확증해 주신다는 말이다. 세례에 사용하는 물은 더러운 것을 씻어 깨끗하게 됨을 나타내는 표이며, 성찬에서 사용하는 떡과 포도주는 영혼의 생명을 자라게 하고 유지하는 것을 나타내는 상징인 것이다. 뿐만 아니라 이 표를 통해 드러내는 영적 은혜에 대한 보증의 인침이기도 하다.

구약시대에 아브라함이 하나님을 믿음으로 된 의(義)를 할례의 표를 통해 인침과 같이 "저가 할례의 표를 받은 것은 무할례시에 믿음으로 된 의를 인친 것이니..."(롬4:11; 창17:9-11), 또한 이스라엘 백성들에게 어린 양의 피가 애굽에 내리는 장자의 재앙을 피하는 표적이던 것처럼 "내가 애굽 땅을 칠 때에 그 피가 너희의 거하는 집에 있어서 너희를 위하여 표적이 될지라 내가 피를 볼 때에 너희를 넘어가리니 재앙이 너희에게 내려 멸하지 아니하리라"(출12:13). 하나님께서는 그리스도를 통해 우리에게 허락하신 구원과 그에 따른 모든 복의 약속들과 믿음에 대해 성례로 표식과 인을 쳐 확증해 주시는 것이다. 즉 계약문서를 보증하기 위해 인장(印章)을 찍는 것과 같다는 말이다.

2) 성례는 하나님께서 친히 제정하셨다.

소요리문답 92문과 대요리문답 162문에는 『성례는 그리스도께서 제정하셨다』라고 진술했지만, 본 절에서는 하나님께서 직접 제정하셨다고 진술하고 있다. 이것은 요리문답서에는 신약의 성례는 그리스도께서 명하신 것만 이라고 말하는 것이며, 본 절에서는 구약의 성례와 신약의 성례를 포함한 성례 전체의 정의를 말하고 있기 때문이다. "또 떡을 가져 사례하시고 떼어 저희에게 주시며 가라사대 이것은 너희를 위하여 주는 내 몸이라 너희가 이를 행하여 나를 기념하라…"(눅22:19; 고전11:23-25).

"…너희는 가서 모든 족속으로 제자를 삼아 아버지와 아들과 성령의 이름으로 세례를 주고 내가 너희에게 분부한 모든 것을 가르쳐 지키게 하라…"(마28:19-20).

"너희는 양피를 베어라 이것이 나와 너희 사이의 언약의 표징이니라"(창17:11). "아빕월을 지켜 네 하나님 여호와의 유월절 예식을 행하라…"(신16:1; 출12:5-11).

3) 성례는 그리스도의 은혜를 나타내고 확증하는 것이다.

성례는 그리스도와 7가 주시는 은혜를 나타내고, 그 안에서 신자들이 받는 유익을 확증해 주는 것이다. 이에 대해 하이델베르크 요리문답 66

문에 『성례는 하나님께서 제정하신 것으로 하나님은 성례를 사용하셔서 우리에게 복음의 약속을 더욱 충분하게 선포하고 인치십니다. 그리고 이 약속은 하나님께서 십자가에서 성취하신 그리스도의 단번의 희생제사 때문에 우리에게 죄 용서와 영원한 생명을 은혜롭게 주시겠다는 약속입니다』라고 했다.

"우리가 축복하는바 축복의 잔은 그리스도의 피에 참여함이 아니며 우리가 떼는 떡은 그리스도의 몸에 참여함이 아니냐 떡이 하나요 많은 우리가 한 몸이니 이는 우리가 다 한 떡에 참여함이라"(고전10:16-17). "누구든지 그리스도와 합하여 세례를 받은 자는 그리스도로 옷 입었느니라"(갈3:27).

4) 성례는 교회에 속한 자와 속하지 않은 자를 구별한다.
성례는 교회에 속한 자와 세상에 속한 자를 볼 수 있게 구별하는 표지(標識)이며, 신자들 상호간의 사랑과 교제를 나타내고 자라게 하며, 교회의 일치를 도모하고 결합하게 하여 교회에 속한 자들로 하여금 하나님의 말씀을 따라 그리스도 안에서 엄숙하게 하나님을 예배하며 섬길 수 있게 해 준다. "너희와 함께 거하는 타국인이 여호와의 유월절을 지키고자 하거든 그 모든 남자는 할례를 받은 후에야 가까이 하여 지킬지니 곧 그는 본토인과 같이 될 것이나 할례 받지 못한 자는 먹지 못할 것이니라"(출12:48).

"내가 말하노니 그리스도께서 하나님의 진실하심을 위하여 할례의 수종자가 되셨으니 이는 조상들에게 주신 약속들을 견고케 하시고 이방인으로 그 긍휼하심을 인하여 하나님께 영광을 돌리게 하려 하심이라…"
(롬15:8-9).

"몸이 하나이요 성령이 하나이니 이와 같이 너희가 부르심의 한 소망 안에서 부르심을 입었느니라 주도 하나이요 믿음도 하나이요 세례도 하나이요 하나님도 하나이시니 곧 만유의 아버지시라 만유 위에 계시고 만유를 통일하시고 만유 가운데 계시도다"(엡4:4-6).

제 2절 성례전의 구성(構成) 요소

> 모든 성례에서 상징(물질)과 상징되는(예표) 것 사이에는 영적인 관계, 즉 성례적 연합이 있다. 그러므로 전자(상징)의 명칭과 효력은 후자(상징되는 것)로부터 나온다(창17:10; 마26:27-28; 딛3:5).

본 절에는 성례에서 상징과 상징되는 것 사이의 영적 관계, 즉 성례적 연합과 상징의 명칭과 효력은 상징되는 것으로부터 나온다고 진술하고 있다.

1) 성례는 상징과 상징되는 것으로 구성된다.
앞에 1절에서 성례는 거룩한 표(標)이며 인(印)이라고 했다. 여기에 표는 세례에 사용되는 물과 성찬에 사용하는 떡과 포도주인데, 시각과 미각과 감각으로 느낄 수 있는 외부적이며, 감지할 수 있는 표지(상징)를 뜻한다. 따라서 이 표와 인이 제시하고 있는 성례의 본체이신 그리스도와 그의 은혜를 혼동해서는 안 되는 것이다. 로마 가톨릭교회는 화체설을 주장하며, 표징과 본체를 구별하지 못하고 혼동하고 있다. 그러므로 성례는 『상징』과 『상징되는 것』 두 부분으로 구성된다는 것을 본 절에서 가르치고 있다.

① **상징**: 상징은 눈으로 볼 수 있고 손으로 만질 수 있고, 맛 볼 수 있는 감각적이며, 가시적인 것으로서, 세례에는 물이며, 성만찬에는 떡과 포도주이다.

② **상징되는 것**: 상징되는 것은 그리스도와 새 언약의 은혜이다. 세례의 물과 성찬의 떡과 포도주라는 외적 상징을 통해 나타내지는 것, 즉 『상징되는 것』은 그리스도와 새 언약의 은혜, 곧 구원의 은혜인 것이다. 가톨릭교회의 주장처럼 외적 상징인 물과, 떡과 포도주 그 자체에 은혜가 들어 있는 것이 아니라, 이 보이는 외적 상징을 통해 보이지 않는 영적 은혜를 드러낸다는 뜻이다.

세례에서 물이 부어질 때 그 물 자체가 우리의 더러움을 씻는 것이 아니고 그리스도의 피로 더러움이 씻어져 깨끗케 되는 은혜를 나타내는 것이다. 또 성찬에서 떡과 잔을 받을 때 그 떡이나 포도주에 어떤 신비한 능력이 있는 것이 아니라 그리스도의 십자가에서 찢기신 살과 흘린 피가 우리의 영원한 생명의 떡과 음료가 되어 영혼의 생명을 자라게 하고 유지하는 것을 나타내는 은혜의 표인 것이다. 이처럼 가시적인 상징을 통해 불가시적인, 상징하는 것을 나타내는 것이 성례의 골자이다. "**...예수께서 떡을 가지사 축복하시고 떼어 제자들을 주시며 가라사대 받아 먹으라 이것이 내 몸이니라 하시고 또 잔을 가지사 사례하시고 저희에게 주시며 가라사대 너희가 다 이것을 마시라 이것은 죄 사함을 얻게 하**

려고 많은 사람을 위하여 흘리는바 나의 피 곧 언약의 피니라"(마26:26-28), "나는 하늘로서 내려온 산 떡이니 사람이 이 떡을 먹으면 영생하리라 나의 줄 떡은 곧 세상의 생명을 위한 내 살이로라…"(요6:51), "내 살을 먹고 내 피를 마시는 자는 영생을 가졌고 마지막 날에 내가 그를 다시 살리리니 내 살은 참된 양식이요 내 피는 참된 음료로다"(요6:54-55).

2) 성례적 연합으로 상징(象徵)은 상징되는 것을 드러낸다.

성례는 상징과 상징되는 것으로 구성되는데, 이 둘 사이에는 연합이 있다. 그리스도를 유월절 양이라고 부를 때, 상징되는 것에 상징의 명칭이 부여되고 "…우리의 유월절 양 곧 그리스도께서 희생이 되셨느니라"(고전5:7), 떡과 포도주를 그리스도의 몸과 피로 부를 때에 상징되는 것의 명칭이 상징에 부여되는 것이다. "…예수께서 떡을 가지사 축복하시고… 받아 먹으라 이것이 내 몸이니라 하시고… 또 잔을 가지사 사례하시고… 이것을 마시라 이것은 죄 사함을 얻게 하려고 많은 사람을 위하여 흘리는바 나의 피 곧 언약의 피니라"(마26:26-28). 이때에 상징과 상징되는 것 사이에는 영적 관계, 즉 성례적 연합이 있게 된다. 이 연합으로 전자(상징)를 통해 후자(상징되는 것)의 속성이 드러나게 된다. "너희 중 남자는 다 할례를 받으라 이것이 나와 너희와 너희 후손 사이에 지킬 내 언약이니라"(창17:10).

제 3절 성례의 효력

> 성례가 올바르게 집행될 때에, 그 성례를 통하여 나타나는 은혜는 그 안에 있는 어떤 능력에 의해서 주어지거나, 그것을 집행하는 사람의(롬 2:28-29; 벧전3:21) 경건이나 뜻에 따라서 그 효력이 나타나는 것이 아니라 성령의 사역(마3:11; 고전12:13)과 그 성례에 관한 말씀에 달려 있는 것이다. 그 말씀에는 성례를 집행하는 권한을 부여하는 명령과 함께 합당하게 성례를 받는 사람들에게(마26:27-28, 28:19-20) 주어지는 은혜에 대한 약속이 포함되어 있다.

본 절에서는 성례가 올바르게 시행될 때에, 성례를 통하여 주시는 은혜가 사용되는 물질 안에 있는 어떤 능력이나, 성례를 집행하는 사람의 경건이나 뜻에 따라서 어떤 효력이 나타나는 것이 아니라, 오직 성령의 역사와 합당한 말씀에 달려 있으며, 그 말씀 안에 성례 집행의 권한을 부여하는 명령과 함께 합당하게 성례를 받는 사람들에게 주어질 은혜가 약속되어 있다고 진술하고 있다.

1) 성례를 통한 은혜의 효력은 물질 자체나 집행자의 영향에 있지 않다.

로마 가톨릭(R-Catholic)교회가 주장하는 두 가지 오류에 대해 본 절에서 논박하고 있다. ① 성례 시에 사용되는 물질인 물과 떡과 포도주, 그 자체에 은혜를 가져다주는 효력이 있기 때문에, 세례(영세성사)를 받기만 하면 원 죄책이 제거되고 칭의 된다는 것과 성찬 때 받는 떡과 포도주는 베푸는 사제의 축성(祝聖)에 의해 그리스도의 살과 피로 변한다는 것이다(화체설, 化體設). 그래서 떡은 성체(聖體)라고 하여 신자들에게 나누어 주지만, 포도주는 그리스도의 실제 피이기 때문에 조금도 헛되지 않게 하기 위해 신자들에게는 나누어 주지 않고 사제가 대표로 마신다. ② 성례는 사제가 집행할 때에만 그 효력이 발생한다는 것이다. 성례를 집행하는 사제의 의도(意圖)가 성례에 근본적인 영향을 미친다고 한다. 그러므로 성례의 모든 형식을 갖추어 세례나 성찬을 집행한다고 해도 사제가 성례를 집행할 의도가 없으면 성례가 되지 않는다는 것이다. 사제는 은혜를 전달해 주는 방편이 된다는 의미가 된다. 그들의 주장에 따르면 성례(물, 떡, 포도주) 자체에 구원의 효력이 있고, 그 은혜는 사제가 전달하기 때문에 위선자나, 불신자라도 성례를 받기만 하면 기계적으로 구원의 은혜가 주입되는 것이다. 이것은 그릇된 성찬중시주의(싸크라멘탈니즘, sacramentalism)라 하겠다.

"대저 표면적 유대인이 유대인이 아니요 표면적 육신의 할례가 할례가 아니라 오직 이면적 유대인이 유대인이며 할례는 마음에 할지니 영에 있고 율법 조문에 있지 아니한 것이라…"(롬2:28-29). "물은 예수 그리스도의 부활하심으로 말미암아 이제 너희를 구원하는 표니 곧 세례라 육체의 더러운 것을 제하여 버림이 아니요 오직 선한 양심이 하나님을 향하여 찾아가는 것이라"(벧전3:21).

2) 성례를 통한 은혜의 효력은 성령의 사역과 말씀에 달려 있다.

성례를 통한 은혜의 효력은 사용되는 물질(물, 떡, 포도주) 자체나 집행하는 자의 경건이나 의도에 따라서 나타나는 것이 아니라 성령의 역사와 성례에 사용되는 말씀에 의한 것이다.

소요리문답 91문과 대요리문답 161문에도 『성례가 구원의 유효한 방편이 되는 것은 그들 자체 안에 있는 어떤 능력이라든지 혹은 그것을 거행하는 자의 경건이나 의도에서 나오는 어떤 효능으로 말미암는 것이 아니고 다만 성령의 역사와 그것을 제정하신 그리스도의 복 주심으로 말미암는 것이다』라고 했다.

"나는 너희로 회개케 하기 위하여 물로 세례를 주거니와 내 뒤에 오시는 이는 나보다 능력이 많으시니… 그는 성령과 불로 너희에게 세례를 주실 것이요"(마3:11). "… 주 예수 그리스도의 이름과 우리 하나님의 성령 안에서 씻음과 거룩함과 의롭다 하심을 얻었느니라"(고전6:11).

또한 성례에 사용되는 말씀 안에는 성례를 집행하는 권한을 부여하는 명령과 함께 "…주 예수께서 잡히시던 밤에 떡을 가지사 축사하시고 떼어 가라사대 이것은 너희를 위하는 내 몸이니 이것을 행하여 나를 기념하라 하시고 식후에 또한 이와 같이 잔을 가지시고 가라사대 이 잔은 내 피로 세운 새 언약이니 이것을 행하여 마실 때마다 나를 기념하라 하셨으니"(고전11:23-25).

"…너희는 가서 모든 족속으로 제자를 삼아 아버지와 아들과 성령의 이름으로 세례를 주고 내가 너희에게 분부한 모든 것을 가르쳐 지키게 하라…"(마28:19-20), 성례를 믿음으로 받는 자들에게 주시는 복이 약속되어 있다. "믿고 세례를 받는 사람은 구원을 얻을 것이요 믿지 않는 사람은 정죄를 받으리라"(막16:16).

"내 살을 먹고 내 피를 마시는 자는 내 안에 거하고 나도 그 안에 거하나니 살아계신 아버지께서 나를 보내시매 내가 아버지로 인하여 사는 것 같이 나를 먹는 그 사람도 나로 인하여 살리라"(요6:56-57).

제 4절 성례는 세례(洗禮)와 성만찬(聖晩餐)

> 복음서에서 우리 주 그리스도께서 제정하신 성례는 두 가지 뿐이니 곧 세례와 성찬이다. 이 중의 어느 것도 합법적으로 안수를 받은 하나님의 말씀의 사역자 외에는 그 누구도 집행할 수 없다(마28:19; 고전11:20, 23, 4:1; 히5:4).

본 절에는 주 예수 그리스도께서 친히 제정하신 성례는 단 두 가지인데, 곧 세례와 성찬이다. 이 두 가지는 합법적으로 안수를 받은 하나님의 말씀의 사역자 외에는 그 누구도 베풀 수 없다고 진술하고 있다.

1) 그리스도께서 제정해 주신 성례는 세례와 성찬 두 가지이다.

앞에서 언급했지만 로마 가톨릭교회는 일곱 가지 성례를 주장한다. 그러나 개혁교회에서는 성례를 세례와 성찬, 두 가지로 한정한다.

≪세례≫ "…너희는 가서 모든 족속으로 제자를 삼아 아버지와 아들과 성령의 이름으로 세례를 주고 내가 너희에게 분부한 모든 것을 가르쳐 지키게 하라…"(마28:19-20).

≪성만찬≫ "…떡을 가져 사례하시고 떼어 저희에게 주시며 가라사대 이것은 너희를 위하여 주는 내 몸이라 너희가 이를 행하여 나를 기념하라

하시고... 잔도 이와 같이 하여 가라사대 이 잔은 내 피로 세우는 새 언약이니 곧 너희를 위하여 붓는 것이라"(눅22:19-20; 고전11:23-25). 이 두 가지, 세례와 성찬 이외에는 예수 그리스도께서 친히 명하신 예전(禮典)이 아니므로, 그리스도의 구원의 은혜를 전달하는 외적수단(外的手段)도 될 수 없다. 성경에 규정되어 있지 않는 방법으로 하나님께 예배하는 일은 잘못된 것이며, 미신적(迷信的)인 것이다.

2) 성례는 안수를 받은 말씀의 사역자 외에는 베풀 수 없다.
가톨릭교회는 성례의 효력은 사제들이 집행할 때에 나타난다고 주장하면서도 위급한 경우 신자들도 성례를 베풀 수 있도록 허락되어 있다. 가톨릭교회 교리서인 볼티모어 교리문답 824문(1885년, 미국에서 출판)에는 『만일 어떤 사람이 세례를 받지 못하고 죽게 될 위험에 있을 경우에는 아무라도 세례를 줄 수 있고 또 주어야 한다』라고 되어 있다. 사제들만이 성례를 집행할 수 있다는 그들의 주장은 스스로의 모순(矛盾)인 것이다. 그러나 그들은 은혜가 성례의 요소, 즉 물과 떡과 포도주 속에 들어 있기 때문에 받는 자나 집행하는 자의 상태에 상관없이 은혜가 자동적으로 주입되는 것으로 생각한다. 세례의 물속에는 원죄를 제거하고 중생케 하는 구원의 은혜가 들어 있기 때문에 유아나 노인 등, 생명이 위급한 비상시에는 조산부(助産婦)나 누구라도 비상 세례(대세, 代洗)를 베풀면 구원을 받는다는 것이다.

그러나 개혁교회는 다음과 같은 두 가지 이유에서 합법적으로 안수를 받은 말씀의 사역자 외에는 아무도 성례를 베풀 수 없다고 주장한다. 그 근거는 ① 성경은 그리스도의 사역자들은 하나님의 비밀을 맡은 자들이며, 이런 존귀는 아무나 스스로 취하지 못한다고 증거한다. 또한 초대교회에서 교회의 직원들 외에 아무나 성례를 집행했다는 증거를 성경에서 찾아볼 수 없다. "**사람이 마땅히 우리를 그리스도의 일군이요 하나님의 비밀을 맡은 자로 여길지어다**"(고전4:1). "**이 존귀는 아무나 스스로 취하지 못하고 오직 아론과 같이 하나님의 부르심을 입은 자라야 할 것이니라**"(히5:4).

② 성례는 구원의 은혜를 주입하거나, 구원의 믿음을 일으키는 것이 아니다. 말씀이 없이는 누구도 구원을 받을 수 없다. 그러므로 복음을 전파하는 것은 모든 신자들에게 주어진 지상 명령이다. 만일 성례가 구원을 주는 방편이라면 누구라도 언제 어디서든지 성례를 베풀어야 할 것이다. 그러나 성례는 말씀을 통해 주시는 은혜에 대한 표징이며, 인(印)에 지나지 않는다. 성례가 없다해도 구원이 불가능한 것은 아니므로 성례는 절대적인 것이 아니다. "**그러므로 믿음은 들음에서 나며 들음은 그리스도의 말씀으로 말미암았느니라**"(롬10:17). "**네가 네 자신과 가르침을 삼가 이 일을 계속하라 이것을 행함으로 네 자신과 네게 듣는 자를 구원하리라**"(딤전4:16).

제 5절 성례는 신, 구약(新, 舊約)이 동일(同一)

> 구약의 성례들이 상징하고 표현하는 영적인 뜻은 본질적으로 신약의 성례와 동일하다(고전10:1-4).

본 절에는 구약의 성례들과 신약의 성례들은 본질적으로 영적 의미는 동일하다고 진술한다.

구약의 성례는 할례와 유월절이다. 이것이 신약에 와서 할례는 세례로, 유월절은 성만찬으로 대체되었다. 구약의 성례는 장차 오실 그리스도를 나타내고, 신약의 성례는 이미 오신 그리스도를 나타낸다. 그러므로 구약의 성례와 신약의 성례는 영적인 의미에 있어서 본질적으로 동일하다. 그러므로 성경에는 신약의 성례를 구약의 성례의 명칭으로, 또 신약의 성례의 명칭을 구약의 성례의 명칭으로 같이 사용되는 경우가 있다. "...우리 조상들이 다 구름 아래 있고 바다 가운데로 지나며 모세에게 속하여 다 구름과 바다에서 세례를 받고 다 같은 신령한 식물을 먹으며 다 같은 신령한 음료를 마셨으니 이는 저희를 따르는 신령한 반석으로부터 마셨으매 그 반석은 곧 그리스도시라"(고전10:1-4).

"...그 안에서 너희가 손으로 하지 아니한 할례를 받았으니 곧 육적 몸을 벗는 것이요 그리스도의 할례니라"(골2:11). "너희는 누룩 없는 자인데 새 덩어리가 되기 위하여 묵은 누룩을 내어버리라 우리의 유월절 양 곧 그리스도께서 희생이 되셨느니라"(고전5:7). 그러므로 구약의 성례도, 신약의 성례도 다 동일한 그리스도를 믿는 믿음으로 얻는 의를 나타내는 표징이며, 보증의 인(印)인 것이다. 『새 것이 옛 것에 감추어져 있고, 옛 것이 새 것에 나타나 있다』(w.신앙고백서 강해, G. I. 윌리엄슨 지음, 나용화 옮김 p.331).

제 28장
세례(洗禮)에 대하여

개혁교회 신앙고백인 벨기에 신앙고백서(귀도 드 브레, Guido de Bres 작성, 1562), 제34항에는 세례 성례에 대해 다음과 같이 진술하고 있다. 『우리는 율법의 마침이신 예수 그리스도(롬10:4)가 그의 피 흘리심으로 누가 죄에 대한 보상이나 속죄로서 할 수 있거나 하기를 원한 다른 모든 피 흘림을 끝냈다는 것을 믿고 고백한다. 그리스도는 피를 수반했던 할례를 폐하셨고, 그 대신에 세례의 성례를 제정하셨다. 우리는 세례로 하나님의 교회로 받아들여지며, 모든 다른 사람들과 거짓된 종교로부터 분리되어 그에게 헌신하게 되는 그의 표와 상징을 가진다. 세례는 그가 영원히 우리의 하나님과 은혜로운 아버지가 되신다는 것을 우리에게 증거로 이바지한다.

그 이유로 그리스도께서 그에게 속한 모든 사람에게 아버지와 아들과 성령의 이름으로(마28:19), 순수한 물로 세례를 받도록 명령하셨다. 이로써 그는 물이 우리에게 부어졌을 때 몸의 불결한 것을 씻어버리는 것처럼, 그리고 물이 세례 받는 자 위에 뿌려질 때 그것이 그의 몸에 보이는 것처럼, 그렇게 그리스도의 피가 성령에 의해 그 영혼에 내적으로 같은 일을 하는 것을 우리에게 나타낸다. 세례가 죄로부터 우리의 영혼을 씻어 정결하게 하고, 우리를 진노의 자식에서 하나님의 자녀로 중생하게 한다. 이것이 물 그 자체에 의해서가 아니라 하나님의 아들의 보배로운 피 뿌림에 의해서 일어난다. 이는 우리가 바로, 곧 마귀의 학정에서 벗어나 영적 가나안 땅에 들어가게 되는 우리의 홍해이다.(골1:13-14,참고).

따라서 목사들이 그들 편에서 성례와 보이는 것을 우리에게 주지만 우리 주님은 그 성례로 표시된 것, 곧 보이지 않는 은사들과 은혜를 우리에게 주신다. 그는 모든 불결과 불의에서 우리의 영혼을 씻고, 깨끗하게 하며, 정결하게 하고, 우리의 마음을 새롭게 하며, 모든 위로로 채우시고, 그의 아버지의 선하심에 대한 참된 확신을 우리에게 주며, 우리에게 새 성품을 부여하고, 옛 성품과 그의 모든 일을 제거한다.

그러므로 우리는 영원한 생명을 열망하는 사람들은 오직 한 번만 세례를 받아야 한다는 것을 믿는다. 이는 우리가 두 번 태어날 수 없기 때문이다. 더욱이 세례는 그 물이 우리 위에 부어질 때와 우리가 그것을 받을 때뿐만 아니라 우리의 전 생애를 통하여 우리에게 유익을 준다. 이 때문에 우리는 단 한 번 받게 된, 단 하나의 세례로 만족하지 않고, 또한 신자들의 어린 자녀들의 세례를 정죄하는 재세례파의 오류를 거절한다. 우리는 전에 이스라엘에서 어린이들이 지금 우리의 어린이들에게 행해진 동일한 약속의 기초 위에서 할례를 받았던 것처럼, 이 어린이들이 세례를 받아 언약의 표로 인침을 받아야 한다는 것을 믿는다. 참으로 그리스도는 성인들을 위하여 그의 피를 흘리신 것과 같이 신자들의 자녀들을 씻기 위해서도 피를 흘리셨다.

그러므로 주님이 어린아이들이 태어난 후 곧 어린 양을 드릴 것을 율법에서 명령하셨기 때문에(레12:6-8) 신자의 자녀들은 그리스도께서 그들을 위하여 행하신 것에 대한 표와 상징을 받아야 한다. 세례는 그리스도의 고난과 죽음의 상징이었다. 세례는 할례가 이스라엘 백성을 위해 의미했던 것과 똑같은 의미를 우리 자녀를 위해 가지기 때문에 바울은 세례를 그리스도에 의해 행해진 할례라고 부른다(골2:11)』(벨직 신앙고백 해설, 허순길. 참고)

제 1절 세례(洗禮)의 정의

> 세례는 예수 그리스도께서 제정하신 신약의 성례다(마28:19). 세례 받은 자를 유형 교회에 엄숙히 가입시키는 의식이며(고전12:13), 세례자가 그리스도에게 접붙임을 받았고(갈3:27; 롬6:5), 중생하고(딛3:5), 죄 사함 받고(막1:4), 하나님께 헌신해 예수 그리스도를 통하여 새 생명의 삶을 살게 되었다는 것을(롬6:3-4) 나타내는 은혜 언약의 표징이며 인침이다(롬4:11; 골2:11-12). 이 성례는 그리스도 자신이 친히 명하신 것이므로 세상 끝날까지 그의 교회 안에서 계속 집행되어야 한다(마28:19-20).

본 절에서는 세례가 성례라는 것과 세례의 의미와 언제까지 계속 집행해야 하는지를 진술하고 있다.

1) 세례는 그리스도께서 친히 제정하신 성례이다.
앞에서 이미 그리스도께서 친히 제정하신 성례는 세례와 성만찬, 두 가지로서, 은혜 언약의 표징과 보증의 인이라는 것을 밝혔다. 그러므로 세례는 성례임을 확증함과 함께 가톨릭교회가 주장하는 구원의 수단으로서의 세례가 아니라 구원의 은혜에 대한 표징(表徵)과 인(印)인 것이다. 즉 세례로 구원받는 것이 아니라 믿음으로서 얻은 구원의 은혜에 대한 표인 것이다. "물은 예수 그리스도의 부활하심으로 말미암아 이제 너희를 구원하는 표니 곧 세례라 육체의 더러운 것을 제하여 버림이 아니요 오직 선한 양심이 하나님을 향하여 찾아가는 것이라"(벧전3:21). 이 세례는 그리스도께서 친히 지키라고 명하신 성례이다. "...너희는 가서 모든 족속으로 제자를 삼아 아버지와 아들과 성령의 이름으로 세례를 주고 내가 너희에게 분부한 모든 것을 가르쳐 지키게 하라..."(마28:19-20).

2) 세례의 의미는 다음과 같다.

① 세례는 유형교회에 가입하는 의식이다. 이미 복음을 듣고 믿음으로 구원받아 무형교회의 지체가 되었지만, 아직 유형교회의 회원이 되지 못한 사람을 받아들이는 의식인 것이다. 다시 강조하지만 세례를 받음으로써 구원받아 교회의 회원이 되는 것이 아니라 이미 믿음으로 구원받은 하나님의 자녀로서, 영적교회인 무형교회의 지체가 되었기 때문에 세례를 베풀어 유형교회의 일원으로 받아들이는 것이다. 이것은 주님의 몸된 교회에 연합된 지체가 되었음을 상징하는 것이다. 세례가 기독교인을 만드는 것이 아니라 기독교인이 되었기 때문에 그 표징으로 세례를 베풀어 인을 친다는 말이다. "우리가 유대인이나 헬라인이나 종이나

자유자나 다 한 성령으로 세례를 받아 한 몸이 되었고 또 다 한 성령을 마시게 하셨느니라"(고전12:13).

② 세례는 은혜 언약의 복들을 나타내는 상징과 보증의 표이다. 은혜 언약의 복들이란 그리스도께 접붙임을 받아 연합되는 것과 "**누구든지 그리스도와 합하여 세례를 받은 자는 그리스도로 옷 입었느니라**"(갈3:27), 성령으로 거듭남(영적 출생)과 "**우리를 구원하시되 우리의 행한바 의로운 행위로 말미암지 아니하고 오직 그의 긍휼하심을 좇아 중생의 씻음과 성령의 새롭게 하심으로 하셨나니**"(딛3:5), 죄 사함을 받는 것을 가리킨다. "**세례 요한이 이르러 광야에서 죄 사함을 받게 하는 회개의 세례를 전파하니**"(막1:4), 이러한 은혜들이 세례를 받음으로써 주어지는 것이 아니고, 이미 그리스도를 믿음으로 말미암아 받았음에 대한 표징과 인침을 세례로 나타내는 것이다. "**저가 할례의 표를 받은 것은 무할례시에 믿음으로 된 의를 인친 것이니...**"(롬4:11). 그러므로 세례를 받으면 자동적으로 거듭나거나 죄가 사해진다거나 세례 받은 사람은 모두가 거듭나고 구원되었다고 할 수 없다.

③ 세례는 하나님께 헌신하는 새로운 삶을 살게 되었음을 나타내는 상징이며 보증의 표이다. 세례 받은 신자는 하나님의 자녀이며, 그의 소유된 백성으로서 하나님의 영광을 위해 마귀와 세상과 육신에 맞서 싸우며 일생을 주님 닮아가는 거룩한 삶을 살아가야 한다. "**이에 예수께서 말씀하시되 사단아 물러가라 기록되었으되 주 너의 하나님께 경배하고 다만 그를 섬기라 하였느니라**"(마4:10).

"**무릇 그리스도 예수와 합하여 세례를 받은 우리는 그의 죽으심과 합하**

여 세례 받은 줄을 알지 못하느뇨 그러므로 우리가 그의 죽으심과 합하여 세례를 받음으로 그와 함께 장사되었나니 이는 아버지의 영광으로 말미암아 그리스도를 죽은 자 가운데서 살리심과 같이 우리로 또한 새 생명 가운데서 행하게 하려 함이니라"(롬6:3-4).
"하나님의 뜻은 이것이니 너희의 거룩함이라…"(살전4:3).

3) 세례는 세상 끝날까지 집행되어야 한다.

주께서 지키도록 명하시고 제정하신 성례는 세상 끝까지 교회에서 집행되어야 한다. 성령께서는 말씀을 통해 믿음을 일으키시고, 그 믿음은 성례를 통해 강화되고 확신을 넘치게 하시는 것이다. "그러므로 너희는 가서 모든 족속으로 제자를 삼아 아버지와 아들과 성령의 이름으로 세례를 주고 내가 너희에게 분부한 모든 것을 가르쳐 지키게 하라 볼지어다 내가 세상 끝날까지 너희와 항상 함께 있으리라"(마28:19-20).

제 2절 세례의 외형적(外形的) 요소

> 세례에 사용되는 외적 요소는 물이다. 이 물을 가지고 성부와 성자와 성령의 이름으로 세례를 주되, 합법적으로 부르심을 입은 복음의 사역자인 목사에 의해서 집례 되어야 한다(마3:11; 요1:33; 마28:19-20).

본 절에서 세례는 외적 요소인 물을 가지고 성부와 성자와 성령의 이름으로 주되, 합법적으로 부르심 받은 복음의 사역자인 목사에 의해 집례 되어야 한다고 진술하고 있다.

1) 세례에 사용되는 외적 요소는 물이다.

세례에 사용되는 물은 그리스도의 피(血)와 영(靈)을 상징한다. 물이 더러움을 씻어 내는 것처럼, 그리스도의 피는 죄책을 제거하고 더럽게 된 양심을 깨끗하게 한다. 그리고 그리스도의 영은 영혼을 죄의 오염으로부터 정결하게 하신다. "…그 아들 예수의 피가 우리를 모든 죄에서 깨끗하게 하실 것이요"(요일1:7), "…우리를 사랑하사 그의 피로 우리 죄에서 우리를 해방하시고"(계1:5), "우리를 구원하시되 우리의 행한바 의로운 행위로 말미암지 아니하고 오직 그의 긍휼하심을 좇아 중생의 씻음과 성령의 새롭게 하심으로 하셨나니"(딛3:5).

2) 세례는 성부와 성자와 성령의 이름으로 집행되어야 한다.

그리스도께서는 세례를 성부와 성자와 성령의 이름으로 집행할 것을 명하셨다. "…아버지와 아들과 성령의 이름으로 세례를 주고"(마28:19)라는 말씀은, 세례는 성삼위 하나님의 권위에 의한 것임을 의미한다. 수세자(受洗者)는 성삼위 하나님을 믿는 믿음을 고백함과 함께 성삼위 하나님께 일생을 헌신하기로 서약하는 것이다.

3) 세례는 합법적으로 안수 받은 목사에 의해 집행되어야 한다.

앞에 제27장 4절에서 진술한 것처럼, 세례는 합법적으로 세우심을 받은 말씀의 사역자(목사)에 의해 집행되어야 한다. 그리스도로부터 말씀 선포의 사명을 부여 받은 사역자만이 성례 집행의 권위를 갖기 때문이다. "예수께서 나아와 일러 가라사대 하늘과 땅의 모든 권세를 내게 주셨으니 그러므로 너희는 가서 모든 족속으로 제자를 삼아 아버지와 아들과 성령의 이름으로 세례를 주고"(마28:18-19).

"사람이 마땅히 우리를 그리스도의 일군이요 하나님의 비밀을 맡은 자로 여길지어다"(고전4:1). 가톨릭교회는 세례가 절대적인 구원의 방편이므로 긴급한 상황일 때는 일반 신자들도 세례를 베풀 수 있다고 주장한다(볼티모어 교리문답 824문). 그러나 초대교회 시대에도 말씀 사역자로 부르심을 받은 자들 외에는 아무나 세례를 베풀었다는 성경적 증거가 없다. "이 존귀는 아무나 스스로 취하지 못하고 오직 아론과 같이 하나님의 부르심을 입은 자라야 할 것이니라"(히5:4).

제 3절 세례의 집행(執行) 형식

> 세례 받는 사람을 물속에 반드시 잠기게 할 필요가 있는 것은 아니고, 그 사람의 머리 위에 물을 붓거나 뿌려서 세례를 집행할 수 있다(히9:10; 19-22; 행2:41; 16:33; 막7:4).

본 절에는 세례의 집행 형식에 있어서 침례가 필수적인 것은 아니며, 머리 위에 물을 붓거나 뿌려서 세례를 집행할 수 있다고 진술한다.

1) 세례의 집행 형식이 침례(浸禮)가 필수적인 것은 아니다.

세례집행 형식에 있어서는 개신교(Protestant)내에서도 견해의 차이가 있다. 침례교회(Baptist Church)에서는 신약성경(롬6:2-6; 골2:11-12)

을 근거로 하여, 세례는 죽음과 부활에 있어서 그리스도와 결합을 가리키는 것이며, 또 세례를 뜻하는 헬라어 『밥티조(βαπτίζω)』라는 단어가 『물에 잠근다』는 의미이기 때문에 몸 전체를 물속에 잠기게 하여 집행하는 침례(浸禮)만이 올바른 세례의 유일한 형식이라고 주장한다.

그러나 개혁교회는 세례의 형식이 중요한 것이 아니라 『죄를 씻음과 그리스도와의 결합』이라는 세례의 중심적 의미가 중요함을 강조한다. 그래서 본 절에는 『세례 받는 사람을 물속에 잠그는 것은 필요치 않으며, 물을 머리 위에 붓거나 뿌려서도 세례를 집행할 수 있다』고 진술하는 것이다. 이것은 침례를 해서는 안 된다는 말이 아니라 침례만이 올바른 세례의 유일한 형식이라는 주장에 반대하는 것이다.

① 롬6:2-6; 골2:11-12은 『물세례를 언급하는 것이 아니라 물세례를 통해 제시되는 영적인 세례에 대하여 언급하고 있으며, 중생을 죽음과 부활의 비유로 표현하고 있는 것이다』(뻘콥조직신학, 제6권, 고영민 역 p.153).

② 『밥티조(βαπτίζω)』라는 단어는 『물에 잠근다』는 의미만을 가지고 있는 것이 아니라 『씻는 것(히9:10), 뿌리는 것(히9:19-20; 민8:7), 붓는 것(욜2:28-29)』등의 의미도 있다. 성경은 이스라엘 백성들이 홍해를 건널 때에 물에 잠긴 것이 아니라 마른 땅으로 통과했지만 세례를 받았다고 증거한다. **"우리 조상들이 다 구름 아래 있고 바다 가운데로 지나며 모세에게 속하여 다 구름과 바다에서 세례(밥티조)를 받고…"**(고전10:1-2), 그러므로 『밥티조, βαπτίζω』는 침례만을 의미하지 않는다.

그리고 오순절 날에 베드로의 설교를 듣고 회개하여 세례를 받은 수가 삼천 명이나 되었는데 **"그 말을 받는 사람들은 세례를 받으매 이 날에 제자의 수가 삼천이나 더하더라"**(행2:41), 예루살렘에서 이 많은 사람들을 일일이 물에 잠그는 침례가 가능했을까? 또 빌립보 감옥의 간수와 그 가족들이 바울과 실라에 의해 그리스도를 믿고 세례를 받을 때에 **"밤 그 시에 간수가 저희를 데려다가 그 맞은 자리를 씻기고 자기와 그 권속이 다 세례를 받은 후"**(행16:33), 밤중에 어느 강으로 데리고 가서 물에 잠글 수 있었을까 하는 생각을 해 볼 수 있다. 그러므로 침례만이 세례의 유일한 형식이라고 주장하는 것은 성경적인 근거나 설득력이 없다. 그리스도께서도 세례의 일정한 형식을 규정하시지 않았고, 성경 어느 곳에도 세례에 대해 어떤 특별한 형식을 강조하고 있지 않다. 그러므로 중요한 것은 잠그는 것이나, 뿌리는 것이나, 붓는 것이든 간에 세례의 형식이 아닌 죄의 씻음과 그리스도와의 영적 연합에 대한 상징과 인침인 것이다.

제 4절 세례(洗禮)의 대상

> 그리스도에 대한 믿음과 순종을 실제로 고백한 사람들만이 아니라 부모가 둘 다 믿거나 한편만 믿는 가정에서 태어난 유아들도 세례를 받을 수 있다(창17:7, 9; 갈3:9, 14; 골2:11-12; 행2:38-39; 롬4:11-12; 고전7:14; 마28:19; 막10:13-16; 눅18:15).

본 절에는 그리스도에 대한 신앙을 직접 고백한 신자들뿐만 아니라 그의 가정에서 태어난 유아(幼兒)들도 세례를 받을 수 있다고 진술한다.

1) 세례의 대상은 신앙고백을 한 성인들과 그의 자녀들이다.

① **성인(成人)세례:** 성인 세례는 신앙고백이 먼저 있어야 베풀 수 있다. "믿고 세례를 받는 사람은 구원을 얻을 것이요…"(막16:16; 행2:41). "사람이 마음으로 믿어 의에 이르고 입으로 시인하여 구원에 이르느니라"(롬10:10). 그러므로 교회는 성인에게 세례를 베풀기 전에 신앙고백을 요구한다. 이 고백의 진실성에 대해서는 사람의 마음을 파악하여 순수성을 판단하는 것은 교회의 영역에 속하지 않는 것이므로, 고백의 진실성을 의심할만한 객관적 이유가 없는 한 교회는 세례를 베풀 수 있다. 그러므로 고백의 진위(眞僞) 문제는 본인에게 책임이 있는 것이다. "시몬도 믿고 세례를 받은 후에 전심으로 빌립을 따라 다니며… 하나님 앞에서 네 마음이 바르지 못하니 이 도에는 네가 관계도 없고 분깃 될 것도 없느니라"(행8:13, 21).

② **유아(幼兒)세례:** 재세례파(在洗禮波 AnaBaptist, 침례교)에서는 유아세례를 부정하고, 성인들만이 세례를 받을 수 있다고 주장한다. 그 이유는 신약에 유아세례를 명하신 적이 없고, 또 유아세례를 베푼 예도 없으며, 그리고 유아는 세례를 이해 못할 뿐만 아니라 신앙고백을 할 수 없다는 것이다.

2) 은혜 언약에 근거하여 유아세례는 정당한 것이다.

개혁교회에서는 하나님의 언약에 근거하여 믿는 부모의 자녀들에게 세례를 베푼다. 하나님께서 아브라함과 맺으신 언약은 지금의 신자들과 맺으신 언약과 그 본질이 동일하기 때문이다. "내가 내 언약을 나와 너와 네 대대 후손의 사이에 세워서 영원한 언약을 삼고 너와 네 후손의 하나님이 되리라"(창17:7). 이 아브라함과 그의 후손에게 주어진 약속은 신약의 신자들에게도 동일하게 주어져 있음을 성경이 증거한다. "**이 약속은 너희와 너희 자녀와 모든 먼데 사람 곧 주 우리 하나님이 얼마든지 부르시는 자들에게 하신 것이라…**"(행2:39). 그러므로 신자의 자녀들이 언약에 포함되어 있는 한, 그들은 언약의 표징인 세례를 받을 권리가 있다. 하나님께서는 아브라함과 그 대대 자손들과의 맺으신 언약의 표징으로 할례를 명하셨다. "**너희 중 남자는 다 할례를 받으라 이것이 나와 너희와 너희 후손 사이에 지킬 내 언약이니라 너희는 양피를 베어라 이것이 나와 너희 사이의 언약의 표징이니라… 난지 팔일만에 할례를 받을 것이라**"(창17:10-12). 이 할례가 신약의 세례로 대체 되었다. "**또 그 안에서 너희가 손으로 하지 아니한 할례를 받았으니 곧 육적 몸을 벗는 것이요 그리스도의 할례니라 너희가 세례로 그리스도와 함께 장사한바 되고…, 믿음으로 말미암아 그 안에서 함께 일으키심을 받았느니라**"(골2:11-12).

그러므로 구약시대에 하나님의 백성들의 자녀들이 할례를 받았다면, 신약시대에 신자들의 자녀들도 마땅히 세례를 받아야 한다. 구약시대의 유아들이 언약이나 할례를 이해하지 못했지만 할례를 받았다면, 신약시대에 신자들의 자녀들이 세례나 믿음에 대한 이해가 없을지라도 세례를 받는 것이 문제가 될 수 없으며, 예수께서 유아들의 세례를 금하신 적도 없다. 오히려 아이들을 받아들이시며, 천국은 이런 자들의 것이라고 말씀하셨다. "**예수께서 그 어린 아이들을 불러 가까이 하시고 이르시되 어린 아이들이 내게 오는 것을 용납하고 금하지 말라 하나님의 나라가 이런 자의 것이니라"(눅18:16). 본 고백서 제25장 2절에 『유형 교회도 복음 아래 있는 보편적이며 우주적인 교회이다. 이 교회는 율법시대와 같이 한 민족에게만 국한된 것이 아니라 전 세계를 통하여 참 믿음을 고백하는 모든 사람들과 그들의 자녀들로써 구성된다』라고 했다. 그러므로 신자의 자녀들도 유형교회의 일원이기 때문에 세례를 받을 권리가 주어져 있다.

벨직 신앙고백서에도 다음과 같이 진술하고 있다. 『우리는 전에 이스라엘에서 어린아이들이 지금 우리의 어린이들에게 행해진 동일한 약속의 기초 위에서 할례를 받았던 것처럼, 이 어린이들이 세례를 받아 언약의 표로 인침을 받아야 한다는 것을 믿는다』(벨직 신앙고백서 제34항).

제 5절 세례(洗禮)의 필요성

> 세례 의식을 모독하거나 무시하는 것은 큰 죄가 된다(눅7:30; 출4:24-26). 그러나 세례를 안 받았다고 해서 그 사람이 중생할 수 없다거나 구원 받을 수 없다든가(롬4:11; 행10:2, 4, 22, 31, 45, 47), 또는 세례 받은 사람은 모두 의심의 여지없이 중생했다고 할 수 있을 만큼(행8:13, 23) 세례 의식에 은혜와 구원이 불가분(不可分)하게 속해 있는 것은 아닙니다.

본 절에서는 세례 의식을 무시하거나 소홀히 여기는 것은 큰 죄에 해당하지만, 그러나 세례가 중생과 구원의 은혜를 가져다주거나 보장되는 것은 아니라고 진술하고 있다.

1) 세례 의식을 무시하거나 소홀히 하는 것은 큰 죄다.
세례는 그리스도께서 친히 제정하신 신약의 성례로서 세상 끝날까지 교회 안에서 계속 집행되어야 한다. "**그러므로 너희는 가서 모든 족속으로 제자를 삼아 아버지와 아들과 성령의 이름으로 세례를 주고 내가 너희에게 분부한 모든 것을 가르쳐 지키게 하라 볼지어다 내가 세상 끝날까지 너희와 항상 함께 있으리라**"(마28:19-20).

그러므로 누구든지 어떤 이유에서라도 그리스도께서 명하신 세례 의식을 무시하거나 소홀히 할 수 없다. 구약의 모세는 자녀의 할례를 소홀히 했다가 하나님의 진노를 사서 죽음의 위험에 처했던 사실은 오늘날 신자들에게 엄중한 경고가 되고 있다. "**여호와께서 길의 숙소에서 모세를 만나사 그를 죽이려 하시는지라 십보라가 차돌을 취하여 그 아들의 양피를 베어 모세의 발 앞에 던지며 가로되 당신은 참으로 내게 피 남편이로다 하니 여호와께서 모세를 놓으시니라 그 때에 십보라가 피 남편이라 함은 할례를 인함이었더라**"(출4:24-26).

신약에 와서도 바리새인과 율법사들이 세례를 멸시하여 하나님의 뜻을 저버린 사실을 증거하고 있다. "**오직 바리새인과 율법사들은 그 세례를 받지 아니한지라 스스로 하나님의 뜻을 저버리니라**"(눅7:30). 그러므로 신자들은 자신 및 자녀들이 세례를 받을 수 있을 때에 기회를 놓치지 말고 합당히 받아야 한다. 그러나 알지 못하였거나 받고자 해도 받을 수 없는 상황에(십자가에 못 박혔던 행악자와 같이) 처할 경우도 있겠지만 "...예수여 당신의 나라에 임하실 때에 나를 생각하소서 하니 예수께서 이르시되... 오늘 네가 나와 함께 낙원에 있으리라..."(눅23:42-43), 그러나 세례를 소홀히 여기거나 비방하며, 고의적으로 거부한다면 큰 죄를 범하는 것이다. "우리가 진리를 아는 지식을 받은 후 짐짓 죄를 범한즉 다시 속죄하는 제사가 없고 오직 무서운 마음으로 심판을 기다리는 것과 대적하는 자를 소멸할 맹렬한 불만 있으리라"(히10:26-27).

2) 세례에 의하여 구원이 보장되는 것은 아니다.

세례가 믿는 신자들과 그의 자녀들에게 명해져 있다고 해서 세례가 구원의 필수 조건이라는 뜻은 아니다. 그러므로 본 절에서는 『세례를 안 받았다고 해서 그 사람이 중생할 수 없다거나 구원 받을 수 없다든가, 또는 세례 받은 사람은 모두 의심의 여지없이 중생했다고 할 수 있을 만큼, 세례 의식에 은혜와 구원이 불가분(不可分)하게 속해 있는 것은 아니다』라고 진술한 것이다. 그러나 세례의 중요성은 표징과 인으로서, 믿음을 증진시키고 강화하는 유익을 얻게 되는 것이며, 그리스도의 명령으로서 순종해야 할 도덕적 규범인 것이다.

가톨릭(Catolic)교회가 주장하는 것처럼 세례가 구원의 필수 조건으로 생각해서는 안 된다. 앞에서 언급했던, 주님과 함께 십자가에 못 박혔던 한 강도는 세례 없이도 구원을 받았다(눅23:42-43). 그러나 마술사 시몬은 믿음을 고백하고 세례를 받았지만, 그의 위선이 드러나며 베드로에게 무서운 경고를 받은 사실이 있다. "**하나님 앞에서 네 마음이 바르지 못하니 이 도에는 네가 관계도 없고 분깃 될 것도 없느니라… 내가 보니 너는 악독이 가득하며 불의에 매인바 되었도다**"(행8:21, 23).

또한 예수님을 배신한 가룟 유다인들 세례를 안 받았겠는가? 그렇다고 해서 물세례와 같은 형식은 구원과 상관이 없다고 무시하여 시행하지 않는 퀘이커(Quakers)교도나 구세군(救世軍)교회처럼 생각해서도 안 된다. 성례를 시행하지 않는 교회는 참 교회라 할 수 없다. 구원은 참된 믿음으로 받는 것이며, 그 믿음으로 받는 은혜의 유익들에 대한 표징과 인으로서의 세례인 것이다. 즉 세례는 그리스도의 사역을 통해 죄 씻음과 하나님과 연합되어 누리는 교제에 대한 증표이며, 신분증과 같은 것이다. 보이지 않는 영적 은혜를 보이는 표로써 나타내어 확신을 갖게 하는 것이다. 그러므로 나타내는 표징과 인이 없이도 구원의 은혜는 유효하다. 그러나 주님께서 세례를 베풀도록 명하셨기 때문에, 마땅히 집행하고, 받는 것이 순종인 것이다.

제 6절 세례(洗禮)의 효력

> 세례의 효력은 집행되는 그 순간에 발생하는 것은 아니다(요3:5, 8). 그러나 이 의식을 옳게 집행 한다면 하나님의 뜻에 따라 정하신 때에, 연령의 차이 없이(성인이든, 유아이든), 그 은혜에 속한 자들에게 성령에 의해 약속된 은혜가 제공될 뿐 아니라 실제로 나타나고 부여된다(갈3:27; 딛3:5; 엡5:25-26; 행2:38, 41).

본 절에는 세례의 효력은 집행되는 순간에 발생하는 것은 아니지만, 의식을 올바르게 집행 한다면 하나님의 뜻과 정하신 때에 성인이든, 유아이든지, 연령에 상관없이 성령에 의해 약속된 은혜가 제공될 뿐 아니라 실제로 나타나고 부여된다고 진술하고 있다.

1) 세례의 효력을 집행의 순간만으로 제한시켜서는 안 된다.

유아세례를 부정하는 자들(재세례파)은 유아세례를 받았던 자들에게서 하나님의 은혜의 사역의 증거가 나타나지 않는 경우가 허다하다고 주장한다. 그러므로 유아세례는 아무런 구원의 효력을 미치지 못한다는 것이다. 이에 대해 본 절에는 『세례를 받는 즉시 그 효력이 발생하지는 않지만, 의식이 올바르게 집행 된다면 하나님의 뜻과 그 정하신 때에 연령에 차이 없이, 그 은혜에 속한 자들에게는 성령에 의해 약속된 은혜가 제공되며, 실제로 나타나고 부여된다』고 진술하여 논박하는 것이다. 세례의 목적은 은혜를 주입(注入)하거나 그리스도와의 연합을 이루는 것이 아니라 그 연합을 확증하고 증거하는 데 있다. 그러므로 세례의 효력은 시간이 흐름에 따라 증가되는 것이며, 집행되는 순간에만 국한되는 것은 아니다. "누구든지 그리스도와 합하여 세례를 받은 자는 그리스도로 옷 입었느니라"(갈3:27).

2) 하나님의 뜻과 정하신 때에 성령에 의해 은혜가 나타나고 부여된다.

세례를 받았다고 해서 그 효력이 즉시 나타나는 것은 아니지만, 그러나 하나님의 뜻과 그 정하신 때에 성령에 의해 약속하신 은혜가 나타나는 것이다. 구약에서 에서와 야곱이 다 할례를 받아 은혜의 표징과 인침을 받았지만, 에서는 끝까지 은혜를 받지 못했고 야곱은 오랜 후에 큰 은혜의 체험들을 하였다(창28:12-19, 32:24-30). 이처럼 유아세례도 유아할례처럼 오랜 후에 회심과 함께 그 효력이 나타날 수 있다. 이런 효력은 하나님의 뜻과 그 정하신 때에 성령에 의해 제공되고 일어나는 것이다. 이 은혜는 약속에 속한 자들(택함을 받은 자들)에게 제한된다. "**베드로가 가로되 너희가 회개하여 각각 예수 그리스도의 이름으로 세례를 받고 죄 사함을 얻으라 그리하면 성령을 선물로 받으리니 이 약속은 너희와 너희 자녀와 모든 먼데 사람 곧 주 우리 하나님이 얼마든지 부르시는 자들에게 하신 것이라 하고 또 여러 말로 확증하며 권하여 가로되 너희가 이 패역한 세대에서 구원을 받으라 하니 그 말을 받는 사람들은 세례를 받으매 이 날에 제자의 수가 삼천이나 더하더라** "(행2:38-41).

제 7절 세례(洗禮)의 집행은 단회적

> 세례는 누구에게든지 단 한 번만 베풀어야 한다(딛3:5).

세례는 성인에게든지, 유아에게든지 단 한 번만 베풀어야 한다. 세례는 죄 씻음과 중생, 그리스도와의 연합, 양자됨에 대한 상징과 보증의 인침이며, 또한 유형교회의 일원으로 받아들이는 의식이기도 하다. 중생(거듭남)의 은혜는 단회적인 것이므로, 그 표와 인침으로서의 세례도 한 번만 베푸는 단회적인 것이다. 이 세례는 전 생애를 통하여 누리는 영속적

(永續的)인 은혜로서, 하나님의 약속은 불변하시며, 진실하시다. 또한 세례는 그리스도의 제자로서의 삶을 시작하는 예식이기도 하다. 제자가 된다는 것은 회개와 그리스도를 전적으로 의지하며 순종하는 헌신의 삶을 의미한다.

"우리를 구원하시되 우리의 행한바 의로운 행위로 말미암지 아니하고 오직 그의 긍휼하심을 좇아 중생의 씻음과 성령의 새롭게 하심으로 하셨나니"(딛3:5). "그가 우리를 대신하여 자신을 주심은 모든 불법에서 우리를 구속하시고 우리를 깨끗하게 하사 선한 일에 열심하는 친 백성이 되게 하려 하심이니라"(딛2:14).

"...전에 너희가 너희 지체를 부정과 불법에 드려 불법에 이른 것 같이 이제는 너희 지체를 의에게 종으로 드려 거룩함에 이르라"(롬6:19).

제 29장
주(主)의 만찬(晚餐)에 대하여

성찬론에 있어서 16세기 종교 개혁자들은 로마 가톨릭(Catholic) 교회의 화체교리(化體敎理)가 비성경적이라는 견해에는 일치하였으나, 개혁 교회적 성찬론을 확립함에 있어서는 개혁자들 사이에서도 의견의 일치를 보지 못하고 쟁점이 되어 왔고, 또한 성례의 바른 시행은 참 교회의 둘째 표지로서, 그 중요성 때문에 본 고백서에는 앞서 제28장에서 세례에 관하여 상세하게 다루었고, 이어서 성만찬에 대해서도 본 장에서 상세히 다루고 있다. 본 웨스트민스터 신앙고백서는 성경이 교훈하는 기독교 교리들을 체계적이고 정확하게 표현해 주고 있으므로, 관심을 가지고 배워서 성경적 올바른 성례의 시행과 참여로, 성례를 통해 베풀어 주시는 풍성하고도 측량할 수 없는 은혜를 누리며, 하나님께 영광을 돌려야 할 것이다.

1. 성만찬에 대한 견해들

1) 로마 가톨릭 교회의 견해(화체설)

가톨릭교회는 성만찬에서 받는 떡과 포도주는 사제의 축성(祝聖)행위에 의해 실제적인 예수님의 살과 피로 변한다고 주장한다. 이것을 화체교리(화체설, 化體設)라고 부른다. 그들은 이에 대한 근거를 "**이것이...내 몸이니라, 나의 피...니라**"(마26:26-28)고 하신 주님의 말씀에다 두고, 이 말씀은 문자 그대로 받아들여야 한다고 주장한다.

그래서 떡은 변화된 주님의 몸(성체, 聖體)이기 때문에 특별한 용기에 넣어 보관하고, 그것을 주님이라고 부르면서 그것에게 기도하고 숭배한다. 또한 포도주는 신자들에게는 나누어 주지 않고 사제가 대표로 마시는데, 그것은 포도주가 실제 주님의 성혈(聖血)로 변한 것이므로 조금도 헛되지 않게 하기 위해서라는 것이다. 이러한 화체교리는 1215년 제4차 라테란 공의회(Lateran Council)에서 가톨릭교회의 공식적인 교리로 선포되었다. 그리고 1562년에 교회 개혁운동에 반대하기 위해 열린 트렌트 공의회(Trient Council)에서는 성만찬의 떡과 포도주는 속죄 희생물이라고 선포하였다.

『미사(Mass)는 십자가의 희생 제사와 동일한 희생 제사이다 그 이유는 미사에서 사용되는 희생 제물과 주임 사제가 바로 예수 그리스도이시기 때문이다』(발티모어 요리문답 931문).

그러나 개혁자들은 일치하게 화체교리에 대해 반대하고, 가톨릭교회의 비성경적이며, 미신적인 행태를 비난했다. 『가톨릭교회가 화체교리를 수용한 목적은 당시 사제들의 신분과 지위를 강화하는 데 있었다. 기적을 베푸는 것은 사제들만이 할 수 있는 일이었고, 그 결과 사제의 지위는 더욱 중요하게 되었던 것이다』(로이드 존스 성경교리 강해시리즈 3권. 임범진 옮김 p.69).

2) 루터파 견해(공재설)

앞에 언급한바 있듯이 개혁자들은 가톨릭교회의 화체교리에 대해서는 일치하게 반대하였다. 그러나 개혁교회의 성찬교리(聖餐敎理)를 확립함에 있어서는 의견의 일치를 보지 못하게 되자 종교개혁자 루터(Luther)와 쯔윙글리(Zwingli) 사이에 1529년 10월, 말버그(Marburg)에서 회담을 열어 15개의 항목을 놓고 논의한 결과 14개의 항목에는 의견(意見)이 일치했지만 성만찬에 대한 1개의 항목에는 서로 간의 한 치의 양보도 없이 대립하다가 결국 결렬되고 말았다.

그것은 성찬식에 있어서 『그리스도의 몸과 피는 어떻게 임재 하는가?』하는 문제였다. 여기서 루터는 『실체 공존설(實體 共存設)』을 주장하였고, 쯔윙글리는 『기념설(記念設)』을 주장한 것이다. 루터는 예수님이 떡을 떼시며 "이것이 내 몸이니라"(마26:26)고 하신 말씀을 문자대로 받아들여서, 성만찬의 떡 안에, 떡과 함께, 떡 아래 임재하신다고 주장했다. 이것을 공재설(共在設) 또는 공존설(共存設)이라고 부른다. 루터는 떡이 실제 주님의 몸으로 변화된다고 하는 가톨릭교회의 화체설은 반대했으나 『주님의 몸은 그 떡 안에, 그 떡과 함께, 그 떡 아래 있다고 주장한 것이다. 영혼이 장소적으로 육체에 있는 것처럼, 그리스도의 물질적인 신체와 피가 성례에 장소적으로 임재(臨在)한다는 것이다』(뻘콥 조직신학, 교회론 참고). 그러므로 떡을 받을 때 주님의 실제적인 몸도 동시에 받는다는 것이다. 이것은 가톨릭교회의 화체설과 매우 가까운 주장이라고 할 수 있다.

3) 쯔윙글리의 견해(기념설)

스위스의 종교개혁자 쯔윙글리(Zwingli)는 성만찬의 떡과 포도주는 하나의 단순한 표징이나 상징이며, 그리스도의 죽으심을 기념하는 것에 불과하다고 주장하였다. "**이를 행하여 나를 기념하라**"(눅22:19)고 하신 말씀은 그리스도의 몸의 상징인 떡을 받을 때마다 갈보리 언덕에서 자신의 몸을 십자가에 내어 주신 주님을 기억하여 기념하라는 의미라는 것이다. 성찬이란 예수 그리스도의 십자가를 통한 구속 사건에 대해 기념하는 것으로서, 신자들은 떡과 포도주라고 하는 표지(標識)를 통하여 이미 믿고 있는 예수 그리스도를 마치 눈앞에 계신 것으로 보고 맛본다는 것이다. 또한 그리스도의 몸을 먹는다는 것은 문자적으로 먹는 것이 아니라 믿음 안에서 영적으로 먹는다는 의미라고 하여, 성찬을 그리스도를 믿는 신앙과 그의 죽으심에 대한 신실한 의존과 동일시함으로써 신자들의 믿음을 더 크게 강조하였다.

4) 칼빈의 견해(기념과 영적 임재설)

칼빈(Calvin)은 성찬에 대해서 예수님의 십자가의 죽음을 기념하는 상징일 뿐만이 아니라 예수님이 임재 하시되, 실제적인 예수님의 몸은 하나님 보좌 우편에 계시지만, 대신에 성령을 통해서 임재하신다고 주장했다. 이것을 『영적 임재설(靈的 臨在設)』이라고 한다. 가톨릭교회처럼 떡과 포도주가 실제 예수님의 몸과 피로 변하는(화체설)것도 아니고, 루터처럼 실제 예수님의 몸이 떡 안에, 함께, 아래에 계시는 것(공재설)도 아니고, 쯔빙글리의 주장과 같이 상징과 기념(기념설)으로만 그치는 것이 아니라, 칼빈은 기념과 함께 부활하신 그리스도께서 성령을 통해 신비한 방법으로 임재하시며, 믿음 안에서 하나님과의 교제를 경험하게 한다는 것이다.

『그리스도는 비록 하늘에 계시지만, 그가 세상을 심판하러 오실 때까지 그의 영(성령)의 신비하고 불가해(不可解)한 선으로 우리와 함께 하신다』(기독교강요 제4권, 제17장).

제 1절 주의 만찬(晚餐)의 정의

> 우리 주 예수께서는 잡히시던 날 밤에 그의 몸과 피로 세우신 성례, 곧 성찬을 제정하여 그의 교회에서 세상 끝날까지 지키도록 하셨는데, 이는 자신의 죽음을 통해서 이루신 희생을 영원히 기념하게 하시고, 참 신자들에게 그 희생을 통해 주어지는 모든 은혜들을 보증하시며, 그의 안에서 영적인 양식을 먹고 성장하게 하시고 그들이 그에게 마땅히 행해야 되는 의무들을 더욱 충실히 행하게 하시며, 자신의 신비한 몸의 지체로서 자신과 그들 상호간에 교제를 나누는 것을 보증하는 증거로 삼게 하셨다(고전11:23-26; 10:16-17, 21; 12:13).

본 절에서는 성찬이 그리스도께서 제정하신 성례이며, 그의 교회 안에서 세상 끝날까지 지켜져야 한다는 것과 성만찬의 목적과 효용에 대하여 상세히 진술함으로써, 개혁파 교회의 성만찬 교리를 명확하게 밝혀 주고 있다.

1) 성만찬은 그리스도께서 제정하신 성례다.

성례를 제정하는 것은 교회나 사람의 권한에 속하지 않고, 오직 교회의 머리이시며, 왕이신 그리스도의 주권에 속한다. 그러므로 가톨릭교회처럼 성례의 수를 늘리거나 줄일 수 있는 권한이 사람에게 있지 않다. 그리스도께서 친히 제정하신 성례는 세례와 성찬 두 가지뿐이다. "저희가 먹을 때에 예수께서 떡을 가지사 축복하시고 떼어 제자들을 주시며 가라사대 받아 먹으라 이것이 내 몸이니라 하시고 또 잔을 가지사 사례하시고 저희에게 주시며 가라사대 너희가 다 이것을 마시라 이것은 죄 사함을 얻게 하려고 많은 사람을 위하여 흘리는 바 나의 피 곧 언약의 피니라"(마26:26-28; 막14:22-24; 눅22:19-20). "...나를 기념하라 하셨으니 너희가 이 떡을 먹으며 이 잔을 마실 때마다 주의 죽으심을 오실 때까지 전하는 것이니라"(고전11:23-26).

"...너희는 가서 모든 족속으로 제자를 삼아 아버지와 아들과 성령의 이름으로 세례를 주고"(마28:19-20).

2) 성만찬은 주 예수께서 잡히시던 밤에 제정되었다.

주님은 제자들과 함께 유월절 만찬을 잡수시던 밤(잡히시던 밤)에 성찬을 제정하셨다. 이것은 구약의 성례였던 유월절 만찬이 신약의 성례인 『주의 만찬』으로 대체됨을 의미한다. 유월절의 희생양은 곧 그리스도의 모형이었기 때문이다. "...요한이 예수께서 자기에게 나아오심을 보고 가로되 보라 세상 죄를 지고 가는 하나님의 어린 양이로다"(요1:29). "...우리의 유월절 양 곧 그리스도께서 희생이 되셨느니라"(고전5:7).

하이델베르크 요리문답 82문에는 다음과 같이 진술하고 있다.『그리스도께서는 참된 유월절 양으로서 고난당하시고 죽으시고 자신을 제물로 드리시기 직전에 유월절 양과 관련된 엄숙한 규례를 종결지으시고, 자신의 성찬을 제정하시고, 옛 유월절 대신 교회가 그것을 준수할 것을 명령하셨다. "내가 고난을 받기 전에 너희와 함께 이 유월절 먹기를 원하고 원하였노라"(눅22:15). "…너희가 이를 행하여 나를 기념하라"(눅22:19). 여기서 그리스도께서는 그 옛날의 유월절이 아니라 그의 성찬을 행하여 그를 기념하라고 명령하시는 것이다. 그러므로 신약에서 세례가 할례를 계승한 것처럼, 성찬이 유월절을 계승한 것이다.』
"…이 잔은 내 피로 세우는 새 언약이니 곧 너희를 위하여 붓는 것이라"(눅22:20). "새 언약이라 말씀하셨으매 첫 것은 낡아지게 하신 것이니 낡아지고 쇠하는 것은 없어져가는 것이니라"(히8:13).

3) 성만찬은 교회 안에서 세상 끝날까지 지켜져야 한다.
예수님은 부활하신 후 제자들에게 모든 족속들에게 성삼위 하나님의 이름으로 세례를 베풀 것을 명하시면서 세상 끝날까지 항상 함께 하시겠다고 약속하셨다(마28:19-20). 또한 사도 바울은 그의 서신에서 **"너희가 이 떡을 먹으며 이 잔을 마실 때마다 주의 죽으심을 그가 오실 때까지 전하는 것이니라"**(고전11:26)고 하여 성만찬은 주님이 오시는 날(세상 끝날)까지 교회 안에서 지켜져야 할 신자들의 의무임을 가르치고 있다.

또한 성만찬 시행의 횟수는 특별히 정해진바 없지만 자주 지키라는 것이 주님의 명령으로 본다. 그래서 칼빈(Calvin)은 성찬 예식을 매주 시행하는 것도 좋다고 했다.(기독교강요 4권, 제17장 43).

그러나 개혁교회 전통에는 삼 개월에 한 번씩 시행하는 것이었으나, 오늘날에는 개 교회의 자율에 맡겨져 있어서 대부분의 교회들이 성만찬 시행에 소홀함이 없지 않다. 성례는 교회의 표지(標識) 가운데 하나이며, 은혜의 수단으로서, 그 중요성을 생각할 때에 자주 시행되어야 한다. 그리스도의 단번의 희생 제사로 말미암아 신자들의 전 생애를 통해 베풀어지고 있는 은혜의 유익들을 신자들로 하여금 자주 체험케 함으로써 더욱 확신 가운데 성장할 수 있기 때문이다.

4) 성만찬의 목적과 용도는 다양하다.

① 성만찬은 그리스도의 죽으심을 기념하기 위해 제정되었다. 주님은 유월절 만찬에서 떡과 잔을 나누시며, "이것을 행하여 나를 기념하라"하셨고, 바울은 **"너희가 이 떡을 먹으며 이 잔을 마실 때마다 주의 죽으심을 오실 때까지 전하는 것이니라"**(고전11:26)라고 하여 성만찬이 주님의 죽으심을 기념하는 예식임을 분명히 했다.

또한 성찬은 주님의 죽음이 지니는 고통을 기억하게 하며, 그 죽음은 죄인들을 위한 대속적(代贖的)인 의미라는 것과 하나님께서 그 공의를 만족시킨 것으로 받아들이셨고, 그 대속의 효력은 영원히 지속됨을 일깨워주는 의식인 것이다. 이에 신자들은 그 측량할 수 없는 사랑에 감사하며, 죄를 통회함과 그의 죽으심을 기념하며 기쁨 가운데서 충성을 다해야 하는 것이다. "**그가 우리를 대신하여 자신을 주심은 모든 불법에서 우리를 구속하시고 우리를 깨끗하게 하사 선한 일**

에 열심하는 친 백성이 되게 하려 하심이니라"(딛2:14).

② 성만찬은 그리스도의 죽으심을 통해 신자들이 얻는 모든 유익을 보증하는 인(印)이다. 성만찬은 그리스도께서 죄인들을 위해 죽으셨음과 신자들의 믿음과 하나님께서 믿는 자들에게 약속하신 모든 복에 대해 보증하는 인침이다.

③ 성만찬은 신자들이 영적 양식을 먹고 영적 생명을 유지하며 성장케 한다. 『그리스도는 우리에게 영적이고 천래적(天來的)인 떡을 묘사하기 위하여 지상적이고 보이는 떡을 그의 몸의 한 상징으로, 그리고 포도주를 그의 피의 한 상징으로 제정하셨다. 그는 우리가 우리 손으로 그 상징을 받아 쥐고 우리의 육체적 생명이 유지되는 그것을 우리 입으로 먹고 마시는 것과 똑같이 확실하게, 우리가 우리 영혼의 손과 입으로 우리의 유일한 구주이신 그리스도의 참된 몸과 참된 피를 우리의 영적 생명을 위해 우리 영혼에 믿음으로 확실히 받는다는 것을 우리에게 증거한다』(벨직 신앙고백 제35항).

④ 성만찬은 신자들이 그리스도와의 교제를 나눈다는 것과 신자들 상호 간의 나누는 교제를 보증하는 증거다. 성만찬은 그리스도와 연합된 신자들이 그리스도와의 교제와 신자들 상호 간의 교제를 나타내는 것이며, 참 신앙을 고백하는 모든 신자들은 같은 식탁에 앉아서 한 떡을 나누는 한 몸이며, 한 가족임과 세속(世俗)과의 구별을 나타내는 것이다. "우리가 축복하는바 축복의 잔은 그리스도의 피에 참여함이 아니며 우리가 떼는 떡은 그리스도의 몸에 참여함이 아니냐 떡이 하나요 많은 우리가 한 몸이니 이는 우리가 다 한 떡에 참여함이라"(고전10:16-17).

⑤ 성만찬은 신자들이 그리스도께 행해야 할 의무에 충실하게 한다. 구약시대에는 할례 의식을 시행함으로써 율법 전체를 행할 의무를 짊어졌던 것과 같이 "**내가 할례를 받는 각 사람에게 다시 증거하노니 그는 율법 전체를 행할 의무를 가진 자라**"(갈5:3), 신약시대에는 세례와 성만찬의 시행을 통해 신자들은 그리스도의 피값으로 사신바 된 그의 소유가 됨을 나타내며, 몸과 영혼을 다하여 하나님을 영화롭게 해야 할 의무가 지워졌음을 알게 한다. "**우리 중에 누구든지 자기를 위하여 사는 자가 없고 자기를 위하여 죽는 자도 없도다 우리가 살아도 주를 위하여 살고 죽어도 주를 위하여 죽나니 그러므로 사나 죽으나 우리가 주의 것이로라**"(롬14:7-8).

"그런즉 너희가 먹든지 마시든지 무엇을 하든지 다 하나님의 영광을 위하여 하라"(고전10:31).

제 2절 가톨릭(Catholic)교회의 미사(Mass) 비판

> 이 성찬을 행할 때 그리스도께서 성부에게 바쳐지거나, 또는 산 자와 죽은 자의 죄 사함을 위하여 실제로 희생 제물이 되시는 것도 아니다(히9:22, 25-26, 28). 다만 이 성찬은 십자가상에서 단번에 스스로 자신을 드린 그 희생을 기념하는 것에 지나지 않으며, 하나님께 드릴 수 있는 모든 찬미를 영적으로 봉헌하는 것이다(고전11:24-26; 마26:26-27). 그러므로 가톨릭교회의 희생 제사인 소위 미사는 그리스도께서 택함 받은 자들의 모든 죄를 위한 유일한 희생 제물이 되시고 유일한 화목 제물이 되신 것을 가장 극단적으로 손상시키는 것이다(히7:23-24, 27, 10:11-12, 14, 18).

본 절에서는 성찬 예식은 희생 제사가 아니라 그리스도께서 단번에 자신을 충분한 희생 제사로 드린 것을 기념하는 것이며, 로마 가톨릭 교회가 희생 제사라고 주장하는 소위 미사(Mass)행위는 그리스도께서 택자들의 모든 죄를 위하여 십자가 위에서 유일한 화목제물로 자신을 드린 희생을 가장 극단적으로 손상시키는 것이라고 논박하고 있다.

1) 성만찬 예식은 희생 제사가 아니라 기념이다.

로마 가톨릭교회의 치명적인 오류는 화체교리와 함께 성만찬을 희생 제사와 같은 것으로 본다는 것이다. 그래서 가톨릭교회의 교리와 신앙의 핵심은 미사(Mass, missa: 보내다. 파견하다)이다.

그들은 미사를 그리스도의 거룩한 희생 제사라고 하여, 『미사성제(彌撒聖祭)』라고 부른다. 그들은 성만찬의 떡과 포도주가 실제 그리스도의 살과 피로 변한다는 화체교리에 의해 희생 제물로 보고 있는 것이다. 가톨릭 볼티모어 교리문답에는 다음과 같이 서술되어 있다. 『미사는 그리스도께서 사제의 사역을 통하여 떡과 포도주의 모양을 취하여 피 없는 방식으로 하나님께 자신을 드리는 새 율법의 희생 제사이다』(925문). 『새 율법에서는 희생 제사인 미사 외에는 하나님이 기뻐 받으실 만한 다른 아무 희생 제사도 없다』(929문). 『미사는 십자가의 희생 제사와 동일한 희생 제사이다. 그 이유는 미사에서 사용되는 희생 제물과 주임 사제가 바로 예수 그리스도이시기 때문이다』(931문). 그들의 주장에 의하면 사람이 구원받는 것은 그리스도께서 이미(과거) 죽으시고 부활하신 것을 믿는 것이 아니라 지금(현재) 고난 받고 죽으시는 것으로 믿어야 하는 것이다.

그러므로 그리스도는 인간이 죄를 범할 때마다 속죄를 위하여 계속적으로 죽으셔야만 한다. 이 반복되는 희생제사(미사)가 없이는 누구도 구원을 받을 수가 없다. 그래서 그리스도는 희생 제물이 되시기 위해 떡과 포도주의 모양을 취해 실제로 임하셔야 하는 것이다. 이로써 가톨릭교회는 성만찬 예식을 기념이 아닌 희생제사로 착각하여 그리스도께서 십자가의 죽으심으로 단번에 성취하신 구원의 공로가 부족한 것처럼 극단적으로 손상시키고 있으면서도 사제의 미사행위가 없이는 구원이 없다고 주장하고 있는 것이다.

2) 그리스도의 희생 제사와 성만찬은 다르다.

예수 그리스도의 십자가와 주의 만찬을 실질적으로 같은 뜻을 가진다고 생각하면 안 된다. 그리스도의 십자가는 단회적(單回的)이며, 성만찬은 영속적(永續的)이다.

① 그리스도의 희생 제사는 단 한 번에, 그리고 완전하게 치러졌다. 그러므로 그리스도께서 죄인을 위해 다시 고난 받으실 필요가 없다. "**그리하면 그가 세상을 창조할 때부터 자주 고난을 받았어야 할 것이로되 이제 자기를 단번에 제사로 드려 죄를 없게 하시려고 세상 끝에 나타나셨느니라**"(히9:26). "예수께서 신 포도주를 받으신 후 가라사대 다 이루었다 하시고 머리를 숙이시고 영혼이 돌아가시니라"(요19:30).

"염소와 송아지의 피로 아니하고 오직 자기 피로 영원한 속죄를 이루사 단번에 성소에 들어가셨느니라"(히9:12).

"…예수 그리스도의 몸을 단번에 드리심으로 말미암아 우리가 거룩함을 얻었노라"(히10:10). "이것을 사하셨은즉 다시 죄를 위하여 제사드릴 것이 없느니라"(히10:18). 이상의 성경 증거만으로도 가톨릭교회가 『미사는 십자가 희생과 동일한 희생 제사이며, 미사 외에는 하나님이 기뻐 받으실 만한 다른 아무 희생 제사가 없다』(볼티모어 교리문답, 929, 931문, 재인용)라고 하여, 마치 그리스도의 단번의 희생 제사로는 부족하기 때문에 지금도 계속하여 희생 제사(미사)가 필요한 것처럼 주장하는 궤변에 대한 충분한 논박(論駁) 근거가 될 것이다. 또한 『미사는 그리스도께서 사제의 사역을 통해서 떡과 포도주의 모양을 취하여 피 없는 방식으로 하나님께 자신을 드리는 새 율법의 희생 제사이다』(925문, 재인용)라고 하여 '피 없는 희생 제사' 운운하는 것은 "…**피 흘림이 없은즉 사함이 없느니라**"(히9:22)고 하신 성경 말씀을 정면으로 부정하는 것일 수밖에 없다.

② 성만찬은 그리스도의 희생에 대한 기념이며, 영속적이다. 그리스도의 십자가의 희생은 단회적(單回的)이다. 그러나 성만찬은 그리스도의 희생을 기념하는 것으로서 세상 끝날까지 교회가 지켜야할 영속적(永續的)인 예식인 것이다. "**너희가 이 떡을 먹으며 이 잔을 마실 때마다 주의 죽으심을 오실 때까지 전하는 것이니라**"(고전11:26). 그러므로 그리스도의 십자가와 주의 만찬을 같은 뜻으로 생각해서는 안 된다.

제 3절 주의 만찬(晚餐)의 집행(執行) 방법

> 주 예수께서는 이 예식을 집행하기 위하여 그의 사역자(목사)를 세우셨다. 그들로 신자들에게 이 예식에 필요한 말씀을 선포하고, 기도하게 하시며, 떡과 포도주를 축사하여 그것을 일반 떡이나 포도주와 구별하여 거룩하게 사용하도록 하셨다. 또한 떡을 취하여 떼고, 잔을 들어 자신이 나눌 뿐만 아니라 성찬에 참여한 자들에게 나누어 주게 하셨다(마26:26-28; 막14:22-24; 눅22:19-20; 고전11:23-27). 그러나 그 예식 자리에 참석지 않은 자들에게는 나누어 주지 못하게 하셨다(행20:7; 고전11:20).

본 절에는 성만찬을 집행할 수 있는 자와 집행 방법에 대해서와 그 예식 자리에 참석지 않은 자들에게는 나누어 주지 못하게 하셨다고 진술하고 있다.

1) 성만찬 예식은 주님이 세우신 사역자만 집행할 수 있다.

개혁교회는 합법적으로 안수를 받은 말씀의 사역자(목사) 외에는 아무도 성례를 집행할 수 없도록 되어 있다. 이 내용에 대해서는 앞서 본 고백서 제27장 4절에서도 『복음서에서 우리 주 그리스도께서 제정하신 성례는 두 가지 뿐이니 곧 세례와 성찬이다. 이 중의 어느 것도 합법적으로 안수를 받은 하나님의 말씀 사역자 외에는 그 누구도 집행할 수 없다』라고 진술한 바 있다. "사람이 마땅히 우리를 그리스도의 일군이요 하나님의 비밀을 맡은 자로 여길지어다"(고전4:1). "이 존귀는 아무나 스스로 취하지 못하고 오직 아론과 같이 하나님의 부르심을 입은 자라야 할 것이니라"(히5:4).

2) 성만찬은 다음과 같은 방법으로 집행한다.

성만찬에 대한 말씀을 먼저 신자들에게 선포하고 기도한 후에 떡과 포도주를 축사(祝謝)하여 일반 용도에서 거룩한 용도로 구별한다. 그리고 떡을 들어 떼고, 잔을 들어 자신들이 나눌 뿐만 아니라 참여한 신자들(세례교인)에게 나누어 준다. "**저희가 먹을 때에 예수께서 떡을 가지사 축복하시고 떼어 제자들을 주시며 가라사대 받아 먹으라. 이것이 내 몸이니라 하시고 또 잔을 가지사 사례하시고 저희에게 주시며 가라사대 너희가 다 이것을 마시라 이것은 죄 사함을 얻게 하려고 많은 사람을 위하여 흘리는바 나의 피 곧 언약의 피니라**"(마26:26-28; 막14:22-24; 눅22:19-20; 고전11:23-26).

3) 성만찬 예식에 참여치 아니한 자들에게는 나누어 주지 못한다.

성만찬을 사적(私的)으로 집행하는 것은 그리스도께서 제정하신 규례에 어긋나는 것이다. 목사가 개인적으로 가정을 방문하여 성찬을 베푼다거나 성만찬의 구별된 떡을 남겨두었다가 참석지 못한 자들에게 나누어 주거나 하는 것은 옳지 않다. 그 이유는 ① 그리스도께서는 제자들이 모인 가운데 성례를 제정하셨다. "**...내가 고난 받기 전에 너희와 함께 이 유월절 먹기를 원하고 원하였노라**"(눅22:15). ② 초대교회에서도 신자들이 모인 가운데 성만찬을 집행하였다. "**저희가 사도의 가르침을 받아

서로 교제하며 떡을 떼며 기도하기를 전혀 힘쓰니라"(행2:42). "안식 후 첫날에 우리가 떡을 떼려 하여 모였더니…"(행20:7). ③ 성만찬은 성도들의 교통의 표다. 모임이 없이 교통할 수 없다. "날마다 마음을 같이 하여 성전에 모이기를 힘쓰고…"(행2:46). ④ 성례는 말씀의 선포와 권징의 시행과 분리되어서는 안 된다. 이것은 성례가 교회당 안에서만 집행되어야 한다는 의미는 아니다. 성만찬 예식은 어느 장소든지 신자들이 모여 있고 말씀이 순수하게 선포되며, 권징이 시행되는 장소라면 집행할 수 있다. 교회(에클레시아, ἐκκλησία)란 건물이 아니라 신자들의 공동체이기 때문이다. "…집에서 떡을 떼며…"(행2:46), "저희가 날마다 성전에 있든지 집에 있든지 예수는 그리스도라 가르치기와 전도하기를 쉬지 아니하니라"(행5:42). "라오디게아에 있는 형제들과 눔바와 그 여자의 집에 있는 교회에 문안하고"(골4:15).

또한 장기간 예배에 출석할 수 없는『환자의 경우는 목사와 장로와 여러 명의 신자들이 모인 가운데 병상(病床)에서도 성만찬에 참여할 수 있다고 본다. 투병 중에 있는 환자야말로 그와 같은 사귐에 있다는 것을 더욱 더 필요로 하고 있기 때문이다』(W.신앙고백서 강해, 김준삼 목사 지음 p.285 참고).

제 4절 가톨릭교회의 미사집행(執行) 방법 비판

> 사적(私的)인 미사, 곧 사제나 기타 다른 사람을 통해 홀로 성찬을 받거나(고전10:6), 또는 다른 신자들에게는 잔을 나누어 주지 않거나(막

> 4:23; 고전11:25-29) 떡과 포도주에 절을 한다거나 숭배할 목적으로 높이 치켜들거나, 그것을 가지고 돌아다니면서 찬양하거나, 종교적인 용도를 위해 보관하는 일이 있다면 이 모든 것들은 성찬의 본질과 그리스도께서 성찬을 제정하신 목적에 어긋나는 것이다(마15:9).

본 절에는 사적인 미사(Mass)나, 다른 신자들에게 잔을 나누어 주지 않거나, 떡과 포도주에 절하며 숭배하거나, 종교적 용도를 위해 보관하는 일들은 성만찬의 본질과 그리스도께서 성만찬을 제정하신 목적에 어긋나는 것이라고 진술하여, 가톨릭교회의 미사 집행 방법을 논박하고 있다.

1) 사적(私的)미사

로마 가톨릭(R-Catholic)교회의 그릇된 화체교리(化體敎理)는 다양한 미신과 천박한 우상숭배의 원인이 되고 있다. 그들은 성만찬의 떡과 포도주가 사제의 축성에 의해서 기적적으로 그리스도의 실제 몸과 피로 변한다고 믿는다. 그래서 『성만찬에 참여하지 못한 병자나 신자들에게 분배하기 위해 성별된 떡의 일부를 남겨 놓기도 한다』(프랑스 신앙고백 해설, 장대선 지음 p.361).

2) 병재설(竝在說)

그들은 성만찬의 떡은 신자들에게 나누어 주지만 포도주는 나누어 주지 않고 사제(신부)가 마신다. 그 이유는 포도주가 실제 그리스도의 성혈(聖血)로 변했기 때문에 헛되지 않게 취급한다는 의미와 함께 떡 안에 그리스도의 살과 피가 병존(竝存), 즉 함께 있기 때문이라는 것이다. 이것을 『병재설』이라고 한다. 그러나 이것은 주님의 명령에 어긋나는 행위다. 왜냐하면 주님은 "…**너희가 다 이것을 마시라**"(마26:27)고 명하셨기 때문이다.

3) 거양성체와 성혈(擧揚聖體, 聖血)

『거양성체』란 미사(missa) 중에 사제가 떡과 포도주를 들어 올려 축성할 때, 예수님께서 제자들에게 하시던 말씀대로 '이것을 받아 먹으라 이는 너희를 위하여 내어 줄 내 몸이다' 하고 선언하면 떡이 실제 예수님의 몸(성체)으로 변하고, 또 '너희는 받아 마셔라 이는 새롭고 영원한 계약을 맺는 내 피의 잔이니 죄를 사하여 주려고 너희와 모든 이를 위하여 흘릴 피다. 너희는 나를 기억하여 이를 행하여라' 하고 선언하면 포도주가 그리스도의 실제 피(성혈)로 변한다고 한다. 이때가 미사 중에 가장 거룩한 순간이며, 미사의 핵심이라고 한다. 이때에 들어 올린 떡과 포도주는 실제적인 그리스도의 몸과 피가 되어 신자들에게 흠숭(欽崇), 즉 예배의 대상이 된다는 것이다.

4) 성체조배(聖體朝拜)

『성체조배』란 사제의 축성에 의해서 『떡이라는 물질이 그 본래의 모습은 잃어버리고 기적에 의해 실제로 주님의 몸으로 변하였다고 하여, 그 떡을 '감실(龕室)'이라는 특별한 용기에 넣어서 성당 안에 보관하고, 그 앞에서 경배하고 기도하는 것을 말한다』(로이드 존스, 성경강해시리즈 3권, 임범진 역 p.68, 참고). 이와같이 가톨릭교회는 부활하시고 하늘에 오르신 예수 그리스도를 경배함이 아니라 화체(化體)되었다고 그들이 주장하는 떡을, 성당 건물 안 감실에 모셔놓고 주님이라고 경배하고 있는 것이다. 이 모든 것들은 성찬의 본질과 그리스도께서 성찬을 제정하신 목적에 어긋난다. "...너희 가운데서 하늘로 올리우신 이 예수는 하늘로 가심을 본 그대로 오시리라..."(행1:11), "...위엣 것을 찾으라 거기는 그리스도께서 하나님 우편에 앉아 계시느니라"(골3:1). 오늘날 개혁교회 신자들은 가톨릭교회의 신앙이 성경에서 크게 벗어나 미신적이며, 우상숭배의 심각한 행태로 변질된 사실을 바로 알게 될 때에만, 종교 개혁자들이 로마 가톨릭교회에 대해 그토록 분노했던 사실에 공감하게 될 것이며, 가톨릭교회가 회개하고 성경으로 돌아오지 않는 한, 아직 종교개혁은 끝나지 않았다는 사실을 깨닫게 될 것이다.

제5절 가톨릭교회의 화체교리(化體敎理) 비판(1)

> 성찬에 사용되는 외적 요소들(떡과 포도주)은 그리스도께서 정하신 용도를 위해 정당하게 구별된 것이기 때문에 이 요소는 십자가에 못 박히신 그리스도와 깊은 관계를 가지고 있으며, 그 관계는 참된 것이지만, 오로지 성례적인 차원에서만 그것들이 상징하는 것들의 명칭, 곧 그리스도의 몸과 피로 불린다(마26:26-28). 그렇다고 해도 실체와 본질에 있어서는 이전과 마찬가지로 여전히 떡과 포도주로 남아 있다(고전 11:26-28; 마26:29).

본 절은 로마 가톨릭교회의 기본이 되는 화체교리에 대한 논박으로서, 성찬의 요소가 지니고 있는 십자가에 못 박혀 죽으신 그리스도에 대한 성례전적 표현의 본질을 진술하고 있다.

1) 화체교리는 성경에 아무 근거가 없다.

앞에서도 가톨릭교회의 화체교리의 부당성에 대한 비판을 여러 대목에서 살핀 바 있다. 이어 본 절에서도 화체교리의 그릇됨에 대해 논박하고 있다. 이처럼 화체교리에 대해 본 고백서에서 많은 비판이 가해지고 있는 것은 그 폐해(弊害)가 너무도 심각하기 때문이다. 가톨릭교회는 "…**이것이 내 몸이니라, 이것은… 나의 피 곧 언약의 피니라**"(마26:26-28)라는 말씀을 문자 그대로 받아들여야 한다고 주장한다.

그리고 사제가 이 말씀을 선언(축성)하면 떡과 포도주가 기적적으로 변해 실제 예수님의 몸과 피가 된다고 그들은 믿는다. 그러나 그들의 주장은 성경에 아무런 근거가 없다. 예수님은 떡과 포도주를 자신의 몸과 피를 상징하는 의도로 말씀하신 것이다. 그러므로 성만찬에서 떡과 포도주를 성별(聖別)하여 그것을 예수 그리스도의 살과 피로 부르지만, 그 실체와 본질은 그대로 떡과 포도주로 남는 것이다. 만일 가톨릭교회의 주장처럼 사제의 축성에 의해 떡과 포도주가 실제로 화체(化體)되어 주님의 몸과 피로 변하는 것이라면, 예수님께서 물을 포도주로 변화시켰던 것과 같이 모든 사람이 동일하게 시각적으로나 감각적으로나 미각적으로 변화된 실체를 체험할 수 있어야 할 것이다. "**연회장은 물로 된 포도주를 맛보고 어디서 났는지 알지 못하되 물 떠온 하인들은 알더라…**"

(요2:9). 이것이 바로 화체인 것이다. 그러므로 가톨릭교회의 화체설은 비성경적일 뿐만 아니라 일반 상식과 이성에도 모순될 뿐이다.

2) 성만찬의 떡과 포도주는 예수님의 살과 피의 상징이다.
우리는 성만찬에서 떡과 포도주를 받을 때, 그것을 주님의 몸과 피라고 한다. 그러나 그 떡이 실제 예수님의 몸이고, 그 포도주가 실제 주님의 피라는 뜻이 아니라, 단지 주님의 몸과 피를 상징하는 표일 뿐이라는 것을 안다. 하지만 우리가 물질인 떡과 포도주를 주님의 몸과 피라고 하는 이유는 『상징(떡과 포도주)』과 『상징하는 것(예수님의 몸과 피)』이 성령의 역사로 연합되기 때문이다. 이것을 『성례적 연합(sacramental union)』이라고 부른다. 이런 연합의 사실은 성경 여러 곳에서 발견하게 되는데, 구약에서 할례는 아브라함과 그 후손 사이의 하나님의 언약의 표(상징)였다(창17:7-11).

그러므로 할례(상징)를 통해 하나님의 언약(상징하는 것)을 나타내는 것이다. 또한 세례 요한이 예수님을 보고 "**...보라 세상 죄를 지고 가는 하나님의 어린 양이로다**"(요1:29)라고 할 때에 양은 예수님을 표하는 상징인 것이다. "**...우리의 유월절 양 곧 그리스도께서 희생이 되셨느니라**"(고전5:7). 여기서 할례와 언약의 연합, 양과 예수님의 연합이 있는 것이다. 이처럼 성만찬의 떡과 포도주라는 상징은 예수 그리스도께서 십자가에 못 박혀 죽으신 몸과 흘리신 피를 나타내는 것이다.

그러므로 우리가 성만찬에서 그리스도의 살과 피를 먹고 마신다고 말하는 것은 입으로 먹고 마시는 것을 의미하는 것이 아니다. 육신의 입으로는 상징(떡과 포도주)을 먹고 마실 뿐이지만, 영적으로는 상징하는 것(그리스도의 몸과 피)을 믿음으로 먹고 마시는 것이다. "내 살은 **참된 양식이요 내 피는 참된 음료로다 내 살을 먹고 내 피를 마시는 자는 내 안에 거하고 나도 그 안에 거하나니 살아계신 아버지께서 나를 보내시매 내가 아버지로 인하여 사는 것 같이 나를 먹는 그 사람도 나로 인하여 살리라… 내가 너희에게 이른 말이 영이요 생명이라**"(요6:55-57, 63).

3) 우리는 『상징의 표』가 아닌 『상징하는 것』을 바라보아야 한다.

가톨릭(Catholic)교회는 그릇된 화체교리(化體敎理)로 말미암아 땅에 있는 상징(떡)에만 집착하고, 하늘에 계시는 상징하는 것(예수 그리스도)을 바라보지 못하고 있다. 하지만 『우리는 성만찬의 떡과 포도주의 표증에 집착하지 않고 우리의 마음의 눈을 높이 들어 우리의 구원을 성취하시고 승천하여 하나님 보좌 우편에 우리의 구주와 대언자로 계시는 그리스도를 바라보고 그가 주시는 영적 양식과 음료를 빌어 영적인 양육을 받으며 성령으로 새로움을 입고 힘을 얻게 된다』(벨기에 신앙고백 제35항 해설. 허순길 p.496). "…너희 가운데서 하늘로 올리우신 이 예수는 하늘로 가심을 본 그대로 오시리라…"(행1:11). "하나님이 영원 전부터 거룩한 선지자의 입을 의탁하여 말씀하신바 만유를 회복하실 때까지는 하늘이 마땅히 그를 받아 두리라"(행3:21).

"…위엣 것을 찾으라 거기는 그리스도께서 하나님 우편에 앉아 계시느니라"(골3:1). "…보라 하늘이 열리고 인자가 하나님 우편에 서신 것을 보노라…"(행7:56). "내가 진실로 속히 오리라 하시거늘 아멘 주 예수여 오시옵소서"(계22:20).

제 6절 가톨릭교회의 화체교리(化體敎理) 비판(2)

> 사제(신부)가 축사하거나 혹은 다른 방법을 통해서 떡과 포도주가 실제로 그리스도의 살과 피의 실체로 변한다고 주장하는 교리(화체설)는 성경에 모순될 뿐만 아니라 일반 상식과 이성에도 모순되는 것이다. 이러한 교리는 성찬의 본질을 뒤엎는 것이요, 여러 가지 미신과 우상숭배의 원인이 되어 왔고, 지금도 그러한 요인이 되고 있다(행3:21; 고전 11:24-26; 눅24:6, 39).

본 절은 지금까지 연속된 가톨릭교회의 화체 교리에 대한 논박의 결론이라 할 수 있다.

1) 화체교리는 비성경적이며, 상식과 이성에도 모순된다.

가톨릭교회의 화체교리에 대해서 이미 상세하게 살펴왔지만, 이 교리는 매우 비성경적이며, 일반 상식과 이성에도 모순이 될 뿐 아니라, 그들이 사제가 떡과 포도주를 축성할 때에 그것이 기적적으로 예수님의 실제 몸과 피로 변화된다고 주장하는 것은 『바울이 예언한 거짓 표적과 이적들 중의 하나이다』(w.신앙고백서 강해, 윌리암슨 지음. 나용화 옮김 p.364). "악한 자의 임함은 사단의 역사를 따라 모든 능력과 표적과 거짓 기적과 불의의 모든 속임으로 멸망하는 자들에게 임하리니 이는 저희가 진리의 사랑을 받지 아니하여 구원함을 얻지 못함이니라"(살후2:9-10). 성만찬의 본질을 뒤엎는 거짓(화체설)교리이다.

2) 화체교리는 과거나 현재에도 여러 가지 미신과 우상숭배의 원인이 되고 있다.

미신(迷信)과 우상숭배란 신(神)이 아닌 것을 신으로, 즉 하나님이 아닌 것을 하나님인 것처럼 믿고 섬기는 망령된 종교 행위를 말한다. 가톨릭 교회가 물질인 떡을 신인(神人)이신 예수 그리스도의 실체(實體)라고 경배하고 섬기는 것이야말로 미신적이며, 우상숭배라 아니할 수 없다. 죽으시고 부활하신 그리스도는 하늘로 올리우시고 영광의 보좌에 앉아 계시는데 "하나님이 영원 전부터 거룩한 선지자의 입을 의탁하여 말씀하신바 만유를 회복하실 때까지는 하늘이 마땅히 그를 받아 두리라"(행3:21). "...거기는 그리스도께서 하나님 우편에 앉아 계시느니라"(골3:1). 그 분이 떡(성체)으로 변화되어 성낭 선물 안의 작은 감실(龕室)속에 갇혀 있으면서 사제들과 신도들의 기도와 경배를 받고 있다는 것은 성경적으로나 일반 상식이나 이성적으로도 앞뒤가 맞지 않는 모순(矛盾)일 수밖에 없다. "불의의 모든 속임으로 멸망하는 자들에게 임하리니 이는 저희가 진리의 사랑을 받지 아니하여 구원함을 얻지 못함이니라 이러므로 하나님이 미혹을 저의 가운데 역사하게 하사 거짓 것을 믿게 하심은 진리를 믿지 않고 불의를 좋아하는 모든 자로 심판을 받게 하려 하심이니라"(살후2:10-12).

제 7절 성경적인 수찬(受餐) 방법과 공재설(共在設) 비판

> 성찬을 합당하게 받는 자들은 눈에 보이는 요소를 외적으로 받아들일 때에(고전11:28) 내적으로는 믿음을 통해 물질적으로나 육체적으로가 아니라 영적으로 십자가에 못 박히신 그리스도와 그 죽음을 통해 주어지는 모든 은혜를 받아먹는다. 그러나 그리스도의 몸과 피는 떡과 포도주 안에나 함께, 또는 아래에 물질적으로나 육체적으로 있는 것은 아니다. 그러나 성찬의 요소들이 예식에 참여하는 신자들의 외적 감각에 의해서 알아보는 것처럼 그들은 믿음을 통하여 실제적이 아닌 영적으로 그리스도의 몸과 피를 깨닫게 되는 것이다(고전10:16).

앞에서는 가톨릭교회의 화체교리에 대해 강하게 논박해 왔으나, 본 절에서는 합당한 수찬 방법에 이어서 루터파(Lutheran)교회의 성찬교리(공재설)에 대해 논박하고 있다.

1) 성경적인 수찬(受餐) 방법

성만찬을 합당하게 받는 자들은 가견적(可見的) 요소(떡과 포도주)를 외적으로 받을 때, 내적으로는 믿음을 통해 영적으로 그리스도의 죽으심을 통해 주어지는 모든 은혜를 받아먹는다. 그러므로 우리가 믿음으로 바라보아야 하는 것은 떡과 포도주라는 『상징』이 아니라 그것이 『상징하는 것』인 그리스도인 것이다.

『어리석게 우리 앞에 있는 떡과 포도주에 집착하지 말고, 우리의 마음을 믿음으로 하늘로 들어 올려, 제사장에 의해 죽임을 당하지 않고 자기를 희생 제물로 드리고 세상 죄를 지고 가신 하나님의 어린양이 거룩한 식탁 위에 있다고 생각하자』(니케아 공의회, 성만찬 전문)

2) 루터파의 공재설(共在設) 비판

루터교회(Lutheran Church)에서는 성만찬의 떡과 포도주가 실제로 그리스도의 몸과 피로 변한다는 가톨릭교회의 화체설에는 동의하지 않으면서도 살과 피를 가진 그리스도의 몸의 실체가 떡과 포도주 안에, 함께, 또는 아래 임재(臨在)한다고 주장한다. 이것을 『공재설』 또는 『공존설(共存設)』이라고 부른다. 그들은 그리스도의 인성의 편재(遍在)를 주장하며, 근거로 삼는다. 즉 『그리스도의 몸은 말씀과 연합하였기 때문에 어디에나 임재하시며, 따라서 성만찬에 사용되는 떡 속에도 임재 하신다는 것이다. 그러므로 성만찬 예식은 그리스도의 몸을 떡 속에서 먹게 해주는 것뿐이라고 가르친다』(하이델베르크 요리문답 해설, 원광연 옮김 p.658). 그리고 『그들은 그리스도의 인성(人性)은 참 인성과 달리 일정한 크기와 모양을 갖추고서 일정한 장소에 위치해 있지 않다고 주장한다. 이것은 결국 그리스도의 참 인성을 부인하고 파괴하는 것이 된다』(w.신앙고백서 강해, G. I.윌리암슨 지음. 나용화 옮김 p.365). 왜냐하면 예수님은 "...**내가 떠나가는 것이 너희에게 유익이라 내가 떠나가지 아니하면 보혜사가 너희에게로 오시지 아니할 것이요 가면 내가 그를 너희에게로 보내리니**"(요.16:7)라고 말씀하셨고, 또 "**내가 아버지께로 나와서 세상에 왔고 다시 세상을 떠나 아버지께로 가노라**"(요.16:28)라고 하셨다. 또한 부활하신 후 승천하실 때에 "...**너희 가운데서 하늘로 올리우**

신 이 예수는 하늘로 가심을 본 그대로 오시리라…"(행1:11)는 말씀은 그리스도의 인성(人性)은 이 지상에 신체적인 몸으로 계시지 않고 있음을 알 수 있다.

그러므로 개혁교회는 성만찬 예식에 그리스도께서 몸의 실체로 임재해 계시는 것이 아니라 단지 영적으로 임재 하시는 것이며, 신자들은 성령의 역사를 통해 믿음으로 그리스도를 영적으로 받아먹으며, 그와 더불어 연합하고 교통한다고 주장한다.

제 8절 수찬(受餐)에 합당치 못한 자

> 무지하고 사악한 사람이 성찬의 외적 요소를 받는다고 해도 그들은 그 요소가 상징하는 것을 받지 못한다. 그들은 성찬에 합당치 못하게 참여하므로 해서 주의 몸과 피를 범하는 죄를 지어 자신의 파멸을 자초하는 것이 된다. 그러므로 무지하고 불경건한 자들은 그리스도와의 교제를 누리기에 합당치 않은 것처럼, 또한 주의 상(床)에 참여할 자격도 없다. 그들이 무지하고 불경건한 상태에 있으면서 이 거룩한 성찬 예식에 참여하거나(고전11:27-29; 고후6:14-16), 참여하는 것이 허락되는 것은 (고전5:6-7, 13; 살후3:6, 14-15; 마7:6) 그리스도에 대하여 큰 죄를 짓게 되는 것이다.

본 절에는 불신자가 성만찬의 외적 요소인 떡과 잔을 받는다 해도, 그 떡과 잔이 의미하는 것은 받지 못한다. 즉 상징은 받으나 상징하는 것은 받지 못한다. 이로써 그러한 자들은 주의 몸과 피를 범하는 죄를 자초하게 된다. 그러므로 교회는 참 믿음을 고백하는 자들을 제외하고는 아무에게나 성만찬에 참여하는 것을 허락해서는 안 된다고 진술하고 있다.

1) 불신자가 성만찬의 상징을 받아도 상징하는 것은 받지 못한다.

외식(外飾)하는 자들이나 회개치 아니한 불신자는 성만찬의 떡과 잔(상징)을 받는다 해도 그 떡과 잔이 의미하는 영적 은혜(상징하는 것)는 받지 못한다. 예수님을 배신한 가룟 유다도 동료들과 함께 떡과 잔을 나누어 받았지만, 그 떡과 잔이 의미하는 영적인 주님의 몸과 피는 먹지 못하였다고 말할 수 있다. 그것은 "내 살을 먹고 내 피를 마시는 자는 영생을 가졌고 마지막 날에 내가 그를 다시 살리리니 내 살은 참된 양식이요 내 피는 참된 음료로다 내 살을 먹고 내 피를 마시는 자는 내 안에 거하고 나도 그 안에 거하나니… 이 떡을 먹는 자는 영원히 살리라"(요6:54-56, 58)라고 예수님께서 말씀하셨기 때문이다.

그러므로 참 믿음과 고백이 없이 성만찬의 떡과 잔을 합당치 않게 먹고 마시는 것은 아무런 유익을 얻지 못할 뿐 아니라 주의 몸과 피를 범하는 죄를 자초(自招)하는 것이며, 자기의 죄를 먹고 마시는 것이다. "…**누구든지 주의 떡이나 잔을 합당치 않게 먹고 마시는 자는 주의 몸과 피를 범하는 죄가 있느니라**"(고전11:27).

2) 교회는 참 믿음을 고백하는 자들 외에는 아무도 성만찬에 참여를 허락해서는 안 된다.

그리스도와의 교제를 누리기에 합당치 않은 자들은 주님의 거룩한 식탁에 참여할 자격이 없다. 그러므로 교회의 제직들은 무지하고 불신앙적인 자들이 성만찬에 참여하여 성례를 더럽히는 일이 없도록 신중을 기해야 할 의무가 있다. "**너희는 믿지 않는 자와 멍에를 같이 하지 말라 의와 불법이 어찌 함께하며 빛과 어두움이 어찌 사귀며 그리스도와 벨리알이 어찌 조화되며 믿는 자와 믿지 않는 자가 어찌 상관하며 하나님의 성전과 우상이 어찌 일치가 되리요 우리는 살아계신 하나님의 성전이라...**"(고후6:14-16). 또한 신자들에게도 자신을 철저히 살피도록 권고하고, 아직 참 믿음을 받아들이지 않는 자들은 참여치 못하도록 금해야 한다. "**사람이 자기를 살피고 그 후에야 이 떡을 먹고 이 잔을 마실지니 주의 몸을 분별치 못하고 먹고 마시는 자는 자기의 죄를 먹고 마시는 것이니라**"(고전11:28-29). 여기서 『자기를 살핀다』는 것은 자신에게 『믿음과 회개가 있는가』를 살피는 것을 말함이다. "**너희가 믿음 안에 있는가 너희 자신을 시험하고 너희 자신을 확증하라**"(고후13:5). 또한 『주의 몸을 분별치 못하고』에서, 주의 몸을 분별한다는 것은 성만찬에서 『상징』과 『상징하는 것』 사이를 분별하는 것을 뜻한다. 즉 떡과 잔이 아니라 그것이 상징하는 것인 예수 그리스도를 바라보고 먹고 마셔야 한다는 뜻이다. 『어리석게 우리 앞에 있는 떡과 포도주에 집착하지 말고, 우리의 마음을 믿음으로 하늘로 들어 올려, 제사장에 의해 죽임을 당하지 않고 자기를 희생 제물로 드리고 세상 죄를 지고 가신 하나님의 어린양이 거룩한 식탁 위에 있다고 생각하자』(앞에 글 p.547).

자신을 살피는 것에 대해서는 하이델베르크 요리문답 제81문에 상세히 진술하고 있다. 『문: 누가 성찬에 참여할 수 있습니까?.

답: 자기의 죄로 인하여 자기 자신에 대해 진정으로 슬퍼하면서도 자기가 그리스도로 말미암아 죄 사함 받았음을 신뢰하며, 또한 자기에게 남아 있는 연약함이 그리스도의 고난과 죽으심으로 말미암아 가려진다는 것을 신뢰하는 자들과, 또한 자기의 믿음이 더욱 강건해지고 자기의 삶이 바르게 고쳐지기를 사모하는 자들이 참여할 수 있습니다. 그러나 외식하는 자들과 진정한 마음으로 하나님께 돌아서지 않은 자들이 성찬에 참여한다면 그것은 그들 스스로 심판을 먹고 마시는 것입니다.』

① 자기의 죄를 시인하고 그것에 대해 진심으로 가슴 아파하는 자들, ② 자신의 죄가 그리스도로 말미암아 사함을 받았음을 믿는 자들, ③ 믿음이 더욱 강건해지고 자신의 삶이 더욱 거룩해지기를 진심으로 소원하는 자들, 이러한 자들이 성만찬에 나아와야 할 그리스도의 값있는 손님들이다.

3) 성찬식 방법에 대한 여러 입장

① **공개적 성찬식(울타리 없는 성찬)**: 공개적 성찬식이란 누구든지 원하는 자는 성만찬에 참여할 수 있다는 것을 말한다. 타 교회, 교단, 구별 없이 세례를 받은 자들은 누구든지 참여시키는 것이다(개방 성찬식이라고도 함). 물론 세례교인은 누구나 성만찬에 참여할 수 있다. 그러나 공개적 성찬식의 위험은 세례를 받지 않거나 합당치 않은 자들(무지하고 의혹이 있는 자들, 이단에 속한 자들 포함)이 받아도 막을 방법이 없다는 것이다.

이에 대해 공개적 성찬식을 지지하는 자들은, 참여하는 자들 스스로의 판단(양심)과 책임 하에 받는 것이므로 제재(制裁)할 필요가 없다고 주장한다. 하지만 이것은 성경의 가르침에 위배된다. 왜냐하면 성경은 믿고 세례를 받을 뿐 아니라 말씀의 교훈을 받아 순종하는 자들이 참여해야 함을 가르치고 있으며 "**그 말을 받는 사람들은 세례를 받으매 이 날에 제자의 수가 삼천이나 더하더라 저희가 사도의 가르침을 받아 서로 교제하며 떡을 떼며 기도하기를 전혀 힘쓰니라**" (행2:41-42). 또한 세례를 받은 신자라도 먼저 자신을 살핀 후에 참여할 것을 권고하며, 경고가 주어지고 있기 때문이다. "**... 자기를 살피고 그 후에야 이 떡을 먹고 이 잔을 마실지니 주의 몸을 분별치 못하고 먹고 마시는 자는 자기의 죄를 먹고 마시는 것이니라**"(고전11:28-29).

② **비공개적 성찬식(울타리 있는 성찬)**: 비공개적 성찬식은 성만찬을 집행하는 교회에 속한 세례교인들 외에는 참여를 허용하지 않는 것을 말한다. 그래서 『폐쇄 성찬식』이라고 부르기도 한다.

여기에는 거짓 신자들이나 합당치 않은 자들의 참여를 사전에 차단하여 성만찬의 거룩성을 지키는 데는 유익이 있다고 할 수 있으나, 다른 교단에 속한 신자들이라 할지라도 참 신자들까지 참여를 금(禁)함으로써, 참 교회의 보편성을 부인하는 결과를 낳을 수 있다. "**그는 몸인 교회의 머리라...**"(골1:18; 엡1:22), "**평안의 매는 줄로 성령의 하나 되게 하신 것을 힘써 지키라 몸이 하나요 성령이 하나이니 이와 같이 너희가 부르심의 한 소망 안에서 부르심을 입었느니라 주도 하나이요 믿음도 하나이요 세례도 하나이요 하나님도 하나이시니...**"

(엡4:3-6).

③ **제한적 성찬식:** 제한적 성찬식이란 다른 교회의 회원들을 무분별하게 성만찬에 참여시키지 않는 것을 말한다. 만일 다른 교단에 속한 신자가 와서 성만찬 참여를 원할 때에는 교회의 감독자(당회원)가 청원한 그 사람이 신자 되기에 충분한 진리들을 이해하고 있는지의 여부와 그리스도를 믿는 참 신앙을 고백하고, 그 교훈들에 순종하여 행하는 증거들이 있는지를 확인하고 허락할 수 있을 것이다.

그러나 같은 교단의 지교회 출신이라면 그런 증거에 의하여 참여를 허락할 수 있다. 이러한 제한적 성찬식이 성경적으로 합당하다고 할 수 있다. 성만찬 참여를 각 개인의 판단과 책임에 맡겨서 무분별하게 베푸는 것(공개 성찬식)은, 합당치 않는 자들이 먹고 마시게 되므로 자기들의 죄를 자초(自招)하게 할 뿐 아니라, 감독을 소홀히 한 교회도 더 큰 죄를 짊어지게 되는 것이다. "**...누구든지 주의 떡이나 잔을 합당치 않게 먹고 마시는 자는 주의 몸과 피를 범하는 죄가 있느니라**"(고전11:27). "**...이 악한 사람은 너희 중에서 내어 쫓으라**"(고전5:13). 그러므로 성만찬이 거룩하게 지켜지기 위해서는 제한적 성찬식을 권하는 것이다. (w.대요리문답 173문 해설, J. G.보스 & G. I.윌리암슨 지음. 류근상 & 신호섭 옮김. 참고).

대요리문답 173문에서도 다음과 같이 진술하고 있다.

『문: 믿음을 고백하고 성찬에 참여하기를 원하는 이에게 성찬을 못 받게 할 수 있습니까?.

답: 비록 믿음을 고백하고 성찬에 참여하기를 원한다 할지라도, 무지하며 수치스러운 일이 드러난 이들은 그들이 가르침을 받아 변화되기까지 그리스도께서 그분의 교회에 맡기신 권세로 성찬을 못 받게 할 수 있으며 또한 못 받게 해야 합니다.』

제 30장
교회의 권징(勸懲)에 대하여

본 고백서는 앞에 제29장 성만찬에 관한 진술에 이어서 제30장에는 교회의 권징에 대한 고백이 진술되고 있다. 이것은 서로 밀접한 상관관계에 놓여져 있기 때문이다. 성만찬이 올바르게 집행되고, 교회의 거룩성이 지켜지기 위해서는 권징이 바르게 시행되며, 확고하게 세워져야 하기 때문이다. 권징은 말씀의 선포와 성례의 집행과 함께 참 교회의 3대 표지(標識)중 하나로서, 반드시 교회 안에서 진실히 시행돼야 할 은혜의 수단이다. 오늘날 교회 안에서 온갖 죄악과 방종이 판치고 있음에도 불구하고, 권징이 시행되지 않고 침묵되고 있는 것은 참 교회로서의 거룩성에서 점점 멀어져가고 있다는 증거라고 할 것이다.

교회 안에서 권징이라는 말이 나오기라도 하면 대단히 불쾌하게 생각하며, 사랑이 없는 잔인한 율법주의라고 공격하기 일쑤다. 이것은 교회 안에서 권징에 대한 가르침이 소홀하다 보니, 권징의 필요성과 그 유익에 대해 무지(無知)의 결과인 것이다. 이제라도 목회자들은 말씀과 성례와 함께 이 권징의 의미를 신자들에게 철저하게 가르쳐서 자신들을 죄악에서 지키며, 교회의 거룩성을 보호, 유지하기 위해서는 권징의 시행이 필수적임을 깨우쳐야 할 것이다 종교개혁자 칼빈(Calvin)은 권징의 성격과 그 중요성에 대해 다음과 같이 가르치고 있다. 『권징을 싫어하고 말만 들어도 뒷걸음치는 사람들이 있으나 그런 사람들은 교회도 하나의 사회라는 것을 알아야 한다. 조그마한 가족 같은 사회에서도 규율이 없이는 올바른 상태를 유지할 수 없다면 가장 질서가 정연해야 할 교회에서는 규율이 더욱더 필요하다. 따라서 그리스도의 구원의 '교리가 교회의 영혼'인 것 같이 '권징은 그 힘줄'에 해당한다. 이 힘줄에 의해서 몸의 지체들이 서로 결합되고 각각 그 자리에 있을 수 있다. 그러므로 권징을 폐지하거나 그것의 회복을 막으려고 하는 자들은 고의로 하든지 또는 모르고 하든지 간에 결국 교회를 극도의 혼란으로 몰고 가고 있는 것이다. 즉 모든 사람이 자기가 좋은 대로만 행한다면, 교회는 마침내 어떻게 될까? 만일 교리의 설교는 있어도 개인적인 경고와 징벌과 그 밖의 교리를 지칭하여 이를 헛되게 하지 않기 위한 종류의 보조수단이 결부되지 않는다면, 교회는 방종에 빠진 것이 되어서 해체되고 말 것이다. 그러므로 권징이라는 것은 그리스도의 교리에 반대하여 날뛰는 자들을 단속하여 길들이기 위한 고삐와 같은 것이며, 혹은 뜻이 약한 사람을 격려하는 박차(拍車: 어떤 일을 재촉하여 잘 되도록 더하는 힘)와 같은 것이며, 때로는 심각한 타락에 빠진 자를 그리스도의 영의 온유함으로 징계하는 아버지의 채찍과 같은 것이다. 따라서 백성들을 주님께 대한 복종으로 붙잡아 두기 위한 아무런 배려도 없고, 아무런 처치도 취해져 있지 않기 때문에 교회에는 벌써 무서운 황폐가 시작이 되려 하고 있음을 알 수 있음으로 이 필연 자체가 구제의 필요를 부르짖고 있는 것이다. 그러므로 그리스도께서 명하시고 경건한 사람들 가운데서 항상 지켜져 온 이 권징(계율)이 유일한 구제인 것이다』(기독교강요 제4권 제12장 1).

제 1절 교회적 권능(權能)

> 교회의 왕이요 머리이신 주 예수 그리스도께서는 세속의 위정자와는 구별된 교회 제직의 손에 통치권을 허락해 주셨다(사9:6-7; 딤전5:17; 살전5:12; 행20:17, 28; 히13:7, 17, 24; 고전12:28; 마28:18-20).

본 절에서는 교회의 왕이시며, 머리이신 예수 그리스도는 국가 공직자들과는 구별되는 교회의 직분자들의 손에 통치권을 허락해 주셨다고 진술하고 있다.

1) 그리스도는 교회의 왕이시며, 머리이시다.

앞서 제25장 6절에서는 『주 예수 그리스도 밖에는 교회의 머리가 없다. 로마의 교황도 어떤 점에서든지 교회의 머리가 될 수 없다』고 진술하여 지상교회의 머리는 교황이라고 주장하는 가톨릭교회에 대해 논박한 바 있다. 그리고 본 절에는 『교회의 왕이시며, 머리이신 예수 그리스도는 국가 공직자들과는 구별되는 교회의 직분자들의 손에 통치권을 허락해 주셨다』고 진술한다. 이로써 교회 정치는 세속 국가로부터 독립된다는 주장을 분명히 하여, 교회도 국가의 부분이라고 주장하는 『교회 국가 종속주의(에라스티안니즘, Erastianism)』에 대해 논박한다. 제23장 3절에서도 『국가 공직자는 주의 말씀을 주관하거나 성례전 집행이나 천국 열쇠의 권세를 집행해서는 안 된다』라고 진술하여 논박하고 있다.

교회적 권세(교리권, 치리권, 봉사권)는 교회의 왕이시요, 머리이신 그리스도로부터 나오는 것이며, 그는 말씀과 성령에 의해서 다스리신다. "이는 한 아기가 우리에게 났고 한 아들을 우리에게 주신바 되었는데… 전능하신 하나님이라, 영존하시는 아버지라, 평강의 왕이라 할 것임이라"(사9:6-7), "…주 하나님께서 그 조상 다윗의 위를 저에게 주시리니 영원히 야곱의 집에 왕노릇 하실 것이며 그 나라가 무궁하리라"(눅1:32-33). "…예수께서 대답하시되 네 말과 같이 내가 왕이니라 내가 이를 위하여 났으며 이를 위하여 세상에 왔나니 곧 진리에 대하여 증거하려 함이로라…"(요18:37), "…내 나라는 이 세상에 속한 것이 아니라…"(요18:36).

"그는 몸인 교회의 머리라…"(골1:18), "만물을 그 발아래 복종하게 하시고 그를 만물 위에 교회의 머리로 주셨느니라"(엡1:22).

2) 그리스도는 교회의 정치를 제정하시고, 제직의 손에 맡기셨다.

교회는 하나님의 택한 백성들로 이루어진 그리스도의 몸이다. 그러므로 교회의 본질은 불가견적(不可見的/무형적)이며, 영적이다. 그러나 이 교회는 그리스도를 믿고 고백하는 신자들로 말미암아 가견적(可見的/유형적) 성격을 갖게 된다.

그러므로 유형교회는 필연적으로 제도와 정치의 필요성이 있게 된다. 이 제도와 정치는 교회 자체에서 나오는 것이 아니라 교회를 친히 세우시고 영원한 왕이시며, 입법자이신 그리스도께서 주시는 것이다. "…내가 이 반석 위에 내 교회를 세우리니 음부의 권세가 이기지 못하리라 내가 천국 열쇠를 네게 주리니 네가 땅에서 무엇이든지 매면 하늘에서도 매일 것이요 네가 땅에서 무엇이든지 풀면 하늘에서도 풀리리라…"(마 16:18-19). 그리스도는 교회의 머리이시며 영원한 왕으로서 교회의 정치와 제도의 원리를 그의 말씀(신,구약성경) 속에서 제시하여 주셨다. 그래서 성경은 교회의 헌법(憲法)인 것이다. 그러므로 교회는 영원한 왕이시며, 입법자이신 그리스도의 말씀(성경)에서 정치 원리를 찾아야 하는 것이다.

성경은 그리스도께서 그의 몸된 교회 안에 정치를 제정하셨음을 증거해 주고 있다. "**하나님이 교회 중에 몇을 세우셨으니 첫째는 사도요 둘째는 선지자요 셋째는 교사요… 다 사도겠느냐 다 선지자겠느냐 다 교사겠느냐…**"(고전12:28-30). "**그가 혹은 사도로, 혹은 선지자로, 혹은 복음 전하는 자로, 혹은 목사와 교사로 주셨으니 이는 성도를 온전케 하며 봉사의 일을 하게 하며 그리스도의 몸을 세우려 하심이라**"(엡4:11-12). 이 교회의 정치를 본 절에는 제직들의 손에 맡기셨다고 진술하고 있다. 그러므로 교회의 정치는 세속의 위정자들이 관여해서는 안 된다는 것이다. "**바울이 밀레도에서 사람을 에베소로 보내어 교회 장로들을 청하니 오매 저희에게 말하되… 너희는 자기를 위하여 또는 온 양떼를 위하여 삼가라 성령이 저들 가운데 너희로 감독자를 삼고 하나님이 자기 피로 사신 교회를 치게 하셨느니라**"(행20:17-18, 28). "**잘 다스리는 장로들을 배나 존경할 자로 알되 말씀과 가르침에 수고하는 이들을 더할 것이니라**"(딤전5:17).

3) 교회 정치 체제에 관하여는 역사상 교회가 취해온 몇 가지 다른 입장들이 있다.

(1) 감독(監督)정치 체제

감독정치(로마 가톨릭, 성공회, 감독교회 등) 체제는 사도들의 후계자로서의 역사적인 감독직에 강조점을 둔다. 이 체제에 의하면 교회 머리이신 그리스도께서 교회 정치를 사도들의 직접적인 영적 후계자인 감독들에게 독점적(獨占的)으로 위임하셨다고 주장한다.

그리스도가 사도들을 임명하셨고, 사도들은 감독들을 임명함으로써 자신들과 그 반열이 대대로 교회의 치리권을 물려받고 있다는 것이다. 그러나 사도(使徒)시대로부터 교회에는 감독과 장로들이 있었지만, 처음에는 이런 사상이 없었다. "**...성령이 저들 가운데 너희로 감독자를 삼고 하나님이 자기 피로 사신 교회를 치게 하셨느니라**"(행20:28; 딤전3:1). "**너희 중 장로들에게 권하노니 나는 함께 장로 된 자요**"(벧전5:1). 그러나 사도들이 사라져간 후, 사도적(使徒的) 교부(敎父/속사도)시대를 거치면서 서서히 감독의 권력이 강화되고 집중되어 가기 시작했다.

그것은 『감독들이 교회를 대표하는 지위에 서서 가르치며, 예식을 집행하는 직무를 수행하는 사람으로서, 그 지위가 확보되었고, 또한 당시 제국의 박해에 대항하지 않으면 안 되었던 상황에서 교회를 이끌어갈 수장(首長)의 역할이 필요했던 것이다. 이런 가운데서 점차적으로 감독은 사도의 직분과 그 권위의 후계자라는 사상이 발달하게 된 것이다』(교회사, 김의환 박사 감수 p.80). 그러나 성경은 사도직 계승에 대한 근거가 없으며, 사도들의 후계자로서의 감독들의 존재를 인정하지 않는다.『사도들은 이적 행사의 능력을 받은 부활의 증인들이었고, 하나님의 뜻에 대한 무오(無誤)한 전달자였으며, 그리스도 교회의 창설자들이었다. 사도들은 그들의 소명(召命)의 목적이 다했을 때에 사라졌고, 후계자들을 남기지 않았다. 후대의 감독들은 사도들이 전해준 복음의 권위를 전수(傳受)했으나 사도적 권위는 전수할 수 없었다. 이런 감독정치는 중세기 로마 가톨릭교회의 정치체제가 되었고, 영국의 성공회와 미국 감독교회도 이 체제를 따르고 있다』(신학사전, 개혁주의신행협회 편 p.73-74).

(2) 로마 가톨릭(R-Catholic) 교회의 정치 체제

로마 가톨릭 교회의 정치 체제는 앞에서 언급한 바와 같이 감독정치 체제를 극한적(極限的)으로 발전시킨 것이다. 감독이 교회를 다스린다면, 그 감독단을 다스릴 우두머리가 있어야 한다는 논리의 결론으로 교황이 등장하게 된 것이다. 가톨릭교회는 마16:18-19의 "**...너는 베드로라 내가 이 반석 위에 내 교회를 세우리니 음부의 권세가 이기지 못하리라 내가 천국 열쇠를 네게 주리니 네가 땅에서 무엇이든지 매면 하늘에서도 매일 것이요 네가 땅에서 무엇이든지 풀면 하늘에서도 풀리리라...**"고 하신 말씀에서 그리스도는 지상 교회를 베드로를 기반으로 세우셨고, 그에게 교회 치리 열쇠의 권세를 부여하신 것으로 해석을 한다. 그리고 이 권세를 로마 가톨릭교회와 교황에게 돌린다. 즉 교황이 베드로의 후계자로서 그리스도의 지상 대리자가 된다는 것이다.

그래서 지상에는 교황이 머리로서 통치하는 하나의 교회, 즉 로마 가톨릭교회만 있을 뿐이다. 이것을 트렌트 회의(Council of Trent, 1545-1563)에서는 『모든 성직자는 베드로의 후계자요 그리스도의 대리자인 교황에 대하여 복종을 서약해야 한다』라고 규정 했으며, 또한 제1차 바티칸 회의(Council of Vatican, 1869-1870)에서는 『교황무오(敎皇無誤) 교리』까지 확정하였는데 『교황이 교회가 지켜야할 신앙과 생활에 관한 교리를 정하면 베드로에게 약속하신 하나님의 거룩한 도움으로 신적인 무오류(無誤謬)성을 가진다』라고 한 것이다. 즉 교황이 만든 교리는 오류가 없이 완전한 성경처럼 된다는 의미다.

그러나 그들이 주장하는 베드로 후계자에 대해서는 성경 어느 곳에서도 찾아볼 수 없다. 로마 가톨릭교회는 교회의 머리가 되시는 그리스도의 왕권을 교황에게 돌리며, 교회에 허락된 권세를 교황 개인이 임의(任意)로 독점하고 있는 것이다. 그러므로 본 고백서 제25장 6절에는 로마 교황을 불법의 사람이요, 적(敵)그리스도라고 규정하고 있다.

(3) 회중(會衆)정치 체제

회중정치 체제(회중교회, 침례교회)는 개 교회의 자치 독립을 주장하기 때문에 독립교회 정치 체제라고 부르기도 한다. 이 체제는 국가가 교회에 어떤 권세도 행사하는 것을 반대할 뿐 아니라 개 교회에 권위를 행사할 수 있는 노회, 대회, 총회 등 어떤 교회의 기구(機構)도 반대한다. 오직 회중의 절대 자율을 주장하기 때문에 교회 내에는 치리 기관도 없게 되고 치리권은 회중에게만 있다. 장로직은 없으며, 목사와 집사직만 있다. 그들은 회중의 뜻에 따라 봉사하며, 집행할 뿐 치리권(治理權)이 없다. 그리고 공동의 신앙고백서(신조)도 갖지 않으며, 성경만이 유일한 고백이라고 주장한다. 그러나 공동 신앙고백(신조)은 만연(蔓延)하는 이단들로부터 교회를 보호하며, 교리적 순전성과 교회의 일치성을 보존하기 위해서 필요한 것이다. 회중정치 체제는 개 교회의 절대적 독립을 주장함으로써 교회의 가견적(可見的) 일치성을 무시하게 된다. 또한 주님의 이름으로 시행되어야 할 교회 내의 직분의 권한을 부정하고 있는 것이다.

(4) 장로(長老)정치 체제

개혁주의(장로교회) 정치 체제는 장로 정치 체제의 특성을 갖는다. 이 정치 체제는,

① 교회의 본질에 대한 교리에 그 기반을 둔다. 교회는 하나님의 택한 백성들로 이루어진 그리스도의 몸이다. 이 교회의 본질은 불가견적이며, 영적이지만, 참 믿음을 고백하는 자들로 말미암아 가견직 싱격을 갖게 된다. 그들은 영적 제물로 하나님을 섬기는 왕 같은 제사장들인 것이다. **"오직 너희는 택하신 족속이요 왕 같은 제사장들이요 거룩한 나라요 그의 소유된 백성이니..."**(벧전2:9). 그러므로 모든 신자들은 교회 내에서 완전한 권리와 의무를 가질 뿐 아니라 각 직분에도 부름을 받을 수 있는 권리와 의무를 가진다. 그리고 신자들은 직분자들이 하는 일을 말씀으로 시험하고 판단할 의무를 가지며, 그들이 말씀에서 탈선할 때는 순종을 거부할 권리가 있다. 이렇게 함으로써 신자들이 교회를 이루는 본질적 구성원으로서의 의무와 권리를 소유하는

것이다.

② 신자들로 이루어진 가견(유형)교회는 당회를 통해서 치리된다. 당회(堂會)는 교회의 기본적 치리기관이다. 당회보다 더 넓은 범의의 회의인 노회(老會), 대회(大會), 총회(總會)가 있다. 그러나 이 광대회의(廣大會議)가 당회보다 더 높다고 할 수 없으며, 광대회의는 소회의(小會議)에서 해결할 수 없는 사건이나 전체 교회의 유익에 관련한 사건들을 취급하게 된다(행15:1-29).

③ 개혁주의 장로 정치 체제는 교회의 대의원(총대)들로 구성되는 광대회의를 통해 개 교회 상호간에 밀접한 관계를 가진다. 그러면서 개 교회의 독립성과 자주성을 존중한다. 이것은 교회의 어떤 기구(機構)도 부정하는 회중교회 정치체제와 다르고, 또한 개 교회의 자주성을 무시하는 로마 가톨릭교회와도 다른 것이다.

④ 개혁주의 장로 정치 체제는 교회 내에 3가지 항존 직분을 보유(保有)한다. 교회는 목사직으로만 만족지 않고 그와 함께 당회를 구성할 장로를 세우게 된다. 또한 교회의 구제, 봉사역을 담당할 집사를 세운다(행6:5). 이로써 개혁주의는 교회 안에 교권을 배격하고 있음을 나타내는 것이다. 교회는 목사만의 정치가 아니라 목사 상호 간의 동등한 권한과 목사, 장로의 동수가 광대회의에 대의원(총대)으로 파송되며, 표결에 있어서도 동등한 권한을 갖는다. 이런 직분에 대한 입장은 다른 체제에서는 발견할 수 없다.

⑤ 개혁주의 장로 정치 체제는 교회 정치에 있어서 하나님의 절대 주권을 인정한다. 그리고 성경에서 모든 정치 체제의 원리를 찾는다. 곧

교회를 택한 자들의 공동체로 보며, 그리스도께서 정하신 직분을 세우며, 그릇된 교권과는 싸워나가고 교회에 대한 그리스도의 왕권을 존중하고 같은 신앙을 고백하는 모든 교회와는 교제를 나눈다. 그러므로 성경적 교회의 정치체제는 사도적(使徒的)이며, 장로제(長老制)라고 할 수 있다.(본 1절, 교회적 권능에 대해서는 신학사전, 개혁주의신행협회 편 참고).

제 2절 천국(天國)의 열쇠에 대한 해석

> 이 제직들에게 천국의 열쇠가 맡겨져 있다. 이 열쇠의 힘에 의하여 그들은 말씀과 권징을 사용하여 죄를 보류하거나 용서하기도 하고, 회개하지 않는 자에게는 천국 문을 닫기도 하고 회개하는 죄인들에게는 복음을 전해주고 권징의 사면을 통해 천국의 문을 열어주는 권세를 가지고 있다(마16:19; 18:17-18; 요20:21-23; 고후2:6-8).

본 절에는 천국의 열쇠가 제직들에게 맡겨져 있다는 것과 이 열쇠의 권세는 말씀과 권징을 사용하여 죄를 회개하지 않는 자에게는 천국 문을 닫기도 하고 죄를 회개하는 자에게는 천국 문을 열어 준다고 진술한다.

1) 천국 열쇠는 교회의 제직들에게 맡겨져 있다.

"...내가 천국 열쇠를 네게 주리니..."(마16:19)라는 말씀에서 『천국 열쇠』란 교회 안에서 행사하는 통치권과 권징의 권세를 가리키는 것으로서, 이 열쇠의 권세를 맡은 자들이 말씀과 권징을 사용하여 회개치 않는 자에게 천국 문을 닫거나, 회개하는 자에게 사면하여 천국 문을 열어 주는 『매고 푸는』 권세를 의미한다. "**진실로 너희에게 이르노니 무엇이든지 너희가 땅에서 매면 하늘에서도 매일 것이요 무엇이든지 땅에서 풀면 하늘에서도 풀리리라**"(마18:18). 본 절에서는 이 열쇠의 권세가 국가 공직자의 권한에 있다고 주장하는 에라스투스주의(Erastianism : 교회 국가 종속주의)와 그리고 천국 열쇠가 교황(敎皇)에게 주어졌다고 주장하는 로마 가톨릭(R-Catholic)교회에 대해 반대하며, 이 천국 열쇠는 교회 제직들에게 맡겨져 있다고 진술하고 있다.

그 근거는 천국 열쇠가 사도(使徒)이자 장로였던 베드로를 비롯해 사도들에게 주어졌고 "**...아버지께서 나를 보내신 것 같이 나도 너희를 보내노라... 너희가 뉘 죄든지 사하면 사하여질 것이요 뉘 죄든지 그대로 두면 그대로 있으리라**"(요20:21, 23), 이 열쇠는 세상이 끝날 때까지는 사도들의 사역(職이 아닌)을 계승하는 교회의 제직들(장로, 감독)에게 맡겨졌다고 보는 것이다. 분명한 것은 천국 문을 열고 닫는 권세는 오직 그리스도에게만 있다. "**...거룩하고 진실하사 다윗의 열쇠를 가지신 이 곧 열면 닫을 사람이 없고 닫으면 열 사람이 없는 그이가 가라사대 볼지어다 내가 네 앞에 열린 문을 두었으되 능히 닫을 사람이 없으리라**"(계3:7-8). 그리스도께서는 이 열쇠의 권세를 교회에 허락하셨으며, 제직들(장로, 감독)에 의하여 관리되게 하셨다. "**만일 그들의 말도 듣지 않거든 교회에 말하고 교회의 말도 듣지 않거든 이방인과 세리와 같이 여기라**"(마18:17).

『교회에 말하고...., 여기서 '교회'는 교회의 장로(감독)들을 가리키는 의미로 이해해야 한다』(w.신앙고백서 해설, 로버트 쇼 저, 조계광 역 p.585).

2) 제직들은 열쇠의 권세를 말씀과 교회의 권징을 통해 행사한다.

그리스도께서는 천국 열쇠를 유형교회의 제직들에게 맡기셨다. 교회의 제직들은 그 열쇠의 권세를 말씀과 권징을 사용하여 죄를 회개하지 않는 자에게는 천국 문을 닫기도 하고, 죄를 회개하는 자에게는 사면(赦免)하여 천국 문을 열어 준다. 이 열쇠는 말씀과 권징이다.

① **말씀 선포**:『하나님의 말씀이 순수하고 권세 있게 선포될 때, 그것은 죄인들에게 천국 문을 열어주는 것이며, 하나님의 능력을 행사하는 것이 된다. 그러한 목적으로 그리스도께서는 복음의 말씀을 교회에 열쇠 중의 하나로 주신 것이다』(w.신앙고백서 강해 G. I. 윌리암슨 지음, 나용화 옮김 p.376). "…이 복음은 모든 믿는 자에게 구원을 주시는 하나님의 능력이 됨이라"(롬1:16). "…너희는 온 천하에 다니며 만민에게 복음을 전파하라 믿고 세례를 받는 사람은 구원을 얻을 것이요 믿지 않는 사람은 정죄를 받으리라"(막16:15-16).

② **권징의 집행**: 교회에서 말씀대로 정당하게 집행되는 권징은 단순한 형식에 머무는 것이 아니라 회개하지 않는 자에게 천국 문을 실제로 닫는 그리스도의 권세의 실제적인 집행이다. "진실로 너희에게 이르노니 무엇이든지 너희가 땅에서 매면 하늘에서도 매일 것이요…"(마18:18). "…너희가 뉘 죄든지 사하면 사하여질 것이요 뉘 죄든지 그대로 두면 그대로 있으리라 하시니라"(요20:23). 이상에서『그리스도께

서는 말씀과 권징이라는 두 열쇠들을 함께 결합시켜 놓으셨다』(앞에 책 p.377). 그러므로 말씀의 선포와 권징의 집행은 교회 안에 반드시 함께 있어야 하는 것이다.

제 3절 권징(勸懲)의 목적

> 교회의 권징이 필요한 것은 죄를 범한 형제들을 바로잡아 잃어버리지 않기 위함이요, 다른 형제들이 그 같은 죄를 범하지 않도록 방지하며, 그 죄의 누룩을 제거하여 온 덩어리에 퍼지는 것을 막고, 그리스도의 명예와 거룩한 복음에 대한 고백을 옹호하는 한편, 하나님의 진노를 막는 데 필요하다. 만약 교회가 하나님의 언약과 그 인(印)치심을, 악하고 강퍅한 범죄자들에 의해 더럽혀지는 것을 묵인하는 경우 하나님의 진노가 마땅히 교회에 임하게 되는 것이다(고전5장; 딤전5:20; 마7:6; 딤전1:20; 고전11:27-34; 유-23).

본 절에는 교회 권징의 필요성과 그 목적을 진술하고 있다.
『권징의 성격은 교회의 영적 순결성을 안전하게 유지하는 방법으로서, 심각한 죄를 범하고도 회개하지 않는 형제에게 합당한 책벌을 가하는 것을 의미한다. 그러나 권징의 목적은 처벌하는 것보다도 구원하는 데 있다』(신학사전, 개혁주의신행협회 편. 참고).

1) 죄를 범한 형제들을 바로잡아 잃어버리지 않기 위함이다.

권징의 목적은 죄인을 구하는 것이다. 신자가 죄를 범하고도 회개 없이 그 가운데 계속 머물러 사는 것은 사탄의 지배 아래 사는 것으로서 멸망에 들어서는 것이므로, 교회는 이를 방치할 수 없는 것이다. "**형제들아 사람이 만일 무슨 범죄한 일이 드러나거든 신령한 너희는 온유한 심령으로 그러한 자를 바로잡고...**"(갈6:1).

"**네 형제가 죄를 범하거든 가서 너와 그 사람과만 상대하여 권고하라 만일 들으면 네가 네 형제를 얻은 것이요**"(마18:15). 이처럼 권징의 목적은 교회에서 죄인(罪人)을 제거하는 것이 아니라 죄(罪)를 제거하는 것이다. 형제에게 회개의 기회를 제공하여 구원하는데 있는 것이다. 그러므로 권징은 사랑의 정신 안에서 집행되어야 함을 명심해야 한다. "**또 어떤 자를 불에서 끌어내어 구원하라 또 어떤 자를 그 육체로 더럽힌 옷이라도 싫어하여 두려움으로 긍휼히 여기라**"(유1:23).

2) 교회의 순결성을 지키기 위한 것이다.

작은 누룩이 온 덩어리에 퍼지듯이 죄의 확장성은 매우 강하다. 그러므로 범죄자의 징계를 통해 다른 형제들이 유사(類似)한 범죄에 빠지는 것을 방지하여, 죄의 감염에서 교회의 순결성을 지키기 위함이다. "**너희 중에 심지어 음행이 있다 함을 들으니 이런 음행은 이방인 중에라도 없는 것이라... 적은 누룩이 온 덩어리에 퍼지는 것을 알지 못하느냐.... 이 악한 사람은 너희 중에서 내어 쫓으라**"(고전5:1, 6, 13).

3) 하나님의 거룩한 이름과 복음의 명예를 보호하기 위함이다.

『교회가 죄를 용납하는 것은 하나님의 거룩한 이름과 그 복음의 말씀을 욕되게 하며, 그의 영광을 가리는 일이다. 고린도 교회가 이방인 중에도 없는 성적 범죄(계모를 취한 사건)를 처벌하지 않고 방치한 것은 교회와 하나님의 이름에 대한 이방인들의 멸시를 가져오는 일이었다』(벨기에 신앙고백 해설. 허순길 p.451). 이에 바울 사도는 분노하며, 책망하기를 "...어찌하여 통분히 여기지 아니하고 그 일 행한 자를 너희 중에서 물리치지 아니하였느냐... 이 악한 사람은 너희 중에서 내어 쫓으라"(고전5:2, 13)고 명한 것이다. 교회는 죄를 제거함으로 거룩성을 지켜 하나님의 영광을 세상에 나타내야 할 사명이 있기 때문이다. "**하나님의 뜻은 이것이니 너희의 거룩함이라**"(살전4:3).

4) 교회 위에 하나님의 진노가 임하지 않도록 하기 위함이다.

언약과 그 인(印)치심을 악하고 강퍅한 범죄자들에 의해 더럽혀지는 것을 묵인하는 경우 하나님의 진노가 마땅히 교회에 임하게 되는 것이다. "이스라엘이 싯딤에 머물러 있더니 그 백성이 모압 여자들과 음행하기를 시작하니라 그 여자들이 그 신들에게 제사할 때에 백성을 청하매 백성이 먹고 그들의 신들에게 절하므로 이스라엘이 바알브올에게 부속된지라 여호와께서 이스라엘에게 진노하시니라... 모세가 이스라엘 사사들에게 이르되 너희는 각기 관할하는 자 중에 바알브올에게 부속한 사람들을 죽이라 하니라"(민25:1-3, 5).

제4절 권징(勸懲)의 종류

> 이러한 목적을 더 효과적으로 달성하기 위하여 교회의 제직들은 당사자의 범죄와 과실의 성격에 따라서 권고, 한시적인 성만찬 참여 금지, 출교와 같은 조처를 취할 수 있다(살전5:12; 살후3:6, 14-15; 고전5:4-5, 13; 마18:17; 딛3:10).

본 절에는 범죄의 성격과 범죄자의 과실에 따라서 집행할 수 있는 권징의 종류에 대해 진술하고 있다. 교회의 권징은 그 성격과 효능이 영적이다. 그리스도께서 권징을 제정하신 것은 죄인을 죄에서 건져내어 구원하시기 위함이다. 그러므로 권징의 집행은 사랑의 정신 안에서 온유함으로 집행되어야 하며, 범죄의 성격과 과실(過失)의 경중(輕重)에 따라 적합한 조치를 취해야 한다.

1) 단독으로 권고한다.

주님은 죄를 범한 자를 단독으로 대면하여 먼저 권고하라고 하셨다. 조용히 찾아가 범한 죄와 과실을 인정하고 회개하도록 권고하는 것이다. 만일 권고를 받아들여 회개한다면 한 영혼을 얻은 것으로서 이보다 더 큰 기쁨은 없을 것이다. "네 형제가 죄를 범하거든 가서 너와 그 사람과만 상대하여 권고하라 만일 들으면 네가 네 형제를 얻은 것이요"(마18:15). "이단에 속한 사람을 한두 번 훈계한 후에 멀리 하라"(딛3:10).

2) 두 세 증인으로 증참(證參)케 하여 권고한다.

만일 단독으로 권고하여 듣지 아니할 때는 두 세 사람을 데리고 가서 함께 권고하여 증거가 되게 하는 것이다. "만일 듣지 않거든 한 두 사람을 데리고 가서 두 세 증인의 입으로 말마다 증참케 하라"(마18:16).

3) 성만찬 참여를 금지 시킨다.

성경은 회개치 않으며, 불순종하는 자는 성만찬에 참여할 수 없음을 가르친다. 회개하지 않은 자들이 성찬에 참여하게 되면 교회가 하나님의 언약을 더럽히는 것이 된다. "...누구든지 주의 떡이나 잔을 합당치 않게 먹고 마시는 자는 주의 몸과 피를 범하는 죄가 있느니라 사람이 자기를 살피고 그 후에야 이 떡을 먹고 이 잔을 마실지니"(고전11:27-28).『...외식하는 자들과 진정한 마음으로 하나님께 돌아서지 않은 자들이 성찬에 참여한다면 그것은 그들 스스로 심판을 먹고 마시는 것입니다』(하이델베르크 요리문답 81문). "거룩한 것을 개에게 주지 말며 너희 진주를 돼지에게 던지지 말라..."(마7:6).

3) 출교(黜敎)한다.

중죄(重罪)를 범한자가 권고와 책망도 듣지 아니하고 끝까지 회개를 거부할 때에는 교회에 공개적으로 말하고 출교를 단행해야 한다. "만일 그들의 말도 듣지 않거든 교회에 말하고 교회의 말도 듣지 않거든 이방인과 세리와 같이 여기라"(마18:17). "범죄한 자들을 모든 사람 앞에 꾸짖어 나머지 사람으로 두려워하게 하라"(딤전5:20). "이 악한 사람은 너희 중에서 내어 쫓으라"(고전5:13).

"그 가운데 후메내오와 알렉산더가 있으니 내가 사단에게 내어준 것은 저희로 징계를 받아 훼방하지 말게 하려 함이니라"(딤전1:20).

≪참고≫ 『범죄자를 '사단에게 내어 주었다'는 것은 마귀에게 넘겨주었다는 뜻이 아니라 교회에서 사단이 지배하는 세상 밖으로 내보냈다는 의미로 보아야 한다』(로버트 쇼).

앞에서 언급하였듯이 권징의 목적은 죄인을 교회에서 제거하는 것이 아니라 죄를 제거하는 것이다. 즉 죄인을 구원하는 것이다. 그러므로 출교를 당한 죄인일지라도 그가 진실히 회개한 증거를 나타낼 때에는 사면의 절차를 통해 재입교(再入敎)를 허락해야 하는 것이다. 『출교도 구원을 위한 최후의 노력이기 때문이다』(벨기에 신앙고백 해설, 허순길 P.450). "누가 이 편지에 한 우리 말을 순종치 아니하거든 그 사람을 지목하여 사귀지 말고 저로 하여금 부끄럽게 하라 그러나 원수와 같이 생각지 말고 형제 같이 권하라"(살후3:14-15).

≪참고≫ 대한 예수교 장로회 헌법 권징 조례

『당회가 정하는 책벌은 권계(勸誡), 견책(譴責), 정직, 면직, 수찬 정지, 제명, 출교니 출교는 종시 회개하지 아니하는 자에게만 한다. 단 해벌은 그 회개 여하에 의하여 행하거나 이에 준할 수 없는 경우에는 그 치리회가 의정(議定)할 것이다』(제35조).

『그 죄에 대하여 작정한 것을 교회에 공포 아니하기도 하며, 공포할지라도 그 교회 내에서나 혹 관계되는 교회에서만 할 것이다』(제36조).

제31장
대회(大會)와 협의회(協議會)에 대하여

제1절 대회(大會)와 회의(會議)의 필요성

> 더 나은 교회의 정치와 건덕(健德)을 위해서는 대회나 협의회로 불리는 모임들이 필요하다(행15:2, 4, 6).

본 절에는 교회의 정치와 건덕을 위해서는 대회(大會)나 협의회(協議會) 같은 모임들이 필요하다고 진술하고 있다. 이 진술은 개(個) 교회의 정치적 독립성을 주장하며, 어떤 교회의 기구(機構)도 부정하는 회중교회주의(독립교회주의)에 대해 반대하며, 교회를 다스리고 굳건하게 세우기 위해서는 단일 교회의 지도자 모임만이 아니라 대회나 협의회 같은 광대(廣大)모임도 필요하다고 주장하고 있다.

이에 대한 사례로는 사도행전 15장에 나오는 안디옥 교회에서 율법주의자들과 바울과 바나바와의 사이에 일어난 다툼과 변론 사건으로서, 믿음을 고백한 이방인 신자들이 할례를 받아야 하느냐 하는 문제였다. 안디옥 교회는 이 문제를 예루살렘 교회로 보냈고, 예루살렘 교회는 사도들과 장로들이 모여서 이 문제를 논의하고 결정을 내림으로써 해결된 경우가 있다.

이 결정은 교회 전체에 구속력(拘束力)을 갖게 되었으며, 또한 이 모임은 후대의 교회들이 본받아야 할 모범을 제시한 것이다. 개 교회에서 해결할 수 없는 교리적인 문제가 일어났을 때에는 노회나 총회 같은 회의(會議)에 호소하여 전체 교회에서 해결한다는 원칙인 것이다. 그러므로 교회를 다스림에 있어서 더 크고 훌륭한 목적을 달성하기 위해서는 대회나 협의회 같은 모임이 필요하다는 것이다.

본 절에서 진술하는 『대회나 협의회와 같은 모임』이란 당회, 노회, 대회, 총회의 모임을 의미하기보다는 여러 교파가 모이는 대회나 연합회를 의미하는 것이다. 즉 『여러 개의 노회가 모여 이루어진 영속적(永續的)인 조직에서 정기적으로 열리는 총회와 같은 모임이 아니고, 특정한 목적으로 개최되는 회의를 말하는 것으로써, 주후 325년 니케아(Nicaea)회의, 주후 381년 콘스탄티노플(Constantinople)회의, 주후 451년 칼케돈(Chalcedon)회의와 같은 기독교 세계대회처럼 광대회의(廣大會議)를 의미하는 것이다. 이들 회의에서는 삼위일체론(三位一體論)과 이성일인격(二性一人格)의 기독론(基督論)등의 기독교 기본 교리들이 교회의 일치된 신앙 고백으로 확립되었다』(w.신앙고백서 강해, 김준삼 목사 p.295).

제 2절 회의(會議) 참석자

> 위정자(爲政者)들은 목사들이나 그에 준하는 적합한 사람들로 구성된 회의를 소집하여 종교에 관한 문제에 대해 조언과 의견을 구할 수 있다

> (사49:23; 딤전2:1-2; 대하19:8-11; 29-30장; 마2:4-5; 잠11:14). 따라서 위정자들이 교회에 대하여 공적인 적대 행위를 할 때에는 그리스도의 사역자들도 교회가 파견한 다른 적합한 사람들과 더불어 직분상의 권위를 발동해 그 같은 회의들을 소집할 수 있다(행15:2, 4, 22-23, 25).

본 절에는 국가 위정자들도 종교문제에 관하여 회의를 소집할 수 있고, 따라서 위정자들이 교회에 대해 공적인 적대 행위를 할 때는 교회의 사역자들도 직분상의 권위를 발동해 회의를 소집할 수 있다고 진술하고 있다.

본 31장 2절은 1647년에 영국에서 작성된 신앙고백서 원문 내용으로 후에는 수정되었다. 그 이유는 서로 상충되는 부분(23장 3절, 30장 1절, 31장 2절)이 있을 뿐 아니라 국가 『위정자들도 교회 회의를 소집하여 신앙의 문제들을 상의하고 충고하는 일을 합법적으로 할 수 있다』고 하여 국가 공직자들로 하여금 교회의 신앙 문제에 간섭할 수 있는 여지(餘地)를 열어 놓았기 때문이다. 그러므로 1729년 미국 장로교 대회에서는 23장 3절의 『국가 위정자들의 의무』 부분을 전체적으로 수정하고, 30장 1절과 31장 2절을 통합하여 『국가 위정자들의 교회회의 소집권』을 만장일치로 반대하고 삭제시켜 바로잡게 되었다.

≪수정(修正) 내용의 핵심≫
(1) 교회의 정치는 국가의 정치와 구별되며 별개이다.

『교회의 왕이요 머리이신 주 예수 그리스도께서는 세속의 위정자와는 구별된 교회 제직의 손에 통치권을 허락해 주셨다』(제30장 1절)

(2) 국가 위정자들은 교회가 하는 일들이 교리 논쟁이나 권징에 관한 것일지라도 공공의 질서를 파괴하지 않은 한 간여(干與)할 수 없다.

(3) 교회 제직들만이 교회 회의나 협의회를 소집할 권한이 있으며, 세속 정부는 이에 대해 간여할 수 없다. (w.신앙고백서 강해, G. I. 윌리암슨 지음, 나용화 역 p.394 참고).

≪제 23장 제3절 수정 전(修正前) 본문≫

> 국가 위정자는 주의 말씀을 주관하거나 성례전 집행이나 천국 열쇠의 권세를 집행해서는 안 된다(대하26:18; 마18:17, 16:19; 고전12:28-29; 엡4:11-12; 고전4:1-2; 롬10:15; 히5:4). 그러나 교회의 질서를 보장하고, 일치와 평화가 유지되고, 하나님의 진리가 순수하고 온전하게 보존되며, 모든 신성모독과 이단들이 억제되고, 예배와 권징에 있어서 모든 부패한 요소와 남용을 방지하고 개혁하며, 하나님의 정하신 모든 제도가 올바르게 집행되거나 지켜져 나가도록(사49:23; 시122:9; 스7:23,25-28; 24:16; 신13:5-6,12; 왕하18:4; 대상13:1-9; 왕하24:1-16; 대하34:33; 15:12-13) 적절한 조처를 취해야 할 의무가 있다. 이 일을 더 효과적으로 하기 위하여 회의를 소집하고 거기에 참석하여, 거기서 결정된 것은 하나님의 뜻에 따라서 처리되도록 주선해야 할 권한이 있다(대하19:8-11, 29: 30; 마2:4-5).

≪제23장 제3절 수정 후(修正後) 본문≫

> 국가 위정자는 주의 말씀을 주관하거나 성례전 집행이나 천국 열쇠의 권세를 집행할 수 없으며, 믿음에 관한 일에 간섭해서는 안 된다. 그러나 양육하는 아버지와 같이 어떤 한 교파에다 다른 교파보다 우선권을 부여해 주는 일이 없이, 우리의 동일한 주의 교회를 보호하는 것이 공직자의 임무다. 모든 신자들이 폭력에나 위험에 부딪치지 않고 그들의 성스러운 기능의 모든 부분은 발휘할 수 있는 충분하고 의심의 여지가 없는 자유를 즐길 수 있도록 보호해야 한다. 그리고 예수 그리스도가 그의 교회 안에서 정규적인 치리회와 훈련 책을 정하셨으므로, 어떠한 국가의 법이라도 교회의 어떤 교파의 자발적인 회원들에 간섭하거나 방해를 해서는 안 된다. 국가 위정자가 할 일은 아무도 종교의 구실로나 불신의 이유로 괴로움을 받지 않도록 그들의 모든 시민을 보호하고 그들의 신앙을 지켜주는 동시에 어떠한 다른 사람에게든지 냉대나 폭력이나 악용이나 손상을 주지 않도록 지켜주며, 모든 종교적, 교회적 모임이 방해나 소란을 받지 않고 가질 수 있도록 명령을 내리는 일이다.

≪**참고**≫ 웨스트민스터 신앙고백서(The Westminster Confession of Faith)는 신학과 신앙의 조류(潮流)에 따라 원문의 내용을 부분 수정 또는 삭제하거나, 추가하며, 변형시켜 왔을 뿐 아니라 이제는 WCC운동을 통해 새로운 신조를 만들어 내고, 웨스트민스터 신조는 폐기하자는 움직임들도 나타나고 있다. 그러나 웨스트민스터 신조(信條)는 철저히 성경에 입각한 교리(敎理)체계로서, 이것을 부정하거나 버리는 것은 곧 성

경을 부정하고 버리는 것임을 명심해야 할 것이다. 오직 성경의 빛에 비추어 합당하게 수정된 것만을 정당한 것으로 인정할 수 있을 것이다. (김준삼 목사).

제 3절 교회 회의(會議)의 권한

> 대회와 협의회는 신앙에 대한 논쟁과 양심에 대한 문제들을 결정하고 하나님께 드리는 공(公)예배와 교회의 정치가 더욱 질서 정연하도록 규칙과 지침을 마련하고, 또한 그릇된 치리로 인해 일어난 불평과 고소를 접수하고 그것을 권위 있게 결정하는 권한을 가지고 있다. 이 회의에서 정해진 명령이나 결정이 하나님의 말씀에 일치하는 경우에는 그것이 말씀에 일치할 뿐 아니라 말씀 안에서 정해진 하나님의 규례에 따른 권한을 행사한 것이기 때문에 공경심과 복종하는 마음으로 받아들여야 한다(행15:15, 19, 24, 27-31, 16:14; 마18:17-20).

본 절은 대회(大會)와 협의회(協議會)에 속한 권세의 범위와 이 회의에서 정해진 명령이나 결의사항이 하나님의 말씀에 일치하는 경우에는 하나님께서 말씀으로 정해주신 규례이기 때문에 공경심과 복종하는 마음으로 받아들여야 한다고 진술하고 있다.

1) 교회의 문제를 결정하는 권한이 교회 회의에 있다.
회중교회주의자(독립교회)들은 교회에서 신앙에 관한 어떤 문제들이 발생할 경우 성직자들에게 조언을 구할 수는 있지만, 성직자의 모임(회의)

이 개 교회의 문제를 결정하는 권한은 없다고 주장한다. 그러나 본 절에서는 『신앙에 대한 논쟁과 양심에 대한 문제들을 결정하고 하나님께 드리는 공(公)예배와 교회의 정치가 더욱 질서 정연하도록 규칙과 지침을 마련하고, 또한 그릇된 치리로 인해 일어난 불평과 고소를 접수하고 그것을 권위 있게 결정하는 권한이 회의에 있다』고 진술하여 회중교회주의자들의 주장을 논박하고 있다. "…**예루살렘에 있는 사도와 장로들의 작정한 규례를 저희에게 주어 지키게 하니**"(행16:4). "**…무엇이든지 너희가 땅에서 매면 하늘에서도 매일 것이요 무엇이든지 땅에서 풀면 하늘에서도 풀리리라**"(마18:18).

2) 교회 회의의 명령이나 결정은 하나님의 말씀에 일치해야 한다.

교회 회의의 명령과 결의(決議)라 할지라도 하나님의 말씀에 합치되지 않는 결정은 양심에 대한 구속력(拘束力)을 갖지 못한다. 교회 회의의 권능은 영적이고, 봉사적인 것이므로 하나님의 뜻인 말씀에 일치하도록 행사하지 않으면 안 되는 것이다. 교회의 유일한 왕이시며, 입법자이신 그리스도께서 제정하신 대로 집행될 때에만 양심에 대해 구속력을 갖게 된다.

사도들 시대에 안디옥 교회에서 일어난 할례에 관한 문제가 예루살렘 교회에 상정되었을 때에 교회 지도자들은 회의를 열고 말씀에 비추어 권위 있는 결정을 내렸다. 그 결정을 교회들이 기쁘게 받아들였고 믿음의 큰 유익을 얻었다. "**선지자들의 말씀이 이와 합하도다…**"(행15:15). "**성령과 우리는 이 요긴한 것들 외에 아무 짐도 너희에게 지우지 아니하**

는 것이 가한 줄 알았노니"(행15:28).

"...예루살렘에 있는 사도와 장로들의 작정한 규례를 저희에게 주어 지키게 하니 이에 여러 교회가 믿음이 더 굳어지고 수가 날마다 더하니라"(행16:4-5). 교회 회의의 목적은 하나님의 뜻이 무엇인지를 분명하게 나타내는 것이므로, 교회의 사역자들의 모임(회의)은 오직 하나님의 말씀을 따라 권능을 행사해야 한다.

3) 하나님의 말씀에 일치하는 명령이나 결정에는 순종해야 한다.

『회의에서 정해진 명령이나 결정이 하나님의 말씀에 일치하는 경우에는 그것이 말씀에 일치할 뿐 아니라 말씀 안에서 정해진 하나님의 규례에 따른 권한을 행사한 것이기 때문에 공경심과 복종하는 마음으로 받아들여야 한다.』

하나님의 말씀과 일치되는 회의의 결정과 명령에는 반드시 복종하는 마음으로 받아들여야 한다. 그것은 회의를 통해 하나님의 뜻 "**성령과 우리는 이 요긴한 것들...**"(행15:28)을 전달한 것이기 때문이다. 그러나 회의의 결정과 명령이라도 하나님의 말씀에 일치하지 않을 때에는 순종하지 말아야 한다. 그것은 하나님의 말씀을 벗어난 명령이나 결정을 따르는 것은 죄가 되기 때문이다. 베드로와 요한도 공의회(公議會)의 그릇된 명령을 거부하였다. "그들을 불러 경계하여 도무지 예수의 이름으로 말하지도 말고 가르치지도 말라 하니 베드로와 요한이 대답하여 가로되 하나님 앞에서 너희 말 듣는 것이 하나님 말씀 듣는 것보다 옳은가 판단하라 우리는 보고 들은 것을 말하지 아니할 수 없다 하니"(행4:18-20). "공회 의원으로 선하고 의로운 요셉이라 하는 사람이 있으니(저희의 결의(決議)와 행사에 가(可)타하지 아니한 자라)"(눅23:50-51).

제 4절 교회 회의의 과오(過誤) 가능성

> 사도시대 이후로 모든 대회나 협의회는 전체적인 모임이든, 개별적인 모임이든, 실수를 범할 수 있으며, 실지로 많은 모임에서 실수를 저질러 왔다. 그러므로 그 모임들을 신앙이나 실제 생활을 위한 규칙으로 여겨서는 안 되고, 단지 도움을 주는 방편으로 사용해야 한다(엡2:20; 행17:11; 고전2:5; 고후1:24).

본 절에는 모든 대회나 협의회도 실수를 범할 수 있고, 또한 실수를 범해왔다. 그러므로 이런 회의들은 신앙이나 실제 생활의 규칙으로 여겨서는 안 되고, 단지 도움을 주는 방편으로 사용해야 한다고 진술한다.

교회 회의가 완전할 수는 없다. 실수를 저지를 수 있는 인간들로 구성되는 까닭에 집단으로 모인 회의의 결정이라 해도 실수가 있을 수 있다. 역사적으로 교회 회의들은 많은 실수를 저질러 왔다. 이런 사실들은 교회의 회의를 통해 결정된 내용이 다른 회의에서는 번복되거나 상충(相衝)되는 결정을 내리는 실수들을 저질렀다.

『니케아 공의회(Nicaea, 325년)는 그리스도의 신성(神性)을 부정한 아리우스(Arius)를 이단으로 정죄했으나 이와는 다른 결정을 내린 공의회들이 있었으며, 그리스도의 단성론(單性論: 그리스도의 신성과 인성이 하나로 합쳐졌다.)을 주장했던 유티커스(Eutyches)는 콘스탄티노플(Constantinople, 381년)공의회에서 정죄되었다가 에베소(Ephesus, 449년) 공의회에서는 복직되었다. 그러나 칼케돈(Chalcedon, 451년) 회의에서 다시 이단으로 정죄되었다. 또 콘스탄티노플 공의회에서는 형상숭배를 정죄하였지만, 제2차 니케아(Nicaea, 787년) 공의회에서는 인정되었고, 그 후에 다시 프랑크푸르트(Frankfurt, 794년) 공의회에서 다시 정죄되었으며, 콘스탄츠(Constance1414~1418년) 공의회와 바실(basil, 1438년) 공의회에서는 공의회의 권위가 교황의 권위보다 우월한 것으로 선언되었지만, 라테란(Lateran, 1512~1517년) 공의회에서 다시 번복되었다』(w.신앙고백서 해설, 로버트 쇼 저. 조계광 역 p.596).

이상의 사례들처럼 교회 회의들은 많은 실수를 저질러 왔다. 이러한 역사적 사실들은 오늘날 교회들도 철저히 성경말씀에 의지해서 개혁되어 나가는데 힘을 다하지 않으면 무서운 과오(過誤)를 범할 수 있다는 경고로 삼아야 할 것이다. "누구든지 다른 교훈을 하며 바른 말 곧 우리 주 예수 그리스도의 말씀과 경건에 관한 교훈에 착념치 아니하면 저는 교만하여 아무 것도 알지 못하고 변론과 언쟁을 좋아하는 자니…."(딤전6:3-4). 그러므로 본 절의 진술은 교회 회의의 과오에 대한 반성이라 할 수 있다. 『교회 회의를 존중하고 그 결정을 따른다는 것은 교회 회의를 절대시 한다는 것과는 다른 것이다. 회의는 신앙과 실천의 규준이 되어서는 안 되며, 서로에게 도움으로써 인용(引用)되어야 할 것 뿐이다』(w.신앙고백서 강해, 김준삼 목사 p.297).

"우리가 너희의 믿음을 주관하려는 것이 아니요 오지 너희 기쁨을 돕는 자가 되려 함이니 이는 너희가 믿음에 섰음이라"(고후1:24).

제 5절 교회 회의의 국가 문제에 대한 간섭(干涉)의 범위

> 대회와 협의회는 교회에 관한 문제 이외의 것을 다루거나 결정해서는 안 된다. 특별한 경우에 있어서는 겸손한 청원의 형식을 취하거나, 위정자로부터 요구가 있을 때에는 양심을 만족하게 하는 충고를 할 수 있으나 그 밖의 방법으로는 국가에 관한 사회문제에 간섭해서는 안 된다(눅 12:13-14; 요18:36).

본 절에는 교회 회의는 교회에 관한 문제 이외의 것을 다루거나 결정해서는 안 되며, 국가와 관련된 사회 문제를 간섭해도 안 된다. 특별한 경우 겸허히 청원하는 방식을 취하거나 또는 위정자로부터 요구가 있는 경우는 양심껏 충고할 수 있다고 진술한다.

1) 교회의 권한과 국가의 권한은 본질적으로 구별된다.
본 고백서 제23장에서 살폈던 것처럼 『가정, 교회, 국가는 하나님께서 세우신 3개의 근본적 질서이다. 가정은 창조의 질서로서 인간 타락 전, 창조되었을 때 정해진 질서이다. 그러나 교회와 국가는 인간 타락의 결과로 필요하게 된 것으로서 하나님께서 구원의 수단으로 세우신 것이다』(제23장 1절, 해설에서).

① 교회(敎會)는 이 세상에 있는 택자들을 불러 모아 죄와 죽음에서 벗어나 영원한 영적 생명을 얻게 하기 위해 세우신 것이다. 그러므로 교회의 권능은 영적인 것으로서, 하나님의 특별 은총(特別恩寵)인 것

이다. "…하나님이 자기 피로 사신 교회…"(행20:28).

② 국가(國家)는 인간의 죄의 힘을 억제하고 사회적 질서와 공공의 유익을 위해서 정의와 화평을 유지토록 하나님이 정하신 세속의 제도로서 하나님의 일반 은총(一般恩寵)이다. 그러므로 국가의 권능은 검(劍)의 권능으로서 강제력을 가지고 있다. 이렇게 교회와 국가란 전혀 다른 입장에 있으면서도 동시에 서로 보충적인 역할을 가지고 있다. 그래서 교회도 국가도 한 분 하나님의 섭리와 지배 아래 놓여 있는 것이다. "각 사람은 위에 있는 권세들에게 굴복하라 권세는 하나님께로 나지 않음이 없나니 모든 권세는 다 하나님의 정하신바라"(롬13:1).

2) 교회의 권세와 국가의 권세는 서로 간섭할 수 없다.

본 고백서는 국가 위정자가 영적인 교회 문제에 간섭하는 것을 논박할 뿐 아니라 또한 교회 회의가 국가 사회의 문제에 간섭하는 것 또한 논박한다. 이것은 종교는 국가에 종속하여야 한다고 주장하는 에라스투스주의(Erastianism)와 교황을 지상(至上)으로 여기고 국가의 권력에 대한 교회의 우위를 주장하는(울트라몬타니즘, ultramontanism) 가톨릭교회의 주장에 대한 논박인 것이다.

교황 인노쎈트 3세(Innocent Ⅲ, 1198~1216)는 『교황은 하나님과 그리스도의 대리자로서 그의 통치권은 세계를 포괄하는 것이며, 왕중왕이 되므로 군왕의 심판자인 지위에 서야 하는 것이다… 그리스도의 대리자는 하나님보다 낮고 사람보다 높다… 교회는 태양이며, 제국은 그 빛을 받아서 빛나는 달과 같은 것이다』(교회사, 김의환 박사 감수 p.196~197).라고 했다. 이와 같이 국가 교회를 주장하는 자들에 의해 교회가 세속 통치자들의 지배와 간섭을 받기도 하고, 또한 교황들에 의해서 세속 통치자들이 이단 또는 불순종을 이유로 폐위 당하기도 하고 사면을 받기도 하며(1076년 교황 그레고리 7세와 독일황제 하인 릿히 4세 사이에 서로 파문), 교회와 국가 간의 권리 침해로 인한 다툼과 싸움이 끊이질 않았다.

그러므로『종교 개혁자들은 국가와 교회가 지니는 법적 권한의 한계를 분명히 하여 엄격하게 준수하려 했다. 교회의 권한과 정책은 국가의 권한과 정책과는 본질적으로 구별된다. 그러나 두 권력은 모두 하나님으로부터 허락되어진 것으로서 하나님의 뜻을 수행하는데 그 목적이 있다. 그러므로 교회와 국가는 공통된 목표를 이루기 위해 서로 협력할 수 있지만 각자 고유한 자신의 영역 안에서 행동하고 서로의 영역에 속하는 문제에 간섭하지 않도록 조심해야 한다』(w.신앙고백서 해설, 로버트 쇼 저/ 조계광역 p.597 참고).

제 32장
사후(死後) 상태와
죽은 자의 부활에 대하여

본 고백서 제32장과 마지막 제33장은 종말론적 진술로서, 본 장에서는 인간이 죽은 후에 중간 상태(中間狀態)를 거쳐 부활할 때까지의 내용을 진술하고 있다. 여기서 『중간 상태』라 함은 아래 도표와 같이 죽음과 부활 사이의 기간을 말하는 것으로서, 가톨릭교회의 연옥설(煉獄說: 천국과 지옥 사이의 중간지대로서 일부 영혼들이 거하는 곳)과는 전혀 다른 것이다.

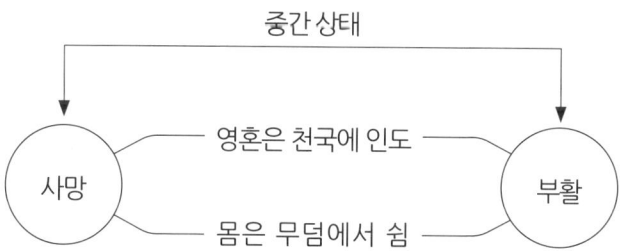

※ 위의 그림은 (w.신앙고백서 강해, 김준삼 목사 지음 p.299에서 옮김).

제1절 사후(死後) 상태

> 인간의 육체는 죽은 후에 흙으로 돌아가 썩게 되지만(창3:19; 행13:36), 영혼은 (죽거나 잠들지 않음) 불멸(不滅)하는 실재이기 때문에 그것을 주신 하나님께로 즉시 돌아간다(눅23:43; 전12:7). 그 순간 의인의 영혼은 온전히 거룩하게 되어 지극히 높은 천국에 들어가 거기서 빛과 영광 가운데 하나님의 얼굴을 뵈오며, 몸의 완전한 구속을 기다린다(히12:23; 고후5:1, 6, 8; 빌1:23; 행3:21; 엡4:10). 그러나 악인의 영혼은 지옥에 던져져 어둠 가운데서 고통을 당하며, 마지막 심판의 날을 기다린다(눅16:23-24; 행:25; 유1:6-7; 벧전3:19). 성경은 육신이 죽은 후에 영혼이 갈 곳으로 이 두 장소(천국과 지옥) 외에는 아무 곳도 인정하지 않는다.

본 절에서는 인간의 육체는 죽은 후에 흙으로 돌아가 썩게 되지만 그 영혼은 중간 상태에 들어가게 된다. 그리고 의인의 영혼과 악인의 영혼의 중간 상태가 각기 다르며, 육체가 죽은 후에 영혼이 갈 곳으로는 천국과 지옥 두 곳 외에는 어느 곳도 성경은 인정하지 않는다고 진술함으로써 중간 상태에 대한 그릇된 몇 가지 개념에 대해 논박하고 있다.

1) 영혼 수면설(睡眠設)

종교개혁시대에 재세례파(Anabaptist)들은 인간의 육체가 죽은 후에 그 영혼은 잠을 잔다고 주장했다. 그들은 고전15:51의 "우리가 다 잠잘 것이 아니요"라는 성경 구절을 근거로 사람이 죽으면 그 영혼은 수면 상태로 들어가 부활 때까지 무의식(無意識) 상태로 머문다는 것이다. 그러나 바울이 말한 『잠』은 죽음을 표현하는 것으로서, 수면(睡眠)이나 무의식 상태를 말하는 것이 아니다.

성경은 육체의 죽음을 잠으로 표현한 경우들이 있다. "...우리 친구 나사로가 잠들었도다 그러나 내가 깨우러 가노라"(요11:11). "...너희 중에 약한 자와 병든 자가 많고 잠자는 자도 적지 아니하니"(고전11:30). "...스데반이 부르짖어 가로되 주 예수여 내 영혼을 받으시옵소서 하고... 주여 이 죄를 저들에게 돌리지 마옵소서 이 말을 하고 자니라"(행7:59-60). 성경은 죽은 후에 영혼의 수면이나 무의식 상태에 대해 증거하고 있지 않으며, 오히려 죽음에 의해 육체에서 분리된 영혼은 의식(意識)을 지닌 상태로 존재한다는 사실을 분명하게 증거해주고 있다.

변화 산상에서 모세와 엘리야가 나타나 주님과 대화했던 사건이나(마17:3), 부자와 나사로의 비유(눅16:22-28), 그리고 요한계시록 6:9-10에 순교의 피를 흘린 영혼들이 하나님께 억울함을 호소하며 기도하는 내용이나, 십자가상에서 회개한 강도에게 "오늘 네가 나와 함께 낙원에 있으리라"(눅23:43)라고 하신 주님의 말씀 등은 사람이 죽은 후 그 영혼들이 잠자는 것이 아니라 깨어있으며, 분명한 의식을 지니고 있음을 증거해주고 있다. 그러므로 영혼 수면설은 비성경적이다.

2) 영혼 멸절설(滅絶設)

어떤 이들은 사람은 원래 불멸의 존재가 아니므로 죽은 후에는 몸과 같이 영혼도 소멸되어 없어진다고 주장하기도 한다. 그러면서도 부분적으로 그리스도를 믿는 자들에게는 영생의 선물이 주어진다는 것이다(조건적 불멸설). 즉 믿는 신자들에게는 불멸성의 선물로 영생이 주어지지만, 불신자들의 영혼은 육체의 죽음과 함께 소멸되거나 일정기간 고통의 형벌을 받다가 기간이 끝나면 멸망하여 영원히 사라져 버리거나 한다는 것이다. 그들은 "오직 그에게만 죽지 아니함이 있고"(딤전6:16)라는 말씀을 근거로 죽음 없는 불멸성은 하나님께만 있으며, 인간에게는 없다고 주장하는 것이다. 그리고 데살로니가후서 1:9의 "영원한 멸망"은 영원히 소멸되어 없어지는 의미라고 주장한다.

그러나 성경은 전체적으로 영원에 관하여서는 하나님께 속한 자들은 영원한 생명을 누리고 "내가 저희에게 영생을 주노니 영원히 멸망치 아니할 터이요..."(요10:28), 그렇지 않는 자들은 영원한 멸망을 받는다고 가르치고 있다. 여기서 멸망이란 사라져 없어지는 의미가 아니라 『영원한 형벌』을 의미한다. "...자기 지위를 지키지 아니하고 자기 처소를 떠난 천사들을 큰 날의 심판까지 영원한 결박으로 흑암에 가두셨으며"(유1:6). "하나님을 모르는 자들과 우리 주 예수의 복음을 복종치 않는 자들에게 형벌을 주시리니 이런 자들이 주의 얼굴과 그의 힘의 영광을 떠나 영원한 멸망의 형벌을 받으리로다"(살후1:8-9). 그러므로 『영혼 멸절설』이나 『조건적 불멸설』은 비성경적인 주장이다.

3) 연옥(煉獄) 및 림보(Limbo)설

로마 가톨릭교회는 천국과 지옥 외에 『연옥』과 『림보』라는 중간 지대 또는 변방(邊方)이 있다고 주장한다.

① 연옥은 은혜 상태에서 죽었지만, 아직 가벼운 죄책이 남아 있거나 세상에 살아 있는 동안 죄에 대한 충분한 보속(補贖: 남은 죄에 대한 벌을 받음으로써, 죄의 결과를 보상함)을 하지 못한 신자들의 영혼이 남은 죄에 대한 형벌로 고통을 받으며, 죄 값을 치르는 정화(淨化)의 장소라고 한다. 『이 연옥의 형벌과 고통은 세상에 살아있는 신자들의 기도나 천국에 들어간 성인들의 중보기도, 그리고 사제가 죄인들을 대신해 드리는 미사의 희생에 의해 경감되거나 짧아질 수 있다고 가르친다』(w.신앙고백서, 로버트 쇼 지음. 조계광 역 p.605). 그러나 성경은 어느 곳에서도 죽은 후에 구원의 기회가 다시 있다고 말씀한 곳이 없다. 성경은 예수 그리스도께서 십자가의 죽으심으로 자기 백성들의 죄 값을 충분하게 치르셨으므로 **"저가 한 제물로 거룩하게 된 자들을 영원히 온전케 하셨느니라"**(히10:14), 그 외에 어떤 보속도 필요치 않음을 증거하고 있다. 그러므로 『연옥설』은 그리스도의 사역의 충족성을 부정하고 파괴하는 것으로서, 성경의 증거와 모순된다.

② 림보(Limbo)는 천국도, 지옥도, 연옥도 아닌 하늘의 변방(邊方)이란 뜻으로서, 죽은 자들의 영혼이 거처하는 장소나 상태를 의미하는 가톨릭교회의 전문 용어이다. 이 림보에는 『선조(先祖)림보』와 『유아(幼兒)림보』 두 가지로 구분된다. 선조림보는 그리스도 이전 즉 구약시대에 죽어 영원한 천국에 들어가지 못한 선조들이 머무는 장소나 상태를 말하며, 유아 림보는 세례 받지 못하고 죽어서 원죄를 해결하지 못한 유아들의 영혼이 머무는 장소나 상태를 의미한다(가톨릭교

회는 세례가 원죄와 죄책을 해결한다고 주장한다). 이에 대해 본 절에는 『성경은 육신이 죽은 후에 영혼이 갈 곳으로 이 두 장소(천국과 지옥) 외에는 아무 곳도 인정하지 않는다』라고 진술하여 논박하는 것이다.

4) 의인(義人)의 영혼과 악인(惡人)의 영혼의 중간상태

죽음에 의해 육체와 분리된 영혼의 중간 상태에 대해 본 절에는 다음과 같이 진술한다.

① 의인(義人) 영혼의 중간상태

『의인의 영혼은 온전히 거룩하게 되어 지극히 높은 천국에 들어가 거기서 빛과 영광 가운데 하나님의 얼굴을 뵈오며, 몸의 완전한 구속을 기다린다』 "이에 그 거지가 죽어 천사들에게 받들려 아브라함의 품에 들어가고…"(눅16:22). "…내 아버지께 복 받을 자들이여 나아와 창세로부터 너희를 위하여 예비된 나라를 상속하라"(마25:34).

"만일 땅에 있는 우리의 장막 집이 무너지면 하나님께서 지으신 집 곧 손으로 지은 것이 아니요 하늘에 있는 영원한 집이 우리에게 있는 줄 아나니… 우리가 담대하여 원하는 바는 차라리 몸을 떠나 주와 함께 거하는 그것이라"(고후5:1, 8).

"성도의 죽는 것을 여호와께서 귀중히 보시는도다"(시116:15).

"주께서 호령과 천사장의 소리와 하나님의 나팔로 친히 하늘로 좇아 강림하시리니 그리스도 안에서 죽은 자들이 먼저 일어나고 그 후에 우리 살아 남은 자도 저희와 함께 구름 속으로 끌어 올려 공중에서 주를 영접하게 하시리니 그리하여 우리가 항상 주와 함께 있으리라"(살전4:16-17).

② 악인(惡人)의 영혼의 중간 상태

『그러나 악인의 영혼은 지옥에 던져져 어둠 가운데서 고통을 당하며, 마지막 심판의 날을 기다린다.』 "저가 음부에서 고통 중에 눈을 들어 멀리 아브라함과 그의 품에 있는 나사로를 보고 불러 가로되… 내가 이 불꽃 가운데서 고민하나이다"(눅16:23-24). "…왼편에 있는 자들에게 이르시되 저주를 받은 자들아 나를 떠나 마귀와 그 사자들을 위하여 예비된 영영한 불에 들어가라"(마25:41).

"…유다는 이를 버리옵고 제 곳으로 갔나이다…"(행1:25).

제 2절 죽은 자의 부활(復活)

> 마지막 날에 살아남아 있는 자들은 죽지 않고 변화될 것이며(살전4:17; 고전15:51-52), 죽은 자들은 모두 전과 같은 몸으로 부활할 것이다. 그러나 그 부활한 몸은 질적으로는 전과 다를 것이나 그 몸과 영혼은 영원토록 결합될 것이다(욥19:26-27; 고전15:42-44).

본 절에는 마지막 날에 살아남아 있는 자들은 죽음 없이 변화될 것이며, 죽은 자들은 부활하게 된다. 그 부활한 몸은 질적인 면에서는 전과 다르며, 그 몸은 영혼과 영원히 결합된다고 진술한다.

1) 마지막 날에 대하여

본 절에서 진술하는『마지막 날』이란 우주적(宇宙的) 종말인 그리스도의 재림과 심판의 때를 의미하는 것이다. 이 날에 대해 성경은 여러 가지로 표현하고 있다. 구약에서는 '여호와의 날'(암5:18; 욜1:15, 3:14), 또는 '말일'(사2:2; 렘48:47; 호3:5; 미4:1)등으로 표현된다.

"오호라 그 날이여 여호와의 날이 가까웠나니 곧 멸망 같이 전능자에게로서 이르리로다"(욜1:15).

신약에서는 '주의 날'(살전5:2; 살후2:2; 벧후3:10), '주의 크고 영화로운 날'(행2:20), '주 예수 그리스도의 날'(고전1:8), '그리스도 예수의 날'(빌1:6), '그리스도의 날'(빌1:10, 2:16), '그 날'(살후1:10; 딤후1:18) 등으로 표현되어 있다.

"...주의 날이 도적 같이 오리니 그 날에는 하늘이 큰 소리로 떠나가고 체질이 뜨거운 불에 풀어지고 땅과 그 중에 있는 모든 일이 드러나리로다... 그 날에 하늘이 불에 타서 풀어지고 체질이 뜨거운 불에 녹아지려니와 우리는 그의 약속대로 의의 거하는바 새 하늘과 새 땅을 바라보도다"(벧후3:10, 12-13).

2) 마지막 날에 죽은 자들의 부활과 살아남은 자의 변화

성경에 의하면 마지막 날, 그리스도의 재림 때에는 이미 죽어 있던 자들은 무덤에서 부활하고, 그때까지 살아남아 있던 자들은 죽지 아니할 몸으로 변화를 받게 된다고 한다. "보라 내가 너희에게 비밀을 말하노니 우리가 다 잠잘 것이 아니요 마지막 나팔에 순식간에 홀연히 다 변화하리니 나팔 소리가 나매 죽은 자들이 썩지 아니할 것으로 다시 살고 우리도 변화하리라"(고전15:51-52). 이때에는 죽음에서 부활한 몸이나, 죽음을 보지 않고 변화된 몸이나, 구원받은 자들에게는 구별이 없는 영광스러운 영원한 몸이 되는 것이며, 새로운 인류의 일원이 되는 것이다. 그리고 그 몸은 다른 몸이 아니라 본래 가졌던 동일한 몸이다. 예수님의 경우에도 부활하시기 전이나 후나 동일한 몸이셨다. **"그가 여기 계시지 않고 그의 말씀하시던 대로 살아나셨느니라..."**(마28:6). **"도마에게 이르시되 네 손가락을 이리 내밀어 내 손을 보고 네 손을 내밀어 내 옆구리에 넣어 보라..."**(요20:27). 그러나 질적인 면에서는 동일하지 않다는 것이다. 부활과 변화 전에는 죄와 죽음의 씨앗이 남아 있는 죽을 몸이었지만, 부활과 변화 후에는 죄와 죽음의 씨앗이 제거되고 완전하게 성화(聖化)된 영원한 영화(榮華)의 몸인 것이다. 이 몸은 이미 완전한 성화의 상태에 있던 영혼과 영원히 결합된다.

『신자가 죽을 때에 그 영혼이 완전히 거룩하게 되어 즉시 영광 중에 들어가고 그 몸은 여전히 그리스도께 연합하여 부활 때까지 무덤에서 쉬는 것입니다』(소요리문답 37문).

※죽음을 보지 않고 변화를 받는 자들은 몸과 영혼이 동시에 변화될 것으로 생각한다.

제 3절 의인(義人)과 악인(惡人)의 부활 목적

> 불의한 자들의 육체는 그리스도의 능력으로 부활하여 굴욕을 받게 되나, 의로운 자들의 육체는 그리스도의 영으로 말미암아 부활하여 영광에 이를 것이며, 그리스도 자신의 영화로운 몸과 같이 변할 것이다(행24:15; 요5:28-29; 고전15:43; 빌3:21).

본 3절은 앞에 2절에 대한 보충적 진술로서, 의인과 악인의 부활 목적에 대해 진술하고 있다.

"**한 번 죽는 것은 사람에게 정하신 것이요 그 후에는 심판이 있으리니**"(히9:27). 인간의 죽음이란 하나님이 정하신 불변의 이치(理致)로서, 모든 인류의 공통된 운명이다. 이 죽음은 죄로 인해 온 것이라고 성경은 증거하고 있다. "**선악을 알게 하는 나무의 실과는 먹지 말라 네가 먹는 날에는 정녕 죽으리라…**"(창2:17). "**한 사람으로 말미암아 죄가 세상에 들어오고 죄로 말미암아 사망이 왔나니 이와 같이 모든 사람이 죄를 지었으므로 사망이 모든 사람에게 이르렀느니라**"(롬5:12). "**죄의 삯은 사망이요…**"(롬6:23).

이렇게 모든 인간이 죽게 되지만 또한 모든 인간이 부활한다. "**..곧 의인과 악인의 부활이 있으리라 함이라**"(행24:15). 그러나 의인의 죽음과 악인의 죽음은 차이가 있으며, 또한 부활에도 엄청난 차이가 있다. 악인의 죽음은 율법의 저주로 인한 결과로서 영원한 형벌의 시작이지만, 의인의 죽음은 모든 죄와 슬픔에서 벗어난 영원한 생명의 삶으로 들어가는 순간인 것이다(눅16:22-24). 그리고 부활에 있어서도 의인은 생명의 부활로 일어나지만, 악인은 심판의 부활로 일어나는 것이다. "...**무덤 속에 있는 자가 다 그의 음성을 들을 때가 오나니 선한 일을 행한 자는 생명의 부활로, 악한 일을 행한 자는 심판의 부활로 나오리라**"(요5:28-29). 악인에게는 영원한 치욕과 형벌을 위한 부활과 변화인데 반해, 의인은 그리스도의 영광스러운 몸과 같은 부활과 변화이며 "...**우리의 낮은 몸을 자기 영광의 몸의 형체와 같이 변케 하시리라**"(빌3:21), 영원한 위로와 영광을 위한 것이다. "**땅의 티끌 가운데서 자는 자 중에 많이 깨어 영생을 얻는 자도 있겠고 치욕을 받아서 무궁히 부끄러움을 입을 자도 있을 것이며**"(단12:2), "**저희는 영벌에, 의인들은 영생에 들어가리라...**"(마25:46).

제 33장
최후(最後)의 심판(審判)에 대하여

본 고백서는 앞에 제32장에서 인간의 사후(死後) 상태와 부활에 관한 진술에 이어서, 마지막 제33장에서도 『최후 심판』이라는 종말론에 대한 진술이 이어지고 있다. 하나님께서 정하신 마지막 날에 예수 그리스도께서 심판주로 오실 것이며, 그 앞에서 천사들과 모든 인간(산 자와 죽은 자)들이 선악 간에 행한 대로 심판을 받아 의인들은 영생(永生)으로, 악인들은 영벌(永罰)에 처해질 최후 심판에 대한 내용이다. 특히 본 고백서에는 그리스도의 재림에 대해서 별도의 항목으로 취급하지는 않았지만, 제8장 4절에서 『...세상 끝 날에 사람들과 천사들을 심판하기 위해 다시 오실 것이다』라고 진술하여 그리스도의 재림을 분명히 하고 있다.

제 1절 최후(最後)의 심판

> 하나님은 예수 그리스도를 통해 세상을 의(義)로 심판하실 한 날을 정하셨다(행17:31). 예수 그리스도에게는 모든 심판하는 권세가 성부로부터 주어져 있다(요5:22, 27). 그 날에는 타락한 천사들이 심판을 받을 뿐 아니라(고전6:3; 유1:6; 벧후2:4), 이 세상에서 살았던 모든 사람이 그리스도의 심판대 앞에 서서 자기들의 생각과 말과 행실의 청산을 받으며, 선악 간에 몸으로 행한 것에 따라서 보응을 받게 된다(고후5:10; 전12:14; 롬2:16, 14:10, 12; 마12:36-37).

본 절에서는 하나님께서 심판하실 날을 정하셨으며, 심판의 권세가 성부로부터 그리스도에게 주어졌다. 그 날에는 타락한 천사들과 모든 인간들이 선악(善惡)간에 행한 대로 보응을 받게 된다고 진술한다.

1) 하나님께서는 세상을 심판하시기 위해 한 날을 정하셨다.

성경은 개인적인 종말과 함께 심판이 있음을 증거한다. "**한 번 죽는 것은 사람에게 정하신 것이요 그 후에는 심판이 있으리니**"(히9:27). 그리고 천사와 인류(산 자와 죽은 자) 전체가 함께 받을 우주적 종말과 심판이 있음을 또한 증거하고 있다. "**바울이 의와 절제와 장차 오는 심판을 강론하니 벨릭스가 두려워하여…**"(행24:25). 이 최후 심판의 날은 하나님께서 창세전에 미리 정하셨다. "**이는 정하신 사람으로 하여금 천하를 공의로 심판할 날을 작정하시고…**"(행17:31). 이 날은 하나님께서 가지셨던 영원한 계획(신적 작정)과 창조의 목적이 완성되는 때인 것이다.

그러므로 변개되거나 취소되지 않고 반드시 그 날이 임할 것이다. "**그 때에 인자의 징조가 하늘에서 보이겠고 그 때에 땅의 모든 족속들이 통곡하며 그들이 인자가 구름을 타고 능력과 큰 영광으로 오는 것을 보리라… 천지는 없어지겠으나 내 말은 없어지지 아니하리라**"(마24:30, 35).

2) 성부께서 그리스도에게 심판의 권세를 주셨다.

성경에는 많은 곳에서 하나님 아버지가 재판장이심을 증거하고 있다. "**외모로 보시지 않고 각 사람의 행위대로 판단하시는 자를 너희가 아버지라 부른즉**"(벧전1:17). "**입법자와 재판자는 오직 하나이시니 능히 구**

원하기도 하시며 멸하기도 하시느니라"(약4:12).

그러나 하나님 아버지께서는 심판의 권세를 아들이신 그리스도에게 주셨다. "아버지께서 아무도 심판하지 아니하시고 심판을 다 아들에게 맡기셨으니"(요5:22). "우리를 명하사 백성에게 전도하되 하나님이 산 자와 죽은 자의 재판장으로 정하신 자가 곧 이 사람인 것을 증거하게 하셨고"(행10:42). 그러므로 성경은 예수 그리스도를 재판장이라고 부른다. "하나님 앞과 산 자와 죽은 자를 심판하실 그리스도 예수 앞에서…"(딤후4:1). "이제 후로는 나를 위하여 의의 면류관이 예비되었으므로 주 곧 의로우신 재판장이 그 날에 내게 주실 것이니…"(딤후4:8), 『그리스도께서 최후 심판 날에 심판장이 되심은 너무도 합당한 일이다. 그는 성육신(成肉身) 하셔서 자기 백성을 위해 죽으셨고 또한 부활하셨다. 그를 믿는 자는 그를 통해 구원을 얻게 된다. 그러므로 하나님 아버지께서 그 아들에게 심판의 권세를 주신 것은 그리스도의 최고의 높아지심과 최종적 승리를 반영하는 것이다. 그리스도는 재판장으로서 공의를 행사하여 그를 배척한 원수들을 영원히 굴복시키시고, 자기 백성들을 위한 구원의 사역을 최종적으로 완성시키신다. "인자가 자기 영광으로 모든 천사와 함께 올 때에 자기 영광의 보좌에 앉으리니 모든 민족을 그 앞에 모으고 각각 분별하기를 목자가 양과 염소를 분별하는 것 같이 하여… 저희는 영벌에, 의인들은 영생에 들어가리라"(마25:31-32, 46). 그러므로 그리스도의 심판 행위는 그의 왕국을 완성시키는 것을 의미하며, 그 후에는 그의 왕국을 하나님 아버지께 바치게 될 것이다』(앞에 책 p.344 참고). "…저가 모든 정사와 모든 권세와 능력을 멸하시고 나라를 아버지 하나님께 바칠 때라"(고전15:24).

3) 심판의 대상은 타락한 천사들과 모든 사람들이다.

누가 심판을 받을 것인가? 심판의 대상은 천사들과 모든 인간들이다. ① 성경은 천사들 중에 타락한 천사들이 있으며, 그들이 심판을 받게 될 것을 증거하고 있다. "하나님이 범죄한 천사들을 용서치 아니하시고 지옥에 던져 어두운 구덩이에 두어 심판 때까지 지키게 하셨으며"(벧후2:4), "또 자기 지위를 지키지 아니하고 자기 처소를 떠난 천사들을 큰 날의 심판까지 영원한 결박으로 흑암에 가두셨으며"(유1:6). ② 성경은 이 땅 위에 살았던 모든 인간들(산 자와 죽은 자)이 최후 심판대 앞에 서게 될 것을 증거한다. "모든 민족을 그 앞에 모으고 각각 분별하기를 목자가 양과 염소를 분별하는 것 같이 하여… 저희는 영벌에, 의인들은 영생에 들어가리라"(마25:32, 46). "또 내가 보니 죽은 자들이 무론대소하고 그 보좌 앞에 섰는데 책들이 펴 있고 또 다른 책이 펴졌으니 곧 생명책이라 죽은 자들이 자기 행위를 따라 책들에 기록된 대로 심판을 받으니 바다가 그 가운데서 죽은 자들을 내어주고 또 사망과 음부도 그 가운데서 죽은 자들을 내어주매 각 사람이 자기의 행위대로 심판을 받고"(계20:12-13).

"다만 네 고집과 회개치 아니한 마음을 따라 진노의 날 곧 하나님의 의로우신 판단이 나타나는 그 날에 임할 진노를 네게 쌓는도다 하나님께서 각 사람에게 그 행한 대로 보응하시되"(롬2:5-6).

4) 신자들도 심판대 앞에 서게 된다.

어떤 이들은 믿는 자들은 심판대 앞에 서지 않는다고 가르치기도 한다. 그러나 성경은 신자들도 심판대 앞에 서게 될 것을 증거하고 있다. 그러나 신자들의 심판은 정죄를 받기 위한 것이 아니라 행위에 따라 상급을 정하기 위한 것이다. 신자들이라 해도 각자의 상급이 다르기 때문이다. 그러므로 신자들은 심판날을 두려워 할 것이 아니라 담대함과 기쁨으로 기대해야 한다. "…주께서 그의 백성을 심판하리라 말씀하신 것을 우리가 아노니"(히10:30), "이는 우리가 다 반드시 그리스도의 심판대 앞에 드러나 각각 선악간에 그 몸으로 행한 것을 따라 받으려 함이라"(고후5:10). "이제 후로는 나를 위하여 의의 면류관이 예비되었으므로 주 곧 의로우신 재판장이 그 날에 내게 주실 것이니 내게만 아니라 주의 나타나심을 사모하는 모든 자에게니라"(딤후4:8).

5) 심판은 각자 행위에 따라 집행된다.

무엇이 심판될 것인가? 심판의 내용은 육체를 입고 살았던 생애의 전체에 이루어졌던 모든 일들이다. 『행위, 말, 생각』들 모두가 포함된다.

① 《행위》 "내가 주릴 때에 너희가 먹을 것을 주었고 목마를 때에 마시게 하였고 나그네 되었을 때에 영접하였고 벗었을 때에 옷을 입혔고 병들었을 때에 돌아보았고 옥에 갇혔을 때에 와서 보았느니라… 내가 진실로 너희에게 이르노니 너희가 여기 내 형제 중에 지극히 작은 자 하나에게 한 것이 곧 내게 한 것이니라"(마25:35-36,40).

"하나님이 불의치 아니하사 너희 행위와 그의 이름을 위하여 나타낸 사랑으로 이미 성도를 섬긴 것과 이제도 섬기는 것을 잊어버리지 아니하시느니라"(히6:10).

"이는 각 사람이 무슨 선을 행하든지 종이나 자유하는 자나 주에게 그대로 받을 줄을 앎이니라"(엡6:8).

② ≪말≫ "내가 너희에게 이르노니 사람이 무슨 무익한 말을 하든지 심판날에 이에 대하여 심문을 받으리니"(마12:36).

"나는 너희에게 이르노니 형제에게 노하는 자마다 심판을 받게 되고 형제를 대하여 라가라 하는 자는 공회에 잡히게 되고 미련한 놈이라 하는 자는 지옥 불에 들어가게 되리라"(마5:22).

③ ≪생각≫ "…그 마음의 생각의 모든 계획이 항상 악할 뿐임을 보시고"(창6:5; 막7:21), "이와 같이 선행도 밝히 드러나고 그렇지 아니한 것도 숨길 수 없느니라"(딤전5:25).

최후 심판대 앞에서는 선행뿐 아니라 모든 죄들이 드러나게 되며, 신자들의 용서된 죄들도 드러나게 될 것이다.

5) 심판의 기준은 하나님이 계시(啓示)하신 뜻이다.

심판의 날에 판단 기준은 무엇인가? 그 판단 기준은 하나님께서 계시하신 뜻이 유일한 기준이 된다.

① 율법이 없는 불신자들에게는 자연의 율법(자연의 빛: 이성과 양심)에 의해 심판을 행하시고 **"율법 없는 이방인이 본성으로 율법의 일을 행할 때는 이 사람은 율법이 없어도 자기가 자기에게 율법이 되나니 이런 이들은 그 양심이 증거가 되어 그 생각들이 서로 혹은 송사하**

며 혹은 변명하여 그 마음에 새긴 율법의 행위를 나타내느니라"(롬 2:14-15),

② 하나님의 뜻인 말씀의 계시를 받은 자들은 그 말씀에 대한 반응의 정도에 따라 판단을 받을 것이다. 구약시대에 선지자들을 통해 말씀을 받은 자들은 그 말씀에 대한 믿음과 순종 여부에 따라 심판을 받을 것이며 "가로되 모세와 선지자들에게 듣지 아니하면 비록 죽은 자 가운데서 살아나는 자가 있을지라도 권함을 받지 아니하리라 ..."(눅 16:31).

③ 신약시대의 신자들은 신, 구약성경에 나타난 하나님의 뜻의 계시에 대한 믿음과 순종의 여부에 따라 심판을 행하신다. 하나님의 뜻의 계시인 성경 말씀을 풍부하게 받은 자들은 그렇지 못한 자들보다 더 큰 책임이 따르게 된다. "**예수께서 권능을 가장 많이 베푸신 고을들이 회개치 아니하므로 그 때에 책망하시되 화가 있을진저 고라신아 화가 있을진저 벳새다야 너희에게서 행한 모든 권능을 두로와 시돈에서 행하였더면 저희가 벌써 베옷을 입고 재에 앉아 회개하였으리라 내가 너희에게 이르노니 심판 날에 두로와 시돈이 너희보다 견디기 쉬우리라**"(마11:20-22). "...그러므로 저희가 핑계치 못할지니라"(롬 1:20).

제 2절 심판(審判)의 목적과 최후(最後)의 상태

> 하나님께서 이 날을 정하신 목적은 택하신 자들을 영원히 구원하여 그의 자비의 영광을 나타내시고(롬9:22-23; 마25:21), 사악하고 불순종하는(롬2:5-6; 살후1:8-9; 롬9:22) 유기(遺棄)된 자들을 정죄하여 그의 공의의 영광을 나타내시기 위함이다. 그때로부터 의인은 영생에 들어가서 주님 앞에서 얻을 수 있는 충만한 기쁨과 영원한 즐거움을 누리게 될 것이다(마25:31-34; 행3:19; 살후1:7). 그러나 하나님을 알지 못하고, 예수 그리스도의 복음에 복종치 않은 악인들은 영원한 고통에 던지어져 주님 앞에서 벌을 받아 그의 권능의 영광으로부터 오는 영원한 파멸에 빠지게 될 것이다(마25:41, 46; 살후1:9).

본 절에는 심판의 목적과 최후의 상태에 대해 진술하고 있다.

1) 하나님께서 최후 심판의 날을 정하신 목적

성경은 역사의 종말과 최후 심판에 대해 분명하게 증거해 주고 있다. 그러나 최후 심판에 대해서 기독교회 안에서도 여러 가지로 이견(異見)이 다양하다. 자유주의 신학에서는 심판은 하나님이 아니라 역사가 한다고, 역사에 강조점을 둔다. 또 어떤 이들은 심판은 주님의 재림 때까지 살아있는 자들에게만 해당될 뿐, 죽은 자들에게는 해당되지 않는다고 주장한다. 그들은 인간은 죽는 순간 믿는 자는 주님의 품에 들어가고 불신자는 영원한 고통의 장소로 들어가서 그 운명이 이미 결정되기 때문에, 또 다시 최후의 심판은 필요치 않다는 것이다. 이러한 주장들은 최후

심판의 목적이 인간의 미래 운명을 결정하는 것으로만 오해하기 때문이다. 그러나 심판의 목적은,

① 하나님의 영광과 주권을 드러내시기 위함이다.

본 절에는 하나님께서 최후 심판을 통해 택하신 자들에게 영원한 구원을 주시므로 은혜의 영광을 나타내시고, 유기(遺棄)된 자들에게는 그들의 사악함과 불순종을 영원히 정죄하심으로써 공의의 영광을 나타내신다고 진술한다. 이것은 하나님께서 영원하신 뜻 가운데 감추어져 있던 (이중예정 또는 쌍방예정) 택자들과 유기자들의 최종적 운명을 드러내시므로, 하나님의 영광과 주권을 나타내신다는 뜻이다. 그러므로 최후 심판이라는 종말론 이해도 인간의 운명이라는 입장에 앞서, 먼저 하나님의 영광과 주권이라는 입장에서 생각되어져야 할 것이다. "곧 창세전에… 그 기쁘신 뜻대로 우리를 예정하사 예수 그리스도로 말미암아 자기의 아들들이 되게 하셨으니 이는 그의 사랑하시는 자 안에서 우리에게 거저 주시는바 그의 은혜의 영광을 찬미하게 하려는 것이라"(엡1:4, 5-6). "또한 영광 받기로 예비하신바 긍휼의 그릇에 대하여 그 영광의 부요함을 알게 하고자 하셨을지라도 무슨 말 하리요"(롬9:23).

"성경이 바로에게 이르시되 내가 이 일을 위하여 너를 세웠으니 곧 너로 말미암아 내 능력을 보이고 내 이름이 온 땅에 전파되게 하려 함이로라 하셨으니 그런즉 하나님께서 하고자 하시는 자를 긍휼히 여기시고 하고자 하시는 자를 강퍅케 하시느니라"(롬9:17-18).

② 각 사람에게 심판을 행사하여 영원한 처소를 정해 주시기 위함이다.

하나님께서는 각 사람이 행한 대로 공정히 판단하신 결과에 따라 각자

의 영원히 거할 처소를 정해 주신다. "너희로 환난 받게 하는 자들에게는 환난으로 갚으시고 환난 받는 너희에게는 우리와 함께 안식으로 갚으시는 것이 하나님의 공의시니 주 예수께서 저의 능력의 천사들과 함께 하늘로부터 불꽃 중에 나타나실 때에 하나님을 모르는 자들과 우리 주 예수의 복음을 복종치 않는 자들에게 형벌을 주시리니 이런 자들이 주의 얼굴과 그의 힘의 영광을 떠나 영원한 멸망의 형벌을 받으리로다"(살후1:6-9).

"인자가 자기 영광으로 모든 천사와 함께 올 때에 자기 영광의 보좌에 앉으리니… 그 오른편에 있는 자들에게 이르시되 내 아버지께 복 받을 자들이여 나아와 창세로부터 너희를 위하여 예비된 나라를 상속하라"(마25:31, 34). "또 왼편에 있는 자들에게 이르시되 저주를 받은 자들아 나를 떠나 마귀와 그 사자들을 위하여 예비된 영영한 불에 들어가라"(마25:41).

이상의 말씀들은 행위로 구원을 얻는다는 의미가 아니다. 최후 심판이 각자의 행위에 따라 집행된다고 하는 것은 믿음과 행위 간의 밀접한 관계성 때문이다. 참된 믿음은 행위들로 나타나기 때문에, 행위에 따른 심판은 결국 믿음에 대한 심판인 것이다.

"영혼 없는 몸이 죽은 것 같이 행함이 없는 믿음은 죽은 것이니라"(약2:26). "나더러 주여 주여 하는 자마다 천국에 다 들어갈 것이 아니요 다만 하늘에 계신 내 아버지의 뜻대로 행하는 자라야 들어가리라"(마7:21). "네가 보거니와 믿음이 그의 행함과 함께 일하고 행함으로 믿음이 온전케 되었느니라"(약2:22).

≪구원에 이르는 참된 믿음은 선행을 유발한다.≫

제3절 재림(再臨)의 대망

> 그리스도께서 장차 심판의 날이 있을 것이라는 확신을 우리에게 심어 주신 것은 사람들이 죄를 멀리하고, 경건한 사람들이 역경 가운데 있을 때에 큰 위로를 받게 하시기 위함이다(벧후3:11, 14; 고후5:10-11; 살후1:5-7; 눅21:27-28; 롬8:23-25). 또한 그날이 언제인지 아무에게도 알리지 않으심으로써 사람들이 육적인 안전감에 빠지지 않게 하시며, 주님이 언제 오실는지 알지 못함으로써 항상 깨어 있어서 언제든지 "주 예수여 속히 오시옵소서"라고 할 수 있도록 준비케 하셨다(마24:36, 42-44; 막13:35-37; 눅12:35-36; 계22:20).

본 절에는 그리스도께서 장차 심판의 날이 있음을 우리에게 확신시켜 주신 것과 그 날이 언제인지, 또한 주께서 언제 오실지, 아무도 알지 못하게 감추어 두신 이유를 진술하고 있다.

1) 그리스도께서는 심판의 날이 있음을 확신시켜 주셨다.

하나님께서는 영원한 최후 심판의 날을 확실하게 정하셨으며, 그리스도께서는 이 심판의 날을 우리에게 확신시켜 주셨다. 그것은 사람들이 죄를 멀리하고, 경건한 사람들이 역경 가운데 있을 때에 큰 위로를 받게 하시기 위함이다.

① 심판의 확실성

하나님은 자신의 영광과 주권을 나타내시기 위해 최후 심판의 날을 정하셨다. 그 심판의 확실성은 예수 그리스도의 죽으심과 부활로 증명이 된다. 왜냐하면 심판이 없다면 그리스도께서 죄인을 위해 죽으실 이유가 없는 것이다. 그러므로 그리스도의 죽으심은 죄인을 구원하실 뿐 아니라 하나님의 심판의 확실성을 증거하는 것이다. "**이는 정하신 사람으로 하여금 천하를 공의로 심판할 날을 작정하시고…**"(행17:31). "**…내가 너희를 위하여 처소를 예비하러 가노니 가서 너희를 위하여 처소를 예비하면 내가 다시 와서 너희를 내게로 영접하여 나 있는 곳에 너희도 있게 하리라**"(요14:2-3). "**그 때에 사람들이 인자가 구름을 타고 능력과 큰 영광으로 오는 것을 보리라**"(눅21:27; 마26:64). "**이것들을 증거하신 이가 가라사대 내가 진실로 속히 오리라 하시거늘 아멘 주 예수여 오시옵소서**"(계22:20).

② 죄를 멀리 하도록

사람들은 세상에서 자유롭게 살아가지만, 언젠가는 하나님 앞에서 자신들의 행위에 대한 책임을 져야 할 날이 반드시 있음을 앎으로써 죄를 억제하고 경건한 삶에 힘쓰도록 하기 위함이다. "**너희는 스스로 조심하라 그렇지 않으면 방탕함과 술 취함과 생활의 염려로 마음이 둔하여지고 뜻밖에 그 날이 덫과 같이 너희에게 임하리라 이 날은 온 지구상에 거하는 모든 사람에게 임하리라**"(눅21:34-35).

"…그 날에는 하늘이 큰 소리로 떠나가고 체질이 뜨거운 불에 풀어지고 땅과 그 중에 있는 모든 일이 드러나리로다 이 모든 것이 이렇게 풀어지리니 너희가 어떠한 사람이 되어야 마땅하뇨 거룩한 행실과 경건함으로... 주 앞에서 점도 없고 흠도 없이 평강 가운데서 나타나기를 힘쓰라"(벧후3:10-11, 14).

③ 환난 중에 위로 받도록

세상에서 신자들의 믿음의 삶에는 많은 시련과 고통들이 따른다.

"무릇 그리스도 예수 안에서 경건하게 살고자 하는 자는 핍박을 받으리라"(딤후3:12). "...사람들이 나를 핍박하였은즉 너희도 핍박할 터이요..."(요15:20). 그러나 낙심하지 않고 소망을 가지고 인내할 수 있도록 하기 위함이다. 신자들에게 그리스도의 재림과 약속에 대한 기대는 현재 당하는 모든 고통과 환난을 인내하는 비결이며 소망인 것이다. "**이는 하나님의 공의로운 심판의 표요 너희로 하여금 하나님 나라에 합당한 자로 여기심을 얻게 하려 함이니 그 나라를 위하여 너희가 또한 고난을 받느니라 너희로 환난 받게 하는 자들에게는 환난으로 갚으시고 환난 받는 너희에게는 우리와 함께 안식으로 갚으시는 것이 하나님의 공의시니...**"(살후1:5-7).

"...우리 곧 성령의 처음 익은 열매를 받은 우리까지도 속으로 탄식하여 양자 될 것 곧 우리 몸의 구속을 기다리느니라 우리가 소망으로 구원을 얻었으매 보이는 소망이 소망이 아니니 보는 것을 누가 바라리요 만일 우리가 보지 못하는 것을 바라면 참음으로 기다릴지니라"(롬8:23-25).

"...그 날에 하늘이 불에 타서 풀어지고 체질이 뜨거운 불에 녹아지려니와 우리는 그의 약속대로 의의 거하는바 새 하늘과 새 땅을 바라보도다"(벧후3:12-13).

2) 주의 재림과 심판의 시기는 모든 사람에게 감추어 두셨다.

그리스도께서 다시 세상에 오실 것과 최후 심판하실 것을 분명히 하셨다. 그러나 그 시기는 아무에게도 말씀하시지 않고 감추어 두셨다. "…그 날과 그 때는 아무도 모르나니 하늘의 천사들도, 아들도 모르고 오직 아버지만 아시느니라"(마24:36; 막13:32-33).

그 이유를 본 절에서는 『그날이 언제인지 아무에게도 알리지 않으심으로써 사람들이 육적인 안전감에 빠지지 않게 하시며, 주님이 언제 오실는지 알지 못함으로써 항상 깨어 있어서 언제든지 '주 예수여 속히 오시옵소서'라고 할 수 있도록 준비케 하셨다』라고 진술하고 있다.

① 육적인 안전감에 빠지지 않도록.

육적인 안전감에 빠지는 것과 또한 육적인 불안감에 빠지는 것 역시 경계해야 할 것이다.

≪육적인 안전감≫

"한 부자가 있어 자색 옷과 고운 베옷을 입고 날마다 호화로이 연락하는데"(눅16:19). "저희가 평안하다 안전하다 할 그 때에 잉태된 여자에게 해산 고통이 이름과 같이 멸망이 홀연히 저희에게 이르리니 결단코 피하지 못하리라"(살전5:3). "네가 말하기를 나는 부자라 부요하여 부족한 것이 없다 하나 네 곤고한 것과 가련한 것과 가난한 것과 눈 먼 것과 벌거벗은 것을 알지 못하는도다"(계3:17/라오디게아 교회).

≪육적인 불안감≫

"그러므로 염려하여 이르기를 무엇을 먹을까 무엇을 마실까 무엇을 입을까 하지 말라 이는 다 이방인들이 구하는 것이라…"(마6:31-32). "가시떨기에 뿌리웠다는 것은 말씀을 들으나 세상의 염려와 재리의 유혹에 말씀이 막혀 결실치 못하는 자요"(마13:22).

"하나님이 우리에게 주신 것은 두려워하는 마음이 아니요 오직 능력과 사랑과 근신하는 마음이니"(딤후1:7).

② 깨어서 주님 맞을 준비하도록.

주님의 재림과 심판의 시기(時期)를 모든 사람들에게 감추어 두신 것은 신자들로 하여금 영적 긴장을 풀지 말고, 항상 깨어 경건한 생활로 주께서 홀연히 임하셔도 부끄러움 없이 맞이할 수 있게 하기 위함이다. "**노아의 때와 같이 인자의 임함도 그러하리라 홍수 전에 노아가 방주에 들어가던 날까지 사람들이 먹고 마시고 장가들고 시집가고 있으면서 홍수가 나서 저희를 다 멸하기까지 깨닫지 못하였으니 인자의 임함도 이와 같으리라… 그러므로 깨어 있으라 어느 날에 너희 주가 임할는지 너희가 알지 못함이니라…**"(마24:37-39, 42-43).

"그가 홀연히 와서 너희의 자는 것을 보지 않도록 하라 깨어 있으라 내가 너희에게 하는 이 말이 모든 사람에게 하는 말이니라…"(막13:36-37). "…거룩한 행실과 경건함으로 하나님의 날이 임하기를 바라보고 간절히 사모하라…"(벧후3:11-12).

천년기설(千年期設)

1. 천년기설의 구분

본 고백서에는 종말론에 있어서 천년기설에 대해서는 언급하지 않고 있지만, 이것은 오랜 세월 기독교회 안에서 커다란 논점(論點)으로 부상(浮上)되어 온 것이 사실이다. 하지만 여전히 해석의 일치를 보지 못한 채 여러 이견(異見)들로 나뉘어져 있다.

이 천년기설(千年期設)은 요한계시록 20:4의 "...또 내가 보니 예수의 증거와 하나님의 말씀을 인하여 목 베임을 받은 자의 영혼들과 또 짐승과 그의 우상에게 경배하지도 아니하고 이마와 손에 그의 표를 받지도 아니한 자들이 살아서 그리스도로 더불어 천년 동안 왕노릇하니..."라는 말씀에서 나온 것으로, 그 해석에 있어서는 1) 전천년설(역사적 전천년설, 세대주의적 전천년설), 2) 후천년설, 3) 무천년설, 3가지의 견해가 있다.

예수님의 재림이 천년(왕국)기 전에 있을 것으로 보는 견해를 『전천년설(前千年設)』이라 하고, 후에 있을 것이라고 보는 견해가 『후천년설(後千年設)』인 것이다. 그리고 천년(왕국)기는 하나의 상징으로서 예수님의 초림부터 재림까지의 기간으로 보는 견해를 『무천년설(無千年設)』이라고 부른다.

이 가운데서 개혁파 신학에서는 무천년설 견해가 우세(優勢)하다 할 수 있다. 미국의 칼빈 신학교와 웨스트민스터 신학교가 무천년설 입장에 서 있으며, 대표적인 학자들로는 벌코프(L. Berkhof), 카이퍼(Abraham Kuyper), 바빙크(Herman Bavinck), 영(E. J. Young), 보스(Geerhadus Vos)등이 있다. 그러므로 여기서는 무천년설 견해에 대해서만 간략히 살펴보기로 한다.

2. 천년기설(千年期設)의 역사적 배경

천년의 왕국 통치가 지상에 실현될 것이라는 기대는 『유대인에게서 유래되어 기독교 시대의 초기 이레네우스(Irenaeus, 130-202)등에 의해 전천년설로 3세기 동안에 널리 수용되어 오다가 후에 어거스틴(Augustinus, 396-430)이 그 천년기(千年期)를 그리스도의 초림과 재림 사의의 교회시대로 해석함으로써 그 논쟁은 가라앉게 되었다. 그러나 종교개혁시대에 재세례파(Anabaptist) 중에서 다시 전천년설이 떠오르게 되었으나 모든 주요 프로테스탄트 신앙고백에 의해 정죄 되었다』(교회와 종말에 일어날 일, D. M.로이드 존스, 장광수 역 p.249 & 뻘콥 조직신학 종말론, 고영민 역 p.105 참고).

3. 무천년설(無千年設)의 내용 요약

무천년설은 그리스도의 재림 이전에 천년왕국이라는 별도의 황금시대가 지상에 실현되는(후천년설) 것으로 믿지 않으며, 또한 그리스도의 재림 이후, 최후 심판 이전에 그러한 시대가 있을 것으로(전천년설)도 믿지 않는다. 무천년설자들은 계시록의 기록된 방법들이 철저히 비유적이고 은유적이라는 점에서 천년기를 상징적으로 해석하여, 요한계시록 20장 4절의 천년 통치는 미래의 지상에서 실현될 별도의 왕국을 의미하지 않고, 예수님의 초림(初臨)과 재림(再臨) 사이의 기간에 그리스도가 자기 백성을 말씀과 성령을 통해 다스리시는 것이 천년기라고 본다. 그리고 먼저 죽은 신자들의 영혼이 그리스도와 함께 왕노릇하는 천상적(天上的) 통치 기간 동안 선과 악이 동시에 증대(增大)되어 가다가 환난과 대 배교(背敎)가 절정에 이르렀을 때, 그리스도의 재림이 있을 것이며, 죽은 자들의 부활과 최후 심판에 이어 신천신지(新天新地, 벧후 3:13)의 영원한 왕국이 실현될 것으로 믿는다.

≪참고≫

무천년설 내용에 대한 도식

구약의 왕국	그리스도 초림	오순절	(요16:33) 환란 악 선 (마13:24-30, 37-43)	배교	그리스도 재림	일반 부활	일반 심판	영원한 왕국 (고전15:24 -28)

(w.신앙고백서 해설, G. I. 윌리암슨 지음, 나용화 역 p.421에서 옮김)

※ 천년기설에 관하여는 한국 보수교단들 안에서 역사적 전천년설과 무천년설이 받아들여지고 있다.

《참 고 도 서》

- 웨스트민스터 신앙고백서 강해. 김준삼 목사 지음, 대한예수교장로회총회교육부.
- 웨스트민스터 신앙고백서 강해. G. I. 윌리암슨 지음, 나용화 옮김, 개혁주의신행협회.
- 웨스트민스터 대요리문답 강해. J. G. 보스/ 윌리암슨 지음, 류근상, 신호섭 옮김, 크리스챤.
- 웨스트민스터 신앙고백 해설. 로버트 쇼/ 조계광 역, 생명의말씀사.
- 웨스트민스터 신앙고백. 김혜성, 남정순 공역, 생명의말씀사.
- 프랑스 신앙고백 해설. 장대선 지음, 세움북스.
- 벨기에 신앙고백 해설. 허순길, 셈페르 레포르만다.
- 하이델베르크 요리문답해설. 자카리아스 우르시누스, 원광연 옮김, 크리스챤다이제스트.
- 도르트 신경 해설. 클라렌스 바우만 지음, 손정원 옮김, 솔로몬.
- 조직신학(구원론, 교회론). 최순직 박사 편술, 총회신학 연구원.
- ABC 기독교 교리요약. 루이스 뻘콥 저, 도서출판 소망사.
- 크리스챤의 생활규준. 최순직 박사 저, 기독교문서선교회.
- 뻘콥(L. Berkhof) 조직신학. 고영민 역, 혜문사.
- 하지(A. A. Hodge) 조직신학. 고영민 역, 기독교문사.
- 기독교 강요. 존 칼빈 저, 김문제 역, 혜문사.
- VERITAS DEI. 강유중 박사 저, 요단출판사.
- 교회사. 김의환 박사 감수, 세종문화사.
- 개혁주의(구원론, 종말론). 안토니 A. 후크마 저, 류호준 역, CLC
- 신학 사전. 개혁주의신행협회 편.
- 로이드 존스 교리강좌 시리즈 1, 2, 3권. 임범진 옮김, 부흥과개혁사.
- 그랜드종합주석 12권. 성서교재간행사.
- 헌법, 대한예수교장로회총회

웨스트민스터 신앙고백 해설

1판 인쇄일_ 2019년 12월 23일
1판 발행일_ 2019년 12월 30일

편　술_ 강원익
펴낸이_ 한치호
펴낸곳_ 종려가지
등　록_ 제311-2014000013호(2014. 3. 21)
주　소_ 서울특별시 은평구 은평로 14길 9-5
전　화_ 02. 359. 9657
디자인_ 표지 이순옥/ 내지 이수연
제작대행 세줄기획(02.2265.3749)
전　화_ 02. 964.6993 팩스 2208.0153

값 38,000 원

ISBN 979-11-87200-80-2   03230

ⓒ2019, 강원익

잘못 만들어진 책은 구입하신 서점에서 바꾸어 드립니다.
책의 주문 및 영업에 대한 문의는 영업대행으로 해주십시오.

이 도서의 국립중앙도서관 출판예정도서목록(CIP)은 서지정보유통지원시스템 홈페이지(http://seoji.nl.go.kr)와
국가자료종합목록 구축시스템(http://kolis-net.nl.go.kr)에서 이용하실 수 있습니다.
(CIP제어번호 : CIP2019051123)